Studien zum Privatrecht

Band 64

ARTIBUS INGENUIS J·C·B·M· 1·8·0·1

Daniela Titz

Das Vindikationslegat

Reformbedürftigkeit und Reformfähigkeit des deutschen Erbrechts

Mohr Siebeck

Daniela Titz, geboren 1989; Studium der Rechtswissenschaften an der Universität Augsburg; 2014 Erste Juristische Prüfung; wissenschaftliche Mitarbeiterin am Lehrstuhl für Bürgerliches Recht, Wirtschaftsrecht und Rechtsgeschichte an der Universität Augsburg; 2016 Promotion; Rechtsreferendarin im Oberlandesgerichtsbezirk München.

Zugleich Dissertation, Universität Augsburg, 2016.

ISBN 978-3-16-155308-0
ISSN 1867-4275 (Studien zum Privatrecht)

Die Deutsche Nationalbibliothek verzeichnet diese Publikation in der Deutschen Nationalbibliographie; detaillierte bibliographische Daten sind im Internet über *http://dnb.dnb.de* abrufbar.

Das Buch wurde von Gulde Druck in Tübingen auf alterungsbeständiges Werkdruckpapier gedruckt und von der Buchbinderei Spinner in Ottersweier gebunden.

Vorwort

Die vorliegende Arbeit wurde im Wintersemester 2016/2017 von der Juristischen Fakultät der Universität Augsburg als Dissertation angenommen. Sie entstand während meiner Zeit als wissenschaftliche Mitarbeiterin am Lehrstuhl von Prof. Dr. Phillip Hellwege M.Jur. (Oxford).

Mein tief empfundener Dank gilt meinem hoch geschätzten Doktorvater Prof. Dr. Phillip Hellwege M.Jur. (Oxford) für die Übernahme der Betreuung, die Unterstützung bei der Suche nach einem passenden Dissertationsthema, die ständige Ansprechbarkeit und das Einräumen eines großen Freiraums bei der Erstellung der Dissertation. Weiterhin danke ich Prof. Dr. Christoph Becker für die schnelle Zweitbegutachtung meiner Arbeit.

Dank schulde ich auch Prof. Dr. Dr. h.c. mult. Reinhard Zimmermann für die mir im März 2016 eingeräumte Möglichkeit, meine Thesen im Rahmen der „Aktuellen Stunde" am Max-Planck-Institut für ausländisches und internationales Privatrecht in Hamburg vorstellen zu dürfen. Ich bedanke mich bei Prof. Dr. Dr. h.c. mult. Reinhard Zimmermann, Dr. Jan Peter Schmidt und den übrigen Zuhörern für die rege Diskussion und die weiterführenden Hilfestellungen.

Zum Gelingen der Arbeit haben vor allem auch meine ehemaligen Kolleginnen am Lehrstuhl, Laura Zampano, Dorota Miler LL.M. (McGill) und Sinem Ogis LL.M. (Southampton), beigetragen. Ich möchte mich bei Ihnen vielmals für die Beschaffung italienischer und polnischer Literatur und die Unterstützung mit Rat und Tat bedanken.

Zu besonderem Dank bin ich der Johanna und Fritz Buch Gedächtnis-Stiftung (Hamburg) für die Bewilligung einer weit überdurchschnittlichen Förderung meiner Dissertation verpflichtet. Durch den großzügigen Druckkostenzuschuss wurde mir die Drucklegung erst ermöglicht.

Inständiger Dank gebührt meinen Eltern Karin und Manfred Titz, meiner Schwester Theresa und meinem Freund Michael Winkler. Sie haben mich während meines gesamten bisherigen Lebens mit allen ihnen zur Verfügung stehenden Mitteln unterstützt. Ohne sie hätte ich vieles im Leben nicht erfolgreich meistern können. Abschließenden Dank möchte ich meinen Großeltern zollen. Meiner Familie sei dieses Buch gewidmet.

Tussenhausen, im Mai 2017 Daniela Titz

Vorwort

[illegible]

Inhaltsübersicht

Inhaltsverzeichnis

Abkürzungsverzeichnis

a.A.	anderer Ansicht
ABGB	Allgemeines Bürgerliches Gesetzbuch für Österreich
Abs.	Absatz
AcP	Archiv für die civilistische Praxis
a.F.	alte Fassung
al.	alinéa (franz. für Absatz)
ALR	Allgemeines Landrecht für die preußischen Staaten
Alt.	Alternative
AnfG	Anfechtungsgesetz (Gesetz über die Anfechtung von Rechtshandlungen eines Schuldners außerhalb des Insolvenzverfahrens)
AnwBl	Anwaltsblatt
AO	Abgabenordnung
ArchBürgR	Archiv für Bürgerliches Recht
Art.	Artikel
art.	article (franz. für Artikel)
art.	articolo (ital. für Artikel)
art.	artykuł (poln. für Artikel)
AT	Allgemeiner Teil
AVO	Ausführungsverordnung zum Reichsheimstättengesetz
BayAGBGB	Bayerisches Ausführungsgesetz zum Bürgerlichen Gesetzbuch
BayObLG	Bayerisches Oberstes Landesgericht
BayObLGZ	Entscheidungen des Bayerischen Obersten Landesgerichts in Zivilsachen
BB	Der Betriebsberater
Bd.	Band
BFH	Bundesfinanzhof
BGB	Bürgerliches Gesetzbuch
BGBl	Bundesgesetzblatt
BGH	Bundesgerichtshof
BGHSt	Entscheidungen des Bundesgerichtshofes in Strafsachen
BGHZ	Entscheidungen des Bundesgerichtshofes in Zivilsachen
Bio.	Billion
BODACC	bulletin officiel des annonces civiles et commerciales (franz. für offizielles Anzeigenblatt für Zivil- und Handelssachen)
BSHG	Bundessozialhilfegesetz
Bsp.	Beispiel
BT	Bundestag
BVerfG	Bundesverfassungsgericht

BVerfGE	Entscheidungen des Bundesverfassungsgerichts
bzgl.	bezüglich
bzw./bezw./bz.	beziehungsweise
CC	Code civil
c.c.	Codice Civile
CMBC	Codex Maximilianeus Bavaricus Civilis
d.h.	das heißt
DIA	Deutsches Institut für Altersvorsorge
DJT	Deutscher Juristentag
DNotI-Report	Informationsdienst des Deutschen Notarinstituts
DNotZ	Deutsche Notar-Zeitschrift
DRiZ	Deutsche Richterzeitung
EBV	Eigentümer-Besitzer-Verhältnis
EGBGB	Einführungsgesetz zum Bürgerlichen Gesetzbuch
Einf.	Einführung
Einl.	Einleitung
Entw.	Entwurf
ErbStG	Erbschaftsteuer- und Schenkungsteuergesetz
etc.	et cetera
EU	Europäische Union
EuErbVO	Europäische Erbrechtsverordnung
evtl.	eventuell
f.	folgender
FamFG	Gesetz über das Verfahren in Familiensachen und in den Angelegenheiten der freiwilligen Gerichtsbarkeit
FamRZ	Zeitschrift für das gesamte Familienrecht
ff.	folgende
FGG	Gesetz über die Angelegenheiten der freiwilligen Gerichtsbarkeit
Fn.	Fußnote
FS	Festschrift
GBO	Grundbuchordnung
GbR	Gesellschaft bürgerlichen Rechts
GdV	Gesamtverband der Deutschen Versicherungswirtschaft
gem	gemäß
GG	Grundgesetz für die Bundesrepublik Deutschland
ggf.	gegebenenfalls
GmbH	Gesellschaft mit beschränkter Haftung
grds.	grundsätzlich
GrdstVG	Grundstückverkehrsgesetz
Gruchot	Beiträge zur Erläuterung des Deutschen Rechts
ha	Hektar
Hbd.	Halbband
HeimG	Heimgesetz
Hess.AGBGB	Hessisches Ausführungsgesetz zum Bürgerlichen Gesetzbuch
HGB	Handelsgesetzbuch
h.M.	herrschende Meinung
HöfeO	Höfeordnung
HofgutG BA	Badisches Gesetz die geschlossenen Hofgüter betreffend
HO-RhPf	Höfeordnung des Bundeslandes Rheinland-Pfalz

i.H.v.	in Höhe von
insbes.	insbesondere
InsO	Insolvenzordnung
Inst.	Institutionen
i.R.d.	im Rahmen des
i.S.d.	im Sinne des/der
i.S.e.	im Sinne eines
i.S.v.	im Sinne von
i.V.m.	in Verbindung mit
jur.	juristisch
Jura	Juristische Ausbildung
JuS	Juristische Schulung
JZ	Juristenzeitung
KC	kodeks cywilny (poln. für Bürgerliches Gesetzbuch)
KG	Kammergericht, Kommanditgesellschaft
KO	Konkursordnung
KRG	Kontrollratsgesetz
LandgO	Hessische Landgüterordnung
LG	Landgericht
lit.	littera (lat. für Buchstabe)
LPG	landwirtschaftliche Produktionsgenossenschaft
MarkenG	Markengesetz
Mio.	Million
MittBayNot	Mitteilungen des Bayerischen Notarvereins, der Notarkasse und der Landesnotarkammer Bayern
MittRhNotK	Mitteilungen der Rheinischen Notarkammer
Mrd.	Milliarde
MüKo	Münchener Kommentar
m.w.N.	mit weiteren Nachweisen
NJOZ	Neue Juristische Online-Zeitschrift
NJW	Neue Juristische Wochenschrift
NJWE-FER	NJW-Entscheidungsdienst Familien- und Erbrecht
NJW-RR	NJW-Rechtsprechungs-Report Zivilrecht
np.	na przykład (poln. für zum Beispiel)
Nr.	Nummer
NS	nationalsozialistisch
OHG	offene Handelsgesellschaft
OLG	Oberlandesgericht
PatG	Patentgesetz
pr.	principium (lat. für Anfang)
RabelsZ	Rabels Zeitschrift für ausländisches und internationales Privatrecht
RG	Reichsgericht
RGBl	Reichsgesetzblatt
RGRK	Reichsgerichtsräte-Kommentar
RGZ	Entscheidungen des Reichsgerichts in Zivilsachen
RHeimstG	Reichsheimstättengesetz
Rn.	Randnummer
Rpfleger	Der Deutsche Rechtspfleger
Rspr.	Rechtsprechung

S.	Satz, Seite
SGB	Sozialgesetzbuch
sog.	sogenannt
StGB	Strafgesetzbuch
str.	streitig
Th.	Theil
Tit.	Titel
u.a.	unter anderem
UrhG	Urheberrechtsgesetz
US	Vereinigte Staaten
USA	Vereinigte Staaten von Amerika
usw.	und so weiter
u.U.	unter Umständen
v.	von, vor
v.a.	vor allem
v.Chr.	vor Christus
VEG	volkseigenes Gut
vgl.	vergleiche
Vorbem.	Vorbemerkung
WEG	Wohnungseigentümergemeinschaft
Wirtschaftsdienst	Zeitschrift für Wirtschaftspolitik
WM	Wertpapier-Mitteilungen; Zeitschrift für Wirtschafts- und Bankrecht
ZAkDR	Zeitschrift der Akademie für Deutsches Recht
z.B.	zum Beispiel
zd.	zdanie (poln. für Satz)
ZErb	Zeitschrift für die Steuer- und Erbrechtspraxis
ZEuP	Zeitschrift für Europäisches Privatrecht
ZEV	Zeitschrift für Erbrecht und Vermögensnachfolge
ZGB	Zivilgesetzbuch
ZHR	Zeitschrift für das gesamte Handelsrecht
ZJS	Zeitschrift für das Juristische Studium
ZPO	Zivilprozessordnung
ZRG GA	Zeitschrift der Savigny-Stiftung für Rechtsgeschichte, Germanistische Abteilung
ZRP	Zeitschrift für Rechtspolitik
ZVG	Zivilverfahrensgesetz
ZVglRWiss	Zeitschrift für vergleichende Rechtswissenschaft

Kapitel 1

Einführung

§ 1 Einleitende Gedanken

Wieder sind vergang'ne Zeiten
in den Träumen dir präsent.
Spiegeln sich in bunten Weiten,
die man auch Erinn'rung nennt.

Was du fühlst, was dich berührt,
ist oft das, was dich verführt,
denn die Zeit kann viel erzählen,
lässt dich sinnend handeln, wählen.

Dieses Gedicht der österreichischen Dichterin *Riedl* lässt sich sicherlich dahingehend interpretieren, dass jedes erlebte Geschehen seine Spuren im Leben und in der Erinnerung eines Menschen hinterlässt und somit Einfluss auf dessen späteres Tun oder Unterlassen zu nehmen vermag.

Bsp.: Ein Vater, der am Wochenende mit seinem Sohn und seinem Oldtimer oftmals Ausflüge unternimmt, möchte letzteren u.U. in Gedenken an die gemeinsam verbrachten Tage nach seinem Ableben seinem Sohn zuwenden.

Die Ersteller von Verfügungen von Todes wegen[1] begehren in Anlehnung an dieses Beispiel vielmals Erlebtes in ihren testamentarischen oder erbvertraglichen Verfügungen widerspiegeln zu lassen, um nicht nur den materiellen Gegenstand als solchen, sondern auch die mit diesem verbundenen immateriellen Werte übergehen lassen zu können. In einer Vielzahl von Verfügungen von Todes wegen kommt folglich der Wunsch zum Ausdruck, insbesondere einzelne Gegenstände bestimmten Personen wie Ehepartnern, Kindern, Kindeskindern, Bekannten usw. zu hinterlassen. *Langbein* stellte diesbezüglich in ihrem ethnographischen Werk Folgendes zutreffend fest[2]:

---

[1] Die „Verfügung von Todes wegen“ bildet im Nachfolgenden in Anlehnung an *Muscheler* (Erbrecht, Bd. 1, § 7 Rn. 142) den Oberbegriff zu „letztwilliger Verfügung“ und „Erbvertrag“, wobei für den Begriff der „letztwilligen Verfügung“ auch synonym derjenige des „Testaments“ gebraucht wird.

[2] *Langbein*, Geerbte Dinge, S. 11, 12. Weitere interessante und aufschlussreiche Ausführungen traf *Langbein* zudem in: Erben und Vererben, S. 233 bis 262.

„Daß sich Menschen an den Dingen erkennen, ist eine Binsenweisheit. Wir wissen, welch wichtige Rolle Alltagsgegenstände in der Identitätsbildung von Individuen und Gruppen spielen. Gesellschaftliche Differenzierung geschieht über wahrnehmbare Symbole, weil sie erkennbar sein will. Auch Erinnerung und Gedächtnis brauchen Speicher, sinnfällige Träger. [...] Ausgangspunkt ist die Beobachtung, daß ein weit verbreitetes kulturelles Phänomen existiert, das ich als ‚geerbte Dinge' [einfach] bezeichnen möchte. Gemeint ist die Tatsache, daß es Dinge, d.h. Alltagsgegenstände gibt, die von ihren Besitzern ‚Erbe' [einfach] genannt, damit von anderen unterschieden und auf spezifische Weise behandelt werden. Sie werden verehrt und inszeniert. Man streitet sich um sie. Es wird von den Dingen erzählt, und die Geschichten werden tradiert. Man schreibt ihnen eine ‚ideelle Bedeutung' [einfach] zu."

Des Weiteren traf *Röthel*, die im Rahmen des 68. DJT in Berlin 2010 durch die Ständige Deputation des Juristentages mit der Gutachtenerstellung zu der Frage, ob unser Erbrecht noch zeitgemäß ist, beauftragt wurde, folgende Aussage[3]:

„Erben und Vererben sind nicht nur ökonomische Prozesse, sondern es handelt sich um personale Prozesse mit starken symbolischen und identitätsstiftenden Gehalten. Dies erhöht die Anforderungen an bedachte und verantwortete Vermögenswidmungen."

Neben dieser rein ideellen Motivation werden in einigen Fällen jedoch auch substanzielle Gesichtspunkte in Bezug auf die Hinterlassung von konkreten Gegenständen für die Verfasser von Verfügungen von Todes wegen nicht lediglich eine hintergründige Rolle einnehmen. Das Erblasservermögen hat meist neben einem symbolischen Wert auch einen greifbaren materiellen.

In einer psychologischen Studie zum Verhalten von Erblassern aus dem Jahr 2001, die sich auf der quantitativen Untersuchungsebene auf 1092 Telefoninterviews (542 Erben und 550 potentielle Erblasser) und auf der qualitativen Untersuchungsebene auf 75 psychologische Tiefeninterviews (25 tatsächliche Erben, 25 potentielle Erben und 25 potentielle Erblasser) gründet[4], wird die Verschiedenheit unter den Erblassern dargestellt und eine Typologie der Erblasser entwickelt[5]. *Schulte* äußerte sich folgendermaßen[6]:

„Die Typen lassen sich insbesondere anhand der postulierten Dimensionen des Vererbens unterscheiden; d.h. dahingehend, inwieweit man sich der Aufgabe, den Nachlass zu regeln, überhaupt stellt (Entwicklung), welchen symbolischen bzw. materiellen Wert man in der Erbschaft sieht (Werte) und auf welche Weise sich das Verhältnis zu den Erben im Verhalten der Erblasser niederschlägt (Beziehungen)."

---

[3] Diskussion am 22. September 2010 nachmittags (anwesend etwa 140 Teilnehmer), in: Verhandlungen des 68. DJT, Bd. II/2, L 162. *Röthel* bezog sich hierbei auf eine Ausführung im Rahmen des Referats von *Beckert*, der bereits davon sprach, dass Erbschaften und Erberwartungen generationsübergreifende Identitätsbildungsprozesse unterstützen (vgl. *Beckert*, in: Verhandlungen des 68. DJT, Bd. II/1, L 13).

[4] *Schulte*, in: Erben und Vererben, S. 213 bis 216.

[5] *Schulte*, in: Erben und Vererben, S. 224.

[6] *Schulte*, in: Erben und Vererben, S. 224.

Als einer der sechs identifizierten Typen von Erblassern (der „Denkmal-Errichter", der „Bilanz-Ordner", der „gönnerhafte Pate", der „manipulative Richter", der „Harmoniemensch" und der „Entschädiger")[7] verdient im Rahmen des aufgezeigten Kontextes zum einen der sog. „Denkmal-Errichter" einer knappen Darstellung. Dieser zeichnet sich durch den Gedanken aus, dass sein Lebenswerk ihn überleben solle und seine Hinterlassenschaft auch in Zukunft fortleben werde[8]. Die Überlegungen des Errichters werden hierbei hauptsächlich von einer kapitalistischen und unternehmerischen Motivlage geprägt und weniger von einer altruistischen im Sinne von familiärer Rücksichtnahme. Als Beispiel könnte hierbei an eine vom Erblasser mitgegründete und -geführte Personengesellschaft gedacht werden, deren Anteile er nach seinem Ableben demjenigen zuwenden möchte, der diese auf eine Art und Weise fortführt, die den Anschauungen und Konzeptionen des Verfügenden zumindest weitestgehend zu entsprechen vermag. Neben dem „Denkmal-Errichter" erscheint weiterhin die Figur des „gönnerhaften Paten" als nennenswert. Dieser möchte sein Vermögen seinen Nachkommen zukommen lassen, um diesen neue Perspektiven zu eröffnen und diese in finanzieller Hinsicht in eine gesichertere Position zu erheben[9]. Dem Willen des „gönnerhaften Paten" würde es folglich beispielsweise entsprechen, einem seiner Nachkommen einen gegenwärtig materiell besonders kostbaren Gegenstand bzw. einen solchen, bei dem der Verfügende von einer künftigen Wertsteigerung ausgeht, hinterlassen zu können.

Auf Grund dieser erörterten immateriellen und materiellen Aspekte stellt sich folglich die Frage, ob bzw. wie sich diese häufig anzutreffenden konkreten Vorstellungen von Verfassern von Verfügungen von Todes wegen bzgl. des Ganges ihrer einzelnen Vermögensgegenstände nach ihrem Ableben mit unserer geltenden Rechtslage im Erbrecht vereinbaren lassen. Die Relevanz dieser Fragestellung ist eine allgegenwärtige, ergibt sich jedoch zum jetzigen Zeitpunkt zudem in gesteigertem Maße aus einer Studie des Deutschen Instituts für Altersvorsorge (DIA). Dieses schrieb in einer im Jahr 2011 veröffentlichten Studie, dass bis zum Jahr 2020 2,6 Bio. Euro des Anfangs des Jahres 2010 rund 9,4 Bio. Euro umfassenden Vermögensbestands der privaten Haushalte vererbt werde, wobei es sich hierbei um 27 Prozent des gesamten Vermögensbestandes der privaten Haushalte handele[10]. Dieser Studie zufolge wird im betrachteten Zeitraum von 2011 bis 2020 20 Prozent mehr Vermögen vererbt als in den zehn Jahren zuvor[11]. *Braun, Pfeiffer* und *Thomschke*, die Autoren der Studie, erklärten dies vor allem damit, dass in den kommenden

---

[7] *Schulte,* in: Erben und Vererben, S. 224.
[8] *Schulte,* in: Erben und Vererben, S. 224.
[9] *Schulte,* in: Erben und Vererben, S. 225.
[10] *Braun/Pfeiffer/Thomschke,* S. 20, 21, 83.
[11] *Braun/Pfeiffer/Thomschke,* S. 16, 83.

neuneinhalb Jahren nun eine Generation zu Erblassern werde, die in den „Wirtschaftswunderjahren" der Nachkriegszeit damit begonnen habe, ihr Vermögen aufzubauen, unbelastet durch Krieg und Zerstörung[12], und im für die Untersuchung herangezogenen Zeitraum der Jahre 2011 bis 2020 die Altersgrenze von 70 plus erreiche[13]. Diese Generation konnte vielfach losgelöst von Wirtschaftskrisen und auf Grund des starken Wirtschaftswachstums in den 1960er und 70er Jahren ein ansehnliches Vermögen aufbauen, das sie nun an ihre Ehepartner, Kinder, Kindeskinder usw. weitergeben wird[14].

> „Es handelt sich um die einkommensstärkste und vermögendste Erblassergeneration, die Deutschland je gesehen hat."[15]

Im für die Studie relevanten Zeitraum[16] ist mit einer geschätzten Zahl von 5,7 Mio. Erbfällen zu rechnen[17].

§ 2 Die methodische Vorgehensweise und der Gang der Untersuchung

Das Individuum hegt für gewöhnlich den Wunsch, einzelne Gegenstände ihres Vermögens mit ihrem Ableben einer konkreten Person zukommen zu lassen, kann diesem Begehren aber mit Hilfe keiner inhaltlichen Ausgestaltungsmöglichkeit im Rahmen von Verfügungen von Todes wegen mit Sicherheit zum Durchbruch verhelfen (vgl. hierzu §§ 6, 9). Die Zuwendung eines Vermächtnisses beispielsweise krankt gemäß § 2174 BGB insbesondere an der lediglich schuldrechtlichen Wirkung zugunsten des Bedachten und der

---

[12] *Braun/Pfeiffer/Thomschke,* S. 15.

[13] *Braun/Pfeiffer/Thomschke,* S. 16.

[14] *Braun/Pfeiffer/Thomschke,* S. 5, 85.

[15] *Braun/Pfeiffer/Thomschke,* S. 17.

[16] Dem bis zum Jahre 2020 ansteigenden Erbschaftsvolumen darf jedoch als zusätzlicher Begründungsansatz für die zunehmende Relevanz der Fragestellung, ob bzw. wie einzelne Vermögenswerte im Erbfall übertragen werden können, keine überschwängliche Bedeutung beigemessen werden. Nach der Studie des DIA können einige Aspekte „für ein Abebben der Erbschaftswelle" über das Jahr 2020 hinaus angeführt werden (vgl. *Braun/Pfeiffer/Thomschke,* S. 85). „Unter den Erblassern rücken eine Generation der Langzeitarbeitslosen und eine wachsende Gruppe schlecht Ausgebildeter nach. […] Gebremstes Wirtschaftswachstum wird auch den Zuwachs der Geldvermögen zügeln. Hinzu kommen Aufbau und Vermögensumschichtung in private Altersvorsorge, die nur bedingt vererbbar ist. Schließlich drosselt auch die Lebenserwartung das Erbschaftspotential: wer länger lebt, gibt mehr aus. Zunehmende regionale Ausdifferenzierung der Immobilienpreise, um sich greifende Altersarmut sowie steigende Eigenleistungen im Gesundheits- und Pflegesektor werden zudem die Ungleichheit künftiger Erbschaften vergrößern." (vgl. *Braun/Pfeiffer/Thomschke,* S. 85).

[17] *Braun/Pfeiffer/Thomschke,* S. 21.

ungehinderten Zugriffsmöglichkeit des Erben als Rechtsinhaber dieses vermachten Gegenstandes. *Maitland* (englischer Rechtshistoriker und Rechtsvergleicher, 1850 bis 1906) schrieb in Bezug auf das BGB im Allgemeinen[18]:

„[T]he best code that the world has yet seen. [...] Never, I should think, has so much first-rate brain power been put into an act of legislation [...].“

Diese Aussage muss wohl in Bezug auf die zu verwirklichenden Interessen des Erblassers und der durch eine letztwillige Verfügung oder einen Erbvertrag bedachten Personen ebenso einer kritischen Würdigung unterzogen werden wie die Tatsache, dass zur umfangreicheren Gewährleistung der Belange dieser beiden Personengruppen seit dem Inkrafttreten des BGB am 01. Januar 1900 weder diesbezügliche Reformen im Recht des BGB verankert noch irgendwie geartete Reformarbeiten überhaupt angeregt wurden[19]. Die Integration einer zusätzlichen inhaltlichen Gestaltungsmöglichkeit von Verfügungen von Todes wegen soll hiergegen Abhilfe schaffen und neben dem bereits existierenden lediglich schuldrechtlich wirkenden Vermächtnis die Einführung eines Vindikationslegates in Erwägung gezogen werden. Diese These soll im Rahmen dieser wissenschaftlichen Ausarbeitung eine fundierte und unerschütterliche Bestätigung finden oder aber einer entschiedenen Ablehnung anheimfallen. Im Ergebnis wird der Reformgedanke zur Integration eines Vindikationslegates in das nationale Erbrecht nicht zu überzeugen vermögen und sich die aufgestellte These als allzu entschlossene und selbstbewusste Anprangerung der durch das Gesetz geschaffenen rechtlichen Lage

---

[18] *Maitland,* S. 463, 484. Diese Aussage *Maitlands* und eine sehr knappe Darstellung seiner Person finden sich bei *Sturm,* in: I cento anni del Codice civile tedesco, S. 735. Das Zitat hat zudem bei *Zweigert/Kötz,* S. 147 eine Abbildung erfahren. *Bähr* (Das bürgerliche Gesetzbuch und die Zukunft der deutschen Rechtsprechung, S. 20) äußerte sich hingegen im Jahre 1888 äußerst kritisch in Bezug auf den Entwurf der ersten Kommission: „Nach einer langen Reihe von Jahren liegt jetzt – ich glaube, daß dies wohl ziemlich allgemein anerkannt werden wird – ein wenig ansprechendes Werk vor. Soll dieses nun doch zum Gesetze erhoben und damit die ganze Rechtsentwicklung in Deutschland zum Abschluß gebracht werden? Dann würden wir neben dem übel ausgefallenen Zivilprozeß auch noch ein unbefriedigendes materielles Recht haben. Für den Mißerfolg der Zivilprozeßordnung kann es noch zur Entschuldigung dienen, daß sie zur Zeit ihrer Einführung fast allgemein für ein Mustergesetz gehalten wurde. Für das Zivilgesetzbuch würde diese Entschuldigung nicht zutreffen. Denn unsre juristisch gebildeten Staatsmänner können schon jetzt nicht darüber zweifeln, daß dasselbe für die Rechtsprechung keine wünschenswerte Errungenschaft sein wird. Sonderbar! Während auf allen andern Gebieten des öffentlichen Lebens das Reich unserm Volke Gutes, ja zum Teil Vortreffliches gebracht hat, scheinen ihm auf dem Gebiete der Privatrechtspflege, die man in frühern Zeiten als die erste Aufgabe des Staates betrachtete, nur Fehlgriffe beschieden zu sein.“

[19] Diese Ausführungen müssen etwas dadurch relativiert werden, dass während der Zeit der nationalsozialistischen Herrschaft im Rahmen der Akademie für Deutsches Recht die Diskussion in Bezug auf die Wiedereinführung des Vindikationslegates neu aufgenommen wurde. Vgl. hierzu die späteren Ausführungen in § 6, IV. B. 2. b).

darstellen. Ein unmittelbar dinglich wirkendes Vermächtnis muss letztlich als mit den Grundwertungen des deutschen Erbrechts in Bezug auf einen umfassend zu gewährleistenden Schutz der Nachlassgläubiger nicht kompatibel eingestuft werden (siehe § 16). Trotz alledem muss in gewisser Weise Kritik an dem Tätigwerden des Gesetzgebers zum Zeitpunkt des Inkrafttretens des BGB am 01. Januar 1900 und dem darauffolgenden gesetzgeberischen Untätigbleiben geübt werden. Die – neben der Wahrung der Interessen der Nachlassgläubiger – bestmögliche Verwirklichung des Willens des Erblassers und der bedachten Personen am Erhalt eines konkreten Gegenstandes durfte bzw. darf kein Schattendasein fristen. Dies gilt in der heutigen Zeit umso mehr auf Grund von gesellschaftlichen Entwicklungen wie einer stetig ansteigenden durchschnittlichen Lebenserwartung und der Verknüpfung der zunehmenden Lebenserwartung mit der symbolischen Bedeutung des Erbens und Vererbens (vgl. hierzu § 10). Den Interessen des Erblassers und der Bedachten kann zwar gerade nicht durch die Integration eines Vindikationslegates besser zum Durchbruch verholfen werden, wohl aber durch anderweitige Reformbestrebungen im Rahmen des derzeit existenten Vermächtnisrechts (siehe § 17, IV.).

I. Die Forschungsziele der einzelnen Kapitel

A. Die Grundsätze des nationalen Erbrechts

Das zweite Kapitel widmet sich den für die vorliegende wissenschaftliche Untersuchung wichtigsten Grundprinzipien des deutschen Erbrechts. Es handelt sich hierbei neben dem Grundsatz der Testierfreiheit (vgl. hierzu § 3) um die Grundsätze des Vonselbsterwerbs und der Universalsukzession (siehe § 4). Im Rahmen der Ausführungen zur Testierfreiheit liegt das Hauptaugenmerk auf dem Typenzwang als einer der diesem Prinzip durch das Gesetz gesetzten Grenzen. § 1922 Abs. 1 BGB als erste Vorschrift des fünften Buchs des BGB enthält die Grundsätze des Vonselbsterwerbs und der Universalsukzession. Die Darstellungen in Bezug auf die Universalsukzession konzentrieren sich neben einer Definition dieses Prinzips insbesondere auf im nationalen Recht bereits existente Ausnahmen von diesem Grundsatz.

B. Die Reformbedürftigkeit des nationalen Erbrechts

Das dritte Kapitel ist einer der fundamentalsten Fragen der gesamten wissenschaftlichen Ausarbeitung unterstellt: der Reformbedürftigkeit des nationalen Erbrechts. Es wird u.a. auf die Fragestellung näher einzugehen sein, ob ein testamentarisch oder erbvertraglich Verfügender seinen Wunschvorstellungen entsprechend nach der heute geltenden nationalen Rechtslage im Rahmen von Verfügungen von Todes wegen einen ganz konkreten Gegenstand einer von ihm bezeichneten Person zuwenden kann und, falls diese Frage positiv beschieden werden kann, mit Hilfe welcher testamentarischer bzw. erbvertraglicher Verfügungen oder erbrechtlicher Konstruktionen sich dies realisieren lässt (vgl. hierzu § 6). Diese Fragestellung kennzeichnet sich durch ihre allseits gegenwärtige Gewichtigkeit. Im Rahmen dieser analytischen Darstellung der nach dem nationalen Recht denkbaren Gestaltungsmöglichkeiten des Erblassers stellt sich denklogischerweise die sich an die obigen Fragen anschließende Problematik, unter Zuhilfenahme welcher eventuell in Betracht kommender Gestaltungsmittel dem wahren Willen des Erblassers unter Berücksichtigung potentiell denkbarer Vor- und Nachteile bestmöglich in der Realität zum Durchbruch verholfen werden kann. Neben den Interessen des Erblassers könnten durch die jeweiligen Gestaltungsarten zudem beispielsweise diejenigen der Erben, der Nachlassgläubiger (Gläubiger des Erblassers, Pflichtteilsberechtigte, Vermächtnisnehmer, Auflagenbegünstigte), der Privatgläubiger der Erben oder der Vermächtnisnehmer oder des Rechtsverkehrs in unterschiedlichem Maße tangiert werden.

Neben diesen erbrechtlich denkbaren Ausgestaltungsmöglichkeiten könnte der Erblasser jedoch ebenfalls mit Hilfe anderweitiger Rechtsgeschäfte seine Vorstellungen bzgl. des Ganges seines Vermögens nach seinem Ableben verwirklichen. In Betracht kämen hierfür die sog. Rechtsgeschäfte unter Lebenden auf den Todesfall wie Schenkungsversprechen auf den Todesfall, entgeltliche Rechtsgeschäfte auf den Todesfall, Verträge zugunsten Dritter auf den Todesfall oder die Vereinbarung einer fortgesetzten Gütergemeinschaft. Hierbei stellt sich insbesondere die Frage, welche Vor- bzw. Nachteile diese lebzeitigen Rechtsgeschäfte auf den Todesfall im Gegensatz zu den Verfügungen von Todes wegen in Bezug auf die Realisierung des Willens des Zuwendenden und die Interessen der sonstigen an einem Erbfall beteiligten Personen mit sich bringen (siehe § 8). Die Rechtsgeschäfte unter Lebenden auf den Todesfall könnten ggf. dazu genutzt werden, um den Grundsatz der Universalsukzession, den im Erbrecht vorherrschenden Typenzwang und die erbrechtlichen Haftungs- und Formvorschriften zu umgehen. Eine pauschale Empfehlung bzgl. der Wahl einer dieser beiden Kategorien kann, ebenso wie in Bezug auf die inhaltlichen Gestaltungsmittel im Rahmen von Verfügungen von Todes wegen, keinesfalls, ohne auf den ganz konkreten Einzelfall geblickt zu haben, getroffen werden[20].

---

[20] An dieser Stelle darf nicht unerwähnt bleiben, dass dem späteren Erblasser auch die Möglichkeit des Rückgriffs auf lebzeitige Rechtsgeschäfte verbliebe (vgl. hierzu § 7). Hierdurch käme es zu einer vermögensrechtlichen Zuordnung bereits vor dem Tode des Zuwendenden. Die lebzeitigen Rechtsgeschäfte können unter Bezugnahme auf den Kontext der gesamten wissenschaftlichen Ausarbeitung als sog. vorweggenommene Erbfolge bezeichnet werden. Von dieser Gleichstellung kann jedoch nur unter bestimmten Voraussetzungen und gerade nicht bei jeder Art von lebzeitigem Rechtsgeschäft ausgegangen werden. Diesbezüglich möchte auf die Ausführungen *Muschelers* (Erbrecht, Bd. 1, § 7 Rn. 141) verwiesen werden: „Was gleicht bei der vorweggenommenen Erbfolge der wirk-

Die Existenz der lebzeitigen Rechtsgeschäfte auf den Todesfall und der inhaltlichen Ausgestaltungsmöglichkeiten in Verfügungen von Todes wegen überhaupt lässt noch folgenden Gedanken aufkommen: Das generelle Ziel dieser Arbeit ist die Beantwortung der Frage, ob zur umfangreicheren Verwirklichung der Interessen des Erblassers und der Vermächtnisnehmer der Versuch der Integration eines unmittelbar dinglich wirkenden Vermächtnisses in das Recht des BGB unternommen werden sollte. Diese Fragestellung könnte ihre Legitimationsgrundlage jedoch bereits von vornherein verlieren, falls mit Hilfe des Rechtsgeschäfts unter Lebenden auf den Todesfall als erbrechtsunabhängige Sonderrechtsnachfolge von Todes wegen und bereits anerkannte rechtliche Konstruktion bzw. mittels zulässiger Anordnungen in Testamenten und Erbverträgen die durch die Einführung eines Vindikationslegates beabsichtigten Wirkungen auf eine rechtlich gerade nicht kompliziertere oder sogar einfachere Art und Weise unlängst herbeizuführen sind. Eine Reformbedürftigkeit des nationalen Erbrechts würde sich in diesem Falle als nur höchst schwerlich begründbar herausstellen.

Im Ergebnis vermögen die Darlegungen des dritten Kapitels die Rechtfertigung für die Reformbedürftigkeit des deutschen Erbrechts darzustellen. Weder durch inhaltliche Ausgestaltungen in Verfügungen von Todes wegen noch durch lebzeitige Rechtsgeschäfte auf den Todesfall kann der Wille des (späteren) Erblassers in Bezug auf die Hinterlassung eines konkreten Gegenstandes an eine bestimmte Person vollumfänglich verwirklicht werden. Die Möglichkeiten des (späteren) Erblassers, Einzelzuwendungen auf den Todesfall vorzunehmen, sind letztlich nach dem derzeit geltenden deutschen Recht nicht genügend (siehe § 9).

C. Die Reformfähigkeit des nationalen Erbrechts

Um einen einzelnen bestimmten Gegenstand einer Person zuwenden zu können, käme als Gestaltungsbeispiel das Vermächtnis als eine der denkbaren inhaltlichen Ausgestaltungen von Verfügungen von Todes wegen in Betracht. Hierdurch würde für den Bedachten das Recht begründet, von dem Beschwerten den vermachten Gegenstand zu fordern, wobei eine unmittelbar dingliche Wirkung des Vermächtnisses abgelehnt werden muss (vgl. § 2174 BGB). Der deutsche Gesetzgeber entschied sich für das sog. Damnationslegat, in Ab-

---

lichen Erbfolge? Auch bei ihr wird in der Regel nicht nur ein einzelner Vermögensgegenstand übertragen, sondern ein Teil des Vermögens oder zumindest ein Inbegriff mehrerer Einzelgegenstände (z.B. der Hof oder das Unternehmen). Erwerber ist meist einer der nächsten Angehörigen und damit ein künftiger gesetzlicher Erbe. […] Worin liegen die markantesten Unterschiede zwischen vorweggenommener Erbfolge und wirklicher Erbfolge? Der ‚Erblasser‘ [einfach] kann bei der vorweggenommenen Erbfolge noch selber sehen, ob ‚seine‘ [einfach] Lösung ‚funktioniert‘ [einfach], und in Ausnahmefällen auch noch korrigierend eingreifen.“

grenzung zu dem in anderen EU-ausländischen und Nicht-EU-ausländischen Rechtsordnungen anerkannten Vindikationslegat (vgl. hierzu § 12). Im Rahmen eines Vermächtnisses kann somit bei Anwendung nationalen Rechts die Rechtsinhaberschaft an einem Gegenstand nur unter Beachtung weiterer Zwischenakte erworben werden.

Unter Berücksichtigung der im dritten Kapitel festgestellten Reformbedürftigkeit des nationalen Erbrechts in Bezug auf die vollumfänglichere Verwirklichung des Willens des Erblassers und des Bedachten am Erhalt eines einzelnen Gegenstandes widmet sich das vierte Kapitel nunmehr der Frage, ob auch von einer Reformfähigkeit des deutschen Erbrechts bzgl. der Einführung eines unmittelbar dinglich wirkenden Vermächtnisses ausgegangen werden kann. Es geht hierbei neben der Frage nach dem Verhältnis des Vindikationslegates zu den Grundsätzen des BGB (sachenrechtliche und erbrechtliche Prinzipien) (siehe § 14) gerade um die Entwicklung eines Gesetzesentwurfs zur Integration eines unmittelbar dinglich wirkenden Vermächtnisses in das nationale Erbrecht (vgl. hierzu § 15) und um die Frage nach dessen Vereinbarkeit mit den Grundwertungen des deutschen Erbrechts wie eines Nachlassgläubigerschutzes (siehe § 16). Es stellt sich zusammenfassend ausgedrückt die Problematik, wie diese Rechtsfigur im nationalen Recht ausgestaltet werden müsste, um sich in das bestehende Recht harmonisch einfügen zu können bzw. ob existierende erbrechtliche Grundwertungen, Grundsätze oder Gesetzesnormen abgeändert oder vollständig entfernt werden müssten. Hierbei geht es auch um die Frage, was den Gesetzgeber bei Inkrafttreten des BGB zur Entscheidung gegen das Vindikationslegat und folglich zur Entscheidung für die ausschließliche Einführung des Damnationslegats bewog. Ein Vindikationslegat fand sich bereits vor dem Inkrafttreten des BGB im Jahr 1900 grundsätzlich sowohl im römischen Recht als auch im ALR, im gemeinen Recht, im Code civil, im Sächsischen BGB und im CMBC (vgl. § 11).

> „Dort [im römischen Recht] konnte der Erblasser, jedenfalls für Sachen, die in seinem quiritischen Eigentum standen, wählen zwischen der Anordnung eines ‚legatum per damnationem‘ [einfach] und eines ‚legatum per vindicationem‘ [einfach]. Während das ‚legatum per damnationem‘ [einfach] nur obligatorisch wirkte, dem Vermächtnisnehmer nur einen Übereignungsanspruch gab, fiel beim ‚legatum per vindicationem‘ [einfach] das Eigentum unmittelbar dem Vermächtnisnehmer (Legatar) zu, und zwar ohne dass der Erbe Zwischeneigentümer wurde, mit der Folge, dass der Legatar die Sache nicht nur von jedem besitzenden Dritten, sondern auch vom besitzenden Erben mit der ‚rei vindicatio‘ [einfach] (heute § 985 BGB) herausverlangen konnte.“[21]

Warum entschied sich der Gesetzgeber von dem vor dem Inkrafttreten des BGB bestehenden Rechtsgedanken des unmittelbar dinglich wirkenden Vermächtnisses abzuweichen? Hierbei stellt sich insbesondere unter kritischer

---

[21] *Muscheler,* Universalsukzession und Vonselbsterwerb, S. 21.

detaillierter Prüfung der Argumente des Gesetzgebers die Frage, ob die überzeugenderen und nachvollziehbareren Gründe tatsächlich gegen die Integration eines Vindikationslegates in das nationale Recht sprachen bzw. immer noch sprechen. Können nicht die besseren Argumente für die ausschließliche Einführung eines unmittelbar dinglich wirkenden Vermächtnisses in das geltende nationale Recht angeführt werden bzw. für eine Existenz des Vindikationslegats neben dem bereits bestehenden Damnationslegat?

Im Ergebnis werden die Reformbestrebungen zur Einführung eines Vindikationslegates in das nationale Erbrecht nicht zu überzeugen vermögen. Durch die Integration eines unmittelbar dinglich wirkenden Vermächtnisses kann kein derart hohes Schutzniveau gewährleistet werden, um sich widerspruchsfrei zu der gesetzgeberischen Grundwertung des deutschen Erbrechts in Bezug auf den Nachlassgläubigerschutz in das BGB einfügen zu können (vgl. hierzu § 16). Man müsste anschließend auch daran denken, dass man anstelle der Einführung eines neuartigen Rechtsinstitutes eine ggf. leichter umzusetzende teilweise Reform im Rahmen des derzeit existenten Vermächtnisrechts in Betracht zu ziehen hätte. Könnte man dem Damnationsvermächtnisnehmer und somit letztlich dem Willen des Erblassers in Bezug auf den Erhalt eines konkreten Gegenstandes nicht durch die Schaffung zusätzlicher Normen wie der Integration eines Verfügungsverbotes zu Lasten des Erben als Rechtsinhaber des vermachten Gegenstandes ein umfangreicheres Schutzniveau zuteilwerden lassen? Letztlich vermag auch dieser alternative Lösungsansatz nicht zu überzeugen (siehe § 17, I.). Dies gilt ebenso für eine anzudenkende Modifikation des bestehenden Testamentsvollstreckungsrechts oder des Grundsatzes des Vonselbsterwerbs (vgl. § 17, II. und III.). Im Ergebnis möchte sich diese wissenschaftliche Ausarbeitung gegen die Einführung eines Vindikationslegates bzw. die angedachten alternativen Lösungsvorschläge aussprechen und für eine entsprechende Anwendung der §§ 771 ZPO, 47 InsO gegenüber dem Zugriff von Erbeneigengläubigern, für eine analoge Anwendung des § 816 Abs. 1 S. 2 BGB im Falle unentgeltlicher Verfügungen des Erben über den vermachten Gegenstand und für ein Ablösungsrecht gemäß § 268 BGB, um durch eine vorrangige Nachlassgläubigerbefriedigung das sich aus § 2174 BGB ergebende Recht, von dem Beschwerten die Leistung des vermachten Gegenstandes zu fordern, zu erhalten (siehe hierzu § 17, IV.).

II. Die Begrenzung des Untersuchungsgegenstandes

Die Ausführungen im Rahmen dieser wissenschaftlichen Ausarbeitung beschränken sich auf das materielle Recht Deutschlands und anderer Rechtsordnungen. Auf Fragen des Internationalen Privatrechts wird hierbei gerade nicht eingegangen. Es geht somit nicht um die Frage, welches materielle Privatrecht auf einen Sachverhalt mit Auslandsbezug anzuwenden ist und insbesondere nicht um die kollisionsrechtliche Behandlung dinglich wirkender Vermächtnisse. Diesem Thema widmet sich bereits eine Vielzahl an Rspr. und Literatur[22]. Bzgl. der Einführung eines Vindikationslegates in das deutsche Recht findet sich hingegen seit dem Inkrafttreten des BGB kaum Literatur[23]. Die diesbezüglich vorhandene Literatur ist in den allermeisten Fällen

---

[22] Z.B.: BGH, DNotZ 1995, 704 bis 708 (Nr. 3 Zur dinglichen Wirkung eines aufgrund ausländischen Rechts begründeten Vermächtnisses auf ein in Deutschland belegenes Grundstück); KG, ZEV 2008, 440 (441); *van Venrooy,* ZVglRWiss 85 (1986), 205 bis 236 (Inländische Wirkung ausländischer Vindikationslegate); *Edenfeld,* ZEV 2000, 482 bis 485 (Der deutsche Erbschein nach ausländischem Erblasser); *Süß,* RabelsZ 65 (2001), 245 bis 263 (Das Vindikationslegat im Internationalen Privatrecht); *Schmidt,* RabelsZ 77 (2013), 1 bis 30 (Die kollisionsrechtliche Behandlung dinglich wirkender Vermächtnisse. Ein Prüfstein für Grundfragen des internationalen und des materiellen Privatrechts); *Schmidt,* ZEV 2014, 133 bis 139 (Ausländische Vindikationslegate über im Inland belegene Immobilien – zur Bedeutung des Art. 1 Abs. 2 lit. l EuErbVO); *Gärtner* (Die Behandlung ausländischer Vindikationslegate im deutschen Recht); MüKo-BGB/*Leipold,* § 1939 BGB Rn. 2 m.w.N.; MüKo-BGB/*Dutta,* Art. 25 EGBGB Rn. 169 m.w.N.

[23] Z.B.: *Leonhard,* S. 317, 318; *Muscheler,* Erbrecht, Bd. 1, § 18 Rn. 946 bis 960 (*Muscheler* spricht hierbei zumindest – jedoch unter Bezugnahme auf die Ausführungen im Rahmen der Protokolle – von einem kausal beschränkten Verfügungsrecht zugunsten des Erben im Falle der Einführung eines Vindikationslegates, vgl. § 18 Rn. 952); *Bartholomeyczik,* Erbeinsetzung, andere Zuwendungen und Erbschein, S. 132 bis 142 (*Bartholomeyczik* (S. 135 bis 137) erwähnte hierbei eine Haftung des Vindikationslegatars im Außen- oder Innenverhältnis und wies im Rahmen der knappen Darstellungen in Bezug auf eine Haftung im Innenverhältnis auf Folgendes hin: „Hätte der Erbe die Befugnis, über den vermachten Gegenstand zur Befriedigung der Nachlaßgläubiger zu verfügen, so müßte man gleichzeitig beeinträchtigende Verfügungen des Vermächtnisnehmers ausschließen. Dem Vermächtnisnehmer müßte hierzu die Veräußerung verboten sein, bis feststeht, daß der Gegenstand zur Befriedigung der Nachlaßverbindlichkeiten nicht nötig ist. Das Veräußerungsverbot könnte aber den Erwerb durch gutgläubige Dritte nicht ausschließen. Daher müßte man dem Vermächtnisnehmer weiter verbieten, ohne Zustimmung des Erben eine vermachte bewegliche Sache in Besitz zu nehmen, gebuchte Rechte umschreiben zu lassen oder eine vermachte Forderung einzuziehen."); *Ebenroth,* § 7 Rn. 449; *v. Lübtow,* Hbd. 1, S. 387 (Dieser sprach lediglich davon, dass der Grundgedanke des unmittelbar dinglich wirkenden Vermächtnisses „freilich erst juristisch durchgeführt werden mußte".); *Lange/Kuchinke,* S. 622, 623; *Windel,* S. 59, 60, 462, 463, 464 (*Windel* (S. 60, 463) äußert sich dahingehend, dass „die Befürworter des Vindikationslegates es versäumt [haben], ihre rechtspolitischen Forderungen mit einem ausgearbeiteten Haftungsmodell zu untermauern" und „Übersichten über die denkbaren Haftungsmodelle [...] selten [sind]". Im Ergebnis spricht aber auch *Windel* (S. 463) lediglich davon, dass „[d]amit [...] nur der Vorschlag übrig [bleibt], den Legatar im Außenverhältnis einer gegenständlich beschränkten Haftung zu unterwerfen, die bei Verlust oder Untergang des Zuwendungsgegenstandes durch eine Werthaftung abgesichert wird". An detaillierteren Darstellungen *Windels* mangelt es hingegen.); Staudinger-BGB/*Boehmer* (1954), § 1922 BGB Rn. 240 bis 243 (*Boehmer* (Rn. 241) brachte zum Ausdruck, dass es im Falle der Integration eines Vindikationslegates in das nationale Recht sehr schwer sei, geeignete Schutzmaßnahmen zugunsten der

weiterhin sehr knapp und beschränkt sich größtenteils auf die bereits in den Motiven und Protokollen festgeschriebenen Gründe für und gegen die Einführung eines Vindikationslegates. Detailliert ausformulierte Lösungsvorschläge und Modelle wie solche in Bezug auf die Gewährleistung eines ausreichenden Nachlassgläubigerschutzes fehlen indes durchwegs.

Nachlassgläubiger zu finden und ging ganz knapp auf die Begriffe einer unmittelbaren oder mittelbaren Haftung des Vindikationslegatars ein.).

Kapitel 2

Grundsätze des nationalen Erbrechts

Neun Grundsätze bilden das Fundament des Erbrechts des BGB, wobei es sich bei sechs dieser Prinzipien um solche materialer Natur und bei den übrigen drei Grundsätzen um solche eher rechtstechnischer Natur handelt[1]. Zu den materialen Grundsätzen des deutschen Erbrechts gehören das Prinzip der Privaterbfolge, das die gesetzliche Erbfolge prägende Prinzip des Familien- und Verwandtenerbrechts (§§ 1924 ff. BGB), das Prinzip der Testierfreiheit (§§ 1937, 1941 BGB), die Prinzipien der Personalität, der Staatsfreiheit und der Postmortalität[2]. Das erbrechtliche Abstraktionsprinzip, das Prinzip des Vonselbsterwerbs (§ 1922 Abs. 1 BGB) und das Prinzip der Universalsukzession[3] (§ 1922 Abs. 1 BGB) zählen hingegen zu den eher rechtstechnisch orientierten Grundlagen des nationalen Erbrechts[4]. Die nachfolgenden Ausführungen werden, auf Grund der für die vorliegende wissenschaftliche Ausarbeitung vordergründig relevanten fundamentalen Prinzipien, lediglich auf den materialen Grundsatz der Testierfreiheit (vgl. hierzu § 3) und die rechtstechnischen Prinzipien des Vonselbsterwerbs und der Universalsukzession (siehe § 4) näher eingehen.

---

[1] *Muscheler,* Erbrecht, Bd. 1, § 18 Rn. 731. 1999 sprach *Muscheler* (Jura 1999, 234) hingegen lediglich von fünf Grundsätzen, von denen zwei eher rechtstechnischer und drei materialer Natur seien.

[2] *Muscheler,* Erbrecht, Bd. 1, § 18 Rn. 731.

[3] Im Rahmen der nachfolgenden Ausführungen werden zwei Begriffspaare zu unterscheiden sein: die Universal- und Singularsukzession einerseits und die General- und Spezialerbfolge auf der anderen Seite (vgl. *Heusler,* S. 533). Die Spezialerbfolge wird auch als Sondererbfolge bezeichnet und kann im Gegensatz zur Singularsukzession auch Universalsukzession sein, da sich auch die einer Spezialerbfolge unterliegenden Vermögensgruppen geschlossen auf die jeweiligen Erben übertragen (vgl. *Heusler,* S. 533; *Muscheler,* Universalsukzession und Vonselbsterwerb, S. 17).

[4] *Muscheler,* Erbrecht, Bd. 1, § 18 Rn. 732, 733.

§ 3 Die Testierfreiheit

I. Der Grundsatz der Testierfreiheit

Eine der gesetzgeberischen Grundentscheidungen, die mitunter dem fünften Buch des BGB (§§ 1922–2385 BGB) sein grundlegendes Charakteristikum verleiht, ist diejenige, das materielle deutsche Erbrecht unter das Prinzip der Testierfreiheit zu stellen. Dieses materiale Prinzip als solches wird zwar namentlich nicht ausdrücklich erwähnt, kommt jedoch durch das Zusammenspiel einzelner Normen (u.a. der §§ 1937 bis 1941 BGB) zum Ausdruck und wird durch diese im Rahmen des BGB gesetzlich verankert[5]. Der königlich bayerische Ministerialrat *v. Schmitt* (Redaktor des Erbrechts des BGB) hatte in seinem „Entwurf eines Rechtes der Erbfolge für das Deutsche Reich nebst dem Entwurfe eines Einführungsgesetzes“ von 1879 die nachfolgende Formulierung des § 1 vorgeschlagen:

> „Jedem steht das Recht zu, über sein Vermögen von Todeswegen durch einseitige Willenserklärung zu verfügen. Letzter Wille.“[6]

Diese Abfassung fand im Rahmen der Arbeiten der ersten Kommission durch § 1751 in stilistisch abgewandelter Form seinen Weg in den Entwurf des BGB[7]. Da die zweite Kommission einen derartigen Paragraphen jedoch für überflüssig und selbstverständlich hielt, wurde dieser von der zweiten Kommission gestrichen, was jedoch keinerlei Auswirkungen auf den Vorrang der Testierfreiheit vor der gesetzlichen Erbfolge hatte[8].

---

[5] MüKo-BGB/*Leipold,* § 1937 BGB Rn. 1.

[6] *v. Schmitt,* in: Die Vorentwürfe der Redaktoren zum BGB, Erbrecht, Teil 1, S. 1, 7. Die Formulierung *v. Schmitts* des § 1 im Teilentwurf von 1879 findet sich auch bei *Schröder,* S. 22 und *Landau,* ZRG GA 114 (1997), 56. Im Rahmen der „Aenderungsvorschläge des Referenten zu dem Entwurfe von 1879“ befürwortete *v. Schmitt* (in: Die Vorentwürfe der Redaktoren zum BGB, Erbrecht, Teil 2, S. 551, 557) im Jahre 1886 in Bezug auf § 1 folgende Formulierung: „Ein Jeder kann, soweit nicht ein Anderes aus dem Gesetze sich ergiebt, von Todeswegen durch einseitige Willenserklärung verfügen und die von ihm einseitig getroffene Verfügung zu jeder Zeit widerrufen. Letzter Wille; letztwillige Verfügung.“

[7] § 1751: „Der Erbe kann von dem Erblasser durch Verfügung von Todeswegen bestimmt werden (Erbeinsetzung).

Wenn und soweit der Erblasser einen Erben nicht eingesetzt hat oder die Erbeinsetzung unwirksam ist oder unwirksam wird, tritt die gesetzliche Erbfolge ein.“ (vgl. *Mugdan,* Bd. 5, I). Hinweise zu § 1751 finden sich auch bei *Landau,* ZRG GA 114 (1997), 56, 57.

[8] *Mugdan,* Bd. 5, S. 384 (Protokolle), wobei sich die zweite Kommission dafür aussprach, dass der in § 1751 Abs. 2 formulierte Gedanke zumindest im Rahmen einer anderen Vorschrift im Bereich der gesetzlichen Erbfolge aufgenommen werden sollte; *Schröder,* S. 24; *Landau,* ZRG GA 114 (1997), 56, 57.

II. Die verfassungsrechtliche Verankerung

Die Testierfreiheit kann als die speziell auf die erbrechtlichen Besonderheiten zugeschnittene Ausprägung der im Rahmen des Art. 2 Abs. 1 GG verfassungsrechtlich geschützten Privatautonomie verstanden werden[9]. Ähnlich wie im Rahmen der sog. Vertragsfreiheit als Ausdruck der Privatautonomie zwischen der Abschluss-, Inhalts- und Formfreiheit differenziert werden kann, besteht auch die Möglichkeit, die Testierfreiheit als besondere Ausprägung der Privatautonomie in drei Unterpunkte zu gliedern[10]: Dem Erblasser ist zunächst im Sinne einer Errichtungsfreiheit, als Pendant zur Abschlussfreiheit bei der Vertragsfreiheit, die grundsätzliche Entscheidung überlassen, ob er überhaupt eine Verfügung von Todes wegen errichten[11] oder seine Vermögensverhältnisse nach seinem Ableben ganz oder teilweise im Sinne der gesetzlichen Erbfolge regeln lassen möchte. Des Weiteren kann von einer materialen und formalen Inhaltsfreiheit des Erblasser gesprochen werden, was bedeutet, dass der Erblasser auf der einen Seite eine Entscheidung darüber treffen kann, welchen Personen er was zuwenden möchte und diesem auf der anderen Seite verschiedene wählbare Gestaltungsarten einer Verfügung von Todes wegen wie die Erbeinsetzung, das Vermächtnis, die Auflage und die Testamentsvollstreckung und differenzierte Verfügungsformen, wie das Testament und der Erbvertrag, das Einzeltestament und das gemeinschaftliche Testament, das notarielle und das eigenhändige Testament, zur Verfügung stehen[12]. Die Testierfreiheit als solche genießt jedoch nicht nur als Unterfall der in Art. 2 Abs. 1 GG geschützten Privatautonomie verfassungsrechtlichen Schutz, sondern wird auch vom sachlichen Schutzbereich des im spezielleren Freiheitsgrundrecht des Art. 14 Abs. 1 S. 1 GG normierten Erbrechts umfasst[13].

---

[9] MüKo-BGB/*Leipold,* Bd. 9, Einl. Rn. 17; *Muscheler,* Erbrecht, Bd. 1, § 13 Rn. 327.

[10] *Muscheler,* Erbrecht, Bd. 1, § 13 Rn. 329.

[11] *Muscheler,* Erbrecht, Bd. 1, § 13 Rn. 329.

[12] *Muscheler,* Erbrecht, Bd. 1, § 13 Rn. 329.

[13] Jarass/Pieroth/*Jarass,* Art. 14 GG Rn. 102 m.w.N. Auch *Muscheler* (Erbrecht, Bd. 1, § 9 Rn. 206, 207) und *Vyas* (ZEV 2002, 1, 2) ordnen die Testierfreiheit der Erbrechtsfreiheit in Art. 14 Abs. 1 S. 1 Alt. 2 GG zu. Eine andere Ansicht vertritt hingegen *Stöcker* (WM 1979, 220), der davon ausgeht, dass die Testierfreiheit der Eigentumsgarantie des Art. 14 Abs. 1 S. 1 Alt. 1 GG zuzuordnen sei. *Stöcker* (WM 1979, 220) äußert sich weiterhin folgendermaßen: „[D]ie Garantie des subjektiven Erbrechts […] [meint] ein Recht zu erben, ein Recht nicht des Erblassers, sondern ein Erbenrecht […].“ *Rauscher* (S. 33) schließt sich der Ansicht *Stöckers* an und äußert sich folgendermaßen: „Geht man jedoch unbefangen von der Erkenntnis aus, daß sich in der Testierfreiheit der ‚letzte Eigentums-Wille‘ [einfach] des Erblassers verwirklicht, so bleibt nur die Schlußfolgerung, daß für die Gewährleistung dieses Freiheitsrechtes die Eigentumsgarantie zuständig ist.“ Vgl. die Ausführungen bei MüKo-BGB/*Leipold,* Bd. 9, Einl. Rn. 22 in Bezug auf die Gewährleistung des Erbrechts in den unterschiedlichen Landesverfassungen.

„Als Verfügungsbefugnis des Eigentümers über den Tod hinaus ist die Testierfreiheit mit der Garantie des Eigentums eng verknüpft.“[14]

Das BVerfG[15] und der BGH[16] bezeichnen die Testierfreiheit als ein „bestimmendes Element der Erbrechtsgarantie“ und lassen nicht nur der Eigentums-, sondern auch der Erbrechtsgarantie „als Element der Sicherung der persönlichen Freiheit des Einzelnen von Verfassungs wegen [einen] besonders ausgeprägten Schutz“ zukommen.

III. Die rechtlichen Grenzen der Testierfreiheit

Trotz der im obigen Abschnitt beschriebenen verfassungsrechtlich besonders geschützten Verankerung der Testierfreiheit darf keineswegs verkannt werden, dass die Testierfreiheit nicht grenzenlos gewährleistet wird, sondern gewissen Schranken unterliegt. Als derartige Einschränkung der Gestaltungsfreiheit im Erbrecht ist – auszugsweise aus weiteren denkbaren Begrenzungen der Testierfreiheit – neben den Regelungen des Pflichtteilsrechts naher Angehöriger (§§ 2303 ff. BGB) und den §§ 134, 138 BGB, ein dem Sachenrecht ähnlicher Typenzwang anzuführen[17]. Die Begründung ist darin zu sehen, dass das Erbrecht dem Sachenrecht näher steht als dem Schuldrecht, da die Normen des Erbrechts, wie diejenigen des Sachenrechts, weitestgehend Regelungen bzgl. der Güterzuordnung treffen und nicht lediglich obligatorische Wirkungen inter partes schaffen[18].

„Der Erblasser kann daher nur solche Verfügungen treffen, die im Gesetz ausdrücklich als zulässig anerkannt sind [u.a. §§ 1937 bis 1940 BGB] oder deren Zulässigkeit sich, wenn auch nur indirekt durch Auslegung, aus dem Inhalt der gesetzlichen Bestimmungen ergibt.“[19]

Im Rahmen der vom Erblasser gewählten Verfügungsform (Einzeltestament, gemeinschaftliches Testament oder Erbvertrag) hat dieser wegen der weitest-

---

[14] MüKo-BGB/*Leipold,* Bd. 9, Einl. Rn. 32.

[15] BVerfGE 67, 329 (341) m.w.N.; 112, 332 (348).

[16] BGHZ 118, 361 (365).

[17] MüKo-BGB/*Leipold,* § 1937 BGB Rn. 10; Staudinger-BGB/*Otte* (2008), Vorbem. zu §§ 1937–1941 BGB Rn. 14; *Kipp/Coing,* S. 134; *v. Lübtow,* Hbd. 1, S. 110, 111; Nieder/Kössinger/Kössinger/*Nieder/W. Kössinger,* § 3 Rn. 34; *Bund,* JuS 1968, 271. *Strothmann* (Jura 1982, 349 bis 358) beschäftigte sich mit der privatautonomen Gestaltungsfreiheit im Recht der Verfügungen von Todes wegen und kam letztlich zu dem Ergebnis der Existenz eines Typenzwanges in Bezug auf die inhaltlichen Ausgestaltungen von Testamenten und Erbverträgen (358). Vgl. zur Testierfreiheit und zum Typenzwang auch die von *Deeg* bei der Juristischen Fakultät der Universität Passau eingereichte Dissertation.

[18] Nieder/Kössinger/Kössinger/*Nieder/W. Kössinger,* § 3 Rn. 34; *v. Lübtow,* Hbd. 1, S. 111; *Kipp/Coing,* S. 134; MüKo-BGB/*Leipold,* § 1937 BGB Rn. 10.

[19] Nieder/Kössinger/Kössinger/*Nieder/W. Kössinger,* § 3 Rn. 34. Vgl. hierzu auch die Ausführungen bei MüKo-BGB/*Leipold,* § 1937 BGB Rn. 10 und Staudinger-BGB/*Otte* (2008), Vorbem. zu §§ 1937–1941 BGB Rn. 14.

gehend zwingenden Festlegung der Rechtsfolgen somit keine oder nur geringfügige Möglichkeiten in Bezug auf eine von ihm eventuell präferierte individuelle inhaltliche Ausgestaltung[20].

Auf Grund der Tatsache, dass das Vermächtnis für den Bedachten nur das Recht begründet, von dem Beschwerten den vermachten Gegenstand zu fordern, und der Tatsache, dass Erbrecht angesichts des § 1922 Abs. 1 BGB bedeutet, dass das Vermögen als Ganzes auf den bzw. die Erben übergeht, kann mit Ausnahme der anerkannten Sondererbfolgen grundsätzlich kein Einzelgegenstand mit dinglicher Wirkung durch die Anordnung eines Vermächtnisses oder im Wege der Erbfolge zugewandt werden[21]. Die Aussage, dass ein bestimmter Gegenstand mit dinglicher Wirkung der Miterbengemeinschaft zugewandt werden kann, wäre zudem nicht korrekt, da die Erbengemeinschaft als solche kein selbstständiges Rechtssubjekt darstellt[22] und somit keine Möglichkeit besteht, dieser eine eigentümerrechtliche Position bzw. eine Stellung als Inhaber eines Rechts zuzusprechen. Die Nachlassgegenstände gehen in das gesamthänderisch gebundene Vermögen der Miterben über, vgl. § 2032 Abs. 1 BGB. Ein einzelner Gegenstand kann somit lediglich dem Alleinerben mit unmittelbar dinglicher Wirkung zugewandt werden und unter bestimmten Voraussetzungen im Wege der ausnahmsweise zulässigen Sondererbfolgen auch einem von mehreren Miterben.

§ 4 Die Grundsätze des Vonselbsterwerbs und der Universalsukzession

Das Erbrecht des BGB wird neben einem weiteren eher rechtstechnisch orientierten Grundsatz durch das Prinzip des Vonselbsterwerbs und das Prinzip der Universalsukzession flankiert[23], wobei es hierbei keinerlei Rolle spielt, ob sich die Erbfolge nach den Regelungen über die gesetzliche Erbfolge (§§ 1924 ff. BGB) oder nach der vorrangigen gewillkürten Erbfolge (§ 1937 BGB) bestimmt. Der Wille des Gesetzgebers, diese Grundsätze als solche der fundamentalsten des deutschen Erbrechts auszugestalten, zeigt sich

---

[20] Nieder/Kössinger/Kössinger/*Nieder/W. Kössinger,* § 3 Rn. 34; *Strothmann,* Jura 1982, 355; *Kipp/Coing,* S. 134, 135.

[21] Staudinger-BGB/*Otte* (2008), Vorbem. zu §§ 1937–1941 BGB Rn. 15; *v. Lübtow,* Hbd. 1, S. 110, 111; *Kipp/Coing,* S. 135; MüKo-BGB/*Leipold,* § 1937 BGB Rn. 10. *Otte* (NJW 1987, 3164 bis 3165) befasste sich mit der Frage, ob das Erbrecht des BGB eine Erbeinsetzung auf einzelne Gegenstände zulässt.

[22] BGH, NJW 1989, 2133 (2134); 2002, 3389 (3390) auch m.w.N. zu den vertretenen Gegenansichten; 2006, 3715 (3716); LG Berlin, NJOZ 2003, 2918 (2918, 2919); *Ulmer,* AcP 198 (1998), 124 bis 133; Staudinger-BGB/*Löhnig* (2016), § 2032 BGB Rn. 4; Palandt/*Weidlich,* Einf. v. § 2032 BGB Rn. 1; Beck'scher Online-Kommentar BGB/*Lohmann,* § 2032 BGB Rn. 5 m.w.N.; MüKo-BGB/*Gergen,* § 2032 BGB Rn. 12 m.w.N.; *Schlüter/Röthel,* § 32 Rn. 12.

[23] *Muscheler,* Erbrecht, Bd. 1, § 18 Rn. 732, 733.

insbesondere an deren Verankerung in § 1922 Abs. 1 BGB, d.h. ganz zu Beginn des fünften Buches des BGB[24].

I. Der Grundsatz des Vonselbsterwerbs

§ 1922 Abs. 1 BGB enthält zunächst das Prinzip des Vonselbsterwerbs, indem dieser bestimmt, dass das Vermögen nicht nur als Ganzes auf den oder die Erben übergeht, sondern zugleich mit dem Tod einer Person, d.h. im Zeitpunkt des Erbfalles. Das Vermögen als Ganzes geht somit ohne weiteren Übertragungsakt bzw. Zwischenschritt mit dem Tod einer Person auf den oder die Erben über. Dieser Grundsatz des Vonselbsterwerbs bedeutet einerseits, dass zu keinem Zeitpunkt ein herrenloser Nachlass bzw. eine ruhende Erbschaft (hereditas iacens) entstehen kann, da es nicht einmal den Zeitraum einer juristischen Sekunde zwischen dem Erbfall und dem Erbanfall gibt[25]. Des Weiteren folgt aus diesem in § 1922 Abs. 1 BGB normierten Grundsatz, dass es keinerlei Mitwirkung des oder der Erben bedarf, d.h. für den Erbschaftserwerb es weder auf eine Willensentscheidung des Berufenen ankommt, noch der Erbe eine irgendwie geartete Kenntnis vom Erbfall haben muss[26]. Das Prinzip des Vonselbsterwerbs führt auch dazu, dass es im deutschen Recht weder wie im anglo-amerikanischen Recht die obligatorische Einschaltung eines von einem Gericht oder vom Erblasser ernannten Verwalters, der dem Erblasser den nach der Begleichung der Nachlassverbindlichkeiten noch vorhandenen Nachlass aushändigt, noch eine gerichtliche oder behördliche „Einweisung“ des Erben in den Nachlass wie in Österreich (z.B. §§ 547, 799, 819 ABGB) gibt[27]. Zusammenfassend kann somit gesagt werden, dass sich das deutsche Erbrecht dafür entschied, den Erbanfall kraft Gesetzes ohne weitere Zwischenakte mit dem Tod des Erblassers eintreten zu lassen und dem Erben das Recht einzuräumen, die Erbschaft mit rückwirkender Kraft auszuschlagen (§§ 1942 Abs. 1, 1953 Abs. 1, 2 BGB)[28].

---

[24] *Muscheler,* Erbrecht, Bd. 1, § 18 Rn. 732, 733; *Muscheler,* Universalsukzession und Vonselbsterwerb, S. 141.

[25] *Muscheler,* Universalsukzession und Vonselbsterwerb, S. 142.

[26] *Muscheler,* Universalsukzession und Vonselbsterwerb, S. 142; Staudinger-BGB/*Otte* (2008), § 1942 BGB Rn. 5.

[27] Staudinger-BGB/*Otte* (2008), § 1942 BGB Rn. 2; *Muscheler,* Universalsukzession und Vonselbsterwerb, S. 142. Ein rechtsvergleichender Überblick in Bezug auf Annahme und Ausschlagung findet sich bei *Kipp/Coing,* S. 478 bis 482, *Ebenroth,* § 5 Rn. 379 bis 386 und *Lange/Kuchinke,* S. 191 bis 194.

[28] Staudinger-BGB/*Otte* (2008), § 1942 BGB Rn. 1.

II. Der Grundsatz der Universalsukzession

A. Gesamtes Vermögen

Neben dem Grundsatz des Vonselbsterwerbs enthält § 1922 Abs. 1 BGB zudem das Prinzip der Universalsukzession, indem diese Vorschrift bestimmt, dass das Vermögen nicht nur mit dem Tod einer Person auf den oder die Erben übergeht, sondern zugleich, dass das Vermögen als Ganzes übergeht. Die Entscheidung des Gesetzgebers für die Geltung dieses Prinzips im deutschen Recht stellt sicher, dass ohne Ausnahme alle Gegenstände des Vermögens des Erblassers bei dessen Tod auf den oder die Erben übergehen[29].

„In einem System, das keine gesetzliche oder gewillkürte Erbfolge und damit keine (erbrechtliche) Universalsukzession kennt, aber dem Erblasser erlauben würde, durch Einzelverfügungen von Todes wegen über sein Vermögen zu verfügen, wäre die Gefahr groß, dass der Erblasser einzelne Gegenstände vergisst.“[30]

Dies würde letztlich dazu führen, dass diese, im Wege von Einzelverfügungen von Todes wegen nicht berücksichtigten Sachen, herrenlos und die unbeachteten Forderungen des Erblassers gegenüber Dritten zugunsten dieser Schuldner des Erblassers erlöschen würden[31]. In einem Rechtssystem, das dem Erblasser die Möglichkeit von Einzelverfügungen von Todes wegen zuspräche, könnte diesem dargestellten Problem herrenlos werdender Sachen oder erlöschender Forderungen allenfalls dadurch abgeholfen werden, dass das jeweils geltende Recht eine Kombination von (grundsätzlicher) Universalsukzession und (ausnahmsweisen) Sondernachfolgen zuließe.

B. Übergang auf eine oder mehrere andere Personen (Erben)

Das Vermögen als Ganzes geht gemäß § 1922 Abs. 1 BGB auf eine oder mehrere andere Personen (Erben) über. Der Grundsatz der Universalsukzession bestimmt nicht nur, dass das gesamte Vermögen übergeht, sondern zudem, dass jeder Erblasser zumindest einen Erben als Nachfolger aufzuweisen hat[32], unabhängig davon, ob es sich um einen vorrangig durch Verfügung von Todes wegen bestimmten Erben oder einen gesetzlichen Erben i.S.d. §§ 1924 ff. BGB handelt. Im Ergebnis rücken ausschließlich die Erben bzw. der Erbe in das Vermögen des Erblassers nach[33]. Das Vermögen des Erblassers fällt zunächst vollständig dem bzw. den Erben an und ein unmittelbar

---

[29] *Meincke,* in: Rechtsnachfolge im Steuerrecht, S. 30; *Muscheler,* Erbrecht, Bd. 1, § 18 Rn. 742.

[30] *Muscheler,* Erbrecht, Bd. 1, § 18 Rn. 742.

[31] *Muscheler,* Erbrecht, Bd. 1, § 18 Rn. 742; *Meincke,* in: Rechtsnachfolge im Steuerrecht, S. 30.

[32] MüKo-BGB/*Leipold,* § 1922 BGB Rn. 120.

[33] *Muscheler,* Erbrecht, Bd. 1, § 18 Rn. 764.

dinglicher Übergang des Vermögens oder eines Teils des Vermögens auf einen Nichterben ist folglich grundsätzlich ausgeschlossen[34].

„Stets werden die Erben zunächst [...] alleinige Rechtsträger *aller*, auch der sonderzugeteilten Nachlassgüter und alleinige Pflichtträger aller, auch der auf diese sich beziehenden Nachlassverbindlichkeiten."[35]

C. Keine Erbeinsetzung auf einzelne Gegenstände oder Vermögensgruppen

Von besonderer Bedeutung und dem Grundsatz der Universalsukzession des Weiteren immanent ist letztlich die Aussage, dass das Vermögen als Ganzes auf eine oder mehrere andere Personen übergeht und somit eine Erbeinsetzung auf einzelne Gegenstände oder Vermögensgruppen nach dem BGB grundsätzlich nicht existiert[36]. Der Alleinerbe ist somit Alleinträger und die Miterben gemeinschaftliche Mitträger der vererblichen Rechtspositionen[37].

„Liegenschaften und Fahrnis, Handelsvermögen und Privatvermögen, Mannesgut und Frauengut, Vatergut und Muttergut, sachliche und persönliche Gebrauchsgegenstände, Hausrat und Familienerinnerungsstücke: Sie alle unterliegen heute grundsätzlich gleichen Erbregeln [...]."[38]

Eine unmittelbare dingliche Zuordnung einzelner Nachlassgegenstände an einzelne Erben ist somit unter Beachtung weniger Ausnahmekonstellationen weder durch letztwillige Verfügung noch durch Anordnungen in Erbverträgen denkbar. Derartige nicht mögliche unmittelbar dingliche Zuweisungen von einzelnen Gegenständen an bestimmte Miterben können in Testamenten oder Erbverträgen lediglich schuldrechtliche Wirkung entfalten und als Vorausvermächtnis (§ 2150 BGB), Teilungsanordnung (§ 2048 BGB) oder Auflage (§ 1940 BGB) angesehen werden[39].

D. Ausnahmen vom Grundsatz der Universalsukzession

Es finden sich aber auch Ausnahmen im Hinblick auf das Prinzip der Universalsukzession. Diese Abweichungen lassen sich in zwei Gruppen einteilen: die Sondererbfolge auf der einen Seite und die erbrechtsunabhängige Sonderrechtsnachfolge von Todes wegen auf der anderen[40].

---

[34] *Muscheler,* Erbrecht, Bd. 1, § 18 Rn. 771; MüKo-BGB/*Leipold,* § 1922 BGB Rn. 121.

[35] Staudinger-BGB/*Marotzke* (2008), § 1922 BGB Rn. 48.

[36] *Muscheler,* Erbrecht, Bd. 1, § 18 Rn. 770; Staudinger-BGB/*Marotzke* (2008), § 1922 BGB Rn. 47, 51. Zur Frage, ob das Erbrecht des BGB eine Erbeinsetzung auf einzelne Gegenstände zulässt, vgl. die Ausführungen bei *Otte,* NJW 1987, 3164 bis 3165.

[37] Staudinger-BGB/*Marotzke* (2008), § 1922 BGB Rn. 47.

[38] Staudinger-BGB/*Marotzke* (2008), § 1922 BGB Rn. 47.

[39] Staudinger-BGB/*Marotzke* (2008), § 1922 BGB Rn. 51.

[40] *Muscheler,* Erbrecht, Bd. 1, § 18 Rn. 852; MüKo-BGB/*Leipold,* § 1922 BGB Rn. 131, 132; *Windel,* S. 269 bis 323 und S. 324 bis 332. Die ausnahmsweise zulässigen

1. Sondererbfolge

Unter die Sondererbfolge als Ausnahme von dem in der Fundamentalnorm des § 1922 Abs. 1 BGB verankerten Grundsatzes der Universalsukzession sind diejenigen Fälle zu fassen, in denen es für bestimmte Rechte oder Rechtskomplexe des Erblassers zu einer Sondererbfolge kommt, d.h. diese Rechte oder Rechtskomplexe unmittelbar mit dem Tod des Erblassers einen vom Erwerb des sonstigen Nachlasses abweichenden Weg gehen[41]. Der Sondernachfolger zählt somit zum Kreis der Erben und die gesondert vererbten Rechte oder der gesondert vererbte Rechtskomplex zum Nachlass[42]. Diese Sondererbfolge findet sich lediglich im Bereich des Anerbenrechts und bei der Vererbung von Anteilen an einer GbR, OHG oder KG wieder, wobei weitere Fälle auf Grund des zwingenden Charakters des Grundsatzes der Universalsukzession gerade nicht durch Verfügung von Todes wegen begründet werden können[43].

a) Anerbenrecht

Der Begriff des Anerbenrechts[44] – auch landwirtschaftliches Erbrecht oder Höferecht genannt – bedeutet, dass der Hof nebst Bestandteilen und Zubehör

---

dinglich wirkenden Vermächtnisse als Ausnahmen vom Grundsatz der Universalsukzession werden aus thematischen Gründen erst an späterer Stelle verortet. Vgl. hierzu § 6, IV. B. 3. a) bis c).

[41] *Muscheler,* Jura 1999, 289; *Muscheler,* Erbrecht, Bd. 1, § 18 Rn. 852; MüKo-BGB/*Leipold,* § 1922 BGB Rn. 131.

[42] *Muscheler,* Jura 1999, 289; *Muscheler,* Erbrecht, Bd. 1, § 18 Rn. 852.

[43] MüKo-BGB/*Leipold,* § 1922 BGB Rn. 131.

[44] Die nachfolgenden Ausführungen zum Anerbenrecht beschränken sich auf die in den Ländern Hamburg, Niedersachsen, Nordrhein-Westfalen und Schleswig-Holstein geltende HöfeO (vgl. § 1 Abs. 1 S. 1 HöfeO).

§ 14 des Landesgesetzes über die Höfeordnung des Bundeslandes Rheinland-Pfalz (HO-RhPf) enthält beispielsweise eine der landesrechtlichen Regelungen des heutigen Höferechts der übrigen Bundesländer (vgl. Art. 64 EGBGB). § 14 HO-RhPf bestimmt: „Der Hof fällt, sofern der Eigentümer durch Verfügung von Todes wegen nichts anderes bestimmt hat, als Teil der Erbschaft kraft Gesetzes nur einem Erben zu. An die Stelle des Hofes tritt im Verhältnis der Miterben untereinander der Wert des Hofes (§ 21 Abs. 2).“

§ 11 der Hessischen Landgüterordnung enthalt zwar beispielsweise ebenfalls landesrechtliche Regelungen des heutigen Höferechts. Diese bleiben jedoch auf Grund des Übergangs des Hofes an den Anerben im Wege der erbrechtlichen Auseinandersetzung für die im Rahmen dieser Arbeit vorgenommene Schwerpunktsetzung außer Betracht. Der Übergang an den Anerben im Wege der erbrechtlichen Auseinandersetzung kann gerade nicht als Ausnahmekonstellation vom Grundsatz der Universalsukzession verstanden werden, da der Hof in diesem Falle (nebst Bestandteilen und Zubehör) zunächst in das gemeinschaftliche Eigentum der Miterben fällt. § 11 Abs. 1 der Hessischen Landgüterordnung (LandgO) bestimmt: „Wird der Eigentümer eines Landgutes von mehreren Nachkommen beerbt, so ist in Ermangelung einer entgegenstehenden letztwilligen Verfügung einer von diesen auf Grund des Zieles der Erhaltung der wirtschaftlichen Einheit des Hofes bei der Erbfolge immer ausschließlich an einen Hoferben (den Anerben) fällt, wobei dies entweder im Wege der Sondererbfolge geschieht oder im Wege der erbrechtlichen Auseinandersetzung[45].

§ 4 HöfeO als Bestandteil der erbrechtlichen Regeln der Höfeordnung, die nur bei der Vererbung von land- oder forstwirtschaftlichen Betrieben in Nordrhein-Westfalen, Schleswig-Holstein, Niedersachsen und Hamburg anwendbar sind (§ 1 Abs. 1 S. 1 HöfeO), bringt zum Ausdruck, dass ein land- oder forstwirtschaftliche Hof (nebst Bestandteilen und Hofzubehör, §§ 2, 3 HöfeO) unmittelbar mit dem Tod des Erblassers einen vom Erwerb des sonstigen Nachlasses abweichenden Weg geht und es sich somit um eine Ausnahme vom Grundsatz der Universalsukzession handelt. Diese Ausnahme gilt nicht nur, wenn der Eigentümer des Hofes kraft Gesetzes beerbt wird, sondern auch dann, wenn der Erblasser ein Testament oder einen Erbvertrag errichtet hat (vgl. § 7 Abs. 1 HöfeO). Sonstige Vermögensbestandteile des Erblassers werden hingegen nach den in den übrigen Fällen geltenden Normen des BGB vererbt[46]. Im Bereich des landwirtschaftlichen Erbrechts kann man aus diesem Grunde von einer sog. Nachlassspaltung sprechen, da mit dem Erbfall der Hof auf der einen Seite und das übrige Vermögen des Erblassers auf der anderen Seite dinglich getrennte Wege bestreiten[47]. Der Hof fällt mit dem Tod des Erblassers dem alleinigen gesetzlichen oder gewillkürten Hoferben an, wobei eine Erbengemeinschaft am Hof nicht denkbar ist[48]. Die Ausnahme vom Grundsatz der Universalsukzession besteht somit gerade darin, dass der land- oder forstwirtschaftliche Hof auf der einen Seite und das

---

berechtigt, bei der Erbteilung das Landgut nebst Zubehör nach Maßgabe der §§ 12 bis 23 zu übernehmen."

Dasselbe gilt für die Rechtslage im ehemaligen südbadischen Teil des Landes Baden-Württemberg (vgl. § 10 HofgutG BA). In Bayern, im Saarland, in Berlin, in den ehemals württembergischen Teilen des Landes Baden-Württemberg (außer Kraft gesetzt mit Ablauf des 31.12.2000), in Bremen (außer Kraft getreten mit Ablauf des 31.12.2014), in Mecklenburg-Vorpommern, Brandenburg, Thüringen, Sachsen und Sachsen-Anhalt gibt es hingegen kein besonderes Höferecht (mehr), was bedeutet, dass sich die Vererbung von land- oder forstwirtschaftlichen Betrieben nach den allgemeinen Regeln des BGB richtet (vgl. MüKo-BGB/*Leipold,* Bd. 9, Einl. Rn. 152 bis 155). Im Falle der gesetzlichen Erbfolge gibt es hierbei noch die Möglichkeit, den land- oder forstwirtschaftlichen Betrieb gemäß §§ 13 ff. GrdstVG gerichtlich einem der Miterben zuzuweisen (vgl. MüKo-BGB/*Leipold,* Bd. 9, Einl. Rn. 155; *Muscheler,* Erbrecht, Bd. 1, § 18 Rn. 853). Ein ausführlicher Überblick über das Landwirtschaftserbrecht findet sich bei *Ruby,* ZEV 2006, 351 bis 355. Eine Auflistung und genauere Darstellung der Rechtslage in den einzelnen Bundesländern findet sich auch bei Staudinger-BGB/*Mayer* (2013), Art. 64 EGBGB Rn. 103 bis 121.

[45] MüKo-BGB/*Leipold,* Bd. 9, Einl. Rn. 146.

[46] *Muscheler,* Erbrecht, Bd. 1, § 18 Rn. 857.

[47] *Muscheler,* Erbrecht, Bd. 1, § 18 Rn. 857.

[48] *Muscheler,* Erbrecht, Bd. 1, § 18 Rn. 857.

sonstige (hoffreie) Vermögen des Erblassers auf der anderen Seite gerade nicht „als Ganzes" i.S.d. § 1922 Abs. 1 BGB auf den oder die Erben übergehen.

„Der Hof im Sinne der HöfeO besteht selber aus einer Vielzahl einzelner subjektiver Rechte (§§ 2, 3 HöfeO). Da ‚der Hof' [einfach] dem Hoferben mit unmittelbarer dinglicher Wirkung und uno actu anfällt, handelt es sich der Form nach um *Universalsukzession*. Das sonstige Vermögen geht nach § 1922 Abs. 1 ebenfalls im Wege der Universalsukzession über […]."[49]

Man kann somit jeweils bzgl. der beiden voneinander getrennt zu behandelnden Vermögenskomplexe (Hof und hoffreies Vermögen) von einem Übergang im Wege der Universalsukzession sprechen, nicht hingegen bei Betrachtung des gesamten Vermögensbestandes zum Zeitpunkt des Erbfalles.

b) Vererbung von Anteilen an Personengesellschaften

Eine weitere Ausnahme vom Grundsatz der Universalsukzession besteht im Rahmen der Vererbung von Anteilen an Personengesellschaften, wie der BGB-Gesellschaft, der OHG und der KG. Die Vorschriften betreffend den Tod eines Gesellschafters sind hierbei verschieden ausgestaltet (vgl. §§ 727 Abs. 1 BGB, 131 Abs. 3 S. 1 Nr. 1, 177 HGB). Beim Tod eines Gesellschafters einer GbR, OHG oder KG kommt es somit mangels abweichender vertraglicher Vereinbarungen zu den unterschiedlichsten rechtlichen Folgen: zur Auflösung der Gesellschaft, zur Fortsetzung der Gesellschaft mit den noch verbleibenden Gesellschaftern oder zum Eintritt des bzw. der Erben als Gesellschafter in die Gesellschaft. Im Gesellschaftsvertrag können jedoch von den gesetzlichen Bestimmungen abweichende Rechtsfolgen im Falle des Todes eines Gesellschafters vereinbart werden[50].

---

[49] *Muscheler,* Erbrecht, Bd. 1, § 18 Rn. 858. Es handelt sich im Rahmen der Vererbung eines land- oder forstwirtschaftlichen Betriebes um einen Fall der Sondererbfolge. Diese kann im Gegensatz zur Singularsukzession auch Universalsukzession sein (vgl. Kapitel 2, Fn. 3).

[50] *Muscheler* (Erbrecht, Bd. 1, § 18 Rn. 864) verweist hierbei auf folgende denkbare Konstruktionen: Fortsetzungsklausel, Auflösungsklausel, Eintrittsklausel, rechtsgeschäftliche und erbrechtliche Nachfolgeklausel. In erbrechtlicher Hinsicht problematisch können diejenigen Fallgruppen sein, in denen beim Tod eines Gesellschafters die Gesellschaft mit Nachfolgern (gesetzliche oder gewillkürte Erben oder außenstehende Dritte) des verstorbenen Gesellschafters fortgesetzt werden soll, d.h. dass die Gesellschaft mit anderen Personen weiterzuführen ist, die die Rechtsstellung des verstorbenen Gesellschafters übernehmen sollen (Eintrittsklausel, rechtsgeschäftliche und erbrechtliche Nachfolgeklausel) (vgl. MüKo-BGB/*Leipold,* § 1922 BGB Rn. 67). Im Falle der gesetzlich vorgesehenen oder durch den Gesellschaftsvertrag vereinbarten Auflösung der Gesellschaft beim Tod eines Gesellschafters kommt es ebenso wie im Falle der Fortsetzung der Gesellschaft mit den noch verbleibenden Gesellschaftern gerade zu keinen erbrechtlichen Besonderheiten (vgl. *Muscheler,* Erbrecht, Bd. 1, § 18 Rn. 865). Die Eintrittsklausel und die rechtsgeschäftliche

Die erbrechtliche Nachfolgeklausel kann ihre Wirkung lediglich dann entfalten, wenn die erbrechtliche und die gesellschaftsvertragliche Rechtslage miteinander korrespondieren[51]. Die gesellschaftsvertragliche Regelung hat in diesem Kontext der erbrechtlichen Nachfolgeklausel die Wirkung, dass der Gesellschaftsanteil i.S.d. § 1922 Abs. 1 BGB vererblich gestellt wird[52]. Nach dem Erbrecht selbst, d.h. nach der gesetzlichen oder gewillkürten Erbfolge, bestimmt sich schließlich, welche Person den vererblich gestellten Gesellschaftsanteil mit dem Tod des Gesellschafters erhält[53]. Im Rahmen dieser erbrechtlichen Nachfolgeklausel gibt es nunmehr auf Grund einer Kollision zwischen Erbrecht auf der einen Seite und Gesellschaftsrecht auf der anderen Seite eine Ausnahme vom Prinzip der Universalsukzession. Es könnte die Konstellation auftauchen, dass auf Grund der Tatsache, dass durch eine gesellschaftsvertragliche Regelung der Gesellschaftsanteil vererblich gestellt wird und durch eine Übereinstimmung von erbrechtlicher und gesellschaftsvertraglicher Rechtslage mehrere Erben als Nachfolger in den Gesellschaftsanteil des verstorbenen Gesellschafters berufen wären. Dies hätte grundsätzlich zur Folge, dass nach erbrechtlichen Regeln die Erbengemeinschaft als Gesamthandsgemeinschaft die Gesellschafterstellung erwerben würde[54]. In diesem Fall könnten die erbrechtlichen und die gesellschaftsrechtlichen Grundgedanken (haftungs- und organisationsrechtlicher Natur) in kein kollisionsfreies Verhältnis zueinander gebracht werden[55]. Diese Problematik wird dadurch gelöst, dass eine Sondererbfolge der einzelnen Miterben in den Gesellschaftsanteil zugunsten des Gesellschaftsrechts anerkannt wird[56]. Dies bedeutet, dass, falls alle Miterben zur Fortsetzung der Gesellschaft berufen sind, sich der Gesellschaftsanteil entsprechend der gesellschaftsvertraglich

---

Nachfolgeklausel gehören hierbei unter den Punkt der erbrechtsunabhängigen Sonderrechtsnachfolgen von Todes wegen (siehe § 4, II. D. 2.).

[51] MüKo-BGB/*Leipold,* § 1922 BGB Rn. 70; *Muscheler,* Erbrecht, Bd. 1, § 18 Rn. 867.

[52] MüKo-BGB/*Leipold,* § 1922 BGB Rn. 69; *Muscheler,* Erbrecht, Bd. 1, § 18 Rn. 867.

[53] MüKo-BGB/*Leipold,* § 1922 BGB Rn. 70; *Muscheler,* Erbrecht, Bd. 1, § 18 Rn. 867.

[54] MüKo-BGB/*Leipold,* § 1922 BGB Rn. 74.

[55] Beck'scher Online-Kommentar BGB/*Müller-Christmann,* § 1922 BGB Rn. 75. Eine ausführlichere Darstellung der Gründe findet sich bei MüKo-BGB/*Ulmer/Schäfer,* § 705 BGB Rn. 81 und MüKo-BGB/*Leipold,* § 1922 BGB Rn. 74.

[56] RGZ 16, 40 (56 bis 59); BGHZ 22, 186 (192, 193); 58, 316 (317) (wobei sich die Ausführungen lediglich darauf beziehen, dass eine Erbengemeinschaft nicht Mitglied einer Personengesellschaft sein kann); 68, 225 (237) m.w.N. für und gegen die Anerkennung einer Sondererbfolge; 91, 132 (135, 136); 98, 48 (51) m.w.N.; 108, 187 (194); BGH, NJW 1983, 2376 (2377) m.w.N.; 1999, 571 (572) m.w.N.; BayObLGZ 36, 34 (37) m.w.N.; MüKo-BGB/*Leipold,* § 1922 BGB Rn. 74 m.w.N.; Beck'scher Online-Kommentar BGB/*Müller-Christmann,* § 1922 BGB Rn. 77 m.w.N. Die Gegenansicht wird vertreten von *Börner,* AcP 166 (1966), 453 (dieser sprach von einer unter bestimmten Umständen gegebenen Zerstörung des erbrechtlichen Haftungssystems des BGB); *Weipert,* ZEV 2002, 302; *Flume,* in: FS für Wolfgang Schilling, S. 54.

und erbvertraglich bestimmten Quotierung auf die Miterben aufteilt, ansonsten nach Maßgabe der Erbquote[57].

2. Erbrechtsunabhängige Sonderrechtsnachfolge von Todes wegen

Die erbrechtsunabhängige Sonderrechtsnachfolge von Todes wegen zeichnet sich im Gegensatz zur Sondererbfolge dadurch aus, dass die unmittelbare Rechtsnachfolge in bestimmte Rechte oder Rechtskomplexe des Erblassers im Zeitpunkt des Erbfalles in ihren Voraussetzungen und Folgen nicht mit der gesetzlichen oder gewillkürten Erbfolge verbunden ist, was bedeutet, dass der Sonderrechtsnachfolger gerade nicht Erbe sein muss[58]. Im Rahmen der erbrechtsunabhängigen Sonderrechtsnachfolge von Todes wegen kann noch zwischen der gesetzlich angeordneten erbrechtsunabhängigen Sonderrechtsnachfolge von Todes wegen auf der einen Seite und der gewillkürten erbrechtsunabhängigen Sonderrechtsnachfolge von Todes wegen auf der anderen Seite differenziert werden[59].

---

[57] MüKo-BGB/*Leipold,* § 1922 BGB Rn. 74. Ein größeres Problem kommt in dem Falle zum Tragen, falls die Gesellschaft nicht mit allen Miterben, sondern nach der gesellschaftsvertraglichen Vereinbarung nur mit einem oder einem Teil der Miterben, fortgesetzt werden soll (vgl. hierzu die Ausführungen bei MüKo-BGB/*Leipold,* § 1922 BGB Rn. 75). Die heutige Rspr. geht davon aus, dass einer der Miterben oder ein Teil der Miterben den gesamten Gesellschafsanteil erlangt bzw. erlangen (vgl. BGHZ 68, 225, (237, 238) m.w.N. und unter Aufgabe der in BGHZ 22, 186 (195) vertretenen Gegenansicht). Der gesamte Gesellschaftsanteil geht somit wiederum im Wege der Sondererbfolge auf den einzelnen Miterben oder den Erbquoten entsprechend auf die jeweiligen Miterben über und diese müssten – sollte der erlangte Gesellschaftsanteil den Wert des ihnen als Miterben zugewandten Nachlassanteils übersteigen – den übrigen Miterben im Innenverhältnis Ausgleich leisten (vgl. MüKo-BGB/*Leipold,* § 1922 BGB Rn. 75; Beck'scher Online-Kommentar BGB/*Müller-Christmann,* § 1922 BGB Rn. 78). Diesbezüglich wird die qualifizierte erbrechtliche Nachfolgeklausel in dogmatischer Hinsicht als mit dem Erbfall vollzogene Teilungsanordnung mit unmittelbarer dinglicher Wirkung begriffen (MüKo-HGB/*Schmidt,* § 139 HGB Rn. 20; Beck'scher Online-Kommentar BGB/*Müller-Christmann,* § 1922 BGB Rn. 78).

[58] *Muscheler,* Erbrecht, Bd. 1, § 18 Rn. 852; MüKo-BGB/*Leipold,* § 1922 BGB Rn. 132.

[59] *Muscheler,* Erbrecht, Bd. 1, § 18 Rn. 883. Zur Fallgruppe der gesetzlich angeordneten erbrechtsunabhängigen Sonderrechtsnachfolgen von Todes wegen gehören die Sonderrechtsnachfolge von Todes wegen in das Mietverhältnis (§§ 563 ff. BGB) und die Sonderrechtsnachfolge von Todes wegen in Bezug auf die Ansprüche des Erblassers auf Sozialleistungen (§§ 56 bis 59 SGB I). Zur Fallgruppe der gewillkürten erbrechtsunabhängigen Sonderrechtsnachfolgen von Todes wegen gehören hingegen die rechtsgeschäftliche Nachfolgeklausel, die Eintrittsklausel, der Vertrag zugunsten Dritter auf den Todesfall, das Schenkungsversprechen unter Lebenden auf den Todesfall, entgeltliche Rechtsgeschäfte unter Lebenden auf den Todesfall und die Vereinbarung einer fortgesetzten Gütergemeinschaft unter Ehegatten im Rahmen eines Ehevertrages. Die Eintrittsklausel muss hierbei als Vertrag zugunsten Dritter auf den Todesfall eingeordnet werden (§ 331 BGB) und die

Die genauere Betrachtung des Wortlauts des § 1922 Abs. 1 BGB („deren Vermögen (Erbschaft)") könnte den Schluss zulassen, dass es sich im Rahmen der gewillkürten und gesetzlichen erbrechtsunabhängigen Sonderrechtsnachfolgen von Todes wegen von vornherein um keinerlei Ausnahmen vom Grundsatz der Universalsukzession handelt. § 1922 Abs. 1 BGB bestimmt, dass mit dem Tode einer Person (Erbfall) deren Vermögen (Erbschaft) als Ganzes auf eine oder mehrere andere Personen (Erben) übergeht. Der Begriff „Erbschaft" wird hierbei mit Vermögen des Erblassers legaldefiniert. *Müller-Christmann* und *Leipold* stellen fest, dass das Gesetz die Begriffe Erbschaft und Nachlass inhaltlich gleichbedeutend verwendet[60]. Die erbrechtsunabhängigen Sonderrechtsnachfolgen von Todes wegen könnten somit von vornherein gar nicht in den Anwendungsbereich des § 1922 Abs. 1 BGB fallen und somit keinerlei Ausnahmen vom Grundsatz der Universalsukzession darstellen. Die Fallgruppe der gewillkürten oder gesetzlichen erbrechtsunabhängigen Sonderrechtsnachfolgen von Todes wegen zeichnet sich gerade dadurch aus, dass die in Rede stehenden Vermögenswerte zwar mit dem Tode des Erblassers, jedoch außerhalb des Nachlasses auf den bzw. die Rechtsnachfolger übergehen. Sie sind im Ergebnis zu keiner Zeit zum Nachlass des Verstorbenen gehörig. Dies würde wiederum bedeuten, dass es sich hierbei gerade nicht um dasjenige Vermögen handeln kann, das i.S.d. § 1922 Abs. 1 BGB auf eine oder mehrere andere Personen (Erben) übergeht. Im Ergebnis läge somit nur im Rahmen der Sondererbfolge eine echte Ausnahme von der Uni-

---

(zulässige) rechtsgeschäftliche Nachfolgeklausel wohl als entgeltliches Rechtsgeschäft unter Lebenden auf den Todesfall bzw. als lebzeitiges Schenkungsversprechen auf den Todesfall. Fraglich ist, ob es sich bei den erbrechtsunabhängigen Sonderrechtsnachfolgen von Todes wegen überhaupt um Ausnahmen vom Grundsatz der Universalsukzession handelt. Dieses Problem möchte knapp anhand der rechtsgeschäftlichen Nachfolgeklausel erörtert werden: *Muscheler* (Erbrecht, Bd. 1, § 18 Rn. 866) trifft die Aussage, dass es sich im Falle der rechtsgeschäftlichen Nachfolgeklausel bei genauerer Betrachtung um keine Ausnahme vom Prinzip der Universalsukzession handelt. Bei der rechtsgeschäftlichen Nachfolgeklausel vollzieht sich der Erwerb des Gesellschaftsanteils des verstorbenen Gesellschafters außerhalb des Erbrechts und der Anteil gehört weder zum gesamthänderisch gebundenen noch zum sonstigen Nachlass (vgl. BayObLG, ZEV 2001, 74 (74); *Muscheler,* Erbrecht, Bd. 1, § 18 Rn. 866; MüKo-BGB/*Leipold,* § 1922 BGB Rn. 83). Im Ergebnis gilt festzuhalten, dass der Ausführung *Muschelers* im Ergebnis nicht beigepflichtet werden kann. An dieser Stelle gilt es anzumerken, dass *Muscheler* jedoch selbst keine konstante Linie verfolgt. Zunächst spricht er zwar davon, dass es sich bei genauerer Betrachtung um keine Ausnahme vom Grundsatz der Universalsukzession handelt. In selbigem Lehrbuch zum Erbrecht stellt er jedoch das Personengesellschaftsrecht als Sondererbfolge und die erbrechtsunabhängigen Sonderrechtsnachfolgen von Todes wegen in einem Schaubild als Ausnahmen vom Prinzip der Universalsukzession dar (vgl. *Muscheler,* Erbrecht, Bd. 1, § 18 Rn. 1007). Auf diese Problematik in Bezug auf den Anwendungsbereich des § 1922 Abs. 1 BGB wird nachfolgend genauer einzugehen sein.

[60] Beck'scher Online-Kommentar BGB/*Müller-Christmann,* § 1922 BGB Rn. 11 m.w.N.; MüKo-BGB/*Leipold,* § 1922 BGB Rn. 18.

versalsukzession vor. Ein derartiges Verständnis legt auch § 1922 Abs. 2 BGB nahe, der vom „Anteil eines Miterben (Erbteil)" spricht. Bereits *Leonhard* brachte Folgendes – unter dem Oberpunkt „Begriff des Nachlasses" – zum Ausdruck:

„Stets ist Voraussetzung [...] daß der Gegenstand dem Erblasser zur Zeit des Erbfalls gehört. Es scheiden danach aus dem Nachlaß die Rechte aus, die durch den Erbfall unmittelbar Dritten zufallen, also aller Erwerb aus den *Verträgen zu Rechten Dritter,* insbesondere aus der Lebensversicherung."[61]

Auf der anderen Seite gehören sowohl die Gegenstände, die den späteren Nachlass ausmachen, als auch diejenigen, die von den erbrechtsunabhängigen Sonderrechtsnachfolgen von Todes wegen erfasst werden, bis zum Zeitpunkt des Todes des Erblassers zu dessen Vermögen. § 1922 Abs. 1 BGB spricht gerade von dem Vermögen des Erblassers zum Zeitpunkt des Erbfalles. Der Übergang der Vermögenswerte im Wege der Sonderrechtsnachfolge und derjenige des (restlichen) Vermögens als Ganzes erfolgen zeitgleich, d.h. mit dem Tod des Erblassers. Von einer anderweitigen zeitlichen Reihenfolge ist gerade nicht auszugehen. Der Begriff des Vermögens des Erblassers (die gesetzliche Definition) und der Klammerzusatz (Erbschaft) stehen in einem sich widersprechenden Verhältnis. Fraglich ist hierbei, wie dieser Dualismus zufriedenstellend aufgelöst werden kann. Es ist im Ergebnis davon auszugehen, dass es sich um einen misslichen Begriff innerhalb der Klammer in Bezug auf die vorangestellte gesetzliche Definition (Legaldefinition) handelt. Das Vermögen besteht im Zeitpunkt des Todes des Erblassers nicht lediglich aus Gegenständen, die zum Nachlass zu zählen sind. Es ist anzunehmen, dass § 1922 Abs. 1 BGB das gesamte im Zeitpunkt des Erbfalles vorhandene Vermögen des Erblassers umfasst, nicht hingegen lediglich diejenigen Vermögenswerte, die in den Nachlass fallen. Man könnte daran denken, von einer Erbschaft im weiteren Sinne (gesamtes im Todeszeitpunkt existentes Vermögen des Erblassers für § 1922 Abs. 1 BGB) und einer Erbschaft im engeren Sinne (gleichbedeutend mit Nachlass) zu sprechen. Der hier teilweise erörterte Wortlaut des § 1922 Abs. 1 BGB muss gerade auf Grund der fundamentalen Bedeutung der Universalsukzession das gesamte Vermögen des Erblassers zum Zeitpunkt seines Todes erfassen. Das Vermögen des Erblassers soll gerade als wirtschaftlich sinnvolle Einheit (zumindest vorübergehend) zusammengehalten werden. Durch eine fehlende Einordnung der gewillkürten und gesetzlichen Sonderrechtsnachfolgen von Todes wegen als Ausnahmen von der Universalsukzession wäre der Großteil der Sonderrechtsnachfolgen aus dem Anwendungsbereich des § 1922 Abs. 1 BGB herausgenommen. Dies kann weder dem historischen Gesetzgeberwillen, dem systematischen Standort der Vorschrift noch dem hinter der Norm stehenden

61 *Leonhard,* S. 6 m.w.N.

Sinn und Zweck entsprechen. Es darf nicht dazu kommen, dass lediglich die Fälle der Sondererbfolgen anhand der Universalsukzession als Ausnahmen bewertet werden können, nicht hingegen die erbrechtsunabhängigen Sonderrechtsnachfolgen von Todes wegen. Bei einer anderweitigen Betrachtungsweise würden der Anwendungsbereich der Universalsukzession und dessen Ausnahmen u.a. über einen Ausschluss der im Wege von unentgeltlichen Zuwendungen unter Lebenden auf den Todesfall zugewandten Vermögensgegenstände definiert werden. Dies erscheint jedoch sehr absonderlich. Von den lebzeitigen Schenkungen auf den Todesfall wurde insbesondere aus dem Grunde in immer stärker ansteigendem Maße Gebrauch gemacht, dass die strengeren erbrechtlichen Vorschriften und der im Erbrecht vorherrschende Typenzwang keinerlei Beachtung bedürfen. Die Zuwendungen unter Lebenden auf den Todesfall würden somit im Ergebnis – bei fehlender Einordnung als Ausnahmekonstellation – u.a. zu einer (u.U. beabsichtigten) faktischen Umgehung des Grundsatzes der Universalsukzession führen. Es erscheint folglich nicht nachvollziehbar, diese Umgehungsversuche gerade nicht als Ausnahmen vom Grundsatz der Universalsukzession zu sehen. Der Vermögensbegriff i.S.d. § 1922 Abs. 1 BGB ist somit weit zu verstehen[62].

§ 5 Das Verhältnis zwischen der Testierfreiheit und den Grundsätzen des Vonselbsterwerbs und der Universalsukzession

Um an dieser Stelle die vorhergehenden Überlegungen und Ausführungen zu den fundamentalen Prinzipien der Testierfreiheit, des Vonselbsterwerbs und der Universalsukzession in einem zusammenfassenden Abschlussbericht zu resümieren, möchte angeführt werden, dass die Testierfreiheit, neben den obig erwähnten Beschränkungen u.a. durch das Pflichtteilsrecht und die §§ 134, 138 BGB, zudem durch den Grundsatz der Universalsukzession und

[62] Diese teilweise Wortlautanalyse des § 1922 Abs. 1 BGB gilt in gleichem Maße für das rechtliche Gebilde eines Vindikationslegates. Ein unmittelbar dinglich wirkendes Vermächtnis stellt wie die erbrechtsunabhängigen Sonderrechtsnachfolgen von Todes wegen eine Ausnahme vom Grundsatz der Universalsukzession dar. Auch für den Fall, dass sich diese Betrachtungsweise des Vermögensbegriffs in § 1922 Abs. 1 BGB nicht durchzusetzen vermag und folglich lediglich die Sondererbfolgen als Ausnahmen von der Universalsukzession zu behandeln sind, muss es sich trotz alledem auch für den Spezialfall des Vindikationslegates als gewillkürte Sonderrechtsnachfolge von Todes wegen um eine Ausnahmekonstellation von der Gesamtrechtsnachfolge handeln. Der im Wege eines Vindikationslegates zugedachte Gegenstand gehört zwar nicht zum Nachlass, muss jedoch als zum Nachlass gehörig behandelt werden (vgl. hierzu die Ausführungen in § 15, I. A. 3.).

des Vonselbsterwerbs eine Einschränkung erfährt[63]. Der Regelungsgehalt des § 1922 Abs. 1 BGB steht gerade nicht zur Disposition des Erstellers von Verfügungen von Todes wegen, was bedeutet, dass die gesetzlich vorgesehenen Grundsätze des Vonselbsterwerbs und der Universalsukzession zwingender Natur sind[64].

„Der Uebergang des Vermögens als eines Ganzen (Erbfolge) kann von dem Erblasser nicht ausgeschlossen werden."

Diese Vorschrift war in § 1749 Abs. 2 des ersten Entwurfs des BGB von 1888 aufgeführt[65]. Die erste BGB-Kommission sah die Einführung einer solchen Vorschrift auf Grund der fundamentalen Bedeutung des Grundsatzes der Universalsukzession für zweckmäßig und wollte die zwingende Natur der Vorschrift betonen[66]. Da die zweite BGB-Kommission den Inhalt des § 1749 Abs. 2 des Entwurfs jedoch für selbstverständlich erachtete und diese davon ausging, dass er sich bereits aus einer richtigen Auffassung der §§ 1937 ff. BGB ergebe, wurde § 1749 Abs. 2 des Entwurfs gestrichen[67].

---

[63] An dieser Stelle möchte auf Folgendes hingewiesen werden: „Zur *Testierfreiheit* steht das Prinzip der Universalsukzession in einem ambivalenten Verhältnis. Universalsukzession erweitert einerseits die Testierfreiheit und schränkt sie andererseits ein. Für den Erblasser bedeutet es einen Zuwachs an Verfügungsmacht, dass er sich einen (oder mehrere) Gesamtrechtsnachfolger küren kann und nicht darauf angewiesen ist, über sein Vermögen im Wege von Einzelvermächtnissen zu verfügen. Auf der anderen Seite entzieht sich der Regelungsgehalt des § 1922 Abs. 1 der Disposition des Erblassers. Die Anordnung der Universalsukzession ist, ebenso wie die des Vonselbsterwerbs, zwingend." (vgl. *Muscheler,* Erbrecht, Bd. 1, § 18 Rn. 738).

[64] *Muscheler,* Erbrecht, Bd. 1, § 18 Rn. 738.

[65] *Mugdan,* Bd. 5, I; *Hachenburg,* S. 647; *Muscheler,* Erbrecht, Bd. 1, § 18 Rn. 848.

[66] *Mugdan,* Bd. 5, S. 2 (Motive).

[67] *Mugdan,* Bd. 5, S. 383 (Protokolle); *Hachenburg,* S. 647; *Muscheler,* Erbrecht, Bd. 1, § 18 Rn. 848; Vgl. hierzu auch die Ausführungen im Rahmen der Zusammenstellung der gutachtlichen Aeußerungen zu dem Entwurf eines Bürgerlichen Gesetzbuchs, S. 5.

Kapitel 3

Reformbedürftigkeit des nationalen Erbrechts

Die nachfolgenden Ausführungen sollen auf Grund der obig aufgezeigten Testierfreiheit und deren Grenze durch den sog. Typenzwang die einzelnen Gestaltungsmöglichkeiten des Erblassers im Rahmen von Verfügungen von Todes wegen, die diesem nach heute geltendem Recht des BGB zur Verfügung stehen, um einzelne Gegenstände bestimmten Personen zuwenden zu können, aufzeigen und detaillierter betrachten (vgl. hierzu § 6). Hierbei geht es nicht nur um die generelle Analyse der Wirkungsweisen dieser inhaltlichen Ausgestaltungen von letztwilligen Verfügungen oder Erbverträgen, sondern insbesondere um deren gegenseitige Abgrenzung. Darüber hinaus sollen diese Gestaltungsmittel darauf untersucht werden, wie diese die Interessen des Erblassers zu realisieren wissen bzw. wie diese die Interessen der verschiedensten weiteren an einem Erbfall beteiligten Personen in unterschiedlichem Maße, ob positiv oder negativ, beeinträchtigen. Daneben stellt sich noch die Frage, ob sich die Wünsche des Erblassers nicht bereits mit Hilfe von lebzeitigen Rechtsgeschäften (siehe § 7) oder sog. Sukzessionen „am Erbrecht vorbei“ wie Rechtsgeschäften unter Lebenden auf den Todesfall (vgl. diesbezüglich § 8) bestmöglich umsetzen lassen und somit beispielsweise nicht auf die bzgl. der Formerfordernisse eventuell strengeren erbrechtlichen Verfügungsformen zurückgegriffen werden muss. Es soll somit im Nachfolgenden ein Vergleich zwischen Verfügungen von Todes wegen, Rechtsgeschäften unter Lebenden auf den Todesfall und lebzeitigen Rechtsgeschäften erfolgen, insbesondere im Hinblick auf deren Vor- und Nachteile und deren Auswirkungen auf die Interessen des (späteren) Erblassers, des begünstigten Vertragspartners, der Erben, der Gläubiger des Erblassers, der Pflichtteilsberechtigten, der Vermächtnisnehmer, der Gläubiger der Erben und des Rechtsverkehrs. Letztlich dienen die nachfolgenden Ausführungen der Beantwortung der Frage, ob die Interessen des Erblassers und des Bedachten am Erhalt eines konkreten Gegenstandes mit Hilfe von Verfügungen von Todes wegen oder auch einem Ausweichen auf lebzeitige Rechtsgeschäfte oder Rechtsgeschäfte unter Lebenden auf den Todesfall verwirklicht werden können und somit die Einführung eines Vindikationslegates in das nationale Erbrecht bereits unter dem Aspekt der Reformbedürftigkeit zum Scheitern verurteilt wäre.

Die Frage nach der Reformbedürftigkeit des deutschen Erbrechts wird letztlich positiv zu beantworten sein (siehe hierzu § 9). Die Analyse der Vor- und Nachteile von Verfügungen von Todes wegen, lebzeitigen Rechtsgeschäften und Zuwendungen unter Lebenden auf den Todesfall wird zu dem Ergebnis gelangen, dass dem Interesse des (späteren) Erblassers und der bedachten Personen an der Erlangung eines einzelnen Gegenstandes durch derzeit existente inhaltliche Ausgestaltungsmöglichkeiten nicht vollumfänglich zum Durchbruch verholfen werden kann.

Eine Änderung des nationalen Erbrechts wäre unter dem Aspekt der Reformbedürftigkeit somit zu begrüßen. Der (spätere) Erblasser hegt vielmals den Wunsch, konkrete Gegenstände bestimmten Personen wie Ehepartnern, Kindern, Kindeskindern, Bekannten usw. zu hinterlassen. Neben der Darstellung der (diesbezüglich unzureichenden) Möglichkeiten nach deutschem Recht, Einzelzuwendungen (auf den Todesfall) vorzunehmen, sollte der Blickwinkel in Bezug auf die Frage nach der Reformbedürftigkeit zusätzlich auf die Frage nach der Zeitgemäßheit des nationalen Erbrechts gelenkt werden (vgl. § 10). Seit dem Inkrafttreten des BGB am 01. Januar 1900 waren bzw. sind die Lebensverhältnisse im Deutschen Kaiserreich, in der Weimarer Republik, während der NS-Zeit, in der Deutschen Demokratischen Republik und in der Bundesrepublik Deutschland aus demografischer, soziologischer, ökonomischer und rechtlicher Sicht einem ständigen Wandel unterworfen. Unter dem Schlagwort des Anstiegs der durchschnittlichen Lebenserwartung wird zu zeigen sein, dass das Interesse des (späteren) Erblassers an der Zuwendung eines bestimmten Gegenstandes an eine konkrete Person im Laufe der vergangenen mehr als 100 Jahre gravierend zugenommen hat. Diese Ausführungen vermögen zwar die Reformbedürftigkeit des nationalen Erbrechts nicht auf eine weitere eigenständige Argumentationsgrundlage zu stützen. Für die Beantwortung der Frage nach der Reformbedürftigkeit kommt es ausschließlich darauf an, ob Rechtsinstitute im nationalen Recht existieren, die den Wunsch des (späteren) Erblassers bereits zu realisieren wissen. Das deutlich anwachsende Interesse des Erblassers an der Hinterlassung einzelner Gegenstände als Teilaspekt der Zeitgemäßheit nationalen Erbrechts vermag die Reformbedürftigkeit jedoch in einem noch notwendigeren Lichte erscheinen lassen und darf aus diesem Grunde im Rahmen der nachfolgenden Darstellungen nicht ausgespart bleiben.

§ 6 Verfügungen von Todes wegen[1]

Für den Erblasser besteht zunächst die Möglichkeit seine Vermögensverhältnisse für den Fall seines Ablebens mit Gestaltungsformen des Erbrechts zu regeln[2]. Hierfür stellt das Erbrecht des BGB auf der einen Seite den in Bezug auf vertragsmäßige Verfügungen bindenden Erbvertrag (§§ 2274 ff. BGB) und auf der anderen Seite die einseitige und bis zum Tode frei widerrufliche letztwillige Verfügung (§§ 2064 ff. BGB) bereit[3]. Für die inhaltliche Ausgestaltung dieser Verfügungsformen ordnet das BGB verschiedene wählbare Gestaltungsarten wie die Erbeinsetzung, das Vermächtnis, die Auflage oder die Testamentsvollstreckung an, derer sich der Ersteller von Verfügungen von Todes wegen bedienen kann.

Fallbeispiel: Der Erblasser möchte seinem Sohn auf Grund der vielen damit gemeinsam unternommenen Ausflüge seinen Oldtimer (Wert: 50.000,– Euro) zukommen lassen. Seiner Tochter möchte der Erblasser die Briefmarkensammlung im Wert von 40.000,– Euro zuwenden. Neben der Briefmarkensammlung und dem Oldtimer befinden sich im Eigentum des Erblassers noch ein bebautes Grundstück (Wert: 200.000,– Euro) und Barvermögen i.H.v. 20.000,– Euro.

I. Vorteile der Verfügungen von Todes wegen aus Sicht des Erblassers

Die Verfügungen von Todes wegen sind für den Erblasser auf Grund ihrer Wirkungen von besonderem Vorteil. Mit dem Tode einer Person geht deren Vermögen als Ganzes auf eine oder mehrere andere Personen über (§ 1922 Abs. 1 BGB). Durch das Vermächtnis wird für den Bedachten hingegen das Recht begründet, von dem Beschwerten die Leistung des vermachten Gegenstands zu fordern (§ 2174 BGB), wobei die Forderung des Vermächtnisnehmers grundsätzlich mit dem Erbfall zur Entstehung kommt (vgl. § 2176 BGB). Diese Vorschriften bringen zum Ausdruck, dass Verfügungen von Todes wegen erst mit dem Erbfall zu ihrer Wirksamkeit gelangen, wodurch sich der Verfasser die Verfügungsbefugnis über sein Hab und Gut bis zu seinem Tode aufrechterhalten kann. Dies gilt selbst im Rahmen des im Hinblick auf vertragsmäßige Verfügungen bindenden Erbvertrages[4]. Durch den Erbvertrag wird das Recht des Erblassers, über sein Vermögen durch Rechtsgeschäft unter Lebenden zu verfügen, gemäß § 2286 BGB nicht beschränkt.

---

[1] Die nachfolgenden Ausführungen lassen das gemeinschaftliche Testament (§§ 2265 ff. BGB) außer Acht und beschränken sich auf das Einzeltestament und den Erbvertrag. Hierdurch können bereits alle relevanten Aspekte dargestellt werden und die Betrachtung des gemeinschaftlichen Testaments würde gerade keine neuen Erkenntnisse mit sich bringen.

[2] *Ilchmann,* S. 45.

[3] *Ilchmann,* S. 45.

[4] *Ilchmann,* S. 46.

„Die Verfügungen von Todes wegen begründen zu Lebzeiten des Verfügenden keine Rechte oder Pflichten, sondern werden erst mit dem Todesfall wirksam.“[5]

Diese Aussage lässt in Bezug auf letztwillige Verfügungen und einseitige Verfügungen in Erbverträgen auf Grund der jederzeitigen Widerrufsmöglichkeit (vgl. §§ 2253 ff., 2299 Abs. 2 S. 1 BGB) von vornherein keinerlei Zweifel aufkommen.

„Daher kann bei gesetzlichen oder testamentarisch berufenen Erben zu Lebzeiten des Erblassers von einer rechtlich gesicherten, im Werden begriffenen Position [i.S.e.] [...] Anwartschaftsrechts nicht gesprochen werden [...].“[6]

Trotz der Tatsache, dass den vertragsmäßig Bedachten im Rahmen von Erbverträgen auf Grund der Vorschrift des § 2289 Abs. 1 S. 2 BGB ein weitreichenderer Schutz zugutekommt und von einer gesicherten rechtlichen Position gesprochen werden kann, liegt kein Anwartschaftsrecht vor, da der Begünstigte auch in dieser Konstellation vor dem Erbfall nicht über seine rechtliche Stellung durch Übertragung oder Belastung verfügen kann[7].

Es kommt somit im Rahmen von Erbverträgen und letztwilligen Verfügungen weder zu einer dinglichen Rechtsänderung im Vermögen des Erblassers[8], noch wird für die Begünstigten ein Anwartschaftsrecht oder Ähnliches begründet. Der Erblasser muss somit auch bei lebzeitigen Rechtsgeschäften über einen Gegenstand einer vertragsmäßigen Verfügung in einem Erbvertrag nach seinem Ableben keinerlei Schadensersatzansprüche des Begünstigten gegenüber seinen Erben befürchten. § 2286 BGB bestimmt zum einen, dass das Recht des Erblassers, über den Gegenstand durch Rechtsgeschäft unter Lebenden zu verfügen, nicht beschränkt ist und zudem kann der vertragsmäßig Bedachte nicht als ein unter einer aufschiebenden Befristung Berechtigter i.S.d. §§ 163, 160 Abs. 1 BGB angesehen werden. Die Rechte der vertragsmäßig Bedachten sind letztlich auch abschließend in den §§ 2287, 2288 BGB normiert.

II. Nachteile der Verfügungen von Todes wegen aus Sicht des Erblassers

Die Möglichkeit, seine Vermögensverhältnisse nach dem eigenen Ableben mit Hilfe von Verfügungen von Todes wegen zu regeln, stellt für den Erblasser jedoch auch gewisse Hürden bereit. Zunächst ist die Wirksamkeit von

[5] *Ilchmann*, S. 46.

[6] Beck'scher Online-Kommentar BGB/*Müller-Christmann*, § 1922 BGB Rn. 103. Die Fundstelle bezieht sich lediglich auf gesetzlich und testamentarisch berufene Erben, kann jedoch ohne Weiteres auf Grund der identischen jederzeitigen Möglichkeit des Widerrufs in gleichem Maße für die im Rahmen von einseitigen Verfügungen in Erbverträgen bedachten Personen Geltung beanspruchen.

[7] Beck'scher Online-Kommentar BGB/*Müller-Christmann*, § 1922 BGB Rn. 104 m.w.N.; MüKo-BGB/*Leipold*, § 1922 BGB Rn. 136.

[8] *Ilchmann*, S. 46.

Erbverträgen und letztwilligen Verfügungen an die Einhaltung gewisser Formvorschriften geknüpft. Ein Erbvertrag kann nur zur Niederschrift eines Notars bei gleichzeitiger Anwesenheit beider Teile geschlossen werden (§ 2276 Abs. 1 S. 1 BGB). Ein Testament hingegen kann in ordentlicher Form lediglich zur Niederschrift eines Notars oder durch eine vom Erblasser eigenhändig ge- und unterschriebene Erklärung i.S.d. § 2247 BGB errichtet werden (vgl. § 2231 BGB). Verfügungen von Todes wegen, die ihrer vorgeschriebenen Form ermangeln, sind formunwirksam und können folglich, mit Ausnahme eventuell möglicher Umdeutung (§ 140 BGB), keinerlei rechtliche Wirkungen entfalten[9].

Diese Problematik einzuhaltender Formvorschriften stellt sich zu einem Zeitpunkt, zu dem sich der Ersteller bereits dazu entschloss, seine Vermögensverhältnisse für den Zeitpunkt seines Ablebens zu ordnen. Im Rahmen von Verfügungen von Todes wegen gibt es jedoch des Weiteren eine Schwierigkeit, die sich in einigen Fällen bereits zu einem früheren Datum aufzutun vermag. In unserer Gesellschaft existiert immer noch ein psychologisches Gehemmtsein in Bezug auf die Errichtung von Verfügungen von Todes wegen und der damit verbundenen Konfrontation mit dem eigenen vergänglichen Leben[10]. Es gibt Menschen, die sich zu Lebzeiten nicht damit beschäftigen möchten, welchen Weg ihr Vermögen nach ihrem Tod gehen soll und diese sehen folglich von der Errichtung von Verfügungen von Todes wegen ab. Dies kann für den Erblasser in besonderem Maße von Nachteil sein, da sein Wille beispielsweise auf Grund des Eingreifens der gesetzlichen Erbfolge (§§ 1924 ff. BGB) nach seinem Ableben u.U. nicht oder nur in begrenztem Maße verwirklicht wird.

Weiterhin sei noch auf Folgendes hingewiesen: Einseitige Verfügungen im Rahmen von Erbverträgen können genauso widerrufen werden, wie wenn diese Verfügungen im Rahmen eines Testamentes getroffen wären (§ 2299 Abs. 2 S. 1 BGB). Im Rahmen von Verfügungen von Todes wegen können somit wirksame den einseitigen Verfügungen widersprechende Verfügungen getroffen werden (vgl. § 2258 BGB). Vertragsmäßige Verfügungen im Rahmen von Erbverträgen können jedoch nach Vertragsschluss durch widersprechende Verfügungen von Todes wegen, die das Recht des vertragsmäßig Bedachten beeinträchtigen würden, nicht mehr abgeändert werden (§ 2289 Abs. 1 S. 2 BGB). Der Erblasser ist insoweit in Bezug auf vertragsmäßige Verfügungen in Erbverträgen teilweise gebunden und muss sich somit vor dem Treffen derartiger Verfügungen in Erbverträgen die rechtliche Konse-

---

[9] MüKo-BGB/*Hagena*, § 2247 BGB Rn. 1; MüKo-BGB/*Musielak*, Vorbem. zu §§ 2274–2302 BGB Rn. 17; § 2276 BGB Rn. 12 m.w.N.; Beck'scher Online-Kommentar BGB/*Litzenburger*, § 2247 BGB Rn. 31; § 2276 BGB Rn. 8 m.w.N.; *v. Lübtow*, Hbd. 1, S. 412 m.w.N. (die Ausführungen beziehen sich hierbei auf den Erbvertrag).

[10] *Ilchmann*, S. 35; *Olzen*, Jura 1987, 18.

quenz vor Augen halten, dass nach Vertragsschluss die Möglichkeit eines abweichenden Inhalts im Rahmen von Verfügungen von Todes wegen nur noch sehr selten besteht.

Der Ersteller von Verfügungen von Todes wegen ist letztlich noch dem im Erbrecht geltenden Typenzwang unterworfen. Im Rahmen von Verfügungen von Todes wegen kann insbesondere kein Einzelgegenstand (mit Ausnahme der eng umgrenzten Fälle der Sondererbfolge[11] oder der Einsetzung eines Alleinerben) mit unmittelbar dinglicher Wirkung einer ganz bestimmten Person mit dem Erbfall zugewandt werden. Für einen Vermächtnisnehmer wird gemäß § 2174 BGB lediglich das Recht begründet, den vermachten Gegenstand zu fordern. Im Falle des Vorhandenseins mehrerer Erben würde der Gegenstand mit dem Erbfall in das gesamthänderisch gebundene Vermögen der Miterben übergehen. Um seinen Willen bzgl. der Überlassung eines bestimmten Gegenstandes an eine konkrete Person realisieren zu können, muss sich der Erblasser für den Fall, dass er die bedachte Person als Miterbe einsetzen möchte, der rechtlichen Konstruktion eines Vorausvermächtnisses (§ 2150 BGB) oder einer Teilungsanordnung (§ 2048 BGB) bedienen oder, falls er die bedachte Person nicht in die Stellung eines Erben erheben möchte, der Anordnung eines schuldrechtlich wirkenden Vermächtnisses (§§ 2147 ff. BGB). Der juristische Laie ist hierbei in besonderem Maße auf eine fundierte erbrechtliche Beratung angewiesen, um seine Vorstellungen bzgl. des Ganges seines Vermögens nach seinem Ableben in vollem Maße umsetzen zu können. Im Falle lebzeitiger Rechtsgeschäfte oder Zuwendungen unter Lebenden auf den Todesfall[12] würde der im Sachen-, Familien- und Erbrecht herrschende Typenzwang[13] dem Begehren des Zuwendenden bzgl. des Verbleibs eines individuellen Gegenstandes grundsätzlich keine Grenzen setzen. Im Bereich des Schuldrechts gilt der Grundsatz der Vertragsfreiheit als Ausfluss des in Art. 2 Abs. 1 GG geschützten Prinzips der Privatautonomie. Die Vertragsfreiheit gewährleistet nicht nur das Recht, Verträge abzuschließen oder den Abschluss zu unterlassen, sondern auch das Recht der Gestaltung privatrechtlicher Verträge. Im Falle von lebzeitigen Rechtsgeschäfte und Rechtsgeschäften auf den Todesfall bestünde somit grundsätzlich kein Problem in Bezug auf die Zuwendung konkreter Gegenstände, wobei jedoch eventuell bestehende Formvorschriften Beachtung finden müssen.

---

[11] Vgl. hierzu die Ausführungen in § 4, II. D. 1.

[12] Dies gilt jedenfalls dann, falls die im Einzelfall in Rede stehende lebzeitige Zuwendung auf den Todesfall nach den Vorschriften über Rechtsgeschäfte unter Lebenden behandelt werden würde.

[13] MüKo-BGB/*Busche*, vor § 145 BGB Rn. 24.

III. Vorteile und Nachteile aus Sicht der übrigen Beteiligten[14]

A. Erben

Als denkbaren negativen Aspekt der Einsetzung einer Person als Erbe kann, im Gegensatz zu dem des Erwerbs des auf der Aktivseite vorhandenen Bestands im Zeitpunkt des Erbfalles, derjenige genannt werden, dass nicht nur ein positiver Saldo als solcher auf den Erben übergeht, sondern zudem durch den Tod des Erblassers der Übergang der Nachlassverbindlichkeiten auf diesen erfolgt (vgl. §§ 1922 Abs. 1, 1967 Abs. 1 BGB). Der Erbe sieht sich somit den Ansprüchen der Gläubiger des Erblassers, der Pflichtteilsberechtigten und denjenigen der Vermächtnisnehmer ausgesetzt[15]. Für Nachlassverbindlichkeiten haftet der Alleinerbe ab der Annahme der Erbschaft zunächst unbeschränkt, d.h. sowohl mit dem erworbenen Nachlass als solchem als auch mit dem Eigenvermögen, wobei zugunsten des Erben die Möglichkeit der Haftungsbeschränkung auf den Nachlass besteht[16]. Das Gesetz geht folglich von einer im Grundsatz unbeschränkten, aber auf den Nachlass beschränkbaren Haftung des Erben aus[17]. Unter bestimmten Umständen könnte die für den

---

[14] An dieser Stelle sei nur ein kurzer Hinweis darauf gegeben, dass die Erben, Vermächtnisnehmer und Pflichtteilsberechtigten der eventuell anfallenden Erbschaftsteuer ausgesetzt sind (vgl. §§ 1 Abs. 1 Nr. 1, 3 Abs. 1 Nr. 1 ErbStG).

[15] An dieser Stelle möchte auf Folgendes hingewiesen werden: Dem Erben stehen mit dem Erbfall nicht nur zwei sich vereinigende Vermögensmassen zu (der erbfallbedingt erworbene Nachlass als solcher und das bereits zuvor vorhandene Eigenvermögen), sondern zudem zwei verschiedene Gläubigergruppen gegenüber (die Nachlassgläubiger und die Eigengläubiger des Erben) (vgl. MüKo-BGB/*Küpper,* Vorbem. zu §§ 1967–2017 BGB Rn. 2).

[16] *Ann,* S. 129.

[17] MüKo-BGB/*Küpper,* Vorbem. zu §§ 1967–2017 BGB Rn. 2. In Bezug auf die Beschränkung der Haftung des Erben sind folgende Regelungen von besonderem Interesse: § 1973 BGB (Ausschluss von Nachlassgläubigern), § 1974 BGB (Verschweigungseinrede), §§ 1975 ff. BGB (Nachlassverwaltung und Nachlassinsolvenz), §§ 1990, 1991 BGB (Dürftigkeitseinrede des Erben), § 1992 BGB (Überschuldung durch Vermächtnisse und Auflagen), § 2014 BGB (Dreimonatseinrede) und § 2015 BGB (Einrede des Aufgebotsverfahrens). Der Erbe muss sich vor der Annahme der Erbschaft bzw. rechtzeitig vor Ablauf der für die Ausschlagung vorgesehenen Frist, nach deren Ablauf die Erbschaft als angenommen gilt (vgl. § 1943 BGB), einen genauen Überblick über den Bestand des Nachlasses machen, um etwaigen haftungsrechtlichen Problemen nicht ausgesetzt zu sein. Zwar gibt es einige Vorschriften, die zu haftungsrechtlichen Beschränkungen auf den Nachlass führen, jedoch können diese nicht mit endgültiger und absoluter Sicherheit eine Haftung des Erben mit seinem Eigenvermögen ausschließen. Für den Fall der Nachlassverwaltung, der Nachlassinsolvenz und der zu erhebenden Dürftigkeitseinrede des § 1990 BGB kommt es zwar auf Grund einer Separation des Nachlasses vom Eigenvermögen des Erben zu einer Haftungsbeschränkung gegenüber allen Nachlassgläubigern, jedoch bleibt der Erbe diesen Gläubigern beispielsweise für seine bisherige Verwaltung des Nachlasses gemäß §§ 1978 Abs. 1 S. 1, 1991 Abs. 1 BGB so verantwortlich, wie wenn er von der Annahme der Erb-

Erben in vermögensrechtlicher Hinsicht wenig günstige Situation eintreten, dass der Nachlass entweder gerade noch zur Befriedigung der Nachlassverbindlichkeiten herangezogen werden kann oder aber dieser alleine nicht als ausreichend erscheint. Ein nach der Begleichung der Nachlassverbindlichkeiten dem Erben zur freien Verfügung zustehender Nachlass wäre in derartigen Fällen nicht mehr vorhanden.

B. Nachlassgläubiger

„Allerdings behandelt das Gesetz den Vermächtnisnehmer in verschiedener Hinsicht als Nachlassgläubiger zweiter Klasse [...].“[18]

Die Erblasserschulden und die Ansprüche der Pflichtteilsberechtigten sind grundsätzlich vor den Ansprüchen der Vermächtnisnehmer zu erfüllen (vgl. § 327 InsO)[19]. Für den Fall, dass der Nachlass zur Begleichung der Nachlassverbindlichkeiten nicht genügt, kommt es für die Vermächtnisnehmer entscheidend darauf an, in welcher Rangfolge die einzelnen Verbindlichkeiten zu begleichen sind[20]. Das Nachlassinsolvenzverfahren, das auf die verschiedenen Entstehungsgründe der einzelnen Verbindlichkeiten abstellt, legt folgende Rangfolge fest: Massegläubiger, § 324 Abs. 1 Nr. 1 bis 6 InsO i.V.m. §§ 54, 55 InsO (erste Rangstelle), nachrangige Insolvenzgläubiger nach § 39 Abs. 1 Nr. 1 bis 5 InsO (zweite Rangstelle), nachrangige Gläubiger auf Grund Vereinbarung (§ 39 Abs. 2 InsO) (dritte Rangstelle), nach Durchführung

---

schaft an die Verwaltung für sie als Beauftragter zu führen gehabt hätte. Das Aufgebotsverfahren der §§ 1970 ff. BGB führt hingegen nur gegenüber denjenigen Nachlassgläubigern zu einer dem Erben zustehenden Ausschluss- und Erschöpfungseinrede i.S.d. § 1973 BGB, die der Aufforderung zur Anmeldung von Ansprüchen oder Rechten nicht rechtzeitig Folge geleistet haben. Nur diesen Gläubigern gegenüber kann die Einrede erhoben werden, die übrigen nicht ausgeschlossenen Gläubiger können hingegen bei fehlender Wahl unter weiteren denkbaren Haftungsbeschränkungsmöglichkeiten auf den Nachlass und das Eigenvermögen als Haftungsobjekt zugreifen. Zudem gibt es im Rahmen des Aufgebotsverfahrens nach den §§ 1970 ff. BGB ebenfalls nicht betroffene Gläubiger (§ 1971 BGB) und nicht betroffenen Rechte wie Pflichtteilsrechte, Vermächtnisse und Auflagen (§ 1972 BGB). Die Verschweigungseinrede des § 1974 BGB soll den Erben gerade gegen die Geltendmachung von Nachlassverbindlichkeiten schützen, die erst längere Zeit nach dem Ableben des Erblassers bekannt werden (vgl. Beck'scher Online-Kommentar BGB/*Lohmann,* § 1974 BGB Rn. 1 m.w.N.). Die Möglichkeit der Erhebung dieser Einrede ist an sehr strenge Voraussetzungen geknüpft. Es muss nicht nur eine Frist von fünf Jahren mit dem auf den Erbfall folgenden Tag verstrichen sein, zudem darf die Forderung auch nicht vor Fristablauf bekannt geworden oder im Aufgebotsverfahren angemeldet worden sein (§ 1974 Abs. 1 S. 1 BGB). An das Bekanntwerden der Forderung werden keine allzu hohen Anforderungen gestellt (vgl. hierzu Beck'scher Online-Kommentar BGB/*Lohmann,* § 1974 BGB Rn. 3).

[18] Beck'scher Online-Kommentar BGB/*Müller-Christmann,* § 2174 BGB Rn. 2.

[19] Bonefeld/Kroiß/Tanck/*Tanck,* § 6 Rn. 104.

[20] Bonefeld/Kroiß/Tanck/*Krug,* § 9 Rn. 189.

eines Gläubigeraufgebots (§§ 1970 ff. BGB) ausgeschlossene und von der Verschweigungseinrede betroffene Gläubiger (§§ 1973, 1974 BGB, § 327 Abs. 3 InsO) (vierte Rangstelle), Pflichtteilsgläubiger, § 327 Abs. 1 InsO (fünfte Rangstelle), Vermächtnisnehmer und Begünstigte auf Grund von Auflagen (§ 327 Abs. 1 InsO) (sechste Rangstelle) und Ersatzberechtigte nach dem bis 31.03.1998 geltenden Recht, sofern der Erbfall vor dem 01.04.1998 eingetreten ist (§ 327 Abs. 1 Nr. 3 InsO a.F.) (siebte Rangstelle)[21].

Für die Pflichtteilsberechtigten und Gläubiger des Erblassers haben die Verfügungen von Todes wegen neben der durch die InsO vorgegebenen Rangfolge letztlich noch einen gerade nicht zu vernachlässigenden Vorteil. Bei dem Vermögen des Erblassers zu dessen Todeszeitpunkt handelt es sich um den Nachlass. Dieser steht den Gläubigern des Erblassers uneingeschränkt als Haftungsobjekt zur Verfügung[22] und für die Berechnung des Pflichtteils wird gemäß § 2311 BGB gerade der Bestand und der Wert des Nachlasses zur Zeit des Erbfalls zugrunde gelegt. Ein umfangreich vorhandener Nachlass ist somit sowohl für die Pflichtteilsberechtigten als auch die Gläubiger des Erblassers in Bezug auf ihre geltend zu machenden Ansprüche von besonderem Interesse. Im Falle von Rechtsgeschäften unter Lebenden auf den Todesfall (jedenfalls dann, wenn diese den Vorschriften über Verfügungen von Todes wegen entzogen sind) und lebzeitigen Rechtsgeschäften würde der jeweilige Vermögensgegenstand gerade nicht in den Nachlass fallen und stünde weder den Gläubigern des Erblassers als Haftungsobjekt noch den Pflichtteilsberechtigten für die Berechnung ihrer Pflichtteilshöhe zur Verfügung[23].

IV. Die inhaltliche Ausgestaltung einer Verfügung von Todes wegen

In Testamenten und Erbverträgen können die verschiedensten Verfügungen getroffen werden, wie eine Erbeinsetzung (§§ 1937, 1941 Abs. 1 BGB), die Anordnung eines Vermächtnisses (§§ 1939, 1941 Abs. 1 BGB), die Anordnung einer Auflage (§§ 1940, 1941 Abs. 1) oder einer Testamentsvollstreckung (§ 2197 Abs. 1, 2278 Abs. 2, 2299 Abs. 1 BGB; im Rahmen von Erbverträgen ist die Ernennung eines Testamentsvollstreckers lediglich im Rahmen von einseitigen, nicht hingegen von vertragsmäßigen Verfügungen möglich), Bestimmungen über den Pflichtteil (§§ 2324, 2336, 2338 BGB), Bestimmungen über die Zuständigkeit eines Dritten (§§ 2048 S. 2, 2151,

---

[21] Bonefeld/Kroiß/Tanck/*Krug*, § 9 Rn. 189, 190.

[22] *Olzen*, Jura 1987, 21.

[23] Auf die im Rahmen von lebzeitigen Rechtsgeschäften und Rechtsgeschäften unter Lebenden auf den Todesfall geltenden Regelungen der §§ 4 AnfG, 134 InsO, 2325, 2329 BGB wird an späterer Stelle genauer einzugehen sein (vgl. § 15, I. A. 2.).

2154, 2198 BGB, 1066 ZPO) oder Bestimmungen über die Auseinandersetzung unter mehreren Erben (§§ 2044, 2048 f., 2050 BGB)[24].

A. Die Erbeinsetzung

Der Erblasser legt im obigen Fallbeispiel (vgl. hierzu S. 33) besonderen Wert darauf, dass der Sohn den Oldtimer und die Tochter die Briefmarkensammlung erhält. Man könnte zunächst daran denken, dass der Erblasser seine beiden Kinder als Miterben einsetzt. Im Nachfolgenden soll diesbezüglich erörtert werden, ob eine Erbeinsetzung den Wünschen des Erblassers gerecht werden kann und wenn ja, in welchem Ausmaß. §§ 1937, 1941 Abs. 1 BGB normieren die Erbeinsetzung durch einseitige Verfügung von Todes wegen (Testament) bzw. durch Vertrag, wonach der Erblasser durch letztwillige Verfügung bzw. Erbvertrag – vorrangig zur Erbfolge nach den Regelungen über die gesetzliche Erbfolge – den bzw. die Erben bestimmen kann.

I. Mehrere Erben – Die Erbengemeinschaft

Im vierten Titel (§§ 2032 bis 2063 BGB) des zweiten Abschnittes des fünften Buches des BGB geht es um das Erbengemeinschaftsrecht. Trotz der Tatsache, dass mehrere Erben in der Praxis häufiger wie ein Alleinerbe zur Rechtsnachfolge in das Vermögen des Erblassers bestimmt sind, wird die Alleinerbschaft den Regelungen über die Mehrheit von Erben nach den §§ 2032 ff. BGB vorangestellt[25] und die Miterbengemeinschaft somit als Sonderfall geregelt[26]. Hierbei gilt es jedoch klarzustellen, dass – mit Ausnahme eventuell abweichender Regelungen in den §§ 2032 ff. BGB – die Vorschriften bzgl. der Alleinerben auch auf die Miterbengemeinschaft anzuwenden sind[27].

Im Falle des Vorhandenseins mehrerer Erben wird der Nachlass gemäß § 2032 Abs. 1 BGB mit dem Erbfall gemeinschaftliches Vermögen der Erben. Der Nachlass geht somit im Wege der Gesamtrechtsnachfolge auf die Miter-

---

[24] Diese Aufzählung orientiert sich hierbei teilweise an den Ausführungen *Muschelers* (Erbrecht, Bd. 2, § 41 Rn. 2823, 2824) im Rahmen seiner Erörterung bzgl. sonstiger letztwilliger Anordnungen. Die nachfolgenden Darstellungen werden sich in Bezug auf die unterschiedlichen inhaltlichen Ausgestaltungen auf diejenigen beschränken, die im Rahmen der wissenschaftlichen Zielsetzung dieser Arbeit von besonderem Belang sind.

[25] *Muscheler,* Erbrecht, Bd. 2, § 50 Rn. 3849; MüKo-BGB/*Gergen,* Vorbem. zu §§ 2032–2063 BGB Rn. 1; Staudinger-BGB/*Löhnig* (2016), Vorbem. zu §§ 2032 ff. BGB Rn. 1; *Schlüter/Röthel,* § 32 Rn. 1.

[26] MüKo-BGB/*Gergen,* Vorbem. zu §§ 2032–2063 BGB Rn. 1; Staudinger-BGB/*Löhnig* (2016), Vorbem. zu §§ 2032 ff. BGB Rn. 1; *Brox/Walker,* Erbrecht, § 29 Rn. 468; *Schlüter/Röthel,* § 32 Rn. 1; *Muscheler,* Erbrecht, Bd. 2, § 50 Rn. 3849.

[27] *Muscheler,* Erbrecht, Bd. 2, § 50 Rn. 3849; *Schlüter/Röthel,* § 32 Rn. 1; MüKo-BGB/*Gergen,* Vorbem. zu §§ 2032–2063 BGB Rn. 1.

ben über, die Miterben bilden folglich kraft Gesetzes eine Gesamthandsgemeinschaft [28] (Erbengemeinschaft) und gerade keine Bruchteilsgemeinschaft[29]. Die Miterben sind somit nicht bruchteilsberechtigt. Als Ausnahme von den weiteren – neben der Erbengemeinschaft – noch existierenden Gesamthandsgemeinschaften des BGB (BGB-Gesellschaft, § 719 BGB und Gütergemeinschaft, § 1419 Abs. 1 BGB) normiert das Gesetz die zwingende Übertragbarkeit des Gesamthandsanteils (vgl. § 2033 Abs. 1 S. 1 BGB)[30]. Bei der Gütergemeinschaft ist die Nichtübertragbarkeit des Gesamthandsanteils hingegen zwingend und im Rahmen der BGB-Gesellschaft kann lediglich durch den Gesellschaftsvertrag Abweichendes bestimmt werden[31]. Der Miterbe wird somit im Gegensatz zu einem BGB-Gesellschafter und den Ehegatten, die im Güterstand der Gütergemeinschaft leben, privilegiert. Diese Bevorzugung der Miterben kann zum einen damit begründet werden, dass der Gesetzgeber mit Hilfe des § 2033 BGB versucht, die Sicherungsinteressen der Nachlassgläubiger und die Liquiditätsinteressen der Miterben in ein zufriedenstellendes Verhältnis zu bringen[32]. Der Miterbe kann somit seinen Anteil am Nachlass veräußern, ohne zuvor auf eine langwierige Auseinandersetzung und Teilung des Nachlasses angewiesen zu sein[33]. Um jedoch auf Grund des Abflusses des Nachlassanteils aus dem Nachlass, eine übermäßige Benachteiligung der Nachlassgläubiger zu verhindern, wird die Haftung des Miterbenveräußerers auf den Anteilserwerber erstreckt, §§ 2036, 2382, 2383, 2385 BGB[34]. Die Besserstellung der Miterben kann des Weiteren darauf zurückgeführt werden, dass die Miterbengemeinschaft im Gegensatz zur BGB-Gesellschaft und der Gütergemeinschaft nicht freiwillig eingegangen wurde,

---

[28] MüKo-BGB/*Gergen,* Vorbem. zu §§ 2032–2063 BGB Rn. 4; Staudinger-BGB/*Löhnig* (2016), Vorbem. zu §§ 2032 ff. BGB Rn. 2; Palandt/*Weidlich,* § 2032 BGB Rn. 1; *Frank/Helms,* § 19 Rn. 1; *Schlüter/Röthel,* § 32 Rn. 3; *Lange/Kuchinke,* S. 1083; *Muscheler,* Erbrecht, Bd. 2, § 50 Rn. 3850; Beck'scher Online-Kommentar BGB/*Lohmann,* § 2032 BGB Rn. 2; *Ann,* S. 9; *Strohal,* S. 83.

[29] MüKo-BGB/*Gergen,* Vorbem. zu §§ 2032–2063 BGB Rn. 4; Beck'scher Online-Kommentar BGB/*Lohmann,* § 2032 BGB Rn. 2; *Muscheler,* Erbrecht, Bd. 2, § 50 Rn. 3850; *Strohal,* S. 83.

[30] *Muscheler,* Erbrecht, Bd. 2, § 50 Rn. 3892, 3893; MüKo-BGB/*Gergen,* Vorbem. zu §§ 2032–2063 BGB Rn. 5; *Ann,* S. 173. § 2033 BGB regelt hierbei das Verfügungsgeschäft über einen Nachlassanteil, wohingegen der schuldrechtliche Erbschaftskauf und ähnliche Verträge in den §§ 2371 ff., 2385 BGB zur Normierung gelangten (vgl. Beck'scher Online-Kommentar BGB/*Lohmann,* § 2033 BGB Rn. 1).

[31] *Muscheler,* Erbrecht, Bd. 2, § 50 Rn. 3892.

[32] MüKo-BGB/*Gergen,* Vorbem. zu §§ 2032–2063 BGB Rn. 4, 5; *Ann,* S. 173.

[33] *Ann,* S. 173; MüKo-BGB/*Gergen,* Vorbem. zu §§ 2032–2063 BGB Rn. 5.

[34] Staudinger-BGB/*Löhnig* (2016), § 2036 BGB Rn. 1 m.w.N.; MüKo-BGB/*Gergen,* § 2036 BGB Rn. 1; Erman/*Bayer,* § 2036 BGB Rn. 1; *Ann,* S. 173. Interessante Ausführungen zur schuldrechtlichen Abschichtung und zur Abschichtung mit Erbteilsübergang finden sich bei *Damrau,* ZEV 1996, 367 bis 369.

diese nicht auf Dauer bestimmt ist, die Erbengemeinschaft nicht so eng ist wie bei der BGB-Gesellschaft und bei der ehelichen Beziehung und das Vorkaufsrecht der §§ 2034 ff. BGB gegen einen unerwünschten Dritten als Schutz herangezogen werden kann[35].

Der Miterbe kann folglich über seinen Erbteil als solchen verfügen (§ 2033 Abs. 1 S. 1 BGB), nicht hingegen über einen Anteil an einzelnen Nachlassgegenständen (§ 2033 Abs. 2 BGB)[36]. Des Weiteren ausgeschlossen sind Verfügungen des Miterben über einen einzelnen Nachlassgegenstand im eigenen Namen (§ 2040 Abs. 1 BGB), Verfügungen über den gesamten Nachlass, Verfügungen des einzelnen Miterben über den Anteil eines anderen Miterben an einem einzelnen Nachlassgegenstand (§ 2033 Abs. 2 BGB) und Verfügungen des einzelnen Miterben über den Erbteil eines anderen Miterben (§ 2033 Abs. 1 S. 1 BGB)[37]. Die gemeinschaftliche Verfügung aller Miterben über den Anteil eines einzelnen Miterben an einem Nachlassgegenstand (§ 2033 Abs. 2 BGB), die gemeinschaftliche Verfügung aller Miterben über die Anteile aller Miterben an einem einzelnen Nachlassgegenstand (§ 2033 Abs. 2 BGB), die gemeinschaftliche Verfügung aller Miterben über die Anteile eines einzelnen Miterben an allen Nachlassgegenständen (§ 2033 Abs. 2 BGB), die gemeinschaftliche Verfügung aller Miterben über die Anteile aller Miterben an allen Nachlassgegenständen (§ 2033 Abs. 2 BGB) und die gemeinschaftliche Verfügung aller Miterben über den Nachlass als Ganzes sind zudem unausführbar[38]. An dieser Stelle möchte noch angemerkt werden, dass sich die Mehrzahl der obig ausgeschlossenen Verfügungen als originäre Folge des Verständnisses der h.M. von § 2033 Abs. 2 BGB ergibt[39]. Die h.M. (Theorie der ungeteilten Gesamtberechtigung) geht davon aus, dass es den Anteil des einzelnen Miterben am einzelnen Nachlassgegenstand überhaupt nicht gibt[40] und nicht wie die Gegenansicht (Theorie der geteilten Gesamtberechtigung) davon, dass es zwar einen ideellen Bruchteil am einzelnen Nachlassgegenstand gibt, der Miterbe über diesen jedoch nicht verfügen kann[41]. Die h.M.

[35] *Mugdan,* Bd. 5, S. 497 (Protokolle); *Leonhard,* S. 176; *Muscheler,* Erbrecht, Bd. 2, § 50 Rn. 3894; MüKo-BGB/*Gergen,* Vorbem. zu §§ 2032–2063 BGB Rn. 5.

[36] *Muscheler,* Erbrecht, Bd. 2, § 50 Rn. 3850.

[37] *Muscheler,* Erbrecht, Bd. 2, § 50 Rn. 3902.

[38] *Muscheler,* Erbrecht, Bd. 2, § 50 Rn. 3902.

[39] Vgl. hierzu auch die Ausführungen bei *Muscheler,* Erbrecht, Bd. 2, § 50 Rn. 3903. Hier (Fn. 136, 137) finden sich auch Verweise sowohl auf Vertreter der Theorie der ungeteilten Gesamtberechtigung als auch auf Befürworter der Theorie der geteilten Gesamtberechtigung.

[40] RGZ 9, 272 (274); 88, 21 (25) m.w.N.; BGH, WM 2001, 477 (478) m.w.N.; BGH, NJW 2001, 2396 (2397) m.w.N. und Nachweisen zur gegenteiligen Ansicht; MüKo-BGB/*Gergen,* § 2032 BGB Rn. 10 m.w.N.; *Binder,* S. 4.

[41] RGRK/*Kregel,* § 2032 BGB Rn. 4; *Joerges,* ZHR 49 (1900), 183 (in Bezug auf den existenten Anteil eines Gesellschafters an den einzelnen zum Gesellschaftsvermögen gehörenden Gegenständen; *Joerges* verwies hierbei (Fn. 136) auf das Gesamthandsprinzip

geht davon aus, dass der Wortlaut des § 2033 Abs. 2 BGB lediglich missverständlich formuliert wurde und nur eine Konsequenz aus der Tatsache, dass ein quotales Teilrecht des Miterben am einzelnen Nachlassgegenstand von vornherein nicht existiert, zum Ausdruck gebracht werden möchte[42].

Zusammenfassend möchte Folgendes festgehalten werden: Im Falle des Vorliegens einer Erbengemeinschaft wird der Nachlass gemeinschaftliches Vermögen der Erben (vgl. § 2032 Abs. 1 BGB). Der gesamthänderisch gebundene Nachlass bildet bei mehreren Erben ein sog. Sondervermögen, welches vom Eigenvermögen der einzelnen Miterben kraft Gesetzes getrennt ist[43]. Das Vermögen geht als Ganzes, d.h. insgesamt und ungeteilt, auf die Erben über, weshalb es grundsätzlich keine Sondererbfolge einzelner Miterben in bestimmte Gegenstände gibt[44].

Für obiges Beispiel (siehe hierzu S. 33) bedeutet dies folglich, dass der Sohn und die Tochter des Erblassers mit dessen Tod eine Erbengemeinschaft bilden und der Nachlass somit gemeinschaftliches Vermögen dieser Erben[45] wird. Die Erben erlangen somit kraft Gesetzes gemeinschaftliches Eigentum an dem Oldtimer, an der Briefmarkensammlung, an dem bebauten Grundstück und dem Barvermögen des Erblassers. Auf Grund nicht vorhandener Sondererbfolge werden somit auch der Oldtimer und die Briefmarkensammlung gemeinschaftliches Vermögen der Erben. Weder der Oldtimer noch die Briefmarkensammlung gehen somit mit dem Erbfall auf die von dem Erblasser genannten konkreten Personen über. Regelungen in Verfügungen von Todes wegen, in denen der Erblasser bestimmte Gegenstände an einzelne Erben zuteilen möchte, bleiben folglich ohne dingliche Wirkung und sind grundsätzlich erst bei der Auseinandersetzung zu beachten (§§ 2048, 2150 BGB)[46].

---

im Rahmen des Erbrechts); *Joerges,* ZHR 51 (1902), 64, 65 („Wir kommen also zu dem Resultat, daß bei […] der Gemeinschaft der Miterben hinsichtlich der zur Gemeinschaft gehörigen körperlichen Sachen ein Miteigenthum nach Bruchtheilen besteht, daß sich vom Miteigenthum der ‚Gemeinschafter' [einfach] im engeren Sinne nur durch die hier vorhandene, dort fehlende Veräußerlichkeit der Bruchtheile unterscheidet. Und zwar sind es Bruchtheile des Rechtes, nicht bloße unfaßbare ‚Werthantheile' [einfach], die den Miteigenthümern zustehen."); Soergel/*Wolf,* § 2033 BGB Rn. 3 m.w.N.; Erman/*Bayer,* § 2033 BGB Rn. 9 (dieser spricht von einer bis zur Auseinandersetzung „latent vorhandenen dinglichen Berechtigung").

[42] *Muscheler,* Erbrecht, Bd. 2, § 50 Rn. 3903.

[43] Beck'scher Online-Kommentar BGB/*Lohmann,* § 2032 BGB Rn. 2.

[44] Beck'scher Online-Kommentar BGB/*Lohmann,* § 2032 BGB Rn. 2.

[45] Der Nachlass wird im Gegensatz hierzu gerade nicht gemeinschaftliches Vermögen der Erbengemeinschaft, da die Erbengemeinschaft als solche gerade nicht rechts- und parteifähig ist, sondern nur deren Mitglieder (vgl. MüKo-BGB/*Gergen,* § 2032 BGB Rn. 12 m.w.N.; BGH, NJW 1989, 2133 (2134); 2002, 3389 (3390); 2006, 3715 (3715, 3716)). Die Rspr. des BGH zur Rechtsfähigkeit der GbR und WEG ist auf die Erbengemeinschaft gerade nicht übertragbar (vgl. BGH, NJW 2006, 3715 (3715, 3716) m.w.N.; MüKo-BGB/*Gergen,* § 2032 BGB Rn. 12 m.w.N. und Jauernig/*Stürner,* § 2032 BGB Rn. 1).

[46] Jauernig/*Stürner,* § 2032 BGB Rn. 1.

2. Der Alleinerbe

Der Erblasser könnte jedoch ebenfalls lediglich eine einzelne Person zu dessen Erbe erwählen und keinerlei weitere diesbezügliche Verfügungen treffen. Mit dem Tod des Erblassers würde das Vermögen als Ganzes gemäß § 1922 Abs. 1 BGB auf den Alleinerben übergehen. Im Gegensatz zur Konstruktion einer Erbengemeinschaft, bildet der Nachlass kein Sondervermögen, das getrennt vom Eigenvermögen des Alleinerben betrachtet werden müsste; es kommt stattdessen zu einer Vermögensverschmelzung zwischen dem Eigenvermögen des Erben und dem Nachlassvermögen[47].

Durch die Einsetzung seines Sohnes zum alleinigen Erben könnte der Erblasser das Ziel (vgl. hierzu S. 33) erreichen, dass der einzelne Gegenstand (Oldtimer) mit dem Erbfall (ebenso wie die Briefmarkensammlung, das Hausgrundstück und das Barvermögen) in das Eigentum seines Sohnes übergeht. In diesem Falle käme für die Tochter lediglich die Stellung als schuldrechtlich berechtigte Vermächtnisnehmerin in Betracht (vgl. § 2174 BGB). Ob die Einsetzung des Sohnes zum Alleinerben und die Zuwendung der Briefmarkensammlung an die Tochter im Wege eines Vermächtnisses mit den Wünschen des Erblassers besser zu verwirklichen wäre als die Einsetzung seines Sohnes und seiner Tochter als Miterben, muss anhand der einzelnen Vor- und Nachteile der erbrechtlichen Gestaltungsmöglichkeiten im konkreten Fall ermittelt werden (z.B. familiäre Beziehung zwischen den Geschwistern, Höhe der Schulden des Erblassers).

3. Das Vorausvermächtnis und die Teilungsanordnung

a) Allgemeines

Dem Erblasser ist es auf Grund des in § 1922 Abs. 1 BGB normierten Grundsatzes der Universalsukzession grundsätzlich gerade nicht möglich, seinen als Erben benannten Personen im Zeitpunkt des Erbfalles einen konkreten Gegenstand mit unmittelbar dinglicher Wirkung zukommen zu lassen. Das Vermögen geht gerade als Ganzes auf eine oder mehrere andere Personen (Erben) über. Die Rechtsinstitute der Teilungsanordnung und des Vorausvermächtnisses (§§ 2048, 2151 BGB) möchten in Bezug auf die Entscheidung des nationalen Gesetzgebers für die Geltung des Prinzips der Universalsukzession dem Erblasser inhaltliche Ausgestaltungsmöglichkeiten einer Verfügung von Todes wegen zur Verwirklichung seines Willens auf Zuweisung bestimmter Nachlassgegenstände an einzelne Erben an die Hand geben. Diese Rechtsinstitute bilden jedoch keinerlei Ausnahme vom Grundsatz der Universalsukzession, weshalb es weder eine dingliche Teilungsanordnung noch ein dinglich wirkendes Vorausvermächtnis gibt. Auf die Frage, ob ein Vorausvermächtnis oder eine Teilungsanordnung vorliegt, kommt es somit gerade dann an, wenn einem Miterben ein einzelner Gegenstand zugewandt wird[48].

---

[47] Beck'scher Online-Kommentar BGB/*Müller-Christmann*, § 1922 BGB Rn. 19.

[48] Roth/Maulbetsch/Schulte/*Roth*, § 1 Rn. 24.

b) Die Teilungsanordnung

Auf Grund der zugunsten des Erblassers bestehenden Testierfreiheit kann dieser Anordnungen im Hinblick auf die Verteilung seines Nachlasses unter seinen Erben treffen, vgl. § 2048 S. 1 BGB[49]. Eine in Testamenten oder Erbverträgen[50] getroffene Teilungsanordnung begründet schuldrechtliche Verpflichtungen und Ansprüche der Miterben untereinander in Bezug auf die Vornahme der vom Erblasser gewünschten Übertragungsakte, weist jedoch gerade keine dingliche Wirkung auf[51]. Im Falle der Zuweisung eines konkreten Gegenstandes an eine bestimmte Person kann dieser Erbe folglich von den übrigen Miterben im Rahmen der Auseinandersetzung die Übertragung des zugewandten Vermögensvorteils verlangen, wobei der Wert des Gegenstandes grundsätzlich auf den Erbteil angerechnet wird[52]. Teilungsanordnungen sind somit nach dem Willen des nationalen Gesetzgebers wertneutral und können keinerlei Veränderungen an den einzelnen Nachlassanteilen der Miterben vornehmen[53]. Auf Grund der Tatsache, dass der Wert des zugewandten Gegenstandes grundsätzlich auf den Erbteil angerechnet wird, kann eine Teilungsanordnung für den Fall, dass der Wert des Gegenstandes den jeweiligen Erbteil übersteigt, nur dann vollzogen werden, wenn der betroffene Miterbe den Wert seiner überquotalen Begünstigung im Voraus durch Zahlung in den Nachlass ausgleicht[54]. Falls der Erblasser im Rahmen der Teilungsanordnung gerade kein Übernahmerecht zugunsten einer einzelnen Person festsetzt, wird die jeweilige Person zur Übernahme des Gegenstandes sogar verpflichtet[55]. Nachteilig in Bezug auf die Verwirklichung des Erblasserwillens wirkt es sich jedoch aus, dass sich die Miterben auf Grund der fehlenden dinglichen Wirkung von Teilungsanordnungen einverständlich über eine solche hinwegzusetzen vermögen[56]. Mit Hilfe von Teilungsanordnungen kann die vollständige Realisierung des Begehrens des Verfügenden bzgl. der Zuweisung ein-

---

[49] Beck'scher Online-Kommentar BGB/*Lohmann,* § 2048 BGB Rn. 1; MüKo-BGB/*Ann,* § 2048 BGB Rn. 1.

[50] Im Rahmen von Erbverträgen kann eine Teilungsanordnung nur einseitig getroffen werden. Gemäß § 2278 Abs. 2 BGB können andere Verfügungen als Erbeinsetzungen, Vermächtnisse und Auflagen vertragsmäßig nicht getroffen werden (vgl. hierzu auch bereits BGH, NJW 1982, 441 (442)).

[51] RGZ 110, 270 (274); BGH, NJW 2002, 2712 (2712); BFH, NJW 2001, 173 (174); BayObLG, NJWE-FER 1998, 251 (252); Soergel/*Wolf,* § 2048 BGB Rn. 2; Beck'scher Online-Kommentar BGB/*Lohmann,* § 2048 BGB Rn. 1 m.w.N.; MüKo-BGB/*Ann,* § 2048 BGB Rn. 8.

[52] Beck'scher Online-Kommentar BGB/*Lohmann,* § 2048 BGB Rn. 3.

[53] MüKo-BGB/*Ann,* § 2048 BGB Rn. 2.

[54] BGH, NJW-RR 1996, 577 (577); MüKo-BGB/*Ann,* § 2048 BGB Rn. 2.

[55] MüKo-BGB/*Ann,* § 2048 BGB Rn. 9; Beck'scher Online-Kommentar BGB/*Lohmann,* § 2048 BGB Rn. 3; *Brox/Walker,* Erbrecht, § 31 Rn. 524; *Lange/Kuchinke,* S. 1151 (insbesondere auch Fn. 125).

[56] MüKo-BGB/*Ann,* § 2048 BGB Rn. 9; Beck'scher Online-Kommentar BGB/*Lohmann,* § 2048 BGB Rn. 1; *Muscheler,* Erbrecht, Bd. 1, § 18 Rn. 784.

zelner Nachlassgegenstände an bestimmte Personen somit im Ergebnis nicht sichergestellt werden.

Würde der Erblasser in obigem Beispiel (vgl. hierzu S. 33) in seiner errichteten Verfügung von Todes wegen bestimmen, dass er seinen Sohn und seine Tochter zu seinen Erben ernennt (je ½) und dem Sohn der Oldtimer (Wert: 50.000,– Euro) und der Tochter die Briefmarkensammlung (Wert: 40.000,– Euro) zugewandt werden soll, dann würde sich – für den Fall, dass man bei dieser Festsetzung von einer Teilungsanordnung i.S.d. § 2048 BGB ausgeht – mit dem Erbfall folgendes Szenario ereignen: Der Oldtimer, die Briefmarkensammlung, das bebaute Hausgrundstück (Wert: 200.000,– Euro) und das Barvermögen i.H.v. 20.000,– Euro würden mit dem Tod des Vaters in das gesamthänderisch gebundene Eigentum der Miterben übergehen. Der Teilungsanordnung kommt gerade keinerlei dingliche Wirkung zu. Die durch Teilungsanordnung zugewandten Vermögenswerte fallen somit ebenfalls in das gemeinschaftliche Eigentum der Miterben und gehen in Bezug auf den übrigen Nachlass keinen gesonderten rechtlichen Weg. Im Falle fehlender einvernehmlicher Hinwegsetzung über die Teilungsanordnung des Erblassers müsste das Eigentum an den im Rahmen der Teilungsanordnung genannten Sachen bei der Auseinandersetzung auf den jeweils bedachten Erben übertragen werden, d.h. das Eigentum an dem Oldtimer an den Sohn einerseits und das Eigentum an der Briefmarkensammlung an die Tochter des Erblassers auf der anderen Seite (vgl. §§ 929 ff. BGB). Für den Fall, dass sich lediglich der Oldtimer und die Briefmarkensammlung im Nachlass des Vaters befinden würden, müsste beachtet werden, dass die Teilungsanordnung wertneutral ist und an den festgesetzten Erbquoten nichts zu ändern vermag. Der Sohn und die Tochter würden je ½ erhalten, d.h. jeweils 45.000,– Euro. Im Falle einer Übernahmepflicht seitens des Sohnes oder der positiven Ausübung eines ihm zustehenden Gestaltungsrechts müsste dieser seine überquotale Begünstigung durch eine Zahlung in den Nachlass i.H.v. 5.000,– Euro ausgleichen, damit die Teilungsanordnung des Vaters überhaupt vollzogen werden kann (sog. überquotale Teilungsanordnung)[57].

c) Das Vorausvermächtnis

Der Erblasser könnte sich anstelle oder zusätzlich zur Teilungsanordnung auch dem Rechtsinstitut des Vorausvermächtnisses i.S.d. § 2150 BGB im Rahmen einer letztwilligen Verfügung oder eines Erbvertrages[58] bedienen. Unter einem Vorausvermächtnis versteht man ein Vermächtnis zugunsten eines Alleinerben oder eines Miterben, unabhängig davon, ob dieser Erbe mit dem Vermächtnis beschwert ist oder nicht[59]. In § 2150 BGB wird davon gesprochen, dass das einem Erben zugewendete Vermächtnis als Vermächtnis auch insoweit „gilt", als der Erbe selbst beschwert ist. Der nationale Gesetzgeber bediente sich dieser Fiktion aus dem Grunde, da der Erbe gegen sich selbst nicht den Anspruch des Vermächtnisnehmers aus § 2174 BGB haben

---

[57] Roth/Maulbetsch/Schulte/*Roth,* § 1 Rn. 40, 41 m.w.N.

[58] Das Vorausvermächtnis kann im Gegensatz zur Teilungsanordnung auch Gegenstand einer vertragsmäßigen Verfügung im Rahmen eines Erbvertrages sein (vgl. § 2278 Abs. 2 BGB).

[59] Beck'scher Online-Kommentar BGB/*Müller-Christmann,* § 2150 BGB Rn. 1.

kann[60]. Der Erblasser kann durch die Anordnung eines Vorausvermächtnisses sowohl den Alleinerben durch seine zusätzliche Stellung als Vermächtnisnehmer als auch einen Miterben im Vergleich zu den übrigen Miterben und dritten Personen in eine rechtlich vorteilhaftere Position erheben[61].

Der Erblasser kann ein Vorausvermächtnis nicht lediglich zugunsten eines alleinigen Erben anordnen, sondern zudem einem Miterben oder mehreren Miterben die Stellung eines Vorausvermächtnisnehmers durch eine Verfügung von Todes wegen einräumen. Soweit durch den Erblasser nichts anderes bestimmt wurde, ist der Erbe beschwert (vgl. § 2147 S. 2 BGB). Dies bedeutet folglich, dass der mit einem Vorausvermächtnis bedachte Miterbe auf Grund des § 2147 S. 2 BGB auch mitbeschwert ist, falls der Erblasser keine anderweitigen Regelungen getroffen hat. Das Vorausvermächtnis müsste zunächst aus dem Nachlass befriedigt werden (§ 2046 Abs. 1 S. 1 BGB) und im Rahmen der anschließend stattfindenden Auseinandersetzung wäre der begünstigte Miterbe mit seiner Erbquote an dem entsprechend verringerten Nachlass zu beteiligen[62]. Im Gegensatz zur Teilungsanordnung ist ein angeordnetes Vorausvermächtnis zugunsten eines Miterben rechtlich unabhängig von der quotalen Beteiligung am Nachlass und der Wert des zugewandten Gegenstandes wird gerade nicht auf den Erbteil angerechnet. Ein Vorausvermächtnis würde dem Begünstigten folglich einen Vermögensvorteil zusätzlich zu seinem Erbteil verschaffen und kann somit Veränderungen an den einzelnen Nachlassanteilen der Miterben vornehmen. Das Vorausvermächtnis führt somit im Gegensatz zur Teilungsanordnung zu einer Bevorzugung eines oder mehrerer Miterben gegenüber den übrigen.

Der Erblasser (siehe S. 33) könnte seinen Sohn und seine Tochter zu seinen Erben ernennen (je ½) und bestimmen, dass er seinem Sohn als Vorausvermächtnis und ohne Anrechnung auf seinen Erbteil den Oldtimer vermache. Mit dem Erbfall läge folgende Situation vor: Der Oldtimer, die Briefmarkensammlung, das bebaute Hausgrundstück

---

[60] Beck'scher Online-Kommentar BGB/*Müller-Christmann,* § 2150 BGB Rn. 1.

[61] Die Ausführungen im Rahmen des Vorausvermächtnisses sparen solche in Bezug auf das Vorausvermächtnis zugunsten des Alleinerben auf Grund lediglich geringer Relevanz für die Zielsetzung dieser Ausarbeitung aus. Zu den Vorteilen in Bezug auf die Anordnung eines Vorausvermächtnisses zugunsten des Alleinerben vgl. aber Beck'scher Online-Kommentar BGB/*Müller-Christmann,* § 2150 BGB Rn. 3; MüKo-BGB/*Rudy,* § 2150 BGB Rn. 3; MüKo-InsO/*Siegmann,* § 327 InsO Rn. 6; Roth/Maulbetsch/Schulte/*Roth,* § 1 Rn. 25 bis 38. Es gilt beispielsweise Folgendes: Auf Grund der gesetzlichen Regelung des § 1976 BGB hat der Alleinerbe im Nachlassinsolvenzverfahren die rechtliche Position eines Vermächtnisnehmers inne und befindet sich trotz seiner letzten Rangstelle (vgl. § 327 Abs. 1 Nr. 2 InsO) immer noch in einer vorteilhafteren rechtlichen Stellung als wenn er lediglich Erbenschuldner und folglich nur mit den Belastungen des Nachlassinsolvenzverfahrens behaftet wäre (vgl. MüKo-InsO/*Siegmann,* § 327 InsO Rn. 6; MüKo-BGB/*Rudy,* § 2150 BGB Rn. 3).

[62] Beck'scher Online-Kommentar BGB/*Müller-Christmann,* § 2150 BGB Rn. 5; MüKo-BGB/*Rudy,* § 2150 BGB Rn. 5.

(Wert: 200.000,– Euro) und das Barvermögen i.H.v. 20.000,– Euro würden mit dem Tod des Vaters in das gesamthänderisch gebundene Eigentum der beiden Miterben übergehen. Dem Vorausvermächtnis zugunsten des Sohnes kommt keine dingliche Wirkung zu. Dem Sohn stünde gemäß §§ 2174, 2150 BGB ein Anspruch auf Übereignung und Übergabe des Oldtimers gegen die beschwerten Miterben zu (gegen seine Schwester und auf Grund der gesetzlichen Fiktion gemäß § 2150 BGB und fehlender abweichender Regelung seitens des Erblassers gemäß § 2147 S. 2 BGB ebenfalls gegen sich selbst). Nach Befriedigung des Vorausvermächtnisses bestünde der noch auseinanderzusetzende Nachlass aus der Briefmarkensammlung, dem bebauten Grundstück und dem vorhandenen Barvermögen. Der Sohn und die Tochter sind Erben zu je ½, weshalb ihnen jeweils ein Nachlasswert i.H.v. 130.000,– Euro zustünde. Der Sohn erhielt zudem den Oldtimer im Wert von 50.000,– Euro und somit im Ergebnis einen Nachlasswert i.H.v. 180.000,– Euro, die Tochter hingegen einen Nachlasswert i.H.v. 130.000,– Euro. Das Vorausvermächtnis ist somit gerade nicht wie die Teilungsanordnung wertneutral und vermag an den festgesetzten Erbquoten etwas zu ändern. Hierin liegt gerade der obig beschriebene Vermögensvorteil des Sohnes zusätzlich zu seinem Erbteil. Der Wert des Oldtimers wird gerade nicht auf den Erbteil des Sohnes angerechnet. Die Lösung des Falles würde sich dann grundlegend ändern, falls auf Grund anderweitiger Bestimmung des Erblassers davon ausgegangen werden kann, dass der mit dem Vorausvermächtnis bedachte Miterbe (der Sohn des Erblassers) gerade nicht mitbeschwert sein soll (vgl. § 2147 S. 2 BGB).

„Eine von § 2147 S 2 abweichende Bestimmung, dass der mit dem Vermächtnis bedachte Miterbe nicht mitbeschwert sein soll, liegt vor, wenn der Erblasser zum Ausdruck gebracht hat, dass dem Bedachten das Vermächtnis in vollem Umfang über dasjenige hinaus zugute kommen soll, was er ohne die Anordnung des Vermächtnisses als Erbe bekommen würde. Gedanklich lässt sich der Unterschied so fassen: Ist der bedachte Miterbe mitbeschwert, so ist zuerst das Vorausvermächtnis zu erfüllen und dann der verbleibende Nachlass im Verhältnis der Erbteile aufzuteilen; ist der bedachte Miterbe nicht mitbeschwert, ist erst der Nachlass im Verhältnis der Erbteile aufzuteilen und sodann das Vermächtnis von den beschwerten Miterben aus dem ihnen Zukommenden zu erfüllen […].“[63]

Hätte der Vater somit zum Ausdruck gebracht, dass der Sohn den Oldtimer in vollem Umfang über dasjenige hinaus erhalten solle, was dieser ohne die Anordnung des Vermächtnisses als Erbe erhalten hätte, dann würde sich die rechtliche Lage (in Anlehnung an die obigen Darstellungen *Ottes*) wie folgt darstellen: Der Nachlass (Wert: 310.000,– Euro) würde zunächst im Verhältnis der Erbteile aufgeteilt werden. Dem Sohn und der Tochter stünde somit ein Nachlasswert i.H.v. jeweils 155.000,– Euro zu. Anschließend wäre das Vermächtnis von dem beschwerten Miterben (der Tochter) aus dem ihr Zukommenden zu erfüllen. Dem Sohn stünde im Ergebnis somit ein Nachlasswert i.H.v. 205.000,– Euro zu, der Tochter hingegen lediglich ein Nachlasswert i.H.v. 105.000,– Euro.

d) Kombination aus Teilungsanordnung und Vorausvermächtnis

Der Erblasser könnte sich auch einer Kombination aus Vorausvermächtnis und Teilungsanordnung bedienen und wäre nicht auf die ausschließliche Verwendung einer dieser beiden rechtlich vorgesehenen Konstruktionen verwiesen. Eine derartige Situation läge nach der Rspr. im Falle eines Vorausvermächtnisses wegen des Mehrwerts vor, d.h. wenn sich der Miterbe den

[63] Staudinger-BGB/*Otte* (2013), § 2150 BGB Rn. 8.

Wert des jeweiligen für ihn gedachten Gegenstandes nur teilweise auf seinen Erbteil anrechnen lassen muss[64].

Der Vater möchte seinen Sohn zu ¼ und seine Tochter zu ¾ als seine Erben einsetzen (vgl. hierzu S. 33). Der Vater möchte wiederum seinem Sohn den Oldtimer (Wert: 50.000,– Euro) und seiner Tochter die Briefmarkensammlung (Wert: 40.000,– Euro) zukommen lassen, wobei nachfolgend davon auszugehen ist, dass der Nachlass lediglich aus diesen beiden Vermögensgegenständen besteht. Im Falle einer Teilungsanordnung müsste der Sohn seine überquotale Begünstigung durch eine Zahlung in den Nachlass i.H.v. 27.500,– Euro ausgleichen, damit die Teilungsanordnung des Erblassers vollzogen werden kann. Läge ein Vorausvermächtnis zugunsten des Sohnes vor und wäre dieser mangels abweichender Bestimmungen seitens des Erblassers mitbeschwert (vgl. § 2147 S. 2 BGB), würde der Sohn einen Nachlasswert i.H.v. 60.000,– Euro (Oldtimer und ¼ des nach der Erfüllung des Vorausvermächtnisses verbleibenden Nachlasses) erhalten, die Tochter hingegen einen Nachlasswert i.H.v. 30.000,– Euro. Im Falle einer fehlenden Mitbeschwerung des Sohnes würde diesem ein Wert i.H.v. 72.500,– Euro (¼ des gesamten Nachlasswertes und ein Wert von 50.000,– Euro aus dem Nachlasswert, der seiner Schwester zukommt) zustehen, der Tochter ein Nachlasswert i.H.v. 17.500,– Euro. Im Falle einer Kombination aus Teilungsanordnung und Vorausvermächtnis läge bis zum Wert der Erbquote eine Teilungsanordnung unter Anrechnung auf den Erbteil vor (22.500,– Euro) und in Höhe des zusätzlichen Wertes ein Vorausvermächtnis zu Lasten der anderen Miterben (hier der Tochter des Erblassers) (27.500,– Euro)[65]. Der Betrag i.H.v. 27.500,– Euro liegt somit wertmäßig über der Erbquote des Sohnes, weshalb der Sohn diesen Überschuss als Vorausvermächtnis erhält. Insoweit findet letztlich ein Wertausgleich zwischen den Miterben gerade nicht statt.

e) Zusammenfassung

Der beträchtlichste Unterschied zwischen dem Rechtsinstitut der Teilungsanordnung und der inhaltlichen Ausgestaltungsmöglichkeit des Vorausvermächtnisses in Verfügungen von Todes wegen besteht gerade im Verhältnis dieser jeweiligen rechtlichen Konstruktion zu der dem Erben zustehenden quotalen Beteiligung am Nachlass. Die Teilungsanordnung ist gerade wertneutral und vermag an den Erbquoten nichts zu ändern. Man kann aus diesem Grunde sagen, dass die Teilungsanordnung nur den Erbteil bei dessen Auseinandersetzung konkretisiert[66]. Eine Teilungsanordnung führt somit letztlich zu einer Ausgleichspflicht. Bei der Anordnung eines Vorausvermächtnisses ist dies nicht der Fall, da das Vorausvermächtnis gerade nicht auf den Erbteil anzurechnen ist[67].

---

[64] BGH, NJW 1985, 51 (52); BGH, NJW-RR 1990, 1220 (1221); LG Karlsruhe, FamRZ 2006, 447 (447); MüKo-BGB/*Rudy,* § 2150 BGB Rn. 8. Ein Formulierungsbeispiel für eine Kombination aus Vorausvermächtnis und Teilungsanordnung findet sich bei Roth/Maulbetsch/Schulte/*Roth,* § 1 Rn. 43.

[65] Roth/Maulbetsch/Schulte/*Roth,* § 1 Rn. 43.

[66] Roth/Maulbetsch/Schulte/*Roth,* § 1 Rn. 39 m.w.N.

[67] Roth/Maulbetsch/Schulte/*Roth,* § 1 Rn. 39. In Bezug auf weitere nennenswerte Unterschiede zwischen einer Teilungsanordnung und einem Vorausvermächtnis vgl. die Ausführungen bei Roth/Maulbetsch/Schulte/*Roth,* § 1 Rn. 25 bis 38; MüKo-BGB/*Ann,*

B. Die Einsetzung als Vermächtnisnehmer

1. Allgemeines

Das Erbrecht des BGB gewährt dem Ersteller von Verfügungen von Todes wegen neben der Möglichkeit, bestimmte Personen als seine Erben zu benennen, zudem das Gestaltungsmittel des Vermächtnisses. § 1939 BGB enthält die Legaldefinition des Begriffs des Vermächtnisses, wonach der Erblasser durch Testament einem anderen, ohne ihn als Erben einzusetzen, einen Vermögensvorteil zuwenden kann. Nach der Legaldefinition des § 1939 BGB und der Vorschrift des § 1941 BGB, die eine Legaldefinition des Erbvertragsbegriffs enthält und davon spricht, dass der Erblasser durch Vertrag Vermächtnisse anordnen kann, beruht das Vermächtnis auf einer Verfügung von Todes wegen, d.h. einem Testament bzw. einem Erbvertrag[68]. Gemäß § 2174 BGB wird für den Bedachten auf Grund des angeordneten oder auch gesetzlich vorgesehenen Vermächtnisses das Recht begründet, von dem Beschwerten die Leistung des vermachten Gegenstandes zu fordern.

„Somit erwirbt der Vermächtnisnehmer lediglich einen schuldrechtlichen Anspruch dahingehend, dass ihm der zugewandte Vermögensvorteil durch ein gesondert auszuführendes, selbständiges *Erfüllungsgeschäft* eingeräumt wird.“[69]

Der Bedachte erlangt somit lediglich einen Anspruch gegen den Beschwerten in Bezug auf den zugewandten Vermögensvorteil, nicht hingegen erfolgt ein unmittelbarer Rechtserwerb des zur Erbschaft gehörenden Gegenstandes durch den Vermächtnisnehmer[70]. Dies bedeutet, dass der Erbe zunächst Zwischeneigentümer von Sachen oder Inhaber von Rechtspositionen wird und diese erst anschließend in einem weiteren Rechtsakt auf den Bedachten über-

---

§ 2048 BGB Rn. 18; Beck'scher Online-Kommentar BGB/*Litzenburger,* § 2288 BGB Rn. 1. Die Abgrenzung zwischen einer Teilungsanordnung und einem Vorausvermächtnis erfolgt anhand des Begünstigungswillens des Erblassers: Es kommt maßgebend darauf an, ob der Verfügende mit der gewünschten Verteilung des Nachlasswertes eine wertmäßige Begünstigung des jeweiligen Miterben bezweckte oder gerade nicht (vgl. MüKo-BGB/*Ann,* § 2048 BGB Rn. 17 m.w.N.; BGH, NJW 1998, 682 (682); 1995, 721 (721); OLG Koblenz, NJW-RR 2005, 1601 (1602); LG Karlsruhe, FamRZ 2006, 447 (447)). Zu beachten gilt jedoch noch folgende Aussage des BGH: „Vielmehr kann die Auslegung des Testaments unter Berücksichtigung des Erblasserwillens ergeben, daß ein bestimmter Gegenstand einem Miterben etwa auch für den (bei Testamentserrichtung hypothetischen) Fall zugewendet werden soll, daß er das Erbe ausschlägt oder aus anderen Gründen nicht Erbe wird. War die Zuwendung des Gegenstands so gemeint, liegt ein von der Erbeinsetzung unabhängiger Geltungsgrund selbst dann vor, wenn das Vermächtnis die Erbquote wertmäßig nicht verschiebt, sondern wie hier auf die Erbquote anzurechnen ist [...].“ (vgl. BGH, NJW 1995, 721 (721)).

[68] Roth/Maulbetsch/Schulte/*Roth,* § 1 Rn. 1.

[69] Roth/Maulbetsch/Schulte/*Roth,* § 1 Rn. 2.

[70] Roth/Maulbetsch/Schulte/*Roth,* § 1 Rn. 3; MüKo-BGB/*Rudy,* § 2174 BGB Rn. 1.

tragen werden[71]. Der nationale Gesetzgeber des BGB sprach sich folglich für die Einführung des Damnationslegats (schuldrechtlich wirkendes Vermächtnis) und gegen diejenige des sog. Vindikationslegats (dinglich wirkendes Vermächtnis) aus[72]. Das in anderen Rechtsordnungen existente Vindikationslegat führt gerade dazu, dass es zu einer unmittelbaren dinglichen Zuwendung des Vermögensvorteils von Todes wegen kommt, ohne dass der Begünstigte (Mit-)Erbe ist, und das Vermächtnis mit dem Anfall zur rei vindicatio des § 985 BGB berechtigt[73]. Dieser Entschluss des nationalen Gesetzgebers führt letztlich zu einer wesentlich schwächeren Rechtsstellung des Bedachten im Gegensatz zu einem Erben, da auf Grund der nicht vorhandenen unmittelbaren dinglichen Wirkung des Vermächtnisses ohne die Mitwirkung der Erben die mit dem Vermächtnis angestrebte Rechtsänderung nicht einzutreten vermag und unter Umständen erst mit Hilfe von Klage, Verurteilung (damnatio) und Vollstreckung durchgesetzt werden muss[74].

2. Das Damnationslegat in seiner geschichtlichen Entwicklung im deutschen Recht

a) Die Entwicklung bis zum Inkrafttreten des Bürgerlichen Gesetzbuches

aa) Erste Kommission

Durch Erlass eines Gesetzes zur Änderung der Reichsverfassung am 20. Dezember 1873 wurde nach wiederholten Anträgen der Abgeordneten *Miquel* und *Lasker* (lex Miquel-Lasker) das Ziel erreicht, die Gesetzgebungskompetenz des Bundes oder Reiches, die bisher nur für das Obligationenrecht galt, auf das gesamte bürgerliche Recht auszudehnen[75]. Am 22. Juni 1874 wurde nach Vorarbeiten einer bereits im selben Jahr eingesetzten Vorkommission[76] mittels Beschlusses durch den Bundesrat eine erste Kommission für die Ausarbeitung eines Entwurfs für fünf Bücher des BGB bestellt, die ihre Arbeit im Jahre 1888 als „erster Entwurf" nebst Begründung in fünf Bänden („Motive") zur Veröffentlichung brachte[77]. Der königlich bayerische Ministerialrat *v. Schmitt* wurde als eines der Mitglieder der ersten Kommission zum Redak-

[71] Roth/Maulbetsch/Schulte/*Roth*, § 1 Rn. 3; *Sarres*, Rn. 9.

[72] Roth/Maulbetsch/Schulte/*Roth*, § 1 Rn. 3; MüKo-BGB/*Rudy*, § 2174 BGB Rn. 1.

[73] *Gärtner*, S. 1; *Muscheler*, Erbrecht, Bd. 1, § 18 Rn. 771.

[74] MüKo-BGB/*Rudy*, § 2174 BGB Rn. 1; *Otte*, Jura 2011, 810.

[75] Entwurf eines bürgerlichen Gesetzbuches für das Deutsche Reich (erste Lesung), III; *Andres*, S. 39; *Brox/Walker*, BGB AT, § 2 Rn. 21; *Horn*, NJW 2000, 40.

[76] Die Annahme des Antrags auf Einsetzung einer Vorkommission erfolgte am 08. Februar 1874 mit fünf Stimmen (vgl. *Andres*, S. 42).

[77] Entwurf eines bürgerlichen Gesetzbuches für das Deutsche Reich (erste Lesung), III; *Brox/Walker*, BGB AT , § 2 Rn. 21; *Horn*, NJW 2000, 40.

tor des Erbrechts bestellt[78]. In seinem „Entwurf eines Rechtes der Erbfolge für das Deutsche Reich nebst dem Entwurfe eines Einführungsgesetzes" (Berlin 1879) erarbeitete *v. Schmitt* die Formulierung des folgenden Paragraphen[79]:

§ 123: „Mit dem Anfalle des Vermächtnisses erwirbt der Bedachte und, wenn der Bedachten Mehrere sind, jeder derselben nach Verhältniß seiner Berufung kraft Gesetzes, jedoch vorbehaltlich des Rechtes der Entsagung, eine Forderung auf Erfüllung der Vermächtnißanordnung gegen den Beschwerten. Von da an überträgt der Bedachte die erworbene Forderung, sofern das vermachte Recht der Uebertragung auf Andere fähig ist, auf seine Erben nach Maßgabe der Bestimmungen des §. 303.

Eine unmittelbare Erwerbung des vermachten Rechtes findet nicht statt."

In seinem „Recht der Erbfolge. Aenderungsvorschläge des Referenten zu dem Entwurfe von 1879" (Berlin 1886) änderte *v. Schmitt* den bisherigen § 123 ab, wobei dieser weiterhin wie bereits in seinem Entwurf aus dem Jahre 1879 die Einführung eines lediglich schuldrechtlich wirkenden Vermächtnisses für wünschenswert erachtete. Seine Änderungen beschränkten sich hierbei auf kleinere wörtliche Modifikationen (z.B. „Erwerb" anstelle „Erwerbung", vgl. jeweiliger Abs. 2) und eine Neueinfügung des § 123 Abs. 3.

„Mit dem Anfalle des Vermächtnisses erwirbt der Bedachte und, wenn der Bedachten Mehrere sind, jeder derselben nach Verhältniß seiner Berufung kraft des Gesetzes, jedoch vorbehaltlich des Rechtes der Entsagung, eine Forderung auf Erfüllung der Vermächtnißanordnung gegen den Beschwerten. Die erworbene Forderung geht, sofern das vermachte Recht übertragen werden kann, auf den Erben des Bedachten über.

Ein unmittelbarer Erwerb des vermachten Rechtes findet nicht statt.

Eine Forderung des Erblassers an den Erben, welche einem Dritten vermacht ist, sowie die mit der Forderung verbundenen Vorzugs- und Nebenrechte bleiben von der Bestimmung des §. 289 [...] unberührt."[80]

Die erste Kommission erarbeitete unter Berücksichtigung des von *v. Schmitt* ausgearbeiteten Erbrechtsentwurfes bis zur Ablieferung des Entwurfs Ende 1887[81] letztlich den Inhalt des folgenden Paragraphen:

§ 1865: „Durch das Vermächtniß wird für den Vermächtnißnehmer nur eine Forderung gegen den Beschwerten auf Leistung des Gegenstandes des Vermächtnisses begründet (Vermächtnißanspruch). Ein unmittelbarer Uebergang des den Gegenstand des Vermächt-

[78] Entwurf eines bürgerlichen Gesetzbuches für das Deutsche Reich (erste Lesung), IV; *Andres,* S. 44 m.w.N.

[79] *v. Schmitt,* in: Die Vorentwürfe der Redaktoren zum BGB, Erbrecht, Teil 1, S. 1, 28.

[80] *v. Schmitt,* in: Die Vorentwürfe der Redaktoren zum BGB, Erbrecht, Teil 2, S. 551, 580.

[81] *Schulte-Nölke,* NJW 1996, 1705, 1706.

nisses bildenden Rechtes auf den Vermächtnißnehmer findet auch dann nicht statt, wenn das Recht zum Nachlasse gehört."[82]

Die erste Kommission sprach sich somit auf unmissverständliche Art und Weise und durch eine erhebliche Diskrepanz zum bislang geltenden Recht gegen die Einführung eines unmittelbar dinglich wirkenden Vermächtnisses aus[83].

„Daß ein unmittelbarer Uebergang des vermachten Rechtes auch dann nicht stattfindet, wenn das Recht zum Nachlasse gehört (Satz 2), verdeutlicht nur mit Rücksicht auf die schwerwiegende Abweichung vom geltenden Rechte[84], daß das Vindikationslegat dem [ersten] Entw. fremd ist, und läßt zugleich erkennen, daß die Vorschrift eine absolute ist, also durch sie dem Willen des Erblassers eine Schranke gesetzt wird."[85]

Die Ausführungen brachten zwar einerseits zum Ausdruck, dass es dem besonderen Interesse des Erblassers und der bedachten Person entsprechen

---

[82] Entwurf eines bürgerlichen Gesetzbuches für das Deutsche Reich (erste Lesung), S. 443.

[83] Bereits *Mommsen* sah in seinem Erbrechtsentwurf kein Vindikationslegat vor (vgl. *Mommsen,* S. 136, 388, 389; *Andres,* S. 66). *Mommsen* (S. 92) formulierte in seinem „Entwurf eines Deutschen Reichsgesetzes über das Erbrecht nebst Motiven" den § 383 folgendermaßen und ging somit von einem lediglich schuldrechtlich wirkenden Vermächtnis aus: „Durch die Annahme des Vermächtnisses wird eine Forderung des Vermächtnißnehmers gegen den Beschwerten begründet, welche darauf gerichtet ist, daß der Beschwerte Dasjenige leiste, was der Erblasser durch die Anordnung des Vermächtnisses dem Bedachten zugewendet hat.

Ein unmittelbarer Erwerb des vermachten Rechtes tritt nicht ein."

In einem am 01. März 1874 bekannt gemachten Preisausschreiben der Juristischen Gesellschaft zu Berlin wurde der „Entwurf eines Gesetzes über das deutsche Erbrecht nebst Motiven und einer vergleichenden Darstellung der erbrechtlichen Bestimmungen aus den wesentlichsten der in Deutschland gegenwärtig geltenden Gesetzbücher" gefordert, wobei die Bearbeitung der Preisaufgabe bis zum Dezember 1874 beendet sein musste (vgl. *Mommsen,* III; *Andres,* S. 71). Dieses Preisausschreiben war der Anlass für *Mommsens* Entwurf (vgl. *Andres,* S. 26). Der Erbrechtsentwurf *Mommsens* fand u.a. durch *v. Schmitt* als Mitglied der ersten Kommission Anerkennung und *v. Schmitt* (in: Die Vorentwürfe der Redaktoren zum BGB, Erbrecht, Teil 1, S. 151) bezeichnete *Mommsens* Entwurf in der Begründung seines Entwurfs als einen „in vielen Beziehungen verdienstvolle[n] Entwurf". Die erste Kommission und *v. Schmitt* beriefen sich im Wesentlichen auch inhaltlich auf diejenigen Argumente *Mommsens* für die Abschaffung des unmittelbar dinglich wirkenden Vermächtnisses (vgl. *Andres,* S. 220 mit einem Verweis auf die Begründung *v. Schmitts* und der ersten Kommission). Zu den Argumenten *Mommsens* vgl. *Mommsen,* S. 389.

[84] Das Vindikationslegat existierte sowohl im römischen Recht als auch im ALR, im gemeinen Recht, im Code civil, im Sächsischen BGB und im CMBC (eine knappe Darstellung des römischen Rechts, des ALR, des Sächsischen BGB und des CMBC findet sich auch bei *Gärtner,* S. 3 bis 11; eine bloße Erwähnung des sich im römischen Recht, im ALR, im Code civil und im Sächsischen BGB wiederfindenden Vindikationslegates findet sich bei *Mommsen,* S. 388).

[85] *Mugdan,* Bd. 5, S. 92 (Motive).

könnte, einen individuellen Gegenstand mit unmittelbar dinglicher Wirkung vermachen zu können, machten jedoch andererseits deutlich, dass ein Vindikationslegat unter dem Gesichtspunkt der Haftung für Nachlassverbindlichkeiten sowohl den bzw. die Erben als auch die Nachlassgläubiger in besonderem Maße unangemessen benachteiligen würde und dieses als nicht mit dem Grundbuchsystem vereinbar erscheint[86]. Die Frage, ob das Vindikationslegat dem im Rahmen von lebzeitigen Rechtsgeschäften geltenden Prinzip, dass eine Eigentumsübertragung nach außen hin beispielsweise durch eine Übergabe erkennbar sein muss, widersprechen würde, wurde von der ersten Kommission zwar aufgeworfen, jedoch blieb diese der Beantwortung der Fragestellung im Rahmen ihrer Ausführungen schuldig[87].

bb) Zweite Kommission

Auf Grund der immensen Kritik an dem Entwurf der ersten Kommission und dessen Bezeichnung als lebensfremd, undeutsch und sozial rückständig wurde im Jahre 1890 eine zweite Kommission zur Überarbeitung des bisherigen Entwurfes der ersten Kommission eingesetzt[88]. Die zweite Kommission bestand nunmehr entgegen der ersten, die mit elf Juristen als reine Fachkommission zusammengesetzt war, aus Richtern, Ministerialjuristen, Anwälten, Professoren, Laien, Parteien des Reichstags (mit Ausnahme der Sozialdemokraten), Land- und Forstwirten, Vertretern aus Handel und Industrie, Vertretern des christlichen Glaubens und des Judentums[89]. Die zweite Kommission erstellte bis 1895 einen „zweiten Entwurf" und die Beratungen wurden in sieben Bänden („Protokolle") veröffentlicht[90]. Der erste Entwurf diente der zweiten Kommission als Grundlage der Weiterarbeit und es ging insbesondere um eine sprachliche und gesetzessystematische Überarbeitung, was letztlich bedeutete, dass die schwerfällig formulierten Sätze und die auf Grund zahlreicher Verweisungen unübersichtlichen Paragraphen überprüft und geändert wurden, ohne jedoch dass in den meisten Fällen sachliche Änderungen miteinher gingen[91]. Im Rahmen der zweiten Kommission und deren Überarbeitung des durch die erste Kommission geschaffenen § 1865 wurden die verschiedensten Anträge auf Abänderung gestellt (insgesamt sechs ausformulierte Normvorschläge), die sich teils erheblich von dem durch die erste Kommission ausgearbeiteten § 1865 unterschieden[92]. Im Folgenden werden

---

[86] *Mugdan,* Bd. 5, S. 70, 71 (Motive).

[87] *Mugdan,* Bd. 5, S. 70 (Motive).

[88] *Brox/Walker,* BGB AT, § 2 Rn. 21; *Schulte-Nölke,* NJW 1996, 1706, 1707; *Horn,* NJW 2000, 40.

[89] *Brox/Walker,* BGB AT, § 2 Rn. 21; *Schulte-Nölke,* NJW 1996, 1707.

[90] *Brox/Walker,* BGB AT, § 2 Rn. 21; *Horn,* NJW 2000, 40.

[91] *Schulte-Nölke,* NJW 1996, 1707, 1708 mit einem Beispiel aus dem ersten Entwurf.

[92] Die Anträge finden sich allesamt bei *Mugdan,* Bd. 5, S. 619 bis 621 (Protokolle).

von den sechs Anträgen der Mitglieder der zweiten Kommission zwei besonders gegenläufige zitiert:

Antrag 2: „Durch das Vermächtniß erlangt der Vermächtnißnehmer nur einen Anspruch gegen den Beschwerten auf Leistung des vermachten Gegenstandes. Ein unmittelbarer Erwerb des Gegenstandes durch den Vermächtnißnehmer findet nicht statt.“[93]

Antrag 6: „Durch das Vermächtniß wird für den Vermächtnißnehmer eine Forderung gegen den Beschwerten auf Leistung des Gegenstandes (Vermächtnißanspruch) begründet.

Ein unmittelbarer Uebergang des den Gegenstand des Vermächtnisses bildenden Rechtes auf den Vermächtnißnehmer findet statt, wenn das Recht zum Nachlasse gehört, es sei denn, daß ein anderer Wille des Erblassers erkennbar ist, oder daß die Bestimmung des Gegenstandes des Vermächtnisses von einer Wahl oder von einem erst nach dem Erbfalle eintretenden Ereignisse abhängig gemacht ist.“[94]

Die Anträge 3 bis 6 sprachen sich für eine Einführung des Vindikationslegates aus. Die Befürworter des Vindikationslegates argumentierten insbesondere mit den zu verwirklichenden Interessen des Erblassers und der Vermächtnisnehmer und brachten zudem vor, dass sich „[d]er Gesetzgeber [...] aus dem Grunde, daß eine Regelung mit gewissen technischen Schwierigkeiten und Komplikationen verbunden sei, nicht zur Aufstellung eines in sich widerspruchsvollen, den Anforderungen der Gerechtigkeit nicht entsprechenden Rechtssatzes verleiten lassen [dürfe]“[95]. Die Verfechter eines unmittelbar dinglich wirkenden Vermächtnisses beriefen sich zudem darauf, dass durch die Anträge 3 bis 6 deutlich werde, dass es sich gerade um keine unlösbaren technischen Problemstellungen handele und ein Nachlassgläubigerschutz in ausreichendem Maße gewährleistet werden könne[96]. Da die Ansichten in der Kommission für oder gegen die Einführung eines Vindikationslegates divergierten, wollte man in einem ersten Schritt darüber entscheiden, ob im Hinblick auf die auf Wiedereinführung des unmittelbar dinglich wirkenden Vermächtnisses gerichteten Anträge eine Spezialberatung eingeleitet werden sollte[97]. Ein Eintritt in die Spezialberatung wurde mit 10 zu 8 Stimmen abgelehnt[98]. Hierbei handelte es sich um eine denkbar knappe Entscheidung[99], die auch ohne Weiteres hätte anders ausfallen können. Die gegen eine Spezialberatung sich aussprechenden Mitglieder der zweiten Kommission legten den

---

[93] *Mugdan,* Bd. 5, S. 619 (Protokolle).

[94] *Mugdan,* Bd. 5, S. 620 bis 621 (Protokolle).

[95] *Mugdan,* Bd. 5, S. 621 (Protokolle).

[96] *Mugdan,* Bd. 5, S. 621 (Protokolle).

[97] *Mugdan,* Bd. 5, S. 621 (Protokolle).

[98] *Mugdan,* Bd. 5, S. 623 (Protokolle).

[99] *Gärtner,* S. 11. An dieser Stelle sei noch angemerkt, dass die Mehrheit im Rahmen der Verhandlungen des 19. DJT im Jahre 1888 ihr Einverständnis in Bezug auf folgende Formulierung verweigerte: „Durch das Vermächtniß wird für den Vermächtnißnehmer nur eine Forderung gegen die Beschwerten auf Leistung des Gegenstandes des Vermächtnisses begründet“ (vgl. Zweite Sitzung der ersten Abtheilung am Dienstag, den 11. September 1888, in: Verhandlungen des 19. DJT, Bd. 3, S. 104, 105).

Fokus insbesondere auf das Traditionsprinzip, den nicht zu vernachlässigenden Erben- und Nachlassgläubigerschutz und die Tatsache, dass der schuldrechtlich berechtigte Vermächtnisnehmer aus ihrer Sicht keinen weitreichenderen Schutz benötige[100]. Der Entwurf zweiter Lesung (§ 2045) und der darauffolgende revidierte Entwurf zweiter Lesung (§ 2150), wie er am 22. Oktober 1895 dem Bundesrat übersandt wurde (Bundesratsvorlage), lauteten im Gegensatz zu obig dargestelltem § 1865 der ersten Lesung folgendermaßen:

„Durch das Vermächtniß wird für den Bedachten das Recht begründet, von dem Beschwerten die Leistung des vermachten Gegenstandes zu fordern."[101]

Die §§ 1865, 2045 und 2150 unterschieden sich letztlich in ihrer sprachlichen Ausformulierung, nicht jedoch in ihrer rechtlichen Bedeutung. Man entschied sich für ein nur schuldrechtlich wirkendes Vermächtnis und gegen die Einführung einer unmittelbar dinglichen Beteiligung des Vermächtnisnehmers am Nachlass des Erblassers. Auf die den ersten Satz des § 1865 lediglich wiederholende und nochmalig klarstellende Funktion des § 1865 S. 2 wurde hierbei im Rahmen der zweiten Kommission verzichtet.

cc) Reichstagsvorlage und Inkrafttreten des BGB

Durch den Bundesrat erfolgten Änderungen am revidierten Entwurf zweiter Lesung und anschließend wurde dieser „dritte Entwurf" im Jahre 1896 als Reichstagsvorlage an diesen weitergeleitet[102]. Die Vorlage des Bundesrates an den Reichstag in Bezug auf die einem Vermächtnis beizulegende Wirkung entsprach dem obig dargestellten Entwurf zweiter Lesung und dem revidierten Entwurf zweiter Lesung (nunmehr jedoch weder § 2045 noch § 2150, sondern § 2148)[103]. Der Reichstag verabschiedete das BGB unter Berücksichtigung einiger Änderungen am 01. Juni 1896, der Bundesrat stimmte am 14. Juli 1896 zu und der damals amtierende Kaiser Wilhelm II. verkündete es schließlich am 24. August 1896 im Reichsgesetzblatt von 1896 (S. 195)[104]. Der Reichstag nahm keinerlei inhaltliche Änderungen an dem ihm durch den Bundesrat vorgelegten § 2148 vor (aus § 2148 wurde lediglich § 2174)[105]. Das BGB ist letztlich am 01. Januar 1900[106] für das damalige Deutsche Reich mit seinen fünf Büchern in Kraft getreten. Der heute noch ebenso wie vor über 100 Jahren Geltung beanspruchende § 2174 BGB bestimmt:

---

[100] *Mugdan*, Bd. 5, S. 623, 624 (Protokolle).
[101] *Mugdan*, Bd. 5, XXIII.
[102] *Brox/Walker*, BGB AT, § 2 Rn. 21.
[103] *Mugdan*, Bd. 5, XXIII.
[104] *Brox/Walker*, BGB AT, § 2 Rn. 21; *Horn*, NJW 2000, 40.
[105] *Mugdan*, Bd. 5, XXIII.
[106] *Brox/Walker*, BGB AT, § 2 Rn. 21.

„Durch das Vermächtnis wird für den Bedachten das Recht begründet, von dem Beschwerten die Leistung des vermachten Gegenstands zu fordern."

b) Das Bürgerliche Gesetzbuch während der Zeit des Nationalsozialismus

Während der Zeit des Nationalsozialismus (1933 bis 1945) wurde ein besonderes Augenmerk auf eine Reform der Gebiete des Familien- und Erbrechts gelegt[107]. Im damaligen Ausschuss war die rechtliche Ausgestaltung des Vermächtnisses als Damnations- oder Vindikationslegat umstritten, wobei sich die Ausschussmehrheit letztlich für die geltende Regelung des BGB, d.h. die Ablehnung einer unmittelbar dinglichen Nachlassbeteiligung des Vermächtnisnehmers, entschied[108]. Die Mehrheit schloss sich hierbei dem Berichterstatter *Flad* an, der im Januar 1936 „eine unmittelbare, dingliche Wirkung des Legats *nicht* befürworten"[109] mochte und im Juli 1936 „keine eingreifenden Änderungen" im Bereich der Vermächtnisse anregte[110].

3. Ausnahmen von der lediglich schuldrechtlichen Vermächtniswirkung

Wie obig dargestellt wird dem Vermächtnisnehmer ein lediglich schuldrechtlicher Anspruch in Bezug auf den Vermögensvorteil gegen den Beschwerten gewährt. Unter Bezugnahme auf bestimmte Vorschriften könnten jedoch ggf. Ausnahmen von dieser bloßen schuldrechtlichen Vermächtniswirkung existieren: in landesrechtlichen Regelungen gemäß Art. 139 EGBGB, beim Vermächtnis einer Forderung gegen den Beschwerten (§ 2175 BGB) und beim Vorausvermächtnis für den alleinigen Vorerben (§ 2110 Abs. 2 BGB).

a) Landesrechtliche Regelungen (Art. 139 EGBGB)

In den Fällen, in denen dem Fiskus oder einer anderen juristischen Person nach landesgesetzlichen Vorschriften in Ansehung des Nachlasses einer verpflegten oder unterstützten Person ein Recht auf bestimmte Sachen zusteht (vgl. Art. 139 EGBGB) und dieses Recht nicht als schuldrechtlicher Anspruch, sondern dingliches Recht ausgestaltet ist, besteht eine Ausnahme von der nur schuldrechtlichen Wirkung des Vermächtnisses[111].

---

[107] *Schubert,* Das Familien- und Erbrecht unter dem Nationalsozialismus, XXI.

[108] *Wacker,* S. 105. Eine ausführliche Darstellung der einzelnen Problemkreise im Falle der Anerkennung des unmittelbar dinglich wirkenden Vermächtnisses, der Rechtsstellung des Vermächtnisnehmers und alternativer Lösungsvorschläge zur Verbesserung der rechtlichen Position des Damnationsvermächtnisnehmers finden sich hierzu bei *Bartholomeyczik,* Erbeinsetzung, andere Zuwendungen und Erbschein, S. 132 bis 142 und S. 154 bis 161.

[109] *Flad,* Vindikationsvermächtnis (Januar 1936), in: Protokolle der Ausschüsse, S. 634.

[110] *Flad,* Vermächtnis und Auflage (Juli 1936), in: Protokolle der Ausschüsse, S. 646.

[111] Staudinger-BGB/*Otte* (2013), § 2174 BGB Rn. 2; Beck'scher Online-Kommentar BGB/*Müller-Christmann,* § 2174 BGB Rn. 1; MüKo-BGB/*Rudy,* § 2174 BGB Rn. 1; *Lange/Kuchinke,* S. 623; Roth/Maulbetsch/Schulte/*Roth,* § 1 Rn. 3.

§ 31 Hess.AGBGB bestimmt: „Den Einrichtungen der Wohlfahrtspflege und des Gesundheitswesens steht ein Recht auf die Sache zu, die eine dort unentgeltlich bis zu ihrem Tode untergebrachte Person zum Gebrauch in der Einrichtung eingebracht hat. Das Recht kann durch Verfügung des Untergebrachten nicht ausgeschlossen oder beschränkt werden.

Die Sachen fallen nicht in den Nachlaß. Das Eigentum an ihnen geht mit dem Eintritt des Erbfalls auf den Träger der Einrichtung über."

In Bayern existierte diesbezüglich die Bestimmung des Art. 102 BayAGBGB vom 09. Juni 1899, die jedoch durch Art. 80 Abs. 2 Nr. 1 des neuen BayAGBGB aus dem Jahre 1982 aufgehoben wurde[112]. Eine Übergangsvorschrift findet sich hierzu im neuen Art. 77 Abs. 6 BayAGBGB:

„Wenn die Satzungen einer öffentlichen Anstalt vorsehen, dass dieser beim Eintritt des Erbfalls das Recht an den eingebrachten Sachen von Personen zufällt, die bis zu ihrem Tod unentgeltlich in der Anstalt verpflegt worden sind, sind die Art. 101 und 102 des Ausführungsgesetzes zum Bürgerlichen Gesetzbuch vom 9. Juni 1899 noch insoweit anzuwenden, als die Personen vor dem Inkrafttreten dieses Gesetzes von der Anstalt aufgenommen worden sind."

Unter den in Art. 139 EGBGB genannten Wahlmöglichkeiten gestand Bayern ein Recht auf bestimmte Sachen zu und gerade kein Erbrecht und keinen Pflichtteilsanspruch[113].

„Daß die Bestimmung des Art. 102 kein Erbrecht verschafft, ist klar – selbst wenn der Pflegling, wie leicht möglich, tatsächlich keine anderen Sachen als die eingebrachten im Vermögen gehabt haben sollte, liegt in unserem Fall doch immer nur Einzel-, nicht die das Wesen des Erbrechts ausmachende Gesamtnachfolge vor. Aber es steht auch keine Zuwendung nach Art der Vermächtnisse in Frage. Denn diese stellen im B.G.B. [...] stets nur ein Forderungsrecht dar, während nach Art. 102 Abs. 2 das Eigentum an den eingebrachten Sachen mit dem Eintritte des Erbfalls von Rechts wegen auf die Anstalt übergeht."[114]

In landesrechtlichen Regelungen kann somit gemäß Art. 139 EGBGB eine Ausnahme von der lediglich schuldrechtlichen Vermächtniswirkung i.S.d. § 2174 BGB normiert werden.

b) Vermächtnis einer Forderung gegen den Beschwerten (§ 2175 BGB)

§ 2175 BGB möchte sich der Konstellation zuwenden, bei der der Erblasser seine Forderung gegen den Erben oder sein Recht, mit dem eine Sache oder ein Recht des Erben belastet ist, im Wege der Anordnung eines Vermächtnisses dem hieraus Bedachten zuwenden möchte. Die lediglich schuldrechtliche Wirkung des Vermächtnisses würde mit dem Erbfall dazu führen, dass in der Person des Erben Konfusion (Vereinigung von Schuld und Forderung) oder

---

112 Staudinger-BGB/*Mayer* (2013), Art. 139 EGBGB Rn. 13.

113 *Oertmann,* S. 635.

114 *Oertmann,* S. 636.

Konsolidation (Vereinigung von Eigentum und Belastung) einträte[115]. Für eine Forderung des Erblassers gegen den Erben als vermachten Gegenstand würde dies beispielsweise bedeuten, dass diese auf Grund der Vereinigung von Gläubiger- und Schuldnerstellung in einer Person erlöschen würde und die Erfüllung des Vermächtnisses mit dem Erbfall unmöglich wäre (§§ 2169, 2171 BGB)[116]. § 2175 BGB möchte dieser Unmöglichkeit der Erfüllung des Vermächtnisses begegnen und bestimmt aus diesem Grunde, dass die infolge des Erbfalls durch Konfusion oder Konsolidation erloschenen Rechtsverhältnisse in Ansehung des Vermächtnisses als nicht erloschen gelten. Hat der Erblasser eine ihm gegen den Erben zustehende Forderung oder hat er ein Recht vermacht, mit dem eine Sache oder ein Recht des Erben belastet ist, so gelten die infolge des Erbfalls durch Vereinigung von Recht und Verbindlichkeit oder von Recht und Belastung erloschenen Rechtsverhältnisse in Ansehung des Vermächtnisses als nicht erloschen. Der Vermächtnisnehmer hat weiterhin einen schuldrechtlichen Anspruch gegen den Beschwerten u.a. in Bezug auf die Übertragung der fortbestehenden fingierten Forderung[117]. Bezüglich eines vermachten Rechts, mit dem eine Sache oder ein Recht des Erben belastet ist, kommt den obigen Ausführungen nur in Bezug auf Rechte an Rechten und Mobilien besondere Bedeutung zu, da bereits § 889 BGB bei Grundstücken die Konsolidation zu verhindern vermag[118]. Die überwiegende Meinung, der man sich (zumindest teilweise) anzuschließen hat, geht schließlich davon aus, dass § 2175 BGB keinerlei Ausnahme von der in § 2174 BGB normierten schuldrechtlichen Vermächtniswirkung darstellt. Eine Gegenansicht geht hingegen im Falle des § 2175 BGB von einem unmittelbaren Erwerb der vermachten Forderung oder des vermachten Rechts durch den Begünstigten aus und somit teilweise von einem Vindikationsvermächtnis[119]. Dieser Ansicht kann jedoch nicht gefolgt werden. In § 2174 BGB wird der Grundsatz aufgestellt, dass Vermächtnissen im deutschen Recht eine lediglich schuldrechtliche Wirkung zugesprochen wird[120]. Der Wortlaut des § 2175 BGB spricht darüber hinaus gerade davon, dass die infolge des Erbfalls durch Vereinigung erloschenen Rechtsverhältnisse in Ansehung des Vermächtnisses

---

[115] MüKo-BGB/*Rudy*, § 2175 BGB Rn. 1; Beck'scher Online-Kommentar BGB/*Müller-Christmann,* § 2175 BGB Rn. 1; Schulze/*Hoeren,* § 2175 BGB Rn. 1.

[116] Staudinger-BGB/*Otte* (2013), § 2175 BGB Rn. 1; Beck'scher Online-Kommentar BGB/*Müller-Christmann,* § 2175 BGB Rn. 1; MüKo-BGB/*Rudy,* § 2175 BGB Rn. 1.

[117] MüKo-BGB/*Rudy*, § 2175 BGB Rn. 5.

[118] Staudinger-BGB/*Otte* (2013), § 2175 BGB Rn. 1.

[119] *Lange/Kuchinke,* S. 623; *Ebenroth,* § 7 Rn. 449. *Lange/Kuchinke* und *Ebenroth* bleiben hierbei einer Begründung für die von ihnen vertretene teilweise unmittelbar dingliche Wirkung schuldig. *Thal* äußerte sich hierzu hingegen auf den S. 134 bis 138 und führte seine Meinung auch einer ausführlichen Begründung zu.

[120] So bereits *Gärtner,* S. 112.

als nicht erloschen gelten[121]. Die somit weiterhin bestehende fingierte Forderung zeigt, dass der nationale Gesetzgeber hierbei von einer wie im Regelfall lediglich schuldrechtlichen Wirkung des Vermächtnisses ausgeht. Der Regelung des § 2175 BGB bedürfte es überhaupt nicht, falls in der Konstellation, bei der der Erblasser seine Forderung gegen den Erben oder sein Recht, mit dem eine Sache oder ein Recht des Erben belastet ist, durch ein Vermächtnis einem Bedachten zukommen lassen möchte, von einer unmittelbar dinglichen Wirkung des Vermächtnisses auszugehen wäre. In diesem Falle, in dem der zugewandte Gegenstand mit dem Erbfall auf den Vermächtnisnehmer ohne weitere Zwischenakte übergehen würde, käme es von Beginn an zu keinem Fall von Konfusion oder Konsolidation. Folglich müsste auf Grund fehlender Vereinigung von Schuld und Forderung bzw. fehlender Vereinigung von Eigentum und Belastung keinerlei Regelung geschaffen werden, die das Fortbestehen der Forderung oder des Rechts fingiert. Die in § 2175 BGB normierte gesetzliche Fiktion wäre nicht nur obsolet in dem Sinne, dass die Norm etwas regelt, dass sich auch ohne diese als selbstverständlich ergeben würde, sondern darüber hinaus von gesetzgeberischer Seite misslungen und völlig verfehlt. Der Begriff „gelten“ wäre falsch gewählt, da es beim unmittelbaren Übergang auf den Bedachten gerade keiner Fiktion bedarf. Dies kann dem nationalen Gesetzgeber mangels irgendwie gearteter Anhaltspunkte keinesfalls unterstellt werden. Auch die Tatsache, dass der Vermächtnisnehmer eine Klage auf Übertragung der Forderung bzw. des Rechts und eine solche auf Erfüllung der übertragenen Forderung bzw. des übertragenen Rechts miteinander verbinden kann[122], spricht nicht für die Annahme eines Vindikationslegates[123]. Im Gegenteil spricht dies gerade für die Annahme einer lediglich schuldrechtlichen Wirkung des Vermächtnisses. Die Rede ist von zwei Klagen, die miteinander verbunden werden können. Im Falle eines unmittelbar dinglich wirkenden Vermächtnisses wäre jedoch eine Klage auf Übertragung der Forderung bzw. des Rechts völlig verfehlt, da sich das Vindikationslegat gerade durch einen unmittelbaren Erwerb ohne Zwischenakte charakterisiert und folglich ausschließlich die zweite Klage vonnöten wäre.

Die erste Kommission brachte aber noch Folgendes zum Ausdruck[124]:

> „Durch die Vorschrift, daß die Forderung in Ansehung des Vermächtnisses als nicht erloschen anzusehen ist, wird ein relatives Nichterlöschen ausgedrückt; dies ist insofern von Bedeutung, als dadurch zugleich die Forderung der Pfändung seitens der Gläubiger des Erben entzogen ist.“

---

[121] So bereits *Gärtner,* S. 112.

[122] Staudinger-BGB/*Otte* (2013), § 2175 BGB Rn. 3 m.w.N.; RGRK/*Johannsen,* § 2175 BGB Rn. 4; Soergel/*Wolf,* § 2175 BGB Rn. 4; Beck'scher Online-Kommentar BGB/*Müller-Christmann,* § 2175 BGB Rn. 2.

[123] So bereits *Gärtner,* S. 111, 112.

[124] *Mugdan,* Bd. 5, S. 93 (Motive).

Die dem Erblasser gegen den Erben zustehende Forderung oder das dem Erblasser zustehende Recht, mit dem eine Sache oder ein Recht des Erben belastet ist, soll somit dem Zugriff der Eigengläubiger des Erben entzogen werden. Man könnte an dieser Stelle letztlich tatsächlich von einem teilweisen Vindikationslegat sprechen. Der Bedachte hat zwar die Erfüllung des Vermächtnisanspruchs von dem Erben zu verlangen, doch soll die Fiktion des § 2175 BGB gerade nicht wie im Regelfall des lediglich schuldrechtlich wirkenden Vermächtnisses dazu führen, dass der im Vermögen des Erben sich wiederfindende vermachte Gegenstand dem ungehinderten Zugriff seiner Eigengläubiger zur Verfügung steht. Im Ergebnis würde die relative Fiktion dazu führen, dass der vermachte Gegenstand nur im Verhältnis zu dem Vermächtnisnehmer als zum Vermögen des Erben gehörig anzusehen ist[125].

c) Vorausvermächtnis für den alleinigen Vorerben (§ 2110 Abs. 2 BGB)

§ 2110 Abs. 2 BGB normiert, dass sich das Recht des Nacherben im Zweifel nicht auf ein dem Vorerben zugewendetes Vorausvermächtnis erstreckt. Dies bedeutet, dass der Vorerbe den Beschränkungen der §§ 2113 ff. BGB bzgl. eines ihm per Vorausvermächtnis zugewandten Gegenstandes nicht unterworfen ist[126] und der vermachte Gegenstand beim Eintritt des Nacherbfalles gemäß § 2139 BGB nicht dem Nacherben anfällt[127]. Eine bzgl. ihrer Lösung umstrittene Konstellation läge hierbei gerade dann vor, wenn der alleinige Vorerbe mit einem Vorausvermächtnis bedacht wird, wobei an mehreren Stellen in Bezug auf die Behandlung des Vorausvermächtnisses Uneinigkeit herrscht[128]:

Erste Unstimmigkeiten kommen bei der Frage auf, ob der Bedachte den zugewandten Vermögenswert als (Vor-)Erbe oder als Vermächtnisnehmer erlangt[129]. Auf der einen Seite wird die Auffassung vertreten, dass zur Beantwortung dieser Fragestellung auf die allgemeinen erbrechtlichen Regelungen (§ 1922 Abs. 1 BGB) zurückgegriffen werden muss, da § 2110 Abs. 2 BGB keine Aussagen bzgl. eines Eigentumsübergangs bzw. eines Übergangs der Inhaberschaft an einem Recht auf den Vorerben enthält und folglich über die

---

[125] So wohl bereits *Gärtner,* S. 113.

[126] Staudinger-BGB/*Avenarius* (2013), § 2110 BGB Rn. 8; Staudinger-BGB/*Otte* (2013), § 2150 BGB Rn. 3; Beck'scher Online-Kommentar BGB/*Litzenburger,* § 2110 BGB Rn. 3; *Gärtner,* S. 108; *Otte,* Jura 2011, 811.

[127] Staudinger-BGB/*Otte* (2013), § 2150 BGB Rn. 3; MüKo-BGB/*Grunsky,* § 2110 BGB Rn. 3; MüKo-BGB/*Rudy,* § 2150 BGB Rn. 4; *Otte,* Jura 2011, 811.

[128] Ein sehr aufschlussreicher Aufsatz über die Rechtsnatur des Vorausvermächtnisses an den Vorerben mit einer ausführlichen Darstellung des Problems und den einzelnen in der Rspr. und Literatur vertretenen Lösungsansätzen findet sich bei *Sonntag,* ZEV 1996, 450 bis 452.

[129] *Gärtner,* S. 108.

Art des Erwerbs nichts ausgesagt wird[130]. Der alleinige Vorerbe erlangt somit das Eigentum bzw. die Rechtsinhaberschaft am zugewandten Gegenstand im Wege der Universalsukzession gemäß § 1922 Abs. 1 BGB als Erbe und nicht als Vermächtnisnehmer[131]. Sollte der Erblasser eine Mehrheit von Personen als Vorerben bestimmen und einem von ihnen ein Vorausvermächtnis zuwenden, hat der Übergang des vermachten Gegenstandes auf den Vorausvermächtnisnehmer zweifellos nichts mit der Vorschrift des § 2110 Abs. 2 BGB zu tun, stattdessen erfordert dieser einen Erfüllungsakt[132].

---

[130] *Gärtner,* S. 108, 109; *Otte,* Jura 2011, 811; a.A. *Gröschler,* JZ 1996, 1031 („Der Vorerbe erhält den vermachten Gegenstand also unmittelbar aufgrund des Vorausvermächtnisses und nicht nach § 1922 Abs. 1 BGB im Wege der Universalsukzession. Damit wird das Vorausvermächtnis hier zum Vindikationslegat."). Kein genauer Standpunkt lässt sich bei den nachfolgenden Quellen ermitteln: Staudinger-BGB/*Avenarius* (2013), § 2110 BGB Rn. 7 („Gleichwohl wird man an der Auffassung von der Wirkung des Vorausvermächtnisses zugunsten des Alleinvorerben als dinglich festhalten dürfen: Sie bewirkt, dass der Vermächtnisgegenstand beim Nacherbfall dem Vorerben verbleibt, ohne dass es weiterer Rechtsakte bedürfte, während der Nachlass *im Übrigen* aus dem Vermögen des Vorerben ausscheidet."). *Avenarius* vertritt wohl die Auffassung, dass sich der Erwerb des vermachten Gegenstandes nach § 1922 Abs. 1 BGB bestimmt, dieser jedoch mit dem Eintritt des Nacherbfalles auf Grund des Vorausvermächtnisses mit unmittelbar dinglicher Wirkung aus der Nachlassmasse ausscheidet. So ähnlich auch Soergel/*Harder/Wegmann,* § 2110 BGB Rn. 2, wobei diese davon ausgehen, dass der vermachte Gegenstand bereits mit dem Erbfall aus der Vorerbmasse auszuscheiden hat („Soweit er *alleiniger Vorerbe* ist, scheidet der Gegenstand allerdings im Zeitpunkt des Erbfalls mit dinglicher Wirkung aus der Vorerbmasse aus."). Auch *Schlüter/Röthel* (§ 36 Rn. 33) sprechen davon, dass das Vorausvermächtnis dingliche Wirkung hat, wobei auch hier nicht deutlich wird, ob sich die Erlangung des im Wege eines Vorausvermächtnisses zugewandten Gegenstandes nach Erbrecht bestimmt oder auf Grund des Vorausvermächtnisses erfolgt („Darüber hinaus wird angenommen, dass die vorausvermachte Sache mit dem Erbfall sogleich in das Eigentum des Vorerben fällt; dem Vorausvermächtnis wird insoweit nicht nur schuldrechtliche, sondern ‚dingliche Wirkung' [einfach] beigemessen."). Sowohl *Avenarius* als auch *Harder/Wegmann* und *Schlüter/Röthel* gehen davon aus, dass dem Vorausvermächtnis zugunsten eines alleinigen Vorerben unmittelbar dingliche und gerade nicht lediglich schuldrechtliche Wirkung zugesprochen werden muss. Es bleibt jedoch unklar, ob sie die Ansicht vertreten, dass der Erwerb des vermachten Gegenstandes im Wege der Universalsukzession erfolgt oder gerade auf Grund des dingliche Wirkung aufweisenden Vermächtnisses. Der Erwerb könnte sich beispielsweise nach Erbrecht vollziehen und die unmittelbare dingliche Wirkung würde dann entweder das Ausscheiden des vermachten Gegenstandes aus dem Nachlass bereits im Zeitpunkt des Vorerbfalls oder im Zeitpunkt des Eintritts des Nacherbfalles bedeuten.

[131] *Gärtner,* S. 108, 109; *Otte,* Jura 2011, 811; Staudinger-BGB/*Otte* (2013), § 2150 BGB Rn. 6 m.w.N.; BGHZ 32, 60 (62) (vgl. Fn 1); *Brox/Walker,* Erbrecht, § 27 Rn. 436.

[132] *Otte,* Jura 2011, 811.

„Warum diese Norm bei *alleiniger* Vorerbschaft einen andern Inhalt haben sollte, ist nicht einsichtig zu machen. Sie unterscheidet ja nicht zwischen Alleinerbschaft und Erbenmehrheit.“[133]

Der sich an diese Diskussion anschließende Problemkreis gründet sich auf haftungsrechtlichen Fragestellungen, wobei es genauer um die Frage geht, ob der Gegenstand des Vorausvermächtnisses zum Nachlass gehört oder vom Erbfall an hingegen zum Eigenvermögen des Vorerben[134]. Grundsätzlich gilt im Falle der Anordnung einer Vor- und Nacherbschaft Folgendes[135]:

„Mit Rücksicht auf die zeitliche Begrenzung der Vorerbschaft bildet der Nachlass in der Hand des Vorerben ein von seinem eigenen Vermögen rechtlich getrenntes *Sondervermögen,* über das er nur eingeschränkt nach Maßgabe der §§ 2112 bis 2119 verfügen kann.“

Aus haftungsrechtlicher Sicht ist diese im Nachfolgenden zu ermittelnde Einordnung (Nachlass oder Eigenvermögen) in besonderem Maße relevant, da der Vorerbe als Erbe für die Nachlassverbindlichkeiten sowohl mit dem Nachlass als auch mit seinem Eigenvermögen einzustehen hat.

„Der Vorerbe haftet als Erbe für die Nachlassverbindlichkeiten mit seinem gesamten Vermögen, also sowohl mit dem Nachlass als auch mit seinem Eigenvermögen. Es kann aber zur Beschränkung seiner Haftung auf den Nachlass kommen, namentlich durch Nachlassverwaltung oder Nachlassinsolvenz (§ 1975 BGB). Umgekehrt können Eigengläubiger des Vorerben sowohl in sein Eigenvermögen als auch in den Nachlass vollstrecken, denn auch der gehört in der Zeit zwischen Erbfall und Nacherbfall zum Vermögen des Vorerben. Da sich aber der Vorerbe nicht durch Verwertung des Nachlasses, also auf Kosten des Nacherben, von Eigenverbindlichkeiten befreien können soll, ordnet § 2115 BGB an, dass Vollstreckungsmaßnahmen in den Nachlass bei Eintritt des Nacherbfalls unwirksam werden. Damit dieser Schutz des Nacherben nicht zu spät kommt, gewährt § 773 ZPO dem Nacherben eine Drittwiderspruchsklage, zwar nicht gegen die Pfändung, wohl aber gegen die Verwertung von Nachlassgegenständen. Überdies verbietet § 83 Abs. 2 InsO dem Insolvenzverwalter über das Vermögen des Vorerben, Nachlassgegenstände in den Fällen des § 2115 BGB zu verwerten. Zum Schutz der Nachlassgläubiger schließen § 1984 Abs. 2 BGB bei Nachlassverwaltung und § 321 InsO bei Nachlassinsolvenz die Vollstreckung von Eigengläubigern des Vorerben in den Nachlass aus.“[136]

Die überwiegende Anzahl der Fürsprecher für ein Vindikationslegat vertreten die Ansicht, dass der mittels Vorausvermächtnis zugedachte Vermögensgegenstand bereits mit dem Vorerbfall in das Eigenvermögen des Vorerben übergeht[137]. Die entgegengesetzte Ansicht geht hingegen davon aus, dass der

---

[133] *Otte,* Jura 2011, 811; so auch Staudinger-BGB/*Otte* (2013), § 2150 BGB Rn. 6.

[134] *Otte,* Jura 2011, 811.

[135] Beck'scher Online-Kommentar BGB/*Litzenburger,* § 2100 BGB Rn. 35.

[136] *Otte,* Jura 2011, 811.

[137] *Gärtner,* S. 108 m.w.N.; BGHZ 32, 60 (61, 62); Erman/*Schmidt,* § 2110 BGB Rn. 3; *Schlüter/Röthel,* § 36 Rn. 33; Soergel/*Harder/Wegmann,* § 2110 BGB Rn. 2; *Mayer,* ZEV 2000, 4. Die Äußerungen bei *Brox/Walker* (Erbrecht, § 27 Rn. 436) sind hingegen nicht ganz deutlich („Insbesondere ist der Vorerbe in Bezug auf den Vermächtnisgegenstand von

vermachte Gegenstand im Nachlass verbleibt und erst mit dem Eintritt des Nacherbfalles aus diesem ausscheidet[138].

Zusammenfassend soll Folgendes festgehalten werden[139]: „Die überwiegende Ansicht sieht darin [in der Tatsache, dass sich das Recht des Nacherben im Zweifel nicht auf ein dem Vorerben zugewendetes Vorausvermächtnis erstreckt] die (ausnahmsweise) Anordnung eines Vindikationslegats durch das BGB im Falle des mit einem Vorausvermächtnis bedachten alleinigen Vorerben."

Die Ansichten unterscheiden sich jedoch deutlich in ihren Rechtsfolgen. Erfolgt der Erwerb des vermachten Gegenstandes auf Grund der in § 1922 Abs. 1 BGB normierten Universalsukzession oder auf Grund des unmittelbar dinglich wirkenden Vermächtnisses? Für den Fall, dass sich der Erwerb nach dem Erbenrecht richtet, so stellt sich die Frage, ob das Vindikationslegat zu einem Übergang des vermachten Gegenstandes in das Eigenvermögen des Vorerben mit dem Vorerbfall führt oder zu einem Ausscheiden aus der Nachlassmasse im Zeitpunkt des Eintritts des Nacherbfalles.

4. Sicherungsmaßnahmen im geltenden Recht

Eines der schwerwiegendsten Probleme im Rahmen des Vermächtnisrechts ist dasjenige, dass der Vermächtnisnehmer grundsätzlich lediglich ein Forderungsrecht erlangt und somit gegen veruntreuende Verfügungen des bzw. der Beschwerten nicht geschützt ist. Im Falle der Weiterveräußerung des vermachten Gegenstandes an einen Dritten wäre der Bedachte auf Schadensersatzansprüche gegenüber dem Beschwerten verwiesen (vgl. §§ 280 Abs. 1, 3,

---

den Verfügungsbeschränkungen des § 2113 befreit. Insofern entfaltet das Vorausvermächtnis nicht nur eine schuldrechtliche, sondern ausnahmsweise auch eine dingliche Wirkung."). Es bleibt hierbei jedoch unklar, ob der vermachte Gegenstand mit dem Vorerbfall aus dem Nachlass ausscheidet oder bis zum Nacherbfall als zu diesem gehörig anzusehen ist. Die Ausführungen beziehen sich lediglich auf eine Befreiung von den Verfügungsbeschränkungen des § 2113 BGB.

[138] *Gärtner,* S. 108 m.w.N.; Staudinger-BGB/*Avenarius* (2013), § 2110 BGB Rn. 7; Staudinger-BGB/*Otte* (2013), § 2150 Rn. 6 („Beim Nacherbfall geht er nicht auf den Nacherben über, sondern verbleibt dem Vorerben. [...] Allein in dieser Einschränkung des Vermögensübergangs gemäß § 2139 auf den Nacherben und der sich daraus ergebenden Vorwirkung, dass die Beschränkungen des Vorerben [...] nicht auf den Gegenstand des Vorausvermächtnisses anwendbar sind, liegt die dingliche Wirkung dieses Vermächtnisses [...]."). *Otte* (Jura 2011, 812) bringt Folgendes zum Ausdruck: „Er [alleiniger Vorerbe] hat bezüglich des Vermächtnisgegenstandes neben seiner Erbenstellung einen weiteren Behaltensgrund, und zwar einen, der die Erbenstellung überdauert, also auch nach dem Eintritt des Nacherbfalls wirkt. Wenn beim Nacherbfall der Nachlass vom Vorerben auf den Nacherben übergeht, verbleibt der Gegenstand des Vorausvermächtnisses dem Vorerben und scheidet damit – aber keinen Augenblick früher! – aus dem Nachlass aus, ist infolgedessen dann Eigenvermögen des Vorerben. Wenn man unbedingt will, kann man hier von einer *‚dinglichen'* [einfach] *Wirkung des* Vorausvermächtnisses sprechen.").

[139] *Gärtner,* S. 108.

283 BGB). Im Nachfolgenden möchte nunmehr geklärt werden, ob im geltenden Recht nicht bereits rechtliche Konstruktionen existieren, die den schuldrechtlich berechtigten Vermächtnisnehmer gegen derartige beeinträchtigende Handlungen zu schützen vermögen. Auffindbare Rechtsinstitute, die denselben oder sogar einen weitreichenderen Schutz gewährleisten, wie das Vindikationslegat im Falle dessen Einführung in das nationale Erbrecht, würden einer schlüssigen Begründung der Reformbedürftigkeit des BGB von vornherein kaum zu überwindende Barrieren bereiten.

a) Die postmortale Vollmacht[140]

„In diesem Zusammenhang ist die Entscheidung des OLG Köln zu sehen. Das OLG hat klargestellt, dass ein Vermächtnisanspruch unabhängig von der Mitwirkung der Erben erfüllt werden kann, indem der Erblasser zusätzlich zu der Anordnung des Vermächtnisses eine postmortale Vollmacht an den Vermächtnisnehmer erteilt und ihn von dem Verbot des Selbstkontrahierens befreit.“[141]

Man kann hierbei von einer postmortalen Verfügungsvollmacht sprechen[142]. Das OLG Köln stellte in seinem Beschluss vom 10. Februar 1992 weiterhin Folgendes klar[143]:

„Gegen die Wirksamkeit einer postmortalen Bevollmächtigung eines Vermächtnisnehmers in bezug auf die Auflassung eines Grundstücks an sich selbst bestehen auch nicht deshalb Bedenken, weil diese Ausgestaltung eines Vermächtnisses mit dem gesetzlichen Leitbild nach §§ 1939, 2174 BGB nicht vereinbar wäre. An sich gibt das Vermächtnis dem Begünstigten danach allerdings nur einen Anspruch gegen die Beschwerten, und das dingliche Recht erwirbt der Vermächtnisnehmer erst mit der Verfügung der Beschwerten. Einen unmittelbaren Rechtserwerb in bezug auf Einzelgegenstände durch Verfügung des Erblassers (Erbfolge in bestimmte Gegenstände) kennt das Erbrecht bis auf Sonderfälle hingegen nicht (vgl. §§ 1922, 2087 II BGB). Da der zur Auflassung an sich selbst bevollmächtigte Vermächtnisnehmer die Auflassung infolge der Bevollmächtigung über den Tod hinaus jedoch im Namen der Erben erklärt, ist das gesetzliche Leitbild des Vermächtnisses gewahrt, denn der Gegenstand wird erst durch die Verfügung der Erben, in deren Vollmacht der Vermächtnisnehmer handelt, erworben.“

Die Aussage des OLG Köln, dass der Gegenstand erst durch die Verfügung der Erben, in deren Vollmacht der Vermächtnisnehmer handelt, erworben wird, weist deutlich auf die für den Vermächtnisnehmer – auch im Falle einer postmortalen Vollmacht – bestehende Risikolage hin. Das Problem für den Vermächtnisnehmer besteht hierbei gerade darin, dass sich die Erben vermutlich in den allermeisten Fällen vor dem Vermächtnisnehmer einen Überblick

[140] Eine Definition der postmortalen Vollmacht findet sich beispielsweise bei *Reithmann,* BB 1984, 1396.

[141] *Wittmütz,* S. 6. Vgl. hierzu die Ausführungen des OLG Köln (NJW-RR 1992, 1357 (1357) m.w.N.), auf die sich *Wittmütz* bezieht.

[142] *Wittmütz,* S. 8.

[143] OLG Köln, NJW-RR 1992, 1357 (1357).

über die die Nachfolge regelnden Anordnungen des Erblassers zu verschaffen vermögen[144]. Dies würde letztlich bedeuten, dass die Erben bereits vor dem Wirksamwerden der Bevollmächtigung und eines sich hieran anschließenden Übertragungsaktes seitens des bedachten Vermächtnisnehmers über den Gegenstand des Vermächtnisses rechtswirksam zugunsten Dritter verfügen könnten bzw. die Gelegenheit bekämen, eine widerruflich erteilte Vollmacht zu beseitigen[145]. Zu einem früheren Zeitpunkt käme zugunsten der Erben noch in Betracht, dass diese bereits das Wirksamwerden der Vollmacht dadurch verhindern könnten, indem sie dem zu Bevollmächtigenden vor dem Zugang der Vollmacht oder gleichzeitig mit deren Zugang einen Widerruf zugehen lassen (vgl. § 130 Abs. 1 S. 2 BGB). Die Erteilung einer postmortalen Vollmacht an den Vermächtnisnehmer würde nach obig Gesagtem somit lediglich dann für den schuldrechtlich Bedachten ein geeignetes Sicherungskonstrukt darstellen, falls die Bevollmächtigung durch den Erblasser unwiderruflich erteilt wird (und natürlich ein vorheriger oder gleichzeitiger Widerruf gemäß § 130 Abs. 1 S. 2 BGB nicht mehr in Betracht käme) und somit ein „Wettlauf" zwischen dem bzw. den Erben einerseits und dem Vermächtnisnehmer andererseits ausgeschlossen werden könnte. Nach heute h.M. wird eine postmortale unwiderrufliche Vollmacht dann als zulässig angesehen, wenn eine lebzeitige unwiderrufliche Vollmacht zulässig wäre, d.h. wenn die Vollmacht nach dem Grundverhältnis auch dem Interesse des Bevollmächtigten dient und dieses dem Interesse des Vollmachtgebers mindestens gleichwertig ist[146]. Die Erteilung einer postmortalen Bevollmächtigung dient – gleichrangig nebeneinander stehend – sowohl dem Interesse des Erblassers an der Verwirklichung seines Willens als auch dem Interesse des Vermächtnisnehmers an der Erlangung des ihm zugedachten Vermögenswertes[147]. Mit Hilfe dieser unwiderruflich erteilten postmortalen Vollmacht zugunsten des Vermächtnisnehmers wird folglich in der Kautelarjurisprudenz der Versuch unternommen, dem schuldrechtlich Bedachten einen vollumfänglicheren Schutz einzuräumen. Diese Konstellation der Erteilung einer postmortalen Vollmacht und der Befreiung von dem Verbot des Selbstkontrahierens könnte als Bemühung der Praxis angesehen werden, das im nationalen Recht lediglich existente schuldrechtliche Vermächtnis an ein dinglich wirkendes Vermächtnis zumindest anzunähern. Dem Erblasser bzw. den Erben wird jedoch auch im Falle der unwiderruflichen Erteilung der Vollmacht die Möglichkeit eines Widerrufs aus wichtigem Grunde zugesprochen[148].

---

[144] *Wittmütz*, S. 25.

[145] *Wittmütz*, S. 25.

[146] *Wittmütz*, S. 31; MüKo-BGB/*Schubert*, § 168 BGB Rn. 23, 24 m.w.N.; BGH, NJW-RR 1991, 439 (441) m.w.N.; BayObLG, NJW-RR 1996, 848 (849); 2002, 443 (444).

[147] *Wittmütz*, S. 31.

[148] *Wittmütz*, S. 40; MüKo-BGB/*Schubert*, § 168 BGB Rn. 29 m.w.N.; BGH, NJW 1988, 2603 (2604) m.w.N.; 1997, 3437 (3440) m.w.N.

Zusammenfassend kann somit festgehalten werden, dass die Erteilung einer unwiderruflichen postmortalen Vollmacht es weitestgehend vermag, die Interessen des Vermächtnisnehmers sicherzustellen; eine vollständige Angleichung an den Schutz des Vindikationslegatars erscheint jedoch nicht möglich.

„Aber auch die rechtlich widerrufliche Vollmacht kann faktisch durch Verbindung mit Strafklauseln oder Auflagen zu einer unwiderruflichen gemacht werden. Der an sich zum Widerruf berechtigte Erbe kann durch erbrechtliche Klauseln vom Widerruf abgehalten werden.“[149]

Der Erblasser hätte die Möglichkeit, die Erbeinsetzung unter die auflösende Bedingung des Widerrufs durch die Erben zu stellen, was letztlich zur Folge hätte, dass die Erbeinsetzung ab dem Zeitpunkt entfallen würde, in dem die Erben von ihrem grundsätzlich bestehenden Widerrufsrecht Gebrauch machen[150]. Der Erblasser könnte die Erbeinsetzung des Weiteren mit der Auflage verbinden, den Widerruf nicht auszuüben[151]. Es besteht jedoch sowohl im Falle eines Widerrufsverzichts als auch der Erbeinsetzung unter der auflösenden Bedingung des Widerrufs durch die Erben oder der Anordnung einer Auflage trotz alledem weiterhin die Gefahr, dass die Erben den vermachten Gegenstand veräußern, bevor der Vermächtnisnehmer zu handeln beginnt.

b) Vormerkungsfähigkeit des Vermächtnisanspruchs[152]

Der Vermächtnisanspruch aus § 2174 BGB ist nach dem Tode des Erblassers ohne Weiteres vormerkbar[153]. Anderweitige Verfügungen des bzw. der Erben wären im Falle einer Vormerkung zugunsten des Vermächtnisnehmers gemäß § 883 Abs. 2 BGB relativ unwirksam. Gemäß § 885 Abs. 1 S. 1 BGB erfolgt die Eintragung einer Vormerkung in das Grundbuch jedoch entweder auf Grund einer einstweiligen Verfügung oder auf Grund der Bewilligung desjenigen, dessen Grundstück oder dessen Recht von der Vormerkung betroffen wird. Der Vermächtnisnehmer müsste sich folglich an einen ggf. wenig hilfs-

---

[149] *Reithmann,* BB 1984, 1396.

[150] *Wittmütz,* S. 42; *Reithmann,* BB 1984, 1397.

[151] *Wittmütz,* S. 42; *Reithmann,* BB 1984, 1397.

[152] Vgl. hierzu auch die Ausführungen bei *Stadler* (Jura 1998, 192, 193) zur Vormerkbarkeit erbrechtlicher Ansprüche.

[153] MüKo-BGB/*Kohler,* § 883 BGB Rn. 32 m.w.N.; BGHZ 12, 115 (117) (zugleich wird die Frage nach der Vormerkungsfähigkeit eines vor dem Erbfall noch nicht zur Entstehung gelangten Anspruchs aus § 2174 BGB erläutert und im Ergebnis verneint, vgl. BGHZ 12, 115 (117 bis 124)); 148, 187 (192) (die Ausführungen beziehen sich hierbei auf das Vermächtnis eines Ankaufsrechts); BayObLG, Rpfleger 1981, 190 (190) (hierbei geht es um einen (bedingten) schuldrechtlichen Anspruch (§ 2174 BGB) auf Rückauflassung der vermachten Grundstücke zugunsten der Erben als Nachvermächtnisnehmer im Falle des Todes des bedachten Vorvermächtnisnehmers).

bereiten Erben halten oder eine einstweilige Verfügung anstreben. Das Verfahren auf Erlass einer einstweiligen Verfügung würde hierbei eine gewisse Zeit in Anspruch nehmen, wobei während dieser Zeit veruntreuende Handlungen des bzw. der Erben nicht ausgeschlossen werden können.

Gemäß § 883 Abs. 1 S. 2 BGB ist die Eintragung einer Vormerkung auch zur Sicherung eines künftigen oder eines bedingten Anspruchs zulässig. Man könnte somit an eine eventuell bestehende Möglichkeit zur Eintragung einer Vormerkung in das Grundbuch noch zu Lebzeiten des Erblassers denken. Es kann jedoch von keinem künftigen oder bedingten Anspruch auf Einräumung oder Aufhebung eines Rechts an einem Grundstück oder an einem das Grundstück belastenden Rechts oder auf Änderung des Inhalts oder des Ranges eines solchen Rechts gesprochen werden. Bedingte und künftige Ansprüche sind nur dann vormerkbar, wenn ihre Wirksamkeit bzw. Entstehung nicht mehr vom freien Belieben des Verpflichteten abhängt[154], d.h. wenn bereits eine feste Grundlage, ein sicherer Rechtsboden für den Anspruch vorhanden ist[155] und die Entstehung des Anspruchs nur noch vom Willen des künftig Berechtigten abhängt[156]. Verfügungen des Erblassers im Rahmen von letztwilligen Verfügungen sind jederzeit widerruflich (vgl. §§ 2253 ff. BGB). Die Anordnung eines Vermächtnisses im Rahmen eines Testamentes kann somit keinesfalls als künftiger Anspruch angesehen werden und ist somit gerade nicht vormerkungsfähig.

„Das Vermächtnis begründet zu Lebzeiten des Erblassers allein eine bloße Hoffnung des Bedachten, kein sicherbares Anwartschaftsrecht."[157]

Die Ausführungen gelten entsprechend für einseitige Verfügungen im Rahmen von Erbverträgen. Ein im Rahmen von vertragsmäßigen Verfügungen enthaltener Vermächtnisanspruch wäre jedoch ebenso wenig zu Lebzeiten des Erblassers vormerkbar. Es fehlt gerade an einem sicheren Rechtsboden für den Anspruch. Der Erbvertrag begründet zu Lebzeiten des Erblassers wiederum alleine eine Hoffnung, weil der Erblasser gemäß § 2286 BGB trotz der mit dem Abschluss des Vertrages eintretenden Bindungswirkung weiterhin

---

[154] MüKo-BGB/*Kohler,* § 883 BGB Rn. 25; BGHZ 134, 182 (185); 148, 187 (192); 166, 319 (324); OLG München, MittBayNot 2010, 471 (472) m.w.N.

[155] MüKo-BGB/*Kohler,* § 883 BGB Rn. 28 m.w.N.; BGHZ 12, 115 (117, 118) m.w.N.; 134, 182 (184); 166, 319 (323).

[156] BayObLG, MittBayNot 1995, 207 (209); BGH, NJW 1981, 446 (447); 2002, 2461 (2463); BGHZ 166, 319 (324) m.w.N. (wobei die Frage aufgeworfen wird, ob noch weitere Fallgruppen anzuerkennen sind); MüKo-BGB/*Kohler,* § 883 BGB Rn. 28 (*Kohler* erwähnt hierbei, dass es gerade darauf ankommt, dass die Bindung nicht mehr einseitig von dem Schuldner beseitigt werden kann und gerade nicht darauf, dass der Anspruch nur noch von dem Willen des Gläubigers abhängt (m.w.N.). *Kohler* begründet seine Äußerung mit einer missverstandenen Entscheidung des RG.).

[157] *Wittmütz,* S. 53 m.w.N.

frei über das Grundstück durch Rechtsgeschäft unter Lebenden zu verfügen vermag[158].

Letztlich könnte der Erblasser eine Vormerkung auch nicht bewilligen, da der Anspruch beispielsweise auf Einräumung eines Rechts an einem Grundstück nur gegen die Erben gerichtet ist und es daher bis zum Erbfall an der grundsätzlich notwendigen Identität von Schuldner und verpflichtetem Sachenrechtsinhaber fehlt (vgl. §§ 2147, 2174 BGB)[159].

c) Ernennung eines Testamentsvollstreckers (§§ 2197 ff. BGB)

Der Erblasser kann durch Testament einen oder mehrere Testamentsvollstrecker ernennen (vgl. § 2197 Abs. 1 BGB)[160]. Die Pflicht des Testamentsvollstreckers ist diejenigen, durch die Abwicklung dem im Rahmen der Verfügung von Todes wegen zum Ausdruck kommenden Willen des Erblassers in Bezug auf den Verbleib seines Vermögens nach seinem Ableben zum Durchbruch zu verhelfen; er hat die Nachlassverbindlichkeiten zu erfüllen, Vermächtnisse und Auflagen auszuführen, das verbleibende Vermögen dem Erben auszufolgern und im Falle einer Mehrheit von Erben unter ihnen die Nachlassauseinandersetzung nach Maßgabe der §§ 2042 bis 2057 a BGB zu bewirken (vgl. §§ 2203, 2204 BGB)[161]. Gemäß § 2211 Abs. 1 BGB kann der Erbe über einen der Verwaltung des Testamentsvollstreckers unterliegenden Nachlassgegenstand nicht verfügen. Es handelt sich somit um eine zeitlich begrenzte und gegenüber jedermann wirksame Entziehung der Befugnis des bzw. der Erben, über Nachlassgegenstände zu verfügen, die bereits mit dem Erbfall und nicht erst mit Beginn des Testamentsvollstreckeramtes ihre Wirkung zu entfalten vermag[162]. Veruntreuenden Handlungen des Erben gegenüber dem Vermächtnisnehmer kann durch die Anordnung einer Testamentsvollstreckung somit entgegengewirkt werden. Der Erblasser könnte zudem den Vermächtnisnehmer selbst als Testamentsvollstrecker ernennen und bestimmen, dass dieser unter Befreiung von dem Verbot des Selbstkontrahierens den ihm zugedachten Vermögensgegenstand an sich selbst übereignen kann (vgl. § 2208 Abs. 1 S. 2 BGB)[163].

---

[158] *Wittmütz,* S. 54; BGH, NJW 1954, 633 (634).

[159] MüKo-BGB/*Kohler,* § 883 BGB Rn. 32 m.w.N. *Kohler* spricht hierbei von der ganz h.M. Die entgegengesetzte Ansicht in Bezug auf die Identität von Schuldner und verpflichtetem Sachenrechtsinhaber vertreten hingegen *Baldus/Stremnitzer,* DNotZ 2006, 611.

[160] Im Rahmen von Erbverträgen kann die Ernennung eines Testamentsvollstreckers durch eine einseitige Verfügung erfolgen (vgl. §§ 2278 Abs. 2, 2299 Abs. 1 BGB).

[161] MüKo-BGB/*Zimmermann,* § 2203 BGB Rn. 5.

[162] MüKo-BGB/*Zimmermann,* § 2211 BGB Rn. 2, 3 m.w.N.

[163] MüKo-BGB/*Zimmermann,* § 2208 BGB Rn. 8; OLG Köln, NJW-RR 1992, 1357 (1357) (wobei sich die Ausführungen primär auf die Wirksamkeit einer postmortalen Bevollmächtigung eines Vermächtnisnehmers beziehen); *Wittmütz,* S, 50.

Trotz alledem kann auch die Anordnung einer Testamentsvollstreckung keinen vollumfänglichen Schutz zugunsten des Vermächtnisnehmers bewirken: Einerseits finden gemäß § 2211 Abs. 2 BGB die Vorschriften zugunsten derjenigen, welche Rechte von einem Nichtberechtigten herleiten, entsprechende Anwendung. § 2211 Abs. 2 BGB bewirkt den Schutz des gutgläubigen Dritten im Rahmen eines Rechtsgeschäftes mit dem Erben über einen der Verwaltung des Testamentsvollstreckers unterliegenden Nachlassgegenstand.

„Geschützt wird der gutgläubige Dritte, der beim *Rechtsgeschäft mit dem Erben* über einen der Verwaltung des Testamentsvollstreckers unterliegenden Nachlassgegenstand auf die Verfügungsmacht des Erben vertraut, weil er entweder nicht weiß, dass der Gegenstand zu einem Nachlass gehört, oder das Bestehen der Testamentsvollstreckung nicht kennt, oder annimmt, dass der Gegenstand der Verwaltung des Testamentsvollstreckers nicht unterliege. Der gute Glaube bezieht sich auf die Verfügungsmacht des Erben.“[164]

Andererseits wird der Erblasser auf Grund des u.U. bestehenden angemessenen Vergütungsanspruches des Testamentsvollstreckers gemäß § 2221 BGB bei kleineren Nachlässen regelmäßig von der Ernennung eines Testamentsvollstreckers absehen[165]. Hat der Erblasser eine Vergütung hingegen ausgeschlossen, so kann der Fall eintreten, dass der vorgesehene Testamentsvollstrecker die Annahme des Amtes ablehnt (vgl. § 2202 BGB). Kommt es in dieser Konstellation auch nicht zum Amtsantritt eines Ersatzvollstreckers, so erweist sich die Testamentsvollstreckeranordnung als gegenstandslos, was die vom Erben in der Zwischenzeit getroffenen Verfügungen als von Anfang an wirksam sein lässt[166].

d) Schuldrechtliche Unterlassungsverpflichtung des Erblassers

Der Erblasser kann sich durch Rechtsgeschäft unter Lebenden schuldrechtlich verpflichten, eine Verfügung unter Lebenden in Bezug auf den vermachten Gegenstand zu unterlassen (vgl. § 137 S. 2 BGB)[167]. Hierdurch kann der Gefahr der Unwirksamkeit des Vermächtnisses gemäß § 2169 Abs. 1 BGB entgegengewirkt werden[168]. Die Befugnis zur Verfügung unter Lebenden kann hingegen auf Grund der Vorschrift des § 137 S. 1 BGB durch lebzeitiges Rechtsgeschäft nicht mit dinglicher Wirkung beschränkt werden[169]. Der Erblasser würde sich folglich zu einem Unterlassen anderweitiger Verfügungen

164 MüKo-BGB/*Zimmermann*, § 2211 BGB Rn. 14.

165 *v. Gierke* (S. 516) sprach bereits davon, dass sich die Ernennung eines Testamentsvollstreckers lediglich für reiche und vorsichtige Leute eignet.

166 MüKo-BGB/*Zimmermann*, § 2211 BGB Rn. 3 m.w.N.

167 BGH, NJW 1959, 2252 (2253); MüKo-BGB/*Armbrüster*, § 137 BGB Rn. 26 m.w.N.

168 *Wittmütz*, S. 51.

169 BGH, NJW 1959, 2252 (2253).

über den vermachten Gegenstand verpflichten[170]; die schuldhafte Verletzung dieser Pflicht kann einen Schadensersatzanspruch (vgl. §§ 280 Abs. 1, 3, 283 BGB) des späteren Vermächtnisnehmers bereits gegen den Erblasser begründen, der sich im Zeitpunkt des Todes des Erblassers gegen den bzw. die Erben richtet (vgl. § 1922 Abs. 1 BGB)[171]. Auf Grund einer derartigen schuldrechtlichen Unterlassungsverpflichtung könnte der Erblasser ein größeres Gehemmtsein in Bezug auf eine Verfügung über den vermachten Gegenstand aufweisen. Letzten Endes handelt es sich jedoch wiederum um kein vollumfänglich zuverlässiges Sicherungsmittel zur Verwirklichung der Interessen des Vermächtnisnehmers am Erhalt des konkreten Vermögensgegenstandes.

e) Schuldrechtliche Unterlassungsverpflichtung des Erblassers in Verbindung mit der Einräumung eines aufschiebend bedingten Übertragungsanspruchs

Der Erblasser könnte dem Vermächtnisnehmer in Bezug auf die schuldrechtliche Unterlassungsverpflichtung (§ 137 S. 2 BGB) durch lebzeitiges Rechtsgeschäft einen durch eine verbotswidrige Verfügung aufschiebend bedingten schuldrechtlichen Erwerbsanspruch gewähren[172]. Dieser aufschiebend bedingte Erwerbsanspruch des Bedachten könnte für den Fall, dass es sich bei dem vermachten Gegenstand um ein Grundstück handelt, durch eine Vormerkung i.S.d. §§ 883 ff. BGB gesichert werden[173]. Eine Verfügung, die nach der Eintragung der Vormerkung über das Grundstück getroffen wird, wäre insoweit unwirksam, als sie den Anspruch vereiteln oder beeinträchtigen würde (vgl. § 883 Abs. 2 BGB).

Der Erblasser könnte darüber hinaus dem Bedachten bereits zu Lebzeiten aufschiebend bedingt durch einen Verstoß gegen die Nichtveräußerungsabrede das Eigentum an dem zugewandten Gegenstand übertragen (§§ 929, 158 Abs. 1 BGB); dies gilt auf Grund der Vorschrift des § 925 Abs. 2 BGB lediglich für Mobilien[174]. Diese rechtliche Konstruktion hätte die Anwendbarkeit des § 161 Abs. 1 S. 1 BGB zugunsten des Bedachten zur Folge.

„Hat jemand unter einer aufschiebenden Bedingung über einen Gegenstand verfügt, so ist jede weitere Verfügung, die er während der Schwebezeit über den Gegenstand trifft, im Falle des Eintritts der Bedingung insoweit unwirksam, als sie die von der Bedingung abhängige Wirkung vereiteln oder beeinträchtigen würde."

---

[170] *Armbrüster* weist hierbei darauf hin, dass diese Unterlassungspflicht im Grundsatz auf den bzw. die Erben des Verpflichteten übergeht (vgl. MüKo-BGB/*Armbrüster,* § 137 BGB Rn. 31 m.w.N.).

[171] BGH, NJW 1959, 2252 (2253); *Wittmütz,* S. 51.

[172] MüKo-BGB/*Armbrüster,* § 137 BGB Rn. 35.

[173] MüKo-BGB/*Armbrüster,* § 137 BGB Rn. 35. Vgl. hierzu auch *Kohler* (DNotZ 1989, 343), dessen Ausführungen sich auf die Vormerkbarkeit eines durch abredewidrige Veräußerung bedingten Rückerwerbsanspruchs beziehen (ebenso BGH, DNotI-Report 1997, 69 (69, 70)).

[174] *Kohler,* DNotZ 1989, 342; *Wittmütz,* S. 51, 52.

Im Falle der Veräußerung des Gegenstandes an eine dritte Person (Verstoß gegen die schuldrechtliche Unterlassungsverpflichtung des Erblassers) wird der Bedachte noch zu Lebzeiten des Erblassers Eigentümer der Sache, da es sich bei der verbotswidrigen Zwischenverfügung des Erblassers um die aufschiebende Bedingung handelt und somit das aufschiebend bedingte Recht des Bedachten zum Vollrecht erstarkt[175].

Zusammenfassend kann festgestellt werden: Eine aufschiebend bedingte Übertragung des Eigentums an der vermachten Sache bereits zu Lebzeiten des Erblassers kommt lediglich für Mobilien in Betracht (vgl. § 925 Abs. 2 BGB). Der Schutz des Vermächtnisnehmers wird zudem durch die Vorschrift des § 161 Abs. 3 BGB abgeschwächt, da die Vorschriften zugunsten derjenigen, welche Rechte von einem Nichtberechtigten herleiten, entsprechende Anwendung finden. Ein durch die verbotswidrige Weiterveräußerung der vermachten Sache aufschiebend bedingter Übereignungsanspruch scheint hingegen sowohl für Mobilien als auch für Immobilien denkbar. Ein derartiger Erwerbsanspruch kann jedoch lediglich in Bezug auf Immobilien durch eine Vormerkung gegen beeinträchtigende Verfügungen gesichert werden (vgl. § 883 Abs. 1 BGB). Von einem vollumfänglichen Schutz des Bedachten kann im Ergebnis wiederum nicht gesprochen werden.

f) Antrag auf Anordnung der Nachlassverwaltung

Gemäß § 1981 Abs. 2 S. 1 BGB ist auf Antrag eines Nachlassgläubigers die Nachlassverwaltung anzuordnen, wenn Grund zu der Annahme besteht, dass die Befriedigung der Nachlassgläubiger aus dem Nachlass durch das Verhalten oder die Vermögenslage des Erben gefährdet ist. Mit der Anordnung der Nachlassverwaltung verliert der Erbe die Befugnis, den Nachlass zu verwalten und über diesen zu verfügen (vgl. § 1984 Abs. 1 S. 1 BGB). Nach der Anordnung der Nachlassverwaltung erfolgende Zwangsvollstreckungen in den Nachlass zugunsten eines Gläubigers, der nicht Nachlassgläubiger ist, sind ausgeschlossen (vgl. § 1984 Abs. 2 BGB). Im Falle der Anordnung der Nachlassverwaltung kann der Nachlassverwalter verlangen, dass Maßregeln der Zwangsvollstreckung, die zugunsten eines anderen Gläubigers als eines Nachlassgläubigers in den Nachlass erfolgt sind, aufgehoben werden (vgl. § 784 Abs. 2 ZPO). Bis zu dem Zeitpunkt, in dem der Vermächtnisnehmer Kenntnis von dem gefährdenden Verhalten des Erben erlangt bzw. bis zur Entscheidung des Nachlassgerichtes über den Antrag des Vermächtnisnehmers auf Anordnung der Nachlassverwaltung kann jedoch eine gewisse Zeit verstreichen und der Erbe bereits nicht mehr rückgängig zu machende Vermögensdispositionen (insbesondere außerhalb des Zwangsvollstreckungsrechts) über den vermachten Gegenstand getroffen haben.

[175] *Wittmütz*, S. 52.

g) Einstweilige Verfügung

Der Vermächtnisnehmer könnte mit Hilfe einer einstweiligen Verfügung den Erben mit einem gerichtlichen Verfügungsverbot beschweren (vgl. §§ 938 Abs. 2 ZPO, 136 BGB)[176]. Problematisch wäre hierbei indes, dass der Bedachte zum einen das Vorhaben des Erben rechtzeitig erkennen muss und zum anderen die Vorschriften zugunsten derjenigen, welche Rechte von einem Nichtberechtigten herleiten, entsprechende Anwendung finden (vgl. § 135 Abs. 2 BGB).

h) Zusammenfassung

Im geltenden Recht gibt es einige Konstruktionen, die den schuldrechtlichen Anspruch des Vermächtnisnehmers teilweise abzusichern vermögen. Jedes dieser Sicherungsmittel weist jedoch gewisse Schwachstellen auf, was letztlich dazu führt, dass diese bei abstrakter Betrachtung eine vollumfängliche Verwirklichung der Interessen des Bedachten und letztlich ebenso des Erblassers an der Vermeidung veruntreuender Handlungen des bzw. der Erben nicht zu realisieren vermögen.

C. Unterschiede zwischen Erbenstellung und Vermächtnisnehmerstellung[177]

Nachdem nun eine generelle Darstellung der beiden inhaltlichen Ausgestaltungsmöglichkeiten von Verfügungen von Todes wegen erfolgte, stellt sich die für den Verfügenden entscheidende Frage, worin die wesentlichen Unterschiede zwischen diesen beiden Rechtsinstituten bestehen und welches den persönlichen Wünschen und Vorstellungen im Hinblick auf den Verbleib des Vermögens nach dem eigenen Ableben bestmöglich gerecht wird.

---

[176] *Muscheler,* Erbrecht, Bd. 1, § 18 Rn. 954. So bereits *Lange/Kuchinke* (S. 622) mit einem Verweis auf die Vorschriften der §§ 935, 938 ZPO.

[177] Der Begriff des „Vermächtnisses“ wird jedoch im allgemeinen Sprachgebrauch in verschiedener Bedeutung benutzt, z.B. für die letzte Anordnung einer Person bzgl. ihres Vermögens (letzter Wille), für das durch den letzten Willen Vermachte oder für die ideelle oder geistige Hinterlassenschaft einer Person, eines Volkes, einer Epoche usw. (vgl. *Muscheler,* Erbrecht, Bd. 2, § 38 Rn. 2574 m.w.N.). Auf Grund dieser im allgemeinen Sprachgebrauch mannigfaltigen Verwendung des Vermächtnisbegriffes besteht in der alltäglichen umgangssprachlichen Korrespondenz juristischer Laien seit jeher das Problem, dass die Begriffe des „Vererbens“ und „Vermachens“ in aller Regel unreflektiert undifferenziert verwendet werden (auf der Website des *Duden* wird beispielsweise unter der Rubrik „Synonyme“ für das Verb „vererben“ auch „vermachen“ angeführt), so dass beispielsweise dem einzigen Abkömmling nach dem Wortlaut der testamentarischen oder erbvertraglichen Verfügung des Erstellers das gesamte Vermögen „vermacht“ werden solle, diese sprachliche Ungenauigkeit jedoch mit dem wahren Willen des Testierenden unter Umständen in keinerlei Zusammenhang stünde.

Mit dem Tode einer Person geht deren Vermögen gemäß § 1922 Abs. 1 BGB als Ganzes auf eine oder mehrere andere Personen über. Das Vermögen des Verstorbenen geht somit auf den bzw. die Erben mit dem Erbfall und ipso iure über[178]. Es erfolgt eine unmittelbare dingliche Rechtsänderung. Durch das Vermächtnis wird für den Bedachten lediglich das Recht begründet, von dem Beschwerten die Leistung des vermachten Gegenstands zu fordern (vgl. § 2174 BGB). Der Vermächtnisnehmer erlangt im Ergebnis einen nur schuldrechtlichen Anspruch gegen den Beschwerten in Bezug auf den entsprechenden Vermögensgegenstand und keine unmittelbare dingliche Beteiligung am Nachlass. Der Vermächtnisnehmer ist somit in besonderem Maße auf einen ihm gegenüber wohl gestimmten Erben angewiesen, um eine ggf. kostspielige und zeitaufwändige gerichtliche Geltendmachung seines Anspruchs und eine anschließende zwangsweise Durchsetzung vermeiden zu können. Gemäß § 2176 BGB kommt die Forderung des Vermächtnisnehmers grundsätzlich mit dem Erbfall zur Entstehung (Anfall des Vermächtnisses). Hierbei handelt es sich jedoch – im Gegensatz zur Anordnung in § 1922 Abs. 1 BGB – um keine zwingende gesetzliche Regelung, weshalb der Anfall des Vermächtnisses in bestimmten Sachverhaltskonstellationen auch zeitlich erst nach dem Erbfall liegen könnte (vgl. §§ 2177 bis 2179 BGB)[179]. Der Ersteller von Verfügungen von Todes wegen ist nicht dazu verpflichtet, einen durch ein Vermächtnis Begünstigten zu bestellen. Jeder Erblasser muss aber zwingend (mindestens) einen Erben (ob gewillkürt oder gesetzlich) aufweisen[180]. In Bezug auf eine durch den Erblasser begünstigte Person gilt es zu beachten, dass Erbe einerseits nur werden kann, wer zur Zeit des Erbfalls lebt bzw. noch nicht lebt, aber bereits gezeugt war (vgl. § 1923 BGB). Im Rahmen der Anordnung eines Vermächtnisses wird dem Verfügenden ein diesbezüglich größerer Handlungsspielraum eingeräumt. § 2178 BGB spricht davon, dass der Anfall des Vermächtnisses mit der Geburt erfolgt, falls der Bedachte zur Zeit des Erbfalls noch nicht gezeugt ist. Aus dieser Vorschrift kann somit die Schlussfolgerung gezogen werden, dass auch ein noch nicht gezeugter Bedachter als Vermächtnisnehmer in Betracht kommt.

Gemäß § 2065 Abs. 2 BGB kann der Erblasser die Bestimmung der Person, die eine Zuwendung erhalten soll, sowie die Bestimmung des Gegenstands der Zuwendung nicht einem anderen überlassen. Im Rahmen der Anordnung eines Vermächtnisses kann der Erblasser hingegen mehrere mit einem Vermächtnis in der Weise bedenken, dass der Beschwerte oder ein Dritter zu bestimmen hat, wer von den mehreren das Vermächtnis erhalten soll (vgl. § 2151 Abs. 1 BGB). Das Vermächtnisrecht gestattet es somit, dass das Bestimmungsrecht des Erblassers auf den Beschwerten oder einen Dritten

---

[178] *Muscheler,* Erbrecht, Bd. 2, § 38 Rn. 2577.
[179] *Muscheler,* Erbrecht, Bd. 2, § 38 Rn. 2577.
[180] *Muscheler,* Erbrecht, Bd. 2, § 38 Rn. 2577.

übertragen wird. Eine Grenze wird jedoch dadurch gezogen, dass der Erblasser einen in Frage kommenden Personenkreis festzulegen hat, was bedeutet, dass der Ersteller eines Testaments oder Erbvertrages somit die Auswahl nicht vollständig in das Gutdünken des Beschwerten oder eines Dritten zu stellen vermag[181].

Erhebliche Unterschiede können sich auch in Bezug auf nachlassfremde Gegenstände ergeben. Ein gutgläubiger Erwerb an erblasserfremden Gegenständen scheidet auf Grund fehlenden rechtsgeschäftlichen Erwerbs für den Erben bzw. des Nichtvorliegens eines Verkehrsgeschäftes für die Erben aus. Gemäß § 2169 Abs. 1 BGB ist das Vermächtnis eines bestimmten Gegenstandes unwirksam, soweit der Gegenstand zur Zeit des Erbfalls nicht zur Erbschaft gehört, es sei denn, dass der Gegenstand dem Bedachten auch für den Fall zugewendet sein soll, dass er nicht zur Erbschaft gehört. Im Falle eines wirksamen Vermächtnisses nach § 2169 Abs. 1 BGB hat der Beschwerte den Gegenstand dem Bedachten zu verschaffen (vgl. § 2170 Abs. 1 BGB)[182]. Für den Vermächtnisnehmer scheidet folglich ein gutgläubiger Erwerb nicht von vornherein aus.

Eine gravierende Divergenz zwischen den Rechtsinstituten besteht bzgl. der Haftung für Nachlassverbindlichkeiten. Der Erbe haftet für die Nachlassverbindlichkeiten (§§ 1922 Abs. 1, 1967 BGB); demgegenüber gesteht das Vermächtnis nur Rechte zu und Schulden können gerade nicht vermacht werden[183]. Hierbei gilt zu berücksichtigen, dass der Vermächtnisnehmer im Zweifel nicht die Beseitigung derjenigen Rechte verlangen kann, mit denen der vermachte Gegenstand belastet ist, vgl. § 2165 Abs. 1 S. 1 BGB. Wie bereits obig dargestellt legt das Nachlassinsolvenzverfahren eine bestimmte Rangfolge fest (§ 327 InsO)[184]. Aus dieser Reihenfolge lässt sich folgern, dass sich der nicht pflichtteilsberechtigte Erbe im Nachlassinsolvenzverfahren hinter dem Vermächtnisnehmer befindet, was bedeutet, dass der Vermächtnisnehmer nach den ihm vorrangigen Nachlassgläubigern in der Nachlassinsolvenz zu befriedigen wäre und bei vollständiger Verteilung des Nachlasses für den nicht pflichtteilsberechtigten Erben nichts verbliebe[185].

Abschließend sei noch kurz auf folgenden Aspekt hingewiesen. Der Erbe kann die ihm angefallene Erbschaft nur innerhalb von sechs Wochen ausschlagen (§ 1944 Abs. 1 BGB), wohingegen für den Vermächtnisnehmer keinerlei Ausschlagungsfrist gesetzlich festgelegt wird (vgl. § 2180 BGB)[186].

---

[181] MüKo-BGB/*Rudy,* § 2151 BGB Rn. 2 m.w.N.
[182] *Muscheler,* Erbrecht, Bd. 2, § 38 Rn. 2577.
[183] *Muscheler,* Erbrecht, Bd. 2, § 38 Rn. 2577.
[184] Vgl. hierzu die Ausführungen in § 6, III. B.
[185] *Muscheler,* Erbrecht, Bd. 2, § 38 Rn. 2577.
[186] *Muscheler,* Erbrecht, Bd. 2, § 38 Rn. 2577.

§ 7 Rechtsgeschäfte unter Lebenden

Als Alternative zu den Verfügungen von Todes wegen kämen insbesondere auch für diejenigen Personen, die bzgl. der Beschäftigung mit dem eigenen Tod eine gewisse Zurückhaltung üben, entgeltliche oder unentgeltliche Zuwendungen unter Lebenden in Betracht[187].

„Unter einer Vorwegnahme der Erbfolge versteht man die Übertragung des Vermögens (oder eines wesentlichen Teiles davon) durch den (künftigen) Erblasser auf einen oder mehrere als Erben in Aussicht genommene Empfänger [...]."[188]

„In aller Regel enthält der Vertrag neben der Übertragung des Vermögens oder eines Vermögensteils auf den begünstigten Erben Abfindungsregelung zugunsten der weichenden Erben oder Erbverzichtserklärungen, eine Versorgung und Sicherstellung des Erblassers sowie die Bestimmung dessen künftiger Rechtsstellung hinsichtlich der vorzeitig übertragenen Erbmasse [...]."[189]

---

[187] Zu Lebzeiten des Erblassers abgeschlossene und vollständig abgewickelte Rechtsgeschäfte werden ausschließlich und unstrittig nach den Vorschriften über lebzeitige Rechtsgeschäfte behandelt (vgl. *Ilchmann,* S. 47). Die Ausführungen zu den Rechtsgeschäften unter Lebenden beschränken sich hierbei auf eine auszugsweise Darstellung ihrer Vor- und Nachteile. Es soll zumindest knapp auf eine weitere Handlungsmöglichkeit des (späteren) Erblassers hingewiesen werden. Das Hauptziel der vorliegenden Arbeit ist es jedoch auf Rechtsgeschäfte einzugehen, die ihre Wirkungen (zumindest teilweise) mit dem Erbfall entfalten. Für eine Zuwendung unter Lebenden könnte sprechen, dass der Zuwendende seine Nachkommen beim Aufbau einer eigenen Existenz unterstützen (z.B. durch Übertragung eines Grundstückes oder Bereitstellung von Vermögen) oder diese aus ihrem arbeitsrechtlichen Abhängigkeitsverhältnis entheben möchte (z.B. durch Übertragung eines elterlichen Betriebes) (vgl. *Olzen,* Jura 1987, 18). Hinzu kann diesbezüglich kommen, dass der Zuwendende bereits längere Zeit vor seinem Tode das Begehr hegen könnte, seine eigene Erwerbstätigkeit im eigenen Unternehmen einzustellen und die Verantwortung auf seine Nachkommen zu übertragen (vgl. *Olzen,* Jura 1987, 18). Für den Zuwendenden als solchen können Rechtsgeschäfte unter Lebenden hingegen auch nachteilige Auswirkungen aufweisen. Eine vollzogene Schenkung führt letztlich dazu, dass sich der Schenker bereits zu Lebzeiten der völligen Verfügungsbefugnis über die im Rahmen von Zuwendungen unter Lebenden erfassten Vermögensgegenstände begibt. Dies gilt selbst dann, wenn der Zuwendende sich Rechte aus der vorzeitigen Übertragung seines Vermögens oder eines Vermögensbestandteils ableitet, wie laufende oder einmalige Geldzahlungen, Wohn- oder Nießbrauchsrechte (vgl. *Olzen,* Jura 1987, 18). Im Falle von lebzeitigen Rechtsgeschäften bestehen Widerrufsmöglichkeiten nur in Ausnahmefällen (beispielsweise §§ 528, 530 BGB) und es existiert gerade keine jederzeitige Widerrufsmöglichkeit wie im Falle letztwilliger Verfügungen oder einseitiger Verfügungen im Rahmen von Erbverträgen.

[188] BGH, NJW 1995, 1349 (1350); so auch OLG Zweibrücken, MittRhNotK 2000, 117 (118); *Olzen,* Jura 1987, 17 und *Coing,* in: FS für Fritz Schwind, S. 65.

[189] OLG Zweibrücken, MittRhNotK 2000, 117 (118); so äußerte sich bereits *Olzen,* Die vorweggenommene Erbfolge, S. 21. Diese Aussage wiederholte er später noch einmal (vgl. *Olzen,* Jura 1987, 17).

§ 8 Rechtsgeschäfte unter Lebenden auf den Todesfall[190]

Die Kategorie der Zuwendungen unter Lebenden auf den Todesfall führt im Bereich der Forschung und Lehre zu erheblichen Meinungsverschiedenheiten und trägt ein erhöhtes Konfliktpotential in sich. Der Grund liegt insbesondere darin, dass sich im Rahmen der Zuwendungen unter Lebenden auf den Todesfall eine Abgrenzung zwischen lebzeitigen Zuwendungen und Verfügungen von Todes wegen als problematisch erweist. Unter dem Begriff der Zuwendungen unter Lebenden auf den Todesfall sind solche Sachverhaltskonstellationen zu verstehen, in denen eine Person, den Rechtsgeschäften unter Lebenden vergleichbar, zu Lebzeiten ein Rechtsgeschäft, mit dem sie ihre vermögensrechtlichen Verhältnisse für den Fall ihres Ablebens einer Regelung zuführen möchte, vornimmt, deren Wirkung jedoch, den Verfügungen von Todes wegen vergleichbar, erst mit dem Tod des Zuwendenden erfolgen soll[191]. Es geht somit darum, dass „jemand durch Rechtsgeschäfte unter Lebenden für den Fall des Todes Verfügungen trifft oder Verpflichtungen eingeht, deren Vollzug bis nach dem Tode des Verfügenden hinausgeschoben wird“[192].

„Zwar schließt der Umstand, daß ein Recht erst im Todeszeitpunkt praktisch werden soll, die Annahme eines Rechtsgeschäfts unter Lebenden nicht grundsätzlich aus […]; ob ein Rechtsgeschäft unter Lebenden oder eine [Verfügung] […] von Todes wegen vorliegt, hängt davon ab, ob die Beteiligten schon zu Lebzeiten Rechte und Pflichten begründen wollten, auch wenn sie erst beim Tod des einen von ihnen (Erblasser) voll wirksam werden sollten […], oder ob eine Bindung des Erblassers zu seinen Lebzeiten nicht gewollt war […].“[193]

Es stellt sich aus diesem Grunde insbesondere die strittige Frage, ob es sich bei einer Zuwendung unter Lebenden auf den Todesfall um ein lebzeitiges Rechtsgeschäft oder eine Verfügung von Todes wegen oder eventuell um eine Mischform aus beidem handelt[194].

---

[190] In Bezug auf Grundfragen, die gesetzgeberischen Wertungen und die offenen Streitfragen vgl. die Ausführungen bei *Wieacker,* in: FS für Heinrich Lehmann, S. 271 bis 284.

[191] *Ilchmann,* S. 46, 47.

[192] BGH, NJW 1953, 182 (183); 1984, 46 (47).

[193] BGH, NJW 1959, 2252 (2254); 1984, 46 (47).

[194] *Ilchmann,* S. 36. Eine Abgrenzung ist aus folgenden Gründen von besonderer Wichtigkeit: Die Klärung der Abgrenzungsfrage zwischen lebzeitigen Rechtsgeschäften und Verfügungen von Todes wegen spielt eine entscheidende Rolle für die Wirksamkeit der Zuwendungen unter Lebenden auf den Todesfall, da das Schuldrecht und das Erbrecht verschiedene Anforderungen an eine zu wahrende Form stellen und im Rahmen dieser Rechtsgebiete divergierende eventuell in Betracht kommende Heilungsmöglichkeiten ins Auge zu fassen sind (*Ilchmann,* S. 36; *Olzen,* Jura 1987, 18). Darüber hinaus spielt die Einordnung zudem für die rechtliche Situation der Nachlassgläubiger und Pflichtteilsberechtigten eine nicht zu vernachlässigende Rolle (*Olzen,* Jura 1987, 18). Den Gläubigern

I. Die Abgrenzung zwischen lebzeitigen Rechtsgeschäften und Verfügungen von Todes wegen

Zu Lebzeiten des Erblassers abgeschlossene und vollständig abgewickelte Rechtsgeschäfte werden ausschließlich und unstrittig nach den Vorschriften über lebzeitige Rechtsgeschäfte behandelt[195]. Hierbei stellt sich somit keinerlei Abgrenzungsproblematik zwischen lebzeitigen Rechtsgeschäften und Verfügungen von Todes wegen. Verfügungen von Todes wegen zeichnen sich inhaltlich hingegen dadurch aus, dass die rechtlichen Wirkungen erst und ausschließlich im Zeitpunkt des Todes des Erblassers eintreten sollen (vgl. §§ 1922 Abs. 1, 2174, 2176 BGB). Im Rahmen von Zuwendungen unter Lebenden auf den Todesfall wird ein Rechtsgeschäft zwar zu Lebzeiten des Zuwendenden getätigt, dieses soll seine schuldrechtlichen und/oder dinglichen Wirkungen jedoch erst im Zeitpunkt des Erbfalles vollständig entfalten.

A. Unentgeltliche Rechtsgeschäfte unter Lebenden auf den Todesfall

Der nationale Gesetzgeber wollte dem Wortlaut des § 2301 Abs. 1 S. 1 BGB entsprechend diejenigen Fallkonstellationen erfassen, in denen das Schenkungsversprechen unter der Bedingung erteilt wird, dass der Beschenkte den Schenker überlebt (sog. Überlebensbedingung). Derartige Schenkungsversprechen werden folglich den erbrechtlichen Vorschriften unterstellt, um eine eventuelle Umgehung erbrechtlicher Formvorschriften und erbrechtlicher Schutzvorschriften für Nachlassgläubiger und Pflichtteilsberechtigte zu vermeiden. Im Umkehrschluss zu diesem eindeutig formulierten Gesetzeswortlaut sollen alle anderweitigen Rechtsgeschäfte, in denen z.B. für den Fall des Todes eine Verfügung unter einer aufschiebenden oder auflösenden Bedingung erfolgt[196] oder Verpflichtungen eingegangen werden, deren Vollzug bis nach dem Tod des Zuwendenden zeitlich verlegt werden soll, von der Vor-

---

des Erblassers steht im Grunde der Nachlass als solcher uneingeschränkt als Haftungsobjekt zur Verfügung, weshalb sie auf diejenigen Vermögenswerte, die dem Nachlass durch Rechtsgeschäfte unter Lebenden entzogen wurden, gerade grundsätzlich nicht zugreifen können (*Olzen,* Jura 1987, 18, 19, 21). Vermögenswerte, die Gegenstand eines lebzeitigen Rechtsgeschäfts wurden, können weiterhin bei der Berechnung des Pflichtteils nicht herangezogen werden (vgl. § 2311 Abs. 1 BGB) (*Olzen,* Jura 1987, 19). Des Weiteren kommt es bzgl. der Anwendbarkeit des § 2286 BGB einerseits bzw. des § 2289 Abs. 1 S. 2 BGB andererseits richtungsweisend darauf an, ob Zuwendungen unter Lebenden auf den Todesfall als Rechtsgeschäfte unter Lebenden oder als Verfügungen von Todes wegen behandelt werden (*Olzen,* Jura 1987, 19).

[195] *Ilchmann,* S. 47.

[196] Ein Rechtsgeschäft unter Lebenden liegt für den Fall vor, dass lediglich die dingliche Erfüllung vom Überleben des Bedachten abhängt, nicht hingegen die Wirksamkeit des Schenkungsversprechens; die Vorschriften über Verfügungen von Todes wegen finden gerade keine Anwendung (vgl. § 2301 Abs. 1 S. 1 BGB) (vgl. *Muscheler,* Erbrecht, Bd. 2, § 42 Rn. 2843).

schrift des § 2301 BGB gerade nicht eingeschlossen werden, sondern diese den Regelungen über Rechtsgeschäfte unter Lebenden unterfallen[197]. Schenkungen ohne Bedingung oder mit gänzlich anderen Bedingungen als der in § 2301 Abs. 1 S. 1 BGB normierten Überlebensbedingung, werden somit zu den Rechtsgeschäften unter Lebenden gezählt[198]. Auf Grund der unmissverständlichen gesetzlichen Regelung darf somit der Geltungsbereich des § 2301 Abs. 1 BGB, d.h. die Anwendung erbrechtlicher Vorschriften, nicht ausgedehnt werden und es gibt keinerlei Anhaltspunkte dafür, die Vorschrift des § 2301 Abs. 2 BGB in besonderem Maße einschränkend auszulegen[199].

B. Verträge zugunsten Dritter auf den Todesfall (§ 331 BGB)

Im Falle eines wirksamen Vertrages zugunsten Dritter auf den Todesfall erlangt der Dritte mit dem Tod des Versprechensempfängers (Erblasser) einen schuldrechtlichen Anspruch gegen den Versprechenden (vgl. § 331 Abs. 1

---

[197] *Ilchmann,* S. 50; BGH, NJW 1953, 182 (183); MüKo-BGB/*Musielak,* § 2301 BGB Rn. 4, 11 m.w.N.; Jauernig/*Stürner,* § 2301 BGB Rn. 1, 8; Staudinger-BGB/*Kanzleiter* (2014), § 2301 BGB Rn. 11 bis 17 (*Kanzleiter* spricht in Bezug auf § 2301 Abs. 1 BGB davon (Rn. 13), dass „[d]as geltende Recht […] eine klare und lückenlose Entscheidung [trifft], die eine andere Abgrenzung und eine entsprechende Anwendung […] auf Fallgruppen außerhalb der Schenkung unter der Bedingung des Überlebens des Beschenkten nicht zulässt“. Er sieht eine einzige Ausnahme lediglich für den Fall vor, dass es sich um eine Schenkung unter der Bedingung, dass der Schenker den Beschenkten nicht überlebt, handelt (vgl. Rn. 11).); Soergel/*Wolf,* § 2301 BGB Rn. 1; *Leipold,* Erbrecht, § 17 Rn. 569.

[198] *Ilchmann,* S. 59.

[199] *Bork,* JZ 1988, 1062 m.w.N.; Palandt/*Weidlich,* § 2301 BGB Rn. 2; Staudinger-BGB/*Kanzleiter* (2014), § 2301 BGB Rn. 19; *Lange/Kuchinke,* S. 752 (insbesondere Fn. 73); Soergel/*Wolf,* § 2301 BGB Rn. 1; *Ilchmann,* S. 50, 51 (mit einem Verweis auf die gegenteilige Ansicht). Teile der Literatur, denen im Ergebnis nicht gefolgt werden kann, gehen hingegen davon aus, dass das Erbrecht im Hinblick auf die Abgrenzungsfrage zwischen lebzeitigen Rechtsgeschäften und Verfügungen von Todes wegen lückenhaft ausgestaltet wurde und folglich auch Rechtsgeschäfte außerhalb des von § 2301 Abs. 1 BGB umschriebenen Anwendungsbereiches den erbrechtlichen Vorschriften unterstellt werden müssen (vgl. *Olzen,* Jura 1987, 20). Die Tatsache, dass der nationale Gesetzgeber in Bezug auf Zuwendungen unter Lebenden auf den Todesfall lediglich Regelungen in den § 331 BGB und § 2301 BGB vornahm, kann nicht als Begründung dazu genutzt werden, den Anwendungsbereich des § 2301 BGB über dessen Wortlaut hinaus auszudehnen. Eine Analogie setzt gerade eine planwidrige Regelungslücke voraus. Es bestehen jedoch keinerlei Anhaltspunkte dafür, dass der Gesetzgeber weitere Fälle von Rechtgeschäften unter Lebenden auf den Todesfall nicht bedachte und somit von einer Planwidrigkeit gesprochen werden könnte. Der Gesetzgeber wollte mangels gegenteiliger Indizien ganz bewusst lediglich Schenkungsversprechen, die unter der Bedingung des Vorversterbens des Schenkers erteilt werden, unter die erbrechtlichen Vorschriften fassen und alle anderweitigen Rechtsgeschäfte auf den Todesfall den Vorschriften über lebzeitige Rechtsgeschäfte unterstellen. *Bork* (JZ 1988, 1062) spricht in Bezug auf § 2301 Abs. 1 BGB davon, dass das Erbrecht „genügsam“ und gerade „nicht planwidrig unvollständig“ sei.

BGB) (Vollzugsverhältnis), wobei weder die Forderung des Dritten gegen den Versprechenden noch das zu ihrer Erfüllung Geleistete zu dem Nachlass des Versprechensempfängers zu zählen sind[200]. Es gilt der Grundsatz, dass beim Vertrag zugunsten Dritter auf den Todesfall eine unter Umständen auf Grund erbrechtlicher Vorschriften bestehende Formbedürftigkeit des Vertragsverhältnisses zwischen dem Versprechensempfänger und einem Dritten (Valutaverhältnis) keinen Einfluss auf dasjenige Vertragsverhältnis zwischen dem Versprechensempfänger und dem Versprechenden (Deckungsverhältnis, sog. Vertrag zugunsten Dritter auf den Todesfall) hat[201]. Dies bedeutet, dass das Deckungsverhältnis zu dessen Wirksamkeit auch dann nicht der Einhaltung erbrechtlicher Formvorschriften bedarf, falls das Valutaverhältnis dem Anwendungsbereich des § 2301 BGB zugesprochen werden muss[202].

„Nach gefestigter höchstrichterlicher Rechtsprechung unterliegen die Rechtsbeziehungen im Deckungsverhältnis nicht dem Erbrecht, sondern dem Schuldrecht."[203]

II. Die Problematik der Rechtsgeschäfte unter Lebenden auf den Todesfall

Da sich der Zuwendende meist bis zu seinem Tode die Verfügungsbefugnis über den in seinem Eigentum bzw. seiner Rechtsinhaberschaft stehenden Gegenstand erhalten möchte, wird die Erfüllung des schuldrechtlichen Rechtsgeschäftes in den allermeisten Fällen bis zum Ableben des Zuwendenden hinausgeschoben. Die sich im Rahmen von Rechtsgeschäften unter Lebenden auf den Todesfall ergebenden Probleme möchten kursorisch anhand des Valuta- und Deckungsverhältnisses im Rahmen von Verträgen zugunsten Dritter auf den Todesfall dargestellt werden: Im Falle eines wirksamen Vertrages zugunsten Dritter auf den Todesfall erwirbt der Dritte mit dem Tod des Versprechensempfängers (Erblasser) einen schuldrechtlichen Anspruch gegen den Versprechenden.

„Ob die Erben des Versprechensempfängers die durch das Vollzugsgeschäft eintretende dingliche Rechtsverschiebung endgültig hinnehmen müssen, hängt davon ab, ob und wel-

---

[200] *Muscheler,* Erbrecht, Bd. 1, § 18 Rn. 885. Es handelt sich hierbei um einen Fall der gewillkürten erbrechtsunabhängigen Sonderrechtsnachfolge von Todes wegen (vgl. hierzu bereits die Ausführungen in § 4, II. D. 2.).

[201] BGHZ 46, 198 (201) (dieses Urteil bezieht sich im Speziellen auf einen Vertrag zugunsten Dritter auf den Todesfall als Deckungsverhältnis); 54, 145 (147) (es geht hierbei ganz allgemein um die Feststellung, dass es in Bezug auf die Prüfung der Formerfordernisse des Deckungsverhältnisses ausschließlich auf das zwischen dem Versprechenden und dem Versprechensempfänger geschlossenen Rechtsverhältnis und gerade nicht auf das Valutaverhältnis ankommt); *Muscheler,* Erbrecht, Bd. 1, § 18 Rn. 885 (insbesondere auch Fn. 255 m.w.N.).

[202] *Muscheler,* Erbrecht, Bd. 1, § 18 Rn. 885; BGH, NJW 1964, 1124 (1125); 1975, 382 (383); 2004, 767 (768); Beck'scher Online-Kommentar BGB/*Janoschek,* § 331 BGB Rn. 1.

[203] BGH, NJW 2004, 767 (768).

che Rechtsbeziehungen zwischen ihrem Erblasser und dem Dritten bestanden (Valutaverhältnis).“[204]

Läge kein wirksames Valutaverhältnis vor, würde der Dritte im Falle eines wirksamen Deckungsverhältnisses zwar einen Anspruch gegen den Versprechenden erlangen, dieser wäre den Erben des Versprechensempfängers gegenüber jedoch nicht kondiktionsfest[205]. Der endgültige Verbleib der schuldrechtlichen Forderung des Dritten gegen den Versprechenden bzw. das zur Erfüllung dieser Forderung Geleistete setzt folglich die Wirksamkeit des Rechtsverhältnisses zwischen dem Versprechensempfänger und dem Drittem, d.h. die Wirksamkeit des Valutaverhältnisses, voraus[206]. Nach überwiegender Meinung ist auch die rechtliche Beziehung im Rahmen des Valutaverhältnisses dem Schuld- und gerade nicht dem Erbrecht zugeordnet; § 331 BGB geht der Regelung des § 2301 Abs. 1 BGB als lex specialis vor[207].

In vielen Fällen ist es gerade so, dass der Versprechensempfänger dem Dritten seine Zuwendungsabsichten zu Lebzeiten nicht kundtut und der Schenkungsvertrag nach dem Ableben des Versprechensempfänger geschlossen werden muss[208], um Ansprüche aus Bereicherungsrecht der Erben gegenüber dem Dritten auszuschließen. Im Falle eines noch nach dem Tod des Versprechensempfängers abzuschließenden Schenkungsvertrages kann es wiederum[209] zum Problem eines Wettlaufs zwischen dem Versuch der vom Erblasser initiierten Hilfspersonen (beispielsweise als Erklärungsbote) bzgl. des wirksamen Abschlusses eines schuldrechtlichen Rechtsgeschäftes und einem Widerrufsversuch der Erben des Versprechensempfängers (vgl. § 130 Abs. 1 S. 2 BGB) kommen. Je nachdem welche der Personen frühzeitiger zum Handeln bewogen wird, danach bestimmt sich das Schicksal der Kondiktionsfestigkeit der schuldrechtlichen Forderung gegen den Versprechenden bzw. das Schicksal des zu ihrer Erfüllung Geleisteten. Das Ergebnis wäre wiederum ein zufälliges, unvorhersehbares und u.U. nicht mit dem Willen des Erblassers vereinbares.

„Mit dem Abschluss des Vertrages zugunsten des Dritten erklärt der Versprechensempfänger das Angebot zum Abschluss eines schuldrechtlichen Schenkungsvertrages zwischen ihm und dem Dritten, sei es ausdrücklich, sei es stillschweigend. Zugleich erteilt er dem

---

[204] BGH, NJW 1964, 1124 (1125).

[205] *Muscheler,* Erbrecht, Bd. 1, § 18 Rn. 886; BGH, NJW 1975, 382 (383).

[206] *Muscheler,* Erbrecht, Bd. 1, § 18 Rn. 886.

[207] *Muscheler,* Erbrecht, Bd. 1, § 18 Rn. 886; *Hinz,* JuS 1965, 302; MüKo-BGB/*Musielak,* § 2301 BGB Rn. 36; BGH, NJW 1984, 480 (481); 2008, 2702 (2703); Palandt/*Weidlich,* § 2301 BGB Rn. 19; *Schlüter/Röthel,* § 25 Rn. 23 m.w.N.; eine Darstellung der unterschiedlichen Ansichten für und gegen die Anwendbarkeit des § 2301 BGB auf das Valutaverhältnis findet sich bei Staudinger-BGB/*Jagmann* (2015), § 331 BGB Rn. 17, 18.

[208] *Muscheler,* Erbrecht, Bd. 1. § 18 Rn. 887.

[209] Vgl. hierzu die Ausführungen in § 6, IV. B. 4. a).

Versprechenden [...] den ausdrücklichen oder stillschweigenden Auftrag, das von ihm abgegebene Schenkungsangebot nach seinem Tod dem Dritten zugehen zu lassen. [...] Die Annahme des Schenkungsangebots kann nach § 153 auch noch nach dem Tod des Antragenden erfolgen, wobei es [...] keiner Erklärung der Annahme dem Antragenden gegenüber bedarf, weil der Antragende auf die Erklärung ihm gegenüber stillschweigend oder ausdrücklich verzichtet hat (§ 151) [...].“[210]

Ab dem Zeitpunkt des Todes des Erblassers kommt es nunmehr entscheidend auf die nachfolgende zeitliche Abfolge etwaiger Erklärungen seitens des Versprechenden, des Dritten und der Erben des Versprechensempfängers an.

§ 9 Gesamtergebnis

Die Verfügungen von Todes wegen, die lebzeitigen Rechtsgeschäfte und die Rechtsgeschäfte unter Lebenden auf den Todesfall bieten dem (späteren) Erblasser eine Reihe von Möglichkeiten, um einzelne Gegenstände konkreten Personen zukommen zu lassen. Diese für sich stehenden Handlungsalternativen weisen jedoch eine Reihe von nachteiligen Aspekten in Bezug auf die Verwirklichung des Willens des (späteren) Erblassers auf.

I. Verfügungen von Todes wegen

Jede erbrechtliche Ausgestaltungsmöglichkeit in letztwilligen Verfügungen oder Erbverträgen kann neben eventuellen positiven Auswirkungen auch Risiken in sich bergen, und somit vermag keine der erbrechtlich denkbaren Konstruktionen pauschal als die gewinnbringendste zur Realisierung des Erblasserwillens angesehen werden. Die Erbenstellung kann beispielsweise nicht undifferenziert als die für den Begünstigten vorteilhaftere Zuwendung im Gegensatz zur Vermächtnisnehmerstellung betrachtet werden, obgleich im Rahmen eines angeordneten Vermächtnisses für den Bedachten nach deutschem Recht ein lediglich schuldrechtlicher Anspruch gegen den Beschwerten begründet wird, den vermachten Gegenstand zu fordern und eine unmittelbar dingliche Wirkung des Vermächtnisses auf Grund des ausdrücklich in § 2174 BGB normierten Willens des nationalen Gesetzgebers abgelehnt werden muss. Unter bestimmten Gegebenheiten, wie eines überschuldeten Nachlasses oder einer nicht intakten familiären Bande, könnten die eventuell bestehenden negativen Aspekte auf Grund der nicht vorhandenen dinglichen Wirkung möglicherweise durch bestehende Vorteile im Gegensatz zur Erbenstellung ausgeglichen werden. Jeder Einzelfall müsste somit bis ins Detail aufgearbeitet werden, um dem Erblasser beispielsweise im Rahmen einer juristischen Beratung das seinem Willen am besten entsprechende Gestal-

[210] *Muscheler,* Erbrecht, Bd. 1, § 18 Rn. 887; BGH, NJW 1964, 1124 (1125).

tungsmittel oder u.U. sogar eine Kombination aus mehreren denkbaren Ausgestaltungsmöglichkeiten empfehlen zu können.

Im Rahmen einer Verfügung von Todes wegen könnte der Erblasser die zu bedenkende Person in die Stellung als Allein- oder Miterbe erheben. Im Falle des Vorhandenseins mehrerer Erben müsste der Erblasser seinen Wunsch, einem der Miterben einen konkreten Gegenstand zuzuwenden, mit Hilfe eines Vorausvermächtnisses oder einer Teilungsanordnung zum Durchbruch verhelfen. *Leonhard* brachte diesbezüglich jedoch zum Ausdruck[211]:

„Es fragt sich, ob er diesen Erfolg [Schutz des schuldrechtlich berechtigten Vermächtnisnehmers vor veruntreuenden Verfügungen des Erben] nicht auf einem Umwege erreichen kann. In der Tat kann er den Bedachten zum Miterben machen und ihm das, was er ihm zuwenden will, durch Teilungsanordnung zuweisen. Dadurch wird der andere dinglich gesichert (§ 2040). Aber dabei läuft auch manche Folge unter, die der Erblasser nicht beabsichtigt hat, insbesondere die Haftung für die Schulden."

Darüber hinaus hat die Teilungsanordnung lediglich schuldrechtliche Wirkung; eine dinglich wirkende Teilungsanordnung existiert nicht. Die Miterben können sich somit einvernehmlich über eine Teilungsanordnung des Erblassers hinwegsetzen. Das ebenfalls nicht dinglich wirkende Vorausvermächtnis kommt hingegen lediglich dann in Betracht, falls der bedachte Miterbe im Gegensatz zu den übrigen Miterben begünstigt werden und grundsätzlich zusätzlich zu seinem Erbteil einen Vermögensvorteil erlangen soll. Dem Erblasser kann es in bestimmten Fällen jedoch lediglich darum gehen, der gewünschten Person ausschließlich den konkreten Vermögensgegenstand zuzudenken und gerade keinen weiteren Erbteil bzw. sonstigen rechtlichen Vorteil.

Unter bestimmten Umständen steht sogar der Erbe schlechter als der schuldrechtlich berechtigte Vermächtnisnehmer:

„Der Vermächtnisnehmer steht in verschiedener Hinsicht besser als der Erbe. Insbesondere ist das Vorausvermächtnis bei Unzulänglichkeit des Nachlasses im Range zwar nach den Ansprüchen anderer Nachlassgläubiger zu befriedigen (§ 1991 Abs. 4 iVm § 327 Abs. 1 Nr. 2 InsO). Es gehört aber immer noch zu den Nachlassverbindlichkeiten, die vor Auskehr des Überschusses an die Erben zu berichtigen sind (§ 2046). Ist der zugewandte Gegenstand dem Vermächtnisnehmer übertragen worden, kann er allenfalls im Wege der Anfechtung (§ 5 AnfG) oder der Insolvenzanfechtung (§ 322 InsO) für Nachlassverbindlichkeiten in Anspruch genommen werden. Der durch Teilungsanordnung zugewiesene Gegenstand gehört dagegen zum *haftenden Nachlass* [...]."[212]

---

[211] *Leonhard,* S. 317, 318.

[212] Beck'scher Online-Kommentar BGB/*Lohmann,* § 2048 BGB Rn. 3. Diese Ausführungen beziehen sich zwar speziell auf die Rechtsfolgen der Teilungsanordnung im Unterschied zum Vorausvermächtnis. Sie können jedoch ebenso für eine Untersuchung der abweichenden Rechtsfolgen zwischen einer Erbenstellung und der Stellung als Vermächtnisnehmers fruchtbar gemacht werden.

Die Tatsache, dass der Erblasser den zu Begünstigenden als Vermächtnisnehmer einsetzen könnte (§§ 2147–2191 BGB), bringt jedoch ebenfalls eine Reihe von Problemen in Bezug auf die Verwirklichung des Erblasserwillens mit sich. Durch das Vermächtnis wird für den Bedachten lediglich das Recht begründet, von dem Beschwerten die Leistung des vermachten Gegenstands zu fordern (vgl. § 2174 BGB). Der Vermächtnisnehmer ist somit nicht gegen veruntreuende Verfügungen des Erblassers an Dritte geschützt und kann lediglich einen Schadensersatzanspruch gegenüber dem Erben geltend machen (§§ 280 Abs. 1, 3, 283 BGB). Das Affektionsinteresse des Bedachten und des Erblassers am Erhalt des konkreten Gegenstandes wäre in besonderem Maße gefährdet. Zudem bestehen keine ausreichenden Sicherungsmaßnahmen im geltenden Recht zur vollumfänglichen Gewährleistung eines Schutzniveaus zugunsten des Vermächtnisnehmers.

II. Rechtsgeschäfte unter Lebenden

Im Rahmen der lebzeitigen Rechtsgeschäfte gilt zusammenfassend anzumerken, dass für den Zuwendenden als solchen Rechtsgeschäfte unter Lebenden neben gewissen positiven Aspekten auch nachteilige Auswirkungen aufweisen können. Eine vollzogene Schenkung führt letztlich dazu, dass das Eigentum bzw. die Rechtsinhaberschaft auf den Beschenkten übergeht und sich der Schenker bereits zu seinen Lebzeiten der völligen Verfügungsbefugnis über die erfassten Vermögensgegenstände begibt, was selbst dann gilt, wenn der Zuwendende sich Rechte aus der vorzeitigen Übertragung seines Vermögens ableitet (z.B. Wohn- oder Nießbrauchrechte, Pflegeverpflichtungen). Eine derartige vollständige Ausgliederung bestimmter Vermögensgegenstände zu Lebzeiten könnte dem Zuwendenden oftmals gar nicht möglich sein oder er könnte dieser gegenüber zumindest missliebig eingestellt sein.

III. Rechtsgeschäfte unter Lebenden auf den Todesfall

Unter Umständen gewähren jedoch die sog. lebzeitigen Rechtsgeschäfte auf den Todesfall dem Erblasser die Möglichkeit, einzelne Gegenstände seinem Wunsch entsprechend einer anderen Person zuzuwenden. *Leonhard* brachte Folgendes zum Ausdruck[213]:

> „Oder der Erblasser kann eine Schenkung unter Lebenden vollziehen, die sich dann nicht nach Vermächtnisrecht richtet (§ 2301). Aber dann muß er die Sache eben auch schon bei Lebzeiten weggeben, was ihm oft nicht erwünscht oder möglich ist. Endlich kann er einem andern durch Vertrag die Herausgabe an den Bedachten auferlegen, so daß dieser unmittelbar ein Recht erwirbt (§ 328). Aber auch hier läßt sich eine dingliche Wirkung nur dadurch erreichen, daß er die Sache schon bei Lebzeiten diesem Dritten überträgt – was dem Erblasser meist recht unerwünscht sein wird."

---

[213] *Leonhard,* S. 318.

Diesen Ausführungen kann nur zum Teil beigepflichtet werden. Es gibt gerade auch Schenkungen, die nicht in den Anwendungsbereich des § 2301 BGB fallen, d.h. solche, bei denen das Schenkungsversprechen nicht unter der Bedingung erteilt wird, dass der Beschenkte den Schenker überlebt (vgl. § 2301 Abs. 1 S. 1 BGB). In Bezug auf derartige Schenkungsversprechen finden weder die Vorschriften über Verfügungen von Todes wegen Anwendung, noch muss der Schenker die Schenkung durch Leistung des zugewendeten Gegenstandes bereits vollzogen haben. Die aufschiebend befristete Schenkung (betagte Schenkung) würde beispielsweise nicht zum Anwendungsbereich des § 2301 BGB zu zählen sein.

In Anlehnung an die in diesem Zusammenhang bereits obig dargestellten Problemkreise kann hierbei eine Aussage *Werkmüllers* zitiert werden[214]:

> „Der Konflikt ist vorprogrammiert, wenn die Erben von der Existenz eines solchen Vertrages oder einer solchen Schenkung erfahren und versuchen, deren Vollzug zu verhindern. Rechtlich möglich ist ihnen dies nur dann, wenn das seinerzeit durch den Erblasser entäußerte Schenkungsversprechen formnichtig war und dieser Mangel erst im Wege des *postmortalen Bewirkens der Leistung* geheilt werden soll (§ 518 Abs. 2 BGB)."

Es besteht folglich nur ein geringer Anwendungsbereich dafür, dass einzelne Gegenstände mit Sicherheit in das Eigentum bzw. die Rechtsinhaberschaft ihres gewünschten Empfängers übergehen können[215]: Mit dem Erbfall darf für den Bedachten nicht lediglich (wenn überhaupt auf Grund eventuellen Formmangels) das Recht begründet werden, von dem Erben die Leistung des konkreten Gegenstandes zu verlangen. Auch eine betagte Schenkung (bedingungsloser, aber noch nicht fälliger Anspruch zu Lebzeiten des Zuwendenden) führt zwar mit dem Erbfall zu einem fälligen Anspruch des Bedachten. Der Erbe wird jedoch zunächst Eigentümer bzw. Rechtsinhaber des Gegenstandes und kann über diesen wirksam verfügen. Es bedarf somit bereits zu Lebzeiten des Erblassers einer aufschiebenden Übereignung der (beispielsweise) individuell bestimmten beweglichen Sache. Mit dem Tod des Zuwendenden erlangt der Bedachte das Eigentum an dieser Sache[216]. In den übrigen Fallkonstellationen kann nicht mit Sicherheit davon ausgegangen werden, dass der Wille des Erblassers durch ein vorzeitiges Handeln des Erben nicht konterkariert würde. Im Falle der aufschiebenden Übereignung bedürfte es

---

[214] *Werkmüller,* ZEV 2001, 98.

[215] Hierbei kann auf eine Aussage *Osajdas* verwiesen werden, wobei die Betonung auf dem durch diesen verwendeten Wort „partially" zu liegen hat: „It is worth noting that in many jurisdictions which do not allow the disposition of property by *legatum per vindicationem,* a testator may donate an element of his or her estate upon death. Accordingly, these legal instruments partially allow the achievement of the same purpose." (vgl. *Osajda,* ZEuP 2012, 487, Fn. 16).

[216] Der Anwendungsbereich ist aber auch erheblich eingeschränkt. Gemäß § 925 Abs. 2 BGB ist eine Auflassung, die unter einer Bedingung oder einer Zeitbestimmung erfolgt, unwirksam.

aber auch bereits eines zu Lebzeiten abgeschlossenen schuldrechtlichen Kausalgeschäftes, um die Problematik des Wettlaufs zwischen dem Begünstigten und den Erben nach dem Erbfall zu verhindern (Kondiktionsfestigkeit). Diese rechtliche Konstruktion weist für den Zuwendenden deutlichere Schwierigkeiten auf als die Gestaltungsmöglichkeit des Vindikationslegates. Er müsste daran denken, dass sich sein Wunsch nach Zuwendung des Gegenstandes an eine konkrete Person bis zu seinem Tode zu ändern vermag und sich hierfür im Rahmen des Verpflichtungsgeschäftes ein vertragliches Rücktrittsrecht einräumen lassen, um zumindest seinen Erben einen Anspruch aus ungerechtfertigter Bereicherung zu gewähren. Dies ist natürlich um einiges komplizierter und mühsamer als der Rückgriff auf die dem Ersteller von Verfügungen von Todes wegen grundsätzlich gewährten jederzeitigen Widerrufsmöglichkeiten (vgl. §§ 2253 ff. BGB).

IV. Vindikationslegat

Die vorstehenden Ausführungen vermögen die nachfolgenden Erörterungen in Kapitel 4 zu rechtfertigen. Durch die Einführung eines unmittelbar dinglich wirkenden Vermächtnisses könnte das aufgezeigte Problem der Verwirklichung des Willens des Erblassers und des Bedachten am Erhalt des konkreten Gegenstandes zufriedenstellend gelöst werden. Die rechtlichen Folgen der Verfügungen von Todes wegen, der lebzeitigen Rechtsgeschäfte und der Rechtsgeschäfte unter Lebenden auf den Todesfall können den Interessen des (späteren) Erblassers oftmals abträglich sein und in vielen Fällen hängt die Gewährleistung seines Willens von dem Wohlwollen des bzw. der Erben ab.

§ 10 Die Zeitgemäßheit des nationalen Erbrechts

„Es erben sich Gesetz' und Rechte
Wie eine ew'ge Krankheit fort;
Sie schleppen von Geschlecht sich zum Geschlechte
Und rücken sacht von Ort zu Ort.
Vernunft wird Unsinn, Wohltat Plage;
Weh dir, daß du ein Enkel bist!"

Ist unser nationales Erbrecht noch zeitgemäß? In den obig aufgeführten Versen seines Werkes „Faust – Der Tragödie erster Teil" hat *v. Goethe* das Versagen bei der erforderlichen Reaktion des Gesetzgebers auf geänderte Lebensumstände verhöhnt[217]. Die Frage der Zeitgemäßheit des nationalen Erb-

[217] *Rohe,* in: Was du ererbt von deinen Vätern hast, S. 85. *Friedrich/Scheithauer* brachten in ihrem Zeilen-Kommentar zum ersten Teil des „Faust" Folgendes zum Ausdruck (vgl. 1973, S. 187): „Die Gesetze haben oft noch Geltung, wenn sich die Voraussetzungen

rechts sollte auf Grund der ständig wandelnden Lebensumstände in der Gesellschaft gerade nicht stiefmütterlich behandelt werden[218], da seit dem Inkrafttreten des BGB am 01. Januar 1900 die Lebensverhältnisse im Deutschen Kaiserreich, in der Weimarer Republik, während der NS-Zeit, in der Deutschen Demokratischen Republik und in der Bundesrepublik Deutschland aus demografischer, soziologischer, ökonomischer und rechtlicher Sicht einem ständigen Wandel unterworfen waren bzw. unterworfen sind. Als Schlagwörter sind hierbei u.a. die Änderungen in Bezug auf die Geburtenrate, die durchschnittliche Lebenserwartung und die Pflegebedürftigkeit älterer Menschen, die Häufigkeit von Eheschließungen und Ehescheidungen, die Existenz nichtehelicher Kinder, die Bildung von Patchworkfamilien und Lebenspartnerschaften, die Entfremdung von Kindern, die Emanzipation und den Wandel in der Rollenverteilung von Mann und Frau, die Änderung von Wertvorstellungen und Vermögensverhältnissen, den Ausbau der sozialen Sicherung, die gesellschaftlichen Veränderungen infolge von Integration und Migration, die unterschiedlichen inflationären Tendenzen und die Internationalisierung und Europäisierung zu nennen.

Die nachfolgenden Beispiele gehen größtenteils auf einen Vortrag *Zawars* zurück[219]: *Zawar* machte u.a. deutlich, dass nach dem Zweiten Weltkrieg ein beachtlicher Vermögenszuwachs der privaten Haushalte zu verzeichnen war und somit das vererbbare Durchschnittsvermögen pro Haushalt anstieg (siehe 123*). In diesem Zusammenhang möchte noch ein weiteres Mal auf die Studie des Deutschen Instituts für Altersvorsorge (DIA) aus dem Jahre 2011 verwiesen werden. Dieser Studie zufolge wird in dem von *Braun, Pfeiffer* und *Thomschke* betrachteten Zeitraum von 2011 bis 2020 20 Prozent mehr Vermögen vererbt als in den zehn Jahren zuvor[220].

Es darf aber keinesfalls Folgendes außer Betracht gelassen werden: „Das Erbschaftsvolumen wird jedoch nicht in gleichem Ausmaß wie bisher weiter wachsen, weil zu erwarten ist, dass künftig die Einkommen weniger stark steigen. Der Aufbau einer privaten, nicht vererbbaren Altersvorsorge und im Durchschnitt stagnierende Immobilienpreise bremsen ebenso den Anstieg des Erbschaftsvolumens. Eine zunehmende regionale Ausdifferenzierung der Immobilienpreise, eine drohende Altersarmut und steigende Eigenleistungen im Pflegefall werden außerdem die Ungleichheit der Vermögensverteilung vergrößern.“[221]

Bereits in einer Studie des DIA aus dem Jahre 2002 wurde darauf hingewiesen, dass das Vermögen der privaten Haushalte und somit letztlich dasjenige, dessen Verbleib nach dem Ableben einer Person durch erbrechtliche Normen geregelt wird, zurückgeht und dies zum einen damit begründet, dass die heutigen älteren Menschen in besonderem Maße konsumfreudiger sind als früher und zum anderen, auf Grund der Tatsache, dass der Staat die

---

für sie längst geändert haben. Dann schaden sie aber mehr, als sie nützen, und so empfindet der Enkel als Unsinn, was von den Vorfahren an Gesetzen sinnvoll erdacht wurde.“

[218] Der 68. DJT in Berlin 2010 beschäftigte sich beispielsweise mit dem Thema, ob unser Erbrecht als noch zeitgemäß angesehen werden kann. *Röthel* wurde durch die Ständige Deputation des DJT mit der Erstellung eines Gutachtens zu dieser Frage beauftragt.

[219] *Zawar,* DNotZ 1989, 116* bis 142*.

[220] *Braun/Pfeiffer/Thomschke,* S. 16, 83. Vgl. hierzu die Ausführungen in § 1.

[221] *Braun,* Wirtschaftsdienst 2011, 725.

vollumfängliche Versorgung im Rahmen der Sozialsysteme nicht länger zu gewährleisten vermag, privates Vermögen zur Altersvorsorge herangezogen werden muss.[222]

Zawar wies weiterhin auf eine steigende Lebenserwartung (die Lebenserwartung bezifferte sich 1871 für Männer und Frauen auf 36 bzw. 38 Jahre und 1976 auf 68 und 74 Jahre)[223], kinderlose Ehen[224], das Bestehen verwandtschaftlicher Kontakte nur bis zur zweiten oder dritten Ordnung[225] und die Entstehung nichtehelicher Lebensgemeinschaften[226] und nichtehelicher Kinder hin (siehe 118*, 121*, 122*). Im Jahr 2009 wurde durch das Statistische Bundesamt als Ergebnis der 12. koordinierten Bevölkerungsvorausberechnung u.a. geschätzt, dass der Anteil der Bevölkerung, der 80 Jahre und älter ist, von 5 % (2008) auf 14 % (2060) ansteigen wird[227]. Das Statistische Bundesamt führte seine Prognose aus dem Jahr 2009 in seiner 13. koordinierten Bevölkerungsvorausberechnung (2015) einer Aktualisierung zu und brachte zum Ausdruck, dass sich der Anteil der 80-Jährigen und Älteren im Jahr 2013 auf 5,4 % an der Bevölkerung belief und prognostizierte, dass in 50 Jahren etwa 13 % der Bevölkerung 80 Jahre und älter sein wird (jeder Achte)[228].

Der (spätere) Erblasser hegt in einer Vielzahl von Fällen sicherlich den Wunsch, insbesondere einzelne Gegenstände bestimmten Personen zukommen zu lassen. Diesem Interessen kann, wie in den §§ 6 bis 9 bereits dargestellt, durch inhaltliche Ausgestaltungen in Verfügungen von Todes wegen, lebzeitigen Rechtsgeschäften oder Zuwendungen unter Lebenden auf den Todesfall nicht vollumfänglich zum Durchbruch verholfen werden. Das nationale Erbrecht ist somit reformbedürftig. Dieses Bedürfnis nach Berücksichtigung des Willens des Erblassers gewann bzw. gewinnt letztlich seit der Gründung des Deutschen Reiches im Jahre 1871 unter dem Aspekt der ideellen und personalen Erbbedeutungen zunehmend an Bedeutung. Der Grund hierfür liegt in einer Verknüpfung der steigenden Lebenserwartung mit der symbolischen Bedeutung des Erbens und Vererbens.

„Die Sterblichkeitsverhältnisse und die durchschnittliche Lebenserwartung werden seit Gründung des Deutschen Reichs im Jahr 1871 regelmäßig mit Hilfe von so genannten Periodensterbetafeln nachgewiesen. [...] Mithilfe der Sterbetafeln wird in Deutschland seit etwa 140 Jahren ein kontinuierlicher Rückgang der Sterblichkeit und somit ein Anstieg der Lebenserwartung beobachtet. Im Deutschen Reich betrug die durchschnittliche Lebenserwartung 1871/1881 bei Geburt für Männer 35,6 Jahre und für Frauen 38,4 Jahre. Nach den Ergebnissen der allgemeinen Sterbetafel 2010/2012 haben Männer mittlerweile eine Lebenserwartung von 77,7 Jahren und Frauen von 82,8 Jahren. Damit hat sich die Lebenserwartung bei Geburt bei beiden Geschlechtern, wenn von den unterschiedlichen Gebietsständen abgesehen wird, in diesem Zeitraum mehr als verdoppelt. [...] Zur Verbesserung der Überlebensverhältnisse haben maßgeblich die Fortschritte in der medizinischen Versorgung, der Hygiene, der Ernährung, der Wohnsituation sowie die verbesserten Arbeits-

222 *Braun/Burger/Miegel/Pfeiffer/Schulte,* S. 7, 8.
223 Siehe auch bereits bei *Leipold,* AcP 180 (1980), 182.
224 Siehe auch bereits bei *Leipold,* AcP 180 (1980), 174.
225 Siehe auch bereits bei *Leipold,* AcP 180 (1980), 173.
226 Siehe auch bereits bei *Leipold,* AcP 180 (1980), 179.
227 *Statistisches Bundesamt,* 12. koordinierte Bevölkerungsvorausberechnung, S. 5.
228 *Statistisches Bundesamt,* 13. koordinierte Bevölkerungsvorausberechnung, S. 6.

bedingungen und der gestiegene materielle Wohlstand beigetragen. [...] Mit Blick auf die bisherige Entwicklung in Deutschland und die bereits deutlich höhere Lebenserwartung in einigen räumlich nahe liegenden Staaten [beispielsweise Frankreich, Schweiz und Österreich] wird angenommen, dass die Auswirkungen der im Vergleich zu früheren Generationen verbesserten Lebensumstände und weitere Verbesserungen in der medizinischen Versorgung der Bevölkerung auch künftig in Deutschland zu einem weiteren Anstieg der Lebenserwartung führen."[229]

Diesen Angaben des Statistischen Bundesamtes kommt in Verbindung mit der bereits mehrmals dargestellten symbolischen Bedeutung des Erbens und Vererbens[230] ein besonderer Stellenwert zu.

„Es greift zu kurz, das Erbgeschehen auf seine ökonomischen Momente zu reduzieren. Erkenntnisse der sozialwissenschaftlichen Generationenforschung weisen auf die identitätsprägenden und identitätskonstituierenden sowie symbolischen Gehalte von Erben und Vererben hin. Erben und Vererben werden als wesentliche Bestandteile des Beziehungserlebens in der Familie verstanden, die mit den vermögensmäßigen Auswirkungen nur unvollständig erfasst werden, nicht zuletzt durch ihre nachweislichen Auswirkungen auf die Lebensverläufe. [...] Durch retrospektives, paternalistisches oder strategisches Vererben werden die lebzeitigen Beziehungen übertragen und weitergeführt. Diese Verknüpfung von Erb- und Beziehungserleben wird mit der sich verlängernden gemeinsamen Lebensspanne in der Familie eher noch bedeutungsvoller."[231]

Röthel hat zwar mit ihrer Forderung nach „rechtliche[n] Regeln, die die Intentionalität von Testierentscheidungen garantieren", gerade ein anderweitiges Problem vor Augen: Sie möchte durch rechtliche Regeln zum Schutz vor einer Einflussnahme auf den Erblasser der ansteigenden Gefährdung dessen autonomer Fähigkeiten im Alter entgegensteuern[232]. Das Ansinnen auf bessere Gewährleistung der Ziele und Wünsche des Erstellers von Verfügungen von Todes wegen kann jedoch auf ebenso überzeugende Art und Weise als Argument für die in der heutigen Zeit noch stärkere Reformbedürftigkeit des nationalen Rechts als zu Zeiten nach dem Inkrafttreten des BGB angeführt werden. Es sind kaum Fälle denkbar, in denen der Erblasser während seines Lebens nicht einmal einen einzigen Gegenstand mit bestimmten Affektionsinteressen behaftet. Dieser dem Vermögenswert anhaftende immaterielle Wert wird durch eine verlängerte gemeinsame Lebensspanne auf Grund der stetig ansteigenden Lebenserwartung im Laufe der Zeit immer mehr an Bedeutung gewinnen.

Das Erbrecht des BGB besteht seit 1900 mit einigen wenigen Ausnahmen wie Änderungen beim Rechtsstatus von Ehegatten und bei der Rechtsstellung nichtehelicher Kinder oder eingetragener Lebenspartnerschaften, im Gegen-

---

[229] *Statistisches Bundesamt,* 13. koordinierte Bevölkerungsvorausberechnung, S. 34.
[230] Vgl. hierzu die Ausführungen in § 1.
[231] *Röthel,* in: Verhandlungen des 68. DJT, Bd. I, A 27 bis A 28 m.w.N.
[232] *Röthel,* in: Verhandlungen des 68. DJT, Bd. I, A. 17, A 28, A 29.

satz zu anderen Bereichen des BGB wie dem Schuld- oder Familienrecht, fast unverändert fort[233]. *Lange* äußerte sich folgendermaßen[234]:

„Unser Erbrecht ist in vielen Bereichen eine Rechtsmaterie, die die Stürme der Zeit weitgehend unbeschadet überstanden hat und sich ihre ursprüngliche Prägung bewahren konnte. Es hat sich seit seinem Inkrafttreten als relativ stabil erwiesen und wird bis heute als eine gelungene Kodifikation geschätzt. Zu einer Generalreform ist es selbst während der nationalsozialistischen Diktatur nicht gekommen."

Obwohl das Alter eines bestimmten Rechtsgebietes nicht als Richtigkeitserweis für dessen Reformbedürftigkeit herangezogen werden kann, muss man sich dennoch die Frage stellen, ob die dem geltenden Erbrecht bei dessen Entwurf und Inkrafttreten zugrunde gelegten ethischen, rechtlichen, soziologischen, politischen und psychologischen Leitgedanken des 19. Jahrhunderts auf Grund geänderter gesellschaftlicher und wirtschaftlicher Strukturen, verfassungsrechtlichen Wandels, europäischer Rechtsentwicklung und europäischen Rechtsvergleichs noch als diejenigen angesehen werden können, die dem heute geltenden nationalen Erbrecht seine Legitimationsgrundlage verleihen[235]. Es stellt sich somit die Frage, ob das nationale Erbrecht in seiner derzeitigen Fassung noch als zeitgemäß angesehen werden kann, d.h. ob es als Bestandteil einer gesellschaftlichen Friedensordnung auf Grund der sich permanent wandelnden Lebensumstände und der sich hieraus ergebenden zahlreichen neuen Interessen- und Fallkonstellationen überhaupt noch seinen fundamental bedeutsamen Ordnungsaufgaben vollumfänglich Herr werden kann[236]. *Leipold,* der sich bereits im Jahre 1980 mit der Frage nach den „Wandlungen in den Grundlagen des Erbrechts" beschäftigte[237], stellte im Jahre 2010 einen seiner Aufsätze unter das Thema „Ist unser Erbrecht noch zeitgemäß?" und brachte hierin Folgendes zum Ausdruck[238]:

„Um zu beurteilen, in welcher Hinsicht der vielfältige Wandel der gesellschaftlichen, wirtschaftlichen und rechtlichen Verhältnisse Anlass zu einer Reform des Erbrechts gibt, muss man zum einen die eingetretenen Veränderungen möglichst wirklichkeitsgetreu erfassen, zum anderen prüfen, in wie weit dadurch der Zweck und die Funktionsfähigkeit der bisherigen erbrechtlichen Regelungen in Frage gestellt wird."

Zur Beantwortung der Frage, ob das nationale Erbrecht als (zumindest teilweise) überholt angesehen werden muss, genügt jedoch nicht lediglich das Vorhandensein allgemeiner Statistiken über demografische, soziologische und wirtschaftliche Veränderungen, sondern es bedarf zudem eines Rück-

---

[233] *Rawert,* AnwBl 2010, 556; *Leipold,* in: I cento anni del Codice civile tedesco, S. 1240, 1246; *Röthel,* in: Verhandlungen des 68. DJT, Bd. I, A 9.

[234] *Lange,* in: Deutschland und Polen in der europäischen Rechtsgemeinschaft, S. 637.

[235] *Röthel,* in: Verhandlungen des 68. DJT, Bd. I, A 10; *Rawert,* AnwBl 2010, 556.

[236] *Rohe,* in: Was du ererbt von deinen Vätern hast, S. 85.

[237] *Leipold,* AcP 180 (1980), 160 bis 237.

[238] *Leipold,* JZ 2010, 802, 803.

griffs auf rechtstatsächliche Untersuchungen, beispielsweise in Bezug auf die Testierhäufigkeit und die Testiergewohnheiten von Erblassern, die Auswertung des volkstümlichen Verständnisses von Erbschafts- und Vermächtnisanordnung oder die Frage, inwieweit die späteren Erblasser zu lebzeitigen Rechtsgeschäften oder Rechtsgeschäften unter Lebenden auf den Todesfall neigen, um nicht bzw. nicht vollumfänglich u.a. auf die erbrechtlichen Formvorschriften zurückgreifen zu müssen.

> „Meine Forderung geht dahin, sich nicht nur in kritischen Situationen nach empirischen Daten umzusehen, sondern eine ständige Umschau nach ihnen zu halten, um uns fortlaufend darüber zu informieren, wie gut oder wie schlecht unsere Gesetze funktionieren."[239]

Als problematisch erweist es sich diesbezüglich jedoch, dass eine umfassende Rechtstatsachenerforschung auf dem Gebiet des Erbrechts eher eine Seltenheit darstellt[240].

Die Veränderungen in der Bevölkerungswissenschaft, in der Wissenschaft, die der theoretischen und empirischen Erforschung des sozialen Verhaltens nachgeht und in der Wissenschaft in Bezug auf einen wirtschaftlichen Wandel einer Gesellschaft müssen jedoch stets unter dem Gesichtspunkt einer absehbaren zukünftigen Diskontinuität gesehen werden, um zu verhindern, dass die Reformbestrebungen des Erbrechts vorschnellen Einschätzungen und Trends anheimfallen[241]. Bzgl. ökonomischer, sozialer und demografischer Änderungen muss weiterhin beachtet werden, dass der Gesetzgeber des BGB die Entwicklungstendenzen möglicherweise (teilweise) bereits kannte und diesen u.U. trotz alledem keine Berücksichtigung zuteil wurde[242]. Hierbei gilt es jedoch genauer zu untersuchen, ob der nationale Gesetzgeber die jeweiligen von diesem u.U. bereits zur damaligen Zeit erkannten Entwicklungstendenzen tatsächlich in ihrer zu einer späteren Zeit aufgetretenen bzw. auftretenden vollen Intensität berücksichtigte[243]. Daneben ist noch ein weiterer Punkt zu beachten: Die Schaffung eines einheitlichen BGB für das Deutsche Reich und somit natürlich auch die Erarbeitung eines gemeinsamen Erbrechts standen vordergründig unter dem Aspekt einer Vereinheitlichung der ver-

---

[239] *Zeisel,* JZ 1974, 561.

[240] MüKo-BGB/*Leipold,* Bd. 9, Einl. Rn. 61 (mit einem Verweis auf Fundstellen, die sich auf gesellschaftliche und demografische Rahmenbedingungen beziehen); *Rotering,* S. 4; *Schulte,* Art und Inhalt eröffneter Verfügungen von Todes wegen, S. 1.

[241] Vgl. *Guericke,* S. 103.

[242] *Rauscher,* S. 182; *Guericke,* S. 9, 10.

[243] Dies wird von *Guericke* (S. 10, 11) unter Bezugnahme auf das gesetzliche Ehegattenerbrecht für die Aspekte der Veränderungen in Ehe und Familie, der Verschiebung der Altersstrukturen, des Ausbaus der sozialen Sicherung und der fortschreitenden Prosperität nach dem Zweiten Weltkrieg bezweifelt.

schiedenen Erbrechtskodifikationen der Länder des Reiches und nicht unter dem Gesichtspunkt einer Reform[244].

„Daher berücksichtigten die Redaktoren erkannte soziale und gesellschaftliche Veränderungen in ihren Gesetzesvorschlägen aus einer ‚gesetzgeberischen Vorsicht' [einfach] heraus nicht, um die Unterschiede zum geltenden Recht der Länder nicht zu groß werden zu lassen."[245]

Die bewusste Nichtbeachtung bestimmter Entwicklungstendenzen könnte somit wegen einer angestrebten Rechtsvereinheitlichung und der damit u.a. beabsichtigten größeren Akzeptanz in der Bevölkerung erfolgt sein und gerade nicht auf Grund der Tatsache, dass der nationale Gesetzgeber des BGB auch die sich bereits abzeichnenden Veränderungen mit dem Erbrechtsentwurf als kompatibel erachtete.

Ist das nationale Erbrecht zeitgemäß? Da diese Fragestellung den Umfang eines Promotionsvorhabens sprengen würde, sollen die nachfolgenden Ausführungen einem Teilbereich der aufgeworfenen Frage gewidmet und die Zeitgemäßheit eines im nationalen Recht ausschließlich existierenden Damnationslegats kritisch hinterfragt werden. Sprachen die überzeugenderen Gründe zur Zeit des Entwurfs eines Erbrechts für das Deutsche Reich und zur Zeit des Inkrafttretens des BGB tatsächlich für die alleinige Anerkennung eines schuldrechtlich wirkenden Vermächtnisses oder sprechen zumindest in der heutigen Zeit die gewichtigeren Gründe für die ausschließliche oder zumindest zusätzliche Einführung eines Vindikationsvermächtnisses? Gemäß § 2174 BGB wird durch das Vermächtnis für den Bedachten das Recht begründet, von dem Beschwerten die Leistung des vermachten Gegenstands zu fordern. Der nationale Gesetzgeber entschied sich folglich für die Anerkennung des Damnationslegats und gegen die Einführung des Vindikationslegates. Der Vermächtnisnehmer erlangt im Falle eines wirksam angeordneten Vermächtnisses einen lediglich schuldrechtlichen Anspruch gegen den mit dem Vermächtnis Beschwerten und gerade keine unmittelbare dingliche Beteiligung am Nachlass des Verstorbenen. Im Gegensatz hierzu gibt es EU-ausländische und Nicht-EU-ausländische Rechtsordnungen, die sich für die Geltung eines Vindikationslegates (häufig neben einem ebenso vorgesehenen Damnationslegat) entschieden haben[246]. Als Beispiel können hierbei exemplarisch die Rechtsordnungen von Frankreich, Italien und Polen angeführt werden.

Die neue seit dem 17. August 2015 Geltung beanspruchende EuErbVO lässt des Weiteren das Bedürfnis nach einer kritischen Begutachtung des

---

[244] *Guericke,* S. 10. *Steffen* (DRiZ 1972, 263) äußerte sich diesbezüglich folgendermaßen: „Aber die Väter des BGB sahen ihre Aufgabe vornehmlich in der Konsolidierung bestehenden Rechts und standen Neuerungen abwartend gegenüber."

[245] *Guericke,* S. 10. So auch bereits *Coing,* in: Verhandlungen des 49. DJT, A 41.

[246] Vgl. hierzu die Ausführungen in § 12.

nationalen Erbrechts in Bezug auf das schuldrechtlich wirkende Vermächtnis aufkommen. In Erbfällen mit Auslandsbezug ist die grundlegende Frage dahingehend zu stellen, welches nationale Erbrecht zur Anwendung gelangt. Der Erblasser könnte beispielsweise entweder seinen letzten Wohnsitz im EU-Ausland gehabt haben oder es könnte eine zu seinem Nachlass gehörige Sache im EU-Ausland belegen sein. Worauf muss nunmehr abgestellt werden? Auf den letzten Wohnsitz des Erblassers, dessen Staatsangehörigkeit oder den Belegenheitsort des Nachlassgegenstandes? Es existierten bis zum Inkrafttreten der EuErbVO erheblich divergierende rechtliche Regelungen. In Deutschland galt beispielsweise Folgendes:

„Die Rechtsnachfolge von Todes wegen unterliegt dem Recht des Staates, dem der Erblasser im Zeitpunkt seines Todes angehörte." (vgl. Art. 25 Abs. 1 EGBGB a.F.)

Gemäß Art. 4 EuErbVO sind nunmehr für Entscheidungen in Erbsachen für den gesamten Nachlass die Gerichte des Mitgliedstaates zuständig, in dessen Hoheitsgebiet der Erblasser im Zeitpunkt seines Todes seinen gewöhnlichen Aufenthalt hatte. Eine Person kann jedoch gemäß Art. 22 Abs. 1 EuErbVO für die Rechtsnachfolge von Todes wegen das Recht des Staates wählen, dem sie im Zeitpunkt der Rechtswahl oder im Zeitpunkt ihres Todes angehört. Im Ergebnis wird in grenzüberschreitenden Sachverhaltskonstellationen somit auf den gewöhnlichen Aufenthaltsort des Erblassers abgestellt, wobei der spätere Erblasser eine Rechtswahl zugunsten desjenigen Rechts des Landes zu treffen vermag, dessen Staatsangehörigkeit er trägt[247]. Insbesondere auf Grund der Tatsache, dass für den Erblasser nunmehr bei fehlender Wahl der erbrechtlichen Bestimmungen seines Heimatlandes das EU-ausländische Erbrecht des gewöhnlichen Aufenthaltsortes gilt und derjenigen, dass in einigen EU-ausländischen Rechtsordnungen ein Vindikationslegat vorgesehen ist, lässt die Frage aufkommen, ob nicht auch in der Bundesrepublik Deutschland die besseren und überzeugenderen Argumente für die Einführung eines dinglich wirkenden Vermächtnisses angeführt werden können und somit Reformdiskussionen als wünschens- und erstrebenswert erscheinen lassen. Die EuErbVO lässt die Frage nach einer erbrechtlichen Reformbestrebung im nationalen Recht zwar nicht erstmalig aufkommen, führt jedoch dazu, dass der Blick verstärkt vom nationalen Recht über EU-ausländische Rechtsordnungen gelenkt wird und die hierbei bestehenden erbrechtlichen Unterschiede und die Frage nach deren Legitimation wieder ins aktive Bewusstsein von Praktikern und Zivilrechtswissenschaftlern gedrängt werden. Im Rahmen eines anzustellenden Rechtsvergleiches[248] muss – wie bereits *Zimmermann* zutreffend äußerte – Folgendes beachtet werden[249]:

---

[247] Die EuErbVO gilt nicht in Dänemark, Irland und Großbritannien.

[248] Vgl. hierzu die Ausführungen in § 12.

[249] *Zimmermann,* in: Der Einfluss religiöser Vorstellungen auf die Entwicklung des Erbrechts, S. 1 m.w.N.

„Rechtsvergleichung ist mehr als der bloße Vergleich von Normen; und Rechtsgeschichte ist mehr als die bloße Genealogie von Normen. Recht ist immer auch Teil einer Kultur: Es ist kulturell geprägt und ist seinerseits prägender Bestandteil einer Kultur."

Die Gedanken im Rahmen der Zeitgemäßheit nationalen Erbrechts abschließend sei noch folgender Aussage Zustimmung verliehen:

„Gleichwohl wird das Erbrecht des BGB bis heute als gelungene Kodifikation eingeschätzt und von großen Reformen eher abgeraten. Auch der Juristentag hat sich seit Inkrafttreten des BGB nur punktuell und im Ergebnis weitgehend folgenlos mit dem Erbrecht befasst. Schon diese Einsicht verlangt Sorgfalt und Augenmaß [in Bezug auf die Beantwortung der Frage nach der Zeitgemäßheit des deutschen Erbrechts]."[250]

---

[250] *Röthel,* in: Verhandlungen des 68. DJT, Bd. I, A 10 m.w.N.

Kapitel 4

Reformfähigkeit des nationalen Erbrechts

Im Anschluss an die, auf Grund der in Kapitel 3 in Bezug auf den Willen des (späteren) Erblassers an der Zuwendung eines einzelnen Gegenstandes an eine bestimmte Person nicht genügenden Möglichkeiten nach deutschem Recht, Einzelzuwendungen (auf den Todesfall) vorzunehmen, erfolgte Feststellung der Reformbedürftigkeit des nationalen Erbrechts stellt sich nunmehr in Kapitel 4 die Frage, ob bzgl. der Einführung eines Vindikationslegates letztlich auch von einer Reformfähigkeit des deutschen Erbrechts gesprochen werden kann. Es erfolgt eine knappe Darstellung des Verhältnisses zwischen einem Vindikationsvermächtnis und dem sachenrechtlichen Typenzwang, der Typenfixierung, dem Absolutheitsprinzip, dem sachenrechtlichen Bestimmtheits- und Publizitätsgrundsatz und dem erbrechtlichen Prinzip der Universalsukzession (vgl. hierzu § 14). Das Hauptaugenmerk liegt aber auf der Entwicklung eines Gesetzesentwurfs zur Integration eines unmittelbar dinglich wirkenden Vermächtnisses in das Erbrecht des BGB (siehe § 15). Im Rahmen der Erarbeitung eines Gesetzgebungsvorschlags stellt sich das Kernproblem, ob und wenn ja, wie durch die Einführung eines Vindikationslegates die im nationalen Recht besonders umfassend geschützten Nachlassgläubigerinteressen gewährleistet werden können. Das Eigentum bzw. die Rechtsinhaberschaft an den im Wege von Vindikationslegaten zugedachten Vermögenswerten würde grundsätzlich mit dem Erbfall auf den Bedachten übergehen, nicht zum Nachlass gehören und somit der Haftungsmasse zugunsten der Nachlassgläubiger entzogen sein.

In einem der Entwicklung eines Gesetzesentwurfs vorgelagerten Schritt bietet sich noch die Berücksichtigung rechtshistorischer (vgl. § 11) und rechtsvergleichender (siehe diesbezüglich § 12) Elemente an. Vor dem Inkrafttreten des BGB am 01. Januar 1900 war (neben einem lediglich schuldrechtlich wirkenden Vermächtnis) ein Vindikationslegat sowohl im ALR als auch im gemeinen Recht, im Code civil, im Bürgerlichen Gesetzbuch für das Königreich Sachsen und im CMBC vorgesehen. In der heutigen Zeit ist ein unmittelbar dinglich wirkendes Vermächtnis u.a. in zahlreichen EU-ausländischen Rechtsordnungen geregelt. Als exemplarisch Gewählte sollen hierbei diejenigen von Frankreich, Italien und Polen dienen. Im Rahmen derjenigen Rechtsordnungen, die sich für die Geltung eines Vindikationslegats entschieden haben, kann als gewichtige Frage in erster Linie diejenige aufgeworfen werden, ob durch die unmittelbar dingliche Wirkung der Vindikationslegate die Behauptung greifen konnte bzw. kann, dass der Begriff des Nachlassgläubigerschutzes als belanglose Worthülse ein trauriges Dasein fristete bzw. fristet oder mit Hilfe anderweitiger rechtlicher Konstruktionen der Versuch unternommen wurde bzw. wird, Nachlassgläubiger aus ihrer möglicherweise ungesicherten Position zu entheben. Die nachfolgenden rechtshistorischen und rechtsvergleichenden Darstellungen vermögen im Ergebnis aufzuzeigen, dass ein Vindikationslegat mit erheblichen Schwierigkeiten in Bezug auf das gesetzgeberische Tätigwerden bei der Ausformung relevanter Vorschriften in den jeweiligen Gesetzen und die anschließende praktische Umsetzung verbunden war bzw. ist. Es gab bzw. gibt sowohl in den vor dem Inkrafttreten des BGB geltenden Rechtsordnungen als auch in denjenigen von Frankreich, Italien und Polen zahlreiche ungeklärte Fragestellungen, die den Rechtsanwender und die rechtsprechende Gewalt vor beachtliche Probleme stellten bzw. stellen. Hierbei geht es neben der Frage nach der rechtlichen Stellung des Vindikationslegatars bzgl. des vermachten Gegenstandes hauptsächlich um solche der Haftung des Bedachten für die Verbindlichkeiten des Nachlasses. In allen darzustellenden Rechtsordnungen kann der Umfang des trotz der Existenz eines Vindikationslegates tatsächlich verwirklichten Nachlassgläubigerschutzes nicht vollumfänglich einer Klärung unterzogen werden. Die Rechtsgeschichte und der Rechtsvergleich dienen letztlich nicht nur zur Erlangung eines umfassenderen Überblicks über das Rechtsinstitut des Vindikationslegates, sondern führen insbesondere dazu, dass es die in Kapitel 4 zu klärende Frage nach der Reformfähigkeit des nationalen Erbrechts bereits von Anbeginn an mit besonders kritischen Augen zu betrachten gilt und somit bereits die Möglichkeit in Betracht gezogen werden muss, dass die in anderen Rechtsordnungen durch die Existenz eines nicht lediglich schuldrechtlich wirkenden Vermächtnisses bestandenen bzw. bestehenden Schwierigkeiten auch im nationalen Recht durch die anschließende Entwicklung von Gesetzesvorschlägen nicht akzeptabel gelöst werden können. Die Akzeptabilität bezieht sich hierbei auf die im Rahmen eines Erbfalles stets miteinander in Einklang zu bringende Interessen des Erblassers, der Erben, der Vermächtnisnehmer, der Gläubiger des Erblassers, der Pflichtteilsberechtigten, der Gläubiger des Erben und des Rechtsverkehrs. Der vorzunehmende Rechtsvergleich wird aber im Ergebnis auch aus einem weiteren Grunde zu einer gewissen zurückhaltenden Euphorie in Bezug auf die Beantwortung der Frage nach der Reformfähigkeit des nationalen Erbrechts und die Entwicklung eines Gesetzesentwurfs Anlass geben. Warum konnte in Frankreich, Italien und Polen als exemplarisch gewählte Rechtsordnungen ein Vindikationslegat in das Gesetz aufgenommen werden und in Deutschland sträubte sich der historische Gesetzgeber des BGB hiergegen? Es trifft in der Tat zu, dass sich Frankreich, Italien und Polen für die zusätzliche Integration eines unmittelbar dinglich wirkenden Vermächtnisses entschieden haben. Die Tatsache, dass diese Länder trotz der Existenz eines Vindikationslegates einen irgendwie gearteten Nachlassgläubigerschutz zu gewährleisten vermögen, kann jedoch in ihrer Unreflektiertheit keinesfalls als Argument für die mögliche Einführung eines Vindikationslegates in das nationale Erbrecht fruchtbar gemacht werden. Die zuletzt aufgeworfene Frage kennzeichnet sich durch zu wenig Weitblick. Die Existenz eines Vindikationslegates und die diesbezügliche Verwirklichung des Nachlassgläubigerschutzes müssen stets in Zusammenhang mit der Umsetzung des Nachlassgläubigerschutzes im Allgemeinen, d.h. nicht nur in Bezug auf die Ausgestaltung der Vermächtnisse einer Betrachtung unterzogen werden. Im Code civil, Codice Civile und kodeks cywilny muss bereits generell von einem deutlich geringeren Schutzniveau zugunsten der Nachlassgläubiger gesprochen werden als in Deutschland. Als Beispiel möchte hier nur auf die Gestaltung der Erbengemeinschaft als Gesamthands-, Bruchteilsgemeinschaft oder Gemeinschaft eigener Art verwiesen werden. Es kann somit letztlich im Rahmen einer Reformbestrebung zur Einführung eines Vindikationslegates in Deutschland unter rechtsvergleichenden Gesichtspunkten nicht lediglich der Hinweis genügen, dass auch in anderen Rechtsordnungen ein (zumindest irgendwie gearteter) Nachlassgläubigerschutz neben der Existenz eines Vindikationslegats gewährleistet werden kann. Es spielt gerade der unter Berücksichtigung der möglichen Anordnung eines unmittelbar dinglich wirkenden Vermächtnisses in Verfügungen von Todes wegen vorhandene *Umfang* des Schutzes der Nachlassgläubiger zur Aufrechterhaltung einer gewissen rechtlichen Einheit innerhalb des Erbrechts einer nationalen Rechtsordnung eine entscheidende Rolle. Es kommt somit letztlich entscheidend darauf an, ob die Nachlassgläubigerinteressen durch die konkrete Ausgestaltung von Normen zur Integration eines Vindikationslegates auf einer derart hohen Stufe angesiedelt werden können, dass sich das neue Rechtsinstitut unter Berücksichtigung der auf die Interessen der Nachlassgläubiger bezogenen Grundwertungen des BGB harmonisch in das nationale Recht einzufügen vermag (vgl. hierzu § 16). Dies wird im Ergebnis ablehnend zu beantworten und die Reformfähigkeit des nationalen Erbrechts in Bezug auf die Integration eines Vindikationslegates zu verneinen sein.

Letztendlich möchte sich diese wissenschaftliche Ausarbeitung gegen die Einführung eines Vindikationslegates aussprechen und für eine entsprechende Anwendung der §§ 771 ZPO, 47 InsO gegenüber dem Zugriff von Erbeneigengläubigern, für eine analoge Anwendung des § 816 Abs. 1 S. 2 BGB im Falle von unentgeltlichen Verfügungen des Erben über den vermachten Gegenstand und für ein Ablösungsrecht gemäß § 268 BGB, um durch eine vorrangige Nachlassgläubigerbefriedigung das sich aus § 2174 BGB ergebende Recht, von dem Beschwerten die Leistung des vermachten Gegenstandes zu fordern, zu erhalten (siehe § 17, IV.).

§ 11 Rechtsgeschichte

Mit der Gründung des Deutschen Reiches im Jahre 1871 trat das Bedürfnis nach einer Zivilrechtsvereinheitlichung und der Beseitigung der seit Jahrhunderten herrschenden Rechtszersplitterung hervor[1]. Die sich auf die Zeit vor der Geltung des Code civil beziehende Aussage *Voltaires*, dass man im Falle einer Reise durch Frankreich häufiger das Rechtsgebiet wechsele als die Pferde, kann auch auf die noch zur Zeit der Gründung des Deutschen Reiches bestehenden deutschen Verhältnisse übertragen werden[2]. Der nachfolgende Paragraph widmet sich der Darstellung der teils sehr unterschiedlichen rechtlichen Lage in Bezug auf das im ALR, im gemeinen Recht, im Code civil, im Bürgerlichen Gesetzbuch für das Königreich Sachsen und im CMBC existierende Vindikationslegat[3].

---

[1] *Brox/Walker,* BGB AT, § 2 Rn. 21; *Schulte-Nölke,* NJW 1996, 1705. *Horn* (NJW 2000, 40) wies darauf hin, dass bereits der 1. DJT im Jahre 1860 einen Wunsch nach rechtlicher Vereinheitlichung zum Ausdruck brachte.

[2] *Sturm,* in: I cento anni del Codice civile tedesco, S. 705. Eine umfangreiche Auflistung der innerhalb des Deutschen Reiches geltenden Landeserbrechtsgesetze nahm der königlich bayerische Ministerialrat *v. Schmitt* (in: Die Vorentwürfe der Redaktoren zum BGB, Erbrecht, Teil 1, S. 95, 117 bis 138) in seiner „Begründung des Entwurfes eines Rechtes der Erbfolge für das Deutsche Reich und des Entwurfes eines Einführungsgesetzes" vor. Diese Zusammenstellung weist auf das dringende Bedürfnis für ein im gesamten Deutschen Reich Geltung beanspruchendes Recht der Erbfolge hin.

[3] An dieser Stelle sei ein kurzer Hinweis auf das römische Recht gegeben. Die nachfolgenden Ausführungen gehen hierbei auf *Friedensburg* (in: Verhandlungen des 19. DJT, Bd. 2, S. 37, 39) zurück. „Hereditas" und „legatum" waren im römischen Recht voneinander zu unterscheiden. „Hereditas" meinte hierbei die Zuwendung des vollständigen Nachlasses oder eines Nachlassteils (S. 37). Das „legatum" bezeichnete hingegen die Zuwendung eines einzelnen Nachlassstückes (S. 37). Das altrömische Vermächtnis kannte vier Formen: legatum per vindicationem, legatum per damnationem, legatum sinendi modo und legatum per praeceptionem (S. 39). „Gleichwohl ist ersichtlich, daß die Tendenz schon des älteren Rechts den Erwerb eines dinglichen Rechts auf Seiten des Legatars bevorzugt: das Vindications- und das Präceptionslegat geben ihm die rei vindicatio zur Erlangung des vermachten Gegenstandes, auch bei dem legatum sinendi modo scheint das mit einigen Modificationen der Fall gewesen zu sein, so daß nur das Damnationslegat allein als solches mit rein obligatorischer Wirkung übrig bleibt." (S. 39). „Das erstere [legatum sinendi modo] begründete eine Verpflichtung des Erben, die nach älterer Auffassung darin bestand, daß er den vermachten Gegenstand zwar nicht an den Bedachten zu übertragen brauchte, sondern nur dulden mußte, daß dieser ihn sich aneignete; deshalb war es nur an Sachen möglich, die beim Erbfall im Nachlaß oder im Vermögen des Erben vorhanden waren; eine jüngere Ansicht hielt aber den Erben für verpflichtet, den Vermächtnisgegenstand zu übertragen. Mit einem legatum per praeceptionem […] konnte nach Auffassung der Sabinianer nur ein gleichzeitig als Miterbe Berufener ‚vorweg' [einfach] bedacht werden. Dagegen behandelten die Prokulianer das einem Bedachten, der nicht Miterbe war, zugewandte legatum per praeceptionem als Vindikationslegat." (vgl. *Schlegelberger,* S. 217).

I. Allgemeines Landrecht für die Preußischen Staaten[4]

A. Allgemeines

Das am 01. Juni 1794 in Kraft getretene ALR enthielt 19 194 Paragraphen und galt für 21 Mio. Deutsche und somit im größten Teil des Deutschen Reiches[5]. I 12 § 288 ALR enthielt ein Vindikationslegat (str.)[6]:

„Das Eigenthum der in einem Testamente jemanden zum Legate ausgesetzten Sachen und Rechte, geht in der Regel mit dem Todestage des Erblassers auf den Legatarium über."

In Bezug auf den Eigentumserwerb war u.a. erforderlich: Die vermachte Sache durfte nicht gänzlich vom Verkehr ausgeschlossen sein (vgl. I 12 § 386 ALR) und musste sich zur Zeit des Anfalles im Eigentum des Erblassers befinden (vgl. I 12 §§ 288, 314 bis 318, 377 bis 385 ALR)[7].

Darüber hinaus sah das ALR auch ein bloßes Forderungsrecht des Legatars vor. Dies war beispielsweise dann der Fall, falls der Erblasser dem Bedachten wissentlich eine fremde Sache vermachte (vgl. I 12 §§ 377, 384 ALR)[8].

---

[4] Die nachfolgend aufgeführten §§ des ALR finden sich allesamt bei *Hattenhauer/ Bernert.*

[5] *Sturm,* in: I cento anni del Codice civile tedesco, S. 708.

[6] Zum Streitstand vgl. die Ausführungen in § 11, I. B.

[7] *Koch,* Lehrbuch des Preußischen gemeinen Privatrechts, S. 758. Das ALR unterschied in Bezug auf Sachen, die nicht im Eigentum des Erblassers standen, zwischen eigenen Sachen des Erben (I 12 §§ 374 bis 376 ALR) und fremden Sachen (I 12 §§ 377 bis 385 ALR). Es spielte somit in Bezug auf die wirksame Anordnung eines Vindikationslegates keine Rolle, ob die Sache dem Erblasser oder dem Erben gehörte. Der Legatar konnte das Eigentum sowohl an einer Sache des Erblassers als auch an einer solchen des Erben erwerben und zwar unabhängig davon, ob der Erblasser wusste, dass die Sache dem Erben gehörte (*Koch,* Lehrbuch des Preußischen gemeinen Privatrechts, S. 758). Diese Ansicht revidierte *Koch* hingegen in einem seiner weiteren Werke und sprach davon, dass das Eigentum an einer Sache des Erben erst mit der Übergabe erlangt werden kann (vgl. *Koch,* Allgemeines Landrecht für die Preußischen Staaten (1870), S. 66, Fn. 45). Bemerkenswert ist hierbei jedoch, dass *Koch* (Allgemeines Landrecht für die Preußischen Staaten (1853), S. 80, Fn. 45) diese zuletzt genannte Ansicht bereits 1853 vertrat und somit seine Ansicht in Bezug auf Vermächtnisse, deren Anordnung sich auf Sachen des Erben bezog, einer häufigen Änderung unterzog. Im Jahre 1866 äußerte sich *Koch* (Das Preußische Erbrecht aus dem gemeinen deutschen Rechte entwickelt, S. 1113, 1114) dahingehend, dass zwischen dem vorbehaltlos annehmenden Erben und demjenigen, der sich der Rechtswohltat des Inventars bedient, zu unterscheiden wäre. Auf Grund der Vereinigung des Nachlasses und des Eigenvermögens des Erben sei der Vermächtnisnehmer in dem Zeitpunkt, in dem der Erbe auf die Rechtswohltat des Inventars verzichtet, Eigentümer der vermachten Sache geworden (S. 1113, 1114).

[8] Eine fremde Sache war jedenfalls eine solche, die sich weder im Eigentum des Erblassers noch des Erben befand. Dies ergibt sich eindeutig aus der gesetzlichen Differenzierung zwischen eigenen Sache des Erben (I 12 §§ 374 bis 376 ALR) und fremden Sachen (I 12 §§ 377 bis 385 ALR). Ob der Gesetzgeber des ALR von 1794 dem Vermächtnis von eigenen Sachen des Erben unmittelbar dingliche Wirkung zusprechen oder dem Bedachten

I 12 § 373 ALR regelte des Weiteren den Fall, dass der Erblasser eine künftige Sache zum Gegenstand eines Vermächtnisses machte.

„Hat der Testator jemanden ausdrücklich eine künftige Sache vermacht, so muß ihm der Erbe diese Sache, sobald sie zur Wirklichkeit kommt, gewähren.“[9]

Ein schuldrechtlicher Anspruch bestand auch für den Fall, dass der Erblasser jemandem eine Gattungssache vermacht hat (I 12 §§ 403, 404 ALR).

B. Die rechtliche Stellung des Vindikationslegatars

I 12 § 288 ALR normierte ein Vindikationslegat:

„Das Eigenthum der in einem Testamente jemanden zum Legate ausgesetzten Sachen und Rechte, geht in der Regel mit dem Todestage des Erblassers auf den Legatarium über.“

Dies war jedoch nicht unumstritten[10]. Es gab im Besonderen bzgl. der Bedeutung des Wortes „Eigenthum“ zahlreiche Kontroversen.

---

ein bloßes Forderungsrecht einräumen wollte, kann nicht mit letzter Sicherheit geklärt werden. Die gesetzliche Systematik und der unterschiedliche Wortlaut der I 12 §§ 374, 377 ALR sprechen wohl eher dafür, dass dem Vermächtnis einer Sache des Erben eine umfangreichere Wirkung zugunsten des Vermächtnisnehmers beigelegt werden sollte als dem Vermächtnis in Bezug auf eine fremde Sache. „Auch das besondere Eigenthum des eingesetzten Erben kann der Testator einem Dritten vermachen. […] Hat der Testator jemanden eine fremde Sache ausdrücklich vermacht, so muß der Erbe, dieselbe dem Legatario zu verschaffen, sich möglichst angelegen seyn lassen.“ (vgl. I 12 §§ 374, 377 ALR). Inwieweit der wohl eher zu vertretende dingliche Erwerb von den verschiedenen Annahmemöglichkeiten des Erben abzuhängen vermochte, ist eine Frage, die in engem Zusammenhang zu derjenigen steht, in welchem Umfang das ALR die Interessen der Nachlassgläubiger schützte.

[9] *Koch* ging hierbei in einem seiner früheren Werke davon aus, dass der Erbe – wie für den Fall, dass eine Gattungssache vermacht wurde – „die Verbindlichkeit [hat], diese Sache, sobald sie entstanden ist, zu verschaffen“ (vgl. *Koch,* Lehrbuch des Preußischen gemeinen Privatrechts, S. 759). Später sprach er hingegen davon, dass „[m]it dem Eintritte der Existenz des Gegenstandes […] das Eigenthum auf den Legatar über[geht]“ (vgl. *Koch,* Das Preußische Erbrecht aus dem gemeinen deutschen Rechte entwickelt, S. 1114).

[10] Vgl. hierzu die Darstellungen bei *Friedensburg,* in: Verhandlungen des 19. DJT, Bd. 2, S. 45 bis 50 m.w.N. und *Flad,* ZAkDR 1936, 739 m.w.N. Eine prägnante Umschreibung des vorliegenden Problems lautete folgendermaßen: „Die Hauptbestimmung im Th. I Tit. 12 § 288 […] hat sogar zu dem Zweifel Veranlassung gegeben, ob die Regel des Eigenthumsüberganges im eigentlichen wörtlichen Sinne zu nehmen, oder darunter nicht bloß ein ‚Recht zu dem Legat‘ [einfach] […] oder selbst nur ein mit einer persönlichen Klage gegen die Erben geltend zu machendes Forderungsrecht zu verstehen sei.“ (Zweite Sitzung der ersten Abtheilung am Dienstag, den 11. September 1888, in: Verhandlungen des 19. DJT, Bd. 3, S. 79).

Eine Erkenntnis des Reichsgerichts vom 07.11.1882 (Gruchot 27 (1883), 928 (929)) brachte zum Ausdruck, dass in dem hierbei vorliegenden Falle eine Entscheidung über die Streitfrage in Bezug auf das Verständnis des in I 12 § 288 ALR normierten Eigentumsbegriffs nicht getroffen werden müsse. Gleichzeitig äußerte sich das Reichsgericht (Gruchot

Dernburg äußerte sich diesbezüglich folgendermaßen[11]:

„Mit dem Tode des Erblassers geht das Eigenthum der unbedingt und unbetagt vermachten Objekte, sofern sie individuell bestimmt sind und sich im Nachlaß befinden, auf den Vermächtnißnehmer über [und zwar unabhängig vom Erbschaftsantritt des bzw. der Erben]."

Der Vermächtnisnehmer erwarb zwar mit dem Tode des Erblassers das Eigentum an sich, war jedoch in Bezug auf die tatsächliche Verwirklichung auf den Erben angewiesen, da sich der Legatar gerade nicht auf eigenmächtige Art und Weise den Besitz an der vermachten Sache anmaßen durfte (vgl. I 12 § 311 ALR)[12]. Im Falle eines zugewandten Grundstückes erwarb der Bedachte wiederum mit dem Tode des Erblassers das Eigentum an diesem. Der Vermächtnisnehmer konnte sich jedoch nur dann im Grundbuch eintragen lassen, wenn der Erbe zustimmte oder dieser zur Zustimmung rechtskräftig verurteilt wurde[13]. Im Falle einer Forderung als vermachter Gegenstand war umstritten, ob der Legatar lediglich einen Anspruch auf Abtretung der Forderung gegen den Erben erlangte oder ob auch hier wie im Falle von körperlichen Gegenständen von einem unmittelbar dinglich wirkenden Rechtserwerb gesprochen werden konnte[14]. Auf Grund der undifferenziert ausgestalteten Vorschrift des I 12 § 288 ALR ist von einem unmittelbaren Rechtserwerb des Legatars und keinem bloßen Forderungsrecht auszugehen[15]. Hierbei gilt es jedoch wiederum zu beachten, dass der Vermächtnisnehmer nicht sofort gegen den Schuldner vorzugehen vermochte, sondern zunächst der Einwilligung des Erben bedurfte, wobei dessen fehlende Einwilligung durch eine rechtskräftige Verurteilung ersetzt werden konnte[16].

„Die Erklärungen (Übergabe, Umschreibungsbewilligung) sind nicht rechtsübertragend, sondern nur Zustimmung des Erben zur Inbesitznahme – bezüglich etwaiger Forderungen findet keine Zession statt, sondern nur Anerkennung des Rechtsübergangs."[17]

---

27 (1883), 928 (929, 930)) jedoch dahingehend: „Jedenfalls kann nicht mit Grund daran gezweifelt werden, daß das Gesetz dem Legatar zu seinem Schutze ein weitergehendes Recht, als den rein persönlichen Anspruch gegen den Erben auf Aushändigung der Sache hat einräumen wollen, nämlich die Befugniß zur Verfolgung der vermachten Sache, soweit sein Interesse reicht, auch Dritten gegenüber [beispielsweise I 12 § 314 ALR]." An dieser Stelle möchte jedoch noch einmal klargestellt werden, dass eine Entscheidung über die Streitfrage durch das Reichsgericht gerade nicht getroffen wurde.

[11] *Dernburg,* Lehrbuch des Preußischen Privatrechts, Bd. 3, S. 372, 395, 396.

[12] *Dernburg,* Lehrbuch des Preußischen Privatrechts, Bd. 3, S. 397, 409, 410.

[13] *Dernburg,* Lehrbuch des Preußischen Privatrechts, Bd. 3, S. 397.

[14] *Dernburg,* Lehrbuch des Preußischen Privatrechts, Bd. 3, S. 409.

[15] So auch *Dernburg,* Lehrbuch des Preußischen Privatrechts, Bd. 3, S. 409. In Bezug auf die Wirkweise eines Forderungsvermächtnisses finden sich unterschiedlichste und teils erheblich divergierende Ansichten. Vgl. hierzu die Darstellungen bei *Dernburg,* Lehrbuch des Preußischen Privatrechts, Bd. 3, S. 410, Fn. 9.

[16] *Dernburg,* Lehrbuch des Preußischen Privatrechts, Bd. 3, S. 409.

[17] *Flad,* ZAkDR 1936, 739.

I 12 § 288 ALR würde hingegen, unter den gegenteiligen Meinungen derjenigen *Bornemanns* folgend, zusammengefasst Folgendes bedeuten: Der Legatar erwarb zwar das Eigentum bzw. die Rechtsinhaberschaft an dem zugedachten Gegenstand mit dem Tod des Erblassers, jedoch nur dem bzw. den Erben gegenüber[18]. Das hatte die Bedeutung, dass der Erbe dem Vermächtnisnehmer alle Rechte eines Eigentümers vom Tag des Versterbens des Erblassers an zu gewähren hatte, d.h., dass die vermachten Hebungen, Zehnten und Geldzinsen dem Vermächtnisnehmer von diesem Tage an zustanden und der im Wege eines Vermächtnisses zugewandte Vermögenswert mit allen An- und Zuwüchsen vom Erben an den Legatar zu übergeben war (vgl. I 12 §§ 302, 304, 305, 307, 308, 405 ALR)[19]. In Bezug auf dritte Personen und den Rechtsverkehr ergab sich hingegen folgende Besonderheit:

> „In Bezug auf dritte Personen und für den Verkehr überhaupt kann der Legatar dagegen erst dann als Eigenthümer auftreten, wenn der vermachte Gegenstand aus dem Nachlasse ausgeschieden, und ihm von den Erben, auf welche principaliter Eigenthum und Besitz des Ganzen, und sonach auch aller integrirenden Theile desselben übergeht, überwiesen worden ist.“[20]

Zur Begründung dieser relativen Eigentümerstellung des Legatars könnte Folgendes dienen: Gemäß I 12 § 311 ALR durfte sich der Vermächtnisnehmer nicht auf eigenmächtige Art und Weise in den Besitz der vermachten Sache setzen. I 12 § 294 ALR bestimmte diesbezüglich weiterhin, dass bei Ermangelung näherer von dem Erblasser festgesetzter Bestimmungen, der Legatar die Übergabe oder Auszahlung des Vermächtnisses gleich nach dem Ablauf der gesetzmäßigen Deliberationsfrist fordern konnte. Hierunter verstand man die Überlegungsfrist des Erben, ob er die ihm angefallene Erbschaft übernehmen oder ihr entsagen wolle; diese Frist betrug sechs Wochen bzw. drei Monate, falls sich der Erbe über vierzig Meilen von dem letzten Wohnorte des Erblassers entfernt aufhielt (vgl. I 9 §§ 383, 384, 385 ALR). Darüber hinaus hatte der Vermächtnisnehmer jedoch das Ende des Prozesses abzuwarten, wenn über die Gültigkeit des letzten Willens gestritten wurde (I 12 § 295 ALR); des Weiteren konnte der Erbe, der nur mit Vorbehalt die Erbschaft angetreten hat, das Legat so lange zurückbehalten, bis rechtlich festgestellt wurde, ob der Nachlass zur Tilgung der Schulden und Vermächtnisse genügt (vgl. I 12 § 296 ALR).

Die Vertreter der gegenteiligen Ansicht gingen hingegen von einem wörtlichen Verständnis des I 12 § 288 ALR aus (vgl. *Dernburg*) und gerade nicht

---

[18] *Bornemann,* S. 80.

[19] *Bornemann,* S. 80 (insbesondere auch Fn. 3).

[20] *Bornemann,* S. 80.

davon, dass der Legatar lediglich gegenüber dem Erben als Eigentümer in Erscheinung zu treten vermochte[21].

„Auch ist es nicht richtig, wenn behauptet wird, die §§ 311 und 312 I 12 vertrügen sich nicht mit dem am Todestage eintretenden Eigenthumserwerbe; der erstere soll nur, entsprechend dem interdictum quod legatorum die Eigenmacht des Vermächtnißnehmers im Interesse des Erben und der Erbschaftsgläubiger verhindern [...].“[22]

C. Die Haftung für Nachlassverbindlichkeiten

Nach dem ALR war es nicht die Aufgabe des Vermächtnisnehmers, für die Befriedigung der Gläubiger des Erblassers Sorge zu tragen, sondern diejenige des bzw. der Erben[23]. Gemäß I 12 § 333 ALR konnte der Erbe nicht lediglich

[21] *Friedensburg* (in: Verhandlungen des 19. DJT, Bd. 2, S. 46, 47) sprach sich wohl für ein wörtliches Verständnis des I 12 § 288 ALR aus (jedenfalls brachte er Argumente vor, die die gegenteilige Auffassung zu entkräften vermochten). *Friedensburg* (S. 46) wies darauf hin, dass die Vertreter dieser Ansicht insbesondere die Bestimmung des I 12 § 314 ALR ins Feld führen, die normiert, dass es nach den Regeln von der Verfolgung des Eigentums zu beurteilen ist, wenn es um die Rückforderung der dem Legatar vermachten oder durch den Erben veräußerten Sache geht. *Koch* brachte seine Ansicht hingegen nicht hinreichend deutlich zum Ausdruck und seine Ausführungen lassen Zweifel aufkommen. Im Ergebnis wird man wohl davon auszugehen haben, dass sich *Koch* für eine relative Eigentümerstellung des Legatars aussprechen wollte. „Nur das Recht, die Sache zu fordern (das jus legati), müßte ipso iure übergehen. Praktisch stellt es sich auch nicht anders, da der Legatar von dem Erben nicht unbedingt vindiciren kann.“ (*Koch,* Lehrbuch des Preußischen gemeinen Privatrechts, S. 751, Fn. 1). Weiterhin brachte er zum Ausdruck, dass auf Grund des I 12 § 288 ALR nicht zwischen dem Erwerb des jus legati und dem Erwerb dessen Inhalt unterschieden wird, wohingegen es im römischen Recht zum Erwerb des Eigentums an einer Sache durch den Legatar der Annahme der Erbschaft durch den Erben bedurfte (*Koch,* Lehrbuch des Preußischen gemeinen Privatrechts, S. 846). „Da jedoch in der Wirklichkeit der Erwerb des Gegenstandes von so wichtigen Voraussetzungen abhängt, daß dabei der Erbe, ohne dessen Rechte zu verletzen oder gar zu vernichten, unmöglich bei Seite gesetzt werden kann: so wird der Erfolg jenes Unterschiedes durch das positive Verbot der eigenmächtigen Besitznahme zu erreichen gesucht, so daß also der Vermächtnisnehmer doch nur durch den Erben zum Besitze und Genusse seiner Sachen und Rechte soll gelangen dürfen.“ (*Koch,* Lehrbuch des Preußischen gemeinen Privatrechts, S. 846). Die genauere Betrachtung eines anderen Werkes ließe jedoch darauf schließen, dass sich *Koch* nunmehr gegen eine bloße relative Wirkung aussprechen wollte: „Durch die gehörig erfüllte Entrichtung des Legats gelangt der Legatar in den Besitz des vermachten Gegenstandes. Damit fällt jedoch die Eigenthumserwerbung des Gegenstandes nicht immer zusammen. [...] Ohne daß es einer Handlung bedarf (ipso iure), wird dem Legatar das Eigenthum erworben [...] Bei Vermächtnissen, deren Gegenstand im Eigenthum des Erblassers ist, mit dem Anfalle.“ (*Koch,* Das Preußische Erbrecht aus dem gemeinen deutschen Rechte entwickelt, S. 1113).

[22] *Friedensburg,* in: Verhandlungen des 19. DJT, Bd. 2, S. 47.

[23] *Dernburg,* Lehrbuch des Preußischen Privatrechts, Bd. 3, S. 372. An dieser Stelle sei wiederum ein kurzer Hinweis auf das römische Recht gegeben. Es muss in Bezug auf die Haftung des Vindikationslegatars für die Verbindlichkeiten des Nachlasses wohl der Aus-

aus dem Grunde, dass nach Berichtigung der Schulden und Vermächtnisse für ihn kein Erbteil verbliebe, den Legataren Abzüge machen. Der Erbe konnte die Erbschaft mit oder ohne Vorbehalt der Rechtswohltat des Inventars antreten (vgl. I 9 § 413 ALR). Derjenige Erbe, der die Erbschaft ohne Vorbehalt angenommen hatte, musste für alle daran zu machenden Forderungen haften und konnte sich mit dem Einwand, dass die Schulden das Aktivvermögen der Erbschaft übersteigen, gegen diese Vertretung niemals schützen (vgl. I 9 §§ 418, 419 ALR). Gemäß I 9 § 422 ALR durfte derjenige, der die Erbschaft nur unter dem Vorbehalt der Rechtswohltat des Inventars angenommen hatte (sog. Benefizialerbe, vgl. I 9 § 423 ALR), alle daran zu machenden Forderungen nur so weit vertreten, als das Vermögen des Nachlasses reichte. Die Haftung des Benefizialerben war gerade nicht als eine solche in Höhe des Nachlasses ausgestaltet (pro viribus hereditatis, vgl. römisches Recht), sondern als eine solche lediglich mit dem Nachlass (cum viribus hereditatis)[24]. Für den Erben bot sich somit durch die Aufnahme und Niederlegung eines vollständigen (I 9 §§ 423 bis 426 ALR) Inventars die Möglichkeit seine Haftung gegenüber den Nachlassgläubigern und Vermächtnisnehmern auf den Nachlass zu beschränken; die persönliche Haftung des Erben stellte die Ausnahme dar (vgl. I 9 §§ 414, 415, 420, 421 ALR)[25].

„Jeder Erbe galt grundsätzlich kraft Gesetzes als Vorbehaltserbe, bis er dieser Rechtswohlthat verlustig wurde. Der Erbe ging aber dieser Rechtswohlthat nur verlustig, wenn er

---

sage *Kegels* Zustimmung geschenkt werden. *Kegel* brachte gerade zum Ausdruck, dass es „[u]nklar bleibt, ob und wie der Vindikationslegatar für Nachlaßschulden aufkommen mußte" (in: Liber Amicorum, S. 342; vgl. hierzu auch seine Äußerung auf S. 356). Eine Darstellung bzgl. der Haftung des Erben für Nachlassverbindlichkeiten findet sich beispielsweise bei *Kaser,* S. 733 bis 735 und *Hausmaninger/Selb,* S. 356 bis 358. Die Frage der Haftung des Vindikationslegatars bleibt jedoch vollkommen unbeantwortet und wird nicht einmal aufgeworfen. Es bleibt im Ergebnis im Dunkeln, ob gerade hieraus geschlossen werden kann, dass der Vindikationslegatar gerade nicht für Nachlassverbindlichkeiten einzustehen hatte.

[24] *Leske,* S. 1056. Unter einer cum viribus hereditatis-Haftung versteht man eine Haftung, die auf die Nachlassgegenstände als solche beschränkt ist; die Haftung bezieht sich somit neben dem Nachlass gerade nicht zusätzlich auf das vor dem Erbfall bereits vorhandene Eigenvermögen des bzw. der Erben (vgl. hierzu *Benke/Meissel,* S. 85). Eine pro viribus hereditatis-Haftung bedeutet hingegen, dass sich die Haftung zwar auf das gesamte Vermögen des bzw. der Erben erstreckt (Nachlass und vor dem Tod des Erblassers existentes Privatvermögen); diese Haftung zeichnet sich aber durch eine Beschränkung auf den Wert des Nachlasses aus (vgl. hierzu *Benke/Meissel,* S. 294). Es geht somit zum einen um eine Haftung mit den Kräften der Erbschaft (cum viribus hereditatis) und zum anderen um eine Haftung im Verhältnis der Kräfte der Erbschaft (pro viribus hereditatis) (vgl. *Benke/Meissel,* S. 85, 294).

[25] *Dernburg,* Lehrbuch des Preußischen Privatrechts, Bd. 3, S. 610.

entweder die Erbschaft ausdrücklich ohne Vorbehalt angenommen oder die Frist zur Einreichung des Inventars versäumt hatte.“[26]

Der Erbe, der die Erbschaft mit der Rechtswohltat des Inventars antrat, hatte die Nachlassverbindlichkeiten in der Ordnung zu berichtigen, die im Konkursfall eingegriffen hätte (vgl. I 9 § 452 ALR)[27]. Gemäß § 9 des Ausführungsgesetzes zur Deutschen Konkursordnung vom 06. März 1879 standen u.a. Forderungen aus einer Freigiebigkeit des Schuldners unter Lebenden oder von Todes wegen in den in § 8 Abs. 1 des Ausführungsgesetzes zur Deutschen Konkursordnung bezeichneten Fällen allen übrigen Forderungen nach[28].

§ 8 Abs. 1 des Ausführungsgesetzes zur Deutschen Konkursordnung bestimmte[29]: „Die Vorschriften des §. 54 der Deutschen Konkursordnung finden auf die Fälle, in welchen außerhalb des Konkursverfahrens eine Befriedigung persönlicher Gläubiger nach dem Range ihrer Forderungen stattzufinden hat, entsprechende Anwendung.“

Die Legatare waren zu den (übrigen) Nachlassgläubigern und Pflichtteilsberechtigten bei der Befriedigung folglich nachrangig[30]. Genügte der Nachlass nicht zur Befriedigung der Nachlassgläubiger und der Legatare, konnte der mit der Rechtswohltat des Inventars annehmende Erbe die Geldvermächtnisse (anteilig) kürzen oder von den Stückvermächtnisnehmern entsprechende Geldbeträge fordern[31]. I 12 § 334 ALR normierte diesbezüglich Nachfolgendes:

„Reicht aber der Nachlaß zu Bezahlung der Schulden, Ergänzung des Pflichttheils, oder Berichtigung der übrigen Vermächtnisse nicht zu, so müssen die Legatarii, nach Verhältniß der ihnen geschehenen Zuwendungen, dazu mit beytragen, oder Abzug leiden.“

Zusammenfassend kann somit gesagt werden, dass der Benefizialerbe grundsätzlich lediglich mit dem Nachlass als solchem haftete. Die Legatare waren jedoch zu den Nachlassgläubigern und Pflichtteilsberechtigten bei der Befriedigung nachrangig. Im Falle des nicht genügenden Nachlasses kam es zu einer (anteiligen) Kürzung der Vermächtnisse bzw. zu einer Verpflichtung der Vermächtnisnehmer zu verhältnismäßigen Geldzuschüssen.

---

[26] *Leske,* S. 1056.

[27] *Dernburg,* Lehrbuch des Preußischen Privatrechts, Bd. 3, S. 619.

[28] Neues Gesetz- und Rechtsbuch für Stadt und Land, S. 135, 141.

[29] Neues Gesetz- und Rechtsbuch für Stadt und Land, S. 141.

[30] *Dernburg,* Lehrbuch des Preußischen Privatrechts, Bd. 3, S. 374, 375. Etwas anderes hätte sich lediglich dann ergeben können, wenn der Erbe, der unter Vorbehalt des Inventars erworben hat, ein Aufgebotsverfahren beantragte, was letztlich zur Folge gehabt hätte, dass die nichtangemeldeten den angemeldeten Berechtigten im Rang nachgingen und somit auch die nichtangemeldeten Nachlassgläubiger den Vermächtnisnehmern nicht vorgehen konnten (vgl. *Dernburg,* Lehrbuch des Preußischen Privatrechts, Bd. 3, S. 375).

[31] *Dernburg,* Lehrbuch des Preußischen Privatrechts, Bd. 3, S. 375, 398, 575; *Gärtner,* S. 8.

D. Weitere Beschränkungen zu Lasten des Vindikationslegatars

Das ALR brachte bedauerlicherweise nicht zum Ausdruck, ob der Vindikationslegatar neben dem Verbot der eigenmächtigen Ansichnahme der Sache weiteren Beschränkungen wie eines Verfügungsverbotes unterlag. Durfte bzw. konnte der Legatar bereits vor der Aushändigung durch den Erben über die vermachte Sache rechtswirksam verfügen? Hierbei handelt es sich gerade um die bereits obig diskutierte Fragestellung: Erwirbt der Legatar mit dem Erbfall das Volleigentum oder lediglich eine Art relatives Eigentum? Diese Frage stellt sich insbesondere aus dem Grunde, da ohne diese nicht geklärt werden kann, wie weitreichend der Schutz der Nachlassgläubiger nach dem ALR ausgestaltet war. Falls es sich um eine lediglich relative Eigentümerstellung des Legatars gehandelt hätte, so hätte es vor der Übergabe der Sache an der Drittwirksamkeit der eigentümerrechtlichen Position des Vermächtnisnehmers gemangelt. Im Falle des Erwerbs eines absolut gegenüber jedermann wirkenden Eigentums hätten die Nachlassgläubigerinteressen durch vorzeitige Weiterveräußerungen seitens des Legatars eine Beeinträchtigung erfahren können. Die Frage nach eventuell existierenden Verfügungsverboten stellt sich somit im Grunde nur in dem letztgenannten alternativen Verständnis des ALR, wovon nach genauerer Betrachtung des Gesetzestextes jedoch auszugehen ist.

Koch äußerte sich zur bestehenden Rechtslage folgendermaßen[32]: „Zwar soll das Eigenthum der eigenen vermachten Sachen und Rechte von selbst mit dem Tode des Erblassers auf den Legatar übergehen, doch ist gleichwohl kein Legatar berechtigt, die ihm vermachte Sache eigenmächtig in Besitz zu nehmen, oder das Recht ohne weiteres auszuüben, vielmehr muß er sich beides von dem Erben übertragen lassen; er kann daher auch von der Vindication, die ihm gegen den dritten Besitzer zusteht, nicht mit Vorbeigehung des Erben eigenmächtig Gebrauch machen, weil der Erbe befugt ist, die Legate, im Falle der Unzulänglichkeit der Erbschaft, zur Berichtigung der Schulden mit zu verwenden, und so lange zurückzuhalten, bis ausgemittelt worden: ob der Nachlaß zureichen wird."

Die Ausführungen *Kochs* deuten darauf hin, dass der Legatar über den vermachten Gegenstand (Sachen oder Rechte) nicht ohne Weiteres verfügen konnte („kein Legatar berechtigt […] das Recht [unter Recht könnte man hierbei das dem Legatar an einer Sache oder einem Recht zustehende Recht verstehen, d.h. das Eigentum an einer Sache bzw. die Rechtsinhaberschaft in Bezug auf eine Forderung] ohne weiteres auszuüben"). *Koch* differenzierte jedoch deutlich zwischen vermachten Sachen und Rechten („das Eigenthum der eigenen vermachten Sachen und Rechte"). Dies müsste wohl letztlich bedeuten, dass die Textpassage („oder das Recht ohne weiteres auszuüben") lediglich auf Rechte bezogen war und Sachen lediglich nicht eigenmächtig in Besitz genommen werden konnten, ohne dass der Legatar jedoch in seiner Verfügungsbefugnis beschränkt gewesen wäre. Hierbei mutet es jedoch etwas

---

[32] *Koch,* Lehrbuch des Preußischen gemeinen Privatrechts, S. 751, 752.

seltsam an, dass nach der Ansicht *Kochs* in Bezug auf die Möglichkeit der Weiterveräußerung zwischen Sachen und Rechten derartige Unterschiede zugelassen wurden. Im Ergebnis kann den Äußerungen *Kochs* keine Bedeutung in Bezug auf die zu untersuchende Fragestellung beigemessen werden. Zum einen kann keine sichere Aussage darüber getroffen werden, inwieweit *Koch* den einzelnen Begriffen (Sachen und Rechte) beispielsweise dieselbe Bedeutung zusprach als die jeweilige Person, die seine Ausführungen (insbesondere in der heutigen Zeit) genauer untersucht. Zum anderen muss wohl davon ausgegangen werden, dass sich *Koch* im Falle einer vermachten Forderung des Erblassers gegenüber einer dritten Person für den Erwerb eines nur schuldrechtlichen Anspruchs des Legatars aussprach und es somit nur folgerichtet erscheint, dass von einer Ausübung des Rechts zu einem früheren Zeitpunkt gerade nicht gesprochen werden konnte.

> „Das Legat einer gegen einen Dritten schon bestehenden Forderung […] wird entweder so errichtet, daß dem Erben aufgelegt wird, dem Legatar das zu leisten, was dem Erblasser ein Dritter schuldig ist, worunter nichts anderes als die Uebertragung des Forderungsrechts mit den nach dem Anfalle völlig werdenden Zinsen verstanden wird, oder so, daß die Schuldverschreibung vermacht wird. Auch in dem zweiten Falle ist das Forderungsrecht und nicht das Schriftstück gemeint, mithin die Cession des Erben zur Legitimation des Legatars erforderlich.“[33]

Das Gesetz ließ den Rechtsanwender ebenso im Dunkeln. I 12 § 342 ALR normierte Folgendes:

> „Hat der Legatarius, ehe ihm der Beytrag zu den Erbschaftslasten von der vermachten Sache abgefordert worden, dieselbe redlicher Weise verkauft, so darf er nur nach Verhältniß des gelöseten Kaufwerths beytragen.“

Diese Vorschrift könnte darauf hindeuten, dass der Legatar über vermachte Sachen rechtswirksam zu verfügen vermochte. Der Verweis auf die erforderliche Redlichkeit muss hierbei als Verweis auf den Legatar und gerade nicht den dritten Erwerber – im Sinne eines notwendigen guten Glaubens seitens des Erwerbers (vgl. I 10 §§ 24, 25 ALR) – verstanden werden. Dies zeigt ein Vergleich mit I 12 § 343 ALR, der besagte, dass in allen anderen Fällen, in denen der Legatar die vermachte Sache veräußert hat, und dieselbe um des Beitrags sich zu entschlagen, nicht mehr zurückgeben kann, auf den Wert der Sache zur Zeit des Erbanfalls Rücksicht genommen wird. Der Unterschied der I 12 §§ 342, 343 ALR lag somit gerade in der Willensrichtung des Vermächtnisnehmers und nicht der Gut- oder Bösgläubigkeit des dritten Erwerbers. Diese Norminterpretation bedeutet jedoch nicht, dass der Legatar somit automatisch verfügungsbefugt war. Läge dem ALR der Gedanke zu Grunde, dass der Vermächtnisnehmer bis zur Aushändigung der Sache durch den

[33] *Koch,* Lehrbuch des Preußischen gemeinen Privatrechts, S. 763, 764. Vgl. hierzu auch *Koch,* Allgemeines Landrecht für die Preußischen Staaten (1870), S. 66, Fn. 45.

Erben über diese gerade nicht zu verfügen vermochte, bedurfte es natürlich eines guten Glaubens seitens des Erwerbers und die I 12 §§ 342, 343 ALR wären lediglich einen Schritt weitergegangen und hätten geregelt, ob im Falle eines gutgläubigen Erwerbs der veräußernde Legatar mit dem erlangten Kaufpreis oder dem Wert der Sache zur Zeit des Erbanfalls beizutragen hatte. Die Bedeutung der Normen bleibt somit im Unklaren. Durfte der Legatar mit dem Anfall des Vermächtnisses über die vermachte Sache verfügen oder war seine Verfügungsbefugnis an die Aushändigung der Sache durch den Erben geknüpft? Im Ergebnis wird wohl davon auszugehen sein, dass auf Grund der I 12 §§ 342, 343 ALR gerade von keinem Verfügungsverbot ausgegangen werden kann.

Auch in Bezug auf vermachte Forderungen kann diese Frage nicht abschließend geklärt werden. Es existierte keine zu I 12 § 311 ALR vergleichbare Vorschrift. Kein Legatar durfte sich in eigenmächtiger Weise den Besitz der vermachten Sache anmaßen. Die Norm bezog sich nach ihrem eindeutigen Wortlaut lediglich auf Sachen; das ALR differenzierte teilweise deutlich zwischen Sachen und Rechten, was Verwirrung zu stiften vermag (z.B. I 12 §§ 288, 301 ALR)[34]. Durfte der Legatar über Sachen und Rechte mit dem Anfall des Vermächtnisses frei verfügen? War die Verfügungsbefugnis über Sachen an deren Aushändigung durch den Erben geknüpft? Hätte diese ggf. bestehende Verknüpfung zwischen Verfügungsbefugnis und Aushändigung bedeutet, dass der Legatar über Forderungen bereits zu einem früheren Zeitpunkt zu verfügen vermochte? Diese Fragen vermag das ALR und die diesbezüglich auffindbare Literatur nicht eindeutig zu klären. Es muss wohl davon ausgegangen werden, dass die Verfügungsbefugnis des Legatars bei unbedingten bzw. unbefristeten Vermächtnissen sowohl für Sachen als auch für Rechte bereits ab dem Zeitpunkt des Todes des Erblassers bestand. I 12 § 311 ALR darf nicht die Bedeutung beigemessen werden, dass der Legatar zwar mit dem Erbfall Eigentümer der Sache wird, seine Verfügungsbefugnis jedoch bis zur Aushändigung durch den Erben aufgeschoben ist. Für Rechte

---

[34] I 2 § 7 ALR bestimmte, dass Rechte als bewegliche Sachen betrachtet werden. *Dernburg* (vgl. Lehrbuch des Preußischen Privatrechts, Bd. 1, S. 106) brachte zum Ausdruck, dass „Sachen nicht nur [sind], wovon das römische Recht ausging, die realen Existenzen der äußeren Natur, also die körperlichen Sachen, sondern auch solche Dinge, welche ihre Existenz bloß der Schöpfungskraft des menschlichen Gedankens verdanken, welche aber Object juristischer Willensacte werden“. I 2 § 122 ALR normierte jedoch weiter, dass persönliche Rechte und Verbindlichkeiten diejenigen heißen, wozu nur gewisse Personen, ohne Rücksicht auf den Besitz einer Sache, befugt oder verpflichtet sind. Ein persönliches Recht enthält die Befugnis, von dem Verpflichteten zu fordern, dass er etwas geben, leisten usw. soll (I 2 § 123 ALR). An denjenigen Stellen, an denen das ALR zwischen Sachen und Rechten differenzierte, musste unter der Sache eine körperliche Sache verstanden werden (so bereits *Dernburg,* Lehrbuch des Preußischen Privatrechts, Bd. 1, S. 106, Fn. 1).

existierte gerade keine vergleichbare Vorschrift und eine unterschiedliche Behandlung lässt sich nur schwerlich rechtfertigen. Eine Anwendung des I 12 § 311 ALR auf Forderungen durch entsprechende Auslegung der Norm bzw. eine analoge Anwendung muss wohl ebenfalls verneint werden. Die Regelungen der I 12 §§ 301 bis 327 ALR waren zwar mit „Wenn bestimmte Sachen oder Rechte vermacht worden" überschrieben. In I 12 § 311 ALR wurde aber deutlich von Sachen gesprochen. Man kann hierbei nicht davon ausgehen, dass der Gesetzgeber gleichzeitig eine Regelung für Rechte treffen wollte. In anderen Normen, die unter derselben Überschrift standen, wurde eine klare Trennung vollzogen (beispielsweise I 12 § 301 ALR).

Im Allgemeinen könnte man aber daran denken, dass sich diese Fragen nach eventuellen Verfügungsbeschränkungen des Legatars bereits aus einem anderweitigen Grunde erübrigen. Gemäß I 10 § 1 ALR erforderte die mittelbare Erwerbung des Eigentums einer Sache, außer dem dazu nötigen Titel, auch die wirkliche Übergabe derselben[35]. Diese Norm deutet darauf hin, dass der Legatar ohne die Aushändigung der Sache durch den Erben ohnehin – unabhängig von einem bestehenden Verfügungsverbot – nicht wirksam über die Sache zu verfügen vermochte. *Dernburg* brachte Folgendes zum Ausdruck[36]:

„Der nichtbesitzende Eigenthümer kann, wo die Tradition die ausschließliche Form freiwilliger Veräußerung ist, das Eigenthum nicht unmittelbar übertragen. Jedoch ist ihm möglich seine Eigenthumsklage abzutreten, so daß mittelst derselben der Cessionar den Besitz erstreitet und hierdurch Eigenthümer wird."

Der Legatar konnte somit zwar seine Eigentumsklage abtreten, jedoch hätte der Zessionar den Besitz erst erstreiten müssen, um Eigentümer zu werden. Da der Vorbehaltserbe jedoch das Legat solange zurückbehalten durfte, bis rechtlich ausermittelt worden ist, ob der Nachlass zur Tilgung der Schulden und Vermächtnisse ausreichte (vgl. I 12 § 296 ALR), wird der Zessionar vor diesem Zeitpunkt mit seiner Klage keinerlei Aussicht auf Erfolg gehabt haben. Dies bedeutet im Ergebnis, dass der Legatar auch, falls er bereits verfügungsbefugt gewesen wäre, auf Grund der Besonderheit im Rahmen der mit-

---

[35] Das ALR unterschied zwischen der unmittelbaren Erwerbung des Eigentums (vgl. I 9) und der mittelbaren Erwerbung des Eigentums (vgl. I 10). Eine Grenzziehung erfolgte anhand des Willensentschlusses des bisherigen Eigentümers (vgl. *Dernburg,* Lehrbuch des Preußischen Privatrechts, Bd. 1, S. 481). „Vollzieht sich nun dieser Wechsel in Folge eines Willensentschlusses des bisherigen Eigenthümers, so spricht das Landrecht von einem mittelbaren Erwerb; es gehört hierher von Geschäften unter Lebenden Tradition und jetzt die Auflassung, außerdem der auf testamentarischer und vertragsmäßiger Erbfolge, wie der auf Vermächtnissen beruhende Erwerb. Unmittelbar ist hingegen jede Erwerbsart, welche sich nicht auf den Willen des bisherigen Eigenthümers gründet [beispielsweise die Intestaterbfolge]." (vgl. *Dernburg,* Lehrbuch des Preußischen Privatrechts, Bd. 1, S. 481, 482).

[36] *Dernburg,* Lehrbuch des Preußischen Privatrechts, Bd. 1, S. 508.

telbaren Erwerbung des Eigentums auf eine Aushändigung der Sache durch den Erben angewiesen gewesen wäre, um das Eigentum an einer Sache wirksam auf einen Erwerber übertragen zu können. Das Problem der Weiterverfügung durch den Vermächtnisnehmer stellte sich somit im ALR bereits teilweise auf der Ebene der Tradition (Übergabe der Sache) und nicht wie im heutigen Recht auf der Stufe der Berechtigung des Veräußerers[37]. Der Grund hierfür liegt in den heute im Gegensatz zum damaligen Recht bestehenden Übergabesurrogaten.

Falls sich der Legatar hingegen bereits im Besitz der beweglichen Sache befand, konnte er diese ohne Weiteres an den Erwerber übergeben und das Problem des zu verwirklichenden Nachlassgläubigerschutzes stellt sich immanent auf der Stufe der Berechtigung des Vermächtnisnehmers. Dasselbe hätte u.U. beispielsweise für den Fall einer vermachten Forderung gegolten. Gemäß I 11 § 376 ALR setzte die Abtretung der Rechte einen Vertrag voraus, wodurch jemand sich verpflichtet, einem anderen das Eigentum seines Rechts, gegen eine bestimmte Vergeltung, zu überlassen. Für eine wirksame Übertragung einer Forderung genügte somit die Einigung zwischen dem Zedenten (Legatar) und dem Zessionar (Erwerber), was letztlich bedeutet, dass es entscheidend auf ein eventuelles Verfügungsverbot zu Lasten des Legatars ankommt. Es bestand zwar eine Verpflichtung des Abtretenden auf Übermittlung der Schulddokumente, jedoch hing die Wirksamkeit der Zession hiervon gerade nicht ab (Ausnahmen bestanden bei einem Wechsel)[38].

Zusammenfassend bedeutet dies: Das ALR und deren Erläuterungswerke gewähren keinen exakten Aufschluss über entscheidende Fragen in Bezug auf die konkrete rechtliche Stellung des Vindikationslegatars und die Gewährleistung des Nachlassgläubigerschutzes. Befand sich der Legatar bereits im unmittelbaren Besitz der vermachten beweglichen Sache, konnte er das Eigentum an dieser ohne Weiteres wirksam an Dritte übertragen, falls kein Verfügungsverbot zu dessen Lasten bestand. Hätte es sich hingegen lediglich um ein relatives Eigentum gehandelt, hätte der Legatar zwar mit dem Erbfall das Eigentum an der vermachten Sache erlangt; das Eigentum hätte jedoch Dritten gegenüber keine Wirkung entfaltet. Der Gesetzesanwender wurde in vielen Bereichen im Dunkeln gelassen. Die Analyse des ALR lässt wohl den nachvollziehbaren Schluss zu, dass der Legatar mit dem Erbfall das absolut gegenüber jedermann wirkende Eigentum an der Sache bzw. die Rechtsinhaberschaft erlangte und darüber hinaus keinerlei Verfügungsbeschränkungen

---

[37] Für die Übertragung des Eigentums an Grundstücken kam es hingegen auf die Eintragung in das Grundbuch an; die Eigentumsübertragung erfolgte lediglich dann weiterhin durch Tradition, wenn ein Grundbuchblatt über ein Grundstück noch nicht angelegt werden konnte (vgl. *Dernburg,* Lehrbuch des Preußischen Privatrechts, Bd. 1, S. 512, 513).

[38] *Dernburg,* Lehrbuch des Preußischen Privatrechts, Bd. 2, S. 173, 174. *Bornemann* (S. 80) sprach davon, dass der Legatar ohne vorherige Zession durch den Erben über die vermachte Forderung nicht verfügen darf.

unterlag. Der Nachlassgläubigerschutz vollzog sich im Falle der Weiterveräußerung des Gegenstandes durch den Bedachten mit Hilfe der I 12 §§ 342, 343 ALR und einer hieraus u.U. einschlägigen Haftung des Legatars mit seinem vor dem Tode des Erblassers bereits vorhandenen Vermögen.

Die erste Kommission brachte Folgendes zum Ausdruck[39]: „Das geltende Recht sucht der sich ergebenden Gefährdung des Erben und der übrigen Nachlaßgläubiger dadurch entgegenzuwirken, daß der Vermächtnißnehmer thunlichst gehindert wird, über den vermachten Gegenstand zu verfügen. Es gestattet ihm nicht, eine vermachte bewegliche Sache ohne Zustimmung des Erben in Besitz zu nehmen […]; es wird zur Umschreibung gebuchter Rechte auf den Vermächtnißnehmer die Einwilligung des Erben erfordert […], die wirksame Einziehung einer vermachten Forderung wird an die Zustimmung des Erben gebunden […].“

Der Legatar wurde durch die Regelungen des ALR und deren Verständnis (falls man gerade nicht von einem relativen Eigentum ausgeht) in der Rspr. und Literatur zwar sicherlich „tunlichst“ (i.S.v. möglich, nicht hingegen i.S.v. auf jeden Fall) daran gehindert, über vermachte Gegenstände wirksam zu verfügen. Im Falle eines bereits vorhandenen unmittelbaren Besitzes des Legatars in Bezug auf bewegliche Sachen konnte ohne eine gerade nicht feststellbare Verfügungsbeschränkung zu Lasten des Vermächtnisnehmers ein Nachlassgläubigerschutz jedoch unter bestimmten Gegebenheiten nicht vollumfänglich gewährleistet werden. Die Vorschrift des I 12 § 342 ALR sah beispielsweise nur einen Beitrag nach dem Verhältnis des Kaufwertes vor. Die sich ggf. aus I 12 § 343 ALR ergebende Einstandspflicht des Vermächtnisnehmers mit seinem bereits vor dem Erbfall vorhandenen Privatvermögen hätte zu einem Übergang des Insolvenzrisikos auf die Nachlassgläubiger führen können.

II. Gemeines Recht

A. Allgemeines

Das gemeine Recht war auf 16,5 Millionen Menschen anwendbar (heute: Bayern, Regierungsbezirke Nord- und Südwürttemberg des Bundeslandes Baden-Württemberg, Hessen, Niedersachsen und Thüringen) und war nur teilweise kodifiziert[40]. *Bähr* formulierte zum gemeinen Recht:

---

[39] *Mugdan,* Bd. 5, S. 71 (Motive).

[40] *Sturm,* in: I cento anni del Codice civile tedesco, S. 709. Eine Beschreibung des gemeinen Rechts findet sich bei *Sturm,* in: I cento anni del Codice civile tedesco, S. 709 bis 711. Bereits *Dernburg* (vgl. Pandekten, Bd. 1, S. 1) brachte Folgendes zum Ausdruck: „Gewohnheit und Gerichtsgebrauch schufen im ehemaligen deutschen Reich das gemeine Recht, vorzugsweise dadurch, daß sie römische Rechtssätze rezipierten, dem deutschen Geiste gemäß gestalteten und antike und römische Rechtsideen mit germanischen und modernen verbanden.“ Weiterhin sprach er davon (vgl. *Dernburg,* Pandekten, Bd. 1, S. 4),

„Seine Grundlage ist das römische Recht, das formell unsre gesamte Rechtsbildung beherrscht. Durchbrochen aber ist dieses vielfach durch deutsche Rechtsgedanken, die teils in der allgemeinen Rechtsüberzeugung wurzeln, teils in einzelnen Landesgesetzen ihren Ausdruck gefunden haben.“[41]

Das gemeine Recht gewährte dem Vermächtnisnehmer einen schuldrechtlichen Anspruch gegen den Beschwerten; u.U. konnte jedoch auch von dem Erwerb eines dinglichen Rechtes an dem Vermächtnisgegenstand gesprochen werden, wobei dies jedoch nicht für den Fall galt, dass dies der Erblasser bestimmt ausgeschlossen hatte und, wenn es sich bei der vermachten Sache nicht um eine solche des Erblassers handelte bzw. diese gerade nicht hinreichend bestimmt war[42]. Ein dinglicher Rechtserwerb konnte somit nicht bei Sachen des Erben bzw. Sachen von dritten Personen eintreten[43]. In Abweichung zum ALR und unter Berücksichtigung des heutigen nationalen Erbrechts mag Folgendes als Besonderheit erscheinen: Der Legatar wurde erst mit der Annahme der Erbschaft durch den Erben Eigentümer der vermachten Sache[44].

B. Die rechtliche Stellung des Vindikationslegatars

Im gemeinen Recht war vorgesehen, dass der Legatar nur das Eigentum bzw. die Rechtsinhaberschaft unmittelbar ohne Mitwirkung des Erben erhielt[45]; zur

---

dass sich das gemeine Recht aus drei Hauptbestandteilen zusammensetzt, „nämlich einmal aus dem römischen Rechte, wie es im corpus juris des Kaisers Justinian festgestellt ist, zweitens aus Sätzen des kanonischen Rechtes und drittens aus Gewohnheiten und Gesetzen deutschen Ursprungs“.

[41] *Bähr,* Das bürgerliche Gesetzbuch und die Zukunft der deutschen Rechtsprechung, S. 4.

[42] *Dernburg,* Pandekten, Bd. 3, S. 190, 191; *Windscheid/Kipp,* Bd. 3, S. 640, 641, 672; *Flad,* ZAkDR 1936, 738, 739; *Buchka,* S. 461. In Bezug auf das bloße Forderungsrecht galt hierbei jedoch die Besonderheit, dass dieses mit Hilfe eines gesetzlichen Pfandrechts an allem, was der Beschwerte aus der Erbschaft erhielt und durch ein Veräußerungsverbot einem besonderen Schutz vor veruntreuenden Verfügungen des Erben unterstand (vgl. *Buchka,* S. 461 m.w.N.). Zur Sicherung der Vermächtnisforderungen vgl. auch die Ausführungen bei *Windscheid/Kipp,* Bd. 3, S. 647 bis 650.

[43] *Windscheid/Kipp,* Bd. 3, S. 641, 642.

[44] *Windscheid/Kipp,* Bd. 3, S. 627, 628, 672; *Dernburg,* Pandekten, Bd. 3, S. 207 bis 209; *Buchka,* S. 462.

[45] Der Erwerb der Rechte aus dem Vermächtnis (Eigentum bzw. bloßes Forderungsrecht) war jedoch von den Erwerb der Erbschaft durch den Erben abhängig (vgl. *Dernburg,* Pandekten, Bd. 3, S. 207 bis 209; *Windscheid/Kipp,* Bd. 3, S. 627, 628). Das gemeine Recht differenzierte zwischen dem Anfall (dies legati cedens) und dem Erwerb des Rechtes aus dem Vermächtnis (dies legati veniens), wobei letzterer an die Annahme der Erbschaft durch den Erben gebunden war und unter dem ersten Zeitpunkt des Anfalls des Vermächtnisses die Erlangung eines (vererblichen) Rechts auf den Erwerb des Eigentums oder eines bloßen schuldrechtlichen Anspruchs gegen den Erben zu verstehen war (Anwartschafts-

Übertragung des Besitzes war der Bedachte hingegen auf eine Mitwirkungshandlung des Erben verwiesen, wobei dem Erben für den Fall, dass sich der Vermächtnisnehmer eigenmächtig den Besitz an der Sache anmaßte, das interdictum quod legatorum auf Rückerstattung zustand[46]. Die Übertragung des Besitzes war hierbei davon abhängig, ob dem Vermächtnis ggf. durch Ansprüche der Nachlassgläubiger oder des Erben ein Hindernis gesetzt war[47].

C. Die Haftung für Nachlassverbindlichkeiten

Der Erbe haftete den Nachlassgläubigern gegenüber grundsätzlich, auch für den Fall, dass der Nachlass überschuldet war, persönlich, d.h. mit dem erworbenen Nachlass und mit seinem bereits vor dem Erbfall vorhandenen Eigenvermögen[48]. Falls der Erbe jedoch rechtzeitig und in gehöriger Form ein Verzeichnis der Nachlassobjekte (Inventar) errichtete, haftete der sog. Inventarerbe (oder Benefizialerbe) den Nachlassgläubigern nur mit den Nachlassobjekten[49].

„Die Errichtung des Inventars hat nach römischem Recht die rechtliche Folge, daß der Erbe für die Nachlaßschulden nur bis zum Betrage der Erbschaft haftet. Die gemeinrechtliche Praxis hat jedoch seine Haftung weiter dahin eingeschränkt, daß er den Nachlaßgläubigern auch nur mit den zum Nachlaß gehörenden Objekten haftet […].“[50]

Im System des justinianischen Rechtes musste der Inventarerbe die Verbindlichkeiten der Nachlassgläubiger (auf Grund der besonderen Schwierigkeiten) nicht ihrer konkursmäßigen Priorität entsprechend begleichen; den Nachlass-

---

recht) (vgl. *Buchka,* S. 462). Der Anfall des Vermächtnisses erfolgte hierbei kraft Gesetzes (vgl. *Buchka,* S. 463).

[46] *Dernburg,* Pandekten, Bd. 3, S. 191, 211; *Windscheid/Kipp,* Bd. 3, S. 651 (vgl. insbesondere Fn. 4).

[47] *Dernburg,* Pandekten, Bd. 3, S. 191. *Friedensburg* (in: Verhandlungen des 19. DJT, Bd. 2, S. 41) äußerte sich folgendermaßen: „Und wenn auch […] die Tradition der vermachten Sache […] nicht erforderlich ist, um dem Legatar das Eigenthum an jener zu verschaffen, so muß sie natürlich erfolgen, um ihm Besitz, Genuß und Verfügungsgewalt zu gewähren […].“ Es bleibt aber auch nach dieser Aussage im Unklaren, ob *Friedensburg* dem Legatar bis zur Aushändigung der Sache ein Verfügungsverbot auferlegt sah oder lediglich zum Ausdruck bringen mochte, dass das Auffinden kaufwilliger Personen ohne bereits vorhandenen unmittelbaren Besitz erschwert zu sein schien.

[48] *Dernburg,* Pandekten, Bd. 3, S. 334; *Windscheid/Kipp,* Bd. 3, S. 479.

[49] *Dernburg,* Pandekten, Bd. 3, S. 335 bis 337; *Windscheid/Kipp,* Bd. 3, S. 480, 481. Der Benefizialerbe haftete den Nachlassgläubigern gegenüber cum viribus hereditatis (nur mit den Objekten des Nachlasses) und gerade nicht pro viribus hereditatis (mit dem Nachlass und dem Privatvermögen begrenzt auf die Höhe des Nachlasswertes).

[50] *Buchka,* S. 412, 413.

gläubigern stand jedoch die Möglichkeit zur Verfügung, das auf Grund einer vorrangigen Befriedigung den Legataren Gezahlte zu kondizieren[51].

Kegel wies zutreffend darauf hin, dass die Haftung des Vindikationslegatars im gemeinen Recht im Dunkeln bleibt[52]. Folgende Fragen bleiben bedauerlicherweise ungeklärt: Konnten die Erben und Vindikationslegatare gleichrangig für die Begleichung der Nachlassverbindlichkeiten in Anspruch genommen werden? Oder ist es wohl eher so, dass grundsätzlich nur die Erben für die Nachlassverbindlichkeiten einzustehen hatten und die Vindikationslegatare lediglich im Falle eines unter der Rechtswohltat des Inventars angenommenen Erbes und der gleichzeitigen Erschöpfung des Nachlasses? Es wird wohl eher von der letztgenannten Ansicht ausgegangen werden müssen. Die Aushändigung der vermachten Sache hing ja gerade von den übrigen bestehenden Nachlassverbindlichkeiten ab. Handelte es sich um eine direkte oder indirekte Haftung der Legatare? Hätten sich die Gläubiger des Nachlasses direkt an den Vermächtnisnehmer wenden können, so wäre die Beschränkung des Legatars durch das Verbot der eigenmächtigen Ansichnahme nicht begründet. Wie hätten sich die Nachlassgläubiger auch an den Legatar halten können, falls sich dieser für eine gewisse Zeit lang überhaupt nicht in den Besitz der vermachten Sache hätte setzen können? Dieses Ergebnis ist natürlich nicht zwingend, da der Legatar vermutlich nur einer subsidiären Haftung unterworfen war und somit durch das Verbot der eigenmächtigen Ansichnahme einer Veräußerung durch den Legatar hätte vorgebeugt werden können, die zeitlich vor dem Zeitpunkt gelegen wäre, zu dem Klarheit darüber bestand, ob der vermachte Gegenstand herangezogen werden müsste oder nicht. Denkbar wäre somit letztlich auch eine direkte und subsidiäre Haftung. Im Ergebnis wird wohl von einer subsidiären (Voraussetzungen: Benefizialerbe und Erschöpfung des Nachlasses) und grundsätzlich indirekten Haftung des Bedachten auszugehen sein. Die Annahme der gerade nicht direkten Haftung würde hierbei bedeuten, dass sich die Gläubiger des Nachlasses im Falle des erforderlichen Rückgriffs auf den vermachten Gegenstand an

---

[51] *Dernburg*, Pandekten, Bd. 3, S. 337, 338. *Windscheid/Kipp* (Bd. 3, S. 482) brachten noch einmal deutlich Folgendes zum Ausdruck: „[E]r darf die einzelnen Gläubiger befriedigen, wie sie sich melden, und es ihnen überlassen, ihre Ansprüche untereinander auszugleichen." Sie wiesen weiterhin darauf hin (S. 482, Fn. 11): „Selbst Vermächtnisnehmer darf er vor den Gläubigern befriedigen."

[52] *Kegel*, in: Liber Amicorum, S. 352. Dies zeigt sich auch deutlich an der Monographie *Buchkas*, der lediglich auf die Haftung des Erben und auf einen Vermächtnisnehmer, der mit einem Vermächtnis oder einer Auflage beschwert ist, einging (vgl. *Buchka*, S. 412, 413, 464). Auch *Windscheid/Kipp* (Bd. 3, S. 479 bis 499) äußerten sich lediglich zum Rechtsverhältnis des Erben den Gläubigern gegenüber. Sie brachten lediglich zum Ausdruck, dass der Erbe in Bezug auf die Befriedigung der Nachlassgläubiger keine Reihenfolge einzuhalten hat und diese untereinander einen Ausgleich zu leisten haben (S. 482).

den Erben zu halten hatten und lediglich im Falle der bereits erfolgten Erfüllung des Besitzverschaffungsanspruches an den Legatar selbst.

Offen bleibt natürlich in diesem Falle, woraus sich die hierfür benötigte Verfügungsbefugnis des Erben zum Zwecke der Nachlassgläubigerbefriedigung ergab. Der Erbe war gerade nicht Rechtsinhaber in Bezug auf den vermachten Gegenstand. Bestand eine gesetzliche Verfügungsbefugnis? War diese zum Zwecke der erforderlichen Nachlassgläubigerbefriedigung beschränkt? Bedurfte es einer Verfügungsermächtigung des Erben durch den Vermächtnisnehmer? Es mangelt darüber hinaus an Rspr. und Literatur, die auf ggf. bestehende Verfügungsverbote zu Lasten des Vindikationslegatars eingegangen wären oder auf die Frage, wie sich dessen Haftung im Falle einer auf Grund nicht vorhandener Verfügungsbeschränkung wirksamen Weiterveräußerung des Gegenstandes gestaltete[53].

III. Code civil

A. Allgemeines

Bis zum Inkrafttreten des BGB am 01. Januar 1900 galt der französische Code civil für ungefähr 8 Millionen deutsche Reichsbürger, d.h. im gesamten linksrheinischen Gebiet und sowohl im Großherzogtum Baden als auch im ehemaligen Herzogtum Berg mit den Großstädten Düsseldorf, Dortmund und Elberfeld (rechtsrheinisches Gebiet)[54]. Hierbei galt der Grundsatz, dass alleine die ehelichen Blutsverwandten des Erblassers die Erbenstellung einnehmen konnten und dem Erblasser lediglich die Anordnung eines Erbvermächtnisses (legs universels), eines Erbteilvermächtnisses (legs à titre universel) oder eines Erbstückvermächtnisses (legs à titre particulier) zur Verfügung

---

[53] Die Eigentumsübertragung erfolgte durch einen Eigentumsübertragungsvertrag und die Übergabe der Sache (Tradition) (vgl. *Windscheid/Kipp,* Bd. 1, S. 882; *Dernburg,* Pandekten, Bd. 1, S. 490 bis 497). „Der auf das Geben und Nehmen des Rechts an der Sache gerichtete Wille muß seinen Ausdruck finden in dem Geben und Nehmen des Körpers der Sache." (*Windscheid/Kipp,* Bd. 1, S. 882, 883). Das gemeine Recht kannte verschiedene Formen der Besitzübergabe oder besser gesagt verschiedene Formen der Ersetzung einer Übergabe. „Die Übergabe der Sache [...] braucht nicht von Hand zu Hand zu erfolgen" (*Windscheid/Kipp,* Bd. 1, S. 893). Es genügte beispielsweise die Anerkennung des bisherigen Zustandes, falls der Erwerber bisher bereits in eigenem Namen besessen hat (vgl. *Windscheid/Kipp,* Bd. 1, S. 893, 894). Auch *Dernburg* (Pandekten, Bd. 1, S. 491) wies auf die traditio brevi manu hin. Es gab weiterhin eine Besitzübertragung durch Erklärung, wonach der bisher besitzende Veräußerer nunmehr für den Erwerber besitzt (sog. constitutum possessorium) (vgl. *Dernburg,* Pandekten, Bd. 1, S. 420, 421). Das Eigentum an Grundstücken wurde hingegen durch die Auflassung (Eigentumsübertragungsvertrag) und die Eintragung im Grundbuch übertragen (vgl. *Dernburg,* Pandekten, Bd. 1, S. 491).

[54] *Sturm,* in: I cento anni del Codice civile tedesco, S. 707.

stand[55]. Der französische Code civil ließ sich damals wie heute letztlich von dem germanischen Rechtsgedanken, dass der Erbe geboren und nicht gekoren wird, leiten[56]. Bei einem Erbvermächtnis ging es um die Zuwendung der Gesamtheit der Güter, bei einem Erbteilvermächtnis hingegen um eine Verfügung, „durch welche der Erblasser entweder einen sovielsten Theil seines gesammten oder seines verschenkbaren Vermögens [...] oder seine gesammten unbeweglichen oder seine gesammten beweglichen Güter oder einen sovielsten Theil der einen oder der andern vermacht“[57]. Erbstückvermächtnisse waren schließlich solche, bei denen es sich um die Zuwendung einzelner Gegenstände handelte[58].

> „Ist das Vermächtniss unbedingt, so geht das Eigenthum an demselben sofort mit dem Tode des Erblassers auf den Vermächtnissnehmer über. [...] Wenn also der, welchem ein solches Vermächtniss ausgesetzt worden ist, den Erblasser auch nur einen Augenblick überlebt, so verfällt er sein Eigenthum an dem Vermächtnisse auf seine Erben und Rechtsnachfolger.“[59]

Ob es sich bei dem durch den Erblasser angeordneten Erbstückvermächtnis tatsächlich um ein Vindikationslegat handelte, wird auf Grund der Formulierung des Art. 1014 Abs. 1 Code civil[60] nicht eindeutig klar zum Ausdruck gebracht. Es wurde gerade von einem Recht auf die vermachte Sache (un droit à la chose léguée) gesprochen. Die Frage an dieser Stelle noch offen

---

[55] *Zachariä v. Lingenthal/Dreyer,* S. 414, 415. Vgl. hierzu auch die Ausführungen bei *Förtsch,* S. 138, 140. Die légataires universels und die légataires à titre universel sind im deutschen Erbrecht wirkliche Erben, da der Erblasser diesen sein Vermögen oder einen Bruchteil hiervon zukommen lässt (§ 2087 Abs. 1 BGB) (vgl. *Förtsch,* S. 138). Die légataires à titre particulier sind hingegen auch nach deutschem Recht wirkliche Vermächtnisnehmer, da diesen ein Bruchteil des Vermögens gerade nicht zugesprochen wird (§ 2087 Abs. 2 BGB) (vgl. *Förtsch,* S. 138, 140).

[56] *Schlegelberger,* S. 218. Vor der Geltung des Code civil stellte sich die Rechtslage wie folgt dar: „In Frankreich bewahrten die Länder des droit écrit die Grundsätze des römischen Rechts und kannten Erbeinsetzung wie Vermächtnisverfügung; das Testament, nicht aber das Kodizill verlangte eine Erbeinsetzung. Die pays de coutumes gestatteten dagegen keine Erbeinsetzung. Einige coutumes gingen sogar so weit, daß eine Erbeinsetzung das Testament nichtig machte; in anderen hatte sie nur die Wirkung eines Vermächtnisses.“ (vgl. *Schlegelberger,* S. 218).

[57] *Zachariä v. Lingenthal/Dreyer,* S. 416, 418, 419.

[58] *Zachariä v. Lingenthal/Dreyer,* S. 419.

[59] *Zachariä v. Lingenthal/Dreyer,* S. 436, 437. Vgl. hierzu ebenso die Ausführungen bei *Frey,* S. 381. Obwohl sich Art. 1014 Code civil, auf den sich das obig aufgeführte Zitat bezog, im Rahmen der übrigen sich auf das Erbstückvermächtnis beziehenden Normen wiederfand, sollte dieser für alle Arten von Vermächtnissen Geltung beanspruchen (vgl. *Zachariä v. Lingenthal/Dreyer,* S. 436 (vgl. insbesondere Fn. 1)).

[60] Eine Darstellung der im Rahmen dieses Kontextes erforderlichen Normen, die beispielsweise im Code Napoléon in der Fassung von 1867 aufgeführt waren, findet sich bei *Sirey.*

lassend, sei jedenfalls noch Folgendes festgestellt: Es gab auch Konstellationen, in denen zugunsten des bedachten Vermächtnisnehmers ein lediglich schuldrechtlicher Anspruch gegen den Beschwerten begründet wurde. Die Formulierung des Art. 1022 Code civil brachte beispielsweise (zumindest indirekt) zum Ausdruck, dass im Falle von lediglich der Gattung nach bestimmten Sachen ein unmittelbarer Eigentumserwerb auszuscheiden hatte und von einem bloßen Forderungsrecht des Bedachten auszugehen war. Ein unmittelbar dinglicher Rechtserwerb schied jedenfalls für nicht dem Erblasser gehörende Sachen aus, unabhängig davon, ob er Kenntnis hiervon hatte oder nicht (vgl. Art. 1021 Code civil). Ob die Rspr. zur damaligen Zeit, die sich mit dem in bestimmten Gebieten des Deutschen Reiches geltenden Code civil auseinanderzusetzen hatte, von der Nichtigkeitsregelung des Art. 1021 Code civil eine Ausnahme zuließ und es dem Erblasser gestattete, seinen Erben zur Verschaffung der fremden Sache zu verpflichten, bleibt ungewiss. Die heutige Rechtswissenschaft in Frankreich erlaubt es dem Erblasser, seinen Erben damit zu beauftragen, diese Sache zu erwerben, um diese im Anschluss dem Bedachten zuwenden zu können[61]. Es wird somit unter bestimmten Voraussetzungen ein sog. Verschaffungsvermächtnis (vgl. § 2170 BGB) als wirksam angesehen[62].

B. Die rechtliche Stellung des Vindikationslegatars

Förtsch brachte eindrucksvoll zum Ausdruck:

> „Die römische Idee der Universalsuccession bildet im französischen wie im deutschen Gesetzbuche die Grundlage des Erbrechts, und ebenso übereinstimmend sind die Gesetzbücher in der Uebernahme des deutschrechtlichen Grundsatzes von dem unmittelbaren Erwerb der Erbschaft durch den Erben (le mort saisit le vif), sowie in der Verwerfung des römischen Satzes nemo pro parte testatus pro parte intestatus decedere potest. Damit ist aber auch, von unwichtigeren und selbstverständlichen Einzelheiten abgesehen, das den Gesetzbüchern Gemeinsame erschöpft; im übrigen gehen sie weit auseinander."[63]

Der Code civil sprach (wie auch heute noch) auf nicht eindeutige Art und Weise von einem droit à la chose léguée (Art. 1014 Abs. 1 Code civil)[64]. Der Code civil sah vor, dass der Vermächtnisnehmer zunächst lediglich das Eigentumsrecht ohne juristischen Besitz innehatte, nicht ersitzen konnte und

---

[61] *Leveneur/Leveneur,* S. 341. Vgl. hierzu die Ausführungen in § 12, II. C. 2.

[62] *Ferid/Sonnenberger,* Bd. 3, 5 C 116.

[63] *Förtsch,* S. 99.

[64] So bereits Zweite Sitzung der ersten Abtheilung am Dienstag, den 11. September 1888, in: Verhandlungen des 19. DJT, Bd. 3, S. 80; *Mugdan,* Bd. 5, S. 70 (Motive). Die Auslegung dieses Artikels ist nach *Förtsch* (S. 140) überaus umstritten. An dieser Stelle möchte noch angemerkt werden, dass sich der Erbstückvermächtnisnehmer gemäß Art. 1014 Abs. 2 Code civil nicht auf eigenmächtige Art und Weise in den Besitz der vermachten Sache setzen durfte.

diesem gerade nicht die rei vindicatio gegen einen Dritten zustand, der sich im Besitz des vermachten Gegenstandes befand[65]. Der Vermächtnisnehmer wurde erst durch die Auslieferung des Legates (la délivrance) durch den gesetzlichen Erben (Art. 1004, 1011 Code civil) oder der Einweisung durch den Präsidenten des Gerichts (Art. 1008 Code civil) Inhaber der Gewähr[66] (saisine)[67]. *Flad* sprach davon, dass durch den unmittelbaren Rechtserwerb des Legatars lediglich ein nudum ius zur Entstehung gelangte[68]. Weder der Erbnehmer noch der Erbteilsnehmer oder der Erbstücksnehmer durften sich auf eigenmächtige Art und Weise den Besitz an dem vermachten Gegenstand anmaßen, unabhängig von einer ggf. entsprechenden Willensäußerung des Erblassers[69]. Zusammenfassend soll festgehalten werden:

„[S]o wird jedenfalls der Vermächtnisnehmer à titre particulier zwar mit dem Erbfall Berechtigter der ihm zugewandten Nachlaßgegenstände, ist also Vindikationslegatar […], muß allerdings den Besitz von dem oder den Inhabern der saisine verlangen […] und erst ab Übergabe wirkt sein Recht auch gegenüber Dritten unbeschränkt, so daß das Vindikationslegat als solches windig erscheint […].“[70]

Die Vermächtnisnehmer erlangten somit mit dem Tod des Erblassers das Eigentum bzw. die Rechtsinhaberschaft an den zugedachten Gegenständen: Solange der Vermächtnisnehmer die saisine jedoch noch nicht erlangte, konnte die ihm zukommende dingliche Rechtsstellung nur gegenüber den sonstigen Berechtigten wirken, nicht hingegen gegenüber dritten Personen.

C. Die Haftung für Nachlassverbindlichkeiten

In Bezug auf die Haftung für Nachlassverbindlichkeiten galt für die Erb- und die Erbteilsnehmer Folgendes: Sie hafteten nicht mit ihrem eigenen Vermögen, sondern nur bis zum Betrag ihres Anteils am Nachlass[71]. Hinterließ der Erblasser keine Vorbehaltserben und hatte dieser ein Universallegat angeordnet, so hatte der nicht mit der Rechtswohltat des Inventars annehmende Uni-

---

65 *Zachariä v. Lingenthal/Dreyer,* S. 438, Fn. **; *Thilo/Sirey/de Villeneuve,* S. 143, 145; *Sirey,* S. 457, Nr. 16.

66 *Kegel* (in: Liber Amicorum, S. 347) umschrieb den Begriff der saisine mit einem Erbschaftsbesitz und der Berechtigung, Nachlassgegenstände einzuklagen.

67 *Zachariä v. Lingenthal/Dreyer,* S. 438. Vgl. zur saisine auch die Ausführungen bei *Förtsch,* S. 138, 139.

68 *Flad,* Vindikationsvermächtnis (Januar 1936), in: Protokolle der Ausschüsse, S. 633.

69 *Zachariä v. Lingenthal/Dreyer,* S. 439; *Frey,* S. 383. Es wurde jedoch darauf hingewiesen, dass dem Legatar stattdessen die Früchte bereits vom Tag des Versterbens des Erblassers an zustanden (vgl. *Zachariä v. Lingenthal/Dreyer,* S. 439, Fn. 3). Wurde dem derzeitigen Pächter oder Mieter die Pacht- oder Mietsache vermacht, so brauchte dieser nicht auf die Auslieferung des Vermächtnisses zu klagen (vgl. *Zachariä v. Lingenthal/Dreyer,* S. 439, Fn. 2).

70 *Kegel,* in: Liber Amicorum, S. 347.

71 *Zachariä v. Lingenthal/Dreyer,* S. 446; *Frey,* S. 394, 395.

versallegatar auch mit seinem eigenen Vermögen einzustehen[72]. Die heutige Rechtslage in Frankreich unterscheidet sich hiervon in besonderem Maße. Es wird gerade keine Unterscheidung zwischen Erbnehmern mit saisine, Erbnehmern ohne saisine und Erbteilsnehmern durchgeführt. Den Bedachten steht die Annahme ohne Vorbehalt, die Ausschlagung oder die Annahme unter Beschränkung der Haftung auf den Aktivnachlass zur Verfügung. Das derzeit geltende Recht in Frankreich sieht somit nicht bereits generell von einer Haftung der Erbnehmer ohne saisine und der Erbteilsnehmer mit ihrem vor dem Tod des Erblassers vorhandenen Vermögen ab. Wie die Erbnehmer mit saisine müssen auch diese zur Vermeidung einer Haftung mit ihrem Privatvermögen die Annahme unter Beschränkung der Haftung auf den Aktivnachlass erklären[73].

Derjenige, dem lediglich ein einzelner Gegenstand vermacht wurde, hatte hingegen für die Verbindlichkeiten des Nachlasses grundsätzlich nicht zu haften (Art. 1024 Code civil)[74]. In den Fällen, in denen der Erbe die Erbschaft mit der Rechtswohltat des Inventars annahm, die Nachlassgläubiger die Trennung der beiden Vermögensmassen (Eigenvermögen und Nachlass) beantragten, die Erbschaft lediges Erbe[75] wurde oder der Erblasser den Vermächtnisnehmer zur Begleichung von Verbindlichkeiten verpflichtete, nahmen die

---

[72] *Zachariä v. Lingenthal/Dreyer,* S. 446, 447, 448; *Frey,* S. 395.

Heutige Rechtslage: Das BGB geht grundsätzlich von einer unbeschränkten Haftung des Erben aus und kennt die Unterscheidung zwischen dem unbedingten Antritt der Erbschaft und dem Antritt der Erbschaft mit der Rechtswohltat des Inventars nicht (vgl. *Förtsch,* S. 100). Die ordnungsgemäße Errichtung eines Inventars verhindert lediglich, dass dem Erben die Möglichkeiten zur Herbeiführung einer Haftungsbeschränkung genommen werden (vgl. hierzu in Bezug auf die Nachlassverwaltung die Ausführungen bei *Förtsch,* S. 100).

Frühere Rechtslage: Der Erbe haftete grundsätzlich mit dem Nachlass und seinem eigenen Vermögen (Art. 873 Code civil) (vgl. *Zachariä v. Lingenthal/Dreyer,* S. 106, 107). Die Annahme der Erbschaft mit der Rechtswohltat des Inventars bedeutete hingegen, dass der Erbe nur mit den zum Nachlass gehörenden Gegenständen für die Nachlassverbindlichkeiten einzustehen hatte (*Zachariä v. Lingenthal/Dreyer,* S. 117). Hierbei handelt es sich um die Beantwortung der Frage nach der Haftungsmasse (Eigenvermögen und/oder Nachlass). „Die Erben haften den Erbschaftsgläubigern nur zu dem Antheile, welcher ihnen den Gesetzen nach von dem Nachlasse zukommt.“ (vgl. *Zachariä v. Lingenthal/Dreyer,* S. 181, 182). Dieses Zitat beantwortet hingegen die Frage nach dem Haftungsumfang im Falle des Vorhandenseins mehrerer Erben (gesamtschuldnerische oder teilschuldnerische Haftung).

[73] Vgl. hierzu die Ausführungen in § 12, II. D. 1. b) aa).

[74] *Zachariä v. Lingenthal/Dreyer,* S. 449; *Frey,* S. 397; *Förtsch,* S. 142.

[75] „Das Erbe ist als ledig zu betrachten [...], wenn nach Ablauf der Frist zur Fertigung eines Inventariums und der Bedenkzeit (Art. 795) sich Niemand (weder ein Erbe, noch ein ausserordentlicher Erbfolger, noch ein Erbnehmer) meldet, welcher die Erbschaft in Anspruch nimmt, und wenn der Erblasser keine Erben, die bekannt wären, hinterlassen hat, oder wenn die bekannten Erben des Erblassers oder auch nur die nächsten von ihnen auf die Erbschaft verzichten.“ (vgl. *Zachariä v. Lingenthal/Dreyer,* S. 195, 196).

Erbstücksnehmer hingegen eine nachrangige Stellung zu den übrigen Erbschaftsgläubigern ein[76]. Die Erbstückvermächtnisse waren verhältnismäßig herabzusetzen (réduction au marc le franc), wenn der verfügbare Teil des Vermögens nicht zur Auszahlung aller Erbstückvermächtnisse genügte[77]. Die Vermächtnisnehmer nahmen bei Überschuldung des Nachlasses eine nachrangige Position zu den übrigen Gläubigern ein[78]. Darüber hinaus haftete der Erbstücksnehmer für die dinglichen Lasten der vermachten Sache (beispielsweise Dienstbarkeiten)[79].

Auf Grund der relativen Eigentümerstellung des Vindikationslegatars bzw. der relativen Stellung als Inhaber eines Rechts wird nach französischem Recht zumindest deutlich, dass dieser auf Grund der fehlenden Drittwirksamkeit bis zur délivrance gerade nicht rechtswirksam über den vermachten Gegenstand zu verfügen vermochte. Das französische Recht legte gerade Wert auf die Konservierung des Gegenstandes zum Zwecke der Nachlassgläubigerbefriedigung und den Ausschluss des Übergangs des Insolvenzrisikos des Legatars auf die Nachlassgläubiger durch eine eventuelle Haftung mit dessen eigenem Vermögen. Unklar bleibt jedoch, ob der Erbe eine irgendwie geartete rechtliche Position an dem vermachten Gegenstand einnahm (beispielsweise eine relative Eigentümerstellung bzw. Stellung als Rechtsinhaber gegenüber jedermann außer dem Vindikationslegatar) und was genau unter der verhältnismäßigen Herabsetzung nach dem Code civil zu verstehen war. Wie konnte der Erbe auf den vermachten Gegenstand zum Zwecke der Nachlassgläubigerbefriedigung zugreifen? Dieselben Fragen bleiben auch nach der Analyse der zum heutigen Recht in Frankreich auffindbaren Materialien ungeklärt[80].

IV. Bürgerliches Gesetzbuch für das Königreich Sachsen[81]

A. Allgemeines

Das am 01. März 1865 in Kraft getretene BGB für das Königreich Sachsen war hingegen lediglich auf 3 Millionen Bürger des Deutschen Reiches anwendbar[82]. § 2451 Sächsisches BGB ging hierbei von einem grundsätzlichen unmittelbaren Rechtsübergang auf den Vermächtnisnehmer aus:

---

[76] *Zachariä v. Lingenthal/Dreyer,* S. 451.

[77] *Zachariä v. Lingenthal/Dreyer,* S. 458; *Frey,* S. 398.

[78] *Förtsch,* S. 142.

[79] *Zachariä v. Lingenthal/Dreyer,* S. 451.

[80] Vgl. hierzu die Ausführungen in § 12, II. D. 2. c).

[81] Die nachfolgend aufgeführten §§ des BGB für das Königreich Sachsen finden sich allesamt bei *Siebenhaar.*

[82] *Sturm,* in: I cento anni del Codice civile tedesco, S. 709. In seiner „Begründung des Entwurfes eines Rechtes der Erbfolge für das Deutsche Reich und des Entwurfes eines Einführungsgesetzes" brachte *v. Schmitt* (in: Die Vorentwürfe der Redaktoren zum BGB,

„Ist der Gegenstand des Vermächtnisses eine Sache, an welcher der Erblasser zur Zeit seines Todes das Eigenthum hat, oder ein Recht an einer Sache des Erblassers, oder ein dem Erblasser zuständiges Recht an einer fremden Sache, so erwirbt der Vermächtnißnehmer das Eigenthum der Sache nebst Zuwachs und allen zur Zeit des Anfalles dabei befindlichen Zubehörungen, oder das Recht an der Sache sofort mit der Erwerbung des Vermächtnisses, soweit nicht zu dem Uebergange des Eigenthumes oder des Rechtes Eintragung in das Grund- und Hypothekenbuch nach § 2286 nöthig ist.“

Das Sächsische BGB sah jedoch ebenso einen lediglich schuldrechtlichen Anspruch des Bedachten gegen den Beschwerten vor. § 2438 Sächsisches BGB normierte diesbezüglich[83]:

„Der Anspruch des Bedachten wider den Beschwerten geht auf Leistung des Vermächtnisses. Es finden dabei die Bestimmungen in §§ 733 bis 735, 737 bis 755 Anwendung.“

Ein bloßes Forderungsrecht fand sich beispielsweise in § 2456 S. 1 Sächsisches BGB:

„Die Vorschriften in §§ 2451 bis 2455 finden analoge Anwendung, wenn der Gegenstand dem Beschwerten gehört; doch erwirbt der Bedachte nur die Befugniß, Uebertragung des Eigenthumes oder des Rechtes zu fordern.“

In Bezug auf Gegenstände einer dritten Person galt hingegen § 2458 S. 1 Sächsisches BGB, der Folgendes besagte:

„War dem Erblasser bekannt, daß der Gegenstand einem Dritten gehörte, so ist der Beschwerte verpflichtet, den Gegenstand dem Vermächtnißnehmer zu verschaffen.“

Darüber hinaus existierten beim Gattungsvermächtnis (§ 2467 Sächsisches BGB), Wahlvermächtnis (§ 2493 Sächsisches BGB), Vermächtnis von Unterhalt und Leibrente (§§ 2472, 2476 Sächsisches BGB) und bei der Ausstattung

---

Erbrecht, Teil 1, S. 95, 117) zum Ausdruck, dass neben dem gemeinen sächsischen Recht in zahlreichen Fällen in subsidium das gemeine römische Recht zur Anwendung gelangte.

[83] Vgl. hierzu auch die Anmerkung zu § 2438 Sächsisches BGB bei *Siebenhaar/Siegmann/Pöschmann,* Bd. 3, S. 392: „Wie sich aus den Vorschriften über die einzelnen Arten der Vermächtnisse, insbesondere aus denen über das Vermächtniß einer dem Stücke nach bestimmten Sache oder eines Rechtes an einer Sache §§ 2451–2462, ergiebt, kann der Uebergang des Eigenthums […] von dem Erblasser auf den Vermächtnißnehmer auch ein unmittelbarer, [d.h.] […] ohne eine Dazwischenkunft des Erben und selbst ohne einen Erbschaftsantritt von Seiten des letzteren erfolgender, sein. In diesem Falle ist natürlich von einer persönlichen Verpflichtung des Erben aus dem Vermächtnisse keine Rede. Der vorliegende § handelt vielmehr lediglich von den Vermächtnissen, bei welchen der Erbe eine persönliche Verbindlichkeit zur Bezahlung der Vermächtnisse oder zur Erfüllung der ihm von dem Erblasser auferlegten Obligation hat, und es sollen diese Fälle nach den allgemeinen Vorschriften über die Forderungen […] beurtheilt werden.“ Die Tatsache, dass der Antritt der Erbschaft durch den Erben gerade keine Voraussetzung für den Erwerb des Vermächtnisses war, ergibt sich aus § 2426 Sächsisches BGB, der bestimmte, dass der Bedachte das Vermächtnis mit dem Tode des Erblassers erwirbt, wenn es sich gerade nicht um ein aufschiebend bedingtes oder befristetes Vermächtnis handelt.

(§ 2489 Sächsisches BGB) lediglich schuldrechtlich wirkende Vermächtnisse[84].

B. Die rechtliche Stellung des Vindikationslegatars

§ 2451 Sächsisches BGB bestimmte[85]:

„Ist der Gegenstand des Vermächtnisses eine Sache, an welcher der Erblasser zur Zeit seines Todes das Eigenthum hat, oder ein Recht an einer Sache des Erblassers, oder ein dem Erblasser zuständiges Recht an einer fremden Sache, so erwirbt der Vermächtnißnehmer das Eigenthum der Sache nebst Zuwachs und allen zur Zeit des Anfalles dabei befindlichen Zubehörungen, oder das Recht an der Sache sofort mit der Erwerbung des Vermächtnisses, soweit nicht zu dem Uebergange des Eigenthumes oder des Rechtes Eintragung in das Grund- und Hypothekenbuch nach § 2286 nöthig ist."

Das Gesetzbuch ging grundsätzlich bei einem eigenen und nicht lediglich der Gattung nach bestimmten Gegenstand von einem unmittelbaren Übergang auf den bedachten Legatar aus, sah jedoch eine Ausnahme für den Fall vor, dass zu dem Übergang des Eigentums oder des Rechts Eintragung in das Grund- und Hypothekenbuch nach § 2286 Sächsisches BGB nötig war[86]. Gemäß § 276 S. 1 Sächsisches BGB wurde das Eigentum an Grundstücken durch Eintragung des Erwerbers in das Grundbuch erworben, ohne dass es dazu der Erwerbung des Besitzes bedurfte. § 276 S. 2 Sächsisches BGB bestimmte des Weiteren, dass die Eintragung einen Rechtsgrund zur Eigentumserwerbung voraussetzte. Einen Rechtsgrund zur Erwerbung des Eigentums stellten auf Eigentumsübertragung gerichtete Rechtsgeschäfte unter Lebenden, eine richterliche Entscheidung, Erbfolge, Vermächtnis und Anwartschaft dar (vgl. § 277 Sächsisches BGB).

„Die Vermächtnißnehmer und Anwärter haben auf Grund der letztwilligen Verfügung nur einen persönlichen Anspruch auf Erwerbung des Eigenthums an den ihnen beschiedenen Grundstücken. Bei den Erben verhält es sich mit dem Rechtsgrunde anders. Bei diesen nämlich ist davon auszugehen, daß die Gesammtheit des Vermögens einer Person nach deren Tode noch fortdauert, daß in diesem Vermögen auch die vermögensrechtliche Persönlichkeit des Erblassers fortlebt und in der Person des Erben ein physisches Organ findet. Es wird also das Eigenthum, welches der Erblasser an einem Grundstücke durch Eintragung erworben und bei seinem Tode noch hatte, durch diesen Tod nicht aufgehoben, das Grundstück wird nicht herrenlos [...] und der Erbe erwirbt daran kein neues Eigenthum, sondern setzt das Eigenthum des Erblassers fort. Hiernach läßt sich die nach dem Ingrossationssystem und zur ordnungsgemäßen Führung der Grundbücher allerdings erforderlichen Umschreibung der erbschaftlichen Grundstücke auf den Namen des Erben nur als eine

[84] *Kegel,* in: Liber Amicorum, S. 350.

[85] § 259 Sächsisches BGB bestimmte bereits im Rahmen des Sachenrechts Folgendes: „Eine bewegliche Sache, welche Eigenthum des Erblassers war, geht auf Denjenigen, welchem sie durch Erbfolge, Vermächtniß oder Anwartschaft zufällt, ohne Weiteres eigenthümlich über."

[86] *Siebenhaar/Siegmann/Pöschmann,* Bd. 3, S. 395.

dingliche, im Grundbuche verlautbarte Sachlegitimation auffassen, deren es übrigens nach § 2286 nicht einmal in allen Fällen zur Disposition des Erben über die erbschaftlichen Grundstücke bedarf.“[87]

§§ 2477, 962 Sächsisches BGB brachten darüber hinaus zum Ausdruck, dass es im Falle einer dem Erblasser gegenüber einem Dritten zustehenden Forderung gerade auf keine Abtretung von Seiten des Erben ankam[88]. § 962 S. 2 Sächsisches BGB bestimmte gerade, dass die Abtretung mittels letztwilliger Verfügung geschehen konnte. Eine Ausnahme ergab sich hingegen für eine eingetragene Forderung. Gemäß § 387 Sächsisches BGB entstand das Pfandrecht an unbeweglichen Sachen (Hypothek) durch die Eintragung der zu sichernden Forderung in das Hypothekenbuch und diese eingetragene Forderung ging mit der Hypothek ohne Weiteres auf die Erben des Gläubigers über, wobei diese jedoch die Umschreibung der Forderung auf ihren Namen verlangen konnten (vgl. § 437 Sächsisches BGB). § 2287 S. 1 Sächsisches BGB bestimmte u.a., dass es der Eintragung der Erben als Inhaber einer hypothekarischen Forderung, welche auf sie durch die Antretung der Erbschaft übergegangen ist, nicht bedurfte. Die Vorschrift des § 437 Sächsisches BGB bezog sich auf Grund ihres eindeutigen Wortlautes (Erben des Gläubigers) hingegen gerade nicht auf die Vermächtnisnehmer des Gläubigers. Auf die Vermächtnisnehmer ging die eingetragene Forderung hingegen sowohl gegen Dritte als auch gegen den Schuldner erst durch die Umschreibung über (vgl. § 438 S. 1 Sächsisches BGB). *Siebenhaar, Siegmann* und *Pöschmann* gingen hierbei auf Grund der von ihnen gewählten Formulierung vermutlich von einem bloßen persönlichen Anspruch des Vermächtnisnehmers gegenüber dem Beschwerten auf Erwerbung der Rechtsinhaberschaft an der hypothekarisch gesicherten Forderung aus. Sie sprachen davon, dass „das Vermächtniß [...] nur als Rechtsgrund zur Umschreibung [gilt]“[89]. Dies erscheint als Verweis auf §§ 276 S. 2, 277 Sächsisches BGB, die gerade davon sprachen, dass die Eintragung einen Rechtsgrund zur Erwerbung des Eigentums voraussetzte und hierbei verschiedene Rechtsgründe zur Eigentumserwerbung aufzählten. Im Rahmen des § 277 Sächsisches BGB vertraten *Siebenhaar, Siegmann* und *Pöschmann* jedoch deutlich die Theorie eines persönlichen Anspruchs des

[87] *Siebenhaar/Siegmann/Pöschmann,* Bd. 1, S. 285. Die Ausführungen *Beckers* in Bezug auf die Wirkweise eines Vermächtnisses über Grundstücke sind hingegen kaum durchsichtig. Er sprach zum einen davon, dass der Vermächtnisnehmer bis zur Eintragung nur einen schuldrechtlichen Anspruch haben solle, und auf der anderen Seite hingegen von einem Eigentum ohne Wirksamkeit gegenüber Dritten (vgl. Zweite Sitzung der ersten Abtheilung am Dienstag, den 11. September 1888, in: Verhandlungen des 19. DJT, Bd. 3, S. 88). Hierbei handelt es sich aber um zwei sich voneinander unterscheidende rechtliche Positionen. Soll der Vermächtnisnehmer ein bloßes Forderungsrecht gegenüber dem Beschwerten erlangen oder bereits eine Art relatives Eigentum?

[88] *Siebenhaar/Siegmann/Pöschmann,* Bd. 3, S. 404.

[89] *Siebenhaar/Siegmann/Pöschmann,* Bd. 1, S. 390.

Vermächtnisnehmers auf Erwerbung des Eigentums[90]. Der Wortlaut des § 438 S. 1 Sächsisches BGB lässt hingegen einen ganz anderen Schluss zu. Dieser sprach davon, dass die eingetragene Forderung sowohl gegen Dritte als auch gegen den Schuldner erst durch die Umschreibung auf den neuen Gläubiger (Vermächtnisnehmer) überging. Der Erbe selbst wurde hierbei nicht erwähnt. Der Erbe ist weder ein Dritter noch (in den allermeisten Fällen) der Schuldner der hypothekarisch gesicherten Forderung. § 438 S. 1 Sächsisches BGB müsste somit u.U. entgegen *Siebenhaar, Siegmann* und *Pöschmann* derart verstanden werden, dass der Legatar zumindest dem Erben gegenüber die Rechtsinhaberschaft an der durch eine Hypothek gesicherten Forderung erlangte, nicht hingegen dritten Personen und dem Schuldner gegenüber. Es verbleibt somit die Frage, ob der Gesetzgeber des Sächsischen BGB die Stellung des Vermächtnisnehmers in Bezug auf Grundstücke anders ausgestalten wollte als in Bezug auf hypothekarisch gesicherte Forderungen. *Siebenhaar, Siegmann* und *Pöschmann* gingen hiervon unter Berücksichtigung der von ihnen benutzten Worte wohl eher nicht aus. Der Wortlaut des § 438 S. 1 Sächsisches BGB könnte hingegen auf ein anderes Ergebnis hindeuten. In Bezug auf Grundstücken gab es keine dem § 438 S. 1 Sächsisches BGB vergleichbare Vorschrift, auf Grund derer anderweitigen Formulierung weitere Rückschlüsse gezogen werden könnten. Es leuchtet indes aber nicht ein, warum der Gesetzgeber die Interessen in Bezug auf Rechtssicherheit und Rechtsklarheit nicht besonders fördernde unterschiedliche rechtliche Stellungen des Vermächtnisnehmers hätte schaffen wollen. Es verbleibt jedoch auch dann weiterhin die Frage, ob der Gesetzgeber eine einheitliche relative Rechtsposition des Vermächtnisnehmers einführen wollte oder einen bloßen persönlichen Anspruch des Bedachten gegenüber dem Erben.

C. Die Haftung für Nachlassverbindlichkeiten

Das Sächsische BGB sah in den §§ 2324 ff. (Verhältniß des Erben zu den Erbschaftsgläubigern) eine auf die Nachlassmasse beschränkte Haftung der Erben gegenüber den Nachlassgläubigern vor[91].

§ 2328 Sächsisches BGB bestimmte hierbei: „Der Erbe haftet für die Erbschaftsschulden, soweit die Erbschaft, einschließlich der davon gezogenen Früchte und Zinsen und Dessen, was der Erbe der Erbschaft selbst schuldet, reicht."

Gemäß § 2442 Sächsisches BGB war der Vermächtnisnehmer hingegen zur Vertretung der Erbschaft gegenüber den Erbschaftsgläubigern nicht verpflich-

---

[90] *Siebenhaar/Siegmann/Pöschmann,* Bd. 1, S. 285.

[91] *Gärtner,* S. 9. Wie bereits *Kegel* (in: Liber Amicorum, S. 350) zum Ausdruck brachte, bestand zugunsten der Erben gerade nicht der Bedarf nach einer Annahme der Erbschaft unter der Rechtswohltat des Inventars.

tet. Die Vermächtnisnehmer hafteten somit den Erbschaftsgläubigern gegenüber nicht.

§ 2443 Sächsisches BGB regelte weiterhin: „Wenn die Vermächtnisse aus der Erbschaft nach deren Betrage zur Zeit des Todes des Erblassers, unter Abrechnung der auf ihr ruhenden Lasten und Schulden, oder aus der Masse, auf welche sie gelegt sind, nicht voll entrichtet werden können, so sind sie verhältnißmäßig zu mindern."

§ 2450 Sächsisches BGB normierte des Weiteren: „Ist der Gegenstand eines Vermächtnisses untheilbar, so hat der Beschwerte denselben ganz zu leisten, wenn ihm der Bedachte so viel an Geld herausgiebt, als die erforderliche verhältnißmäßige Minderung des Vermächtnisses ausmacht."

Dies bedeutet, dass die Vermächtnisnehmer zwar nicht gegenüber den Erbschaftsgläubigern hafteten, die ihnen zugedachten Legate jedoch im Falle der nicht genügenden Erbmasse verhältnismäßig gemindert werden konnten[92]. Eine weitere Haftung des Vermächtnisnehmers begründete die Vorschrift des § 2332 Sächsisches BGB:

„Wird die Erbschaft durch die nach § 2331 erfolgten Zahlungen erschöpft, so kann gegen den Erben keine weitere Forderung geltend gemacht werden. Den Berechtigten, welche ihre Befriedigung aus der Erbschaft nicht erhalten haben, steht ein Anspruch nur gegen die Personen zu, welche befriedigt worden sind, und zwar, soweit diese ihnen gleichstehen, auf verhältnißmäßige, und soweit diese ihnen nachstehen, auf volle Herausgabe des Empfangenen. Insbesondere haben Erbschaftsgläubiger, welche nicht befriedigt worden sind, das Recht, soweit es zu ihrer Befriedigung nöthig ist, Dasjenige von den Vermächtnißnehmern und Anwärtern zurückzufordern, was diese von dem Erben erhalten haben."

Auch im Rahmen des Sächsischen BGB können zahlreiche Fragen keiner Klärung unterzogen werden. Im Ergebnis wird man wohl von einem geringeren Schutzniveau zugunsten der Nachlassgläubiger sprechen müssen als nach dem ALR, dem Code civil oder den im gemeinen Recht anwendbaren Rechtsregeln. Das Sächsische BGB enthielt keinerlei Bestimmung, die eine eigenmächtige Ansichnahme der vermachten Sache durch den Bedachten zu verbieten schien oder dem Erben irgendwie geartete Herausgabeansprüche eingeräumt hätte. Der Vermächtnisnehmer wurde somit zumindest in Bezug auf eigene Sachen des Erblassers, nicht lediglich der Gattung nach bestimmten Sachen und das Nichtvorliegen einer aufschiebenden Bedingung oder Befristung mit dem Erbfall Eigentümer der vermachten Sache. Auf Verfügungsbeschränkungen deutet hingegen nichts hin. Dem Vermächtnisnehmer standen letztlich auf Grund der Möglichkeit der Ansichnahme der Sache bessere Weiterveräußerungsmöglichkeiten zur Verfügung als dem Bedachten nach den bereits zuvor erörterten Rechtsordnungen. Fraglich ist wiederum, wie sich die gemäß § 2443 Sächsisches BGB vorgesehene verhältnismäßige Minderung vollzog. Stand dem Erben eine Verfügungsbefugnis kraft Gesetzes zu oder musste ihm eine solche von dem Bedachten erteilt werden? Wie gestaltete

[92] *Gärtner,* S. 9, 10.

sich die Haftung des Vindikationslegatars in Fortsetzung zu § 2332 Sächsisches BGB, falls der vermachte Gegenstand gerade nicht mehr im Vermögen des Legatars vorhanden war?

V. Codex Maximilianeus Bavaricus Civilis

A. Allgemeines

Das Königreich Bayern war unter denjenigen Territorien des Deutschen Reiches, für die weder das ALR noch der Code civil oder das Sächsische BGB galt, der einzige Staat, in dem schon vor dem Inkrafttreten des BGB eine gewisse Rechtseinheit zu verzeichnen war[93]. Im Königreich Bayern fand sich das Zivilrecht im Codex Maximilianeus Bavaricus Civilis oder neuverbessert und ergänzt im Chur-Bayrischen Landrecht (CMBC) aus dem Jahre 1756[94].

Im CMBC war u.a. ein Vindikationslegat vorgesehen[95]. Neben dem unmittelbar dinglich wirkenden Vermächtnis wurde des Weiteren ein Damnationslegat normiert. *Freiherr v. Kreittmayr* bezog sich auf III 6 § 11 Nr. 2 CMBC („Re corporali, specifica et Leganti propria")[96] und brachte u.a. zum Ausdruck, dass die rei vindicatio gerade dann nicht funktioniert, falls beispielsweise ein Stück Vieh vermacht wird, ohne das genaue Individuum zu benennen oder 100 Taler[97]. *Freiherr v. Kreittmayr* sprach von „einer körperlichen und dem Vermächter eigenthümlichen besondern Sache"[98].

> „Wenn daher das Legat [...] etwann nur [...] in 100 Thaler oder in genere [...] in einem Stück Vieh ohne das Individuum zu nennen oder in re incorporali [...] oder gar in einer fremden Sache bestehet, so gehet rei vindicatio nicht mehr an [...]."[99]

B. Die rechtliche Stellung des Vindikationslegatars

Der CMBC sah ebenso wie die bereits dargestellten Rechtsordnungen ein Vindikationslegat vor. *Freiherr v. Kreittmayr* wies darauf hin, dass zwar das Eigentum bzw. die Rechtsinhaberschaft an dem vermachten Vermögensge-

---

[93] *Sturm,* in: I cento anni del Codice civile tedesco, S. 711.

[94] *Sturm,* in: I cento anni del Codice civile tedesco, S. 711, Fn. 21.

[95] *Freiherr v. Kreittmayr* (Anmerkungen über den Codicem Maximilianeum bavaricum civilem, S. 608) sprach davon, „daß es in der Person des Erbens keinen Augenblick ruhet, sondern gleich ipso jure auf Legatarium, wenn er schon keine Wissenschaft davon hat [...] hinüber gehet".

[96] Die nachfolgend aufgeführten §§ des CMBC finden sich allesamt bei *Freiherr v. Kreittmayr,* Codex Maximilianeus Bavaricus Civilis.

[97] *Freiherr v. Kreittmayr,* Anmerkungen über den Codicem Maximilianeum bavaricum civilem, S. 613.

[98] *Freiherr v. Kreittmayr,* Anmerkungen über den Codicem Maximilianeum bavaricum civilem, S. 613.

[99] *Freiherr v. Kreittmayr,* Anmerkungen über den Codicem Maximilianeum bavaricum civilem, S. 613.

genstand ipso iure auf den Vermächtnisnehmer überging, diesem jedoch eine Apprehension auf eigenmächtige Art und Weise versagt war (vgl. III 6 § 11 Nr. 1 CMBC)[100]. Der Vermächtnisnehmer war somit auf eine Mitwirkungshandlung seitens des Erben angewiesen. Vor dem Antritt der Erbschaft durch den Erben konnte die erforderliche Mitwirkungshandlung jedoch nicht gefordert werden (vgl. III 6 § 11 Nr. 6 CMBC)[101]. III 1 § 18 Nr. 10 CMBC legte u.a. des Weiteren fest, dass der Erbe während der Inventur „um sothane Sprüche und Forderungen [...] nicht belangt werden [konnte]"[102]. Dies legt den Schluss nahe, dass der Vermächtnisnehmer den Erben jedenfalls während der Dauer der Inventarerrichtung nicht auf Vornahme der Handlung in Anspruch zu nehmen vermochte.

C. Die Haftung für Nachlassverbindlichkeiten

Der Erbe haftete vorrangig für die Nachlassverbindlichkeiten[103].

III 1 § 18 Nr. 10 CMBC bestimmte auszugsweise: „Ziehet die Errichtung eines förmlichen Inventariums verschiedene Wirkungen und Freyheiten nach sich. Denn erstlich haftet der Erbe um die Erbschafts-Schulden, dann Legaten und andere Forderungen nur so weit, als sich die Kräfte der Erbschaft erstrecken."

III 6 § 10 Nr. 6 und 7 CMBC normierte u.a.: „Dahingegen haftet er um die Schulden des Vermächters, jedoch nur pro Quantitate Legati, und in Subsidium, soweit nämlich die übrige Verlassenschaft zur Zahlung nicht mehr hinreicht, weil man weder Legaten noch Erbschaften andergestalt, als nach Abzuge der Schulden prätendiren kann."

Die Erbschaftsgläubiger hatten sich somit zunächst an den Erben zu wenden, falls die Erbschaft jedoch auf Grund der ordnungsgemäßen Errichtung eines Inventars für die Befriedigung der Gläubiger nicht genügend war, führte dies zu einer subsidiären Haftung der Vermächtnisnehmer den Erbschaftsgläubigern gegenüber[104]. Fraglich bleibt aber die exakte Ausgestaltung dieser subsidiären Einstandspflicht des Legatars. *Gärtner* spricht sich für eine auf den Wert des Vermächtnisses beschränkte Haftung aus[105]. Dies entspricht an sich des korrekten Verständnisses in Bezug auf den in III 6 § 10 Nr. 7 CMBC verwendeten Ausdruck „pro Quantitate Legati". Es geht um eine Haftung im Verhältnis zum Umfang des Vermächtnisses, d.h. um eine Haftung des Legatars mit dem vermachten Gegenstand und seinem vor dem Erbfall vorhande-

---

[100] *Freiherr v. Kreittmayr,* Anmerkungen über den Codicem Maximilianeum bavaricum civilem, S. 610.

[101] *Freiherr v. Kreittmayr,* Anmerkungen über den Codicem Maximilianeum bavaricum civilem, S. 611.

[102] Vgl. hierzu auch die Ausführungen bei *Freiherr v. Kreittmayr,* Anmerkungen über den Codicem Maximilianeum bavaricum civilem, S. 149.

[103] *Gärtner,* S. 10.

[104] *Freiherr v. Kreittmayr,* Anmerkungen über den Codicem Maximilianeum bavaricum civilem, S. 618; *Gärtner,* S. 10.

[105] *Gärtner,* S. 10.

nen Privatvermögen, die jedoch auf den Wert des Legates beschränkt ist (pro viribus)[106]. Die Darstellungen des *Freiherrn v. Kreittmayr* lassen einige Fragen offen. Er erwähnte dieselbe in III 6 § 10 Nr. 7 CMBC verwendete Begrifflichkeit, sprach aber gleichzeitig davon, dass die Anordnung eines Vermächtnisses niemals zum Schaden der Bedachten gereichen durfte und somit eine Haftung ultra vires auszuscheiden hatte[107]. Eine auf den Wert des Vermächtnisses beschränkte Haftung würde aber für den Bedachten nicht nur nachteiligere Folgen zeitigen als eine bloße gegenständlich beschränkte Haftung. Darüber hinaus würde eine Haftung pro viribus wohl zumindest einen Unterfall der Haftung ultra vires und gerade nicht der Haftung intra vires darstellen. Die Tatsache, dass der CMBC jedoch auf *Freiherrn v. Kreittmayr* zurückgeht, lässt seine Erläuterungen noch fragwürdiger erscheinen.

VI. Rechtshistorische Erkenntnisse

Die vorstehenden Ausführungen zeigen auf, dass die vor dem BGB Geltung beanspruchenden Rechtsordnungen den Versuch unternahmen, einer Gefährdung der Erben und Nachlassgläubiger durch eine vorzeitige wirksame Veräußerung des vermachten Gegenstandes durch den Legatar entgegenzuwirken. Es gab vielfach Regelungen, die zumindest eine eigenmächtige Ansichnahme der vermachten beweglichen Sache zu verhindern versuchten. Besonders ausgeprägte Rechtsregeln fanden sich hierbei im ALR. Das Sächsische BGB sah hingegen keinerlei derartige Schutzmechanismen vor[108]. Für

---

[106] Zur Begriffserklärung der pro viribus-Haftung vgl. Kapitel 4, Fn. 24.

[107] *Freiherr v. Kreittmayr,* Anmerkungen über den Codicem Maximilianeum bavaricum civilem, S. 618. Unter einer ultra vires-Haftung versteht man eine nicht nur auf den Nachlass beschränkte Haftung des bzw. der Erben für die Verbindlichkeiten des Nachlasses bzw. eine Haftung des Vindikationslegatars nicht ausschließlich mit dem vermachten Gegenstand. Es geht um eine Haftung mit dem Nachlass bzw. vermachten Gegenstand und dem bereits vor dem Tod des Erblassers vorhandenen Privatvermögen der haftenden Person, d.h. um eine Haftung des Schuldners mit seinem gesamten Vermögen (unbeschränkte Haftung). Eine intra vires-Haftung bedeutet demgegenüber eine Haftung lediglich mit dem Nachlass bzw. dem vermachten Gegenstand und gerade keine darüber hinausgehende Haftung mit dem Eigenvermögen des Erben oder Vermächtnisnehmers.

[108] Die erste Kommission ging hingegen davon aus, dass sich der Legatar ohne Zustimmung des Erben nicht in den Besitz einer vermachten beweglichen Sache setzen durfte. Die erste Kommission verwies hierfür auf § 2438 Sächsisches BGB (vgl. *Mugdan,* Bd. 5, S. 71 (Motive)). Für eine derartige Sichtweise würde jedenfalls sprechen, dass sich § 2438 Sächsisches BGB im fünften Abschnitt über die „Erwerbung der Vermächtnisse" befand und somit ganz allgemein für die gesamten im sechsten Abschnitt behandelten einzelnen Arten von Vermächtnissen zu gelten hatte. Im Ergebnis kann diesem Verständnis jedoch nicht beigepflichtet werden. § 2438 Sächsisches BGB betraf lediglich schuldrechtlich wirkende Vermächtnisse (vgl. *Siebenhaar/Siegmann/Pöschmann,* Bd. 3, S. 392). Die Ausführungen der ersten Kommission in Bezug auf vermachte Grundstücke sind ebenfalls nicht nachvollziehbar. In Bezug auf Grundstücke erlangte der Bedachte ein bloßes Forde-

alle Rechtsordnungen gilt jedoch einheitlich, dass sich keinerlei Regelungen in Bezug auf eventuelle Verfügungsverbote zu Lasten des Vermächtnisnehmers auffinden lassen und sich somit beispielsweise für den Fall, dass sich der Legatar bereits im unmittelbaren Besitz der vermachten beweglichen Sache befand, gerade ein vollumfänglicher Schutz zugunsten der Erben und Nachlassgläubiger durch Rückgriff auf die jeweilige Sache nur schwerlich bewerkstelligen ließ[109]. Dies galt natürlich nicht für die Rechtslage nach dem Code civil. Das Eigentum bzw. die Rechtsinhaberschaft des Einzelvermächtnisnehmers zeitigte von Anfang an keine Rechtswirkung gegenüber Dritten. Regelungen in Bezug auf die Frage der Haftung des Legatars im Falle der wirksamen Weiterveräußerung des vermachten Gegenstandes fanden sich lediglich in den I 12 §§ 342, 343 ALR und im CMBC, falls man von einer Haftung des Legatars pro viribus ausgehen musste[110]. Eine (direkte oder indirekte; grundsätzlich nur subsidiäre, außer wie im Code civil beispielsweise im Falle einer auf dem vermachten Gegenstand ruhenden dinglichen Last oder der Auferlegung einer Pflicht durch den Erblasser) Haftung des Vindikationslegatars war letztlich in allen Rechtsordnungen vorgesehen. Die exakte Ausgestaltung der haftungsrechtlichen Situation der Vermächtnisnehmer lässt jedoch viele Fragen offen. Es finden sich zwar vereinzelte Normen, die Aussagen über die Haftung des Legatars treffen, jedoch bleibt stets unklar, wie die Haftung in der alltäglichen Praxis tatsächlich vonstattenging und somit letztlich auch, in welchem Umfang der Schutz der Nachlassgläubiger gesetzlich oder durch die Rspr. vorgesehen war.

---

rungsrecht gegenüber dem Beschwerten (vgl. § 2451 Sächsisches BGB) (oder eine Art relatives Eigentum). Der Vermächtnisnehmer musste somit vor der Erfüllung seiner Forderung gerade nicht tunlichst an der Verfügung über das Grundstück gehindert werden (vgl. *Mugdan,* Bd. 5, S. 71 (Motive)). Es erschließt sich einem auch schwer, worin die erste Kommission bei Betrachtung der §§ 2477, 962 Sächsisches BGB zu erblicken vermochte, dass die wirksame Einziehung der Forderung an die Zustimmung des Erben gebunden war (vgl. *Mugdan,* Bd. 5, S. 71 (Motive)).

[109] Hiervon ging vermutlich auch die erste Kommission aus. Diese erörterte zunächst die Schutzmechanismen im vor dem Inkrafttreten des BGB geltenden Recht und stellte sich dann die Frage, „ob der Gefährdung des Erben und der Gläubiger nicht dadurch vorgebeugt werden könnte, daß, unter Beibehaltung des Vindikationslegates, der Vermächtnißnehmer einem Veräußerungsverbote unterstellt würde" (vgl. *Mugdan,* Bd. 5, S. 71 (Motive)). Davon, dass, soweit ermittelt, keine Gesetzgebung eine gesetzliche Verfügungsbeschränkung zu Lasten des Legatars vorsah, sprach *v. Schmitt* (in: Die Vorentwürfe der Redaktoren zum BGB, Erbrecht, Teil 2, S. 732).

[110] Zur Begriffserklärung der pro viribus-Haftung vgl. Kapitel 4, Fn. 24.

§ 12 Rechtsvergleich[111]

Im nachfolgenden Paragraphen möchte der rechtsvergleichende Blick auf EU-ausländische Rechtsordnungen gelegt werden, die sich für die Integration (zumindest auch) eines Vindikationslegates in das nationale Recht entschieden haben. Die Auswahl fiel hierbei auf die Rechtsordnungen von Frankreich, Italien und Polen. Die zentrale Frage lautet hierbei: Wie ist die rechtliche Position des Vindikationslegatars im Allgemeinen ausgestaltet? Es geht insbesondere um die Frage nach der Haftung des unmittelbar dinglich berechtigten Vermächtnisnehmers für die Verbindlichkeiten des Nachlasses und die Frage, ob die französische, italienische und polnische Rechtsordnung die Interessen der Nachlassgläubiger durch die Integration eines Vindikationslegates in den Code civil, Codice Civile bzw. kodeks cywilny überhaupt zu gewährleisten vermag und wenn ja, durch welche rechtlichen Konstruktionen und in welchem Umfang (vgl. hierzu § 12, II. C. und D. 2., III. B. und C. 2., IV. B. und C. 2.).

Zum besseren Verständnis der diesbezüglichen unterschiedlichen Ausgestaltungen des Vindikationslegates in den exemplarisch gewählten Rechtsordnungen empfiehlt es sich, seinen Blick im Allgemeinen auch darauf zu richten, wie weitreichend der Nachlassgläubigerschutz generell, d.h. unabhängig von demjenigen in Bezug auf ein Vindikationslegat, durchgeführt ist. Diesbezüglich gilt es festzuhalten, dass jedes Rechtssystem die folgenden Belange in ein Verhältnis zueinander setzen muss: die Interessen des Erblassers, der Erben, der Vermächtnisnehmer, der Pflichtteilsberechtigten, der Gläubiger des Erblassers, der Erbeneigengläubiger, des Rechtsverkehrs usw. Die Gewichtung der einzelnen Belange wird hierbei u.a. in Anlehnung an die Ausgestaltung der Erbengemeinschaft als Gesamthandsgemeinschaft, Bruchteilsgemeinschaft oder Gemeinschaft eigener Art, der rechtlichen Position des Vermächtnisnehmers und der haftungsrechtlichen Situation der Erben und Vermächtnisnehmer auf teils sehr ähnliche und teilweise erheblich unterschiedliche Art und Weise durchgeführt. Die Interessen des Erblassers und der Vermächtnisnehmer einerseits und die Interessen der (übrigen) Nachlassgläubiger und des Rechtsverkehrs andererseits können hierbei auf eine Waag-

[111] Vgl. *Leleu* in Bezug auf die Übertragung des Vermögens des Erblassers aus rechtsvergleichender Perspektive. *Leleu* (Nr. 126) spricht davon, dass sich die Mehrzahl der Systeme, die von einem ipso iure-Erwerb bzgl. des vermachten Gegenstandes ausgehen, dem in Deutschland existenten bloßen Forderungserwerb anschließen und dem Bedachten gerade kein dingliches Recht zusprechen. Unter diesen Systemen hat das deutsche Recht die rechtliche Konstruktion des Erwerbs eines lediglich schuldrechtlichen Anspruchs am besten in ein System gebracht (*Leleu,* Nr. 126). *Leleu* (Nr. 129) spricht weiter davon, dass der deutsche Gesetzgeber durch die Ausgestaltung des Vermächtnisses die Verwirklichung des Grundsatzes nemo liberalis nisi liberatus („Freigebig nur, wenn schuldenfrei."; die Übersetzung ist aus *Liebs,* S. 147) erleichtert.

schale gelegt werden und stehen somit in einem gewissen Abhängigkeitsverhältnis zueinander. Ein Rechtssystem, das die Belange des Erblassers und der Vermächtnisnehmer stärker schützen möchte, muss in gewisser Weise Einbußen in Bezug auf die Interessen der (übrigen) Nachlassgläubiger und diejenigen des Rechtsverkehrs in Bezug auf Rechtsklarheit und Rechtssicherheit hinnehmen. Der nachfolgende Rechtsvergleich beschränkt sich somit nicht lediglich auf die Darstellung des Verhältnisses zwischen dem Vorhandensein eines Vindikationslegates und der hierzu in Konkurrenz stehenden Verwirklichung eines Nachlassgläubigerschutzes. Stattdessen hat er sich ebenfalls zum Ziel gesetzt, die Rechtsordnungen von Frankreich, Italien und Polen bzgl. der Frage zu untersuchen, inwieweit den Belangen des Erblassers, der Erben, der Vermächtnisnehmer, der Pflichtteilsberechtigten, der Gläubiger des Erblassers, des Rechtsverkehrs usw. unabhängig von der Existenz eines Vindikationslegates zum Durchbruch verholfen wird bzw. inwieweit ein einzelnes Interesse zugunsten eines anderen zurückzutreten hat (siehe § 12, II. D. 1., III. C. 1., IV. C. 1.). Es handelt sich jedoch nur um einen Auszug, der keinesfalls einen Anspruch auf Vollständigkeit zu erheben vermag. Das Forschungsziel dieser Arbeit ist ja gerade nicht die Frage, wie der Nachlassgläubigerschutz in ausländischen Rechtsordnungen gemeinhin ausgestaltet ist, sondern die Frage nach der Einführung eines Vindikationslegates in das nationale Recht und diejenige, ob diejenigen Probleme, die sich im Falle der Integration eines Vindikationslegates in Bezug auf den Nachlassgläubigerschutz stellen würden, durch eine im Sinne der ausländischen Rechtsordnungen inspirierte nationale Gesetzesausgestaltung gelöst werden könnten. Um die in Frankreich, Italien und Polen divers ausgestalteten Vindikationslegate jedoch besser verstehen zu können, empfiehlt sich eine zumindest ansatzweise Analyse des generellen Stellenwertes des Nachlassgläubigerschutzes in den einzelnen Rechtsordnungen.

In groben Zügen lässt sich wohl die Vermutung aufstellen, dass sich die Ausgestaltung der rechtlichen Position des Vermächtnisnehmers als unmittelbar dinglich oder schuldrechtlich Berechtigter bzw. die haftungsrechtliche Position des Vindikationsvermächtnisnehmers wohl an der jeweils unterschiedlichen generellen Gewichtung der Nachlassgläubigerinteressen orientieren wird. Dies mutet auch durchaus plausibel an, da sich durch eine derartige gesetzgeberische Vorgehensweise das zu betrachtende Rechtssystem als ein besonders ausgewogenes gebärdet.

Zu Beginn (vgl. hierzu § 12, I.) wird nun ein Überblick über exemplarisch gewählte EU-ausländische und Nicht-EU-ausländische Rechtsordnungen gegeben. In welchen Rechtsordnungen finden sich Vindikationslegate und in welchen gerade nicht?

I. Überblick über ausländische Rechtsordnungen

Zu Beginn wird darauf hingewiesen, dass es im Rahmen der Rechtsordnungen des Common Law üblicherweise nicht auf die rechtliche Position des Vermächtnisnehmers als dinglich oder lediglich schuldrechtlich Berechtigtem ankommt. Rechtsordnungen des Common Law sind u.a. England und Wales[112], Irland[113], Australien, Kanada (mit Ausnahme von Québec)[114] und die USA (mit Ausnahme von Louisiana)[115]. Diese Feststellung soll am Beispiel Englands und Australiens knapp dargestellt werden:

> „In England geht der Nachlaß einer Person nicht, wie im deutschen Recht, unmittelbar auf den oder die Erben über, sondern zunächst auf den sog. personal representative. Personal representative ist entweder der vom Erblasser ernannte Testamentsvollstrecker (executor) oder ein vom Nachlaßgericht eingesetzter Erbschaftsverwalter (administrator). Der personal representative hat den Nachlaß zu sammeln, die Nachlaßverbindlichkeiten zu begleichen und den Rest an die testamentarischen oder gesetzlichen Erben zu verteilen."[116]

Der Nachlass wird somit erst nach Begleichung der Nachlassverbindlichkeiten durch den personal representative an die Personen verteilt, die kraft Gesetzes oder auf Grund eines Testaments (beneficiaries) etwas aus dem Nachlass erhalten sollen[117]. Man spricht hierbei vom Prinzip der gesonderten

---

[112] *Odersky* (in: Erbrecht in Europa, S. 586) bringt zum Ausdruck, dass es sich bei Großbritannien um einen Mehrrechtsstaat handelt, der aus den Rechtsordnungen von England und Wales auf der einen Seite und der Rechtsordnung von Schottland auf der anderen Seite besteht. Als dritte Rechtsordnung Großbritanniens ist jedoch noch diejenige Nordirlands zu nennen (vgl. *Odersky,* in: Erbrecht in Europa, S. 586, Fn. 4 und *Henninger,* S. 202). Schottland gehört hingegen nicht zu den Rechtsordnungen des Common Law (vgl. *Posch,* S. 152). *Posch* (S. 152) spricht aber auch von einer „sich stetig verstärkende[n] Beeinflussung durch das *Common Law*" und somit von einem „*mixed legal system*". *Henninger* (S. 202) äußert sich dahingehend, dass es sich bei dem schottischen Zivilrecht um ein Mischsystem aus dem englischen Common Law und dem römisch-rechtlich ausgerichteten, kontinentaleuropäischen Recht handelt. Unabhängig von dieser Einordnung folgt auch Schottland dem Prinzip der gesonderten Nachlassabwicklung (executry administration) (vgl. *Odersky,* in: Erbrecht in Europa, S. 630).

[113] Zum Prinzip der gesonderten Nachlassabwicklung vgl. *Worthmann,* in: Erbrecht in Europa, S. 673 bis 676.

[114] Hierbei muss im Rahmen des Nachlassverfahrens zwischen den Common Law-Provinzen und Québec unterschieden werden (vgl. Flick/Piltz/*Cornelius,* Rn. 690, 691).

[115] *Firsching* (S. 16, 17) äußerte sich folgendermaßen: „Mit Ausnahme der Gesetze von Louisiana […] bauen die *Rechte der US-Staaten* auf altem englischen Recht auf. […] Wurde die Nachlaßverwaltung (administration) als das charakteristische Merkmal des englischen Erbrechtssystems bezeichnet, so gilt diese Feststellung in verstärktem Maße für die erbrechtliche Gestaltung der US-Rechte."

[116] *Ferid/Firsching,* Bd. III, Großbritannien, Rn. 67. Zur Verwaltung und Verteilung des Nachlasses vgl. insbesondere Rn. 247 bis 252.

[117] *Ferid/Firsching,* Bd. III, Großbritannien, Rn. 97.

Nachlassabwicklung [118]. Hieraus ergibt sich die besonders bedeutsame Schlussfolgerung:

„Weil der Nachlaß zunächst auf den personal representative übergeht, der die Anordnungen des Erblassers zu erfüllen hat, haben alle letztwillig bedachten Personen (ebenso wie die vom Gesetz bedachten Personen) nur *Ansprüche* gegen den personal representative. Es gibt keinen rechtlichen Unterschied zwischen Erben und Vermächtnisnehmern wie im deutschen Recht. [...] Die Rechtsstellung eines ‚Vermächtnisnehmers nach englischem Recht' [einfach] ist jedoch die gleiche wie die eines ‚Erben nach englischem Recht' [einfach]."[119]

Auf Grund der Tatsache, dass es keinen Unterschied zwischen Erben und Vermächtnisnehmern gibt, spielt auch die Abgrenzung zwischen einem dinglich wirkenden Vermächtnis und einem lediglich schuldrechtliche Wirkung entfaltenden Legat keine Rolle. Eine vergleichbare Rechtslage findet sich auch in Australien. Der personal representative (executor/administrator) erwirbt rückwirkend auf den Erbfall mit seiner Ernennung den Titel zu dem beweglichen und unbeweglichen Nachlass[120].

Demgegenüber spielt die Unterscheidung zwischen einem dinglich wirkenden Vermächtnis und einem lediglich schuldrechtlich wirkenden Legat in anderen Rechtsordnungen eine entscheidende Rolle. Folgenden Rechtsordnungen ist ein dinglich wirkendes Vermächtnis gänzlich unbekannt: Estland[121], Finnland[122], dem Fürstentum Liechtenstein[123], den Niederlanden[124],

[118] *Odersky,* in: Erbrecht in Europa, S. 591. *Odersky* weist hierbei auch darauf hin, dass der personal representative Inhaber des Nachlasses wird und nicht lediglich wie der deutsche Testamentsvollstrecker die Nachlassgegenstände verwaltet.

[119] *Ferid/Firsching,* Bd. III, Großbritannien, Rn. 97, 198.

[120] *Ferid/Firsching,* Bd. I, Australien, Rn. 127.

[121] *Ferid/Firsching,* Bd. II, Estland, Rn. 151.

[122] Im Rahmen der finnischen Rechtsordnung gilt es Folgendes zu berücksichtigen: „Die gewillkürte Erbeinsetzung ist dem finnischen Recht fremd. Nur die gesetzlichen Erben können Erben sein. Gleichwohl gibt es die Möglichkeit für den Erblasser, vollständig über seinen Nachlass zu verfügen. [...] Der Erblasser kann über seinen Nachlass in der Form von Vermächtnissen verfügen. Dabei sind Quotenvermächtnisse [...] und Stückvermächtnisse [...] zu unterscheiden. Diese Unterscheidung ist von Bedeutung für die Art der Beteiligung am Nachlass. Der mit einem Quotenvermächtnis Bedachte ist neben den Erben und dem überlebenden Ehegatten Nachlassbeteiligter. Der mit einem Stückvermächtnis Bedachte hat diesen Status nicht." (vgl. *v. Knorre/Mincke,* in: Erbrecht in Europa, S. 477, 478). Die rechtliche Stellung als sog. Quotenvermächtnisnehmer kann somit der Position eines (Mit-)Erben nach deutschem Recht gegenübergestellt werden. Im Rahmen des Stückvermächtnisses geht es hingegen um die Zuwendung eines einzelnen Gegenstandes. Diese Definition entspricht grundsätzlich dem Verständnis eines Vermächtnisses nach deutschem Recht.

[123] *Ferid/Firsching,* Bd. V, Fürstentum Liechtenstein, Rn. 91, 131. Das materielle Erbrecht des Fürstentum Liechtensteins ist im österreichischen Allgemeinen Bürgerlichen Gesetzbuch (ABGB) enthalten (vgl. *Süß/v. Schönfeld,* in: Erbrecht in Europa, S. 825).

[124] *Ferid/Firsching,* Bd. VI, Niederlande, Rn. 12.

Österreich[125], der Schweiz[126] usw. Ein Vindikationslegat existiert hingegen (grundsätzlich neben einem lediglich schuldrechtlich wirkenden Vermächtnis) beispielsweise in folgenden Rechtsordnungen: Belgien[127], Brasilien[128], Frankreich[129], Griechenland[130], Italien[131], Lettland[132], Litauen[133], Luxemburg[134], Polen[135], Portugal[136], Spanien[137] und Ungarn[138].

---

[125] *Ferid/Firsching,* Bd. VI, Österreich, Rn. 314.

[126] *Ferid/Firsching,* Bd. VII, Schweiz, Rn. 126.

[127] Das belgische Erbrecht sieht keine testamentarische Erbeinsetzung vor. Der Erblasser kann sich hingegen der Anordnung eines Universalvermächtnisses (legs universel), eines Erbteilvermächtnisses (legs à titre universel) oder eines Erbstückvermächtnisses (legs particulier) bedienen (vgl. Hustedt/Schür/*Hustedt,* in: Erbrecht in Europa, S. 240, 241). Die rechtliche Stellung als sog. Universal- und Erbteilvermächtnisnehmer kann der Position eines (Mit-)Erben nach deutschem Recht gegenübergestellt werden; im Rahmen des Erbstückvermächtnisses geht es hingegen um die Zuwendung eines einzelnen Gegenstandes, wobei diese Definition grundsätzlich dem Verständnis eines Vermächtnisses nach deutschem Recht entspricht (vgl. Hustedt/Schür/*Hustedt,* in: Erbrecht in Europa, S. 240, 241).

[128] *Ferid/Firsching,* Bd. I, Brasilien, Rn. 285.

[129] *Ferid/Firsching,* Bd. II, Frankreich, Rn. 186. In Frankreich ist keine testamentarische Erbeinsetzung denkbar. An dieser Stelle werden auf die Ausführungen im Rahmen des belgischen Rechts verwiesen und auf die Darstellungen in § 12, II. A.

[130] *Ferid/Firsching,* Bd. III, Griechenland, Rn. 138, 161, 162. Es existiert sowohl das Damnations- als auch das Vindikationslegat (vgl. Art. 1995, 1996 ZGB), wobei es sich beim Damnationslegat um den Regelfall handelt (vgl. *Ferid/Firsching,* Bd. III, Griechenland, Rn. 138, 161; Stamatiades/Tsantinis/*Stamatiades,* in: Erbrecht in Europa, S. 564).

[131] *Ferid/Firsching,* Bd. III, Italien, Rn. 357; *Cubeddu Wiedemann/Wiedemann,* in: Erbrecht in Europa, S. 722.

[132] *Ferid/Firsching,* Bd. V, Lettland, Rn. 71.

[133] *Ferid/Firsching,* Bd. V, Litauen, Rn. 151, 152, 231. „Ist eine bestimmte, zum Nachlassvermögen gehörende Sache der Gegenstand des Vermächtnisse[s], so geht das Eigentum an dieser Sache […], falls der Bedachte das Vermächtnis annimmt, rückwirkend in dem Zeitpunkt auf den Bedachten über, in welchem der beschwerte Erbe die Erbschaft annimmt […]." (vgl. *Ferid/Firsching,* Bd. V, Litauen, Rn. 231). Vom Grundgedanken geht das litauische Recht hingegen von einem lediglich schuldrechtlich wirkenden Vermächtnis aus (vgl. *Ferid/Firsching,* Bd. V, Litauen, Rn. 231).

[134] *Ferid/Firsching,* Bd. V, Luxemburg, Rn. 83. Das luxemburgische Recht kennt wiederum keine testamentarische Erbeinsetzung, sondern Universal-, Erbteil- und Erbstückvermächtnisse (vgl. *Ferid/Firsching,* Bd. V, Luxemburg, Rn. 80 bis 83). Diesbezüglich werden auf die Ausführungen im Rahmen des belgischen Rechts verwiesen (Kapitel 4, Fn. 127).

[135] *Ferid/Firsching,* Bd. VI, Polen, Rn. 201 a; *Łakomy,* in: Erbrecht in Europa, S. 1005.

[136] *Ferid/Firsching,* Bd. VI, Portugal, Rn. 38; *Huzel/Wollmann,* in: Erbrecht in Europa, S. 1040, 1041.

[137] *Ferid/Firsching,* Bd. VII, Spanien, Rn. 329. In Bezug auf die Foralrechte (Aragonien, Balearische Inseln, Baskenland, Galicien, Katalonien, Navarra) vgl. Rn. 336 bis 350 und die Ausführungen bei *Steinmetz/Huzel/García Alcázar,* in: Erbrecht in Europa, S. 1320 bis 1325 und bei *Lamarca i Marquès,* in: Erbrecht in Europa, S. 782, 783.

[138] *Ferid/Firsching,* Bd. VIII, Ungarn, Rn. 92.

II. Frankreich

A. Allgemeines[139]

Eine schöne Einführung in das französische Erbrecht gibt eine Kombination der Ausführungen von *Guimezanes* und *Roguin:*

„Il existe deux types de successions: la succession ‚ab intestat' [einfach] réglementée par la loi et la succession testamentaire lorsque le défunt a rédigé un testament mais dans ce dernier cas les règles de la succession ‚ab intestat' [einfach] s'appliquent à la ‚réserve' [einfach] c'est à dire à la fraction du patrimoine dont le défunt n'a pu librement disposer en raison de la présence d'héritiers réservataires."[140]	Es existieren zwei Arten von Nachfolgen: die Nachfolge ohne Testament, die durch das Gesetz geregelt wird und, für den Fall, dass der Verstorbene ein Testament errichtet hat, die gewillkürte Nachfolge, wobei in diesem letzten Fall die Regeln über die gesetzliche Nachfolge für die réserve gelten, d.h. für den Bruchteil des Vermögens, über den der Erblasser auf Grund des Vorhandenseins von Pflichtteilsberechtigten nicht nach eigenem Ermessen verfügen konnte.
„La succession testamentaire est un des deux genres principaux de transmission volontaire de l'hérédité, l'autre étant la succession contractuelle."[141]	Die testamentarische Nachfolge ist eine der zwei wesentlichen Arten zur gewillkürten Übertragung des Vermögens des Erblassers, die andere wäre die vertragliche Nachfolge.

Universalsukzession und Unmittelbarkeit der Erbfolge gelten in gleichem Maße für das deutsche wie das französische Recht[142]. Im französischen Recht gibt es hingegen lediglich geborene und gerade keine gekorenen Erben. Es gilt somit der Grundsatz, dass nur die gesetzliche Erbfolge als Berufungsgrund zur Erbschaft anerkannt ist, jegliche Verfügung von Todes wegen hingegen nur Vermächtnisnehmer zur Folge hat[143]. Hierauf wurde bereits im

---

[139] Der Code civil ist in fünf Bücher eingeteilt: in das erste („des personnes") (von den Personen), das zweite („des biens et des différentes modifications de la propriété") (von den Gegenständen und den verschiedenen Beschränkungen des Eigentums), das dritte („des différentes manières dont on acquiert la propriété") (von den verschiedenen Arten des Eigentumserwerbs), das vierte („des sûretés") (von den Sicherheiten) und das fünfte („dispositions applicables à Mayotte") (auf Mayotte anwendbare Vorschriften) Buch.

[140] *Guimezanes,* S. 266.

[141] *Roguin,* Bd. 5, Nr. 946.

[142] *Ferid/Firsching,* Bd. II, Frankreich, Rn. 25. So auch *Leveneur/Leveneur* (Nr. 957) für den Grundsatz der Unmittelbarkeit, die davon sprechen, dass der Vermächtnisnehmer die vermachten Gegenstände im Zeitpunkt des Todes des Erblassers durch die alleinige Wirkung des Testaments erlangt. Es gilt somit auch im französischen Recht das Prinzip des Vonselbsterwerbs mit der Möglichkeit der Ausschlagung (vgl. Art. 768 Code civil für die Erben).

[143] *Ferid/Firsching,* Bd. II, Frankreich, Rn. 62. *Leveneur/Leveneur* (Nr. 997) sprechen davon, dass es der grundsätzliche Zweck von Testamenten ist, den Übergang von Vermögenswerten des Erblassers abweichend von der gesetzlichen Erbfolge zu regeln. Zur Ter-

rechtshistorischen Teil hingewiesen. Der Code civil, der sich von Anbeginn an von diesem Rechtsgedanken leiten ließ, galt vor dem Inkrafttreten des BGB am 01. Januar 1900 in bestimmten Gebieten des Deutschen Reiches[144]. Unter einer Verfügung von Todes wegen versteht man im französischen Recht wie im deutschen ein Testament oder einen Erbvertrag, wobei der Erbvertrag nur unter deutlich stärkeren Einschränkungen zugelassen wird (vgl. Art. 722, 1130 Abs. 2 Code civil)[145]. Art. 968 Code civil weist auf Folgendes hin: Ein gemeinschaftliches Testament ist im französischen Recht nicht denkbar.

Es gibt drei verschiedene Arten von Vermächtnisanordnungen: legs universel (das Universal- oder Erbvermächtnis, wenn es sich um die Zuwendung des ganzen Nachlasses handelt), legs à titre universel (das Erbteilvermächtnis, dessen Gegenstand eine Nachlassquote ist) und legs à titre particulier (oder legs particulier) (das Stück- oder Einzelvermächtnis, das sich auf einen oder mehrere Nachlassgegenstände bezieht)[146]. Der Sinn und Zweck der Errich-

---

minologie des Code civil (Sonnenberger/Classen/*Bauer,* Nr. 130): „Mit *successions* ist dabei nach der Terminologie des Gesetzes nur die gesetzliche Erbfolge gemeint, die im ersten Titel des dritten Buches geregelt ist, Art. 720 ff. CC. Nur hier spricht das Gesetz von Erben, *héritiers*. Die rechtsgeschäftliche Erbfolge im deutschen Sinn ist gemeinsam mit den Schenkungen unter Lebenden Gegenstand des zweiten Titels des dritten Buches, der von den Zuwendungen handelt, *libéralités*, Art. 893 ff. CC. Der testamentarisch Eingesetzte heißt Vermächtnisnehmer, *légataire*, unabhängig davon, ob ihm der gesamte Nachlass oder nur ein bestimmter Nachlassgegenstand vermacht wird." Zum Verhältnis zwischen gewillkürter und gesetzlicher Nachfolge vgl. *Roguin,* Bd. 3, Nr. 45 und *Leroyer,* Rn. 16. In der Literatur werden die Begriffe der successions und libéralités hingegen oft vermengt. *Leroyer* (Rn. 4) spricht davon, dass es einerseits die succession légale (succession ab intestat) und andererseits die succession testamentaire (succession volontaire) gibt. *Leroyer* (Rn. 4) spricht einheitlich von den successeurs und unterscheidet hierbei zwischen den héritiers und den légataires. In der deutschsprachigen Literatur wird häufig einheitlich von Erben gesprochen, wobei hierunter nicht nur die gesetzlichen Erben, sondern auch die Erbvermächtnisnehmer (mit und ohne saisine) und die Erbteilvermächtnisnehmer zu verstehen sind. Vgl. hierzu die Äußerungen bei *Ferid/Sonnenberger* (Bd. 3, 5 C 112) in Bezug auf die Gleichstellung von Erbteilvermächtnisnehmern und den im Code civil als héritiers (Erben) bezeichneten Personen.

[144] Vgl. hierzu die Ausführungen in § 11, III. A.

[145] *Ferid/Firsching,* Bd. II, Frankreich, Rn. 117. Eine lange Zeit hinweg war der Erbvertrag nur unter ganz engen Voraussetzungen zugelassen; seit dem Gesetz vom 23. Juni 2006 sind die contrats successoraux hingegen um einiges zahlreicher (vgl. *Leroyer,* Rn. 263). Zu den Erbverträgen sei nur ganz kurz Folgendes angemerkt: Ehegatten haben beispielsweise die Möglichkeit einer institution contractuelle (vgl. Art. 1081 ff. Code civil), die im Ehevertrag oder zwischen den Ehegatten während der bestehenden Ehe vereinbart werden kann (vgl. Sonnenberger/Classen/*Bauer,* Nr. 137). Zu den geänderten Bestimmungen in Bezug auf Verfügungen unter Ehegatten vgl. auch *Delfosse/Peniguel,* Nr. 610.

[146] *Ferid/Firsching,* Bd. II, Frankreich, Rn. 118. So auch bei *Leveneur/Leveneur,* Nr. 1002 (eine genauere Definition der einzelnen Vermächtnisarten findet sich in einem Überblick auf S. 340, 341).

tung eines Testaments ist nach französischem Recht somit gerade nicht die Einsetzung eines Erben (l'institution d'un héritier)[147].

Hierbei gilt es zu beachten, dass der Code civil die Erbvermächtnisnehmer und die Erbteilvermächtnisnehmer auf der einen Seite und die gesetzlichen Erben auf der anderen Seite jedoch weitestgehend gleich behandelt[148].

Art. 1003 Code civil regelt das Universalvermächtnis[149]:

„Le legs universel est la disposition testamentaire par laquelle le testateur donne à une ou plusieurs personnes l'universalité des biens qu'il laissera à son décès."

„Das Universalvermächtnis ist diejenige testamentarische Verfügung, durch welche der Testierende einer Person oder mehreren Personen die Gesamtheit der Gegenstände überträgt, die er bei seinem Ableben hinterlässt."

Art. 1010 Code civil normiert das Erbteilvermächtnis[150]:

„Le legs à titre universel est celui par lequel le testateur lègue une quote-part des biens dont la loi lui permet de disposer, telle qu'une moitié, un tiers, ou tous ses immeubles, ou tout son mobilier, ou une quotité fixe de tous ses immeubles ou de tout son mobilier.

„Ein Anteilsvermächtnis ist dasjenige, durch welches der Testierende einen Anteil der Gegenstände vermacht, über welchen ihm das Gesetz zu verfügen erlaubt, etwa die Hälfte, den dritten Teil oder alle seine Grundstücke oder alle seine beweglichen Gegenstände oder einen bestimmten Anteil aller seiner Grundstücke oder aller seiner beweglichen Gegenstände.

---

[147] *Ferid/Firsching,* Bd. II, Frankreich, Rn. 119.

[148] *Ferid/Firsching,* Bd. II, Frankreich, Rn. 119. *Guimezanes* (S. 270) äußert sich dahingehend, dass sich der Erbvermächtnis- und Erbteilvermächtnisnehmer in der gleichen Position befindet wie die Erben im Hinblick auf die Forderungen und Schulden des Erblassers. *Döbereiner* (in: Erbrecht in Europa, S. 520) spricht von einer weitestgehenden Angleichung der rechtlichen Stellung des Universalvermächtnisnehmers an diejenige eines Erben. Der universelle Testamentsbegünstigte, der sich keinen Pflichterbberechtigten gegenübersieht und in einem öffentlichen Testament bedacht wird (vgl. Art. 1006 Code civil), ist nur dem Namen nach ein légataire universel und in Wirklichkeit in der rechtlichen Position eines Erben (vgl. *Ferid/Sonnenberger,* Bd. 3, 5 A 62). In Bezug auf die Haftung für Nachlassverbindlichkeiten und die Gleichstellung von Universalvermächtnisnehmern mit oder ohne saisine und von Erbteilvermächtnisnehmern mit Erben vgl. die Ausführungen bei *Ferid/Sonnenberger,* Bd. 3, 5 A 62. *Curti* (S. 176) setzt le legs mit dem Vermächtnis inbegriffen die Erbeinsetzung durch Testament (Universal- und Erbteilvermächtnisse) gleich.

[149] Die Übersetzung ist aus *Ferid/Firsching,* Bd. II, Frankreich, Texte, S. 116, 117.

[150] Die Übersetzung ist aus *Ferid/Firsching,* Bd. II, Frankreich, Texte, S. 118.

Tout autre legs ne forme qu'une disposition à titre particulier."	Jedes andere Vermächtnis bildet nur ein Einzelvermächtnis."

Eine Zusammenschau der Art. 1003, 1010 Code civil ergibt letztlich negativ, was unter einem Einzelvermächtnis zu verstehen ist. Eine eigenständige Definition sieht der Code civil hingegen (damals wie heute) nicht vor.

B. Das Rechtsinstitut der saisine[151]

I. Allgemeines

Im französischen Recht existiert das Rechtsinstitut der saisine. Unter der saisine versteht man weder den Erwerb von Rechten des Erblassers noch den Besitz als solchen[152]. Die Nachfolger ohne saisine erwerben das Eigentum[153] an den Nachlasswerten ebenso wie die Nachfolger, denen die saisine zusteht, am Tag des Todes des Erblassers (ipso iure) und die saisine erfordert weder die tatsächliche Ergreifung der Sache noch einen entsprechenden Willen des Nachfolgers[154]. Der Nachfolger mit saisine hat u.a. die Macht die Nachlassgegenstände zu ergreifen, darf über diese jedoch – für den Fall, dass diese einem anderen Nachfolger zugewiesen sind (z.B. einem Vermächtnisnehmer) – weder verfügen noch die Früchte dieser Gegenstände verbrauchen[155]. Das Eigentum bzw. die Rechtsinhaberschaft an den Gegenständen des Nachlasses geht somit zwar mit dem Erbfall über, jedoch kann dieses erworbene Recht noch nicht vom Rechtsnachfolger ohne saisine nach außen hin geltend gemacht werden[156].

„[...], daß vielmehr zum Übergang des (bloßen) Eigentums noch ein anderes Erfordernis tritt: nämlich ein besonderer Rechtstitel, welcher den Rechtsnachfolger in die Lage setzt, die Rechte des Erblassers auch nach außen auszuüben." [157]

---

[151] Vgl. zum Rechtsinstitut der saisine auch *Fischer.* Sehr ausführliche Darstellungen zur saisine finden sich auch bei *Jubault* (2010), Rn. 107 bis 143, *Terré/Lequette/Gaudemet,* Rn. 787 bis 820 und bei *Marty/Raynaud,* Nr. 135 bis 143.

[152] *Leveneur/Leveneur,* S. 426. *Laurent* (Bd. 2, Nr. 69) setzt hingegen – irrtümlicherweise – den Besitz und das Rechtsinstitut der saisine gleich.

[153] Art. 544 Code civil enthält eine Definition des Eigentums. In Bezug auf den Eigentumsbegriff vgl. die Ausführungen bei *Laurent,* Bd. 1, Nr. 523 bis 533.

[154] *Leveneur/Leveneur,* S. 426.

[155] *Leveneur/Leveneur,* Nr. 1157. So auch *Terré/Lequette/Gaudemet* (Rn. 798), die weiterhin davon sprechen, dass die Macht des mit saisine ausgestatteten Nachfolgers in der Tat nicht diejenige eines Eigentümers ist.

[156] *Ferid/Sonnenberger,* Bd. 3, 5 D 2.

[157] *Ferid/Sonnenberger,* Bd. 3, 5 D 2.

Hierbei handelt es sich um die saisine. *Leveneur/Leveneur* bringen diesbezüglich – insbesondere hinsichtlich der Bedeutungen der saisine – zum Ausdruck[158]:

„Les successeurs qui n'ont pas la saisine de plein droit, par exemple l'État, un légataire particulier, s'ils ne peuvent d'eux-mêmes s'emparer des biens qui leur sont dévolus, ont le moyen de les obtenir. Du moins doivent-ils, pour cela, faire une demande en délivrance ou obtenir une autorisation du tribunal. Ils seront alors saisis par la délivrance, ou par l'autorisation (saisine judiciaire); ils ne sont pas saisis de plein droit. On dit qu'ils n'ont pas la saisine."

Die Nachfolger, die die saisine nicht von Rechts wegen innehaben, zum Beispiel der Staat oder ein Einzelvermächtnisnehmer, können sich den ihnen angefallenen Gegenständen zwar nicht von sich aus bemächtigen, haben jedoch ein Mittel um diese zu erhalten. Hierfür müssen sie zumindest ein Gesuch um Auslieferung stellen oder eine Genehmigung des Gerichts erlangen. Sie wären also durch die Auslieferung oder durch die Genehmigung (gerichtliche saisine) Inhaber der saisine; sie haben die saisine nicht von Rechts wegen inne. Man sagt, dass sie keine saisine haben.

Der Sinn und Zweck der saisine besteht darin, dass nicht jeder Anwärter unkontrolliert den Nachlass oder Teile des Nachlasses an sich bringen und hieraus folgend der Übergang des Vermögens geordnet vor sich gehen soll[159].

2. Inhaber der saisine

a) Die gesetzlichen Erben

Die gesetzlichen Erben sind Inhaber der saisine von Rechts wegen (de plein droit), wobei es sich bei dem Staat heute um den einzigen gesetzlichen Erben handelt, dem die saisine gerade nicht von Rechts wegen zusteht (vgl. Art. 724 Abs. 1, 3 Code civil)[160]. Der Staat (l'État) bedarf der Besitzeinweisung (l'envoi en possession)[161]. Dem Staat steht die saisine mit der Besitzeinweisung rückwirkend (rétroactivement) auf den Zeitpunkt des Erbfalles (l'ouverture de la succession) zu[162]. Eigentümer bzw. Rechtsinhaber ist der successeur irrégulier jedoch bereits mit dem Erbfall.

b) Die Nachfolger auf Grund von Verfügungen von Todes wegen

In Bezug auf die testamentarischen Nachfolger gilt hingegen Folgendes: Dem Universalvermächtnisnehmer steht die saisine für den Fall zu, dass neben ihm keine Vorbehaltserben vorhanden sind (falls es sich jedoch um ein privat-

---

[158] *Leveneur/Leveneur,* Nr. 1149.
[159] *Ferid/Sonnenberger,* Bd. 3, 5 D 2.
[160] *Leveneur/Leveneur,* S. 442.
[161] *Leveneur/Leveneur,* S. 443.
[162] *Leveneur/Leveneur,* S. 443.

schriftliches oder mystisches[163] Testament handelt, setzen die Wirkungen der saisine eine Besitzeinweisung durch den président du tribunal voraus) (vgl. Art. 1006, 1008 Code civil); den Erbteilvermächtnisnehmern und Erbstückvermächtnisnehmern wurde die saisine hingegen versagt (vgl. Art. 1011 Code civil)[164]. Der Universalvermächtnisnehmer hat die saisine – trotz des Erfordernisses einer Besitzeinweisung (kein Vorhandensein von Pflichtteilserben, aber nur privatschriftliches oder mystisches Testament) – ab dem Erbfall[165]. Im Falle des Vorhandenseins eines Universalvermächtnisnehmers und von Vorbehaltserben muss sich der légataire universel von den zuletzt Genannten den Besitz an den Nachlassgegenständen übertragen lassen (demande en délivrance)[166].

„*Avant la délivrance, les légataires qui n'ont pas la saisine [légataires universels en présence de réservataires, légataires à titre universel et légataires particuliers], sont dans la même situation qu'un successeur irrégulier (l'État) avant l'envoi en possession: ils ne peuvent appréhender les biens qui leur sont légués […].*"[167]

Vor der Auslieferung sind die Vermächtnisnehmer, die nicht Inhaber der saisine sind [Universalvermächtnisnehmer im Falle des Vorhandenseins von Pflichtteilsberechtigten, Erbteilvermächtnisnehmer und Erbstückvermächtnisnehmer], in derselben Situation wie ein unregelmäßiger Erbe (der Staat) vor der Besitzeinweisung: Sie können weder die Gegenstände, die ihnen vermacht wurden, in Besitz nehmen […].

Der Universalvermächtnisnehmer ohne saisine und der Erbteilvermächtnisnehmer haben das Recht auf die Früchte ab dem Tag des Versterbens des Erblassers, es sei denn, dass diese ihr Auslieferungsersuchen (demande en délivrance) nicht innerhalb eines Jahres (ab dem Erbfall) gestellt haben[168]. In

---

[163] „Das französische Recht sieht drei *Testamentsformen* vor: die schriftliche, *testament olographe,* die öffentliche notarielle Form, *testament authentique,* und die verschlossene mystische Form, *testament mystique,* Art. 969 CC. […] Das *schriftliche Testament* muss der Testierende nach Art. 970 CC vollständig mit eigener Hand schreiben, datieren und unterschreiben *(testament olographe).* […] Das *öffentliche Testament* ist vor zwei Notaren oder vor einem Notar und zwei Zeugen zu errichten, *testament authentique.* […] In der Praxis keine bedeutende Rolle spielt das *verschlossene (mystische) Testament,* Art. 976 CC, *testament mystique.* Der Testierende oder ein Dritter auf Wunsch des Testierenden schreibt das Testament nieder. Das Testament wird verschlossen und versiegelt einem Notar vor zwei Zeugen übergeben. Dabei erklärt der Testierende, dass sein Testament in dem Umschlag enthalten ist. Der Notar nimmt die Erklärung auf dem Umschlag auf. Die Erklärung wird vom Testierenden, dem Notar und den Zeugen unterschreiben [sic]." (Sonnenberger/Classen/*Bauer,* Nr. 136).

[164] *Leveneur/Leveneur,* S. 442.

[165] *Leveneur/Leveneur,* Nr. 1182.

[166] *Ferid/Sonnenberger,* Bd. 3, 5 C 107.

[167] *Leveneur/Leveneur,* S. 443.

[168] *Leveneur/Leveneur,* S. 443.

Bezug auf Einzelvermächtnisnehmer finden sich hingegen abweichende Regelungen in den Art. 1014 Abs. 2, 1015 Code civil.

Zur Wirkung der délivrance kann Folgendes gesagt werden: Es kommt zu keiner Rückwirkung und der Vermächtnisnehmer ist erst ab der Auslieferung Inhaber der saisine[169]. Diese fehlende Rückwirkung gilt für die légataires particuliers, die légataires à titre universel und die légataires universels en présence de réservataires. Die Auslieferung lässt den Vermächtnisnehmer aber nicht zum Eigentümer bzw. Rechtsinhaber werden, da er dies bereits seit dem Erbfall ist[170].

3. Zusammenfassung

Der Rechtsnachfolger, dem der besondere Titel zur Rechtsausübung fehlt (saisine, gerichtliche Besitzeinweisung oder Auslieferung des Nachlasses), kann sein mit dem Erbfall erworbenes Recht Dritten gegenüber nicht geltend machen[171].

C. Legs particulier

1. Rechtliche Stellung des Einzelvermächtnisnehmers

Die Regelungen über die legs particuliers finden sich in den Art. 1014 ff. Code civil. Art. 1014 Code civil bestimmt diesbezüglich Folgendes[172]:

„Tout legs pur et simple donnera au légataire, du jour du décès du testateur, un droit à la chose léguée, droit transmissible à ses héritiers ou ayants cause.	„Jedes uneingeschränkte Vermächtnis gibt dem Vermächtnisnehmer vom Todestag des Testierenden an ein Recht auf die vermachte Sache, das auf seine Erben oder Rechtsnachfolger übertragbar ist.
Néanmoins le légataire particulier ne pourra se mettre en possession de la chose léguée, ni en prétendre les fruits ou intérêts, qu'à compter du jour de sa demande en délivrance, formée suivant l'ordre établi par l'article 1011, ou du jour auquel cette délivrance lui aurait été volontairement consentie."	Gleichwohl kann sich der Einzelvermächtnisnehmer nur von dem Tag an in den Besitz der vermachten Sache setzen oder deren Früchte oder Zinsen beanspruchen, an dem er die Herausgabe gemäß der in Artikel 1011 bestimmten Reihenfolge verlangt hat, oder an dem ihm diese Herausgabe freiwillig eingeräumt worden ist."

Bei dem legs particulier handelt es sich um ein Vindikationslegat, wobei durch den Erbfall das Eigentum auf den Vermächtnisnehmer übergeht; beim Vermächtnis von Gattungssachen und beim Verschaffungsvermächtnis kann hingegen das Eigentum im Zeitpunkt des Todes des Erblassers noch nicht auf

---

[169] *Leveneur/Leveneur,* Nr. 1201.

[170] *Leveneur/Leveneur,* Nr. 1201.

[171] *Ferid/Sonnenberger,* Bd. 3, 5 D 8.

[172] Die Übersetzung ist aus *Ferid/Firsching,* Bd. II, Frankreich, Texte, S. 119.

den Bedachten übergehen[173]. Das Eigentum des Vindikationslegatars ist gekennzeichnet durch seine Relativität[174]. Diese Besonderheit des französischen Rechts bedeutet, dass die dingliche Rechtsstellung des légataire particulier zunächst nur gegenüber den Beschwerten wirkt und erst durch die délivrance seitens des Beschwerten – unabhängig davon, ob sich der Legatar bereits im Besitz der vermachten Sache befindet – zu einem jedem Dritten gegenüber wirksamen Volleigentum erstarkt[175].

Um den légataire particulier vor veruntreuenden Handlungen der Erben zu schützen, wird diesem in Bezug auf die legs de sommes d'argent (Geldvermächtnisse) und die legs de choses fongibles (Gattungsvermächtnisse) an allen immeubles de la succession (Grundstücke des Nachlasses) von Gesetzes wegen une hypothèque (eine Hypothek) eingeräumt (vgl. Art. 1017 Abs. 2 Code civil)[176]. Der Vermächtnisnehmer einer nicht lediglich der Gattung nach bestimmten Sache (un corps certain), wird ja bereits Eigentümer der vermachten Sache und ist somit durch sein dingliches Recht geschützt[177]. Den Geldvermächtnisnehmern steht zudem die Möglichkeit der Geltendmachung einer Trennung der Haftungsmassen (séparation des patrimoines) zu (vgl. Art. 878 ff. Code civil); der Nachlass bleibt dem Zugriff der Nachlassgläubiger und das Eigenvermögen dem Zugriff der persönlichen Gläubiger vorbehalten[178].

2. *Fremde Sachen*

Ein Vermächtnis in Bezug auf die Sache eines Dritten (un legs de la chose d'autrui) ist nichtig, unabhängig davon, ob der Erblasser wusste oder nicht, dass die Sache nicht in seinem Eigentum stand (vgl. Art. 1021 Code civil)[179]. Eine fremde Sache kann somit nicht den Gegenstand eines Vermächtnisses darstellen; dieses Verbot gilt nicht für Vermächtnisse von Gattungssachen,

---

[173] *Ferid/Sonnenberger,* Bd. 3, 5 C 120; *Döbereiner,* in: Erbrecht in Europa, S. 521. Auch *Voirin/Goubeaux* (Nr. 808) sprechen von einem Forderungsrecht des Einzelvermächtnisnehmers gegen den Nachlass, wenn es sich bei dem vermachten Vermögenswert um eine Gattungssache handelt (namentlich wenn es sich um eine Geldsumme handelt).

[174] Der Legatar benötigt zur Ausübung seiner Rechte der délivrance durch den Beschwerten (Art. 1014 Abs. 2 Code civil) (vgl. *Döbereiner,* in: Erbrecht in Europa, S. 521). „Er braucht also einen Ausübungstitel, ohne den er bei Immobilien […] auch nicht im *bureau des hypothèques* als neuer Eigentümer registriert werden kann. Es ist somit alles andere als eindeutig, ob ein französisches *legs particulier* tatsächlich ein ‚echtes' [einfach] Vindikationslegat darstellt." (vgl. *Döbereiner,* in: Erbrecht in Europa, S. 521).

[175] *Ferid/Sonnenberger,* Bd. 3, 5 C 121.

[176] *Leveneur/Leveneur,* Nr. 1265.

[177] *Leveneur/Leveneur,* Nr. 1265.

[178] Sonnenberger/Classen/*Bauer,* Nr. 141.

[179] *Leveneur/Leveneur,* Nr. 1025.

sondern lediglich für das Spezieslegat[180]. Die Rechtswissenschaft gestattet es hierbei dem Erblasser jedoch, seinen Erben damit zu beauftragen, diese Sache zu erwerben, um diese im Anschluss dem Bedachten zuwenden zu können[181]. Es wird somit unter bestimmten Voraussetzungen ein sog. Verschaffungsvermächtnis (vgl. § 2170 BGB) als wirksam angesehen[182]. Ob von einem derartigen Verschaffungsvermächtnis auch in den Gebieten des Deutschen Reiches, in denen vor dem Inkrafttreten des BGB der Code civil zur Anwendung gelangte, ausgegangen werden konnte, kann – wie bereits erwähnt – mit Hilfe der diesbezüglich auffindbaren Literatur keiner Klärung zugeführt werden[183].

Weiterhin schränkt die Rspr. das Verbot von Vermächtnissen fremder Sachen ein: Ein Vermögenswert wird gerade dann nicht als fremde Sache behandelt, wenn der Erblasser auf diesen zwar kein unmittelbares Recht hat, aber wenigstens eine Anwartschaft (droit éventuel)[184]. Im Ergebnis tritt die Nichtigkeit eines Vermächtnisses fremder Sachen nur dann ein, wenn der Erblasser seinen Willen nicht entsprechend präzisiert hat[185].

3. Der Gattung nach bestimmte Sachen

Ein Vermächtnis in Bezug auf der Gattung nach bestimmte Sachen (le legs de choses fongibles) ermöglicht von vornherein keinen Eigentumserwerb des Bedachten mit dem Erbfall. Dieses Vermächtnis führt zu keiner eigentumsrechtlichen Stellung des Vermächtnisnehmers (légataire propriétaire), sondern lediglich zu einer Gläubigerstellung (créancier), was bedeutet, dass es die Sache des Erben ist, dem Bedachten diese Sachen zu verschaffen oder den Wert zu entrichten[186]. Wie auch nach dem vor dem Inkrafttreten des BGB in einigen Gebieten des Deutschen Reiches geltenden Code civil, existiert im heutigen Recht Frankreichs keine Regelung, die explizit auf diese lediglich schuldrechtliche Wirkung von Vermächtnissen abstellt. Art. 1022 Code civil bestimmte bzw. bestimmt ergänzend hierzu, dass der Erbe eine Sache mittlerer Qualität zu liefern hat[187].

---

[180] *Ferid/Sonnenberger,* Bd. 3, 5 C 116; *Leveneur/Leveneur,* S. 341 und Nr. 1025.

[181] *Leveneur/Leveneur,* S. 341.

[182] *Ferid/Sonnenberger,* Bd. 3, 5 C 116.

[183] Vgl. hierzu die Ausführungen in § 11, III. A.

[184] *Ferid/Sonnenberger,* Bd. 3, 5 C 116.

[185] *Ferid/Sonnenberger,* Bd. 3, 5 C 116.

[186] *Leveneur/Leveneur,* Nr. 1025. Zum Eigentumserwerb des Vermächtnisnehmers bedarf es erst der Verschaffung des Besitzes (tradition) (vgl. *Marcadé,* S. 91, der sein Beispiel auf das Vermächtnis einer Summe an Geld stützte).

[187] Vgl. hierzu die Ausführungen in § 11, III. A.

4. Bestimmtheit des Zuwendungsempfängers

Bestimmte oder zumindest bestimmbare Gegenstände können grundsätzlich einem Legatar zugewandt werden[188]. Erforderlich ist weiterhin die Bestimmbarkeit der Vermächtnisnehmer sowohl bei Universal- als auch bei Erbteil- und Erbstückvermächtnissen[189]. Hinsichtlich der Bezeichnung des Vermächtnisnehmers (la désignation du légataire) gilt es somit Folgendes anzumerken: Man kann keine unbestimmte Person zu einem Vermächtnisnehmer ernennen; die Person muss bestimmt oder zumindest bestimmbar sein[190]. Eine Verfügung des Erblassers wird für ungültig erklärt, falls diese nicht selbst die Person des Bedachten benennt, sondern deren Bezeichnung einer dritten Person nach seinem Tode überlassen möchte[191]. Es ist folglich die Aufgabe des Errichters eines Testaments, die Wahl über die Person des Bedachten zu treffen (la faculté d'élire) (vgl. Art. 895 Code civil). Ansonsten würde dies zu einer Herrenlosigkeit des Vermögens für eine Übergangszeit bis zur Bestimmung des Bedachten durch einen Dritten führen[192].

5. Aufschiebende Bedingung (condition suspensive)

Art. 1014 Abs. 1 Code civil spricht davon, dass der légataire particulier bereits mit dem Erbfall ein Recht auf die vermachte Sache erlangt. Das Einzelvermächtnis ist als Vindikationslegat ausgestaltet. Probleme ergeben sich hierbei jedoch in Bezug auf Vermächtnisanordnungen unter einer condition suspensive. Art. 1014 Abs. 1 Code civil spricht nur von dem legs pur et simple; falls das Vermächtnis bedingt ist, bleibt es in der Schwebe (en suspens), solange die Bedingung nicht eingetreten ist[193]. Falls die Bedingung eintritt, wirkt die Bedingung auf den Zeitpunkt des Todes des Erblassers zurück[194].

D. Rechtsvergleichende Analyse in Bezug auf die Verwirklichung der einzelnen an einem Erbfall beteiligten Interessen

Die nachfolgende rechtsvergleichende Analyse möchte die nach dem deutschen und französischen Recht bestehenden Unterschiede in Bezug auf die

[188] *Leroyer,* Rn. 250.

[189] Sonnenberger/Classen/*Bauer,* Nr. 136.

[190] *Leveneur/Leveneur,* Nr. 1007 und 1008.

[191] *Leveneur/Leveneur,* Nr. 1009. *Ferid/Sonnenberger* (Bd. 3, 5 C 45, Fn. 98) weisen darauf hin, dass die Bestimmtheit des Zuwendungsempfängers im französischen Recht entgegen des § 2151 BGB auch für Einzelvermächtnisse gilt. Der Vergleich mit § 2151 BGB erscheint an dieser Stelle jedoch nicht passend. § 2151 BGB bezieht sich lediglich auf das in Deutschland geltende schuldrechtliche Vermächtnis. Bei dem legs particulier handelt es sich jedoch grundsätzlich um ein Vindikationslegat.

[192] Sonnenberger/Classen/*Bauer,* Nr. 136.

[193] *Laurent,* Bd. 2, Nr. 340.

[194] *Laurent,* Bd. 2, Nr. 340.

Verwirklichung der einzelnen an einem Erbfall beteiligten Interessen (wie die Interessen des Erblassers, der Erben, der Vermächtnisnehmer, der Pflichtteilsberechtigten, der (übrigen) Nachlassgläubiger, des Rechtsverkehrs usw.) herausarbeiten. Es geht hierbei nicht nur um die Frage, wie diesen verschiedenen Belangen durch das Vorhandensein bzw. Nichtvorhandensein eines Vindikationslegates zum Durchbruch verholfen wird (vgl. hierzu § 12, II. D. 2.), sondern insbesondere auch darum, in welchem Umfang die Interessen im Allgemeinen, d.h. ohne auf die konkrete Ausgestaltung der rechtlichen Position des unmittelbar dinglich berechtigten Vermächtnisnehmers oder dessen Haftung für Nachlassverbindlichkeiten zu blicken, gewährleistet werden (z.B. durch die Vorschriften bzgl. der Haftung der Erben) (siehe § 12, II. D. 1.).

1. Ohne Bezugnahme auf das Vindikationslegat

a) Haftung der Erben für Nachlassverbindlichkeiten (Haftungsumfang)[195]

Art. 883 Abs. 1 Code civil bestimmt[196]:

„Chaque cohéritier est censé avoir succédé seul et immédiatement à tous les effets compris dans son lot, ou à lui échus sur licitation, et n'avoir jamais eu la propriété des autres effets de la succession."	„Jeder Miterbe wird so behandelt, als habe er alle in seinem Los begriffenen oder bei der Versteigerung ihm zugefallenen Gegenstände allein und unmittelbar geerbt und an den übrigen Nachlassgegenständen niemals Eigentum gehabt."

Jeder Miterbe wird somit so behandelt, als habe er die ihm durch Teilung zufallenden Gegenstände des Nachlasses im Augenblick des Erbfalles und nicht erst mit der Teilung erworben (effet déclaratif du partage)[197]. Die Teilung hat nur deklaratorische Wirkung im Gegensatz zur rechtsübertragenden, konstitutiven Wirkung einer Teilung[198]. Die Miterben werden somit als unmittelbare Rechtsnachfolger des Erblassers angesehen[199]. Die Rechtslage vor der Teilung wird als indivision bezeichnet. Die indivision ist eine Gemein-

[195] Wenn unter den Gliederungspunkten a) und b) in Bezug auf die Haftung der Erben für Nachlassverbindlichkeiten im Rahmen der Ausführungen zur Rechtslage nach dem Code civil einheitlich von Erben gesprochen wird, so sind hierunter nicht nur die gesetzlichen Erben, sondern u.a. auch die Erbvermächtnisnehmer (mit und ohne saisine) und die Erbteilvermächtnisnehmer zu verstehen; mit Ausnahme der Darstellungen bzgl. des testament-partage unter Punkt a). Jeder Gesamtrechtsnachfolger haftet grundsätzlich für die Nachlassverbindlichkeiten (héritier régulier, successeur irrégulier, légataire universel, légataire à titre universel, institués contractuels und successeur anomal), d.h. die Erblasserschulden (dettes de la succession) und die Erbfallschulden (charges de la succession) (vgl. *Ferid/Sonnenberger,* Bd. 3, 5 D 302 und 5 D 305).

[196] Die Übersetzung ist aus *Ferid/Firsching,* Bd. II, Frankreich, Texte, S. 86.

[197] *Ferid/Sonnenberger,* Bd. 3, 5 D 102.

[198] *Ferid/Sonnenberger,* Bd. 3, 5 D 256.

[199] *Ferid/Sonnenberger,* Bd. 3, 5 D 259.

schaft eigener Art[200]: Die indivision ist keine gesamthänderische Berechtigung. Der Miterbe ist sowohl an einem die anderen ausschließenden Anteil am Nachlass als auch an den einzelnen Gegenständen des Nachlasses berechtigt, was bedeutet, dass der Miterbe vor der Teilung auch bereits über seinen Anteil an den einzelnen Nachlassgegenständen (im Gegensatz zu § 2033 Abs. 2 BGB) verfügen kann. Eine etwaige Verfügung wäre aber auflösend bedingt dadurch, dass der jeweilige Nachlassgegenstand bei der Teilung gerade nicht an den verfügenden Miterben fällt. Der Grund liegt hierbei in der Rückwirkung der Teilung. Es handelt sich bei der indivision jedoch auch um keine voll ausgebildete Bruchteilsgemeinschaft, da es der indivision an einem wesentlichen Kriterium dieser Gemeinschaft fehlt. Auf Grund der Rückwirkung der Teilung kann über Anteile an Nachlassgegenständen weitestgehend nicht verfügt werden.

„Hinsichtlich der anderen Nachlaßwerte [Nachlasswerte, die bei der Auseinandersetzung nicht dem Verfügenden zugeteilt werden] sind die Zwischenverfügungen ungültig, da sie als von einem Nichtberechtigten geschlossen angesehen werden. [...] Andererseits führt der sich so ergebende Schwebezustand gerade bei der häufig langen Dauer gerichtlicher Auseinandersetzungen zu wirtschaftlich unvertretbarer Stillegung der Nachlaßwerte, die einstweilen kaum als Kreditunterlage zugunsten der Erben verwertet werden können.“[201]

Der Erblasser könnte ggf. auch ein sog. Teilungstestament (testament-partage) unter Bezugnahme auf seine gesetzlichen Erben errichten. Art. 1079 Code civil normiert diesbezüglich[202]:

„Le testament-partage produit les effets d'un partage. Ses bénéficiaires ne peuvent renoncer à se prévaloir du testament pour réclamer un nouveau partage de la succession.“	„Das Teilungstestament entfaltet die Wirkungen einer Teilung. Die Begünstigten können nicht auf die Wirkung des Testaments verzichten, um eine neue Teilung der Erbschaft zu verlangen.“

Es handelt sich hierbei im Gegensatz zum deutschen Erbrecht um eine mit dem Erbfall Wirkung entfaltende Teilungsanordnung, über die sich die Begünstigten auf Grund der fehlenden lediglich schuldrechtlichen Wirkung nicht einvernehmlich hinwegzusetzen vermögen. Die durch den Erblasser angeordnete Teilung wirkt somit mit dessen Tod; es kommt gerade zu keiner indivision[203].

---

200 Die nachfolgenden Ausführungen gehen hierbei zurück auf *Ferid/Sonnenberger,* Bd. 3, 5 D 139 und 5 D 140. In Bezug auf Einzelvermächtnisnehmer und die Gemeinschaft eigener Art äußern sich *Malaurie/Brenner* (Nr. 792) folgendermaßen: Die Einzelvermächtnisnehmer gehören nicht der Gemeinschaft eigener Art an. Ein Einzelvermächtnisnehmer kann sich nur dann mit anderen Einzelvermächtnisnehmern in einer Gemeinschaft eigener Art befinden, falls ihnen ein Gegenstand gemeinsam vermacht wurde.

201 *Ferid/Sonnenberger,* Bd. 3, 5 D 257.

202 Die Übersetzung ist aus *Ferid/Firsching,* Bd. II, Frankreich, Texte, S. 133, 134.

203 Sonnenberger/Classen/*Bauer,* Nr. 143.

Auf Grund des Nichtvorhandenseins einer Gesamthandsgemeinschaft steht jeder Miterbe auf der Passivseite für sich alleine und haftet lediglich entsprechend der Höhe seiner Erbquote, wobei im Falle einer unteilbaren Forderung von einer Gesamthaftung auszugehen ist[204]. *Ferid/Sonnenberger* bringen diesbezüglich zum Ausdruck[205]:

„Bei *teilbaren Nachlaßschulden* ergibt sich – im Gegensatz etwa zur gesamtschuldnerischen Haftung mehrerer Miterben nach deutschem Recht (§ 2058 BGB) – aus der nach Art 1220 und 870 ipso jure mit dem Erbfall eintretenden Verteilung der unmittelbar im Verhältnis der Erbteile auf die Rechtsnachfolger übergehenden Nachlaßverbindlichkeiten eine Teilschuld der mehreren Erben nach Maßgabe ihrer erbrechtlichen Berechtigungsquoten aus der Erbschaft. […] Damit geht grundsätzlich die *Gefahr der Zahlungsunfähigkeit eines Miterben* zu Lasten der Gläubiger. […] Wirksamer ist dagegen die *Zulassung einer Vollstreckung in die ungeteilte Erbmasse während der indivision.*“

Im französischen Recht gilt somit, dass die Erben, Universal- und Erbteilvermächtnisnehmer auf Grund der Rückwirkung der Teilung im Falle der Mehrheit von Nachfolgern nur anteilig für die Nachlassverbindlichkeiten einzustehen haben (vgl. Art. 870, 871, 873, 883 Abs. 1, 1009, 1012 Code civil). Eine gesamtschuldnerische Haftung kommt grundsätzlich zu keinem Zeitpunkt in Betracht. Dies kann zu einer erheblichen Benachteiligung der Nachlassgläubiger führen. Diese können sich nicht wie vor dem Tod des Erblassers an eine einzelne Person wenden, sondern nur an die Fortsetzer der Rechtspersönlichkeit des Verstorbenen entsprechend des Werts ihrer erhaltenen Zuwendungen im Verhältnis zum Nachlass. Die Nachlassgläubiger tragen das Insolvenzrisiko der Nachfolger des Erblassers[206].

„Der Gläubiger trägt also das Risiko der Zahlungsfähigkeit eines Miterben, was umso schwerer wiegt, als nach der gesetzlichen Erbfolge das Vermögen oft auf mehrere Erben übergeht.“ [207]

Im deutschen Recht ist das Verhältnis zwischen mehreren Erben hingegen als Gesamthandsgemeinschaft ausgestaltet (vgl. § 2032 Abs. 1 BGB). Der einzelne Miterbe kann lediglich über seinen Anteil am gesamten Nachlass verfügen, nicht hingegen über seinen (wenn überhaupt existenten) Anteil an einem einzelnen Nachlassgegenstand (vgl. § 2033 BGB). Die Miterben haften vor

[204] *Ferid/Sonnenberger,* Bd. 3, 5 D 301 und 5 D 340.

[205] *Ferid/Sonnenberger,* Bd. 3, 5 D 336, 5 D 338 und 5 D 339.

[206] Den Nachlassgläubigern steht aber trotz der Rückwirkung der Teilung gemäß Art. 815-17 Abs. 1 Code civil die Möglichkeit des Zugriffs auf die ungeteilte Erbmasse in Bezug auf ihre gesamte Forderung offen. Eine dementsprechende Regelung findet sich im deutschen Recht in § 2059 Abs. 2 BGB. Hiernach bleibt das Recht der Nachlassgläubiger, die Befriedigung aus dem ungeteilten Nachlass von sämtlichen Miterben zu verlangen, unberührt.

[207] *Hübner/Constantinesco,* S. 223.

und nach der Teilung des Nachlasses grundsätzlich gesamtschuldnerisch (vgl. §§ 2058 ff. BGB).

b) Haftung der Erben für Nachlassverbindlichkeiten (Haftungsmasse)

aa) Haftungsbeschränkungsmöglichkeiten der Erben

Der Erbe hat nach dem Code civil in Bezug auf die Annahme und Ausschlagung der Erbschaft folgende Möglichkeiten: Annahme ohne jeden Vorbehalt (acceptation pure et simple), Ausschlagung (renonciation) oder Annahme unter Beschränkung der Haftung auf den Aktivnachlass (acceptation à concurrence de l'actif net) (vgl. Art. 768 Abs. 1 Code civil)[208]. Der Erbe als Fortsetzer der Rechtspersönlichkeit des Erblassers haftet grundsätzlich unbeschränkt; es kommt zu einer Vereinigung zwischen dem Vermögen des Erblassers und dem persönlichen Vermögen des Erben[209]. Eine acceptation à concurrence de l'actif net führt hingegen zu einer Haftungsbeschränkung auf den Nachlass[210]. Es wird gerade eine Vermischung zwischen seinen persönli-

[208] *Ferid/Sonnenberger,* Bd. 3, 5 D 10. An dieser Stelle sei noch auf Folgendes hingewiesen: Bis zum Inkrafttreten des Reformgesetzes aus dem Jahre 2006 sprach man in Frankreich von der Annahme unter dem Vorbehalt der Inventarerrichtung (acceptation sous bénéfice d'inventaire). Seit dem 01.01.2007 spricht man von einer Annahme unter der Beschränkung der Haftung auf den Aktivnachlass (acceptation à concurrence de l'actif net).

[209] *Ferid/Sonnenberger,* Bd. 3, 5 D 301.

[210] *Ferid/Sonnenberger,* Bd. 3, 5 D 301. Die frühere Rechtslage stellte sich wie folgt dar: Die héritiers réguliers hafteten grundsätzlich – wenn sie die acceptation pure et simple erklärt oder diese Möglichkeit verwirkt hatten – unbeschränkt; alle Vermächtnisnehmer hafteten hingegen lediglich beschränkt mit Ausnahme des mit saisine ausgestatteten Universalvermächtnisnehmers (vgl. *Ferid/Sonnenberger,* Bd. 3, 5 D 311 und 5 D 312). Der mit saisine ausgestattete Universallegatar konnte die Zuwendung ausschlagen, ohne Vorbehalt annehmen oder diese unter dem Vorbehalt der Inventarerrichtung annehmen. Zur Erreichung der Beschränkung seiner Haftung auf den Nachlass musste er sich der Inventarerrichtung bedienen; für die Nachlassverbindlichkeiten haftete er weiterhin im Verhältnis seines Empfangs aus der Erbschaft (teilschuldnerische/anteilige Haftung) (vgl. *Ferid/ Sonnenberger,* Bd. 3, 5 C 110). Die Rechtslage änderte sich diesbezüglich dahingehend, dass nunmehr auch die Universalvermächtnisnehmer ohne saisine und die Erbteilvermächtnisnehmer grundsätzlich für die Nachlassverbindlichkeiten ultra vires einzustehen haben (vgl. Art. 785, 1009, 1012 Code civil) (vgl. *Döbereiner,* in: Erbrecht in Europa, S. 520, 521). Ein Auszug zur ständig wechselnden Rspr. in Bezug auf die ultra vires-Haftung und intra vires-Haftung findet sich bei *Fischer,* S. 62 bis 71. *Fischer* bringt hierbei deutlich zum Ausdruck, dass der Kassationshof ursprünglich keine Unterscheidung zwischen Erben, Universalvermächtnisnehmern mit oder ohne saisine und Erbteilvermächtnisnehmern vornahm, bevor dieser eine ultra vires-Haftung nur noch für die Erben und Universalvermächtnisnehmer mit saisine vorsah. Diese mussten bzw. müssen sich der acceptation sous bénéfice d'inventaire bzw. der acceptation à concurrence de l'actif net bedienen: In Bezug auf die Haftung für Nachlassverbindlichkeiten (des dettes de la succession) bringen *Leveneur/Leveneur* zum Ausdruck, dass die Verpflichtung ultra vires auf allen

chen Gegenständen und denen des Nachlasses verhindert (vgl. Art. 791 Nr. 1 Code civil). An dieser Stelle sei noch einmal darauf hingewiesen, dass die Universalvermächtnisnehmer ohne saisine und die Erbteilvermächtnisnehmer nach dem vor dem Inkrafttreten des BGB in bestimmten Gebieten des Deutschen Rechtes Geltung beanspruchenden Code civil von Anbeginn an (ohne die Annahme unter dem Vorbehalt der Inventarerrichtung erklären zu müssen) lediglich mit dem Nachlass zu haften hatten[211].

Die Miterben haften nach dem Recht des BGB vor und nach der Teilung des Nachlasses grundsätzlich unbeschränkt für die Nachlassverbindlichkeiten (vgl. §§ 2058 ff. BGB). Den Miterben steht auch nicht die Möglichkeit der Annahme der Erbschaft unter der Beschränkung der Haftung auf den Aktivnachlass offen. Die ordnungsgemäße und nicht für jeden Erbfall zwingende Inventarerrichtung führt lediglich dazu, dass sich die Miterben weiterhin den Haftungsbeschränkungsmöglichkeiten auf den Nachlass zu bedienen vermögen (vgl. §§ 1994 Abs. 1 S. 2, 2005, 2013 BGB). Die Nachlassgläubiger haben somit nach deutschem Recht durch die Möglichkeit der Stellung eines Antrags auf Inventarerrichtung die Gelegenheit, den (nachlässigen usw.) Erben in eine dauerhafte unbeschränkte Haftung zu drängen. Im deutschen Recht gibt es somit die Inventarerrichtung einerseits und die Haftungsbeschränkungsmöglichkeiten andererseits, wobei die Möglichkeit der Herbeiführung einer Haftungsbeschränkung in bestimmten Fällen von einer ordnungsgemäßen Errichtung des Inventars abhängig ist.

Im französischen Recht bewirkt die Annahme unter der Beschränkung der Haftung auf den Aktivnachlass und die ordnungsgemäße Errichtung des Inventars selbst die Beschränkung der Haftung des Erben, Universal- oder Erbteilvermächtnisnehmers cum viribus hereditatis[212]. Der Erbe kann die Erbschaft vorbehaltlos annehmen, die Annahme unter der Beschränkung der Haftung auf den Aktivnachlass erklären oder die Erbschaft ausschlagen (vgl. Art. 768 Abs. 1 Code civil). Die vorbehaltlos annehmenden Nachfolger des Erblassers haften für die Schulden und Lasten des Nachlasses grundsätzlich unbeschränkt (ultra vires successionis) (vgl. Art. 785 Abs. 1 Code civil)[213]. Die Nachfolger des Erblassers können jedoch durch die acceptation à concurrence de l'actif net und einer ordnungsgemäßen Errichtung des Inventars eine Haftungsbeschränkung auf den Nachlass herbeiführen (intra vires successionis) (vgl. Art. 790, 791 Nr. 3 Code civil). Diese Haftungsbeschränkung stellt

---

Nachfolgern, die die Person des Erblassers fortsetzen (mit Ausnahme des Staates), lastet, d.h. auf dem successeur universel oder dem successeur à titre universel, unabhängig davon, ob diese Inhaber der saisine sind oder nicht (vgl. *Leveneur/Leveneur,* Nr. 1226). Zur Begriffserklärung der ultra vires-Haftung und der intra vires-Haftung vgl. Kapitel 4, Fn. 107.

[211] Vgl. hierzu die Ausführungen in § 11, III. C.

[212] Zur Begriffserklärung der cum viribus hereditatis-Haftung vgl. Kapitel 4, Fn. 24.

[213] Zur Begriffserklärung der ultra vires-Haftung vgl. Kapitel 4, Fn. 107.

eine deutlich einfachere und leichter verständliche dar, als diejenigen im komplexen deutschen haftungsrechtlichen System[214].

In Bezug auf die Haftungsbeschränkungsmöglichkeiten des Erben nach deutschem Recht gilt noch anzumerken, dass die Nachlassgläubiger gemäß § 1970 BGB zur Anmeldung ihrer Forderungen aufgefordert werden können und der Erbe gemäß § 1973 Abs. 1 S. 1 BGB die Befriedigung eines im Aufgebotsverfahren ausgeschlossenen Nachlassgläubigers insoweit verweigern kann, als der Nachlass durch die Befriedigung der nicht ausgeschlossenen Gläubiger erschöpft wird. Durch den Ablauf der im Rahmen des Aufgebotsverfahrens festgesetzten Frist zur Anmeldung der Forderungen kommt es auch dann zu keinem Erlöschen der Forderungen, falls der jeweilige Nachlassgläubiger die rechtzeitige Anmeldung versäumte. Die Forderung besteht weiterhin, wobei der Geltendmachung dieser Forderung im Falle des § 1973 Abs. 1 S. 1 BGB eine Einrede seitens des Erben entgegengebracht werden kann. Der Erbe muss also zweierlei beachten: Er muss zunächst einen Antrag auf Erlass eines Aufgebots stellen und sich anschließend gegen die Geltendmachung einer nicht rechtzeitig angemeldeten Forderung mit der Einrede des § 1973 Abs. 1 S. 1 BGB verteidigen. Unter bestimmten Voraussetzungen hat der Erbe jedoch den ausgeschlossenen Gläubiger noch vor den Verbindlichkeiten aus Pflichtteilsrechten, Vermächtnissen und Auflagen zu befriedigen (vgl. § 1973 Abs. 1 S. 2 BGB). Der Erbe muss nach deutschem Recht bestimmte Schritte befolgen, um auch im Rahmen eines gerichtlichen Verfahrens eine Haftungsbeschränkung geltend machen zu können. Der als Erbe des Schuldners verurteilte Beklagte kann die Beschränkung seiner Haftung nur geltend machen, wenn sie ihm im Urteil vorbehalten ist (vgl. § 780 Abs. 1 ZPO) und bei der Zwangsvollstreckung gegen den Erben des Schuldners bleibt die Beschränkung der Haftung unberücksichtigt, bis auf Grund derselben gegen die Zwangsvollstreckung von dem Erben Einwendungen erhoben werden (vgl. § 781 ZPO).

Nach dem Code civil erlöschen hingegen diejenigen Forderungen der Nachlassgläubiger, die nicht innerhalb von 15 Monaten nach der Bekanntmachung der Annahme des Erben unter der Beschränkung der Haftung auf den Aktivnachlass angemeldet werden und nicht mit Gegenständen des Nachlasses gesichert sind (vgl. Art. 792 Abs. 2 Code civil). Lediglich die Gläubiger, die ihre Forderung zur Anmeldung brachten, werden gemäß Art. 796 Abs. 3 Code civil in der Reihenfolge ihrer Anmeldung befriedigt. Art. 799 Code civil, der einen Regressanspruch der Nachlassgläubiger gegen die Vermächtnisnehmer normiert, gilt zudem lediglich für die Gläubiger, die ihre Forderungen innerhalb der Frist des Art. 792 Abs. 2 Code civil angemeldet haben. Im französischen Recht kommt es somit zu einem Erlöschen der nicht angemeldeten Forderungen; im deutschen Recht sind die meisten haftungsrechtli-

---

[214] Vgl. hierzu die Ausführungen in Kapitel 3, Fn. 17.

chen Schutzvorschriften zugunsten des bzw. der Erben als Einreden ausgestaltet (beispielsweise §§ 1973, 1974, 1990, 1992, 2014, 2015 BGB). Im deutschen Recht kann insbesondere der Bestand einer Forderung durch deren nicht rechtzeitige Anmeldung nicht berührt werden[215].

bb) Ausübung des Wahlrechts durch die Erben

In Bezug auf die Ausübung des Wahlrechts (vorbehaltlose Annahme, Annahme unter der Beschränkung der Haftung auf den Aktivnachlass, Ausschlagung) gelten für den Erben nach dem Code civil günstigere und für die Nachlassgläubiger und den Rechtsverkehr nachteiligere Vorschriften als nach deutschem Recht. Nach deutschem Recht kann der Erbe die Erbschaft nicht mehr ausschlagen, wenn er sie angenommen hat, oder wenn die für die Ausschlagung vorgeschriebene Frist verstrichen ist; mit dem Ablauf der Frist gilt die Erbschaft als angenommen (vgl. § 1943 BGB). Durch die Fiktion der Annahme herrscht ab einem bestimmten Zeitpunkt für die Nachlassgläubiger und den Rechtsverkehr Klarheit über die rechtliche Stellung der durch Verfügung von Todes wegen oder durch das Gesetz grundsätzlich als Erbe bedachten Person. Ist dieser Erbe oder nicht? Nach französischem Recht verjährt das Wahlrecht des Fortsetzers der Rechtspersönlichkeit des Erblassers erst in zehn Jahren vom Eintritt des Erbfalles an (vgl. Art. 780 Abs. 1 Code civil), wobei derjenige Nachfolger, der innerhalb dieser Frist seine Wahl nicht getroffen hat, als Ausschlagender gilt (vgl. Art. 780 Abs. 2 Code civil). Um diesen unbefriedigenden Rechtszustand zu vermeiden, müssen die Nachlassgläubiger selbst tätig werden. Nach dem Ablauf einer Frist von vier Monaten nach dem Eintritt des Erbfalls kann der Nachfolger durch einen Nachlassgläubiger, einen Miterben, usw. dazu aufgefordert werden, eine Entscheidung in Bezug auf sein Wahlrecht zu treffen (vgl. Art. 771 Code civil). Der Nachfolger gilt als vorbehaltlos Annehmender, falls dieser nicht innerhalb einer Frist von zwei Monaten nach der Aufforderung eine Entscheidung über sein Wahlrecht trifft (vgl. Art. 772 Abs. 2 Code civil)[216].

---

[215] Hierbei gilt jedoch anzumerken, dass den Nachlassgläubigern nach französischem Recht eine Frist von 15 Monaten zur Verfügung steht, um deren Forderungen anzumelden. Nach deutschem Recht gilt hingegen Folgendes: Zwischen dem Tag, an dem das Aufgebot erstmalig in einem Informations- und Kommunikationssystem oder im elektronischen Bundesanzeiger veröffentlicht wird, und dem Anmeldezeitpunkt muss, wenn das Gesetz nicht eine abweichende Anordnung enthält, ein Zeitraum (Aufgebotsfrist) von mindestens sechs Wochen liegen (vgl. § 437 FamFG). Die Aufgebotsfrist soll aber höchstens sechs Monate betragen (vgl. § 458 Abs. 2 FamFG). Es gilt hierbei zu beachten, dass es sich bei dieser Höchstfrist um eine bloße Soll-Vorschrift handelt.

[216] Die Übersetzungen der Art. 780 Abs. 1, 2, 771, 772 Abs. 2 Code civil sind hierbei aus *Ferid/Firsching*, Bd. II, Frankreich, Texte, S. 37, 39.

cc) Sonderfälle der beschränkten Haftung des vorbehaltlos Annehmenden

Die Rechtsstellung der Nachlassgläubiger wurde durch die Einführung der Art. 785 Abs. 2, 786 Abs. 2, 3 Code civil im Jahre 2006 beschnitten.

Zum einen haftet der vorbehaltlos annehmende Erbe in Bezug auf Geldvermächtnisse nunmehr lediglich in Höhe des von den Schulden bereinigten Nachlassvermögens (vgl. Art. 785 Abs. 2 Code civil)[217]. Für den Fall, dass die Wahl nicht auf die Rechtswohltat des Inventars fällt, kann der Einzelvermächtnisnehmer (zumindest grundsätzlich) die vollständige Begleichung seines Legates verlangen. Hierbei muss zwischen der Anordnung von Spezieslegaten (legs de corps certains) und derjenigen von Geld- oder Gattungsvermächtnissen (legs de sommes d'argent und legs de choses fongibles) unterschieden werden. In Bezug auf Spezieslegate erscheint die Verpflichtung ultra vires zunächst keinen Sinn zu ergeben;

„mais *indirectement, le successeur se trouve tenu ultra vires d'exécuter les legs de corps certains.*"[218]	aber mittelbar sieht sich der Nachfolger ultra vires zur Vollziehung der Vermächtnisse in Bezug auf Speziessachen verpflichtet.

Der Nachfolger, der die vorbehaltlose Annahme erklärt hat, ist allen Schulden ausgesetzt, ohne hierbei die vermachten Gegenstände einbehalten zu können, um mit ihrem Wert den Ausgleich dieser Schulden sicherstellen zu können[219].

In Bezug auf Geldvermächtnisse stellte sich die Rechtslage bis 2006 folgendermaßen dar:

„[...] [L]a protection des légataires exige que le successeur, s'il n'accepte pas [...] sous bénéfice d'inventaire, soit tenu indéfiniment sur son propre patrimoine."[220]	Der Schutz der Vermächtnisnehmer erfordert, dass der Nachfolger, der nicht [...] unter dem Vorbehalt der Inventarerrichtung annimmt, unbeschränkt mit seinem eigenen Vermögen einzustehen hat.

Seit der Reform von 2006 haftet der Erbe, der die Erbschaft vorbehaltlos angenommen hat, jedoch für Geldvermächtnisse der Einzelvermächtnisnehmer nur bis zur Höhe des Aktivnachlasses (vgl. Art. 785 Abs. 2 Code civil)[221]. Es geht hierbei um die Verwirklichung des Grundsatzes nemo liberalis nisi liberatus („Freigebig nur, wenn schuldenfrei.")[222]. Bereits *Leve-*

---

[217] Die Übersetzung ist aus *Ferid/Firsching,* Bd. II, Frankreich, Texte, S. 41.

[218] *Leveneur/Leveneur,* Nr. 1239. Zur Begriffserklärung der ultra vires-Haftung vgl. Kapitel 4, Fn. 107.

[219] *Leveneur/Leveneur,* Nr. 1239.

[220] *Leveneur/Leveneur,* Nr. 1240.

[221] Sonnenberger/Classen/*Bauer,* Nr. 141, wobei *Bauer* in diesem Kontext sowohl von Geld- als auch von Gattungsvermächtnissen spricht. Art. 785 Abs. 2 Code spricht jedoch lediglich von Geldvermächtnissen.

[222] Die Übersetzung ist aus *Liebs,* S. 147.

neur/Leveneur sprachen sich 1999 gegen die Ansicht des Cour de cassation mit folgendem Argument aus[223]:

„Ils font encore remarquer que si le de cujus a le droit de disposer de ses biens, on ne saurait lui permettre de faire des libéralités avec l'argent de ses héritiers et d'obliger d'autres patrimoines que le sien."	Man sollte noch bemerken, dass man es dem Erblasser, der das Recht hat, über sein Vermögen zu verfügen, nicht erlauben sollte, Freigebigkeiten mit dem Geld seiner Erben zu machen und andere Vermögen zu verpflichten als das seinige.

Zum anderen hat der vorbehaltlos annehmende Erbe gemäß Art. 786 Abs. 2, 3 Code civil die Möglichkeit, auf Antrag gerichtlich von einer Nachlassschuld im Ganzen oder zum Teil entlastet zu werden, von der er aus guten Gründen keine Kenntnis haben konnte und deren Erfüllung sein persönliches Vermögen erheblich belastet[224]. Die unbeschränkte Haftung des vorbehaltlos annehmenden Erben wurde somit durch das Reformgesetz von 2006 erheblich eingeschränkt.

dd) Haftungsbeschränkungsmöglichkeiten der Nachlassgläubiger

Den Nachlassgläubigern steht nach deutschem Recht die Möglichkeit der Herbeiführung einer Haftungsbeschränkung durch die Beantragung einer Nachlassverwaltung (§ 1981 Abs. 2 BGB) oder eines Nachlassinsolvenzverfahrens (§ 317 Abs. 1 InsO) offen[225]. Hierdurch können diese einen Zugriff der Erbeneigengläubiger auf den Nachlass verhindern, wobei den Eigengläubigern des Erben gerade keine Möglichkeit zur Verfügung steht, um eine Begleichung der Nachlassverbindlichkeiten ausschließlich mit dem Nachlass zu bewirken[226]. Die Erbeneigengläubiger sind in Bezug auf die Trennung der beiden Haftungsmassen von einer Handlung des Erben oder der sonstigen antragsberechtigten Personen abhängig[227]. Durch einen Antrag auf Anordnung der Nachlassverwaltung oder Eröffnung des Nachlassinsolvenzverfahrens können die Nachlassgläubiger veruntreuenden Verfügungen des Erben vorbeugen. Gemäß § 80 Abs. 1 InsO geht das Recht des Schuldners, das zur Insolvenzmasse gehörende Vermögen zu verwalten und über es zu verfügen, durch die Eröffnung des Insolvenzverfahrens auf den Insolvenzverwalter über und mit der Anordnung der Nachlassverwaltung verliert der Erbe gemäß § 1984 Abs. 1 S. 1 BGB die Befugnis, den Nachlass zu verwalten und über diesen zu verfügen.

Im französischen Recht steht den Gläubigern des Erblassers und den Geldvermächtnisnehmern gemäß Art. 878 Abs. 1 Code civil die Möglichkeit einer

[223] *Leveneur/Leveneur,* Nr. 1240.
[224] Sonnenberger/Classen/*Bauer,* Nr. 141. Vgl. hierzu auch *Delfosse/Peniguel,* Nr. 58.
[225] MüKo-BGB/*Küpper,* Vorbem. zu §§ 1967–2017 BGB Rn. 2.
[226] MüKo-BGB/*Küpper,* Vorbem. zu §§ 1967–2017 BGB Rn. 2 m.w.N.
[227] MüKo-BGB/*Küpper,* Vorbem. zu §§ 1967–2017 BGB Rn. 2.

séparation des patrimoines (Trennung der Haftungsmassen) zur Verfügung[228]. Dies bedeutet, dass der Nachlass dem vorrangigen Zugriff der Nachlassgläubiger vorbehalten bleibt und das Eigenvermögen des Erben dem vorrangigen Zugriff der Erbeneigengläubiger[229]. Im Gegensatz zum deutschen Recht steht im französischen auch den Erbeneigengläubigern die Möglichkeit einer séparation des patrimoines zur Verfügung, um in Bezug auf nicht zum Nachlass gehörende Gegenstände des Erben vor den Nachlassgläubigern bevorzugt werden zu können (vgl. Art. 878 Abs. 2 Code civil). Seit 2006 können somit die Nachlassgläubiger durch die Erbeneigengläubiger an einem vorrangigen Zugriff auf das Eigenvermögen des Erben gehindert werden. Die Rechte der Nachlassgläubiger wurden somit zugunsten der Rechte der Eigengläubiger des bzw. der Erben eingeschränkt.

c) Reform des französischen Pflichtteilsrechts

Im französischen Recht gibt es die réserve und die quotité disponible: Bei der quotité disponible handelt es sich um den Teil des Vermögens, über den eine Person frei zu verfügen vermag (sog. verfügbarer Vermögensteil) (vgl. Art. 912 Abs. 2 Code civil), wobei die réserve denjenigen (je nach Zahl der existenten Pflichtteilsberechtigten variierenden) Teil des Vermögens bildet, der den Pflichtteilsberechtigten vorbehalten bleibt[230].

„Übersteigen die unentgeltlichen Zuwendungen die *quotité disponible,* so dass die réserve der Pflichterbberechtigten nicht gewährleistet werden kann, sind sie herabzusetzen. Die Herabsetzung erfolgt gerichtlich aufgrund *Herabsetzungsklage, action en réduction.*“[231]

Bevor Schenkungen unter Lebenden herabgesetzt werden, erfolgt eine Herabsetzung der Vermächtnisse (vgl. Art. 923 Code civil), wobei es zu einer verhältnismäßigen Herabsetzung kommt, und den Universalvermächtnissen auf der einen Seite und den Einzelvermächtnissen andererseits keine unterschiedliche Behandlung zuteil wird (vgl. Art. 926 Code civil)[232]. Was ist unter dieser Herabsetzung zu verstehen? Der Begriff der Herabsetzung wird wohl mit

[228] Im Gegensatz zum deutschen Recht bedürfen die Nachlassgläubiger jedoch keines Grundes um die Trennung der Haftungsmassen zu beantragen. Nach deutschem Recht ist die Nachlassverwaltung nur anzuordnen, wenn Grund zu der Annahme besteht, dass die Befriedigung der Nachlassgläubiger aus dem Nachlass durch das Verhalten oder die Vermögenslage des Erben gefährdet wird (vgl. § 1981 Abs. 2 S. 1 BGB). Gemäß Art. 881 Code civil kann die séparation des patrimoines in Bezug auf bewegliche Sachen nur innerhalb von zwei Jahren ab dem Erbfall ausgeübt werden und in Bezug auf Grundstücke nur solange, wie diese in den Händen des Erben verbleiben.

[229] Sonnenberger/Classen/*Bauer,* Nr. 141.

[230] *Ferid/Firsching,* Bd. II, Frankreich, Rn. 215.

[231] Sonnenberger/Classen/*Bauer,* Nr. 138.

[232] *Ferid/Firsching,* Bd. II, Frankreich, Rn. 220, 221. Vgl. auch *Delfosse/Peniguel,* Nr. 360.

demjenigen der Reduktion gleichgesetzt werden können. Die réserve steht ausschließlich den Pflichtteilsberechtigten zu und diejenigen Vermächtnisse oder auch Schenkungen unter Lebenden, die den verfügbaren Vermögensteil übersteigen, müssen zur Gewährleistung eines Schutzes zugunsten der Pflichtteilsberechtigten verringert werden. In Bezug auf die rechtliche Situation, die eine Herabsetzungsklage nunmehr mit sich bringt, sind deutliche Unterschiede zwischen der rechtlichen Lage vor dem Reformgesetz (2006) und der heutigen zu verzeichnen. Vor dem Reformgesetz aus dem Jahre 2006 stellte sich die Rechtslage wie folgt dar: Die im Rahmen von Verfügungen von Todes wegen oder durch eine Schenkung Bedachten mussten die empfangenen Zuwendungen in natura zurückgewähren, da die die quotité disponible übersteigenden Zuwendungen mit rückwirkender Kraft durch die Herabsetzung vernichtet wurden[233]. Man konnte auch von einer Hinfälligkeit der Verfügungen von Todes wegen bzw. Schenkungen (caducité) sprechen[234]. Nach einer erfolgreichen Herabsetzungsklage nahmen die héritiers réservataires die Stellung von gesetzlichen Erben mit saisine[235] ein (vgl. Art. 1004 Code civil), was bedeutete, dass das Ergebnis von zulässigen und begründeten Klagen der Vorbehaltserben gegen die Bedachten oder Dritterwerber ein dinglicher Charakter war[236].

---

[233] *Ferid/Firsching,* Bd. II, Frankreich, Rn. 222. Bis zum Inkrafttreten des Reformgesetzes musste zwischen den donations und den legs unterschieden werden und danach, ob die Zuwendung an einen gratifié successible oder non successible erfolgte (vgl. *Delfosse/ Peniguel,* Nr. 388, 389). Hiernach bestimmte es sich, ob die Zuwendungen in natura oder lediglich wertmäßig zurückgewährt werden mussten; obligatorische Ansprüche der Vorbehaltserben waren jedoch die Ausnahme (vgl. *Delfosse/Peniguel,* Nr. 388; *Ferid/ Sonnenberger,* Bd. 3, 5 C 227 und 5 C 228). *Leroyer* (Rn. 603) bringt diesbezüglich zum Ausdruck: Die Herabsetzung in natura entsprach einer der Grundlagen der réserve, wobei es sich um die Erhaltung der Vermögenswerte in der Familie handelte. Wenn sich die Herabsetzung auf das Ganze bezog, hatte sie die Unwirksamkeit des Vermächtnisses und die Aufhebung der Schenkung zur Folge. Falls die Herabsetzung nur teilweise war, führte sie dann zu einer Rechtsgemeinschaft zwischen dem Begünstigten und dem Pflichtteilsberechtigten. Vgl. zu der Unterscheidung zwischen den donations und den legs und einem gratifié successible oder non successible die Ausführungen bei *Jubault* (2005), Rn. 564 bis 583.

[234] *Ferid/Sonnenberger,* Bd. 3, 5 C 220.

[235] Zur saisine vgl. die Ausführungen in § 12, II. B.

[236] *Ferid/Firsching,* Bd. II, Frankreich, Rn. 222.

Das Reformgesetz aus dem Jahre 2006 änderte die rechtliche Lage dahingehend:

„Lorsque la libéralité excède la quotité disponible, le gratifié doit *indemniser* les héritiers réservataires à concurrence du dépassement quel que soit l'excédent (art. 924, al. 1).“[237]

Wenn die Freigebigkeit die verfügbare Quote übersteigt, muss der Begünstigte die Vorbehaltserben in Höhe des übersteigenden Teils entschädigen, gleich wie hoch der Überschuss ist (Art. 924 Abs. 1).

Die Herabsetzungsklage bringt nunmehr also grundsätzlich eine Ausgleichspflicht mit sich[238]. Der Zuwendungsempfänger kann aber trotz des in Art. 924 Code civil festgeschriebenen Prinzips von diesem abweichen und unter gewissen Voraussetzungen eine réduction en nature wählen (vgl. Art. 924-1 Code civil)[239]. Falls es sich lediglich um eine anteilige réduction handelt, bildet sich hierbei eine indivision zwischen dem Zuwendungsempfänger und den pflichtteilsberechtigten Erben[240]. Eine réduction en nature kommt weiterhin in folgendem Falle (Art. 924-4 Code civil) in Betracht:

„[...] [L]es héritiers peuvent exercer la réduction en nature si le débiteur est insolvable et que le bien a été aliéné, contre le tiers détenteur de l'immeuble [...].“[241]

Die Erben können die Herabsetzung in natura gegen den Dritten betreiben, der das Grundstück in Gewahrsam hat, falls der Schuldner zahlungsunfähig ist und der Gegenstand veräußert wurde.

Die Rückgewähr in natura bildet heute jedoch lediglich den Ausnahmefall. Das BGB sieht hingegen seit seinem Inkrafttreten am 01. Januar 1900 ein bloßes schuldrechtliches Forderungsrecht der Pflichtteilsberechtigten gegenüber dem bzw. den Erben vor und gerade keine dingliche Beteiligung am Nachlass des Verstorbenen.

---

[237] *Delfosse/Peniguel,* Nr. 389. *Leroyer* (Rn. 605) äußert sich folgendermaßen: Dieses Prinzip verändert die Philosophie der réserve und der Herabsetzung. Nicht nur die Erben, sondern auch die Legatare könnten die Freigebigkeit in natura, unter der Bedingung, dass sie die Entschädigung zu zahlen vermögen, behalten. Zum Beispiel könnte der Universalvermächtnisnehmer, der genügend Geld hätte, seine Wahl diesbezüglich treffen, dass er alle Nachlasswerte behält, indem er schlicht und einfach die Erben in Höhe ihrer réserve abfindet.

[238] Sonnenberger/Classen/*Bauer,* Nr. 138.

[239] *Delfosse/Peniguel,* Nr. 402.

[240] *Delfosse/Peniguel,* Nr. 402.

[241] *Leroyer,* Rn. 606.

2. Unter Bezugnahme auf das Vindikationslegat

Art. 1024 Code civil normiert[242]:

„Le légataire à titre particulier ne sera point tenu des dettes de la succession, sauf la réduction du legs ainsi qu'il est dit ci-dessus, et sauf l'action hypothécaire des créanciers."

„Der Einzelvermächtnisnehmer haftet nicht für die Nachlassverbindlichkeiten, vorbehaltlich der Herabsetzung des Vermächtnisses, wie es oben bestimmt ist, und der hypothekarischen Klage der Gläubiger."

Der légataire particulier haftet grundsätzlich nicht für Nachlassverbindlichkeiten (vgl. Art. 1024 Code civil). Nach dem französischen Recht kann es jedoch ausnahmsweise zu einer Haftung des légataire particulier für Nachlassverbindlichkeiten kommen. *Leveneur/Leveneur* bringen diesbezüglich Folgendes zum Ausdruck[243]:

„Le légataire particulier n'a donc pas à payer les dettes de la succession, sauf volonté contraire du de cujus. Indirectement cependant, le passif peut réagir sur les legs particuliers: s'ils dépassent l'actif alors que la succession est acceptée sous bénéfice d'inventaire, ou si la dette grève hypothécairement l'immeuble légué."

Der Einzelvermächtnisnehmer hat folglich die Nachlassverbindlichkeiten vorbehaltlich eines entgegenstehenden Willens des Erblassers nicht zu begleichen. Die Passiva können sich jedoch mittelbar auf die Einzelvermächtnisse auswirken: Dies wäre der Fall, wenn sie die Aktiva übersteigen, während die Nachfolge unter dem Vorbehalt der Inventarerrichtung angenommen wird oder wenn die Verbindlichkeit durch eine Hypothek an dem vermachten Grundstück gesichert ist.

Bei der nicht den Regelfall darstellenden Haftung des légataire particulier kann es sich sowohl um eine direkte als auch eine indirekte Haftung handeln.

a) Direkte Haftung des légataire particulier

Die direkte Haftung des Einzelvermächtnisnehmers kann sich aus einem entgegenstehenden Willen des Erblassers ergeben.

Ist der vermachte Gegenstand mit einer Hypothek belastet, muss der Legatar die hypothekarisch gesicherte Forderung zwar auf Grund der Tatsache, dass es sich bei dieser nicht um seine eigene handelt, zwar nicht begleichen, dann jedoch la purge einleiten[244]. Hierbei handelt es sich um ein sog. Hypothekenbereinigungsverfahren. Hypotheken erlöschen nicht nur mit dem Untergang der Forderung, sondern auch im Wege dieses eigentümlichen Berei-

---

[242] Die Übersetzung ist aus *Ferid/Firsching,* Bd. II, Frankreich, Texte, S. 121.

[243] *Leveneur/Leveneur,* S. 474.

[244] *Leveneur/Leveneur,* Nr. 1223. *Leveneur/Leveneur* stellen den Fall der hypothekarisch gesicherten Forderung jedoch unter dem Aspekt der indirekten Haftung des Einzelvermächtnisnehmers dar (Nr. 1223).

nigungsverfahrens (la purge)[245]. Der Einzelvermächtnisnehmer haftet somit hypothekarisch mit dem Grundstück, nicht hingegen persönlich. Falls der Legatar hingegen die hypothekarisch gesicherte Forderung beglichen hat, kann dieser bei den Erben Regress nehmen, da er eine ihrer Schulden beglichen hat und somit in die Rechte des Forderungsgläubigers eingetreten ist (vgl. Art. 874 Code civil)[246].

Früher gab es zusätzlich Art. 207-1 Code civil, der jedoch 2002 außer Kraft gesetzt wurde. Eine nahezu identische Regelung findet sich nunmehr in Art. 767 Abs. 2 Code civil. Diese bestimmt eine anteilige Haftung des Einzelvermächtnisnehmers für den Unterhaltsanspruch des überlebenden Ehegatten.

Eine direkte Haftung enthält letztlich auch die Regelung des Art. 799 Code civil, die auf dem Prinzip nemo liberalis nisi liberatus („Freigebig nur, wenn schuldenfrei.") fußt[247]:

„Les créanciers successoraux qui, dans le délai prévu à l'article 792, déclarent leurs créances après l'épuisement de l'actif n'ont de recours que contre les légataires qui ont été remplis de leurs droits."

„Die Nachlassgläubiger, welche, innerhalb der in Artikel 792 vorgesehenen Frist, ihre Forderungen anmelden, nachdem das Vermögen erschöpft worden ist, verfügen nur noch über einen Rückgriff gegen die Vermächtnisnehmer, deren Ansprüche erfüllt worden sind."

b) Indirekte Haftung des légataire particulier

Zur Darstellung der indirekten Haftung wäre folgender Fall denkbar[248]: Der Erbe nimmt die Erbschaft lediglich unter der Rechtswohltat des Inventars an und die Passiva des Nachlasses übersteigen die Aktiva im konkreten Fall. Unter diesen Umständen gilt es die übrigen Gläubiger (les créanciers) vor den Einzelvermächtnisnehmern zu befriedigen. Das Legat ist in einer derartigen Konstellation auf den Überschuss nach Begleichung der übrigen Nachlassgläubigerschulden beschränkt („le legs se trouve donc réduit à l'excédent d'actif"). Dies wäre ein Paradebeispiel für eine lediglich indirekte Haftung des Einzelvermächtnisnehmers. In Bezug auf die Reihenfolge der Befriedigung und das Erlöschen von Forderungen gilt es die Art. 792, 796 Code civil zu berücksichtigen; es gilt zu beachten, dass die Nachlassgläubiger ihre Forderungen innerhalb von 15 Monaten nach der Publikation der Annahme unter Beschränkung der Haftung auf den Aktivnachlass im bulletin officiel des annonces civiles et commerciales (BODACC, offizielles Anzeigenblatt für

---

245 Sonnenberger/Classen/*Bauer,* Nr. 192.

246 *Leveneur/Leveneur,* Nr. 1223.

247 Die Übersetzung des Art. 799 Code civil ist aus *Ferid/Firsching,* Bd. II, Frankreich, Texte, S. 46 und diejenige des lateinischen Prinzips aus *Liebs,* S. 147.

248 Die nachfolgenden Ausführungen gehen zurück auf *Leveneur/Leveneur,* Nr. 1223.

Zivil- und Handelssachen) anmelden müssen[249]. Art. 792 Abs. 2 S. 1 Code civil bestimmt[250]:

„Faute de déclaration dans un délai de quinze mois à compter de la publicité prévue à l'article 788, les créances non assorties de sûretés sur les biens de la succession sont éteintes à l'égard de celle-ci."	„In Ermangelung einer Anmeldung innerhalb einer Frist von 15 Monaten ab Vornahme der in Artikel 788 vorgesehenen Bekanntmachung erlöschen diejenigen Forderungen gegen den Nachlass, die nicht mit Gegenständen des Nachlasses gesichert sind."

Art. 796 Code civil normiert[251]:

„L'héritier règle le passif de la succession.	„Der Erbe berichtigt die Nachlassverbindlichkeiten.
Il paye les créanciers inscrits selon le rang de la sûreté assortissant leur créance.	Er leistet an die eingetragenen Gläubiger jeweils nach dem Rang der Sicherheit, mit der ihre Forderung versehen ist.
Les autres créanciers qui ont déclaré leur créance sont désintéressés dans l'ordre des déclarations.	Die übrigen Gläubiger, die ihre Forderung angemeldet haben, werden in der Reihenfolge ihrer Anmeldung befriedigt.
Les legs de sommes d'argent sont délivrés après paiement des créanciers."	Die Geldvermächtnisse werden nach Leistung an die Gläubiger erfüllt."

c) Ungeklärte Rechtsfragen

Im französischen Recht bleibt die Beziehung zwischen dem Vorhandensein eines unmittelbar dinglich wirkenden Vermächtnisses und eines zu gewährleistenden Nachlassgläubigerschutzes – wie nach der Rechtslage unter Geltung des Code civil in bestimmten Gebieten des Deutschen Reiches vor dem Inkrafttreten des BGB – teilweise ungewiss[252]. Der Vindikationslegatar hat grundsätzlich nicht für die Verbindlichkeiten des Nachlasses einzustehen. Neben einer ausnahmsweise denkbaren direkten Inanspruchnahme des Vindikationslegatars ist unter bestimmten Umständen eine Herabsetzung des Vermächtnisses (vgl. Art. 1024 Code civil) in Betracht zu ziehen (Haftung im Innenverhältnis). Aber auch in diesem Fall wurde der Einzelvermächtnisnehmer bereits mit dem Erbfall Eigentümer bzw. Rechtsinhaber des vermachten Gegenstandes. Die saisine steht ihm hingegen nicht zu, was dazu führt, dass der Bedachte den Gegenstand auf Grund der fehlenden Drittwirkung nicht an Dritte zu veräußern vermag. Er bedarf der délivrance. Wie kann

---

[249] Sonnenberger/Classen/*Bauer,* Nr. 141.

[250] Die Übersetzung ist aus *Ferid/Firsching,* Bd. II, Frankreich, Texte, S. 43.

[251] Die Übersetzung ist aus *Ferid/Firsching,* Bd. II, Frankreich, Texte, S. 45.

[252] Vgl. hierzu die Ausführungen in § 11, III. C.

nunmehr aber der Erbe bzw. die Universal- oder Erbteilvermächtnisnehmer über den vermachten Gegenstand rechtswirksam verfügen? Den gesetzlichen Erben stünde beispielsweise die saisine zu. Diese bedeutet aber – wie bereits dargestellt – nicht, dass man über Gegenstände, die einer anderen Person zugewandt wurden, verfügen kann[253]. Es bleibt nach der Analyse des französischen Rechts im Unklaren, was unter der in Art. 1024 Code civil beschriebenen Herabsetzung des Vindikationslegates letztlich zu verstehen ist. Muss der Vermächtnisnehmer dem Erben usw. eine Verfügungsermächtigung erteilen oder diesem sogar das vollständige oder teilweise Eigentum bzw. die Rechtsinhaberschaft an dem vermachten Gegenstand übertragen? Könnte der Legatar dem Erben überhaupt eine Verfügungsbefugnis übertragen? Der Vermächtnisnehmer selbst ist vor der délivrance zur Verfügung über den Gegenstand nicht imstande. Steht dem Vindikationslegatar im Falle der Verpflichtung zur vollumfänglichen Übertragung des Gegenstandes ein Ablösungsrecht zu? Steht dem Erben usw. von Gesetzes wegen eine Verfügungsermächtigung zur Seite? Kann bei Überschuldung des Nachlasses u.U. überhaupt kein Eigentumserwerb bzw. kein Erwerb der Rechtsinhaberschaft mit dem Erbfall eintreten? Kommt es mit dem Erbfall oder zu einem späteren Zeitpunkt zu einer automatischen Reduzierung des Vermächtnisses? Unabhängig davon wie das Problem letztlich im französischen Recht gelöst wird, gilt es festzuhalten, dass die Interessen der Nachlassgläubiger und des Rechtsverkehrs durch die Möglichkeit der Anordnung eines Vindikationslegates weniger geschützt werden können als im Falle eines lediglich schuldrechtlich wirkenden Vermächtnisses. Das französische Recht muss die in bestimmten Konstellationen eintretende indirekte Haftung des Legatars auf irgendeine Weise bewerkstelligen. Diese Überlegungen erübrigen sich nach deutschem Recht auf Grund der Stellung des Erben als verfügungsbefugter Eigentümer bzw. Rechtsinhaber des vermachten Gegenstandes von vornherein (jedenfalls bis zu dem Zeitpunkt, in dem die Übereignung an den Bedachten erfolgt). Es würden nach dem Code civil jedenfalls keine derart geordneten rechtlichen Verhältnisse bestehen wie im deutschen Recht. Die Nachlassgläubiger können sich nach dem BGB an wenige Universal-Repräsentanten halten, denen zur Begleichung der Verbindlichkeiten das Eigentum bzw. die Rechtsinhaberschaft an den Sachen und Rechten des Nachlasses und somit auch an den durch Vermächtnis zugedachten Gegenständen zur Verfügung steht. Durch diese vollumfängliche Rechtsposition der Erben kann die Nachlassabwicklung wesentlich erleichtert werden.

Es bleibt weiterhin fraglich, was unter dem in Art. 799 Code civil geregelten Rückgriffsanspruch der Nachlassgläubiger gegenüber dem Vermächtnisnehmer zu verstehen ist. Worauf bezieht sich dieser Anspruch, falls der Legatar den vermachten Gegenstand bereits rechtswirksam weiterveräußerte?

---

[253] Vgl. hierzu die Ausführungen in § 12, II. B. 1.

Müsste der Nachlassgläubiger die délivrance vom Erben an den Legatar anfechten oder müsste der Vindikationslegatar in Höhe des Wertes des vermachten Gegenstandes mit seinem Privatvermögen einstehen?

3. Zusammenfassung

Im französischen Recht werden im Ergebnis die Interessen der Nachlassgläubiger und des Rechtsverkehrs in geringerem Maße geschützt als nach deutschem Recht. Hierbei stechen insbesondere die lediglich teilschuldnerische Haftung der Erben, die Einführung des Art. 786 Abs. 2, 3 Code civil und die Tatsache heraus, dass das Wahlrecht des Erben erst in zehn Jahren ab dem Erbfall verjährt. Die Geldvermächtnisnehmer sind weiterhin auf Grund des neu eingefügten Art. 785 Abs. 2 Code civil in ihrer rechtlichen Position gegenüber dem vorbehaltlos annehmenden Erben benachteiligt. *Voirin/Goubeaux* äußern sich in Bezug auf den generellen Sinn und Zweck der Rechtsvorschriften bzgl. der Freigebigkeiten (esprit général de la législation) beispielsweise folgendermaßen[254]:

„[D]'abord *l'intérêt du disposant*, qu'il faut protéger à la fois contre lui-même […] et contre les tiers […]; ensuite, *l'intérêt des créanciers du disposant* […]; enfin, *l'intérêt de la famille* […]."

Zunächst das Interesse des Verfügenden, der sowohl vor sich selbst […] als auch gegen Dritte geschützt werden muss […]; anschließend das Interesse der Gläubiger des Verfügenden […]; schließlich das Interesse der Familie […].

Die Interessen des Rechtsverkehrs in Bezug auf Rechtsklarheit und Rechtssicherheit werden durch eventuelle lang andauernde Schwebezustände auf Grund der Rückwirkung der Teilung beeinträchtigt.

Auf der anderen Seite werden der Wille des Erblassers und die Interessen der Vindikationslegatare in umfangreicherem Maße verwirklicht als nach deutschem Recht. Der Vindikationslegatar erwirbt mit dem Erbfall das Eigentum bzw. die Rechtsinhaberschaft an dem vermachten Gegenstand und ist somit gegen veruntreuende Verfügungen des Erben in besonderem Maße geschützt. Der Erbe nach deutschem Recht kann hingegen über den vermachten Gegenstand als verfügungsbefugter Eigentümer bzw. Rechtsinhaber rechtswirksam zugunsten dritter Personen verfügen. Durch die Reform aus dem Jahre 2006 wurden letztlich auch die Interessen der Pflichtteilsberechtigten zugunsten des Erblassers und des Vindikationslegatars beschnitten. Heute gilt der Grundsatz der wertmäßigen Herabsetzung und die Herabsetzung in natura stellt lediglich einen Ausnahmefall dar. Die héritiers réservataires haben somit grundsätzlich nur noch einen schuldrechtlichen Anspruch gegenüber den Bedachten. Art. 925 Code civil wurde durch das Gesetz vom 23. Juni 2006 ersatzlos gestrichen. Dieser besagte, dass alle testamentarischen

[254] *Voirin/Goubeaux*, Nr. 658.

Verfügungen unwirksam sind, wenn der Wert der Schenkungen unter Lebenden den verfügbaren Teil übersteigt oder diesem gleichkommt. *Ferid/ Sonnenberger* weisen auf Folgendes hin[255]:

„Die *Relativität* der zunächst nur durch den Erbfall vermittelten Position des Einzelvermächtnisnehmers zeigt sich darin, daß er nicht Eigentum erwirbt, wenn der Nachlaß von vornherein zur vollen Befriedigung aller Vermächtnisnehmer nicht ausreicht. Dann liegt eine ungeteilte Gemeinschaft zwischen den Erben und dem Universallegatar auf der einen Seite und den Vermächtnisnehmern auf der anderen Seite vor. Bei der Auseinandersetzung verwandelt sich dann das Recht des Vermächtnisnehmers in einen Geldanspruch."

Diese Rechtslage (Nichterwerb des Eigentums bzw. der Rechtsinhaberschaft durch den Vindikationslegatar), die auch bereits vor dem Inkrafttreten des BGB in denjenigen Gebieten des Deutschen Reiches bestand, für die der Code civil zur Anwendung gelangte, kann hingegen auf Grund des Gesetzes aus dem Jahr 2006 keine Geltung mehr beanspruchen: Art. 925 Code civil wurde durch das Gesetz vom 23. Juni 2006 ersatzlos gestrichen. Dieser besagte, dass alle testamentarischen Verfügungen unwirksam sind, wenn der Wert der Schenkungen unter Lebenden den verfügbaren Teil übersteigt oder diesem gleichkommt[256]. Der verfügbare Teil ist derjenige Teil des Nachlasses, der für die Pflichtteilsberechtigten reserviert ist. Ein derartiger Artikel war im Jahre 2006 mit den geänderten Wertvorstellungen im Rahmen des Pflichtteilsrechts nicht mehr vereinbar. Der bisher geltende Grundsatz der Herabsetzung in natura wurde abgelöst. Nunmehr gilt gemäß Art. 924 Abs. 1 Code civil, dass der Begünstigte die Vorbehaltserben in Höhe des übersteigenden Teils zu entschädigen hat, wenn die Freigebigkeit den verfügbaren Teil übersteigt (Ausgleichsanspruch). Es ist somit davon auszugehen, dass der Einzelvermächtnisnehmer das Eigentum bzw. die Rechtsinhaberschaft an dem vermachten Gegenstand ipso iure mit dem Erbfall erlangt und die bei *Ferid/Sonnenberger* dargestellte Rechtslage durch das Gesetz aus dem Jahre 2006 als überholt gilt[257].

In Bezug auf die Aussage, dass der Geldvermächtnisnehmer in Frankreich weniger geschützt wird als nach deutschem Recht (vgl. Art. 785 Abs. 2 Code civil), sei noch folgende Relativierung angefügt: Es gibt im deutschen Recht eine Reihe von Vorschriften, die aufzeigen, dass die schuldrechtlich berechtigten Vermächtnisnehmer eine nachrangige rechtliche Position zu den Gläubigern des Erblassers einnehmen. Im französischen Recht kann es aber sogar der Fall sein, dass der Geld- oder Gattungsvermächtnisnehmer eine günstigere Rechtsposition einnimmt. Dies würde im Umkehrschluss zu einer

---

[255] *Ferid/Sonnenberger,* Bd. 3, 5 C 123.

[256] Vgl. zu dem ursprünglichen Art. 925 Code civil und der grundsätzlichen Herabsetzung in natura die Ausführungen bei *Bach,* S. 319.

[257] Vgl. zu der Änderung des Grundsatzes der Herabsetzung in natura durch das Gesetz vom 23. Juni 2006 die Ausführungen bei *Malaurie/Brenner,* Nr. 777.

deutlich schlechteren rechtlichen Stellung der übrigen Nachlassgläubiger führen als im deutschen Recht:

> „Das Recht des Vermächtnisnehmers ist durch eine gesetzliche Hypothek nach Art 1017 in eigenartiger Weise gesichert, so daß ein gewöhnlicher, nicht derart dinglich gesicherter Nachlaßgläubiger bei einer Mehrheit von Erben trotz des ihm durch die *séparation de biens* erwachsenen Vorzugsrechts dem Legatar gegenüber das Nachsehen haben kann, denn dieser kann auf Grund Art 1017 von jedem Erben, in dessen Los sich ein Grundstück befindet, das ganze Vermächtnis verlangen, während der gewöhnliche Nachlaßgläubiger immer nur die Zahlung der entsprechenden Quote begehren kann."[258]

Nach französischem Recht werden die Interessen der Nachlassgläubiger und des Rechtsverkehrs letztlich nicht derart hoch eingestuft wie nach deutschem Recht. Dies gilt nicht nur unter Begutachtung der Ausgestaltung des Vermächtnisses (unmittelbar dinglich wirkend, condition suspensive, Art. 799, 1024 Code civil), sondern bereits unter Berücksichtigung anderweitiger erbrechtlicher Konstruktionen wie der Ausgestaltung der Erbengemeinschaft als Gemeinschaft eigener Art usw. Das in Frankreich existierende Vindikationslegat macht auch in besonderem Maße deutlich, dass eine derartige rechtliche Figur mit deutlich mehr Problemstellungen verbunden ist als ein bloßes schuldrechtlich wirkendes Vermächtnis. Es bleiben einige Fragen nach der Analyse des Code civil ungeklärt.

III. Italien

A. Allgemeines

Die Berufung zur Erbschaft erfolgt gemäß Art. 457 Abs. 1 Codice Civile kraft Gesetzes oder kraft Testaments, wobei die testamentarische Erbfolge (successione testamentaria) ganz oder teilweise Vorrang vor der gesetzlichen Erbfolge (successione legittima) erfährt (vgl. Art. 457 Abs. 2 Codice Civile)[259]. Die bedeutendsten testamentarischen Anordnungen sind die Erbeinsetzung und die Einsetzung eines Vermächtnisnehmers[260].

---

[258] *Ferid/Firsching,* Bd. II, Frankreich, Rn. 295, Fn. 494.

[259] Vgl. hierzu auch die Ausführungen bei Eccher/Schurr/Christandl/*Eccher,* Rn. 6/17. Eine Definition der gewillkürten und gesetzlichen Erbfolge und Ausführungen zum Vorrang der gewillkürten Erbfolge vor der gesetzlichen finden sich bei *Bianca,* Nr. 2. Zur gesetzlichen Erbfolge vgl. die Ausführungen bei *Bianca,* Nr. 140 bis 151 und *Bonilini,* Manuale di diritto ereditario e delle donazioni, Nr. 120 bis 131.

[260] Vgl. Art. 588 Codice Civile zur Abgrenzung in Bezug auf Verfügungen der Gesamt- und Einzelrechtsnachfolge („disposizioni a titolo universale e a titolo particolare"). Ausführliche Darstellungen finden sich hierzu auch bei *Bianca,* Nr. 184 und 185 und bei *Bonilini,* Manuale di diritto ereditario e delle donazioni, Nr. 4 und 5.

B. Dinglich und schuldrechtlich wirkende Vermächtnisse

Das Vermächtnis ist nach italienischem Recht als Vindikationslegat ausgestaltet (vgl. Art. 649 Abs. 2 Codice Civile)[261]:

„Quando oggetto del legato è la proprietà di una cosa determinata o altro diritto appartenente al testatore, la proprietà o il diritto si trasmette dal testatore al legatario al momento della morte del testatore.“	„Ist Gegenstand des Vermächtnisses das Eigentum an einer bestimmten Sache oder ein anderes dem Erblasser zustehendes Recht, so geht das Eigentum oder das Recht mit dem Tode des Erblassers von diesem auf den Vermächtnisnehmer über.“

Das Eigentum (la proprietà) an einer dem Erblasser gehörenden bestimmten Sache (una cosa determinata) bzw. das Recht an einem dem Erblasser zustehenden Recht (un diritto) gehen also mit dem Tod des Erblassers auf den Vermächtnisnehmer über[262].

---

[261] Die Übersetzung ist aus *Patti,* S. 181.

[262] Ausführliche Darstellungen zu dem Gegenstand des Vermächtnisses (l'oggetto del legato) finden sich bei *Bonilini,* Dei legati, S. 109 bis 167. Vermächtnisanordnungen können nach italienischem Recht ebenso wie Erbeinsetzungen unter einer aufschiebenden oder auflösenden Bedingung (condizione sospensiva o risolutiva) getroffen werden (vgl. Art. 633 Codice Civile). Vgl. hierzu auch die Ausführungen bei *Bianca,* Nr. 209 bis 212 und *Bonilini,* Manuale di diritto ereditario e delle donazioni, Nr. 152 und 153. Der Eintritt der jeweiligen Bedingung hat gemäß Art. 646 Codice Civile rückwirkende Kraft. Zur rückwirkenden Kraft vgl. die Ausführungen bei *Calvo,* in: Diritto delle successioni e delle donazioni, S. 1062 bis 1064.

Art. 651 Codice Civile regelt das Vermächtnis einer Sache des Beschwerten oder eines Dritten (legato di cosa dell'onerato o di un terzo). Art. 651 Abs. 1 Codice Civile bestimmt (die Übersetzung ist aus *Patti,* S. 181): „Das Vermächtnis einer Sache des Beschwerten oder eines Dritten ist nichtig, falls sich nicht aus dem Testament oder aus einer anderen schriftlichen Erklärung des Erblassers ergibt, dass dieser wusste, dass die vermachte Sache dem Beschwerten oder dem Dritten gehörte. In diesem letzteren Falle ist der Beschwerte verpflichtet, das Eigentum an der Sache von dem Dritten zu erwerben und sie auf den Vermächtnisnehmer zu übertragen; er hat aber die Befugnis, dem Vermächtnisnehmer statt dessen den angemessenen Preis zu zahlen.“ Ausführliche Darstellungen zu Art. 651 Codice Civile finden sich bei *Bonilini,* Dei legati, S. 231 bis 251.

Im Falle eines Gattungsvermächtnisses (legato di cosa genericamente determinata) erwirbt der Bedachte mit dem Tod des Erblassers ebenfalls ein bloßes Forderungsrecht gegenüber dem Beschwerten (vgl. Art. 664 Codice Civile). In Bezug auf die Erfüllung des Gattungsvermächtnisses (adempimento del legato di genere) vgl. die Ausführungen bei *Bonilini,* Dei legati, S. 405 bis 414.

„Jede Verfügung zugunsten einer Person, die so bezeichnet worden ist, dass sie nicht bestimmt werden kann, ist nichtig.“ (vgl. Art. 628 Codice Civile) (die Übersetzung ist aus *Patti,* S. 177). Das italienische Recht sieht somit die Bestimmtheit oder zumindest Bestimmbarkeit des Bedachten vor. „Jede testamentarische Verfügung, welche die Bezeichnung des Erben oder des Vermächtnisnehmers [...] vom Belieben eines Dritten abhängig macht, ist nichtig.“ (vgl. Art. 631 Abs. 1 Codice Civile) (die Übersetzung ist aus *Patti,* S. 177). Hierbei muss jedoch die Ausnahmeregelung in Art. 631 Abs. 2 Codice Civile

Der Vermächtnisnehmer muss jedoch die Einräumung des Besitzes von dem Beschwerten verlangen (vgl. Art. 649 Abs. 3 Codice Civile)[263]:

„Il legatario però deve domandare all'onerato il possesso della cosa legata, anche quando ne è stato espressamente dispensato dal testatore."

„Der Vermächtnisnehmer muss jedoch vom Beschwerten die Einräumung des Besitzes an der vermachten Sache auch dann verlangen, wenn er vom Erblasser davon ausdrücklich entbunden worden ist."

Der Vermächtnisnehmer muss somit zwar die Einräumung des Besitzes von dem Beschwerten verlangen oder diese notfalls gerichtlich einklagen. Das Eigentum bzw. die Rechtsinhaberschaft an dem vermachten Gegenstand und die diesbezügliche Verfügungsbefugnis stehen diesem jedoch bereits mit dem Tode des Erblassers zu.

Ein immenser Unterschied zwischen der Erbenstellung und der rechtlichen Position eines Vermächtnisnehmers besteht u.a. im Erwerb der Erbschaft bzw. des Vermächtnisses. Der Vermächtnisnehmer erwirbt das Recht aus dem Vermächtnis – ob das Eigentum bzw. die Rechtsinhaberschaft an einer bestimmten Sache oder an einem anderen dem Erblasser zustehenden Recht oder ein bloßes schuldrechtliches Forderungsrecht gegenüber dem Beschwerten – mit dem Tod des Erblassers (vgl. Art. 649 Abs. 1 Codice Civile)[264]:

„Il legato si acquista senza bisogno di accettazione, salva la facoltà di rinunziare."

„Das Vermächtnis wird erworben, ohne dass es dazu einer Annahme bedarf. Die Möglichkeit, es auszuschlagen, wird dadurch nicht berührt."

Das Eigentum bzw. die Rechtsinhaberschaft an dem vermachten Gegenstand, der die Anforderungen des Art. 649 Abs. 2 Codice Civile erfüllt, geht somit ipso iure ohne das Erfordernis einer Annahme im Augenblick des Todes des Erblassers auf den Bedachten über[265]. Im Gegensatz hierzu wird die Erbschaft nicht bereits im Zeitpunkt des Todes des Erblassers erworben, sondern erst mit der Annahme (vgl. Art. 459 S. 1 Codice Civile). Die Annahme wirkt hierbei jedoch auf den Zeitpunkt der Eröffnung der Erbfolge zurück (vgl.

Beachtung finden. „Eine Verfügung, welche die Bestimmung des Gegenstandes oder des Umfangs eines Vermächtnisses dem bloßen Belieben des Beschwerten oder eines Dritten überlässt, ist nichtig." (vgl. Art. 632 Abs. 1 Codice Civile) (die Übersetzung ist aus *Patti,* S. 177). Zur Bestimmbarkeit des Vermächtnisses vgl. die Ausführungen bei *Bianca,* Nr. 191.

Ausführliche Darstellungen in Bezug auf das unmittelbar dinglich und lediglich schuldrechtlich wirkende Vermächtnis finden sich bei *Bianca,* Nr. 192 bis 199 und Nr. 200 bis 207 und *Romano,* in: Diritto delle successioni e delle donazioni, S. 1111 bis 1264.

[263] Die Übersetzung ist aus *Patti,* S. 181.

[264] Die Übersetzung ist aus *Patti,* S. 181.

[265] *Ferid/Firsching,* Bd. III, Italien, Rn. 357.

Art. 459 S. 2 Codice Civile)[266]. Mit dem Tode des Erblassers erlangt der Erbe lediglich das Recht, die Erbschaft durch Annahme zu erwerben (Erbanfall, delazione)[267]. Es gilt gerade nicht der Grundsatz der Unmittelbarkeit der Erbfolge und bis zur Annahme der Erbschaft ist das Erbschaftsvermögen ohne Rechtsträger (hereditas iacens)[268]. An dieser Stelle sei noch Folgendes angemerkt:

„Il legato di immobili o beni mobili registrati deve essere trascritto (2648[1] c.c.).“[269]

Das Vermächtnis in Bezug auf Liegenschaften oder bewegliches eingetragenes Vermögen muss eingetragen werden (Art. 2648 Abs. 1 Codice Civile).

Art. 2644 Abs. 1 Codice Civile bestimmt hierzu Folgendes[270]:

„Gli atti enunciati nell'articolo precedente non hanno effetto riguardo ai terzi che a qualunque titolo hanno acquistato diritti sugli immobili in base a un atto trascritto o iscritto anteriormente alla trascrizione degli atti medesimi.“

„Die im vorstehenden Artikel aufgezählten Rechtshandlungen haben gegenüber Dritten keine Wirkung, die unter irgendeinem Rechtstitel Rechte an den unbeweglichen Sachen aufgrund einer vor der Eintragung derselben Rechtshandlung überschriebenen oder eingeschriebenen Rechtshandlung erworben haben.“

---

[266] Die Erbfolge wird gemäß Art. 456 Codice Civile im Augenblick des Todes am Ort des letzten Wohnsitzes des Verstorbenen eröffnet. Die Übersetzungen der Art. 456, 459 Codice Civile sind hierbei aus *Patti,* S. 131.

[267] Eccher/Schurr/Christandl/*Eccher,* Rn. 6/25. *Bonilini* (Manuale di diritto ereditario e delle donazioni, Nr. 40 und 56) spricht davon, dass es sich bei dem Erbanfall um die Möglichkeit des Erben zur Geltendmachung seiner eigenen Berufung zur Erbschaft handelt und die Erbschaft im Gegensatz zum Vermächtnis mit der Annahme erworben wird. *Bianca* (Nr. 41) bringt den Unterschied sehr deutlich dadurch zum Ausdruck, indem er davon spricht, dass es bei dem Erbanfall (delazione) lediglich um das Recht zur Geltendmachung der eigenen Berufung zur Erbschaft geht, dieses jedoch noch nichts mit dem Erwerb der Erbschaft zu tun hat und es sich bei dem Anfall des Vermächtnisses (delazione) bereits um den Erwerb des Vermächtnisses handelt. Dass es sich bei diesem italienischen Fachbegriff (delazione) nicht nur um den Erbanfall handelt, sondern auch um den Anfall des Vermächtnisses, zeigen weitere Ausführungen *Biancas* (Nr. 192) in Bezug auf die automatische Übertragung der in Art. 649 Abs. 2 Codice Civile aufgeführten vermachten Gegenstände.

[268] *Ferid/Firsching,* Bd. III, Italien, Rn. 563.

[269] *Bianca,* Nr. 192. Auf Grund der Tatsache, dass Art. 2648 Abs. 1 Codice Civile lediglich auf die Nr. 1, 2 und 4 des Art. 2643 Codice Civile verweist und diese lediglich auf das unbewegliche Vermögen Bezug nehmen, müssen zusätzlich die Art. 2683, 2685 Codice Civile Beachtung finden. Gemäß Art. 2685 Abs. 1 Codice Civile sind die Annahme der Erbschaft und der Erwerb des Vermächtnisses (l'accettazione dell'eredità e l'acquisto del legato) in Bezug auf die in Art. 2683 Nr. 1 bis 3 Codice Civile aufgeführten beweglichen Sachen unter bestimmten Voraussetzungen einzutragen.

[270] Die Übersetzung ist aus *Patti,* S. 805.

In Italien ist somit bei Liegenschaften oder registrierten beweglichen Sachen (beispielsweise Kraftfahrzeuge) eine Eintragung des Vermächtnisses zur Erlangung von Drittwirksamkeit vonnöten[271].

C. Rechtsvergleichende Analyse in Bezug auf die Verwirklichung der einzelnen an einem Erbfall beteiligten Interessen

Die nachfolgende rechtsvergleichende Analyse möchte die nach dem deutschen und italienischen (aber auch französischen) Recht bestehenden Unterschiede in Bezug auf die Verwirklichung der einzelnen an einem Erbfall beteiligten Interessen (wie die Interessen des Erblassers, der Erben, der Vermächtnisnehmer, der Pflichtteilsberechtigten, der (übrigen) Nachlassgläubiger, des Rechtsverkehrs usw.) herausarbeiten. Es geht hierbei nicht nur um die Frage, wie diesen verschiedenen Belangen durch das Vorhandensein bzw. Nichtvorhandensein eines Vindikationslegates zum Durchbruch verholfen wird (vgl. hierzu § 12, III. C. 2.), sondern insbesondere auch darum, in welchem Umfang die Interessen im Allgemeinen, d.h. ohne auf die konkrete Ausgestaltung der rechtlichen Position des unmittelbar dinglich berechtigten Vermächtnisnehmers oder dessen Haftung für Nachlassverbindlichkeiten zu blicken, gewährleistet werden (z.B. durch die Vorschriften bzgl. der Haftung der Erben) (siehe § 12, III. C. 1.).

1. Ohne Bezugnahme auf das Vindikationslegat

a) Haftung der Erben für Nachlassverbindlichkeiten (Haftungsumfang)

Im Falle einer Mehrheit von Erben (comunione ereditaria) entsteht wie im französischen Recht eine Bruchteilsgemeinschaft eigener Art und die Wirkung der Teilung hat lediglich deklaratorische Bedeutung (vgl. Art. 757 Codice Civile)[272]:

---

[271] So bereits *Schmidt,* RabelsZ 77 (2013), 19. Dieser verweist auf die Art. 2644, 2648 Abs. 1, 4, 2685 Codice Civile (vgl. Fn. 103, 104).

[272] *Ferid/Firsching,* Bd. III, Italien, Rn. 620, 675. Zur Erbengemeinschaft und der Teilung vgl. die Ausführungen bei *Ciatti,* in: Diritto delle successioni e delle donazioni, S. 1333 bis 1380 und bei *Bonilini,* Manuale di diritto ereditario e delle donazioni, Nr. 227 bis 257. Ausführungen zur Miteigentumsgemeinschaft und deren Teilung aus Sicht der notariellen Praxis vgl. *v. Lutterotti,* in: FS für Helmut Schippel, S. 933 bis 944. Die Übersetzung des Art. 757 Codice Civile ist aus *Patti,* S. 207.

„Ogni coerede è reputato solo e immediato successore in tutti i beni componenti la sua quota o a lui pervenuti dalla successione, anche per acquisto all'incanto, e si considera come se non avesse mai avuto la proprietà degli altri beni ereditari."

„Jeder Miterbe gilt als alleiniger und unmittelbarer Rechtsnachfolger in alle Gegenstände, die seinen Erbteil bilden oder die ihm durch die Erbfolge zugefallen sind, auch wenn er sie im Wege der Versteigerung erworben hat, und er wird so angesehen, als habe er niemals das Eigentum an den anderen Erbschaftsgegenständen erworben."

Die Teilung wirkt somit auf den Zeitpunkt des Todes des Erblassers zurück und alle mit dieser Rückwirkung nicht in Einklang zu bringende Zwischenverfügungen sind unwirksam[273]. Aus dieser nicht vorhandenen Gesamthandsgemeinschaft folgt wie im französischen Recht zum Nachteil der Nachlassgläubiger eine lediglich teilschuldnerische Haftung der einzelnen Miterben sowohl vor als auch nach der Teilung des Nachlasses (vgl. Art. 754 Abs. 1 S. 1 Codice Civile)[274]:

„Gli eredi sono tenuti verso i creditori al pagamento dei debiti e pesi ereditari personalmente in proporzione della loro quota ereditaria e ipotecariamente per l'intero."

„Die Erben sind den Gläubigern gegenüber zur Zahlung der Erbschaftsschulden und -lasten persönlich im Verhältnis ihrer Erbteile und hypothekarisch zur Gänze verpflichtet."

Es kann ein deutlich schlechterer Schutz der Nachlassgläubiger im Vergleich zum deutschen Recht verzeichnet werden. Es sind zudem keinerlei Regelungen im Codice Civile auffindbar, die wie im deutschen oder französischen Recht einen Zugriff der Nachlassgläubiger auf die ungeteilte Erbmasse in Bezug auf ihre gesamte Forderung zu gestatten vermögen.

---

[273] *Ferid/Firsching,* Bd. III, Italien, Rn. 675. *Bonilini* (Manuale di diritto ereditario e delle donazioni, Nr. 238) spricht von einer rückwirkenden Kraft der Teilung in Bezug auf den Zeitpunkt der Eröffnung der Erbfolge und davon, dass die Verfügung eines Miterben unter einer aufschiebenden Bedingung steht und diese im Falle der Zuweisung des Gegenstandes an den verfügenden Miterben mit Wirkung ex tunc auf den Zeitpunkt der Eröffnung der Erbfolge zu ihrer vollen Wirksamkeit gelangt. *Ciatti,* in: Diritto delle successioni e delle donazioni, S. 1333 spricht davon, dass weder das dinglich noch das lediglich schuldrechtlich wirkende Vermächtnis zu den Gegenständen der Erbengemeinschaft zu rechnen seien: Das Stückvermächtnis werde automatisch im Zeitpunkt der Eröffnung der Erbfolge erworben. Das Gattungsvermächtnis zeichne sich zwar durch eine den Erben auferlegte Verpflichtung aus. Diese Verpflichtung zähle aber auf Grund des aus Art. 752 Codice Civile ableitbaren Prinzips (Teilung der Schuld der Erben ipso iure) nicht als ein Gegenstand der Erbengemeinschaft.

[274] Die Übersetzung ist aus *Patti,* S. 207. Zur Haftung der Miterben im Verhältnis ihrer Erbteile vgl. auch Art. 752, 757, 1295 Codice Civile. Zur ausnahmsweisen gesamtschuldnerischen Haftung der Miterben vgl. die Ausführungen bei *Ferid/Firsching,* Bd. III, Italien, Rn. 701 bis 703 und *Kindler,* § 13 Rn. 6.

b) Haftung der Erben für Nachlassverbindlichkeiten (Haftungsmasse)

aa) Haftungsbeschränkungsmöglichkeiten der Erben

Im italienischen Recht kann der Erbe weiterhin wie nach dem Code civil die Erbschaft vorbehaltlos annehmen (accettazione pura e semplice), die Annahme unter dem Vorbehalt der Inventarerrichtung erklären (accettazione col beneficio d'inventario) oder die Erbschaft ausschlagen (Art. 470 ff., 484 ff., 519 ff. Codice Civile). Im Falle der vorbehaltlosen Annahme haftet der Erbe für die Nachlassverbindlichkeiten unbegrenzt, d.h. mit dem Nachlass wie auch mit seinem bisher existenten eigenen Vermögen. Der Erbe kann die Erbschaft jedoch ebenfalls unter dem Vorbehalt der Inventarerrichtung annehmen und ein ordnungsgemäßes Inventar errichten. Dies führt zu einer Trennung des Nachlasses vom persönlichen Vermögen des Erben (vgl. Art. 490 Abs. 1 Codice Civile) und der Erbe hat für die Begleichung der Nachlassverbindlichkeiten und für die Erfüllung der Vermächtnisse nur mit dem Nachlass zu haften (vgl. Art. 490 Abs. 2 Nr. 2 Codice Civile). Diese Haftungsbeschränkung stellt wie im französischen Recht eine deutlich einfachere und leichter verständliche dar, als diejenigen im komplexen deutschen haftungsrechtlichen System[275].

bb) Ausübung des Wahlrechts durch die Erben

Gemäß Art. 480 Abs. 1 Codice Civile verjährt das Recht zur Annahme der Erbschaft in zehn Jahren, wobei die Frist nach Art. 480 Abs. 2 Codice Civile vom Tage der Eröffnung der Erbfolge an zu laufen beginnt (und im Falle einer bedingten Erbeinsetzung, vom Tage des Bedingungseintritts an) (vgl. hierzu Art. 456 Codice Civile)[276]. Nach Ablauf dieser Frist gilt der Erbe als Ausschlagender. Unter Beachtung dieser Vorschrift kann es im Falle des Untätigbleibens des Erben für einen sehr langen Zeitraum unklar bleiben, ob die durch ein Testament oder im Rahmen der gesetzlichen Erbfolge berufene Person tatsächlich als Erbe anzusehen ist oder nicht[277]. Zur Beseitigung dieses, die Belange von Rechtssicherheit und Rechtsklarheit beeinträchtigenden Zustandes kann jeder, der ein Interesse daran hat, verlangen, dass die Gerichtsbehörde eine Frist festsetzt, innerhalb derer der Berufene die Annahme oder Ausschlagung der Erbschaft zu erklären hat (vgl. Art. 481 S. 1 Codice Civile)[278]. Gibt der Berufene innerhalb dieser Frist keine Erklärung in

---

[275] Vgl. hierzu die Ausführungen in Kapitel 3, Fn. 17 und in § 12, II. D. 1. b) aa).

[276] Die Übersetzung ist aus *Patti,* S. 135.

[277] An dieser Stelle sei nochmals auf Art. 459 Codice Civile verwiesen, der besagt, dass die Erbschaft mit der Annahme erworben wird und die Annahme auf den Zeitpunkt der Eröffnung der Erbfolge zurückwirkt (die Übersetzung ist aus *Patti,* S. 131).

[278] Die Übersetzung ist aus *Patti,* S. 137. Hierbei gilt noch Folgendes zu beachten: Befindet sich der Erbe bereits im Besitz von Nachlassgegenständen, so sind die Abs. 1 und 2

Bezug auf die Annahme oder Ausschlagung der Erbschaft ab, gilt dieser als Ausschlagender (vgl. Art. 481 S. 2 Codice Civile).

2. *Unter Bezugnahme auf das Vindikationslegat*

a) *Haftung des Vindikationslegatars für Nachlassverbindlichkeiten*

Grundsätzlich haftet nur der Erbe bzw. die Erben für die Nachlassverbindlichkeiten, nicht hingegen der Vermächtnisnehmer (vgl. Art. 756 Codice Civile)[279]:

„Il legatario non è tenuto a pagare i debiti ereditari, salvo ai creditori l'azione ipotecaria sul fondo legato e l'esercizio del diritto di separazione; ma il legatario che ha estinto il debito di cui era gravato il fondo legato subentra nelle ragioni del creditore contro gli eredi."

„Unbeschadet der den Gläubigern zustehenden Hypothekenklage hinsichtlich des vermachten Grundstücks und der Ausübung des Rechts auf Absonderung, ist der Vermächtnisnehmer zur Zahlung von Nachlassverbindlichkeiten nicht verpflichtet; der Vermächtnisnehmer, der die Schuld getilgt hat, mit der das vermachte Grundstück belastet war, tritt jedoch in die Rechte des Gläubigers gegen die Erben ein."

Bianca äußert sich ebenfalls diesbezüglich:

„Il legatario non è tenuto al pagamento dei debiti e pesi ereditari […]."[280]

Der Vermächtnisnehmer ist zur Berichtigung der Schulden und Lasten des Nachlasses nicht verpflichtet.

Der Vermächtnisnehmer hat jedoch zum einen die in Art. 668 Codice Civile aufgeführten Belastungen zu tragen und zum anderen kann der Erblasser dem Vermächtnisnehmer gemäß Art. 671 Codice Civile eine Verpflichtung zur

---

des Art. 485 Codice Civile vor der in Art. 481 Codice Civile vorgesehenen Bestimmung eines Termins zur Annahme anzuwenden (vgl. *Ferid/Firsching,* Bd. III, Italien, Rn. 587). „Befindet sich der zur Erbschaft Berufene aus irgendeinem Rechtsgrund im Besitz von Nachlassgegenständen, so hat er das Inventar innerhalb von drei Monaten ab dem Tage der Eröffnung der Erbfolge oder ab der Benachrichtigung vom Anfall der Erbschaft zu errichten." (vgl. Art. 485 Abs. 1 S. 1 Codice Civile) (die Übersetzung ist aus *Patti,* S. 137). „Ist die genannte Frist abgelaufen, ohne dass das Inventar errichtet worden ist, so ist der zur Erbschaft Berufene als vorbehaltloser Erbe anzusehen." (vgl. Art. 485 Abs. 2 Codice Civile) (die Übersetzung ist aus *Patti,* S. 137).

[279] Die Übersetzung ist aus *Patti,* S. 207. Ausführliche Darstellungen zur Haftung des schuldrechtlich und dinglich berechtigten Vermächtnisnehmers für die Schulden des Nachlasses finden sich bei *Bianca,* Nr. 189 und *Bonilini,* Manuale di diritto ereditario e delle donazioni, Nr. 170.

[280] *Bianca,* Nr. 189.

Erfüllung von Verbindlichkeiten auferlegen. Art. 668 Codice Civile bestimmt[281]:

„Se la cosa legata è gravata da una servitù, da un canone o da altro onere inerente al fondo, ovvero da una rendita fondiaria, il peso ne è sopportato dal legatario.

„Ist die vermachte Sache mit einer Dienstbarkeit, einem Grundzins oder mit einer anderen Grundstückslast oder einer Grundrente beschwert, so ist diese Belastung vom Vermächtnisnehmer zu tragen.

Se la cosa legata è vincolata per una rendita semplice, un censo o altro debito dell'eredità, o anche di un terzo, l'erede è tenuto al pagamento delle annualità o degli interessi e della somma principale, secondo la natura del debito, qualora il testatore non abbia diversamente disposto."

Ist aus der vermachten Sache eine einfache Rente, eine Abgabe oder eine andere Verbindlichkeit der Erbschaft oder auch eines Dritten zu bezahlen, so ist der Erbe, je nach der Art der Schuld, zur Begleichung der Jahresraten oder der Zinsen und des Kapitals verpflichtet, falls nicht der Erblasser etwas anderes verfügt hat."

Art. 671 Codice Civile normiert[282]:

„Il legatario è tenuto all'adempimento del legato e di ogni altro onere a lui imposto entro i limiti del valore della cosa legata."

„Der Vermächtnisnehmer ist zur Erfüllung eines Vermächtnisses und jeder anderen ihm auferlegten Last in den Grenzen des Wertes der ihm vermachten Sache verpflichtet."

Eine weitere Haftung des Vermächtnisnehmers regelt Art. 594 S. 1 Codice Civile für die Unterhaltsrente für nicht anerkennungsfähige nichteheliche Kinder[283]:

„Gli eredi, i legatari e i donatari sono tenuti, in proporzione a quanto hanno ricevuto, a corrispondere ai figli naturali di cui all'art. 279, un assegno vitalizio nei limiti stabiliti dall'art. 580, se il genitore non ha disposto per donazione o testamento in favore dei figli medesimi."

„Die Erben, Vermächtnisnehmer und Schenkungsempfänger sind im Verhältnis des von ihnen Empfangenen verpflichtet, den nichtehelichen Kindern im Sinne von Art. 279 eine lebenslange Unterhaltsrente in der von Art. 580 festgesetzten Höhe zu leisten, wenn der betreffende Elternteil diesen Kindern weder durch Schenkung noch durch Testament eine Zuwendung gemacht hat."

Der Erbe kann die Erbschaft vorbehaltlos annehmen, die Annahme unter dem Vorbehalt der Inventarerrichtung erklären oder die Erbschaft ausschlagen (vgl. Art. 470 ff., 519 ff. Codice Civile). Im Ergebnis führt die Annahme

---

[281] Die Übersetzung ist aus *Patti,* S. 185. Ausführliche Darstellungen zu Art. 668 Codice Civile finden sich bei *Bonilini,* Dei legati, S. 443 bis 449.

[282] Die Übersetzung ist aus *Patti,* S. 187. Ausführliche Darstellungen zu Art. 671 Codice Civile finden sich bei *Bonilini,* Dei legati, S. 473 bis 480.

[283] Die Übersetzung ist aus *Patti,* S. 167.

unter dem Vorbehalt der Inventarerrichtung (accettazione col beneficio di inventario) (vgl. Art. 484 ff. Codice Civile) dazu, dass der Erbe für die Nachlassverbindlichkeiten nur mit dem Nachlass und gerade nicht mit seinem eigenen Vermögen einzustehen hat (vgl. Art. 490 Abs. 2 Nr. 2 Codice Civile). Gemäß Art. 495 Abs. 2 Codice Civile steht den nicht befriedigten Nachlassgläubigern in diesem Falle unter bestimmten Voraussetzungen ein Rückgriffsanspruch gegen die Vermächtnisnehmer zu[284]:

„Esaurito l'asse ereditario, i creditori rimasti insoddisfatti hanno soltanto diritto di regresso contro i legatari, ancorché di cosa determinata appartenente al testatore, nei limiti del valore del legato.“

„Ist der Nachlass erschöpft, so haben die nicht befriedigten Gläubiger nur einen Rückgriffsanspruch gegen die Vermächtnisnehmer; dieser besteht auch dann, wenn das Vermächtnis in einer bestimmten, dem Erblasser gehörenden Sache besteht, nur in den Grenzen des Wertes des Vermächtnisses.“

Für den Fall, dass der Erbe die Erbschaft unter dem Vorbehalt der Inventarerrichtung annimmt, gilt gemäß Art. 495 Abs. 1 Codice Civile Folgendes[285]:

„Trascorso un mese dalla trascrizione prevista nell'art. 484, o dall'annotazione disposta nello stesso articolo per il caso che l'inventario sia posteriore alla dichiarazione, l'erede, quando creditori o legatari non si oppongono ed egli non intende promuovere la liquidazione a norma dell'art. 503, paga i creditori e i legatari a misura che si presentano, salvi i loro diritti di poziorità.“

„Nach Ablauf eines Monats seit der in Art. 484 vorgesehenen Eintragung oder seit dem im gleichen Artikel für den Fall eines nach der Erklärung errichteten Inventars bestimmten Vermerk hat der Erbe die Nachlassgläubiger und die Vermächtnisnehmer in der Reihenfolge ihrer Meldung unbeschadet ihrer Vorzugsrechte auszuzahlen, sofern Nachlassgläubiger oder Vermächtnisnehmer keinen Widerspruch erheben und der Erbe nicht beabsichtigt, die Nachlassabwicklung nach Maßgabe von Art. 503 durchzuführen.“

Für den Fall, dass der Nachlass erschöpft ist, haben die nicht befriedigten Gläubiger gemäß Art. 495 Abs. 2 Codice Civile einen Rückgriffsanspruch gegen die unmittelbar dinglich und lediglich schuldrechtlich berechtigten Vermächtnisnehmer.

Für den Fall, dass der Erbe vorbehaltlos annimmt, steht den Nachlassgläubigern ein Recht auf Trennung des Nachlassvermögens von dem Vermögen

---

[284] Die Übersetzung ist aus *Patti*, S. 141. Vgl. hierzu auch die Ausführungen bei *Bianca* (Nr. 189) in Bezug auf einen Regressanspruch der nicht befriedigten Gläubiger des Erblassers infolge der Unzulänglichkeit des Nachlasses gegen die schuldrechtlich und dinglich berechtigten Vermächtnisnehmer.

[285] Die Übersetzung ist aus *Patti*, S. 141.

des Erblassers zu (vgl. Art. 512 ff. Codice Civile)[286]. Gemäß Art. 512 Abs. 1 Codice Civile stellt die Trennung der beiden Vermögensmassen die Befriedigung der Nachlassgläubiger und der Vermächtnisnehmer, die sie betrieben haben, aus dem Nachlass sicher, und zwar mit Vorrang vor den Erbeneigengläubigern[287]. Der vermachte Gegenstand gehört aber weder zum Nachlass noch zum bisherigen Eigenvermögen des Erben. Aus diesem Grunde können die Gläubiger des Erblassers gemäß Art. 513 Codice Civile die Trennung auch hinsichtlich solcher Nachlassgegenstände geltend machen, die Gegenstand eines Stückvermächtnisses sind. Art. 513 Codice Civile bestimmt[288]:

„I creditori del defunto possono esercitare la separazione anche rispetto ai beni che formano oggetto di legato di specie.“	„Die Gläubiger des Erblassers können die Trennung auch hinsichtlich solcher Nachlassgegenstände geltend machen, die Gegenstand eines Stückvermächtnisses sind.“

Die Nachlassgläubiger können somit neben der Trennung des Nachlassvermögens von dem Eigenvermögen des Erben auch eine Trennung in Bezug auf einen im Wege eines Vindikationslegates zugedachten Vermögenswert herbeiführen. Hierdurch können die Nachlassgläubiger nicht nur auf den Nachlass, sondern auch auf den vermachten Gegenstand zugreifen.

Der Codice Civile sieht dementsprechend bestimmte Schutzmechanismen zugunsten der Gläubiger des Erblassers gegenüber den Vindikationslegataren sowohl im Falle der Annahme unter dem Vorbehalt der Inventarerrichtung (Art. 495 Abs. 2 Codice Civile) als auch im Falle der vorbehaltlosen Annahme vor (Art. 513 Codice Civile). Das italienische Erbrecht sieht also ausschließlich – aber lediglich in eng umgrenzten Ausnahmekonstellationen – eine direkte Haftung des Vermächtnisnehmers vor[289]. Im italienischen Recht bedarf es im Vergleich zum französischen Recht gerade keiner Aushändigung (délivrance) des Gegenstandes an den Vermächtnisnehmer, was bedeutet,

---

[286] Allgemeine Ausführungen zur Trennung des Vermögens des Erblassers von demjenigen des Erben finden sich bei *Bonilini,* Manuale di diritto ereditario e delle donazioni, Nr. 69 bis 71.

[287] Die Übersetzung ist aus *Patti,* S. 147.

[288] Die Übersetzung ist aus *Patti,* S. 147.

[289] *Bianca* (Nr. 189) spricht davon, dass die Rechtslehre dazu neigt, dass es sich bei den Regelungen der Art. 495 Abs. 2, 499 Abs. 3, 513 Codice Civile um Ausnahmen von dem Grundsatz, dass die Speziesvermächtnisse gerade nicht an der Haftung für die Nachlassschulden beteiligt sind, handelt. Sofern nicht die Annahme unter dem Vorbehalt der Inventarerrichtung erklärt wurde oder die Trennung des Nachlasses von dem Eigenvermögen des Erben erfolgte, können sich die Gläubiger des Erblassers nicht mit Vermögensgegenständen befriedigen, die im Wege von Vermächtnissen zugewandt wurden (vgl. *Bianca,* Nr. 189).

dass die dingliche Rechtsstellung des Bedachten mit dem Tod des Erblassers gegen die Nachlassgläubiger wirkt[290].

b) Ungeklärte Rechtsfragen

Eine Benachteiligung der Gläubiger des Erblassers ergibt sich aus Art. 495 Codice Civile. Der Erbe, der die Erbschaft unter dem Vorbehalt der Inventarerrichtung angenommen hat, befriedigt die Nachlassgläubiger und die Vermächtnisnehmer grundsätzlich in der Reihenfolge ihrer Meldung unbeschadet ihrer Vorzugsrechte (vgl. Art. 495 Abs. 1 Codice Civile)[291]. Die nicht befriedigten Nachlassgläubiger haben im Falle eines erschöpften Nachlasses nur einen Rückgriffsanspruch gegen die unmittelbar dinglich und lediglich schuldrechtlich berechtigten Vermächtnisnehmer (vgl. Art. 495 Abs. 2 Codice Civile). Der Nachlassgläubiger, der sich an einen Vindikationslegatar wendet, sieht sich u.U. dem folgenden Problem ausgesetzt: Der Vindikationsvermächtnisnehmer wird bereits mit dem Tode des Erblassers Eigentümer bzw. Rechtsinhaber des vermachten Gegenstands und kann über diesen

---

[290] *Kindler,* § 13 Rn. 26; *Ferid/Firsching,* Bd. III, Italien, Rn. 358. *Kegel* spricht davon, dass das französische Vindikationslegat als „windig" erscheint und begründet dies damit, dass das Recht erst mit der délivrance Dritten gegenüber unbeschränkt wirkt (vgl. *Kegel,* in: Liber Amicorum, S. 347). Seine Aussage, dass es sich ebenso nach Art. 649 Abs. 2, 3 Codice Civile verhält, kann hingegen nicht gestützt werden (vgl. *Kegel,* in: Liber Amicorum, S. 347). Zwar ist es auch nach dem italienischen Zivilgesetzbuch erforderlich, dass der Vermächtnisnehmer die Überlassung des Besitzes von dem Beschwerten verlangt (Art. 649 Abs. 3 Codice Civile), doch wirkt die Rechtsstellung des Bedachten den Nachlassgläubigern gegenüber ja gerade mit dem Erbfall. Von einer Windigkeit des Vindikationslegates kann im italienischen Recht somit nicht gesprochen werden und keinesfalls unter Bezugnahme auf die gerade nicht identischen Regelungen des Code civil (vgl. hierzu § 12, II. C. 1.).

[291] Der Erbe befriedigt die Nachlassgläubiger und Vermächtnisnehmer grundsätzlich gemäß Art. 495 Abs. 1 Codice Civile in der Reihenfolge ihrer Meldung. Die Nachlassgläubiger und Vermächtnisnehmer können jedoch einen Widerspruch erheben (vgl. Art. 495 Abs. 1 Codice Civile). Dies führt zur Nachlassabwicklung bei Widerspruch (Art. 498 bis 502 Codice Civile). Art. 499 Abs. 2, 3 Codice Civile bestimmt Folgendes: „Der Erbe stellt, stets unter Mitwirkung des Notars, die Rangordnung auf. Darin werden die Gläubiger entsprechend ihren Vorzugsrechten aufgenommen. Sie gehen den Vermächtnisnehmern vor. Unter den Gläubigern ohne Vorzugsrechte wird der Aktivnachlass im Verhältnis der entsprechenden Forderungen geteilt. Wenn es zur Befriedigung der Gläubiger erforderlich ist, in die Abwicklung auch den Gegenstand eines Stückvermächtnisses einzubeziehen, so geht hinsichtlich des Betrages, der nach der Befriedigung der Nachlassgläubiger verbleibt, der Vermächtnisnehmer, dem das Stückvermächtnis zugewendet worden war, den anderen Vermächtnisnehmern vor." (die Übersetzung ist aus *Patti,* S. 141). Eine weitere Variante der Nachlassabwicklung findet sich in Art. 503 Codice Civile. Ausführliche Darstellungen zur Abwicklung der Nachlassverbindlichkeiten im Falle der Annahme unter dem Vorbehalt der Inventarerrichtung finden sich bei *Bonilini,* Manuale di diritto ereditario e delle donazioni, Nr. 68.

rechtswirksam zugunsten dritter Personen verfügen. Vor der Besitzeinräumung mangelt es der rechtlichen Position des Legatars in Bezug auf den zugewandten Vermögenswert gerade nicht an Drittwirksamkeit. Die Lösung dieses Problems in Bezug auf den zu verwirklichenden Nachlassgläubigerschutz bleibt bis heute im italienischen Recht ungeklärt. Die wenigsten italienischen Werke in der Literatur greifen diese Problemkonstellation überhaupt auf. *Natoli* sprach davon, dass die Interessen der Nachlassgläubiger nicht dadurch beeinträchtigt werden dürfen, dass der Vermächtnisnehmer ja bereits ab dem Zeitpunkt des Erbfalles über den das Stückvermächtnis kennzeichnenden Gegenstand rechtswirksam zu verfügen vermag, und spricht sich somit für die Anfechtbarkeit des durch den Legatar getätigten Rechtsgeschäftes aus[292]. Nach der Ansicht *Natolis* muss der vermachte Gegenstand auch dann zur Befriedigung der Nachlassgläubiger herangezogen werden können, wenn der Legatar diesen automatisch und im Zeitpunkt der Eröffnung der Erbfolge erwirbt[293]. *Bianca* äußert sich hingegen dahingehend, dass es sich bei derjenigen Ansicht in der Lehre, die die Möglichkeit einer Anfechtung im Bereich des Erbrechts verbiete, um die beste handele[294]. Dieser Lösungsansatz lässt aber weitere von *Bianca* unbeantwortete Fragen aufkommen. Der vermachte Gegenstand wäre dem Zugriff der Nachlassgläubiger bei Verneinung einer Anfechtung letztlich vollständig entzogen. Müsste der Vindikationslegatar nunmehr zumindest in Höhe des Wertes des Vermächtnisses mit seinem Privatvermögen für die Verbindlichkeiten des Nachlasses einstehen? Der Codice Civile und dessen Artikel lassen das Auffinden einer Lösung, auf die sich der Rechtsanwender berufen könnte, gerade nicht zu. Art. 495 Abs. 2 Codice Civile spricht von einem Rückgriffsanspruch der nicht befriedigten Gläubiger in den Grenzen des Wertes des Vermächtnisses. Diese Formulierung könnte im Falle der Erschöpfung des Nachlasses für eine generelle Haftung des Vermächtnisnehmers pro viribus hereditatis sprechen oder aber für eine grundsätzlich gegenständlich beschränkte Haftung in Kombination mit einer Verantwortlichkeit des Legatars für seine Verwaltung in Bezug auf den vermachten Gegenstand, die unter bestimmten Umständen zu dessen Haftung mit seinem Privatvermögen führen könnte[295]. Der Wortlaut des Art. 495 Abs. 2 Codice Civile ließe jedoch in Verbindung mit weiteren Normen des Codice Civile noch eine weitere Interpretationsmöglichkeit zu. Art. 490 Abs. 2 Nr. 2 Codice Civile spricht ebenfalls davon, dass der Erbe zur Beglei-

---

[292] *Natoli,* S. 227, 228.

[293] *Natoli,* S. 229. *Natoli* (S. 229) wies auch darauf hin, dass der Erbe den Gegenstand des Stückvermächtnisses auch dann an den Bedachten herauszugeben hat, wenn er der Meinung ist, dass der Nachlass zur Befriedigung der Nachlassgläubiger nicht genügend vorhanden sei (vgl. Art. 649 Abs. 3 Codice Civile).

[294] *Bianca,* Nr. 189.

[295] Zur Begriffserklärung der cum viribus-Haftung und der pro viribus-Haftung vgl. Kapitel 4, Fn. 24.

chung der Nachlassverbindlichkeiten und zur Erfüllung der Vermächtnisse nicht über den Wert der ihm zugefallenen Nachlassgegenstände hinaus verpflichtet ist[296]. Die Annahme des Erben unter dem Vorbehalt der Inventarerrichtung führt aber unzweifelhaft zu einer Trennung der beiden Vermögensmassen und somit zu einer Haftung des Erben für die Nachlassverbindlichkeiten cum viribus hereditatis und gerade nicht pro viribus hereditatis. Art. 491 Codice Civile bestimmt weiterhin[297]:

„L'erede con beneficio d'inventario non risponde dell'amministrazione dei beni ereditari se non per colpa grave."	„Der Erbe, der sich die Inventarerrichtung vorbehalten hat, ist bei der Verwaltung des Nachlasses nur für grobe Fahrlässigkeit verantwortlich."

Ginge man nunmehr davon aus, dass sich der italienische Gesetzgeber von einer einheitlichen Wortwahl leiten ließ, so müsste der Inhalt des Art. 495 Abs. 2 Codice Civile wohl folgendermaßen verstanden werden: Der Rückgriffsanspruch der Nachlassgläubiger bezieht sich lediglich auf den konkreten Gegenstand des Vermächtnisses. Diese Konstellation würde an einen Erben erinnern, der die Annahme unter dem Vorbehalt der Inventarerrichtung erklärt hat. Der Vindikationslegatar kann lediglich die Annahme oder Ausschlagung erklären. Auf Grund des Fehlens einer dem Art. 491 Codice Civile vergleichbaren Vorschrift in Bezug auf die Haftung des Vermächtnisnehmers für die Verwaltung müsste davon ausgegangen werden, dass dieser bei fehlender Zugriffsmöglichkeit der Nachlassgläubiger auf den vermachten Gegenstand gerade nicht mit seinem Privatvermögen einzustehen habe[298]. Es bleibt letztlich fraglich, wie derartige vor Gericht aufkommende Streitigkeiten nach italienischem Recht gelöst werden würden.

Im deutschen Recht müssen die Nachlassgläubiger die Berichtigung einer Nachlassverbindlichkeit durch den Erben zwar als für Rechnung des Nachlasses erfolgt gelten lassen, wenn der Erbe den Umständen nach annehmen durfte, dass der Nachlass zur Berichtigung aller Nachlassverbindlichkeiten ausreiche (vgl. § 1979 BGB). Hat der Erbe jedoch aus dem Nachlass Pflichtteilsansprüche, Vermächtnisse oder Auflagen erfüllt, so kann ein Nachlassgläubiger, der im Insolvenzverfahren über den Nachlass dem Empfänger der Leistung im Rang vorgehen oder gleichstehen würden, die Leistung gemäß § 5

[296] Die Übersetzung ist aus *Patti,* S. 139.

[297] Die Übersetzung ist aus *Patti,* S. 139.

[298] Man könnte zunächst auch an eine gegenteilige Argumentation denken: Der Legatar hat für die Verwaltung des vermachten Gegenstandes mit seinem Privatvermögen auch ohne eine auf grobe Fahrlässigkeit beschränkte Haftung einzustehen. Auf Grund einer fehlenden anderweitigen Regelung ist jedoch davon auszugehen, dass Art. 491 Codice Civile nicht nur die Beschränkung der Haftung des Erben auf grobe Fahrlässigkeit zum Regelungsziel hat, sondern in einem vorherigen Schritt die generelle Normierung einer Verantwortlichkeit des Erben für die Verwaltung des Nachlasses.

AnfG in gleicher Weise anfechten wie eine unentgeltliche Leistung des Erben (vgl. §§ 4, 11 Abs. 2 AnfG)[299]. Hat der Erbe vor der Eröffnung des Insolvenzverfahrens aus dem Nachlass Pflichtteilsansprüche, Vermächtnisse oder Auflagen erfüllt, so ist diese Rechtshandlung in gleicher Weise anfechtbar wie eine unentgeltliche Leistung des Erben (vgl. §§ 322, 134, 143 Abs. 2 InsO). Die Anfechtung erfolgt hierbei durch den Insolvenzverwalter (vgl. § 129 Abs. 1 InsO). Durfte der Erbe hingegen nicht annehmen, dass der Nachlass zur Berichtigung aller Nachlassverbindlichkeiten ausreiche, so kann auf die Vorschrift des § 1979 BGB gerade nicht zurückgegriffen werden. Stattdessen greift die Regelung des § 1978 BGB ein. Ist die Nachlassverwaltung angeordnet oder das Nachlassinsolvenzverfahren eröffnet, so ist der Erbe den Nachlassgläubigern für die bisherige Verwaltung des Nachlasses so verantwortlich, wie wenn er von der Annahme der Erbschaft an die Verwaltung für sie als Beauftragter zu führen gehabt hätte. Auf die vor der Annahme der Erbschaft von dem Erben besorgten erbschaftlichen Geschäfte finden die Vorschriften über die Geschäftsführung ohne Auftrag entsprechende Anwendung (vgl. § 1978 Abs. 1 BGB). Im Ergebnis bedeutet dies, dass es zu einer Schadensersatzpflicht des Erben gemäß § 1978 Abs. 1 BGB kommen kann, falls die Voraussetzungen des § 1979 BGB nicht erfüllt sind und der Erbe eine Nachlassverbindlichkeit mit Mitteln der Erbschaft tilgt[300]. Die sich aus § 1978 Abs. 1 BGB ergebenden Ansprüche hat der Erbe mit seinem persönlichen Vermögen zu begleichen[301]. Im italienischen (und auch französischen) Recht werden die Nachlassgläubiger hingegen in der Reihenfolge ihrer Meldung befriedigt. Nach dem Codice Civile (und nach dem Code civil) können sich die nicht befriedigten Gläubiger im Falle der Erschöpfung des Nachlasses (und der rechtzeitigen Anmeldung der Forderungen nach französischem Recht) lediglich an die Vermächtnisnehmer wenden. Sie haben somit deren Insolvenzrisiko zu tragen (im französischen Recht nur falls die délivrance bereits erfolgte, vgl. Art. 799 Code civil). Es gibt insbesondere keine dem § 1978 BGB vergleichbare Schutzvorschrift zugunsten der Nachlassgläubiger. Der Grund liegt hierbei in der Tatsache, dass die Gläubiger in der Reihenfolge ihrer Meldung zu befriedigen sind und das deutsche haftungsrechtliche System völlig entgegengesetzt zu demjenigen des italienischen oder französischen Rechts ausgestaltet ist.

Im Falle der vorbehaltlosen Annahme steht den Nachlassgläubigern und Vermächtnisnehmern ein Recht auf Trennung des Nachlassvermögens von

---

[299] Hierbei ist umstritten, ob lediglich der Nachlassverwalter anfechten kann oder auch die Nachlassgläubiger entsprechend des Wortlauts des § 5 AnfG (vgl. Beck'scher Online-Kommentar BGB/*Lohmann,* § 1979 BGB Rn. 7 m.w.N.).

[300] Beck'scher Online-Kommentar BGB/*Lohmann,* § 1979 BGB Rn. 5.

[301] Beck'scher Online-Kommentar BGB/*Lohmann,* § 1978 BGB Rn. 6 m.w.N.

dem Privatvermögen des Erben zu (vgl. Art. 512 ff. Codice Civile)[302]. Im Gegensatz zum französischen Recht steht dieses Recht gerade nicht den Eigengläubigern des Erben selbst zu. Art. 512 Abs. 1, 3 Codice Civile normiert Folgendes[303]:

„La separazione dei beni del defunto da quelli dell'erede assicura il soddisfacimento, con i beni del defunto, dei creditori di lui e dei legatari che l'hanno esercitata, a preferenza dei creditori dell'erede. [...] La separazione non impedisce ai creditori e ai legatari che l'hanno esercitata, di soddisfarsi anche sui beni propri dell'erede."

„Die Trennung des Vermögens des Erblassers von demjenigen des Erben stellt die Befriedigung der Nachlassgläubiger und der Vermächtnisnehmer, die sie betrieben haben, aus dem Nachlass sicher, und zwar mit Vorrang vor den Gläubigern des Erben. [...] Die Trennung hindert die Gläubiger und Vermächtnisnehmer, die sie betrieben haben, nicht daran, sich auch aus dem persönlichen Vermögen des Erben zu befriedigen."

Das Recht auf Trennung hat jedoch einige nachteilige Aspekte: Es ist innerhalb von drei Monaten nach dem in Art. 456 Codice Civile beschriebenen Zeitpunkt auszuüben (vgl. Art. 516 Codice Civile). Es wird zwischen der Trennung in Bezug auf bewegliche und unbewegliche Sachen differenziert, wobei bestimmte formale Anforderungen Beachtung finden müssen (vgl. Art. 517, 518 Codice Civile). Die Gläubiger des Erblassers können die Trennung auch hinsichtlich solcher Gegenstände geltend machen, die im Wege eines Vindikationslegates zugewandt wurden (vgl. Art. 513 Codice Civile). Der Bedachte wird aber bereits mit dem Tode des Erblassers verfügungsbefugter Eigentümer bzw. Rechtsinhaber in Bezug auf den vermachten Gegenstand. U.U. bereits erfolgte Änderungen in der eigentümerrechtlichen Position bzw. der Rechtsinhaberschaft könnten sich wie im Falle des Art. 495 Abs. 2 Codice Civile in besonderer Weise zu Lasten der Nachlassgläubiger auswirken. Die rechtliche Lage ist wiederum ungeklärt. In Deutschland bedarf es zwar zur Herbeiführung einer Trennung der Haftungsmassen durch die Beantragung der Nachlassverwaltung oder der Eröffnung eines Nachlassinsolvenzverfahrens durch die Nachlassgläubiger eines besonderen Grundes (vgl. §§ 1981 Abs. 2 S. 1 BGB, 320 S. 1 InsO). Die Anträge können jedoch

[302] Im Falle der Annahme unter dem Vorbehalt der Inventarerrichtung haben die Nachlassgläubiger und die Vermächtnisnehmer gegenüber den persönlichen Gläubigern des Erben ein Recht auf vorzugsweise Befriedigung aus dem Nachlass (vgl. Art. 490 Abs. 2 Nr. 3 S. 1 Codice Civile) (die Übersetzung ist aus *Patti,* S. 139). „Sie sind jedoch nicht davon befreit, die Trennung der Güter nach den Bestimmungen des folgenden Kapitels zu beantragen, wenn sie dieses Recht auf vorzugsweise Befriedigung auch für den Fall aufrechterhalten wollen, dass der Erbe das Recht auf Inventarerrichtung verwirken oder darauf verzichten sollte." (vgl. Art. 490 Abs. 2 Nr. 3 S. 2 Codice Civile) (die Übersetzung ist aus *Patti,* S. 139). Beispiele für die Verwirkung des Rechts auf Inventarerrichtung finden sich in den Art. 493, 494 Codice Civile.

[303] Die Übersetzung ist aus *Patti,* S. 147.

nur dann nicht mehr gestellt werden, wenn seit der Annahme der Erbschaft zwei Jahre verstrichen sind (vgl. §§ 1981 Abs. 2 S. 2 BGB, 319 InsO). Weiterhin fallen auch die vermachten Gegenstände, über die noch nicht rechtswirksam zugunsten des Bedachten oder eines Dritten verfügt wurde, in die der Nachlassverwaltung unterfallende Vermögensmasse bzw. in die Insolvenzmasse. Der Erbe verliert seine Verfügungsbefugnis. Die Nachlassgläubiger können gegen veruntreuende Verfügungen des Erben geschützt werden. Es erübrigt sich eine Vorschrift wie diejenige des Art. 513 Codice Civile. Auf Grund der bisherigen Verwaltung des Nachlasses können sich Schadensersatzansprüche der Nachlassgläubiger gegenüber dem Erben ergeben (vgl. § 1978 Abs. 1 BGB). Der Erbe haftet mit seinem Privatvermögen für den entstandenen Schaden.

3. Zusammenfassung

Das italienische Recht sieht einen deutlich schwächeren Nachlassgläubigerschutz vor als das BGB (beispielsweise die lediglich teilschuldnerische Haftung der Erben). Dies gilt bereits unabhängig von der Ausgestaltung des Vermächtnisses als Vindikations- oder Damnationslegat.

Im Ergebnis kann jedoch keine abschließende Aussage darüber getroffen werden, ob der Codice Civile oder der Code civil den Nachlassgläubigerschutz im Allgemeinen besser zu verwirklichen vermag. Es gibt Aspekte, die nach französischem Recht günstiger erscheinen (beispielsweise Zugriff in die ungeteilte Masse, vgl. Art. 815-17 Abs. 1 Code civil) und solche, die nach dem Codice Civile vorteilhaftere Wirkungen zeitigen (beispielsweise dreimonatige Frist zur Inventarerrichtung bei bereits vorhandenem Besitz des Erben, vgl. Art. 485 Abs. 1 S. 1 Codice Civile). Hierfür bedürfte es einer genaueren Analyse der Rechtsordnungen. Diese nicht klar zu treffende Aussage spiegelt sich auch in gewissem Maße unter Bezugnahme auf das Vindikationslegat wider. Unter Berücksichtigung der Interessen des Rechtsverkehrs entschied sich das italienische Recht im Gegensatz zum französischen für eine durchsichtigere und verständlichere Regelung. Der Legatar erwirbt das gegenüber jedermann wirksame Eigentum bzw. die Rechtsinhaberschaft an dem vermachten Gegenstand bereits mit dem Erbfall. Im französischen Recht wären die Nachlassgläubiger vor der délivrance jedoch gegen Verfügungen des Legatars geschützt und würden erst nach der Auslieferung dessen Insolvenzrisiko tragen (vgl. Art. 799 Code civil). Nach italienischem Recht tragen die Nachlassgläubiger hingegen bereits mit dem Tode des Erblassers das Insolvenzrisiko des Bedachten (vgl. Art. 495 Abs. 2, 513 Codice Civile). Der Nachlassgläubigerschutz in Bezug auf die Ausgestaltung des Vermächtnisses ist im Ergebnis im italienischen Recht im Vergleich zur deutschen Rechtsordnung, aber auch im Vergleich zum Code civil in deutlich geringerem Maße verwirklicht. Wie auch nach der Analyse des französischen Rechts bleiben auch nach dem Codice Civile einige Fragen in Bezug auf die Ausgestaltung der rechtlichen Beziehungen zwischen dem Vindikationslegatar und den Nachlassgläubigern ungeklärt.

Im Ergebnis wird auch im italienischen Recht wie im französischen Recht den Interessen der Nachlassgläubiger und denen des Rechtsverkehrs ein vielfach geringeres Schutzniveau zuteil als nach deutschem Recht. Auf Grund der bereits gegenüber jedermann mit dem Erbfall wirkenden dinglichen Beteiligung des Vermächtnisnehmers am zugewandten Gegenstand werden die Nachlassgläubigerinteressen sogar noch in weitreichenderem Maße beeinträchtigt als nach französischem Recht[304].

IV. Polen

65 Jahre nach der Vereinheitlichung des Erbrechts in Polen und 46 Jahre nach dem Inkrafttreten des Zivilgesetzbuches besteht nunmehr seit dem 23. Oktober 2011 für den Erblasser nach polnischem Erbrecht die Möglichkeit, die vermögensrechtliche Nachfolge nach seinem Ableben auch durch Vindikationslegate zu bestimmen[305]. Gemäß Art. 981[1] kodeks cywilny kann der Erblasser in einem notariellen Testament festlegen, dass eine bestimmte Person das Eigentum bzw. die Rechtsinhaberschaft an dem Gegenstand des Vermächtnisses im Zeitpunkt des Todes des Erblassers erwirbt[306]. Die Einführung dieses dinglich wirkenden Vermächtnisses in das polnische Recht könnte die Frage aufkommen lassen, warum sich die Bundesrepublik Deutschland kein Beispiel hieran nehme und nicht zumindest die Diskussion über die Integration eines Vindikationslegates in das BGB neu entflamme. Dies stellt sich jedoch keinesfalls derart einfach dar. Eine genauere rechtsvergleichende Untersuchung ergibt hierbei, dass bereits vor dem 23. Oktober 2011 erhebliche Unterschiede zwischen den polnischen und deutschen Möglichkeiten des Erblassers in Bezug auf die Bestimmung der erbrechtlichen Nachfolge bestanden. In Deutschland kann derjenige Erblasser, der einen individuell bestimmten Gegenstand an eine konkrete Person zuwenden möchte, zugunsten des bedachten Individuums ein Damnationslegat anordnen bzw. diese Person als Miterben einsetzen und mit Hilfe einer schuldrechtlich wirkenden Tei-

---

[304] *Bianca* (Nr. 189) äußert sich in Bezug auf die Rückgriffsmöglichkeiten der Gläubiger des Erblassers gemäß Art. 495 Abs. 2, 499 Abs. 3, 513 Codice Civile dahingehend, dass diese auf der Idee beruhen, dass das Interesse der Gläubiger des Erblassers an der Befriedigung ihrer Rechte dem Interesse der Vermächtnisnehmer an dem Erhalt eines Gegenstandes im Wege einer testamentarischen Freigebigkeit vorgeht. Auch *Bonilini* (Manuale di diritto ereditario e delle donazioni, Nr. 170) spricht im Rahmen der Art. 499 Abs. 3, 513 Codice Civile von einem Überwiegen der Interessen der Gläubiger des Erblassers im Vergleich zu den Interessen der Vermächtnisnehmer.

[305] *Margonski,* ZErb 2012, 97. Eine Auflistung der Gründe für die Einführung eines Vindikationslegates findet sich bei *Osajda,* ZEuP 2012, 489, 490.

[306] *Margonski,* ZErb 2012, 98.

lungsanordnung Anordnungen für die Auseinandersetzung treffen (vgl. § 2048 S. 1 BGB). In Polen stellt sich die rechtliche Lage des Erblassers hingegen divergent dar:

„Dem Testator standen vor der Erbrechtsreform als Instrumentarium entweder die Erbeinsetzung zu einem bestimmten Teil (Art. 959 ff ZGB) oder Damnationslegate (Art. 968 ff ZGB) zur Verfügung. [...] Bei einem Damnationslegat erlangt der Vermächtnisnehmer ausschließlich einen Anspruch auf eine Vermögensleistung. Dieser Anspruch verjährt (Art. 981 ZGB) und muss entweder vertraglich erfüllt werden oder auf dem Prozessweg durchgesetzt werden. [...] Auch die Einsetzung des Bedachten zum Erben lässt den Testator oft unzufrieden. Der Testator muss in dieser Variante seine Vorstellung der Aufteilung der Nachlassgegenstände abstrakt ausdrücken und in Bruchteile umrechnen. Teilungsanordnungen waren und sind nach wie vor dem polnischen Erbrecht unbekannt."[307]

Der vom Testator artikulierte Wille in Bezug auf die Verteilung des Nachlasses ist weder für die Erben noch für das Nachlassgericht bei der Nachlassteilung verpflichtend[308].

„Gesetzlich ungeregelt, im Schrifttum umstritten und in der notariellen Praxis nicht angewendet bleiben auch Schenkungen auf den Todesfall." [309]

Des Weiteren existiert im polnischen Recht beispielsweise keine Sondererbfolge in landwirtschaftliche Betriebe oder Anteile von Personengesellschaften wie im deutschen Recht. *Osajda* äußert sich in Bezug auf die polnische Rechtslage vor dem Inkrafttreten der Regelungen über das Vindikationslegat folgendermaßen[310]:

---

[307] *Margonski,* ZErb 2012, 97, 98. Vgl. hierzu auch die Ausführungen bei *Zakrzewski,* in: Deutschland und Polen in der europäischen Rechtsgemeinschaft, S. 701.

[308] *Margonski,* ZErb 2012, 98.

[309] *Margonski,* ZErb 2012, 98; Vgl. hierzu auch die Ausführungen bei *Zakrzewski,* in: Deutschland und Polen in der europäischen Rechtsgemeinschaft, S. 700.

[310] *Osajda,* ZEuP 2012, 487, 490. Die fehlende Möglichkeit eines Rückgriffs auf die rechtliche Konstruktion einer Schenkung von Todes wegen bringt *Osajda* auch als Argument für die Einführung eines Vindikationslegates in das polnische Erbrecht vor (vgl. Osajda/*Osajda,* Art. 981[1] kodeks cywilny Nr. 36): „[...] nie są dopuszczalne żadne instrumenty prawne, jak np. darowizna *mortis causa*, które pozwalałyby na osiągnięcie skutku rzeczowego co do transferu składników majątku spadkodawcy natychmiast w chwili jego śmierci." (Es sind keinerlei rechtliche Maßnahmen zulässig, wie z.B. die Schenkung mortis causa, welche die dingliche Übertragung von Vermögensbestandteilen des Erblassers sofort im Zeitpunkt seines Todes als erreichbare Folge erlauben.). *Pazdan* spricht von der Ermöglichung einer lückenlosen und augenblicklichen (im Zeitpunkt des Erbfalls) Verwirklichung des Erblasserwillens durch die Einführung des Vindikationslegates und davon, dass dies den allgemeinen Erwartungen in der Gesellschaft darüber entspricht, wie ein Vermächtnis zu wirken hat (vgl. Pietrzykowski/*Pazdan,* Art. 981[1] kodeks cywilny Rn. 6). Auch *Osajda* verweist als grundlegendes Argument für die Einführung des Vindikationslegates auf die Realisierung des Willens der Erblasser (vgl. Osajda/*Osajda,* Art. 981[1] kodeks cywilny Nr. 31). *Osajda* bringt weiterhin u.a. zum Ausdruck, dass durch die Integration eines Vindikationslegates und der hierdurch mit dem Erbfall eintretenden dinglichen Zu-

„The legatee was entitled, if necessary, to bring an action compelling the successors to transfer property of the object to the legatee. At that time, only a few instruments existed to govern the manner in which property would be transferred upon death. In particular, a testator could neither dispose of specific elements of his or her estate by a will nor could the testator influence the manner in which his or her estate would be partitioned amongst his or her successors upon death. The *legatum per vindicationem* was not regulated and the *donatio mortis causa* was regarded by most academics and practitioners as impermissible. [...] [T]he *legatum per vindicationem* seems particularly important for individual entrepreneurs. Running a business (industrial, agricultural or any other) is, in fact, a constant decision-making process. Accordingly, someone must always be in charge of making the necessary decisions. In the event of an entrepreneur's death, his or her enterprise belongs to the estate and devolves to his or her successors. However, until partition of the estate, it is co-owned by all of the successors. In this situation, it is very complicated to make decisions and in some cases, when successors fight with one another, even impossible. The impossibility of transferring an enterprise directly to a person chosen by the deceased may, in some circumstances, risk the very existence of the enterprise. This is not merely potentially harmful for the estate (and, as a result, for the successors), but also for the national economy (people may lose their jobs, the state loses taxes etc.).“

Der polnische Rechtszustand vor der Einführung des Vindikationslegates konnte somit aus Sicht des Erblassers und der bedachten Personen als in besonderem Maße nicht zufriedenstellend bezeichnet werden. Die Vorstellungen des Erblassers im Hinblick auf die genaue Verteilung seines Vermögens konnten in rechtlicher Hinsicht somit nur schwerlich verwirklicht werden[311]. Diese vor der Gesetzesreform bestehenden erheblichen Unterschiede zwischen dem polnischen und deutschen Erbrecht verbieten alleine aus diesem Grunde einen legitimierenden Schluss von der Integration des Vindikationslegates am Beispiel Polens auf ein Bedürfnis nach erneuter Diskussion über die Einführung eines unmittelbar dinglich wirkenden Vermächtnisses in das deutsche Recht. Die nachfolgende Aussage *Osajdas* kann somit (zumindest teilweise) für das deutsche Recht nicht fruchtbar gemacht werden[312]:

„However, careful consideration of the practical popularity, usage and application of these provisions may be inspiring for further discussions on the future of succession law, particularly in jurisdictions which do not currently recognize such a type of legacy.“

---

ordnung eines Gegenstandes zu einer bestimmten Person potentiell denkbarer Streit unter Erben bei der Nachlassteilung vermindert werden kann (vgl. Osajda/*Osajda*, Art. 981[1] kodeks cywilny Nr. 42).

[311] *Margonski*, ZErb 2012, 98. *Osajda* (ZEuP 2012, 489) spricht davon, dass das Vindikationslegat „is regarded as a tool allowing for a better accomplishment of the ultimate aim of succession law: to allow a testator to decide how his or her estate should be divided upon his or her death.“ *Osajda* (ZEuP 2012, 489) bringt weiterhin Folgendes zum Ausdruck: „In this sense, the *legatum per vindicationem* significantly strengthens the position of the deceased as regards the scope of potential decisions concerning his or her estate.“

[312] *Osajda*, ZEuP 2012, 500.

A. Allgemeines

In Polen gilt der Grundsatz der Universalsukzession (Art. 922 § 1 kodeks cywilny) und Unmittelbarkeit der Erbfolge (Art. 925 kodeks cywilny), wobei sich die Berufung als Erbe gemäß Art. 926 § 1 kodeks cywilny aus dem Gesetz oder aus Testament ergibt. Art. 922 § 1 kodeks cywilny bestimmt[313]:

„Prawa i obowiązki majątkowe zmarłego przychodzą z chwilą jego śmierci na jedną lub kilka osób stosownie do przepisów księgi niniejszej.“

„Die Vermögensrechte und -pflichten des Verstorbenen gehen im Zeitpunkt seines Todes auf eine oder mehrere Personen nach den Vorschriften dieses Buches über.“

Art. 925 kodeks cywilny normiert[314]:

„Spadkobierca nabywa spadek z chwilą otwarcia spadku.“

„Der Erbe erwirbt die Erbschaft im Zeitpunkt des Erbfalls.“

Die wichtigsten testamentarischen Anordnungen sind wiederum die Erbeinsetzung und die Einsetzung als Vermächtnisnehmer[315].

B. Gewöhnliche Vermächtnisse und Vindikationslegate

Das polnische BGB unterscheidet zwischen gewöhnlichen (lediglich schuldrechtlich wirkenden) Vermächtnissen (Art. 968 bis 981 kodeks cywilny) und Vindikationslegaten (Art. 981^1 bis 981^6 kodeks cywilny)[316].

Art. 968 § 1 kodeks cywilny besagt[317]:

„Spadkodawca może przez rozrządzenie testamentowe zobowiązać spadkobiercę ustawowego lub testamentowego do spełnienia określonego świadczenia majątkowego na rzecz oznaczonej osoby (zapis zwykły).“

„Der Erblasser kann durch testamentarische Verfügung einen gesetzlichen oder testamentarischen Erben zur Erfüllung einer bestimmten Vermögensleistung zugunsten einer bestimmten Person verpflichten (gewöhnliches Vermächtnis).“

---

313 Die Übersetzung ist aus *Ferid/Firsching,* Bd. VI, Polen, Texte, S. 16.

314 Die Übersetzung ist aus *Ferid/Firsching,* Bd. VI, Polen, Texte, S. 17.

315 Zur genaueren Abgrenzung vgl. Art. 959, 960, 961 kodeks cywilny.

316 *Pazdan* beschreibt einen der Unterschiede zwischen den beiden Vermächtnisarten folgendermaßen (vgl. hierzu Pietrzykowski/*Pazdan,* Art. 981^1 kodeks cywilny Rn. 2): Der Hauptunterschied zwischen einem gewöhnlichen Vermächtnis und einem Vindikationsvermächtnis besteht darin, dass durch ein vom Erblasser in einem Testament aufgenommenes gewöhnliches Vermächtnis lediglich der Erbe (gesetzlicher oder testamentarischer) zur Erfüllung einer bestimmten Leistung zugunsten einer bestimmten Person (gewöhnlicher Vermächtnisnehmer) verpflichtet wird (Art. 968 § 1 kodeks cywilny), währenddessen das Vindikationslegat bewirkt, dass eine bestimmte Person (Vindikationslegatar) im Zeitpunkt des Erbfalls (Tod des Erblassers) einen Gegenstand erwirbt (Art. 981^1 § 1 kodeks cywilny). Das Vindikationslegat erzeugt im Zeitpunkt des Erbfalls (Tod des Erblassers) dingliche Wirkung.

317 Die Übersetzung ist aus *Ferid/Firsching,* Bd. VI, Polen, Texte, S. 29.

Art. 981^1 § 1 kodeks cywilny bestimmt[318]:

„W testamencie sporządzonym w formie aktu notarialnego spadkodawca może postanowić, że oznaczona osoba nabywa przedmiot zapisu z chwilą otwarcia spadku (zapis windykacyjny).“

„In einem Testament, dass [sic] in Form einer notariellen Urkunde erstellt wurde, kann der Erblasser bestimmen, dass eine bestimmte Person einen Gegenstand zum Zeitpunkt des Erbfalls erwirbt (Vindikationslegat).“

Das Vindikationslegat stellt seit 2011 eine Ausnahme vom Grundsatz der Universalsukzession dar[319]. Der Vindikationslegatar wird direkter Rechtsnachfolger des Erblassers durch Singularsukzession[320].

In Bezug auf die wirksame Anordnung eines Vindikationslegates gilt es folgende Punkte zu beachten: Nach Maßgabe des Art. 981^1 § 1 kodeks cywilny kann das Vindikationslegat nur in Form einer notariellen Urkunde vorgenommen werden[321]. Art. 981^2 kodeks cywilny trifft weiterhin

---

[318] Die Übersetzung ist aus *Ferid/Firsching,* Bd. VI, Polen, Texte, S. 31.

[319] Ausführliche Darstellungen in Bezug auf die nach Art. 981^1 § 2 Nr. 1 bis 4 kodeks cywilny denkbaren Gegenstände eines Vindikationslegates finden sich bei Kordasiewicz/*Wójcik/Zoll,* § 27 Rn. 84 bis 95 und Osajda/*Osajda,* Art. 981^1 kodeks cywilny Nr. 164 bis 285.1. Gemäß Art. 981^5 und Art. 981^6 kodeks cywilny finden bestimmte Vorschriften, die für Erben gelten wie auch bestimmte Vorschriften über das gewöhnliche Vermächtnis auf das Vindikationslegat entsprechende Anwendung. Vgl. hierzu die Ausführungen bei Kordasiewicz/*Wójcik/Zoll,* § 27 Rn. 112 bis 142. Vgl. zur Fähigkeit Vindikationslegatar zu sein und zur Unwürdigkeit (Art. 981^5 kodeks cywilny) Osajda/*Osajda,* Art. 981^1 kodeks cywilny Nr. 70 bis 72. Tiefgreifendere Ausführungen finden sich auch bei Osajda/*Osajda,* Art. 981^5 kodeks cywilny Nr. 1 bis 67.1 und Art. 981^6 kodeks cywilny Nr. 1 bis 12. In Bezug auf Argumente gegen und für die Integration eines Vindikationslegates in das polnische Erbrecht vgl. die Darstellungen bei Osajda/*Osajda,* Art. 981^1 kodeks cywilny Nr. 25 bis 45.

[320] *Ferid/Firsching,* Bd. VI, Polen, Rn. 201 a. *Pazdan* spricht davon, dass die Einführung des Vindikationslegates in das polnische Recht zu einem Zustand der Durchbrechung des Grundsatzes der Universalsukzession führte, da das Vindikationslegat das Wesen einer Singularsukzession besitzt (vgl. Pietrzykowski/*Pazdan,* Art. 981^1 kodeks cywilny Rn. 7). Auch *Wójcik/Zoll* bringen zum Ausdruck, dass die Einführung des Vindikationslegates zu einem Zustand der teilweisen Aufgabe des Systems der Universalsukzession führte (vgl. Kordasiewicz/*Wójcik/Zoll,* § 27 Rn. 82). Vgl. hierzu auch die Äußerungen bei Osajda/*Osajda,* Art. 981^1 kodeks cywilny Nr. 27. Als weiteres Argument gegen die Einführung des Vindikationslegates in das polnische Erbrecht führt *Osajda* an, dass das Vindikationslegat nur als scheinbar günstiger für den Legatar erscheine als die Anordnung eines gewöhnlichen Vermächtnisses; der gewöhnliche Vermächtnisnehmer haftet gerade nicht für Nachlassverbindlichkeiten, der Vindikationslegatar hingegen schon (vgl. Osajda/*Osajda,* Art. 981^1 kodeks cywilny Nr. 28). Weiterhin spricht er davon, dass durch die Existenz zweier verschiedener Arten von Legaten im konkreten Fall Schwierigkeiten diesbezüglich entstehen könnten, welches Legat nunmehr durch den Erblasser angeordnet wurde (vgl. Osajda/*Osajda,* Art. 981^1 kodeks cywilny Nr. 29).

[321] Kordasiewicz/*Wójcik/Zoll,* § 27 Rn. 96.

eine Regelung in Bezug auf dem Erblasser nicht gehörende Gegenstände. Nach Maßgabe des Art. 981^{2} S. 1 kodeks cywilny ist das Vindikationslegat unwirksam, wenn zum Zeitpunkt des Erbfalls der vermachte Gegenstand nicht dem Erblasser gehörte oder wenn der Erblasser zu seiner Veräußerung verpflichtet war[322]. Gemäß Art. 981^{3} § 1 kodeks cywilny hat sich der Gesetzgeber für das Verbot eines Bedingungs- oder Befristungsvorbehalts entschieden (zakaz zastrzeżenia warunku lub terminu)[323]. Wenn sich im Rahmen der testamentarischen Auslegung ergibt, dass der Erblasser das Vindikationslegat ohne Bedingungs- oder Befristungsvorbehalt nicht angeordnet hätte, so ist das Vermächtnis unwirksam (vgl. Art. 981^{3} § 1 S. 2 kodeks cywilny)[324].

C. Rechtsvergleichende Analyse in Bezug auf die Verwirklichung der einzelnen an einem Erbfall beteiligten Interessen

Die nachfolgende rechtsvergleichende Analyse möchte die nach dem deutschen und polnischen (aber auch französischen und italienischen) Recht bestehenden Unterschiede in Bezug auf die Verwirklichung der einzelnen an einem Erbfall beteiligten Interessen (wie die Interessen des Erblassers, der Erben, der Vermächtnisnehmer, der Pflichtteilsberechtigten, der (übrigen) Nachlassgläubiger, des Rechtsverkehrs usw.) herausarbeiten. Es geht hierbei nicht nur um die Frage, wie diesen verschiedenen Belangen durch das Vorhandensein bzw. Nichtvorhandensein eines Vindikationslegates zum Durchbruch verholfen wird (vgl. hierzu § 12, IV. C. 2.), sondern insbesondere auch darum, in welchem Umfang die Interessen im Allgemeinen, d.h. ohne auf die konkrete Ausgestaltung der rechtlichen Position des unmittelbar dinglich berechtigten Vermächtnisnehmers oder dessen Haftung für Nachlassverbindlichkeiten zu blicken, gewährleistet werden (z.B. durch die Vorschriften bzgl. der Haftung der Erben) (siehe § 12, IV. C. 1.).

1. Ohne Bezugnahme auf das Vindikationslegat

a) Haftung der Erben für Nachlassverbindlichkeiten (Haftungsumfang)

Im Falle des Vorhandenseins mehrerer Erben sind die Regelungen des Art. 1034 § 1 S. 1 kodeks cywilny und des Art. 1034 § 2 kodeks cywilny zu beachten[325]:

---

[322] Kordasiewicz/*Wójcik/Zoll,* § 27 Rn. 98. Ausführliche Darstellungen zu Art. 981^{2} kodeks cywilny finden sich auch bei Osajda/*Osajda,* Art. 981^{2} kodeks cywilny Nr. 1 bis 18.1.

[323] Vgl. hierzu die Ausführungen bei Kordasiewicz/*Wójcik/Zoll,* § 27 Rn. 107 bis 109 und Osajda/*Osajda,* Art. 981^{1} kodeks cywilny Nr. 110, 117 und Art. 981^{3} kodeks cywilny Nr. 1 bis 31.

[324] Kordasiewicz/*Wójcik/Zoll,* § 27 Rn. 109.

[325] Gemäß Art. 1035 kodeks cywilny finden auf die Nachlassgütergemeinschaft und die Teilung des Nachlasses grundsätzlich die Vorschriften über das Miteigentum nach Bruch-

„[…][O]dpowiedzialność spadkobierców (zarówno ustawowych, jak i testamentowych) do chwili działu spadku jest solidarna. […] Od chwili działu spadku każdy spadkobierca odpowiada tylko za proporcjonalną do jego udziału spadkowego część długów spadkowych.“[326]	Die Haftung der Erben (sowohl der gesetzlichen als auch der testamentarischen) ist bis zum Zeitpunkt der Nachlassteilung eine gesamtschuldnerische. […] Vom Zeitpunkt der Nachlassteilung an haftet jeder Erbe lediglich im Verhältnis zu seinem Erbanteil für die Nachlassverbindlichkeiten.

Die Interessen der Nachlassgläubiger werden nach dem kodeks cywilny in deutlich stärkerem Maße geschützt als unter Geltung des französischen oder italienischen Rechts. Die Erben des Verstorbenen haften zumindest bis zur Teilung des Nachlasses gesamtschuldnerisch (vgl. Art. 1034 § 1 S. 1 kodeks cywilny) und nicht lediglich im Verhältnis ihres Erbanteils zum gesamten Nachlass[327]. Die Nachlassgläubiger tragen somit nicht in derart starkem Maße das Insolvenzrisiko des bzw. der Erben wie nach dem Code civil oder dem Codice Civile. Nach der Teilung des Nachlasses entspricht der Schutz der Nachlassgläubiger, den der kodeks cywilny gewährt, demjenigen des französischen und italienischen Rechts. Die Erben haften lediglich teilschuldnerisch (vgl. Art. 1034 § 2 kodeks cywilny). Das deutsche Recht sieht jedoch auch nach der Nachlassteilung eine grundsätzliche gesamtschuldnerische Haftung der Erben vor.

b) Haftung der Erben für Nachlassverbindlichkeiten (Haftungsmasse)

aa) Haftungsbeschränkungsmöglichkeiten der Erben

Der Erbe kann die Erbschaft vorbehaltlos annehmen, die Annahme unter dem Vorbehalt der Inventarerrichtung erklären oder die Erbschaft ausschlagen (vgl. Art. 1012 kodeks cywilny). Bis zur Annahme der Erbschaft gilt für die

---

teilen entsprechende Anwendung (vgl. *Ferid/Firsching,* Bd. VI, Polen, Rn. 294). Ein Miterbe kann gemäß Art. 1051 S. 2 kodeks cywilny seinen Erbanteil am Nachlass veräußern, bedarf jedoch zur Verfügung über seinen Anteil an einem einzelnen Nachlassgegenstand gemäß Art. 1036 S. 1 kodeks cywilny der Zustimmung der übrigen Erben (vgl. *Ferid/Firsching,* Bd. VI, Polen, Rn. 298, 299). Die Vermögensrechte fallen zunächst mit dem Tod des Erblassers in die Bruchteilsgemeinschaft des Nachlasses und gehen durch einen Teilungsvertrag zwischen den einzelnen Miterben vollends auf diese über (vgl. *Ferid/Firsching,* Bd. VI, Polen, Rn. 313). Es kommt somit insbesondere zu keiner auf den Erbfall rückwirkenden Teilung des Nachlasses, wie beispielsweise im französischen oder italienischen Recht.

[326] Pietrzykowski/*Pazdan,* Art. 1034 kodeks cywilny Rn. 1, 8. Ausführliche Darstellungen zur Haftung von Miterben vor und nach der Teilung des Nachlasses finden sich auch bei Osajda/*Osajda,* Art. 1034 kodeks cywilny Nr. 1 bis 18.

[327] Im polnischen Recht findet sich keine Regelung, die einen Zugriff der Nachlassgläubiger auf den ungeteilten Nachlass in Bezug auf ihre gesamte Forderung gestatten würde.

Haftung des Erben für Nachlassverbindlichkeiten die Regelung des Art. 1030 S. 1 kodeks cywilny[328]:

„Do chwili przyjęcia spadku spadkobierca ponosi odpowiedzialność za długi spadkowe tylko ze spadku.“	„Der Erbe haftet für Nachlassverbindlichkeiten bis zum Zeitpunkt der Annahme der Erbschaft nur mit dem Nachlass.“

Die Haftung ist hierbei auf die Erbmasse beschränkt (cum viribus hereditatis)[329]. Vom Zeitpunkt der Annahme an haftet der Erbe für die Nachlassverbindlichkeiten hingegen gemäß Art. 1030 S. 2 kodeks cywilny[330]:

„Od chwili przyjęcia spadku ponosi odpowiedzialność za te długi z całego swego majątku.“	„Vom Zeitpunkt der Annahme der Erbschaft an haftet er für diese Verbindlichkeiten mit seinem ganzen Vermögen.“

Nimmt der Erbe hingegen unter dem Vorbehalt der Inventarerrichtung an, kommt es lediglich zu einer Haftung pro viribus hereditatis, d.h. zu einer Haftung des Erben mit seinem gesamten Vermögen, jedoch nur bis zur Höhe des Werts der Aktiva des Nachlasses (vgl. Art. 1031 § 2 S. 1 kodeks cywilny)[331].

In Bezug auf die Frage nach der Haftungsmasse unterscheidet sich die polnische Rechtslage sowohl von der deutschen als auch von der französischen und italienischen. Der kodeks cywilny sieht eine Haftung pro viribus hereditatis für den Fall vor, dass der Erbe die Annahme unter dem Vorbehalt der Inventarerrichtung erklärt (vgl. Art. 1031 § 2 S. 1 kodeks cywilny). Der Erbe kann im polnischen wie im französischen und italienischen Recht die Erbschaft ausschlagen, vorbehaltlos annehmen oder die Annahme unter dem Vorbehalt der Inventarerrichtung erklären (vgl. Art. 1012 kodeks cywilny). Auch im polnischen Recht führt somit die Annahme unter dem Vorbehalt der Errichtung eines Inventars zu einer Haftungsbeschränkung des Erben und der Erbe behält sich durch eine ordnungsgemäße Errichtung des Inventars nicht lediglich wie im deutschen Recht die Möglichkeit von Haftungsbeschränkungen vor. Art. 1031 § 1 kodeks cywilny bestimmt[332]:

„W razie prostego przyjęcia spadku spadkobierca ponosi odpowiedzialność za długi spadkowe bez ograniczenia.“	„Im Falle einer einfachen Annahme der Erbschaft haftet der Erbe für die Nachlassverbindlichkeiten unbeschränkt.“

Die Herbeiführung einer Haftungsbeschränkung führt jedoch nicht wie im deutschen, französischen oder italienischen Recht zur einer Beschränkung der Haftung auf den Nachlass (cum viribus hereditatis), sondern zu einer Haftung

---

328 Die Übersetzung ist aus *Ferid/Firsching,* Bd. VI, Polen, Texte, S. 45.

329 *Ferid/Firsching,* Bd. VI, Polen, Rn. 334. Zur Begriffserklärung der cum viribus hereditatis-Haftung und der pro viribus hereditatis-Haftung vgl. Kapitel 4, Fn. 24.

330 Die Übersetzung ist aus *Ferid/Firsching,* Bd. VI, Polen, Texte, S. 45.

331 *Ferid/Firsching,* Bd. VI, Polen, Rn. 336.

332 Die Übersetzung ist aus *Ferid/Firsching,* Bd. VI, Polen, Texte, S. 45.

des Erben bis zu dem in der Inventaraufstellung festgestellten Wert der Aktiva des Nachlasses (pro viribus hereditatis) (vgl. Art. 1031 § 2 S. 1 kodeks cywilny)[333]:

„W razie przyjęcia spadku z dobrodziejstwem inwentarza spadkobierca ponosi odpowiedzialność za długi spadkowe tylko do wartości ustalonego w wykazie inwentarza albo spisie inwentarza stanu czynnego spadku.“

„Hat der Erbe die Erbschaft unter dem Vorbehalt der Inventarerrichtung angenommen, so haftet er für die Nachlassverbindlichkeiten nur bis zu dem in der Aufstellung des Inventars festgestellten Wert der Aktiva des Nachlasses oder dem im Verzeichnis des Inventars festgestellten Wert der Aktiva des Nachlasses.“

Eine generelle Aussage darüber, ob eine gegenständlich beschränkte Haftung oder eine Haftung, die auf den in der Aufstellung des Inventars festgestellten Wert der Aktiva beschränkt ist, für die Nachlassgläubiger günstiger erscheint, kann nicht getroffen werden. Es kommt auf den jeweiligen Einzelfall und hierbei entscheidend auf die wertmäßige Entwicklung der einzelnen Gegenstände des Nachlasses an. Im Falle der Haftung des Erben pro viribus hereditatis hat der Erbe mit seinem gesamten Vermögen (Nachlass und Eigenvermögen) einzustehen, wobei seine Haftung auf den Wert der Aktiva, der im Inventar festgesetzt wurde, beschränkt ist. Eine gegenständlich beschränkte Haftung wie in Deutschland, Frankreich und Italien wäre dann vorteilhafter, falls ein oder mehrere Nachlassgegenstände im Laufe der Zeit an Wert gewinnen würden. Die Nachlassgläubiger könnten hierbei zwar lediglich auf den Nachlass als solchen zugreifen, jedoch insbesondere auf den im Wert gestiegenen Gegenstand. Im Falle einer Haftung pro viribus hereditatis kann der Nachlassgläubiger auf das gesamte Vermögen des Erben zugreifen, aber lediglich in Höhe des Wertes der im Inventar festgestellten Aktiva. Falls sich die Wertsteigerung bis zum Zeitpunkt der Inventarerrichtung noch nicht ereignete, muss diese zu Lasten der Nachlassgläubiger außer Acht gelassen

[333] Bis zur Annahme der Erbschaft sieht das polnische Recht eine Haftung cum viribus hereditatis vor (vgl. Art. 1030 S. 1 kodeks cywilny). Hierbei scheint es sich um eine vorteilhaftere Position der Nachlassgläubiger zu handeln als nach deutschem Recht. Gemäß § 1958 BGB kann vor der Annahme der Erbschaft ein Anspruch, der sich gegen den Nachlass richtet, nicht gegen den Erben gerichtlich geltend gemacht werden. Art. 1030 S. 1 kodeks cywilny spricht aber eindeutig von einer Haftung des Erben mit dem Nachlass. Es gilt jedoch Folgendes: „Während eines Verfahrens eines Nachlassgläubigers auf Erfüllung einer Nachlassverbindlichkeit kann der Erbe die Aussetzung des Verfahrens bis zur Erklärung der Annahme oder Ausschlagung der Erbschaft nach Art 176 ZVG verlangen. Auch wenn der Gläubiger schon einen Vollstreckungstitel gegen den Erblasser erwirkt hat, benötigt er nach dem Erbfall eine Vollstreckungsklausel gegen den Erben (Art 779 § 2 und Art 788 ZVG). Auch hier kann der Erbe die Aussetzung des Verfahrens bis zur Annahme der Erbschaft fordern und das Gericht muss diesem Antrag stattgeben.“ (vgl. *Ferid/Firsching,* Bd. VI, Polen, Rn. 335). Die Übersetzung des Art. 1031 § 2 S. 1 kodeks cywilny ist aus *Ferid/Firsching,* Bd. VI, Polen, Texte, S. 45.

werden. Käme es hingegen zu einer Werteinbuße in Bezug auf einzelne Gegenstände des Nachlasses, so kann der Nachlassgläubiger im Falle einer nicht lediglich gegenständlich beschränkten Haftung auf das gesamte Vermögen des Erben zugreifen, und zwar unter Außerachtlassung des Wertverlustes. Der Erbe hat mit seinem Vermögen einzustehen, und zwar in Höhe des im Inventar verzeichneten Aktivnachlasses. Die Ausführungen zu den Haftungsbeschränkungsmöglichkeiten des Erben als Teilaspekt der Frage nach der Haftungsmasse können somit zur Beantwortung, ob der Nachlassgläubiger nach deutschem, französischem, italienischem oder polnischem Recht besser geschützt wird, nicht herangezogen werden.

bb) Ausübung des Wahlrechts durch die Erben

In Bezug auf die Ausübung des Wahlrechts des Erben (vorbehaltlose Annahme, Annahme unter dem Vorbehalt der Inventarerrichtung, Ausschlagung) weist das polnische Recht deutliche Vorteile zugunsten der Nachlassgläubiger im Gegensatz zum französischen und italienischen Recht auf. Der Code civil sieht vor, dass das Wahlrecht des Erben in zehn Jahren ab dem Erbfall verjährt und es zur Schaffung einer vorzeitigen Rechtsklarheit einer Aufforderung des Erben zur Ausübung seines Wahlrechts seitens der Nachlassgläubiger bedarf. Die Gläubiger können den Erben vier Monaten nach dem Erbfall zur Ausübung auffordern und wenn der Erbe nicht innerhalb von zwei Monaten nach der Aufforderung sein Wahlrecht ausübt, gilt er als vorbehaltlos Annehmender. Ähnliches gilt auch nach italienischem Recht (vgl. Art. 480, 481 Codice Civile). In Polen ist hingegen keine Mitwirkung seitens der Nachlassgläubiger vorgesehen. Der Erbe erlangt zu irgendeinem Zeitpunkt Kenntnis vom Grunde seiner Berufung. Ab diesem Zeitpunkt gewährt ihm das Gesetz eine Frist von sechs Monaten zur Ausübung seines Wahlrechts (vgl. Art. 1015 § 1 kodeks cywilny)[334]:

---

[334] Die Übersetzung ist aus *Ferid/Firsching*, Bd. VI, Polen, Texte, S. 41.

„Oświadczenie o przyjęciu lub odrzuceniu spadku może być złożone w ciągu sześciu miesięcy od dnia, w którym spadkobierca dowiedział się o tytule swego powołania."

„Die Erklärung über die Annahme oder die Ausschlagung der Erbschaft kann innerhalb von sechs Monaten seit dem Tage abgegeben werden, an dem der Erbe vom Grunde seiner Berufung Kenntnis erlangt hat."

Der Erbe gilt grundsätzlich als ein unter dem Vorbehalt der Inventarerrichtung Annehmender, falls er sein Wahlrecht innerhalb dieser sechs Monate nicht ausübt (vgl. Art. 1015 § 2 kodeks cywilny)[335]. Die sehr kurze sechswöchige Ausschlagungsfrist im deutschen Recht (§ 1944 Abs. 1 BGB) kann im Vergleich hierzu nicht unbedingt zugunsten eines besseren Gläubigerschutzes angeführt werden. Der Erbe gilt zwar nach Ablauf dieser Frist als Annehmender (§ 1943 BGB), jedoch steht ihm die Geltendmachung zahlreicher Haftungsbeschränkungsmöglichkeiten zur Verfügung. Nach französischem, italienischem und polnischem Recht herrscht jedenfalls nach Ablauf der jeweils vorgesehenen Fristen Rechtsklarheit darüber, dass der Erbe als vorbehaltlos Annehmender gilt und somit (dauerhaft) unbeschränkt für die Nachlassverbindlichkeiten einzustehen hat, als Ausschlagender oder als ein unter dem Vorbehalt der Inventarerrichtung Annehmender.

cc) Sonderfall der beschränkten Haftung des vorbehaltlos Annehmenden

In Bezug auf die Haftung des Erben für gewöhnliche Vermächtnisse sieht Art. 1033 kodeks cywilny Folgendes vor[336]:

„Odpowiedzialność spadkobiercy z tytułu zapisów zwykłych i poleceń ogranicza się zawsze do wartości stanu czynnego spadku."

„Die Haftung des Erben für gewöhnliche Vermächtnisse und Auflagen ist immer auf den Guthabenwert des Nachlasses beschränkt."

Dies bedeutet, dass auch ein vorbehaltlos annehmender Erbe für schuldrechtlich wirkende Vermächtnisse und Auflagen lediglich in Höhe des Werts der Aktiva des Nachlasses einzustehen hat. Die gewöhnlichen Vermächtnisse und Auflagen werden entsprechend ihrem Verhältnis zueinander gekürzt[337].

---

[335] Die Ausführungen bei *Ferid/Firsching,* Bd. VI, Polen, Rn. 264 sind hierbei korrekt. Es wird davon gesprochen, dass der Erbe als Annehmender unter dem Vorbehalt der Inventarerrichtung gilt und gerade nicht als vorbehaltlos Annehmender. Die Übersetzung bei *Ferid/Firsching,* Bd. VI, Polen, Texte, S. 41 ist diesbezüglich hingegen nicht korrekt, da diese die fehlende Erklärung des Erben einer einfachen Annahme gleichsetzt.

[336] Die Übersetzung ist aus *Ferid/Firsching,* Bd. VI, Polen, Texte, S. 46 a.

[337] *Ferid/Firsching,* Bd. VI, Polen, Rn. 333.

2. *Unter Bezugnahme auf das Vindikationslegat*[338]

a) *Haftung des Vindikationslegatars für Nachlassverbindlichkeiten*

Gemäß Art. 1034^1 § 1 kodeks cywilny haften bis zum Zeitpunkt der Teilung des Nachlasses gesamtschuldnerisch zusammen mit den Erben auch die Vindikationslegatare; nach der Teilung der Erbschaft haften die Vindikationslegatare hingegen nur noch im Verhältnis zum Wert ihrer erhaltenen Zuwendungen (vgl. Art. 1034^2 kodeks cywilny)[339].

Eine Besonderheit gilt für Vindikationslegatare dahingehend, dass deren Haftung ohne Weiteres begrenzt ist bis zum Wert des Gegenstands des Vindikationslegats nach dem Stand und den Preisen zum Zeitpunkt des Erbfalles (pro viribus) (vgl. Art. 1034^3 kodeks cywilny)[340]. *Pazdan* äußert sich hierzu folgendermaßen[341]:

---

[338] *Osajda* bringt als Hauptargument gegen die Einführung eines Vindikationslegates in das polnische Erbrecht vor, dass den Nachlassgläubigern hierdurch ein geschwächter Stellenwert zuteil wird, da die im Wege von Vindikationslegaten zugewandten Gegenstände nicht in die Erbmasse fallen, wodurch ihr Wert beschnitten wird (vgl. Osajda/*Osajda,* Art. 981^1 kodeks cywilny Nr. 26).

[339] Die Übersetzung ist aus *Ferid/Firsching,* Bd. VI, Polen, Texte, S. 46 a. Der kodeks cywilny regelt hingegen gerade nicht den Fall, dass der Vindikationslegatar lediglich mit einem Alleinerben zusammentrifft und es somit zu einer Teilung des Nachlasses gerade nicht kommen kann. *Osajda* (ZEuP 2012, 495) geht hierbei davon aus, dass der Vindikationslegatar neben einem alleinigen Erben ausschließlich gesamtschuldnerisch haftet und eine nur teilschuldnerische Haftung zu keinem Zeitpunkt in Betracht zu ziehen ist. *Margonski* (ZErb 2012, 99, 100) spricht sich hingegen dafür aus, dass es gerade keinen Grund für die Annahme einer gesamtschuldnerischen Haftung des Legatars gibt und dieser von Anbeginn an lediglich teilschuldnerisch zu haften hat. Vgl. zu Art. 1034^1 § 1 und Art. 1034^2 kodeks cywilny insbesondere auch die Ausführungen bei Pietrzykowski/*Pazdan,* Art. 1034^1 kodeks cywilny Rn. 3 und Art. 1034^2 kodeks cywilny Rn. 1. Sehr ausführliche Darstellungen zur Haftung des Vindikationslegatars für die Nachlassverbindlichkeiten (odpowiedzialność zapisobiercy windykacyjnego za długi spadkowe) finden sich bei Kordasiewicz/*Skowrońska-Bocian/Borysiak,* § 53 Rn. 126 bis 199. Für umfangreiche Darstellungen zur gesamtschuldnerischen Haftung des Vindikationslegatars bis zum Zeitpunkt der Nachlassteilung und zur teilschuldnerischen Haftung des Vindikationslegatars nach der Teilung des Nachlasses vgl. Osajda/*Osajda,* Art. 1034^1 kodeks cywilny Nr. 1 bis 39.1 und Art. 1034^2 kodeks cywilny Nr. 1 bis 11.1.

[340] Die Übersetzung ist aus *Ferid/Firsching,* Bd. VI, Polen, Texte, S. 47. *Margonski* (ZErb 2012, 99) geht von einer analogen Anwendung des Art. 1030 kodeks cywilny in Bezug auf die Rechtslage vor der Annahme des Legates aus und somit von einer Haftung lediglich mit dem vermachten Gegenstand. Ausführliche Darstellungen zur bis zum Wert des vermachten Gegenstandes beschränkten Haftung des Vindikationslegatars finden sich bei Osajda/*Osajda,* Art. 1034^3 kodeks cywilny Nr. 1 bis 8.1.

[341] Pietrzykowski/*Pazdan,* Art. 1034^3 kodeks cywilny Rn. 1.

„Zapobiega ono [odpowiedzialność ograniczona do wysokości wartości przedmiotu zapisu windykacyjnego] uwikłaniu zapisobiercy windykacyjnego w nadmierną i niespodziewaną odpowiedzialność za długi spadkowe."	Sie [die bis zum Wert des im Wege eines Vindikationslegates zugewandten Gegenstands beschränkte Haftung] verhindert die Verstrickung des Vindikationsvermächtnisnehmers in eine unbeschränkte und unerwartete Haftung für die Nachlassverbindlichkeiten.

Für die Berechnung des Pflichtteils als schuldrechtlicher Anspruch der Pflichtteilsberechtigten muss u.a. der Wert des Nachlasses berechnet werden[342]. Eine Beschreibung von Rechten und Verbindlichkeiten, die zum Nachlass gehören, findet sich in Art. 922 § 2 kodeks cywilny[343]:

„Nie należą do spadku prawa i obowiązki zmarłego ściśle związane z jego osobą, jak również prawa, które z chwilą jego śmierci przechodzą na oznaczone osoby niezależnie od tego, czy są one spadkobiercami."	„Rechte und Verbindlichkeiten des Verstorbenen, die eng mit seiner Person verbunden sind, sowie Rechte, die im Zeitpunkt seines Todes auf bestimmte Personen unabhängig davon übergehen, ob sie Erben sind, gehören nicht zum Nachlass."

Der im Wege eines Vindikationslegates zugewandte Gegenstand gehört somit im Grunde nicht zum Nachlass und ist bei der Berechnung des Pflichtteilsanspruchs unberücksichtigt zu lassen. Zum Schutz der Pflichtteilsberechtigten regelt Art. 993 kodeks cywilny hierbei u.a., dass bei der Berechnung des Pflichtteils Vindikationslegate dem Nachlass hinzuzuzählen sind[344]. Schuldner des Pflichtteilsanspruchs ist grundsätzlich der Erbe bzw. sind die Erben; unter bestimmten Voraussetzungen haftet anstelle des Erben ein Vindikationslegatar (subsidiär) für den Pflichtteil (vgl. Art. 999^1 kodeks cywilny)[345].

b) Ungeklärte Rechtsfragen

Durch die Einführung des Vindikationslegates in das polnische Erbrecht kann nunmehr den vorher (im Gegensatz zum deutschen Recht) nur in geringem Maße verwirklichten Interessen des Erblassers und der bedachten Vermächtnisnehmer in deutlich stärkerem Umfange zum Durchbruch verholfen werden. Im Ergebnis ist festzuhalten, dass sich der polnische Gesetzgeber, im Gegensatz zum französischen und italienischen Recht, für eine direkte und gleichrangige Haftung des Vindikationslegatars neben dem bzw. den Erben entschieden hat. Der kodeks cywilny hat hierbei die Haftung des Vermächtnisnehmers weitestgehend an diejenige der Erben, die die Erbschaft unter

342 *Ferid/Firsching,* Bd. VI, Polen, Rn. 229.
343 Die Übersetzung ist aus *Ferid/Firsching,* Bd. VI, Polen, Texte, S. 16.
344 Die Übersetzung ist aus *Ferid/Firsching,* Bd. VI, Polen, Texte, S. 35.
345 *Ferid/Firsching,* Bd. VI, Polen, Rn. 241, 242.

dem Vorbehalt der Inventarerrichtung angenommen haben, angeglichen[346]. An dieser Konstruktion ist aber vor allem problematisch, dass es sich im Grunde gerade nicht um die Anordnung eines Vindikationslegates handelt, sondern die rechtliche Konstruktion eher an eine (auch nach dem polnischen Recht nicht zulässige) Erbeinsetzung auf bestimmte Gegenstände erinnert[347]. Der Vindikationslegatar haftet bis zum Zeitpunkt der Nachlassteilung gesamtschuldnerisch mit den Erben. Ab dem Zeitpunkt der Teilung des Nachlasses haften die Erben und Vindikationslegatare hingegen nur noch im Verhältnis zum Wert ihrer erhaltenen Zuwendungen (teilschuldnerische Haftung). Der grundlegende Unterschied besteht nunmehr darin, dass die Haftung des Vindikationslegatars bis zum Wert des vermachten Gegenstandes begrenzt ist, ohne dass dieser die Annahme unter dem Vorbehalt der Inventarerrichtung erklären müsste bzw. könnte. Der Vindikationslegatar erinnert somit in Bezug auf seine rechtliche Position und seine gleichrangige und direkte Haftung für Nachlassverbindlichkeiten an einen Miterben, der den zugedachten Gegenstand bereits mit dem Erbfall erwirbt. Es erscheint nunmehr aber schwerlich nachvollziehbar, warum der Vindikationslegatar, dem – wie auch einem Alleinerben – das gesamte Vermögen des Erblassers hinterlassen werden kann, von einer Haftungserleichterung im Gegensatz zum Erben zu profitieren vermag. Der Erbe muss sich zur Haftungsbeschränkung der Annahme unter dem Vorbehalt der Inventarerrichtung bedienen. Diese Argumentation muss auf Grund einer Änderung des Art. 1015 § 2 kodeks cywilny entkräftet werden. Vor der Reform des Art. 1015 § 2 kodeks cywilny galt derjenige Erbe, der innerhalb von sechs Monaten keine Erklärung über die Annahme oder Ausschlagung der Erbschaft abgab, als vorbehaltlos Annehmender. Nunmehr wird der Erbe nach Ablauf der Frist einem unter dem Vorbehalt der Inventarerrichtung Annehmenden gleichgestellt. Der Erbe müsste somit lediglich die Frist verstreichen lassen, um eine Beschränkung seiner Haftung auf den Wert des Nachlasses herbeizuführen.

Nach genauerer Analyse des polnischen Erbrechts bleiben im Ergebnis trotz der Normierung von für das Vindikationslegat geltenden Vorschriften in

---

[346] Aus diesem Grunde kann der Vindikationslegatar das Legat lediglich vorbehaltlos annehmen oder ausschlagen. Es besteht kein Bedürfnis und somit keine rechtliche Möglichkeit für eine Annahme unter dem Vorbehalt der Inventarerrichtung (vgl. hierzu auch die Ausführungen bei *Margonski,* ZErb 2012, 100). In Bezug auf Pflichtteilsansprüche handelt es sich jedoch um eine lediglich subsidiäre Haftung des Vindikationslegatars.

[347] In diese Richtung äußerte sich auch bereits *Osajda* (ZEuP 2012, 493): „On the other hand, a legatee *per vindicationem* acquires the object of his or her legacy in the manner of a successor (he or she is entitled to this object directly at the testator's death). Furthermore, legatees *per vindicationem,* unlike other legatees and similarly to successors, are liable for succession debts. Taking into account all of the arguments regarding the legal position of a legatee *per vindicationem* under Polish law, in my opinion he or she is more akin to a successor appointed *ex re certa* than a legatee."

den Art. 981[1] bis Art. 981[6] kodeks cywilny einige Fragen unbeantwortet: Die Regelungen des polnischen BGB enthalten keinerlei Aussage darüber, wie sich die Haftung des Vindikationslegatars im Falle des Zusammentreffens mit einem alleinigen Erben zu gestalten vermag. Weiterhin bleibt auch die Haftung des Vindikationslegatars vor der Annahme unklar. Kann die Vorschrift des Art. 1030 S. 1 kodeks cywilny analog angewandt werden? Des Weiteren enthält der kodeks cywilny auch keine Zweifelsregelung in Bezug auf gewöhnliche Vermächtnisse und Vindikationslegate. Art. 961 kodeks cywilny enthält lediglich eine Auslegungsregel für Erbeinsetzungen und die Bestellung von Vermächtnissen. Trotz alledem, dass Auslegungsschwierigkeiten auf Grund der Tatsache, dass Vindikationslegate nur in notariellen Testamenten angeordnet werden können, praktisch kaum vorkommen werden, würde sich die Normierung einer Zweifelsregelung zur Schaffung von Rechtssicherheit und Rechtsklarheit anbieten. Auch durch eine entsprechende Anwendung des Art. 961 S. 1 kodeks cywilny (vgl. Art. 981[5] kodeks cywilny) auf Vindikationslegate ließe sich dieses Problem nicht lösen: Art. 961 S. 1 kodeks cywilny bezieht sich gerade nur auf die Zuwendung von Vermögensgegenständen, die nahezu den gesamten Nachlass erschöpfen[348]. Letztlich bleibt auch in Bezug auf erblasserfremde Gegenstände noch eine Frage offen: Gemäß Art. 981[2] S. 1 kodeks cywilny ist ein Vindikationslegat unwirksam, das sich auf einen Gegenstand bezieht, der zum Zeitpunkt des Erbfalls gerade nicht dem Erblasser gehörte. Diese Rechtsfolge ist auf Grund der dinglichen Wirkung des Vermächtnisses ohne Weiteres nachvollziehbar und zwingend. Fraglich erscheint jedoch, ob die Anordnung des Erblassers (natürlich unter Beachtung der Hürde des Art. 976 kodeks cywilny, der eine Vermutung für die Unwirksamkeit des angeordneten gewöhnlichen Vermächtnisses aufstellt) nicht ggf. als gewöhnliches Vermächtnis aufrechterhalten werden kann. Die Frage muss unter Bezugnahme auf die Regelung des Art. 981[3] kodeks cywilny wohl eher ablehnend beantwortet werden. Art. 981[3] § 1 S. 2 kodeks cywilny regelt die Unwirksamkeit eines unter Bedingungs- oder Befristungs-

---

[348] Die (analoge) Anwendung des Art. 961 kodeks cywilny wird hingegen für einen anderen Fall diskutiert: Es stellt sich die Frage, ob für den Fall, dass der Erblasser über (fast) sein gesamtes Vermögen im Wege von Vindikationslegaten verfügt hat, die Vindikationslegatare als Miterben anzusehen sind (vgl. *Margonski,* ZErb 2012, 100, 101).

Man könnte u.U. auch ohne das Vorhandensein einer Zweifelsregelung zu dem Schluss kommen, dass das gewöhnliche Vermächtnis für diejenigen Fälle, in denen die Auslegung keine klare Zuordnung zu einem der beiden Vermächtnisarten zulässt, als Regelfall zu betrachten ist. Das Damnationslegat ist in systematischer Hinsicht vor dem Vindikationslegat gesetzlich geregelt. Die Vorschriften über das gewöhnliche Vermächtnis finden ggf. auf das Vindikationslegat Anwendung (vgl. Art. 981[6] kodeks cywilny). Das Vindikationslegat ist nur für bestimmte Gegenstände vorgesehen (vgl. Art. 981[1] § 2 kodeks cywilny) und kann lediglich in einem notariellen Testament errichtet werden (vgl. Art. 981[1] § 1 kodeks cywilny) (vgl. zu den aufgeführten Argumenten *Osajda,* ZEuP 2012, 491, 492).

vorbehalts angeordneten Vindikationslegates, lässt aber gleichwohl in § 2 zu, dass dieses ggf. die Wirkung eines gewöhnlichen Vermächtnisses zu entfalten vermag. Art. 981[3] § 2 kodeks cywilny sieht somit eine Umdeutungsmöglichkeit eines auf Grund eines Bedingungs- oder Befristungsvorbehalts unwirksamen Vindikationslegates in ein gewöhnliches Vermächtnis vor[349].

Margonski äußerte sich zur Einführung des Vindikationslegates am Beispiel Polens zusammenfassend folgendermaßen:

„Das Vindikationslegat in polnischer Ausgestaltung ist ein Hybrid. Bei der Regelung der Rechtsstellung des Vindikationslegatars hat der polnische Gesetzgeber Lösungen miteinander vermischt, die aus erbrechtlichen Regelungen der Erbfolge, Damnationslegate und Schenkungen stammen. Ausgeglichen wurden die Interessen der Nachlassgläubiger, die im Vermächtnisnehmer des Vindikationslegats einen zusätzlichen Schuldner erlangt haben, und der Vermächtnisnehmer, deren Haftung der Höhe nach auf den Wert des Legats beschränkt ist. Einzigartig im polnischen Erbrecht ist, dass die Haftung des Vindikationslegatars für Pflichtteilsansprüche anders geregelt wurde, als seine Haftung für sonstige Nachlassschulden."[350]

3. *Zusammenfassung*

Die bisherigen Ausführungen deuten darauf hin, dass der kodeks cywilny die Interessen der Nachlassgläubiger im Allgemeinen zwar nicht in derart hohem Maße zu schützen vermag wie das BGB, jedoch auf umfangreichere Art und Weise als der Code civil oder der Codice Civile. Die Erben haften zumindest bis zur Teilung des Nachlasses gesamtschuldnerisch und eine Mitwirkungshandlung der Nachlassgläubiger in Bezug auf die Ausübung des Wahlrechts des Erben zur Schaffung von Rechtsklarheit und Rechtssicherheit ist gesetzlich nicht vorgesehen und insbesondere nicht vonnöten. Die Nachlassgläubiger haben ein geringeres Insolvenzrisiko zu tragen als nach französischem oder italienischem Recht. Als Folge hieraus erklärt sich auch die Ausgestaltung des Vindikationslegates nach dem kodeks cywilny: Die Vindikationslegatare haften für die Verbindlichkeiten des Nachlasses im Außenverhältnis und gleichrangig mit den Erben (nicht hingegen in Bezug auf Pflichtteilsansprüche). Es handelt sich hierbei wohl um diejenigen Regelungen, die den Nachlassgläubigerschutz im Vergleich zu Frankreich und Italien bestmöglich zu gewährleisten vermögen. Die Legatare können zwar mit dem Erbfall über den vermachten Gegenstand rechtswirksam verfügen[351]. Die Nachlassgläubiger können sich jedoch direkt an diese wenden und ihre Forderungen eintreiben. Es bedarf nicht zunächst der Anmeldung ihrer Forderungen und einer eventuellen Erschöpfung des Nachlassvermögens im Falle der Annahme

---

[349] Ausführliche Darstellungen finden sich bei *Osajda,* ZEuP 2012, 497, 498, 499.

[350] *Margonski,* ZErb 2012, 103.

[351] Dies wäre aber nach dem Codice Civile grundsätzlich ebenfalls der Fall (vgl. § 12, III. B.).

unter dem Vorbehalt der Inventarerrichtung (vgl. Art. 799, 1024 Code civil und Art. 495 Abs. 2 Codice Civile) oder der Ausübung des Rechts auf Trennung im Falle der vorbehaltlosen Annahme (vgl. Art. 513 Codice Civile). Die Nachlassgläubiger können sich nach dem kodeks cywilny nicht nur an die Erben, sondern ebenfalls an die Vindikationslegatare wenden. Diese haften wie die Erben vor der Teilung gesamtschuldnerisch und nach der Nachlassteilung lediglich teilschuldnerisch (vgl. Art. 1034^1 § 1 und Art. 1034^2 kodeks cywilny). Ihre Haftung ist aber – ohne sich der Annahme unter dem Vorbehalt der Inventarerrichtung bedienen zu können bzw. zu müssen – auf den Wert des vermachten Gegenstandes nach dem Stand und den Preisen zum Zeitpunkt des Erbfalls begrenzt (pro viribus) (vgl. Art. 1034^3 kodeks cywilny)[352]. Die Ausgestaltung des Vindikationslegates im polnischen Recht erscheint günstiger als nach französischem und italienischem Recht. Die Interessen des Rechtsverkehrs wären zudem nach dem polnischen Gesetzbuch besser verwirklicht als nach dem Code civil und dem Codice Civile. Der Legatar erwirbt mit dem Erbfall das Eigentum bzw. die Rechtsinhaberschaft. Im französischen Recht bedarf es zur Drittwirksamkeit des erworbenen Rechtes erst noch der délivrance seitens des Erben. Die délivrance ist an keinerlei Form gebunden, was letztlich bedeutet, dass der Rechtsverkehr auf Grund fehlender Publizität keinerlei Kenntnis davon nehmen kann, zu welchem Zeitpunkt nunmehr die Drittwirksamkeit gegeben ist[353]. Der Erwerb einer vermachten Liegenschaft oder einer vermachten eingetragenen beweglichen Sache muss nach dem Codice Civile zur Entfaltung von Drittwirksamkeit eingetragen werden[354].

V. Rechtsvergleichende Erkenntnisse

Der vorgenommene Rechtsvergleich liefert einige nennenswerte Erkenntnisse. Es gibt EU-ausländische und Nicht-EU-ausländische Rechtsordnungen mit und ohne Vindikationslegaten und Rechtsordnungen, bei denen es auf eine Unterscheidung zwischen Erben- und Vermächtnisnehmerstellung gerade überhaupt nicht ankommt.

Die Analyse des französischen, italienischen und polnischen Rechts, die allesamt ein dinglich wirkendes Vermächtnis in das nationale Recht inkorporiert haben, zeigt deutlich, dass es nicht *das* Vindikationslegat gibt, für welches der Versuch einer einheitlichen Definition in Bezug auf die formgerechte Anordnung, die rechtliche Position des Vermächtnisnehmers, die denkba-

---

[352] Zur Begriffserklärung der pro viribus-Haftung vgl. Kapitel 4, Fn. 24.

[353] Die Auslieferung eines Vermächtnisses trifft nicht immer mit der Erfüllung zusammen. Durch die Auslieferung erkennt der Erbberechtigte die Existenz des Rechts des Vermächtnisnehmers an; durch die Leistung vollzieht er das Vermächtnis (vgl. *Voirin/Goubeaux,* Nr. 822).

[354] Vgl. hierzu die Ausführungen in § 12, III. B.

ren zu vermachenden Gegenstände, die Behandlung erblasserfremder Gegenstände oder den Umgang mit Bedingungs- oder Befristungsvorbehalten unternommen werden könnte. Die Ausgestaltung des Vindikationslegates alleine in Frankreich, Italien und Polen erfolgte in sich deutlich voneinander unterscheidendem Maße. Eine Gemeinsamkeit besteht aber diesbezüglich, dass der Vindikationslegatar in allen drei Rechtsordnungen bereits mit dem Erbfall die durch das Vindikationslegat zu erlangende und je nach Land variierende Rechtsposition erwirbt. Man kann hierbei von einem unmittelbaren Erwerb des vermachten Gegenstandes sprechen (ipso iure).

Die durch den Erbfall erworbene rechtliche Position unterscheidet sich jedoch in den einzelnen Rechtsordnungen. In Frankreich erlangt der Bedachte zwar das Eigentum bzw. die Rechtsinhaberschaft an dem vermachten Gegenstand mit dem Erbfall. Seine Rechtsposition wirkt aber zunächst nicht gegenüber Dritten. Der Vindikationslegatar bedarf der délivrance und ist zuvor zur Veräußerung des vermachten Gegenstandes nicht imstande. Im italienischen Recht muss der Bedachte zwar die Einräumung des Besitzes von dem Beschwerten verlangen, jedoch wirkt sein Recht bereits mit dem Tod des Erblassers auch gegenüber Dritten (mit Ausnahme von Liegenschaften und eingetragenen beweglichen Sachen). Das polnische Recht kennt keine Begrenzung der rechtlichen Stellung des Legatars als Eigentümer bzw. Inhaber eines Rechts.

In Bezug auf die wirksame Anordnung eines Vindikationslegates gilt es anzumerken, dass der kodeks cywilny vorsieht, dass die wirksame Anordnung eines unmittelbar dinglich wirkenden Vermächtnisses nur in einem Testament erfolgen kann, das in Form einer notariellen Urkunde erstellt wurde. Im französischen und italienischen Recht gelten für das Vindikationslegat hingegen dieselben Formvorschriften wie für die übrigen denkbaren inhaltlichen Ausgestaltungsmöglichkeiten der gesetzlich zulässigen Verfügungen von Todes wegen. Durch die erhöhte Formanforderung des polnischen Rechts können insbesondere Auslegungsschwierigkeiten zwischen einer Erbeinsetzung oder einer Einsetzung als Vermächtnisnehmer (ob Vindikations- oder Damnationslegat) nahezu ausgeschlossen werden.

Immense Unterschiede zeigen sich in Bezug auf die haftungsrechtliche Situation des Vindikationslegatars: Das polnische BGB geht von einer direkten und gleichrangigen Haftung des Legatars für die Verbindlichkeiten des Nachlasses aus (mit Ausnahme der Haftung für Pflichtteilsansprüche; hier handelt es sich um eine direkte, aber lediglich subsidiäre Haftung). Der Vermächtnisnehmer hat nach dem kodeks cywilny bis zur Teilung des Nachlasses gesamtschuldnerisch und nach der Nachlassteilung anteilig im Verhältnis zum Wert seiner erhaltenen Zuwendungen für die Verbindlichkeiten des Nachlasses zu haften. Seine Haftung ist hierbei – ohne die Annahme unter dem Vorbehalt der Inventarerrichtung erklären zu müssen bzw. überhaupt zu können – auf den Wert des Gegenstandes des Vindikationslegates beschränkt (pro viribus)[355]. Das französische und italienische Recht geht hingegen im Grundsatz davon aus, dass der Vermächtnisnehmer nicht für Nachlassverbindlichkeiten einzustehen hat. Die Haftung des Vindikationslegatars stellt somit die Ausnahme dar. Der Code civil sieht in bestimmten Fallkonstellationen eine indirekte, aber lediglich subsidiäre Haftung (vgl. Art. 1024 Code civil), eine direkte Haftung (vgl. Art. 767 Abs. 2 Code civil oder eine Anordnung der Haftung durch den Erblasser) oder aber eine direkte und subsidiäre Haftung vor (vgl. Art. 799 Code civil). Das italienische Recht normiert hingegen entweder eine direkte (vgl. Art. 513, 594 S. 1, 668, 671 Codice Civile) oder eine direkte und subsidiäre Haftung (vgl. Art. 495 Abs. 2 Codice Civile).

Im Ergebnis können vier zentrale Aussagen durch den Rechtsvergleich getroffen werden:

(1) Zum einen kann der Wille des Erblassers in Bezug auf die Zuwendung eines konkreten Gegenstandes an eine bestimmte Person und die Interessen des Vermächtnisnehmers selbst durch die Gestattung der Anordnung eines Vindikationslegates in Frankreich, Italien und Polen deutlich besser verwirklicht werden als nach deutschem Recht. Der Legatar erwirbt mit dem Erbfall das Eigentum bzw. die Rechtsinhaberschaft und ist somit gegen veruntreuende Verfügungen des Erben geschützt. Nach dem Recht des BGB wäre der Legatar im Falle der Wegverfügung des vermachten Gegenstandes auf Schadensersatzansprüche gegenüber dem bzw. den Erben verwiesen.

(2) Zum anderen können aber die Interessen der Nachlassgläubiger und des Rechtsverkehrs in Bezug auf Rechtsklarheit und Rechtssicherheit in keinem der dargestellten ausländischen Rechtssysteme derart verwirklicht werden wie nach deutschem Recht durch die ausschließliche Normierung eines schuldrechtlich wirkenden Vermächtnisses. Unser nationales Recht zeichnet sich durch eine verständliche, klare, durchsichtige und keine Schwebezustände zulassende rechtliche Beziehung zwischen dem bzw. den Erben und dem Vermächtnisnehmer aus. Die Nachlassgläubiger können sich an einige wenige Universal-Repräsentanten halten, die mit dem Erbfall grundsätzlich das gesamte Vermögen des Erblassers als verfügungsbefugte Eigentümer bzw. Rechtsinhaber erlangen (einschließlich des vermachten Gegenstandes). Die Nachlassabwicklung wird zugunsten der Nachlassgläubiger erheblich erleichtert und die Gläubiger haben lediglich das Insolvenzrisiko der Erben und (jedenfalls bis zur Erfüllung des schuldrechtlichen Anspruchs) keiner zusätzlichen Personen wie des Vermächtnisnehmers zu tragen.

(3) Das Vindikationslegat in Polen kann die Interessen der Nachlassgläubiger und des Rechtsverkehrs in deutlich stärkerem Maße gewährleisten als die in Frankreich oder Italien vorgesehenen unmittelbar dinglich wirkenden Vermächtnisse. Es kann bereits ab dem Erbfall von einer klaren und gegenüber jedermann wirkenden Zuordnung der rechtlichen Positionen an den

[355] Zur Begriffserklärung der pro viribus-Haftung vgl. Kapitel 4, Fn. 24.

einzelnen Vermögensgegenständen des Erblassers gesprochen werden. Der Erwerb des auch gegenüber Dritten wirkenden Eigentums bzw. der Rechtsinhaberschaft des Legatars wird in Frankreich auf Grund der fehlenden Formbedürftigkeit der délivrance nicht für den Rechtsverkehr deutlich. Auch nach dem Codice Civile bedarf der Erwerb von Liegenschaften und eingetragenen beweglichen Sachen zur Erlangung von Drittwirksamkeit einer (zeitlich erst nach dem Erbfall liegenden) Eintragung. Es bleibt darüber hinaus im Unklaren, was unter der Herabsetzung von Vermächtnissen i.S.d. Art. 1024 Code civil überhaupt zu verstehen ist. Die Nachlassgläubiger in Italien können sich nur mit Hilfe der ungünstigen Regelungen der Art. 495 Abs. 2, 513 Codice Civile an die Vindikationslegatare wenden und sind für den Fall, dass sich der vermachte Gegenstand nicht mehr im Eigentum bzw. der Rechtsinhaberschaft des Legatars befindet, auf für sie weniger vorteilhafte Anfechtungshandlungen oder Ähnliches verwiesen. Nach dem kodeks cywilny können sich die Nachlassgläubiger direkt an die Legatare wenden und müssen keinerlei Zeit verstreichen lassen, in der der Gegenstand u.U. weiterveräußert werden könnte. Die Vindikationslegatare nach dem kodeks cywilny haften gesamtschuldnerisch bzw. teilschuldnerisch mit ihrem gesamten Vermögen in Höhe des Wertes des im Wege eines Vindikationslegates zugewandten Gegenstandes nach dem Stand und den Preisen zum Zeitpunkt des Erbfalls. In Frankreich wird zwar die Konservierung des vermachten Gegenstandes am besten vorangetrieben, doch bleibt unklar, wie der Erbe im Falle der Haftungsbeschränkung auf den Nachlass und eines nicht genügenden Nachlasses auf diesen rechtsgeschäftlich zugreifen vermag. In Italien wird nicht einmal ein Versuch unternommen, um den vermachten Gegenstand im Vermögen des Legatars zu erhalten. Der Nachlassgläubiger kann grundsätzlich erst im Falle einer Haftungsbeschränkung auf den Nachlass und der Erschöpfung desselbigen gegen den Legatar vorgehen (vgl. Art. 495 Abs. 2 Codice Civile) (so auch nach französischem Recht gemäß Art. 799 Code civil) oder nach der Trennung i.S.d. Art. 513 Codice Civile.

(4) In Bezug auf eine generelle Verwirklichung eines Nachlassgläubigerschutzes in Deutschland, Frankreich, Italien und Polen erscheint es jedenfalls so, dass der Nachlassgläubigerschutz (mit oder ohne Einschluss der Aspekte in Bezug auf die Ausgestaltung von Vermächtnissen) in Deutschland am umfangreichsten verwirklicht wird. Die französischen, italienischen und polnischen Regelungen stehen denjenigen des BGB in weiten Bereichen nach (insbesondere in der Ausgestaltung der gesamtschuldnerischen oder teilschuldnerischen Haftung bei Erbenmehrheit). Weiterhin legen die obigen Ausführungen den Schluss nahe, dass der kodeks cywilny die Nachlassgläubigerinteressen in weiterem Maße zu gewährleisten vermag als der Code civil oder der Codice Civile. Auf Grund des lediglich auszugsweise erfolgenden Rechtsvergleiches kann im Ergebnis jedoch keine absolut fundierte Aussage

darüber getroffen werden, ob die Interessen der Nachlassgläubiger im Allgemeinen in Frankreich oder Italien umfassender verwirklicht werden.

§ 13 Gesamtergebnis

Im Rahmen des Code civil, des Codice Civile und des kodeks cywilny wurden einige Fragen in Bezug auf die rechtliche Ausgestaltung des Vindikationslegates keiner Klärung unterzogen. Was ist unter der in Art. 1024 Code civil beschriebenen Herabsetzung des Vindikationslegates zu verstehen? Wie kann der Erbe im Falle eines zur Nachlassgläubigerbefriedigung nicht genügenden Nachlasses auf den vermachten Gegenstand zugreifen? Steht diesem u.U. eine gesetzliche Verfügungsermächtigung zur Seite? Was bedeutet der bei Erschöpfung des Nachlasses in Art. 799 Code civil geregelte Rückgriffsanspruch der Nachlassgläubiger gegenüber dem Vermächtnisnehmer? Muss der Vindikationslegatar, sofern er den vermachten Gegenstand rechtswirksam weiterveräußerte, in Höhe des Wertes dieses Gegenstandes mit seinem Privatvermögen haften oder aber die Nachlassgläubiger ggf. die délivrance vom Erben an den Legatar anfechten? Art. 495 Abs. 2 Codice Civile normiert im italienischen Recht einen Rückgriffsanspruch der nicht befriedigten Nachlassgläubiger gegenüber den Legataren, wenn der Nachlass erschöpft ist. Gesetzt den Fall, dass der Vindikationslegatar den vermachten Gegenstand bereits weiterveräußerte, bleibt wie nach dem Code civil die rechtliche Lage in Italien ungeklärt. Selbiges gilt auch für die in Art. 513 Codice Civile eingeräumte Möglichkeit einer Trennung in Bezug auf die im Wege von Vindikationslegaten zugewandten Vermögenswerte, wodurch die Nachlassgläubiger auf diese letztlich zuzugreifen vermögen. Was geschieht nunmehr aber, falls der Vermächtnisnehmer nicht mehr Eigentümer bzw. Rechtsinhaber dieses Gegenstandes ist? Im polnischen Recht bleibt letztlich unklar, wie der Vindikationslegatar einerseits vor dessen Annahme und andererseits im Falle des Zusammentreffens mit einem Alleinerben für die Nachlassverbindlichkeiten einzustehen hat. Des Weiteren ist auch fraglich, ob die unwirksame Anordnung eines Vindikationslegates in Bezug auf erblasserfremde Gegenstände als gewöhnliches Vermächtnis aufrechterhalten werden kann. Das Vindikationslegat stellt eine rechtliche Konstruktion dar, die mit einer Vielzahl von Problemkreisen verbunden ist. An den Gesetzgeber müssen hohe Anforderungen gestellt werden, um für den Rechtsanwender eine verständliche und insbesondere handhabbare Regelung zu schaffen. Auch in den vor dem Inkrafttreten des BGB geltenden Rechtsordnungen (ALR, gemeines Recht, Code civil, Sächsisches BGB, CMBC) blieb der jeweilige Gesetzgeber der Beantwortung sehr relevanter Fragen schuldig. Im ALR war beispielsweise umstritten, was man unter dem in I 12 § 288 ALR beschriebenen Übergang des Eigentums auf den Legatar zu verstehen hatte. Handelte es sich u.U. nur um eine Art relatives Eigentum oder aber bereits um einen Vollrechtserwerb?

Dies deutet insgesamt wohl darauf hin, dass das Vindikationslegat auf legislativer Ebene erhebliche Probleme bereitet und im Falle des Versagens des Gesetzgebers bei der umfangreichen Normierung problematischer Fallkonstellationen an Praktikabilitätsgesichtspunkten scheitert und der Judikatur gewichtige Probleme in erbschaftlichen Streitigkeiten zu bereiten vermag. Diese zusammenfassenden Gesichtspunkte stets im Auge behaltend, wird in § 15 der Versuch der Entwicklung eines Gesetzesentwurfs zur Einführung eines Vindikationslegates in das nationale Erbrecht unternommen. Dieses Anliegen muss von Anbeginn an mit einem kritisch-wachsamen Blick verfolgt werden, damit der letztlich vorzufindende Gesetzgebungsvorschlag nicht an denselben Schwächen zu leiden hat wie die entsprechenden Regelungen in den obig dargestellten früheren und heutigen Rechtsordnungen. Die für den Rechtsanwender notwendigen Fragen müssen einer unbedingten Klärung zugeführt werden (und können hoffentlich überhaupt einer solchen zugeführt werden).

Im Code civil, Codice Civile und kodeks cywilny als exemplarisch gewählte Rechtsordnungen ist aber doch auch ein Vindikationslegat gesetzlich verankert? Wenngleich im Rahmen des für das deutsche Erbrecht nachfolgend auszuarbeitenden Gesetzesentwurfs ein umfassender und in sich schlüssiger entworfen werden kann und insbesondere die obig aufgeführten ungeklärten Rechtsfragen in Frankreich, Italien und Polen für das deutsche Recht zufriedenstellend gelöst und festgeschrieben werden können, so reicht dies dennoch nicht alleine, um die Frage nach der Einführung eines unmittelbar dinglich wirkenden Vermächtnisses positiv bescheiden zu können. Die ganz zu Beginn des § 12 (siehe S. 131) aufgestellte Vermutung, dass sich die Ausgestaltung der rechtlichen Position des Vermächtnisnehmers als unmittelbar dinglich oder schuldrechtlich Berechtigter bzw. die haftungsrechtliche Position des Vindikationsvermächtnisnehmers wohl an der jeweils unterschiedlichen generellen Gewichtung der Nachlassgläubigerinteressen orientieren wird, lässt sich im Ergebnis bestätigen. Je mehr das jeweilige Rechtssystem die Nachlassgläubiger im Allgemeinen zu schützen versucht, desto eher wird der Versuch unternommen, diese Interessen auch im Falle der Existenz eines unmittelbar dinglich wirkenden Vermächtnisses in stärkerem Maße zu realisieren. Das nationale Recht zeigt sich in seiner derzeitigen Fassung als ein besonders ausgewogenes Rechtssystem. Der Entschluss für ein lediglich schuldrechtlich wirkendes Vermächtnis kann als Spiegelbild zu dem in anderen erbrechtlichen Bereichen existenten hohen Nachlassgläubigerschutz angesehen werden. Die Einführung eines Vindikationslegates könnte nunmehr die im Erbrecht diesbezüglich herrschende Harmonie erschüttern und sich aus diesem Blickwinkel somit die Integration eines Vindikationslegates in das Recht des BGB verbieten. Es geht letztlich neben der Ausarbeitung eines in sich widerspruchsfreien Gesetzgebungsentwurfs um die Frage nach der Vereinbarkeit des Vindikationslegates mit den dem deutschen Erbrecht zugrunde liegenden Grundwertungen wie insbesondere dem Schutz der Nachlassgläubigerinteressen (vgl. hierzu § 16). Ggf. vermag lediglich ein schuldrechtlich wirkendes Vermächtnis den Stellenwert, den das BGB den Belangen der Nachlassgläubiger im Gegensatz zu anderen Rechtsordnungen gewährt, aufrechtzuerhalten. Die Aussage, dass auch andere Rechtsordnungen ein unmittelbar dinglich wirkendes Vermächtnis vorsehen, kann somit auf Grund ihrer Pauschalität gerade nicht Platz greifen. Jede Rechtsordnung gewichtet die Interessen des Erblassers, der Erben, der Vermächtnisnehmer, der Nachlassgläubiger, des Rechtsverkehrs usw. (insbesondere bereits unabhängig von der Existenz eines lediglich schuldrechtlich wirkenden Vermächtnisses oder aber eines Vindikationslegates) auf nicht zu vernachlässigende unterschiedliche Art und Weise.

§ 14 Das Vindikationslegat und die Grundsätze des BGB

Die Einführung eines neuen Rechtsinstitutes wie das des Vindikationsvermächtnisses lässt insbesondere die Frage aufkommen, ob eine derartige rechtliche Konstruktion mit den im BGB geltenden fundamentalen Prinzipien wie der in § 1922 Abs. 1 BGB normierten Universalsukzession (vgl. hierzu § 14, IV.) oder dem beispielsweise bei der Übereignung von beweglichen Sachen und bei der Übertragung des Eigentums an einem Grundstück, bei der Belastung eines Grundstücks mit einem Recht sowie bei der Übertragung oder Belastung eines solchen Rechts sachenrechtlich existierenden Publizitätsgrundsatz (vgl. §§ 929 S. 1, 873 Abs. 1 BGB) (siehe § 14, III.) überhaupt zu vereinbaren wäre[356]. Weitere Kollisionen könnten sich unter Bezugnahme auf den sachenrechtlichen Typenzwang, die Typenfixierung, das Absolutheitsprinzip (vgl. § 14, I.) und den im Sachenrecht geltenden Bestimmtheitsgrundsatz (siehe diesbezüglich § 14, II.) ergeben. Es geht letztlich um die Beantwortung der Frage, ob die Einführung eines unmittelbar dinglich wirkenden Vermächtnisses mit den sachen- und erbrechtlichen Strukturprinzipien des geltenden Rechts in Einklang gebracht werden kann, d.h. um die Frage nach

[356] Die nachfolgenden Ausführungen stellen nicht primär auf eine Vereinbarkeit des Legates mit den Grundsätzen des BGB ab. Es gilt gerade zu beachten, dass es sich um eine Analyse de lege ferenda handelt. Der Gesetzgeber selbst ist jedoch an die im geltenden Recht existenten Grundsätze nicht gebunden und kann diese ohne Weiteres abändern. Trotz alledem empfiehlt sich nicht zuletzt aus wissenschaftlicher Sicht eine Analyse der Geltung beanspruchenden Prinzipien, da durch die Einführung eines neuen Rechtsinstitutes ein so wenig wie möglich einschneidender Eingriff in das nationale Recht erfolgen sollte (Kohärenz des Systems).

einer widerspruchsfreien Inkorporation des im Rahmen von Verfügungen von Todes wegen anzuordnenden Vindikationslegates in das BGB.

I. Der sachenrechtliche Typenzwang, die Typenfixierung und das Absolutheitsprinzip[357]

„Das Sachenrecht bietet einen numerus clausus rechtlicher Gestaltungsmöglichkeiten an (Typenzwang), die in ihrem Wesenskern nicht durch Parteivereinbarung erweitert werden können (Typenfixierung).“[358]

Das ebenso wie der Typenzwang und die Typenfixierung nicht ausdrücklich im Gesetz geregelte Absolutheitsprinzip weist auf die Wirkung der dinglichen Rechte gegenüber jedermann hin[359]. Das Eigentum bzw. die Rechtsinhaberschaft wirkt somit gegenüber jedermann. Die Einführung eines Vindikationslegates würde diesbezüglich im Grunde keinerlei Kollisionsverhältnis zu den Grundsätzen des Typenzwangs, der Typenfixierung und der Absolutheit dinglicher Rechte aufkommen lassen. Das Vindikationslegat würde zum Zeitpunkt des Todes des Erblassers eine unmittelbare dingliche Beteiligung des Vermächtnisnehmers an dessen Vermögen zur Folge haben. Der Bedachte erlangt somit mit dem Erbfall das gegenüber jedermann wirkende Eigentum bzw. die Rechtsinhaberschaft an einem ihm zugewandten Vermögensgegenstand des Erblassers. *Schmidt* äußerte in diesem Kontext zutreffend[360]:

„Denn niemand wird behaupten wollen, dass das Eigentum hierzulande ein unbekanntes Rechtsinstitut sei.“

Gesetzt den Fall, dass sich der nationale Gesetzgeber zu irgendeiner Zeit für die Integration eines Vindikationslegates in das deutsche Erbrecht entscheiden würde, müsste u.a. die Frage näherer Betrachtung unterzogen werden, ob dem Vindikationsvermächtnisnehmer tatsächlich mit dem Erbfall die Stellung als Eigentümer bzw. Rechtsinhaber gegenüber jedermann zukommen soll oder diesem in Anlehnung an ausländische Rechtsordnungen eine anderweitige rechtliche Position zugesprochen werden möchte. Im französischen Rechtssystem existiert beispielsweise eine Art relatives Eigentum bzw. eine Art relative Inhaberschaft an einem Recht[361]. Die Rechtsstellung des Vermächtnisnehmers als Eigentümer bzw. Rechtsinhaber entfaltet ihre Wirkungen bis zur délivrance nur gegenüber dem Beschwerten[362]. Von der Erlan-

---

[357] Auf Grund ihrer Unschärfen, gegenseitigen Abhängigkeiten und Überschneidungen ist eine exakte Trennung der einzelnen sachenrechtlichen Grundsätze nur begrenzt durchführbar (vgl. MüKo-BGB/*Gaier,* Bd. 6, Einl. Rn. 9).

[358] MüKo-BGB/*Gaier,* Bd. 6, Einl. Rn. 11.

[359] MüKo-BGB/*Gaier,* Bd. 6, Einl. Rn. 10.

[360] *Schmidt,* RabelsZ 77 (2013), 19.

[361] *Ferid/Sonnenberger,* Bd. 3, 5 C 121; *Schmidt,* RabelsZ 77 (2013), 20.

[362] *Ferid/Sonnenberger,* Bd. 3, 5 C 121; *Schmidt,* RabelsZ 77 (2013), 20.

gung eines Volleigentums bzw. einer vollumfänglichen Rechtsinhaberschaft kann somit diesbezüglich im französischen Recht gerade nicht gesprochen werden[363]. Würde sich der nationale Gesetzgeber beispielsweise für eine relative oder aber nur auf bestimmte Gegenstände begrenzte relative Wirkung des Vindikationslegates entscheiden[364], läge dennoch keine Unvereinbarkeit der durch das Vindikationslegat begründeten Rechtsposition des Vermächtnisnehmers mit obig beschriebenen sachenrechtlichen Grundsätzen vor. *Gaier* äußerte sich folgendermaßen[365]:

„Aufgabe des Gesetzgebers ist es, den Inhalt der sachenrechtlichen Institute zu definieren, die Voraussetzungen ihres Bestandes und ihrer Verfügbarkeit zu regeln und die notwendigen Instrumente zu ihrem Schutz in Konfliktfällen zu schaffen. [...] Die Rechtsprechung hat sich durch den Typenzwang nicht gehindert gesehen, im Wege der richterlichen Rechtsfortbildung weitere, im Gesetz nicht vorgesehene dingliche Rechtsinstitute wie das Sicherungseigentum, die Anwartschaftsrechte und die Sicherungsgrundschuld zu entwickeln, die inzwischen gewohnheitsrechtlich anerkannt sind."

II. Der sachenrechtliche Bestimmtheitsgrundsatz

Das Vindikationslegat würde zu einer unmittelbar dinglichen Zuordnung des vermachten Gegenstandes an den Vermächtnisnehmer führen. Der Erblasser müsste somit in der Verfügung von Todes wegen dem Erfordernis der Bestimmtheit ausreichend Rechnung tragen. Dingliche Rechte und Verfügungen kommen lediglich bzgl. individuell bestimmter Sachen und Rechte in Betracht[366]. Ein Stückvermächtnis wäre somit ohne Weiteres denkbar; ein Gattungsvermächtnis und Geldvermächtnisse wäre hingegen lediglich im Rahmen eines schuldrechtlich wirkenden Vermächtnisses möglich[367]. Im Falle eines Rückgriffs auf Sammelbezeichnungen muss hingegen nicht jedes einzelne Objekt genau bezeichnet werden (beispielsweise Warenlager):

„Dem Bestimmtheitsgrundsatz wird auch dann ausreichend Rechnung getragen, wenn es infolge der Wahl einfacher, äußerer Abgrenzungskriterien für jeden, der die Parteiabreden in dem für den Eigentumsübergang vereinbarten Zeitpunkt kennt, ohne weiteres ersichtlich ist, welche individuell bestimmten Sachen übereignet worden sind [...]."[368]

---

[363] So auch *Schmidt,* RabelsZ 77 (2013), 20.

[364] Im Code civil muss der Einzelvermächtnisnehmer stets die délivrance in Bezug auf vermachte Sachen und Rechte fordern, um sein bereits mit dem Erbfall erworbenes Recht auch Dritten gegenüber geltend machen zu können (vgl. hierzu die Ausführungen in § 12, II. C. 1.). Bzgl. der Erlangung von Drittwirksamkeit in Bezug auf Liegenschaften und registrierte bewegliche Sachen in Italien vgl. die Darstellungen in § 12, III. B.

[365] MüKo-BGB/*Gaier,* Bd. 6, Einl. Rn. 1, 11.

[366] MüKo-BGB/*Gaier,* Bd. 6, Einl. Rn. 21 m.w.N.

[367] Vgl. hierzu die Ausführungen in § 15, II. B., D. und E.

[368] Vgl. BGH, NJW 1979, 976 (976) m.w.N., der sich im zugrundeliegenden Fall jedoch mit einer rechtsgeschäftlichen Übereignung i.S.d. § 930 BGB zu beschäftigen hatte. So auch bei MüKo-BGB/*Gaier,* Bd. 6, Einl. Rn. 21 m.w.N.

III. Der sachenrechtliche Publizitätsgrundsatz

„Dingliche Berechtigungen an Sachen und ihre Veränderung sollen im Interesse der Rechtsklarheit und des Verkehrsschutzes nach außen hin erkennbar sein. Diese Publizität wird bei beweglichen Sachen durch die *Besitzübergabe* und bei Grundstücken durch die *Eintragung im Grundbuch* vermittelt.“[369]

Eine unmittelbare dingliche Zuordnung eines vermachten Gegenstandes mit dem Erbfall könnte somit mit diesem sachenrechtlichen Publizitätsgrundsatz nicht in Einklang stehen und die Interessen des Rechtsverkehrs und der Rechtsklarheit auf unzumutbare Art und Weise beeinträchtigen[370]. Auf Grund

---

[369] MüKo-BGB/*Gaier,* Bd. 6, Einl. Rn. 22.

[370] *Becker* wies beispielsweise auf Schwierigkeiten „bei denjenigen Rechten, für deren Uebertragung regelmäßig die Eintragung in das Grundbuch erfordert wird“ hin und sprach von einer „schwere[n] Beeinträchtigung des Grundbuchsystems“ (vgl. Zweite Sitzung der ersten Abtheilung am Dienstag, den 11. September 1888, in: Verhandlungen des 19. DJT, Bd. 3, S. 88). Des Weiteren lehnte *Mommsen* (S. 389) den dinglichen Eigentumserwerb in Bezug auf unbewegliche Sachen ab. *Mommsen* argumentierte somit ebenfalls mit der Unvereinbarkeit mit dem Grundbuchsystem. Weder einen Verstoß gegen das Traditionsprinzip noch gegen das Grundbuchsystem sah hingegen *v. Gierke* (S. 515, 516). *Flad* (ZAkDR 1936, 740) sah hingegen einen Widerspruch zwischen dem Vindikationslegat einerseits und dem Traditionsprinzip und Grundbuchsystem andererseits. Im Rahmen der Motive wurde die Frage nach der Vereinbarkeit mit dem Traditionsprinzip offen gelassen; es wurde jedoch davon ausgegangen, dass sich das Vindikationslegat „mit dem das Immobiliarrecht beherrschenden Grundbuchsysteme […] kaum oder doch nur schwer, in Einklang bringen [ließe]“ (vgl. *Mugdan,* Bd. 5, S. 70 (Motive)). Im Rahmen der zweiten Kommission wurde diesbezüglich auf die – angeblich durch die Motive geltend gemachte – Unvereinbarkeit mit dem Traditionsprinzip und dem Grundbuchsystem hingewiesen (vgl. *Mugdan,* Bd. 5, S. 621 (Protokolle)). Selbst die Gegner des Vindikationslegates gingen jedoch von Folgendem aus: „Die vom Standpunkte des Grundbuchsystemes aus erhobenen Bedenken seien von geringerer Bedeutung. Denn es liege in der Natur der Sache, daß durch den Tod des eingetragenen Eigenthümers der Inhalt des Grundbuches unrichtig werde, nunmehr also ermittelt werden müsse, auf wen das Eigenthum übergegangen sei. Die Ermittelung würde sich für den Fall, daß der Erbe angenommen würde, auf die Person des Erben beschränken, während für den Fall der Annahme des Vindikationslegates weiter ermittelt werden müßte, ob etwa der eingetragene Eigenthümer durch Legat über das Grundstück verfügt habe. Wenn nun aber einmal der Eintritt des Todes des eingetragenen Eigenthümers zur Anstellung gewisser Ermittelungen uber die Person des gesetzlichen Nachfolgers nöthige, so sei es gleichgültig, ob die Ermittelung sich auf die Person des Erben beschränke oder auch die etwaigen Legate mit in Betracht zu ziehen seien.“ (vgl. *Mugdan,* Bd. 5, S. 623 (Protokolle)). *Bähr* (Zur Beurtheilung des Entwurfs eines bürgerlichen Gesetzbuchs für das Deutsche Reich, S. 164 (zu § 1865)) plädierte entschieden gegen eine Unvereinbarkeit des Vindikationslegates mit dem Grundbuchsystem. *Leonhard* (S. 317) brachte Folgendes zum Ausdruck: „Der Grund [für die obligatorische Wirkung des Vermächtnisses] ist darin zu suchen, daß in unserem Sachenrecht volle Kenntlichkeit herrscht, also zu dem Verfügungsgeschäft immer noch ein nach außen kenntlicher Akt (Eintragung in das Grundbuch oder Besitzübertragung) hinzutreten muß. Wie man durch

der Grundsätze des Vonselbsterwerbs und der Universalsukzession geht das Vermögen des Erblassers mit dessen Tod als Ganzes auf den bzw. die Erben über (§ 1922 Abs. 1 BGB). Dieser Eigentumserwerb bzw. Erwerb der Rechtsinhaberschaft kraft Todes wegen erfolgt hierbei auf Grund des Prinzips des Vonselbsterwerbs nicht nur unabhängig von einem Besitzerwerb des Erben in Bezug auf bewegliche Sachen (vgl. § 857 BGB), sondern auch ohne Eintragung des Erben in das Grundbuch in Bezug auf das Eigentum an Grundstücken oder die Belastung eines Grundstücks mit einem Recht (d.h. außerhalb des Grundbuchs)[371]. Selbiges gilt auch für die Sondererbfolgen im Rahmen des Höferechts und der Vererbung von Anteilen an Personengesellschaften[372]. Es kann letztlich keinen Unterschied machen, ob dem sachenrechtlichen Publizitätsgrundsatz im Wege des Erwerbs des Eigentums bzw. der Rechtsinhaberschaft von Todes wegen durch Universal- oder Singularsukzession keinerlei Bedeutung zuteil wird[373].

„Auf die Spitze getrieben wird diese Missachtung jeglicher Publizitätsgesichtspunkte bei der Vor- und Nacherbschaft, wo das die Vorerbschaft beendende Ereignis für Außenstehende völlig unerkennbar sein kann."[374]

Der sachenrechtliche Publizitätsgrundsatz vermag im Ergebnis die Einführung eines Vindikationslegates nicht zu verhindern. An dieser Stelle muss sich somit auch entschieden gegen die Ansicht von *Süß* ausgesprochen werden. Dieser setzt die Ausgestaltung eines Vermächtnisses als schuldrechtlich oder dinglich wirkendes in ein Abhängigkeitsverhältnis zur Existenz des Trennungs- oder Konsensprinzips in den einzelnen Rechtsordnungen:

„Wie sehr sich das Vindikationslegat erst aus sachenrechtlichen Vorgaben ergibt, zeigt sich daran, daß das Vindikationslegat in den Rechtsordnungen gilt, in denen der Eigentumserwerb aufgrund des Konsensprinzips erfolgt. Wie dort der Abschluß eines Kaufvertrages unmittelbar zum Übergang des Eigentums führt, hat dort auch das Vermächtnis unmittelbare dingliche Wirkungen. Vermächtnisse mit rein schuldrechtlichen Wirkungen hingegen sind typisch für Rechtsordnungen, in denen das sachenrechtliche Traditions- bzw. das Trennungsprinzip gilt […]."[375]

Dass diese Schlussfolgerung keinesfalls zwingend ist, stellen u.a. die Rechtsordnungen von Frankreich und Italien eindrucksvoll zur Schau. In Frankreich und Italien herrscht das Konsensprinzip vor, wobei das erworbene Recht

---

bloßen Vertrag kein dingliches Recht begründen kann, ebensowenig (und noch weniger) durch Vermächtnis."

[371] *Schmidt,* RabelsZ 77 (2013), 23.

[372] *Schmidt,* RabelsZ 77 (2013), 23, wobei *Schmidt* die Begriffe der Singularsukzession und Sondererbfolge gleichsetzt. Dieses Begriffsverständnis entspricht aber nicht dem in dieser Arbeit verwendeten (vgl. Kapitel 2, Fn. 3).

[373] *Schmidt,* RabelsZ 77 (2013), 23, 24.

[374] *Schmidt,* RabelsZ 77 (2013), 23; vgl. bereits bei *Mugdan,* Bd. 5, S. 622 (Protokolle).

[375] *Süß,* RabelsZ 65 (2001), 256, 257.

oftmals zur Erlangung von Drittwirksamkeit einer Eintragung oder ähnlichem bedarf[376]. Auch *Süß* bringt diesbezüglich zum Ausdruck:

> „Freilich kann der Gesetzgeber diesen Zusammenhang ignorieren [...].“[377]

IV. Der Grundsatz der Universalsukzession[378]

Die Gegner des Vindikationslegates berufen sich vielfach insbesondere darauf, dass ein unmittelbar dinglich wirkendes Vermächtnis mit dem in § 1922 Abs. 1 BGB normierten Prinzip der Universalsukzession nicht zu vereinbaren wäre[379]. Dieser Grundsatz könnte somit bereits für sich alleine die Einführung dieses rechtlichen Institutes zu verhindern vermögen.

A. Allgemeines

§ 1749 des Entwurfs der ersten Lesung lautete folgendermaßen[380]:

> „Mit dem Tode einer Person (Erbfall) geht das Vermögen derselben als Ganzes (Erbschaft) auf eine oder mehrere andere Personen (Erben) über.
>
> Der Uebergang des Vermögens als eines Ganzen (Erbfolge) kann von dem Erblasser nicht ausgeschlossen werden.“

In § 1749 des Entwurfs erster Lesung war in Abs. 2 eine Regelung enthalten, die eine Disposition des Erblassers über den Grundsatz der Universalsukzession als nicht möglich erklärte.

> „Eine besondere Vorschrift dieses Inhaltes ist mit Rücksicht auf deren fundamentale Bedeutung zweckmäßig. Die zwingende Natur der Vorschrift zu betonen, erscheint angemessen.“[381]

---

[376] Vgl. hierzu die Ausführungen in § 12, III. B. für das italienische Recht. „Anders als nach deutschem Recht bewirkt diese Bekanntmachung [die Übertragung von Sachenrechten an Immobilien bedarf gemäß Art. 28 des Dekrets vom 04. Januar 1955 der Bekanntmachung] zwar keine Rechtsänderung, doch entfaltet der Eigentumsübergang Dritten gegenüber erst dann Außenwirkung *(opposabilité)*, wenn der (notariell beurkundete) Vertrag in zweifacher Ausfertigung beim Grundstücks- und Hypothekenregister eingereicht und, nach Überprüfung der Formalia, vom Registerführer registriert worden ist. Die Registrierung darf dabei nicht mit einer Eintragung wie im deutschen Grundbuch verwechselt werden: es erfolgt lediglich eine Publikation der Kaufurkunde *(publicité foncière)* mit einem Stempelvermerk; [...].“ (vgl. *Frank*, MittBayNot 2001, 40).

[377] *Süß*, RabelsZ 65 (2001), 257, Fn. 57.

[378] Vgl. hierzu auch bereits die Ausführungen in § 4, II.

[379] Z.B.: *Flad*, ZAkDR 1936, 740; *Mommsen*, S. 389. Diese Ansicht vertrat auch *v. Schmitt* (in: Die Vorentwürfe der Redaktoren zum BGB, Erbrecht, Teil 1, S. 95, 408) in der „Begründung des Entwurfes eines Rechtes der Erbfolge für das Deutsche Reich und des Entwurfes eines Einführungsgesetzes“ (1879). *Leonhard* (S. 317) brachte hingegen zum Ausdruck, dass es sich hierbei um einen „ganz verfehlte[n]“ Grund handele.

[380] *Mugdan*, Bd. 5, I.

[381] *Mugdan*, Bd. 5, S. 2 (Motive).

Im Rahmen der zweiten Kommission wurde die Streichung des Abs. 2 beantragt, da dieser selbstverständlich sei und sich bereits aus einer richtigen Auffassung des § 1753 ergebe[382].

§ 1753 Abs. 1 bestimmte[383]: „Der Erblasser kann, soweit nicht das Gesetz ein Anderes bestimmt, durch einseitige Verfügung von Todeswegen (letztwillige Verfügung, Testament) über sein Vermögen verfügen."

Die Streichung des Abs. 2 wurde schließlich durch die zweite Kommission beschlossen. § 1799 des Entwurfs zweiter Lesung (bzw. § 1900 der Bundesratsvorlage, § 1898 der Reichstagsvorlage und § 1922 des heute geltenden BGB) lautet(e)[384]:

„Mit dem Tode einer Person (Erbfall) geht deren Vermögen (Erbschaft) als Ganzes auf eine oder mehrere andere Personen (Erben) über.

Auf den Antheil eines Miterben (Erbtheil) finden die sich auf die Erbschaft beziehenden Vorschriften Anwendung."

Gemäß § 1922 Abs. 1 BGB geht mit dem Tode einer Person deren Vermögen als Ganzes auf eine oder mehrere andere Personen über. Der Gesetzgeber des BGB beantwortete hiermit die Frage, was mit den Rechtsverhältnissen des Erblassers im Falle seines Ablebens geschieht, auf folgende Art und Weise: Die Rechtsverhältnisse gehen somit gerade nicht mit dem Tod des Erblassers unter[385].

Die Einführung des Grundsatzes der Universalsukzession und den Ausschluss jeglicher Dispositionsmöglichkeiten seitens des Erblassers hielt *v. Schmitt* für derart selbstverständlich, dass er zwar in § 3 Abs. 2 seines Erbrechtsentwurfes explizit zum Ausdruck brachte, dass niemand den einheitlichen Übergang seines Nachlasses auf andere Personen auszuschließen vermag[386], jedoch in seiner Begründung des Entwurfs formulierte[387]:

„Die Berechtigung des Gedankens bedarf keiner Begründung."

Die absolute Geltung des Grundsatzes der Universalsukzession im nationalen Erbrecht einer nur irgendwie gearteten Begründung zugänglich zu machen, sah *v. Schmitt* somit als nicht nötig an. Es gab für ihn – ebenso wie für die erste und zweite Kommission – keinerlei Diskussionspotential bzgl. der Normierung der Universalsukzession als eines der fundamentalsten Prinzipien des deutschen Erbrechts. § 1922 Abs. 1 BGB sollte zu Beginn des fünften Buches des BGB seine Stellung finden.

---

[382] *Mugdan,* Bd. 5, S. 383 (Protokolle).
[383] *Mugdan,* Bd. 5, I.
[384] *Mugdan,* Bd. 5, I.
[385] *Wegmann,* S. 1.
[386] *v. Schmitt,* in: Die Vorentwürfe der Redaktoren zum BGB, Erbrecht, Teil 1, S. 7.
[387] *v. Schmitt,* in: Die Vorentwürfe der Redaktoren zum BGB, Erbrecht, Teil 1, S. 183.

B. Die Bedeutung des Grundsatzes der Universalsukzession

Der Grundsatz der Universalsukzession fungiert nicht nur zum Schutze der Interessen der Nachlassbeteiligten, sondern auch zum Schutze der Allgemeinheit[388]. Die Entscheidung des Gesetzgebers für die Geltung dieses Prinzips im deutschen Recht stellt sicher, dass ohne Ausnahme alle Gegenstände des Vermögens des Erblassers bei dessen Tod auf den oder die Erben übergehen[389].

„In einem System, das keine gesetzliche oder gewillkürte Erbfolge und damit keine (erbrechtliche) Universalsukzession kennt, aber dem Erblasser erlauben würde, durch Einzelverfügungen von Todes wegen über sein Vermögen zu verfügen, wäre die Gefahr groß, dass der Erblasser einzelne Gegenstände vergisst."[390]

Dies würde letztlich dazu führen, dass diese, im Wege von Einzelverfügungen von Todes wegen nicht berücksichtigten Sachen, herrenlos und die unbeachteten Forderungen des Erblassers gegenüber Dritten zugunsten dieser Schuldner des Erblassers erlöschen würden[391]. Der Grundsatz der Universalsukzession wahrt somit auf der einen Seite sowohl die Interessen des Erblassers als auch diejenigen der Erben und der sonstigen durch den Erblasser bedachten Personen (Vermächtnisnehmer, Auflagenbegünstigte) an der nicht eintretenden Vergänglichkeit der vor dem Tod des Erblassers bestehenden vermögensrechtlichen Positionen. Dem Erblasser wird zu Lebzeiten die Möglichkeit der Bildung von Privateigentum eingeräumt. Auf Grund der Tatsache, dass die Universalsukzession die Herrenlosigkeit von Sachen und das Erlöschen von Forderungen des Erblassers zu verhindern vermag, kommt diese den Interessen des Erblassers v.a. insoweit zugute, dass seine sich u.U. mühevoll aufgebaute vermögensrechtliche Existenzgrundlage auch nach seinem Tode in einer anderen Person fortwirken kann. Die Universalsukzession dient somit in gewisser Weise der Fortwirkung der Eigentumsfreiheit des Erblassers über den Tod hinaus[392]. Der Grundsatz der Universalsukzession würde es weiterhin dem Erblasser ersparen, zahlreiche und diffizil ausgestaltete Verfügungen bzgl. der einzelnen Nachlassgegenstände treffen zu müssen[393]. Für den bzw. die Erben hat das zumindest vorläufige Zusammenbleiben des Nachlasses den besonderen Vorteil, dass ihnen durch die Aufrechter-

---

[388] MüKo-BGB/*Leipold,* § 1922 BGB Rn. 117; Beck'scher Online-Kommentar BGB/*Müller-Christmann,* § 1922 BGB Rn. 15; *Muscheler,* Universalsukzession und Vonselbsterwerb, S. 5 m.w.N.

[389] *Meincke,* in: Rechtsnachfolge im Steuerrecht, S. 30; *Muscheler,* Erbrecht, Bd. 1, § 18 Rn. 742.

[390] *Muscheler,* Erbrecht, Bd. 1, § 18 Rn. 742.

[391] *Muscheler,* Erbrecht, Bd. 1, § 18 Rn. 742; *Meincke,* in: Rechtsnachfolge im Steuerrecht, S. 30.

[392] Vgl. hierzu die Ausführungen in Kapitel 2, Fn. 63.

[393] *Muscheler,* Erbrecht, Bd. 1, § 18 Rn. 944.

haltung von Vermögenseinheiten die Möglichkeit eröffnet wird, diese als Einheit (gewinnbringender) weiterzuführen, zu vermieten, zu verpachten oder zu veräußern[394].

Auf der anderen Seite wird in einem Aufsatz treffend darauf hingewiesen, dass beispielsweise der Kredit dem Rechts- und Wirtschaftsleben verlustig ginge, falls mit dem Tode einer Person deren Pflichten aus einem bestehenden Schuldverhältnis hinfällig werden würden[395]. Die Universalsukzession dient somit des Weiteren (insbesondere auf Grund des Nichterlöschens von Verpflichtungen seitens des Erblassers) sowohl den generell gegenüber dem Erblasser existierenden Anspruchsberechtigten (Gläubiger des Erblassers) als auch der Aufrechterhaltung und Sicherung eines geordneten wirtschaftlichen Geschehens in der Bundesrepublik Deutschland. *Papantoniou* formulierte zutreffend:

„Das Erbrecht darf deshalb nicht als die Summe der Rechtsregeln betrachtet werden, welche gesetzt wurden, um die mühelose Bereicherung der Erben zu ermöglichen, sondern als das Institut, das den Fortgang des Wirtschaftslebens trotz des Todes einer Person zum Ziel hat."[396]

Aber auch die Nachlassgläubiger (Gläubiger des Erblassers, Pflichtteilsberechtigte, Vermächtnisnehmer und Auflagenbegünstigte) und der Rechtsverkehr können Vorteile aus dem in § 1922 Abs. 1 BGB normierten Grundsatz der Universalsukzession für sich in Anspruch nehmen:

„Das Prinzip der Universalsukzession dient ferner *Nachlassschuldnern* und *Nachlassgläubigern,* indem es im Erbfall für klare, übersichtliche Verhältnisse sorgt. Insbesondere die Nachlassgläubiger profitieren davon, dass sie sich an wenige Universal-Repräsentanten des Erblassers halten können. Der Nachlass wird als Haftungseinheit erhalten [...]. Dem allgemeinen *Rechtsverkehr* nutzt es, dass die neuen Rechtsträger wegen ihrer in der Regel geringen Zahl schnell und sicher festgestellt werden können."[397]

Der Nachlass wird zugunsten der Nachlassgläubiger als Haftungseinheit erhalten[398]. Die Pflichtteilsberechtigten profitieren vom Übergang des gesamten Erblasservermögens, da § 2311 Abs. 1 S. 1 BGB bestimmt, dass der Berechnung des Pflichtteils der Bestand und der Wert des Nachlasses zur Zeit des

394 *Muscheler,* Erbrecht, Bd. 1, § 18 Rn. 940.

395 *Papantoniou,* AcP 173 (1973), 391. Bereits *Dernburg* (Pandekten, Bd. 3, S. 95) äußerte sich folgendermaßen: „Denn eine regelmäßige Kreditgewährung ist nur möglich, wenn für die Berichtigung der Schulden und Verbindlichkeiten auch im Falle des Absterbens der Schuldner gesorgt ist."

396 *Papantoniou,* AcP 173 (1973), 391.

397 *Muscheler,* Erbrecht, Bd. 1, § 18 Rn. 941, 942. Vgl. hierzu auch MüKo-BGB/*Leipold,* § 1922 BGB Rn. 117 und Beck'scher Online-Kommentar BGB/*Müller-Christmann,* § 1922 BGB Rn. 15.

398 Beck'scher Online-Kommentar BGB/*Müller-Christmann,* § 1922 BGB Rn. 15; MüKo-BGB/*Leipold,* § 1922 BGB Rn. 118.

Erbfalls zugrunde gelegt wird[399]. Gemäß § 2046 Abs. 1 S. 1 BGB sind aus dem Nachlass zunächst die Nachlassverbindlichkeiten zu berichtigen. Der nach der Berichtigung der Nachlassverbindlichkeiten verbleibende Überschuss gebührt gemäß § 2047 Abs. 1 BGB den Erben nach dem Verhältnis der Erbteile. Die Universalsukzession unterstützt somit auch die ordnungsgemäße Nachlassabwicklung im Falle des Vorhandenseins mehrerer Erben[400]. Der Grundsatz der Universalsukzession dient letztlich nicht nur den Interessen des Erblassers, der bedachten Personen, der übrigen Nachlassgläubiger und denjenigen des Rechtsverkehrs, sondern auch in gewisser Weise staatlichen Zielvorstellungen. Dadurch, dass sinnvolle wirtschaftlich Einheiten zumindest vorübergehend in ihrer Gesamtheit erhalten bleiben und hierdurch v.a. zugunsten der Erben gewinnbringender weiterbetrieben, veräußert, belastet, vermietet oder verpachtet werden können, als wenn diese Einheiten von vornherein mit dem Erbfall in einzelnen Teilen auf die Erben übergehen würden, kann ein höherer Lebensstandard und eine geringere Bedürftigkeit der Erben sichergestellt werden. Für den Staat eröffnet sich somit zumindest die Möglichkeit, auf Grund des u.U. größeren Wohlstandes in größerem Maße von Ansprüchen der Erben auf Sozialleistungen verschont zu bleiben.

C. Das Prinzip der Universalsukzession und das Vindikationslegat

Fraglich ist, ob die Einführung eines unmittelbar dinglich wirkenden Vermächtnisses als mit dem in § 1922 Abs. 1 BGB normierten fundamentalen Grundsatz der Universalsukzession von vornherein unvereinbar erscheint, d.h. ob bereits die Regelung des § 1922 Abs. 1 BGB dem Vindikationslegat seine Existenzberechtigung versagt. Es könnte jedoch andererseits auch sein, dass das Prinzip der Universalsukzession und die rechtliche Konstruktion eines Vindikationsvermächtnisses nebeneinander bestehen können. Es geht hierbei letztlich um die Beantwortung der Frage, ob das Vindikationslegat, das als eine weitere Ausnahme vom Grundsatz der Gesamtrechtsnachfolge (neben den Sondererbfolgen und den erbrechtsunabhängigen Sonderrechtsnachfolgen von Todes wegen) zu qualifizieren wäre, trotz alledem in das System des BGB integriert werden kann oder eine solche Ausnahme unter Beachtung der Fundamentalnorm und den bereits existenten Ausnahmekonstellationen als nicht mehr tragbar erscheint (siehe hierzu § 14, IV. C. 2.).

Zunächst empfiehlt es sich jedoch, seinen Blick darauf zu lenken, ob zwischen dem Grundsatz der Universalsukzession – ohne auf dessen konkrete Ausgestaltung im nationalen Recht einzugehen – und einem unmittelbar dinglich wirkenden Vermächtnis von einem generellen Exklusivitätsverhältnis gesprochen werden kann (vgl. hierzu § 14, IV. C. 1.).

---

[399] *Muscheler,* Erbrecht, Bd. 1, § 18 Rn. 940.

[400] Beck'scher Online-Kommentar BGB/*Müller-Christmann,* § 1922 BGB Rn. 15; MüKo-BGB/*Leipold,* § 1922 BGB Rn. 118.

1. Generelles Exklusivitätsverhältnis

a) Allgemeines

Würde man das Prinzip der Universalsukzession und das Rechtsinstitut des Vindikationslegates an sich, d.h. ohne das durch § 1922 Abs. 1 BGB zum Ausdruck kommende Verständnis, betrachten, so müsste man sagen, dass von einer prinzipiellen Unvereinbarkeit gerade nicht gesprochen werden kann. Der Universalsukzession verbliebe sogar für den Fall, dass der Ersteller von Verfügungen von Todes wegen die Gesamtheit aller ihm gehörender vermögenswerter Gegenstände im Wege von Vindikationsvermächtnissen verteilt, ein, wenn auch sehr geringer, Anwendungsbereich. Einen Gesamtrechtsnachfolger müsste es auch in diesem Fall geben, da der Vindikationslegatar für die Verbindlichkeiten des Erblassers nicht zwingend nach jeder EU-ausländischen oder Nicht-EU-ausländischen Rechtsordnung im Außenverhältnis (und nicht lediglich subsidiär) einzustehen hat, auch nicht für diejenigen, die mit dem Vermächtnisgegenstand in Zusammenhang stehen (mit Ausnahme der auf dem vermachten Gegenstand ruhenden dinglichen Belastungen)[401]. Eine nicht subsidiäre Haftung im Außenverhältnis findet sich in ausländischen Rechtsordnungen nur sehr selten[402]. Das Prinzip der Gesamtrechtsnachfolge könnte somit auch in einer derartig extremen Fallkonstellation nicht vollständig ausgehebelt bzw. umgangen werden.

> „In einem Erbrechtssystem, das das Vindikationslegat zulässt, reduziert sich die Bedeutung der Universalsukzession auf den Satz, dass alle vererbbaren Rechte sowie die Verbindlichkeiten des Erblassers im Zweifel auf den oder die Erben übergehen.“[403]

Der Universalsukzession käme zwar im Falle der Anerkennung einer Sonderrechtsnachfolge im Wege eines Vindikationsvermächtnisses u.U. im Vergleich zum derzeitigen Rechtszustand in der Bundesrepublik Deutschland nur noch eine eingeschränktere Bedeutung zu. Trotz alledem dürfte auf sie auch in einem Rechtssystem, das Vindikationslegate anerkennt, nicht verzichtet werden. In einem Rechtssystem, das dem Erblasser die Möglichkeit von Einzelverfügungen von Todes wegen zusprechen würde, könnte dem bereits obig dargestellten Problem herrenlos werdender Sachen oder erlöschender Forderungen zumindest dadurch entschieden abgeholfen werden, dass das jeweils geltende Recht eine Kombination von (grundsätzlicher) Universalsukzession und (ausnahmsweisen) Sondernachfolgen zuließe. Die Entscheidung des Gesetzgebers für die Geltung dieses Prinzips im deutschen Recht stellt sicher, dass ohne Ausnahme alle Gegenstände des Vermögens des Erblassers bei

---

401 *Muscheler,* Erbrecht, Bd. 1, § 18 Rn. 778.

402 Beispielsweise in Polen, aber auch hier nur teilweise, vgl. § 12, IV C. 2. a).

403 *Muscheler,* Erbrecht, Bd. 1, § 18 Rn. 778.

dessen Tod auf den oder die Erben übergehen[404]. Der Universalsukzession käme somit auch in einem Vindikationslegaten nicht ablehnend gegenüberstehenden Rechtssystem besondere Bedeutung in Bezug auf die Interessen des Erblassers, der Bedachten, der übrigen Nachlassgläubiger und des Rechtsverkehrs zu. Es kann somit nicht prinzipiell von einem Entweder-Oder-Verhältnis zwischen dem Prinzip der Universalsukzession und der rechtlichen Konstruktion eines Vindikationslegates gesprochen werden.

Diese Aussage wird auch dadurch untermauert, dass es Rechte gab bzw. gibt, die eine Kombination aus Universalsukzession und Vindikationsvermächtnissen anerkannten bzw. anerkennen. An dieser Stelle wird jedoch noch angemerkt, dass aus den geschichtlichen Erkenntnissen und einem Rechtsvergleich natürlich nicht auf eine zwingende Normierung des Vindikationslegates geschlossen werden kann, sondern lediglich darauf, dass von einer generellen Unvereinbarkeit des Vindikationslegates mit dem Grundsatz der Universalsukzession nicht ausgegangen werden kann. *Muscheler* bringt diesbezüglich zutreffend zum Ausdruck[405]:

> „Aus Geschichte und Rechtsvergleichung, also aus Seiendem und Gewesenem, kann nicht auf Gesolltes geschlossen werden."

b) Römisches Recht

Im römischen Recht war es dem Erblasser unter bestimmten Voraussetzungen möglich, seine Vermögensverhältnisse nach seinem Ableben mit Hilfe eines Damnations- oder Vindikationslegates zu regeln[406]. Im römischen Recht war hingegen eine Erbeinsetzung auf bestimmte Gegenstände nicht zugelassen[407]. *Mommsen* brachte vor[408]:

> „Daß das Vermögen, welches, so lange der Inhaber lebt, durch dessen Persönlichkeit als Einheit, als ein Ganzes zusammengehalten wird, nicht mit dem Tode des Inhabers aus einander fällt, sondern als ein Ganzes erhalten wird und als solches auf den Erben übergeht, ist eines der wichtigsten Grundprincipien des Erbrechts. Hiermit läßt sich aber nur ein durch den Erben vermittelter Uebergang erbschaftlicher Rechte auf den Vermächtnißnehmer vereinigen; ein unmittelbarer Erwerb des vermachten Rechts läßt sich mit dem angegebenen Princip nicht vereinigen."

Dieser Argumentation *Mommsens* kann nicht beigepflichtet werden. Wie bereits obig erwähnt, ist die Testierfreiheit als Verfügungsbefugnis des Eigentümers über den Tod hinaus mit der Garantie des Eigentums eng ver-

---

[404] *Meincke,* in: Rechtsnachfolge im Steuerrecht, S. 30; *Muscheler,* Erbrecht, Bd. 1, § 18 Rn. 742.

[405] *Muscheler,* Erbrecht, Bd. 1, § 18 Rn. 930.

[406] *Muscheler,* Erbrecht, Bd. 1, § 18 Rn. 777; *Kegel,* in: Liber Amicorum, S. 342.

[407] *Kegel,* in: Liber Amicorum, S. 343.

[408] *Mommsen,* S. 389.

knüpft[409]. Das Prinzip der Universalsukzession kann seine Rechtfertigung gerade nicht darin finden, dass das Vermögen zu Lebzeiten des Erblassers als Einheit, als ein Ganzes zusammengehalten wird, sondern lediglich auf Grund der der Zulässigkeit von Einzelrechtsnachfolgen widerstreitenden Interessen (z.B. Nachlassgläubigerschutz, Schutz des Rechtsverkehrs). Der Erblasser ist zu Lebzeiten grundsätzlich ungehindert darin, sich bestimmter Vermögenswerte zu begeben und somit sein Vermögen nicht vollständig in eigener Hand zurückzubehalten. Des Weiteren wurde die Universalerbfolge aus dem römischen Recht übernommen[410]. Dieses sah aber gerade das Prinzip der Universalsukzession und die Möglichkeit der Anordnung eines unmittelbar dinglich wirkenden Vermächtnisses vor.

„Die Römer hätten aber in dem Vindikationslegate niemals einen Widerspruch mit dem Prinzipe der Universalsuccession erblickt."[411]

Im römischen Recht wurde somit von gewissen Einschränkungen des Prinzips der Universalsukzession ausgegangen[412]. Von einer Prinzipienwidrigkeit – wie sie nach *Mommsen* vorliegt – kann auf Grund des aus dem römischen Recht importierten Grundsatzes nicht gesprochen werden. *Dernburg* sprach diesbezüglich davon, dass die „römischen Ideen [oftmals] übertrieben werden" und berief sich hierbei explizit auf den Entwurf des BGB[413]. Davon, dass der Entwurf das römische Recht „an Romanismus [...] übertrumpft" und vergisst, „daß bei uns die Universalsuccession überhaupt ein importierter Gedanke ist und daher gerade umgekehrt nur mit wesentlichen Abschwächungen verwirklicht werden darf", sprach *v. Gierke*[414].

c) *Codice Civile*

Im italienischen Recht beispielsweise erwirbt der Erbe bzw. erwerben die Erben durch Universalsukzession, zugunsten eines Vermächtnisnehmers kann

---

[409] Vgl. § 3, II.

[410] *Kegel,* in: Liber Amicorum, S. 341.

[411] *Mugdan,* Bd. 5, S. 622 (Protokolle).

[412] Das Prinzip der Universalsukzession und die Möglichkeit der Anordnung eines Vindikationslegates bestanden auch in folgenden Rechtsordnungen nebeneinander: ALR (vgl. *Dernburg,* Lehrbuch des Preußischen Privatrechts, Bd. 3, S. 273 bis 275), Code civil (vgl. *Zachariä v. Lingenthal/Dreyer,* S. 102), Sächsisches BGB (§ 1999 Sächsisches BGB bestimmte: „Mit dem Tode einer Person gehen deren Vermögensrechte auf Andere über." § 2000 Sächsisches BGB normierte weiterhin: „Das auf Andere übergehende Vermögen eines Verstorbenen in seiner Gesammtheit ist die Erbschaft. Die Erbschaft umfaßt die Rechte und die Verbindlichkeiten des Verstorbenen."), gemeines Recht (vgl. *Windscheid/Kipp,* Bd. 3, S. 186), CMBC (vgl. III 1 § 2 CMBC).

[413] Zweite Sitzung der ersten Abtheilung am Dienstag, den 11. September 1888, in: Verhandlungen des 19. DJT, Bd. 3, S. 94.

[414] *v. Gierke,* S. 515.

hingegen eine Einzelrechtsnachfolge durch Vindikationslegat angeordnet werden (vgl. Art. 588 Abs. 1, 649 Codice Civile)[415]. Das italienische Zivilgesetzbuch sieht somit, ohne an dieser Stelle eine detailliere Analyse durchführen zu können und als exemplarisch gewählte fremdländische Rechtsordnung, ein Nebeneinander des Grundsatzes der Universalsukzession und einer Sonderrechtsnachfolge durch Anerkennung des Vindikationslegates vor.

d) Entwurf eines Erbrechts für das Deutsche Reich

Diese generelle Feststellung, dass zwischen dem Prinzip der Universalsukzession und dem Rechtsinstitut des Vindikationslegates kein generelles Exklusivitätsverhältnis besteht, wird auch durch die Gesetzesmaterialien zum BGB (zumindest indirekt) zum Ausdruck gebracht. Mit dem Entwurf eines Erbrechts für das Deutsche Reich beschäftigte sich *v. Schmitt* und entschied sich im Rahmen seiner Ausarbeitungen für die Geltung des Grundsatzes der Universalsukzession und die ausschließliche Einführung eines lediglich schuldrechtlich wirkenden Vermächtnisses. Das Prinzip der Gesamtrechtsnachfolge war für *v. Schmitt* derart selbstverständlich, dass es ihm zufolge weder einer vorherigen Diskussion noch einer anschließenden Begründung bedurfte[416]. Ebenso lapidar entäußerte sich *v. Schmitt* in Bezug auf die Anerkennung des Damnationslegats:

> „Die Bestimmung des Entwurfs, wonach der Bedachte mit der Erwerbung bezw. dem Anfalle des Vermächtnisses eine Forderung auf Erfüllung gegen den Beschwerten erlangt, ist allen Rechten gemeinsam und bedarf besonderer Begründung nicht.“[417]

Trotz alledem widmete er sich in besonderem Umfange (sechs Seiten) der Frage, ob dem Vermächtnis unter Berücksichtigung sowohl der innerhalb des Deutschen Reiches geltenden als auch der ausländischen Rechtsordnungen und der Abwägung der einzelnen in Rede stehenden Interessen der beteiligten Personen (beispielsweise Legatar, Beschwerte, Nachlassgläubiger) eine unmittelbar dingliche Wirkung beizumessen ist[418]. Jedoch beschränkte sich *v. Schmitt* nicht alleine auf diese Ausführungen. Er widmete sich – obwohl er eine besondere Begründungsnotwendigkeit für die Ablehnung eines Vindikationslegates eigentlich gerade nicht erkannte – ein weiteres Mal im Rahmen seines Werkes „Recht der Erbfolge. Bemerkungen zu den Aenderungs-

---

[415] Grundmann/Zaccaria/*Zaccaria,* S. 327. Vgl. hierzu auch die Ausführungen in § 12, III. A. und B. Selbiges gilt auch für die Rechtsordnungen von Frankreich (siehe § 12, II. A. und C.) und Polen (vgl. § 12, IV. A. und B.).

[416] *v. Schmitt,* in: Die Vorentwürfe der Redaktoren zum BGB, Erbrecht, Teil 1, S. 183.

[417] *v. Schmitt,* in: Die Vorentwürfe der Redaktoren zum BGB, Erbrecht, Teil 1, S. 405.

[418] *v. Schmitt,* in: Die Vorentwürfe der Redaktoren zum BGB, Erbrecht, Teil 1, S. 405 bis 410.

vorschlägen des Referenten und zu der Begründung des Entwurfes“ (Berlin 1886) auf fast 11 Seiten erneut selbiger Problematik[419].

Im Rahmen der Motive und Protokolle zum BGB wurde ebenso in jeweils einem kurzen Abschnitt (beschränkt auf wenige Zeilen) auf die Universalsukzession und deren Absolutheit eingegangen[420], die Fragestellung um das Für und Wider der Einführung eines unmittelbar dinglich wirkenden Vermächtnisses wurde jedoch in einem immens weitreichenderen Umfange ausgewertet[421]. Diese Tatsache, dass über die Geltung der Universalsukzession im BGB keinerlei Diskussion entbrannte und man aber dennoch den Meinungsaustausch über Damnationslegate und Vindikationsvermächtnisse niemals völlig zum Erliegen brachte, zeigt deutlich, dass auch der nationale Gesetzgeber als solcher von keiner generellen Unvereinbarkeit ausgegangen ist. Der Gesetzgeber entschied sich durch die Verneinung des dinglich wirkenden Vermächtnisses lediglich für eine – unter Beachtung gewisser Ausnahmen – vollumfänglichere Möglichkeit zur Gewährleistung der Wirkungsweisen der Universalsukzession und brachte somit den erwünschten hohen Stellenwert dieses Grundsatzes zum Ausdruck. Dies wird auch durch die Verankerung des Prinzips der Gesamtrechtsnachfolge im ersten Paragraphen des fünften Buches des BGB deutlich. *Muscheler* kann zwar insoweit nicht gefolgt werden, als dieser sagt, „dass das BGB in § 1922 Abs. 1 [BGB] mit den Worten ‚als Ganzes‘ [einfach] das Verbot des Vindikationslegats bereits mitdenkt“[422], jedoch verdient seine nachfolgende Ausführung besondere Zustimmung:

> „Wenn auch die vom BGB angeordnete Unzulässigkeit von Vindikationslegaten nicht zwingend aus dem Prinzip der Universalsukzession folgt, so steht sie mit diesem Prinzip doch in einem sehr engen sachlichen Zusammenhang insofern, als sie das Prinzip in dessen eigener Richtung ergänzt und weiterführt.“[423]

e) Zusammenfassung

Zusammenfassend kann somit gesagt werden, dass von einem generellen Exklusivitätsverhältnis zwischen dem Grundsatz der Universalsukzession und einem unmittelbar dinglichen wirkenden Vermächtnis nicht auszugehen ist. Das Prinzip der Gesamtrechtsnachfolge kann im Allgemeinen – ohne Bezugnahme auf dessen konkrete Ausgestaltung im deutschen Recht – dahingehend verstanden werden, dass jedenfalls die übrigen, nicht im Wege von Einzelrechtsnachfolgen verteilten Aktiva mit dem Tod des Erblassers auf den bzw. die Erben übergehen; mindestens jedoch die Passiva.

---

[419] *v. Schmitt,* in: Die Vorentwürfe der Redaktoren zum BGB, Erbrecht, Teil 2, S. 723 bis 733.

[420] *Mugdan,* Bd. 5, S. 2 (Motive), S. 383 (Protokolle).

[421] *Mugdan,* Bd. 5, S. 70, 71 (Motive), S. 619 bis 624 (Protokolle).

[422] *Muscheler,* Erbrecht, Bd. 1, § 18 Rn. 781.

[423] *Muscheler,* Erbrecht, Bd. 1, § 18 Rn. 781.

2. Grundsatz der Universalsukzession i.S.d. § 1922 Abs. 1 BGB

Bei einem Vindikationslegat würde es sich unproblematisch um eine weitere Ausnahme von dem in § 1922 Abs. 1 BGB normierten Prinzip der Universalsukzession handeln. Würde man die einzelnen Satzfragmente des § 1922 Abs. 1 BGB („als Ganzes auf eine oder mehrere andere Personen (Erben) über") genauer und vor allem isoliert voneinander betrachten, könnte in einer Singularsukzession im Wege eines Vindikationsvermächtnisses sogar eine zweifache Missachtung des durch den Wortlaut zum Ausdruck kommenden Gesetzgeberwillens gesehen werden. Die Tatsache, dass das Vermögen als Ganzes auf eine oder mehrere andere Personen übergeht, meint hierbei, dass es im Grundsatz gerade keine Pluralität von Rechtsnachfolgen gibt und die Rechtsnachfolge für das gesamte Vermögen des Erblassers einheitlich ist[424]. Das Vermögen geht als Ganzes auf eine oder mehrere andere Personen über, wobei es sich hierbei um den bzw. die Erben handelt. Das Vermögen des Erblassers fällt zunächst vollständig dem bzw. den Erben an und ein unmittelbar dinglicher Übergang des Vermögens oder eines Teils des Vermögens auf einen Nichterben ist folglich grundsätzlich ausgeschlossen[425]. Die Möglichkeit der Anordnung von Vindikationsvermächtnissen würde dazu führen, dass der Grundsatz des Verbots einer Mehrheit von Rechtsnachfolgen, auch für den Fall, dass der Erblasser diese Gestaltungsmöglichkeit lediglich bzgl. eines einzelnen Gegenstandes nutzt, in Bezug auf den im Wege eines Vindikationslegates zugewandten Vermögenswert durchbrochen wird. Zum anderen kann der Vindikationslegatar den durch den dritten Klammerzusatz zum Ausdruck kommenden erforderlichen Rechtsstatus der bzw. des durch den Grundsatz der Universalsukzession geschützten Person bzw. geschützten Personenkreises nicht erfüllen. Der Vindikationslegatar ist gerade kein Erbe. Der Begriff der Universalsukzession könnte auch durch den etwas präziseren der Universalerbfolge ausgetauscht werden. Durch die Anerkennung des Vindikationslegates kann auch der zuletzt genannte Aspekt der Universalsukzession nicht mehr verwirklicht werden, da der Vindikationslegatar unmittelbarer Rechtsinhaber des vermachten Gegenstandes mit dem Erbfall werden würde und gerade nicht, wie im Falle eines lediglich schuldrechtlich wirkenden Vermächtnisses, der Erbe bzw. die Erben in einem ersten Schritt. Vindikationslegatare und Erben unterscheiden sich jedoch in grundlegenden rechtlichen Positionen, wie der Haftung für Nachlassverbindlichkeiten (vgl. hierzu § 15, I.). Der Vermächtnisnehmer muss sich auch nicht um die Verwaltung und Abwicklung des Nachlasses kümmern[426].

---

[424] *Muscheler,* Erbrecht, Bd. 1, § 18 Rn. 765.

[425] *Muscheler,* Erbrecht, Bd. 1, § 18 Rn. 771; MüKo-BGB/*Leipold,* § 1922 BGB Rn. 121.

[426] *Kegel,* in: Liber Amicorum, S. 340. *Kegel* bezieht sich im Rahmen des für diese Fußnote relevanten Inhaltes seiner Arbeit auf das in Deutschland existierende Damnations-

Ob die Integration eines Vindikationslegates als weitere Ausnahme vom Grundsatz der Universalsukzession denkbar erscheint, kann an dieser Stelle (noch) keiner Klärung unterzogen werden. Es steht bei genauerer Betrachtung nicht primär die Vereinbarkeit des unmittelbar dinglich wirkenden Vermächtnisses mit dem Prinzip der Gesamtrechtsnachfolge in Frage, sondern die widerspruchsfreie Inkorporation des Vindikationslegates im Hinblick auf die dem Erbrecht immanenten Grundwertungen wie insbesondere der Schutz der Nachlassgläubigerinteressen und des Rechtsverkehrs. Diese auf einer besonders hohen Stufe angesiedelten Belange kommen nicht nur in § 1922 Abs. 1 BGB zum Ausdruck, sondern in zahlreichen anderen erbrechtlichen Normen (beispielsweise §§ 2058, 2059 Abs. 2 BGB). Erst im Anschluss an die Ausarbeitung eines konkreten Gesetzgebungsvorschlags kann abgesehen werden, ob und inwieweit die Interessen der Nachlassgläubiger und des Rechtsverkehrs durch die Einführung eines Vindikationslegates beeinträchtigt würden und letztlich eine Abwägung zwischen den auf unterschiedliche Art und Weise verwirklichten Belangen des Erblassers, der Erben, der Vermächtnisnehmer, der Nachlassgläubiger, des Rechtsverkehrs usw. erfolgen. Es geht im Ergebnis nur indirekt um eine Vereinbarkeit des Vindikationsvermächtnisses mit dem Prinzip der Universalsukzession. § 1922 Abs. 1 BGB ist nur eine von mehreren Vorschriften, die sich den Schutz der Nachlassgläubiger und des Rechtsverkehrs zum Ziel gesetzt haben. Im Ergebnis geht es also nicht um die sich durch zu wenig Weitblick kennzeichnende Frage nach der Kompatibilität des Vindikationslegates mit dem Grundsatz der Gesamtrechtsnachfolge, sondern um die Frage, ob sich das unmittelbar dinglich wirkende Vermächtnis mit den dem Erbrecht generell zugrunde liegenden Wertungen in Einklang bringen lässt. Darf der den Nachlassgläubigerinteressen und den Belangen des Rechtsverkehrs derzeit nach dem Erbrecht des BGB (u.a. durch § 1922 Abs. 1 BGB) zukommende Schutz durch die Integration des Vindikationsvermächtnisses als weitere Ausnahme vom Grundsatz der Universalsukzession abgeschwächt werden (siehe § 16)?

§ 15 Die Entwicklung eines Gesetzesentwurfs zur Einführung eines Vindikationslegates

Im Rahmen des § 15 geht es um die Entwicklung eines in sich schlüssigen und widerspruchsfreien Gesetzgebungsvorschlags zur Integration eines unmittelbar dinglich wirkenden Vermächtnisses in das deutsche Erbrecht und insbesondere um den Versuch, sowohl die in den Rechtsordnungen vor dem Inkrafttreten des BGB (vgl. hierzu § 11) als auch die im heutigen Code civil,

legat. Seine Ausführungen in Bezug auf die Verwaltung und Abwicklung des Nachlasses können aber ebenso für Vindikationslegate fruchtbar gemacht werden.

Codice Civile und kodeks cywilny ungeklärten Rechtsfragen (siehe § 12) einer zufriedenstellenden Lösung zuzuführen. Hierbei wird der Fokus auf die unterschiedlichsten zu klärenden Fragen gelegt. Welche rechtliche Position vermag der Vindikationslegatar im Zeitpunkt des Erbfalls zu erwerben und durch welches haftungsrechtliche Konzept können die einzelnen an einem Erbfall beteiligten Interessen akzeptabel gewährleistet werden (§ 15, I.)? Können Sachen und Rechte ausnahmslos im Wege eines Vindikationslegates zugewandt werden oder steht für bestimmte Gegenstände (wie ein nachlassfremder Gegenstand) nur die Anordnung eines schuldrechtlich wirkenden Vermächtnisses zur Verfügung (§ 15, II.)? Wie hinreichend bestimmt muss der im Wege eines Vindikationslegates Bedachte durch den Erblasser im Rahmen einer letztwilligen Verfügung oder eines Erbvertrages festgeschrieben sein (§ 15, III.)? In welchem Verhältnis werden das unmittelbar dinglich wirkende und das lediglich schuldrechtliche Wirkung entfaltende Vermächtnis zueinander stehen (§ 15, IV.)? Abschließend soll noch ein kurzer Ausblick auf problematische erbschein- und grundbuchrechtliche Aspekte gegeben werden (§ 15, V.).

I. Haftung des Vermächtnisnehmers für Nachlassverbindlichkeiten

Die nachfolgenden Ausführungen unter dem Gliederungspunkt der „Haftung des Vermächtnisnehmers für Nachlassverbindlichkeiten“ sind den wohl bedeutendsten Fragestellungen im Rahmen der Entwicklung eines Gesetzesentwurfs zur Einführung eines Vindikationslegates in das nationale Recht gewidmet.

Zunächst geht es hierbei um die Frage, ob der im Wege eines unmittelbar dinglich wirkenden Vermächtnisses Bedachte *überhaupt* für die Verbindlichkeiten des Nachlasses einzustehen hat (vgl. hierzu § 15, I. A. 1.). Es könnten stattdessen lediglich die Erben einer Haftung mit ihrem Eigenvermögen und den ihnen zukommenden Nachlassgegenständen – wozu der Gegenstand des Vindikationslegates gerade nicht gehört – unterworfen sein. Im Ergebnis muss aber auf Grund des zu gewährleistenden Nachlassgläubigerschutzes eine generelle Haftung des Vindikationslegatars konstruiert werden. Der vermachte Gegenstand darf durch die Anordnung eines unmittelbar dinglich wirkenden Vermächtnisses nicht der Haftungsmasse zugunsten der Nachlassgläubiger entzogen werden.

In einem nächsten Schritt geht es um die Beantwortung der Frage, wie die in § 15, I. A. 1. als zwingend erforderlich charakterisierte Haftung des Vindikationslegatars letztlich auszugestalten ist. Als erster denkbarer Ansatzpunkt käme zum Schutz der Pflichtteilsberechtigten eine analoge Anwendung der §§ 2325 Abs. 1, 2329 BGB und zur Wahrung der Interessen der übrigen Nachlassgläubiger eine entsprechende Anwendung der §§ 4 Abs. 1 AnfG, 134 Abs. 1 InsO in Betracht (siehe § 15, I. A. 2.). Es käme hierbei zu einer

Gleichsetzung der Anordnung eines Vindikationslegates mit einer vom Erblasser getätigten Schenkung. Dieser Lösungsweg vermag im Ergebnis jedoch nicht zu überzeugen. Die Nachlassgläubiger befänden sich hierbei in einer nicht ausreichend geschützten rechtlichen Position. Dies zeigt insbesondere ein anzustellender Vergleich der rechtlichen Position zwischen dem Damnationsvermächtnisnehmer und den übrigen Nachlassgläubigern nach derzeit geltendem Recht.

Dem Auffinden eines zweiten denkbaren Ansatzpunktes und letztlich auch einem weiteren Grund zur Ablehnung einer entsprechenden Anwendung der §§ 2325 Abs. 1, 2329 BGB, 4 Abs. 1 AnfG, 134 Abs. 1 InsO dient ein Vergleich zwischen lebzeitigen Rechtsgeschäften, Zuwendungen unter Lebenden auf den Todesfall und Verfügungen von Todes wegen (vgl. § 15, I. A. 3.). Auf Grund der Tatsache, dass die Gestaltungsmöglichkeit des Vindikationslegates weder zu den lebzeitig vollzogenen Rechtsgeschäften noch zu den als lebzeitige Rechtsgeschäfte behandelten Zuwendungen unter Lebenden auf den Todesfall gezählt werden kann, vermag schlussendlich das Ergebnis zu überzeugen, dass der im Wege eines Vindikationslegates zugedachte Gegenstand zwar nach dem offiziellen Begriffsverständnis nicht zum Nachlass gehört, aber (zumindest) – auf Grund eines zu gewährleistenden Nachlassgläubigerschutzes – als zum Nachlass gehörig behandelt werden muss und somit der Haftungsmasse zugunsten der Nachlassgläubiger gerade nicht entzogen wird. Das Vindikationslegat stellt keine erbrechtsunabhängige Sonderrechtsnachfolge von Todes wegen dar, sondern eine lediglich von der Erbenstellung unabhängige inhaltliche Ausgestaltungsmöglichkeit im Rahmen von Verfügungen von Todes wegen.

Der Vindikationslegatar hat für die Nachlassverbindlichkeiten einzustehen und der vermachte Gegenstand wird als zum Nachlass gehörig behandelt. Wie muss die Haftung des unmittelbar dinglich Berechtigten nunmehr konkret ausgestaltet werden? Hierfür kämen zwei denkbare Alternativen in Betracht (siehe § 15, I. B.). Der Vindikationslegatar könnte auf der einen Seite wie der Erbe bzw. die Erben für die Verbindlichkeiten des Nachlasses im Außenverhältnis aufzukommen haben (vgl. § 15, I. B. 2.). Die Nachlassgläubiger könnten sich in der Variante der Außenhaftung direkt an die Vindikationsvermächtnisnehmer wenden. Andererseits könnte an eine Innenhaftung des Vindikationslegatars gedacht werden (siehe § 15, I. B. 1.). Diese würde bedeuten, dass sich die Nachlassgläubiger nunmehr nicht an den Vermächtnisnehmer selbst wenden können, sondern lediglich an den bzw. die Erben, dem bzw. denen aber zur Nachlassgläubigerbefriedigung eine irgendwie geartete gesetzliche Zugriffsmöglichkeit auf den vermachten Gegenstand gewährt werden muss. Man müsste hierbei von einer bloßen indirekten Haftung des Vindikationslegatars sprechen.

A. Allgemeines

1. Generelle Frage nach der Haftung des Vindikationslegatars

Die Einführung eines unmittelbar dinglich wirkenden Vermächtnisses könnte eine Beeinträchtigung der Nachlassgläubiger – insbesondere für den Fall der Überschuldung oder Dürftigkeit des Nachlasses – zur Folge haben, da der jeweilige im Rahmen eines Vindikationsvermächtnisses zugewandte Vermögenswert der zur Befriedigung der Nachlassgläubiger dienenden Nachlassmasse entzogen wäre:

„An vielen Stellen spricht das Gesetz nicht von der Erbschaft, sondern vom Nachlass, ohne dass darin ein begrifflicher Unterschied zu sehen wäre. Zumeist ist der Ausdruck Erbschaft dann verwendet worden, wenn es um die Rechtsstellung des Erben geht, so etwa bei der Ausschlagung der Erbschaft, § 1942. Dagegen bezeichnet das Wort Nachlass im Allgemeinen das Vermögen des Erblassers als solches ohne unmittelbaren Bezug zu seinem rechtlichen Träger, so zB in den Vorschriften über die Sicherung des Nachlasses (§§ 1960 f.) und über die Beschränkung der Haftung auf den Nachlass (§ 1975). Dabei steht in der Regel das Aktivvermögen im Vordergrund. Dieser Sprachgebrauch ist aber nicht durchweg eingehalten. So ist etwa auch in den Vorschriften über die Rechtsstellung von Miterben der Ausdruck Nachlass verwendet (§§ 2032 f.), wohl um den Unterschied zwischen dem Nachlass als der Vermögensgesamtheit und dem Erbteil des einzelnen Miterben deutlich hervorzuheben.“ [427]

Diese Ausführungen bringen unzweideutig zum Ausdruck, dass unter dem Begriff der Erbschaft bzw. des Nachlasses das Vermögen des Erblassers im Zeitpunkt des Erbfalles gemeint ist, das im Wege der Gesamtrechtsnachfolge auf den bzw. die gewillkürten oder gesetzlichen Erben übergeht bzw. im Wege der Sondererbfolgen auf den Erben. Die mittels gesetzlicher oder gewillkürter erbrechtsunabhängiger Sonderrechtsnachfolgen von Todes wegen zugedachten Vermögenswerte fallen hingegen gerade nicht in den Nachlass und bestreiten somit einen vom Nachlass und gerade nicht vom übrigen Nachlass getrennten Weg.

An dieser Stelle muss auf sprachliche Genauigkeit geachtet werden. Es stellt sich die Frage, ob das angeordnete Vindikationslegat als gewillkürte erbrechtsunabhängige Sonderrechtsnachfolge von Todes wegen bezeichnet werden kann oder lediglich als eine von der Stellung als Erbe unabhängige Sonderrechtsnachfolge von Todes wegen. Dies bestimmt sich danach, ob der Vindikationslegatar nicht nur kein Erbe sein muss oder auch sonstige erbrechtliche Regelungen keine Anwendung finden (beispielsweise Formvorschriften, Zugehörigkeit des vermachten Gegenstandes zum Nachlass usw.)[428].

Die Nachlassgläubiger können jedoch lediglich auf den Nachlass und das Eigenvermögen des Erben zugreifen. Es handelt sich um eine unbeschränkte

---

[427] MüKo-BGB/*Leipold,* § 1922 BGB Rn. 18. Vgl. hierzu ebenso Beck'scher Online-Kommentar BGB/*Müller-Christmann,* § 1922 BGB Rn. 11 m.w.N. und *Muscheler,* Erbrecht, Bd. 1, § 7 Rn. 115 m.w.N.

[428] Zur Beantwortung der Frage vgl. § 15, I. A. 3.

(aber beschränkbare) Haftung des Erben. Der im Wege eines Vindikationslegates zugewandte Gegenstand wäre gerade nicht Bestandteil der Haftungsmasse zugunsten der Nachlassgläubiger.

Der Schutz der Nachlassgläubiger ist im System des BGB und unter Berücksichtigung der Normen des AnfG und der InsO jedoch als wesentlicher Grundsatz besonders ausgestaltet, was bedeutet, dass diese durch das Vindikationsvermächtnis nicht bzw. nicht in vollem Umfange beeinträchtigt werden dürfen. Die Gegner des Legats argumentieren vordergründig mit dem durch das Vindikationsvermächtnis gerade nicht zu gewährleistenden Schutz der Nachlassgläubigerinteressen[429]. *Becker* brachte beispielsweise als einer der Referenten in der zweiten Sitzung der ersten Abteilung (11. September 1888) im Rahmen des 19. DJT diesbezüglich Folgendes zum Ausdruck[430]:

„Von den übrigen Einzelinteressen kommen diejenigen des Vermächtnißnehmers, der erst Rechte erwerben soll, nicht in Frage; es bleiben der Erblasser, seine Gläubiger und der Vermächtnißträger (Erbrecht). Unter ihnen stehen die Gläubiger des Erblassers im Vordergrunde."

Friedensburg äußerte sich folgendermaßen[431]:

„[...] nur nach Abzug der Schulden ergiebt sich ja, ob etwas zum ‚Vermachen' [einfach] an Dritte da war und da ist."

Becker wies weiter darauf hin, dass durch ein dinglich wirkendes Vermächtnis dem Erblasser die Möglichkeit zur Gläubigerbeeinträchtigung eingeräumt würde und „[d]iese Gefährdung der Gläubiger des Erblassers [...] durch kein in den bisherigen Rechten gewährtes Sicherungsmittel zu beseitigen [ist]."[432] Die Gläubiger des Erblassers als Nachlassgläubiger sind im Grunde schutzwürdiger als die Vermächtnisnehmer und die Pflichtteilsberechtigten, da es bei diesen um die Abwehr eines Schadens geht, bei den Vermächtnisnehmern und Pflichtteilsberechtigten hingegen nur um einen Gewinn aus dem Vermögen des Erblassers[433]. *Bähr* verwies diesbezüglich auf ein altes Rechtssprichwort, das folgendermaßen lautet[434]:

„Die Schulden sind der nächste Erbe."

---

[429] Z.B.: *Flad*, ZAkDR 1936, 740; *Mugdan*, Bd. 5, S. 71 (Motive), S. 624 (Protokolle).

[430] Zweite Sitzung der ersten Abtheilung am Dienstag, den 11. September 1888, in: Verhandlungen des 19. DJT, Bd. 3, S. 85. So auch bereits *Friedensburg* (in: Verhandlungen des 19. DJT, Bd. 2, S. 52), der davon sprach, „daß für die Nachlaßgläubiger an allererster Stelle Sorge getragen werden muß". Im Ergebnis sprach sich *Friedensburg* jedoch nicht für die ausschließliche Anerkennung eines schuldrechtlich wirkenden Vermächtnisses aus (vgl. S. 68).

[431] *Friedensburg*, in: Verhandlungen des 19. DJT, Bd. 2, S. 52.

[432] Zweite Sitzung der ersten Abtheilung am Dienstag, den 11. September 1888, in: Verhandlungen des 19. DJT, Bd. 3, S. 85.

[433] *Bähr*, ArchBürgR 3 (1890), 144.

[434] *Bähr*, ArchBürgR 3 (1890), 144, Fn. 1; *Eisenhart*, S. 311.

Die Einführung eines Vindikationslegates erscheint folglich lediglich dann als denkbar, falls die Interessen der Nachlassgläubiger in demselben Maße sichergestellt werden könnten wie nach derzeitigem Recht oder diese zumindest nur sehr marginale Einbußen verzeichnen müssten. Das BGB bringt an einigen Stellen des Gesetzes unzweideutig zum Ausdruck, dass derjenigen Person, die etwas unentgeltlich erlangt, gerade kein Schutz zugutekommen soll. Trifft ein Nichtberechtigter über einen Gegenstand eine Verfügung, die dem Berechtigten gegenüber wirksam ist, so ist er dem Berechtigten gemäß § 816 Abs. 1 S. 1 BGB zur Herausgabe des durch die Verfügung Erlangten verpflichtet. Erfolgt die Verfügung hingegen unentgeltlich, so trifft die gleiche Verpflichtung denjenigen, welcher auf Grund der Verfügung unmittelbar einen rechtlichen Vorteil erlangt (vgl. § 816 Abs. 1 S. 2 BGB). An dieser Stelle sei weiterhin auf die Vorschrift des § 822 BGB verwiesen, die eine Herausgabepflicht eines Dritten, der etwas unentgeltlich erlangte, normiert. Im Ergebnis bedeutet dies, dass eine generelle Haftung des Vindikationslegatars konstruiert werden muss.

2. Entsprechende Anwendung der §§ 2325, 2329 BGB, 4 AnfG, 134 InsO als erster denkbarer Ansatzpunkt

Lange äußerte sich in seinem Lehrbuch zum Erbrecht folgendermaßen[435]:

> „Die Abgrenzung zwischen lebzeitigen und letztwilligen Rechtsgeschäften ist mit Blick auf die unterschiedlichen Formvorschriften bedeutsam. Sie spielt aber auch wegen der rechtlichen Situation der Pflichtteilsberechtigten und Nachlassgläubiger eine Rolle. Nachlassgläubiger können nur auf den Nachlass zugreifen, wie er im Zeitpunkt des Erbfalls vorhanden ist. Sie müssen die vom Erblasser durch Rechtsgeschäft unter Lebenden vorgenommene Minderung des Nachlasses hinnehmen, wenn nicht ausnahmsweise die strengeren Vorschriften des Anfechtungsgesetzes oder des Insolvenzrechts eingreifen (§ 4 AnfG; § 134 InsO). Vertragserben und -vermächtnisnehmer werden ferner lediglich durch die Vorschrift der §§ 2287, 2288 gegen die Freigiebigkeit des Erblassers unter Lebenden geschützt. Auch Pflichtteilsberechtigten droht eine Reduzierung des Umfangs ihres Anspruches. So berechnet sich der Umfang der Pflichtteilsansprüche gemäß § 2311 nach dem Wert des Nachlasses im Zeitpunkt des Erbfalls. Hat der Erblasser über einzelne Nachlassgegenstände bereits durch Rechtsgeschäft unter Lebenden verfügt, bleiben diese bei der Berechnung außer Betracht und können nur noch mittels des weniger effektiven Pflichtteilsergänzungsanspruchs (§§ 2325, 2329) rechnerisch zur Erbmasse zurückgeholt werden."

Die Nachlassgläubiger könnten im Falle der Einführung eines Vindikationslegates beispielsweise durch eine entsprechende Anwendung der jeweiligen Vorschriften des AnfG oder der InsO geschützt werden (vgl. §§ 4 Abs. 1 AnfG, 134 Abs. 1 InsO). Das Vindikationslegat könnte mit einer vom Erblasser getätigten Schenkung gleichgesetzt werden.

---

[435] *Lange*, Erbrecht, § 18 Rn. 180.

Weiterhin wird der Berechnung des Pflichtteils gemäß § 2311 Abs. 1 S. 1 BGB der Bestand und der Wert des Nachlasses zur Zeit des Erbfalls zugrunde gelegt. Da der vermachte Gegenstand im Falle eines unmittelbar dinglich wirkenden Vermächtnisses gerade nicht in den Nachlass fällt, kann der Wert des Vermachten zur Berechnung des Pflichtteils der Abkömmlinge des Erblassers, der Eltern und des Ehegatten des Erblassers grundsätzlich nicht herangezogen werden. Der Anspruch der pflichtteilsberechtigten Personen fällt somit im Ergebnis geringer aus als im Falle der Anordnung eines bloßen schuldrechtlichen Forderungsrechtes zugunsten des Legatars. Dieses Ergebnis vermag nicht zu überzeugen. Die Pflichtteilsberechtigten stehen im Rang grundsätzlich vor den Legataren. Durch die Anordnung eines unmittelbar dinglich wirkenden Vermächtnisses darf dem Erblasser nicht die Möglichkeit eingeräumt werden, den Pflichtteilsanspruch seiner Abkömmlinge, Eltern oder seines Ehegatten zu schmälern bzw. im Falle der Anordnung eines Universalvermächtnisses gänzlich auszuhebeln. Es kann an eine entsprechende Anwendung des § 2325 Abs. 1 BGB gedacht werden. Diese Norm bewirkt, dass der verschenkte Gegenstand zunächst dem Nachlass hinzugezählt und anschließend aus dem durch diese Vorgehensweise ergänzten Nachlass der Anspruch auf den Pflichtteil rechnerisch ermittelt wird[436]. Für den Fall, dass der Erbe zur Ergänzung des Pflichtteils nicht verpflichtet ist, müsste an eine analoge Anwendung des § 2329 BGB gedacht werden. Der Erbe wäre im Rahmen des § 2329 BGB beispielsweise dann nicht zur Ergänzung des Pflichtteils verpflichtet, wenn der Erbe eine Haftungsbeschränkung auf den Nachlass herbeiführt, dieser aber zur Erfüllung des Pflichtteilsergänzungsanspruchs gerade nicht genügt[437].

Eine Erweiterung der Vorschriften aus dem AnfG, der InsO und dem BGB vermag im Ergebnis jedoch nicht zu überzeugen. Diese Normen weisen u.a. einige nicht begrüßenswerte Schwachstellen in Bezug auf den Schutz der Nachlassgläubiger auf.

a) §§ 2325, 2329 BGB

Der Pflichtteilsberechtigte ist im Rahmen des § 2329 BGB für die fehlende Verpflichtung des Erben zur Ergänzung des Pflichtteils beweispflichtig[438]. Darüber hinaus ist die Verpflichtung des Beschenkten (bzw. des Vindikationslegatars) zur Herausgabe oder zum Ersatz des Wertes ausgeschlossen, soweit dieser nicht mehr bereichert ist (vgl. § 818 Abs. 3 BGB). Den Ergänzungsberechtigten trifft hierbei die Beweislast in Bezug auf den Eintritt der verschärften Haftung gemäß § 819 Abs. 1 BGB[439]. Weiterhin existiert im

---

[436] Beck'scher Online-Kommentar BGB/*Mayer,* § 2325 BGB Rn. 1.
[437] Beck'scher Online-Kommentar BGB/*Mayer,* § 2329 BGB Rn. 9.
[438] MüKo-BGB/*Lange,* § 2329 BGB Rn. 6 m.w.N.
[439] MüKo-BGB/*Lange,* § 2329 BGB Rn. 6.

Falle eines unbeschränkt haftenden, aber zahlungsunfähigen Erben kein Anspruch gegen den Beschenkten; zur Bestimmung des Bestehens oder Nichtbestehens eines Anspruchs gegen den Beschenkten kommt es folglich darauf an, ob der Erbe zahlungspflichtig oder nicht zahlungspflichtig ist, und gerade nicht auf dessen Zahlungsfähigkeit oder Zahlungsunfähigkeit[440].

b) §§ 4 AnfG, 134 InsO

Gemäß § 143 Abs. 1 S. 2 InsO bestimmt sich die Haftung des Anfechtungsgegners gemäß den Vorschriften der §§ 819 Abs. 1, 818 Abs. 4, 292 Abs. 1, 989, 990 BGB, was letztlich bedeutet, dass es für eine Haftung des Anfechtungsgegners im Falle der Unmöglichkeit der Rückgewähr oder der Verschlechterung des Anfechtungsgegenstandes entscheidend darauf ankommt, ob diesem ein Verschulden zur Last gelegt werden kann oder nicht[441]. Der gutgläubige Empfänger einer unentgeltlichen Leistung kann sich hingegen auf den Entreicherungseinwand des § 818 Abs. 3 BGB berufen und hat die Leistung somit nur zurückzugewähren, soweit er durch sie bereichert ist (vgl. § 143 Abs. 2 S. 1 InsO). Dies gilt jedoch nicht, sobald er weiß oder den Umständen nach wissen muss, dass die unentgeltliche Leistung die Gläubiger benachteiligt (vgl. § 143 Abs. 2 S. 2 InsO). Die Rechtsfolgen im Rahmen des AnfG regelt § 11 AnfG. § 11 Abs. 1 S. 2 AnfG entspricht hierbei der Regelung des § 143 Abs. 1 S. 2 InsO. Im Falle einer Unentgeltlichkeit gilt wiederum Folgendes: Der Empfänger einer unentgeltlichen Leistung hat diese gemäß § 11 Abs. 2 S. 1 AnfG nur zur Verfügung zu stellen, soweit er durch sie bereichert ist. Dies gilt gemäß § 11 Abs. 2 S. 2 AnfG nicht, sobald er weiß oder den Umständen nach wissen muss, dass die unentgeltliche Leistung die Gläubiger benachteiligt. Der Empfänger einer unentgeltlichen Leistung wird somit bis zur Feststellung seiner Bösgläubigkeit einem gewöhnlichen Bereicherungsschuldner gleichgestellt (vgl. § 818 Abs. 3 BGB)[442].

c) Vergleich der rechtlichen Position zwischen dem Damnationslegatar und den übrigen Nachlassgläubigern

Auch sprechen derzeit existente Regelungen in Bezug auf die rechtliche Position des Damnationslegatars gegen eine erweiterte Anwendung der Normen aus dem AnfG, der InsO und dem BGB. Der Damnationsvermächtnisnehmer nimmt im Vergleich zu den übrigen Nachlassgläubigern eine nachrangige Stellung ein; mit dem Begünstigten auf Grund von Auflagen steht der Vermächtnisnehmer hingegen auf derselben Stufe. Dies zeigt sich an diversen Stellen im Gesetz: Gemäß § 2318 Abs. 1 S. 1 BGB kann der Erbe die Erfül-

---

[440] MüKo-BGB/*Lange*, § 2329 BGB Rn. 8 m.w.N.
[441] Braun/*Riggert*, § 143 InsO Rn. 12, 13; MüKo-InsO/*Kirchhof*, § 143 InsO Rn. 59.
[442] MüKo-AnfG/*Kirchhof*, § 11 AnfG Rn. 135.

lung eines ihm auferlegten Vermächtnisses soweit verweigern, dass die Pflichtteilslast von ihm und dem Vermächtnisnehmer verhältnismäßig getragen wird. Für den Fall, dass der Erbe selbst pflichtteilsberechtigt ist, kann er wegen der Pflichtteilslast das Vermächtnis und die Auflage soweit kürzen, dass ihm sein eigener Pflichtteil verbleibt (§ 2318 Abs. 3 BGB). Das Nachlassinsolvenzverfahren legt eine ganz bestimmte Reihenfolge fest (vgl. u.a. § 327 InsO)[443]. Die schuldrechtlich berechtigten Vermächtnisnehmer stehen hierbei im Rang hinter den Gläubigern des Erblassers und den Pflichtteilsberechtigten. Es sind keinerlei Gründe dafür ersichtlich, den Vindikationslegatar – im Gegensatz zum Damnationsvermächtnisnehmer – durch die bloße erweiterte Anwendung der §§ 4 AnfG, 134 InsO, 2325, 2329 BGB in eine rechtliche Position zu erheben, die den Schutz der Gläubiger des Erblassers und der Pflichtteilsberechtigten in nur geringem Maße zu gewährleisten vermag[444]. Die Normen des AnfG und der InsO (hier §§ 5 AnfG, 322 InsO) würden im Falle eines Damnationslegates erst dann zur Anwendung gelangen, falls der Erbe den Anspruch des Legatars vorzeitig erfüllt. Dies erfolgt vermutlich lediglich in nicht besonders häufig vorkommenden Ausnahmefällen. Im Falle der Einführung eines Vindikationslegates würde der vermachte Gegenstand hingegen vom Zeitpunkt des Anfalls des Vermächtnisses an nicht zum Nachlass gehören. Würde man im Rahmen der Ausarbeitung eines haftungsrechtlichen Systems zu dem Ergebnis gelangen, dass die Normen aus dem AnfG und der InsO entsprechende Anwendung finden müssten, so würde der durch diese Regelungen vorgesehene geringere Nachlassgläubigerschutz im Falle des erforderlichen Rückgriffs auf den vermachten Gegenstand von vornherein und in allen Fällen der Anordnung eines Vindikationslegates Platz greifen und nicht lediglich im Falle eines vorzeitigen Tätigwerdens seitens des Erben. Das Regel-Ausnahme-Verhältnis würde sich somit gerade ins Gegenteil verkehren.

3. Behandlung des vermachten Gegenstandes als zum Nachlass gehörig als zweiter denkbarer Ansatzpunkt

Leonhard äußerte sich in Bezug auf die Verträge zugunsten Dritten auf den Todesfall folgendermaßen[445]:

---

[443] Vgl. hierzu die Ausführungen in § 6, III. B.

[444] Diese Frage ist natürlich von derjenigen nach dem Rangverhältnis zwischen dem schuldrechtlich und unmittelbar dinglich berechtigten Vermächtnisnehmer zu unterscheiden. Es wird wohl davon auszugehen sein, dass der Vindikationslegatar eine höherrangige Position einnehmen sollte als der Damnationsvermächtnisnehmer. Dies hat aber nichts damit zu tun, dass beide Vermächtnisnehmer erst nachrangig zu den Gläubigern des Erblassers und Pflichtteilsberechtigten zu behandeln sind.

[445] *Leonhard,* S. 80, 81.

„Für die Nachlaßschulden ist *der Nachlaß* haftbar. […] Auszuscheiden ist daher, was der Erblasser durch einen *Vertrag zu Rechten Dritter,* insbesondere durch eine Lebensversicherung, vergibt. Dies gehört nicht zum Nachlaß […]. Freilich wäre es sehr bedenklich, daß der Erblasser hiermit wichtige Vermögensstücke seinen Gläubigern entziehen könnte. Aber den erforderlichen Schutz dagegen gewährt die Anfechtung der Zuwendung durch die Nachlaßgläubiger. […] Somit führt die Anfechtung zu einem befriedigenden Ergebnis. Es bedarf daher nicht der radikalen Annahme, daß die vertragsmäßigen Zuwendungen an Dritte als Schenkungen von Todeswegen doch zum Nachlaß gehörten und aus diesem Grunde daher dem Zugriff der Nachlaßgläubiger unterlägen."

Diesen Ausführungen kann jedoch in Bezug auf Vindikationslegate nicht beigepflichtet werden. Das Problem im Rahmen von Zuwendungen unter Lebenden auf den Todesfall liegt gerade darin, dass es sich hierbei um Vereinbarungen handelt, „bei denen der rechtsgeschäftliche Tatbestand zumindest teilweise noch unter Lebenden hergestellt wird, die eigentlichen Wirkungen des Rechtsgeschäfts aber erst mit dem Tod eines der Beteiligten eintreten sollen. Sie sind zwischen dem lebzeitig vollzogenen Rechtsgeschäft und der Verfügung von Todes wegen"[446] zu verorten. Die lebzeitig vollzogenen Rechtsgeschäfte, die Zuwendungen unter Lebenden auf den Todesfall und die Verfügungen von Todes wegen unterscheiden sich im Ergebnis deutlich in Bezug auf die einzuhaltenden Formvorschriften und der sich unterscheidenden Vor- und Nachteile bzgl. der Verwirklichung der Interessen der Gläubiger des Erblassers, der Vertragserben, Pflichtteilsberechtigten, Vermächtnisnehmer und Auflagenbegünstigten[447]. Die Anordnung eines Vindikationslegates ist hierbei eindeutig der letztgenannten Kategorie zuzuordnen – den Verfügungen von Todes wegen:

„Verfügungen von Todes wegen unterscheiden sich von Rechtsgeschäften unter Lebenden im Grad ihrer Freiheitsbegrenzung für den Erblasser: Verfügungen von Todes wegen lassen seine Verfügungsfreiheit unberührt und begründen erst nach seinem Tod Rechte für die Bedachten. Rechtsgeschäfte unter Lebenden hingegen lassen eine Verpflichtungs- oder Verfügungswirkung bereits zu Lebzeiten des Handelnden eintreten. Lediglich die Erfüllung des sofort entstehenden Anspruchs kann auf den Zeitpunkt des Todes aufgeschoben sein."[448]

Auf ein Schenkungsversprechen, das unter der Bedingung erteilt wird, dass der Beschenkte den Schenker überlebt, finden die Vorschriften über Verfügungen von Todes wegen Anwendung (vgl. § 2301 Abs. 1 S. 1 BGB). Die im Rahmen derartiger Schenkungsversprechen zugewendeten Vermögensgegenstände gehören unstreitig zum Nachlass des Schenkers. Auf alle übrigen Zuwendungen unter Lebenden auf den Todesfall oder diejenigen, die unter § 2301 Abs. 2 BGB fallen, finden hingegen die Vorschriften über Schenkungen unter Lebenden Anwendung. Diese zugewendeten Vermögensgegenstän-

[446] *Lange,* Erbrecht, § 18 Rn. 178.
[447] *Lange,* Erbrecht, § 18 Rn. 178.
[448] *Lange,* Erbrecht, § 18 Rn. 178.

de gehören gerade nicht dem Nachlass des Erblassers an. Man darf somit die Frage nach der Haftung für Nachlassverbindlichkeiten nicht primär an die Frage nach dem offiziellen Verständnis von der Zugehörigkeit oder fehlenden Zugehörigkeit zum Nachlass knüpfen, sondern diese anhand der Einteilung in lebzeitige Rechtsgeschäfte und Verfügungen von Todes wegen beurteilen (vgl. § 2301 Abs. 1 S. 1, Abs. 2 BGB).

Im Ergebnis bedeutet dies Folgendes: Der im Wege eines Vindikationslegates zugedachte Gegenstand gehört zwar in der Tat auf Grund des derzeitigen Begriffsverständnisses nicht zum Nachlass des Verstorbenen, muss jedoch auf Grund des zu verwirklichenden Nachlassgläubigerschutzes und der definitiven Nichtzugehörigkeit zu den lebzeitig vollzogenen Rechtsgeschäften und den als lebzeitige Rechtsgeschäfte behandelten Zuwendungen unter Lebenden auf den Todesfall (zumindest) als zum Nachlass gehörig behandelt werden. Der vermachte Gegenstand muss somit als Bestandteil der haftenden Objekte für die Nachlassgläubiger angesehen werden.

Wäre dies nicht der Fall, müsste darüber hinaus eine schwerwiegende Anomalie des entstehenden Rechts verzeichnet werden. Bei dem Vindikationslegat würde es sich auf der einen Seite gerade um keine erbrechtsunabhängige Sonderrechtsnachfolge von Todes wegen handeln, da die Anordnung des Vindikationslegates als inhaltliche Ausgestaltungsmöglichkeit von Verfügungen von Todes wegen den erbrechtlichen Formvorschriften unterworfen wäre. Würde man nunmehr den vermachten Gegenstand nur nach den Regelungen des AnfG, der InsO und des BGB einer Haftung für Nachlassverbindlichkeiten unterziehen, entspräche dies der im Rahmen von lebzeitigen Rechtsgeschäften und der als solche behandelten Rechtsgeschäften unter Lebenden auf den Todesfall gegebenen haftungsrechtlichen Situation. Das Vindikationslegat könnte somit auf der anderen Seite auch nicht als zum Erbrecht gehörig eingeordnet werden. Das Vindikationslegat wäre im Ergebnis durch eine seltsame Zwittergestalt gekennzeichnet und müsste wohl als eine Art teilweise erbrechtsunabhängige Sonderrechtsnachfolge von Todes wegen angesehen werden. Das Vindikationslegat muss aber einheitlich entweder den Verfügungen von Todes wegen oder den lebzeitigen Rechtsgeschäften zugeordnet werden können und dies ist nach obigen Ausführungen eindeutig das Erbrecht. Es handelt sich im Ergebnis um eine gewillkürte und von der Erbenstellung unabhängige Sonderrechtsnachfolge von Todes wegen.

B. Haftung im Innenverhältnis oder Außenverhältnis[449]

Bislang wurde zum einen festgestellt, dass auch der Vindikationslegatar für die Verbindlichkeiten des Nachlasses einzustehen hat und der vermachte

[449] *Osajda* (ZEuP 2012, 494) äußerte sich in Bezug auf die Haftung für Nachlassverbindlichkeiten und die Einführung eines Vindikationslegates in das polnische Zivilgesetzbuch folgendermaßen: „The rules concerning a *per vindicationem* legatee's liability for succession debts were probably the most difficult to draft."

Gegenstand durch die Anordnung eines unmittelbar dinglich wirkenden Vermächtnisses nicht ohne Weiteres der Haftungsmasse zugunsten der Nachlassgläubiger entzogen werden kann (siehe § 15, I. A. 1.). Zum anderen wurde aber eine entsprechende Anwendung der §§ 2325 Abs. 1, 2329 BGB, 4 Abs. 1 AnfG, 134 Abs. 1 InsO auf Grund eines nicht genügend zu gewährleistenden Schutzes der Pflichtteilsberechtigten und der übrigen Nachlassgläubiger verneint (vgl. § 15, I. A. 2.). Im Ergebnis wurde festgehalten, dass in Bezug auf die Haftung des Vindikationsvermächtnisnehmers für die Nachlassverbindlichkeiten der vermachte Gegenstand zwar nach dem derzeitigen Begriffsverständnis tatsächlich nicht zum Nachlass gehört, aber zumindest als zum Nachlass gehörig behandelt werden muss (siehe hierzu § 15, I. A. 3.). Der im Wege eines unmittelbar dinglich wirkenden Vermächtnisses zugedachte Gegenstand stellt somit wie die durch Gesamtrechtsnachfolge oder Sondererbfolgen übergehenden Vermögenswerte ein Haftungsobjekt zum Vorteil der Nachlassgläubiger dar.

An diese Ausführungen anschließend stellt sich nunmehr in § 15, I. B. die Frage, wie die Haftung des Vindikationslegatars konkret auszugestalten ist. Der unmittelbar dinglich Berechtigte könnte sowohl im Außenverhältnis als auch im Innenverhältnis für die Nachlassverbindlichkeiten einzustehen haben. Im Falle einer zu befürwortenden Außenhaftung könnten sich die Nachlassgläubiger direkt an den Vindikationslegatar wenden (vgl. § 15, I. B. 2.). Die Innenhaftung würde hingegen bedeuten, dass sich die Nachlassgläubiger an den bzw. die Erben zu halten hätten und diesem bzw. diesen eine irgendwie geartete Zugriffsmöglichkeit von Gesetzes wegen auf den vermachten Gegenstand zugestanden werden muss. Der Vindikationslegatar haftet hierbei lediglich indirekt für die Verbindlichkeiten des Nachlasses (siehe § 15, I. B. 1.).

„Die Nachlaßgläubiger dürfen aber durch das dingliche Vermächtnis nicht beeinträchtigt werden. Ein Vermächtnis kann den vermachten Gegenstand nicht mit dinglicher Wirkung dem Nachlaß entziehen […]. Auch beim dinglichen Vermächtnis müßte der Vermächtnisnehmer an der Haftung für die Nachlaßverbindlichkeiten teilnehmen. Hierbei würden sich zwei Möglichkeiten bieten: Entweder der Vermächtnisnehmer haftet nach außen wie ein Erbe (Haftung im Außenverhältnis), oder der Vermächtnisnehmer tritt nach außen hin nicht in Erscheinung, die Abwicklung des Nachlasses obliegt allein dem Erben, der aber zur Befriedigung der Nachlaßgläubiger auch über den vermachten Gegenstand verfügen kann (Haftung im Innenverhältnis).“[450]

In Bezug auf die Frage, ob die Innenhaftung oder aber die Außenhaftung vorzugswürdig ist, sind insbesondere drei Interessenskreise in die Diskussion miteinzubeziehen:

„Das *Willensproblem* (welche Lösung entspricht am ehesten dem Willen des Erblassers?); das *Haftungsproblem* (wie kann am besten der Schutz der Nachlassgläubiger bewerkstelligt werden?); das *Veruntreuungsproblem* (wie kann der Vermächtnisnehmer davor geschützt

[450] *Bartholomeyczik*, Erbeinsetzung, andere Zuwendungen und Erbschein, S. 135.

werden, dass der Erbe den vermachten Gegenstand einem Dritten übereignet, obwohl er den Erlös nicht zur Schuldenbegleichung benötigt?).“[451]

Die nachfolgenden Ausführungen werden den Beleg dafür liefern, dass allen drei Interessen im Ergebnis durch die Außenhaftung in umfangreicherem Maße zum Durchbruch verholfen werden kann als durch die Innenhaftung und sich die Außenhaftung somit letztlich als das vorzugswürdigere haftungsrechtliche Konzept im Rahmen der Entwicklung eines Gesetzgebungsvorschlags durchzusetzen vermag (vgl. § 15, I. B. 3.).

1. Haftung im Innenverhältnis[452]

Mit der Einführung eines Vindikationslegates in das nationale Erbrecht käme zunächst eine Haftung des bedachten Vermächtnisnehmers im Innenverhältnis in Betracht. Dies würde eine nur indirekte Haftung des Legatars bedeuten, da sich die Nachlassgläubiger zur Befriedigung ihrer Forderungen nicht an diesen, sondern lediglich an den bzw. die Erben wenden könnten und diesem bzw. diesen wiederum eine irgendwie geartete Rückgriffsmöglichkeit auf den vermachten Gegenstand eingeräumt werden muss.

Mit der Frage nach der Haftung des Vindikationslegatars im Innen- oder Außenverhältnis ist unweigerlich eine weitere verbunden: die Frage nach der rechtlichen Position des Vindikationsvermächtnisnehmers im Zeitpunkt des Todes des Erblassers. Die diesbezüglich vorläufige Ausgangsvorschrift (§ 2191 a BGB) könnte folgendermaßen lauten:

---

[451] *Muscheler,* Erbrecht, Bd. 1, § 18 Rn. 947. *Muscheler* erwähnt das Willens-, Haftungs- und Veruntreuungsproblem. Es geht hierbei um die Problemfelder, die im Rahmen der Gründe für bzw. gegen die Einführung eines unmittelbar dinglich wirkenden Vermächtnisses herangezogen werden. Das Willens-, Haftungs- und Veruntreuungsproblem kann aber letztlich genauso gut als Anhaltspunkt für die Frage nach der Ausgestaltung der Rechtsposition des Vindikationslegatars herangezogen werden. Es handelt sich im Ergebnis um eine der Diskussion nach der Ablehnung oder Einführung des Vindikationslegates vorgelagerte Frage. U.U. könnte die Existenzberechtigung bestimmter Gründe, die gegen das Legat angeführt werden, durch eine bestimmte Ausformung der rechtlichen Position des Legatars, bereits im Keim erstickt werden.

[452] *Bartholomeyczik* (Erbeinsetzung, andere Zuwendungen und Erbschein, S. 136) äußerte sich folgendermaßen: „Die Haftung im Innenverhältnis würde diese Schwierigkeiten [in Bezug auf eine Außenhaftung des Legatars] vermeiden, jedoch ebenfalls eine schwierige und unübersichtliche Regelung erfordern.“

„Mit dem Tode einer Person[453] *geht das Recht aus dem Vermächtnis auf den Bedachten über."*

---

[453] Mit dem Erbfall käme es nach obiger Vorschrift für den Vindikationslegatar zum Erwerb des Rechts aus dem Vermächtnis (Anfall) ipso iure. Der Anfall des Vermächtnisses würde hierbei somit grundsätzlich mit dem Tod des Erblassers zusammenfallen und würde automatisch, d.h. ohne Mitwirkung des Vermächtnisnehmers, des Erben oder dritter Personen und unabhängig vom Willen des Bedachten erfolgen (sog. Vonselbsterwerb). Der Erwerb des Rechts aus dem Vermächtnis kann aber gerade dann nicht mit dem Tod des Erblassers zusammenfallen, wenn das Vermächtnis unter einer aufschiebenden Bedingung oder unter Bestimmung eines Anfangstermins angeordnet wurde. Falls die Bedingung oder der Termin erst nach dem Erbfall eintritt, so erfolgt der Anfall des Vermächtnisses hingegen erst mit dem Eintritt der Bedingung oder des Termins.

Lediglich dieser Vonselbsterwerb bietet sich zur Wahrung der Rechtseinheit im fünften Buch des BGB an. Der Erbschaftserwerb der Erben vollzieht sich mit dem Tode einer Person (vgl. § 1922 Abs. 1 BGB) und auch die Forderung des lediglich schuldrechtlich berechtigten Vermächtnisnehmers kommt zur Entstehung mit dem Erbfall (vgl. § 2176 BGB). Es sind keinerlei Gründe dafür ersichtlich, für den Fall eines Vindikationslegates von diesem Grundsatz des Vonselbsterwerbs abzuweichen. Der Vindikationslegatar erwirbt somit das Recht aus dem Vermächtnis mit dem Erbfall, wobei dem Legatar ein Ausschlagungsrecht zur Seite gestellt werden muss. Es bietet sich gerade nicht wie im römischen Recht an, den Erwerb des Rechts aus dem Legat an den Antritt der Erbschaft durch den bzw. die Erben zu knüpfen (vgl. *Kaser,* S. 752; *Hausmaninger/Selb,* S. 361). Eine derartige Regelung brachte dem römischen Recht eine Vielzahl von Problemen. Das römische Recht musste den Vermächtnisnehmer vor der Gefahr absichern, dass er vor dem Erwerb des Rechts aus dem Vermächtnis, d.h. vor dem Zeitpunkt des Erbantritts des Erben, versterben könnte. Dem Vermächtnisnehmer wurde ab dem Zeitpunkt des Todes des Erblassers (dies cedens) bis zum Antritt der Erbschaft durch den Erben eine Anwartschaft auf den künftigen Erwerb des Rechts aus dem Vermächtnis verliehen (vgl. *Kaser,* S. 752 m.w.N.). Weiterhin ergab sich das folgende Problem: Der Außenerbe beispielsweise konnte im Falle von Testamenten, die den Nachlass durch Vermächtnisse erschöpften und keinerlei Vermögensvorteil für diesen mit sich brachten, von seinem Recht auf Erbschaftsantritt einfach keinen Gebrauch machen, wodurch auch der Wille des Erblassers in Bezug auf die Vermächtnisse nicht verwirklicht werden konnte und die bedachten Legatare das ihnen Zugedachte gerade nicht erhielten (vgl. *Friedensburg,* in: Verhandlungen des 19. DJT, Bd. 2, S. 38; zur Unterscheidung des Erbschaftserwerbs bei Hauserben und Außenerben vgl. die Ausführungen bei *Hausmaninger/Selb,* S. 351, 352). Es wurde letztlich durch die lex Falcidia von 40 v.Chr., die bestimmte, dass dem Erben ein Viertel der Erbschaft vorbehalten sein musste (die falzidische Quart) und vorsah, dass alle Legate verhältnismäßig gekürzt wurden, falls der Erblasser die Grenze von ¾ durch Verfügungen im Wege von Vermächtnissen überschritt, der Versuch unternommen, diesem Missstand einen Riegel vorzuschieben (vgl. *Kaser,* S. 756; *Hausmaninger/Selb,* S. 362; Darstellungen zu weiteren gesetzlichen Legatsbeschränkungen (beispielsweise lex Furia testamentaria und lex Voconia) finden sich bei *Kaser,* S. 756 und *Hausmaninger/Selb,* S. 362). Die Institutionen des Corpus Iuris Civilis regelten hierzu Folgendes (De lege Falcidia) (Inst. 2,22 pr.) (die deutsche Übersetzung ist aus *Knütel/Kupisch/Lohsse/Rüfner,* S. 120): „Superest, ut de lege Falcidia dispiciamus, qua modus novissime legatis impositus est. cum enim olim lege duodecim tabularum libera erat legandi potestas, ut liceret vel totum patrimonium legatis

Es stellt sich hierbei primär die Frage, worum es sich bei dem Recht aus dem Vermächtnis handelt. Geht es um den (zeitweiligen) vollständigen Erwerb des Eigentums bzw. der Rechtsinhaberschaft mit dem Tod des Erblassers oder beispielweise um eine (vorläufige) Eigentümerstellung bzw. Rechtsinhaberschaft des Legatars lediglich dem Erben gegenüber mit dem Erbfall? Diese Frage muss im Nachfolgenden einer Klärung unterzogen werden, um die lediglich vorläufige Ausgangsvorschrift im Hinblick auf das „Recht aus dem Vermächtnis" konkretisieren zu können.

Wie kann die rechtliche Stellung des Vindikationslegatars charakterisiert werden? Was bedeutet nunmehr der Anfall des Vermächtnisses für den Vermächtnisnehmer? Was erwirbt der Vindikationslegatar mit dem Erbfall oder im Falle des Eintritts der Bedingung oder des Termins? Worum handelt es sich bei dem Recht aus dem Vermächtnis? Prinzipiell könnte man an mehrere Rechtspositionen zugunsten des Vindikationsvermächtnisnehmers denken:

eine absolut gegenüber jedermann wirkende eigentümerrechtliche Stellung oder Stellung als Rechtsinhaber, die Stellung des Vermächtnisnehmers als aufschiebend bedingter Eigentümer bzw. Rechtsinhaber des vermachten Gegenstandes, die Stellung des Legatars als auflösend bedingter Eigentümer bzw. Rechtsinhaber oder eine Art relatives Eigentum bzw.

---

erogare (quippe ea lege ita cautum esset: ‚uti legassit suae rei, ita ius esto'): visum est hanc legandi licentiam coartare, idque ipsorum testatorum gratia provisum est ob id, quod plerumque intestati moriebantur, recusantibus scriptis heredibus pro nullo aut minimo lucro hereditates adire. et cum super hoc tam lex Furia quam lex Voconia latae sunt, quarum neutra sufficiens ad rei consummationem videbatur: novissime lata est lex Falcidia, qua cavetur, ne plus legare liceat, quam dodrantem totorum bonorum, id est ut, sive unus heres institutus esset sive plures, apud eum eosve pars quarta remaneret." („Es steht noch aus, daß wir uns näher mit der Lex Falcidia befassen, die als letztes Gesetz den Vermächtnissen eine Begrenzung auferlegt hat. Denn während früher nach dem Zwölftafelgesetz die Befugnis, Vermächtnisse auszusetzen, unbegrenzt war, so daß man sogar das ganze Vermögen durch Vermächtnisse verteilen durfte (in diesem Gesetz nämlich war bestimmt: ‚Wie jemand über sein Vermögen letztwillig verfügt hat, so soll es rechtens sein'), wurde es später für richtig gehalten, diese Verfügungsfreiheit einzuschränken. Und das hat man zum Vorteil gerade der Erblasser so geregelt, da diese häufig deswegen testamentslos starben, weil die eingesetzten Erben sich weigerten, für gar keinen oder einen sehr geringen Gewinn die Erbschaft anzutreten. Und nachdem dazu sowohl die Lex Furia als auch die Lex Voconia ergangen waren, von denen keine zur Lösung der Aufgabe ausreichend erschien, wurde zuletzt die Lex Falcidia erlassen, in der bestimmt wird, daß man nicht mehr als drei Viertel vom ganzen Nachlaß vermachen darf, und das bedeutet, daß, mögen ein einziger Erbe oder mehrere Erben eingesetzt sein, dem oder den Erben immer ein Viertel verbleibt."). Bereits *Gaius* (II 227) äußerte sich in seinen Institutionen folgendermaßen (die deutsche Übersetzung ist aus *Manthe*): „Lata est itaque lex Falcidia, qua cautum est, ne plus ei legare liceat quam dodra*n*tem. Itaque necesse est, ut heres quartam partem hereditatis habeat. Et hoc n*unc* iure utimur." („Deshalb wurde das Falcidische Gesetz erlassen, in welchem bestimmt wurde, dass der Erblasser nicht mehr durch Vermächtnis hinterlassen dürfe als drei Viertel. Deshalb behält der Erbe notwendigerweise ein Viertel der Erbschaft; und heutzutage wenden wir dieses Recht an.").

eine relative Rechtsinhaberschaft, was bedeuten würde, dass der Vermächtnisnehmer zwar mit dem Erbfall gegenüber dem bzw. den Erben Eigentümer bzw. Rechtsinhaber des vermachten Gegenstandes wird, sich hierauf jedoch gegenüber dritten Personen und dem Rechtsverkehr auf Grund fehlender Drittwirksamkeit gerade (noch) nicht zu berufen vermag.

Fraglich ist hierbei insbesondere, welche dieser rechtlich denkbaren Konstruktionen in der Lage wäre, die Interessen der an einem Erbfall beteiligten Personen bestmöglich zu verwirklichen bzw. ob die Nachlassgläubigerinteressen überhaupt in ausreichendem Maße gewährleistet werden können. Um die Beantwortung der Frage nach der rechtlichen Stellung des Vindikationsvermächtnisnehmers jedoch überhaupt angehen zu können, musste in einem ersten Schritt geklärt werden, ob der Vermächtnisnehmer überhaupt für die Nachlassverbindlichkeiten einzustehen hat (siehe bereits in § 15, I. A. 1.), und nunmehr, da diese Frage positiv beschieden wurde, ob dieser den Nachlassgläubigern gegenüber im Außenverhältnis (direkte Haftung) oder im Innenverhältnis (indirekte Haftung) haftet (§ 15, I. B.).

Warum bedarf es der Klärung dieser haftungsrechtlichen Fragen gerade an dieser Stelle? Woraus ergibt sich die untrennbare Verknüpfung zwischen der rechtlichen Position des Vindikationslegatars und dessen Haftung im Innen- oder Außenverhältnis?

Müsste der Legatar für die Nachlassverbindlichkeiten den Nachlassgläubigern gegenüber haften und zwar im Außenverhältnis, käme ein mit dem Erbfall erfolgender Erwerb des Eigentums bzw. der Rechtsinhaberschaft an dem vermachten Gegenstand grundsätzlich ohne Weiteres in Betracht, da sich die Nachlassgläubiger nunmehr ungehindert an den Legatar wenden könnten und dieser in Anlehnung an die Stellung eines Alleinerben ggf. keinen Verfügungsbeschränkungen unterworfen werden müsste. Würde hingegen lediglich der Erbe gegenüber den Nachlassgläubigern in Anspruch genommen werden können, müsste im Innenverhältnis zwischen dem Erben und dem Vindikationsvermächtnisnehmer u.U. daran gedacht werden, dass der Erbe zur Befriedigung der Nachlassgläubiger die Befugnis erhalten muss, auf den vermachten Gegenstand zu diesem Zwecke zurückzugreifen. Mit dem Tode des Erblassers würde grundsätzlich das Recht an dem vermachten Gegenstand übergehen und ein Zwischenerwerb seitens des Erben zu keiner Zeit stattfinden. In diesem Falle würde sich zwischen der unmittelbar dinglichen Beteiligung des Vindikationslegatars und der zu bewerkstelligenden Haftung desselbigen im Innenverhältnis an mehreren Stellen jedoch ein gewisses Spannungsverhältnis auftun, für das im Nachfolgenden ein zufriedenstellendes Haftungskonzept ausgearbeitet werden muss. Im Rahmen einer bloßen indirekten Haftung des Vindikationslegatars kann diesem letztlich zum Schutz der Interessen der Nachlassgläubiger mit dem Erbfall nicht die vollumfängliche Eigentümerstellung bzw. Stellung als Rechtsinhaber in Bezug auf den vermachten Gegenstand eingeräumt werden. Die nachfolgenden Ausführungen widmen sich der Darstellung dreier denkbarer Rechtspositionen des Vindikationsvermächtnisnehmers[454] im Falle dessen Haftung im Innenverhältnis. Der bedach-

[454] Unter einer Vindikationslage versteht man im Recht des BGB ein Eigentümer-Besitzer-Verhältnis: Der Eigentümer hat gegenüber dem nicht zum Besitz berechtigten Besitzer einen aus dem römischen Recht stammenden Herausgabeanspruch (vgl. §§ 985, 986 BGB) (vgl. *Köbler*, S. 447). Dem Vermächtnisnehmer muss somit, falls man diesem die Position eines Vindikationsvermächtnisnehmers zukommen lassen möchte, eine Rechtsstellung zugesprochen werden, die diesem unter bestimmten Voraussetzungen als Antragsberechtigter einen Anspruch auf Herausgabe der vermachten Sache gemäß § 985 BGB gewährt. *Köbler* (S. 447) definiert das Vindikationslegat als „Herausgabevermächtnis, Vermächtnis bei welchem der Vermächtnisnehmer die Inhaberschaft am Vermächtnisgegenstand mit dem Erbfall erlangt".

Eine relative Eigentümerstellung des Vindikationslegatars bzw. dessen relative Inhaberschaft eines Rechts wäre anzudenken: Eine solche würde bedeuten, dass der Legatar lediglich gegenüber dem Erben als Eigentümer bzw. Rechtsinhaber auftritt. Es gibt auch im geltenden Recht ein relatives Eigentum bzw. eine relative Inhaberschaft eines Rechts (z.B. §§ 135, 883 Abs. 2 S. 1 BGB). Die Konstruktion einer relativen Rechtsposition zugunsten des Vindikationsvermächtnisnehmers würde teilweise zu einer Rechtslage führen, die mit der derzeit existierenden annähernd identisch wäre: Das lediglich schuldrechtliche Vermächtnis behandelt den Vermächtnisnehmer im Innenverhältnis zum Erben bereits (teilweise) wie einen Eigentümer (vgl. Staudinger-BGB/*Boehmer* (1954), § 1922 BGB Rn. 243). Gemäß § 2184 S. 1 BGB hat der Beschwerte dem Vermächtnisnehmer auch die seit dem Anfall des Vermächtnisses gezogenen Früchte sowie das sonst auf Grund des vermachten Rechts Erlangte herauszugeben. Gemäß § 2185 BGB kann der Beschwerte für die nach dem Erbfall auf die Sache gemachten Verwendungen sowie für Aufwendungen, die er nach dem Erbfall zur Bestreitung von Lasten der Sache gemacht hat, nach den Vorschriften ersetzt verlangen, die für das Verhältnis zwischen dem Besitzer und dem Eigentümer gelten. Eine relative rechtliche Position des Vindikationslegatars gilt es abzulehnen. Die nachfolgenden Ausführungen in § 15, I. B. 1. d) im Rahmen der Stellung des im Innenverhältnis haftenden Legatars als Eigentümer bzw. Rechtsinhaber vermögen die durch die Konstruktion eines relativen Eigentums bzw. einer relativen Rechtsinhaberschaft geschaffenen Vorteile (wie die Verfügungsbeschränkungen zu Lasten des Legatars zum Erhalt des konkreten Gegenstandes) in ebenso zufriedenstellendem Maße zu lösen. In diesem Falle muss gerade nicht auf eine Ausdehnung des relativen Eigentumsbegriffs bzw. des Begriffs der relativen Rechtsinhaberschaft zurückgegriffen werden. Ein derartiger Begriff vermag auch Verständnisprobleme mit sich zu bringen. Was bedeutet Relativität? Im französischen Recht wird beispielsweise von einer relativen Position des Vindikationslegatars gesprochen. Bis heute wird aber nicht vollumfänglich klar, was hierunter zu verstehen ist. Der Vermächtnisnehmer ist gegenüber dem Erben als Eigentümer bzw. Inhaber eines Rechts anzusehen. Wer ist als Eigentümer bzw. Rechtsinhaber gegenüber Dritten anzusehen? Die rechtliche Position des Erben wird nicht deutlich und es bleibt unklar, ob und wenn ja, mit welchen Zugriffsbefugnissen dieser in Bezug auf den vermachten Gegenstand ausgestattet ist.

Daneben könnte noch an ein Pfandrecht zugunsten des Erben an dem vermachten Gegenstand gedacht werden; der Gegenstand würde hierbei mit dem Anfall des Vermächtnisses zum Rechtskreis des Legatars gehören. Auch eine derartige rechtliche Konstruktion vermag indes nicht zu überzeugen. Ein Pfandrecht dient der Sicherung einer Forderung, d.h. ein Gegenstand kann zur Sicherung einer Forderung in der Weise belastet werden,

te Vermächtnisnehmer könnte zum einen mit dem Anfall des Vermächtnisses eine bloße aufschiebend bedingte eigentümerrechtliche Stellung bzw. Stellung als Rechtsinhaber an dem vermachten Gegenstand erlangen[455]. Zum anderen käme für den Vindikationslegatar eine auflösend bedingte Eigentümerstellung bzw. Stellung als Rechtsinhaber in Betracht[456]. Zuletzt könnte noch daran gedacht werden, dass der Vindikationslegatar zwar mit dem Erbfall das Eigentum bzw. die Rechtsinhaberschaft an dem vermachten Gegenstand erlangt, die auf Grund des § 903 S. 1 BGB gewährten eigentümerrechtlichen Befugnisse (bzw. beispielsweise die sich aus anderen Normen ergebenden Befugnisse in Bezug auf Immaterialgüterrechte als nichtkörperliche Gegenstände, z.B. §§ 12 BGB, 14 MarkenG, 9 PatG, 11 UrhG) jedoch ggf. sowohl in positiver als auch in negativer Hinsicht gewissen Einschränkungen unterliegen müssen[457]. Man muss zum einen Verfügungsbeschränkungen zu Lasten des unmittelbar erwerbenden Vermächtnisnehmers in Betracht ziehen,

---

dass der Pfandgläubiger berechtigt ist, Befriedigung aus dem Gegenstand zu suchen (vgl. § 1204 Abs. 1 BGB zum Pfandrecht an beweglichen Sachen). Man könnte an eine Forderung des Erben gegen den Legatar auf Zustimmung zur Veräußerung des vermachten Gegenstandes zur Nachlassgläubigerbefriedigung denken. Wäre diese Forderung fällig, könnte der Erbe zum Verkauf des vermachten Gegenstandes berechtigt sein. Dies wäre aber eine seltsame rechtliche Konsequenz. Der Erbe darf nunmehr (ohne Zustimmung des Legatars) den vermachten Gegenstand verwerten. Das Pfandrecht an einem Gegenstand dient aber gerade zur Sicherung einer Forderung und darf indes nicht dazu führen, dass die zu sichernde Forderung automatisch kraft Gesetzes erfüllt wird. Zudem könnte noch an anderweitiger Stelle angesetzt werden: Pfandrechte sind beschränkt dingliche Rechte. Hierbei handelt es sich um Belastungen des Eigentums bzw. der Rechtsinhaberschaft, die dem Inhaber einen Ausschnitt aus dem Recht des Eigentums bzw. des Rechts gewähren; es handelt sich um sog. Teilbefugnisse. Der Vindikationslegatar erwirbt mit dem Anfall des Vermächtnisses das Eigentum bzw. die Rechtsinhaberschaft an dem vermachten Gegenstand und der Erbe ein diesbezügliches Pfandrecht. Hierbei würde es sich um eine seltsame Konstellation handeln. Die zum Vermögen des Erblassers gehörenden Gegenstände gehen gemäß § 1922 Abs. 1 BGB grundsätzlich auf die Miterben in ihrer gesamthänderischen Verbundenheit über. Es entsteht somit eine Gesamthands- und gerade keine Bruchteilsgemeinschaft. Nach h.M. steht den einzelnen Miterben gerade kein Anteil an den einzelnen Nachlassgegenständen zu (vgl. irreführende Formulierung des § 2033 Abs. 2 BGB) (vgl. hierzu § 6, IV. A. 1. (insbesondere Kapitel 3, Fn. 39 bis 41)). Im Falle eines Pfandrechts zugunsten des Erben würde nunmehr die Rechtsinhaberschaft an einem konkreten Gegenstand zwischen dem Erben und dem Legatar aufgespaltet werden (der Legatar erwirbt das mit dem Pfandrecht belastete Eigentum bzw. die belastete Rechtsinhaberschaft). Es käme im Ergebnis zu einer in Bezug auf die einzelnen Befugnisse eines Eigentümers bzw. Rechtsinhabers aufgespaltenen Beteiligung zweier Individuen an einem Gegenstand (und dies nicht einmal zwischen Erben, sondern zwischen einem Erben und einem Legatar als Nichterben, vgl. § 1922 Abs. 1 BGB). Eine Vereinbarkeit mit dem geltenden Rechtssystem kann nicht verzeichnet werden.

[455] Siehe diesbezüglich die Ausführungen in § 15, I. B. 1. a).

[456] Siehe diesbezüglich die Ausführungen in § 15, I. B. 1. b).

[457] Siehe diesbezüglich die Ausführungen in § 15, I. B. 1. d).

um das Ziel einer Konservierung des vermachten Gegenstandes zu erreichen und den Nachlassgläubigern somit durch eine ersatzweise Haftung des Legatars mit seinem Privatvermögen nicht dessen Insolvenzrisiko aufzubürden[458], und zum anderen eine Verfügungsbefugnis zugunsten des Erben bzw. der Erben[459]. In die Überlegungen sollte auch ein Recht zum Besitz zugunsten der Erben einbezogen werden, um einer vorzeitigen gutgläubigen Weiterveräußerung der vermachten Sache durch den Legatar entgegenwirken zu können[460].

Die Haftung des Vindikationslegatars im Innen- oder Außenverhältnis und dessen mit dem Anfall des Vermächtnisses zu erlangende rechtliche Position stehen somit in einem gegenseitigen Abhängigkeitsverhältnis zueinander. Weder die Frage nach der Haftung noch diejenige nach der rechtlichen Stellung des Bedachten kann isoliert von der anderen einer Beantwortung zugeführt werden. Die Ausführungen im Rahmen der Haftung des Vindikationslegatars im Innenverhältnis werden deutlich machen, dass im Rahmen der Innenhaftung weder die aufschiebend bedingte noch die auflösend bedingte rechtliche Position des Legatars auf Grund eines Widerspruchs zur rechtlichen Konstruktion der Vor- und Nacherbschaft bzw. der Vor- und Nachvermächtnisnehmerschaft und einer Unvereinbarkeit mit dem Grundsatz der Universalsukzession zu überzeugen vermag[461]. Allenfalls die in ihren Befugnissen stark beschnittene eigentümerrechtliche Position bzw. Stellung als Rechtsinhaber wäre für einen Gesetzgebungsvorschlag in Betracht zu ziehen. Letztlich vermag sich aber auch diese dritte Variante im Rahmen der Innenhaftung – wie bereits erwähnt – gegenüber der deutliche Vorteile aufweisenden Außenhaftung nicht durchzusetzen[462].

a) Variante 1: Vindikationslegatar als aufschiebend bedingter Eigentümer bzw. Inhaber eines Rechts

aa) Rechtliche Konstruktion

Der Vindikationslegatar könnte – auf Grund des Versuchs der zu konstruierenden Innenhaftung des Vermächtnisnehmers und der hierbei erforderlichen Zugriffsmöglichkeit des Erben auf den vermachten Gegenstand – mit dem Erbfall (Anfall des Vermächtnisses) anstelle des Eigentums bzw. der Rechtsinhaberschaft an dem zugewandten Vermögenswert eine bloße aufschiebend bedingte rechtliche Stellung erlangen; der Erbe würde hingegen die rechtliche Position eines auflösend bedingten Eigentümers bzw. Rechtsinhabers innehaben. An dieser Stelle sei klarstellend angemerkt, dass diese rechtliche Kon-

---

[458] Siehe diesbezüglich die Ausführungen in § 15, I. B. 1. d) bb) (2).
[459] Siehe diesbezüglich die Ausführungen in § 15, I. B. 1. d) cc).
[460] Siehe diesbezüglich die Ausführungen in § 15, I. B. 1. d) bb) (5).
[461] Siehe diesbezüglich die Ausführungen in § 15, I. B. 1. a) cc) und dd), b) bb) und cc).
[462] Siehe diesbezüglich die Ausführungen in § 15, I. B. 3.

struktion als eine der drei denkbaren Varianten in Bezug auf die rechtliche Position des im Innenverhältnis haftenden Vindikationslegatars nicht mit derjenigen der Anordnung eines Vermächtnisses unter einer aufschiebenden Bedingung oder unter Bestimmung eines Anfangstermins (vgl. § 2177 BGB) verwechselt werden darf. In der von § 2177 BGB ins Auge gefassten Fallkonstellation erfolgt der Anfall des Vermächtnisses erst mit dem Eintritt der Bedingung oder des Termins. Die unter Punkt a) dargestellte Variante geht aber von einem grundsätzlichen Anfall des Vermächtnisses im Zeitpunkt des Erbfalls aus. Der bedachte Vermächtnisnehmer erlangt im Zeitpunkt des Todes des Erblassers die rechtliche Position eines aufschiebend bedingten Eigentümers bzw. Inhabers eines Rechts. Dies schließt natürlich die Anordnung des Vindikationslegates unter einer aufschiebenden Bedingung oder unter Bestimmung eines Anfangstermins nicht aus. In dieser Konstellation würde der bedachte Vermächtnisnehmer die aufschiebend bedingte eigentümerrechtliche Stellung bzw. Stellung als Rechtsinhaber – für den Fall, dass die Bedingung oder der Termin erst nach dem Tod des Erblassers eintritt – mit dem Eintritt der Bedingung oder des Termins erlangen. Der Anfall des Vermächtnisses wäre letztlich nur hinausgeschoben.

§ 2191 a BGB: „Mit dem Tode einer Person geht das aufschiebend bedingte Eigentum bzw. die aufschiebend bedingte Rechtsinhaberschaft an dem vermachten Gegenstand auf den Bedachten über."

§ 2191 b BGB: „Ist das Vermächtnis unter einer aufschiebenden Bedingung oder unter Bestimmung eines Anfangstermins angeordnet und tritt die Bedingung oder der Termin erst nach dem Erbfall ein, so erfolgt der Erwerb der aufschiebend bedingten Eigentümerstellung bzw. Stellung als Rechtsinhaber mit dem Eintritt der Bedingung oder des Termins."

Nach *Wendt* handelt es sich beim bedingten Eigentum um ein Eigentum, das mit einer „innere[n] Schranke" versehen ist[463]. Der Erbe wäre in dieser rechtlichen Konstruktion mit dem Erbfall Eigentümer bzw. Rechtsinhaber des vermachten Gegenstandes und bedürfte somit zur Nachlassgläubigerbefriedigung gerade keiner gesetzlichen Verfügungsermächtigung. Der Vermächtnisnehmer müsste jedoch auf Grund der Stellung des Erben als verfügungsbefugter Eigentümer bzw. Inhaber eines Rechts gegen veruntreuende Verfügungen des Erben geschützt werden. Es könnte hierbei an eine während der Schwebezeit geschützte rechtliche Position des Legatars und eine analoge Anwendung der §§ 158 bis 163 BGB gedacht werden: ein Anwartschaftsrecht. Es handelt sich hierbei um eine übertragbare und vererbliche Rechtsposition[464].

„Diese Aussicht steht aber dem Recht noch nicht gleich. Insbesondere ändert die Anerkennung der Position eines bedingt Berechtigten als Anwartschaft nichts daran, dass das den

[463] *Wendt,* S. 114; hierauf Bezug nehmend auch *Fuchs,* ArchBürgR 34 (1910), 416.
[464] MüKo-BGB/*Westermann,* § 161 BGB Rn. 3.

Gegenstand der Verfügung bildende Recht bis zum Eintritt einer aufschiebenden Bedingung allein dem Veräußerer, bis zum Eintritt einer auflösenden Bedingung allein dem Erwerber zusteht."[465]

Das Eigentum bzw. die Rechtsinhaberschaft an dem vermachten Gegenstand steht somit bis zum Eintritt der aufschiebenden Bedingung ausschließlich dem Erben zu. Es stellt sich insbesondere die Frage, welchen Einfluss das interimistische Eigentum bzw. die interimistische Rechtsinhaberschaft dem Erben gibt. In entsprechender Anwendung des § 161 Abs. 1 S. 1 BGB wäre eine Verfügung, die der Erbe während der Schwebezeit über den im Rahmen des Vermächtnisses zugewandten Gegenstand tritt, im Falle des Eintritts der Bedingung insoweit unwirksam, als sie die von der Bedingung abhängige Wirkung vereiteln oder beeinträchtigen würde. Jedermann kann sich auf die Ungültigkeit der zwischenzeitlichen Verfügung durch den Erben berufen (absolute Unwirksamkeit)[466].

bb) Qualifikation der Bedingung

Von besonderem Interesse ist v.a. die Frage, was unter der Bedingung im Rahmen dieser rechtlichen Konstruktion zu verstehen ist, d.h. mit dem Eintritt welchen zukünftigen, unbestimmten Ereignisses der Vindikationslegatar vollumfänglicher Eigentümer bzw. Rechtsinhaber in Bezug auf den vermachten Gegenstand zu werden vermag. Hierfür kämen mehrere voneinander zu unterscheidende Ansatzpunkte in Betracht, denen allesamt folgende Überlegungen zugrunde gelegt werden müssen: Der Erbe haftet grundsätzlich unbeschränkt, d.h. sowohl mit dem erworbenen Nachlass als auch mit seinem bereits vor dem Erbfall vorhandenen Privatvermögen. Im Falle dieser unbeschränkten Haftung bestünde kein Grund dafür, den Vindikationslegatar nicht aus seiner aufschiebend bedingten eigentümerrechtlichen Stellung bzw. Stellung als Rechtsinhaber zu entheben und diesem nicht die rechtliche Position als Eigentümer bzw. Rechtsinhaber zuzusprechen. Würde der Erbe hingegen lediglich auf den Nachlass beschränkt haften, wäre den Nachlassgläubigern das vor dem Tod des Erblassers existente Eigenvermögen des Erben als Haftungsmasse entzogen und es käme zur Gewährleistung ihres Schutzes entscheidend darauf an, ob der Nachlass alleine zur Befriedigung ihrer Forderungen zu genügen vermag oder nicht. Ist der Nachlass zur Nachlassgläubigerbefriedigung nicht in ausreichendem Maße vorhanden, muss der vermachte Gegenstand herangezogen werden können. Im entgegengesetzten Fall könnten hingegen keinerlei Argumente für eine fortdauernde lediglich aufschiebend bedingte Rechtsposition des Vindikationslegatars überzeugend angeführt werden.

---

465 MüKo-BGB/*Westermann*, § 161 BGB Rn. 2 m.w.N.
466 MüKo-BGB/*Westermann*, § 161 BGB Rn. 8.

In Bezug auf die Erlangung der eigentümerrechtlichen Stellung bzw. Stellung als Rechtsinhaber könnten zugunsten des Vindikationslegatars die folgenden Zeitpunkte in Betracht gezogen werden: Man könnte im Rahmen eines zu entwickelnden Gesetzesentwurfs zunächst an die Schaffung eines schuldrechtlichen Anspruchs des aufschiebend bedingten Eigentümers bzw. Rechtsinhabers (Legatars) gegenüber dem auflösend bedingten Eigentümer bzw. Inhaber eines Rechts (Erben) auf Übertragung des vollumfänglichen Eigentums bzw. der Rechtsinhaberschaft an dem vermachten Gegenstand denken. Im Zeitpunkt der Fälligkeit oder zumindest der Erfüllung dieses Anspruchs könnte ggf. von einem Bedingungseintritt gesprochen werden (1). Die Fälligkeit läge u.U. im Falle des Vorhandenseins eines zur Nachlassgläubigerbefriedigung genügenden Nachlasses und dem Ablauf einer Zeitspanne vor, die der Gesetzgeber des BGB für die Information des Erben über Aktiva und Passiva und für das Gebrauchmachen von Haftungsbeschränkungsmöglichkeiten als hinreichend ansieht. Man könnte weiterhin daran denken, dass das lediglich aufschiebend bedingte Eigentum bzw. die aufschiebend bedingte Rechtsinhaberschaft erst dann zugunsten des Vindikationslegatars zu enden vermag, wenn feststeht, ob der Erbe oder sonstige antragsberechtigte Personen von den ihm bzw. ihnen zur Verfügung stehenden Haftungsbeschränkungsmöglichkeiten Gebrauch macht bzw. machen und der Nachlass in diesem Falle zur Nachlassgläubigerbefriedigung genügt (2). Letztlich erscheint noch Folgendes als möglich: Der Vindikationslegatar könnte das Eigentum bzw. die Rechtsinhaberschaft mit dem Ablauf eines Zeitraumes erlangen, den das BGB als ausreichend für den Erben erachtet, sich über die Aktiva und Passiva des Nachlasses zu unterrichten und eventuell erforderliche Haftungsbeschränkungsmöglichkeiten zu ergreifen. Der Vindikationslegatar könnte somit ggf. mit Ablauf der in § 2014 BGB vorgesehenen Drei-Monats-Frist und eines zur Befriedigung der Nachlassgläubiger in ausreichendem Maße vorhandenen Nachlasses das Eigentum bzw. die Rechtsinhaberschaft an dem vermachten Gegenstand erlangen (3).

Bei der Erfüllung des Anspruchs auf Übertragung des Eigentums bzw. der Rechtsinhaberschaft (1) bzw. dem unter Punkt (2) dargestellten Zeitpunkt handelt es sich um reine Bedingungskonstruktionen (zukünftige, ungewisse Ereignisse). Der Fälligkeitszeitpunkt (1) und der Ablauf des unter Punkt (3) angesprochenen Zeitraums könnten ebenfalls als aufschiebende Bedingungen in Bezug auf die Erlangung des Eigentums bzw. der Rechtsinhaberschaft zugunsten des Legatars dienen. Das ungewisse Ereignis bezieht sich hierbei gerade darauf, dass zu Beginn keinerlei Aussage darüber getroffen werden kann, ob der Nachlass zu einem späteren Zeitpunkt (z.B. nach dem Ablauf der Drei-Monats-Frist) zur Begleichung der Schulden genügt. Trotz alledem möchte zur Klarstellung darauf hingewiesen werden, dass die beiden zuletzt genannten Bedingungskonstruktionen auch ein zukünftiges, gewisses Ereignis in sich aufnehmen (beispielsweise den Ablauf der *drei* Monate nach der

Annahme der Erbschaft i.S.d. § 2014 BGB) und somit in dogmatisch korrekter Weise wohl von einer rechtlichen Stellung des Vindikationslegatars im Zeitpunkt des Anfalls des Vermächtnisses als aufschiebend bedingt-befristeter Eigentümer bzw. Rechtsinhaber gesprochen werden sollte.

Die beiden Zeitpunkte in Bezug auf die aufschiebende Bedingung und die aufschiebende Bedingung/Befristung können erheblich auseinanderfallen: Der Zeitpunkt des Ereignisses im Rahmen der aufschiebend bedingt-befristeten Konstellation muss an späterer Stelle noch genau festgesetzt werden, könnte aber ggf. mit dem Ablauf der in § 2014 BGB vorgesehenen Drei-Monats-Frist vorliegen. Es könnte sich (zumindest teilweise) um einen sicher eintretenden Termin, der exakt bestimmt werden kann, handeln und aus diesem Grunde von einer gewissen Rechtssicherheit und Rechtsklarheit gesprochen werden. Der Zeitpunkt der Erfüllung des Anspruchs auf Übertragung des Eigentums bzw. der Rechtsinhaberschaft liegt hingegen zumindest teilweise im Belieben des Erben. Dieser könnte die lediglich aufschiebend bedingte Rechtsposition des Vermächtnisnehmers willkürlich in die Länge ziehen und diesen auf ein gewisse Zeit in Anspruch nehmendes gerichtliches Verfahren und anschließende staatliche Zwangsvollstreckungsmaßnahmen verweisen. Es könnte auch der Fall eintreten, dass der Legatar keinerlei Gericht oder staatliches Zwangsvollstreckungsorgan bemühen möchte, somit u.U. die Bedingung zu keiner Zeit eintreten würde und der Vermächtnisnehmer dauerhafter aufschiebend bedingter Eigentümer bzw. Rechtsinhaber verbliebe. Des Weiteren fallen Fälligkeit und Erfüllbarkeit auseinander. Fälligkeit liegt dann vor, wenn der Vermächtnisnehmer (Gläubiger) den Anspruch fordern darf, d.h. der für die Leistung bestimmte Zeitpunkt eingetreten ist. Von Erfüllbarkeit spricht man hingegen, wenn der Erbe (Schuldner) die Leistung erbringen darf. Gemäß § 271 Abs. 2 BGB ist – für den Fall, dass eine Zeit bestimmt ist – im Zweifel anzunehmen, dass der Gläubiger die Leistung nicht vor dieser Zeit verlangen, der Schuldner aber sie vorher bewirken kann. Falls man nunmehr von einer aufschiebenden Bedingung ausgehen würde, könnte der Erbe bereits vor dem ggf. nicht mit dem Erbfall eintretenden Zeitpunkt der Fälligkeit den vermachten Gegenstand auf den Legatar übertragen, was letztlich zu einem verfügungsbefugten Eigentümer bzw. Rechtsinhaber und einer Aushöhlung des Nachlassgläubigerschutzes führen könnte. Dies würde im Ergebnis wohl für eine aufschiebend bedingt-befristete Eigentümerstellung des Legatars bzw. dessen aufschiebend bedingt-befristete Stellung als Rechtsinhaber sprechen. Der Vermächtnisnehmer wäre trotz alledem günstiger gestellt als der lediglich schuldrechtlich Berechtigte. Der Vindikationslegatar wäre zwar wie der Damnationsvermächtnisnehmer bzgl. seines bloßen Forderungsrechtes in Bezug auf die Erfüllung des Anspruchs auf Übertragung des Eigentums bzw. der Rechtsinhaberschaft auf eine Mitwirkungshandlung des Erben angewiesen, wäre jedoch auch ohne diese bereits verfügungsbefugter Rechtsinhaber in Bezug auf den vermachten Gegenstand, falls eine gewisse Zeit verstrichen ist (beispielsweise § 2014 BGB) und der Gegenstand des Vermächtnisses gerade nicht zur Nachlassgläubigerbefriedigung benötigt wird. Im Falle einer aufschiebend bedingten eigentümerrechtlichen Stellung bzw. Stellung als Rechtsinhaber wäre der Vermächtnisnehmer hingegen wie beim Damnationslegat in besonderem Maße auf ein Wohlwollen der Erben angewiesen[467].

Bei Fortführung dieser Gedanken könnte sich die rechtliche Lage jedoch wie folgt darstellen: Der Erbe überträgt den vermachten Gegenstand bereits vor Eintritt der Fälligkeit auf den Bedachten. Dies hätte – auf Grund der aufschiebend bedingt-befristeten rechtlichen Position des Legatars und dem Nichtabstellen auf die Erfüllung des Anspruchs durch den Erben als aufschiebende Bedingung – keinerlei Auswirkungen auf das zu Lasten des Begünstig-

---

[467] Man könnte daran denken, dass diese Argumentation gegen eine aufschiebende Bedingung durch die Anwendbarkeit des § 162 BGB entkräftet werden kann und der Vindikationslegatar somit im Ergebnis nicht bzw. nicht vollumfänglich dem Untätigbleiben der Erben ausgesetzt wäre. Die Bedingung gilt hiernach als eingetreten, falls der Eintritt der Bedingung von der Partei, zu deren Nachteil er gereichen würde, wider Treu und Glauben verhindert wird. Die Einschlägigkeit des § 162 BGB wird in der Praxis jedoch kaum jemals gegeben sein. Der Erbe haftet grundsätzlich unbeschränkt, d.h. mit dem Nachlass und mit seinem vor dem Erbfall vorhandenen Privatvermögen für die Schulden des Nachlasses. Während dieser (noch) unbeschränkten Haftung des Erben wird ein Verstoß gegen den Grundsatz von Treu und Glauben wohl nicht festgestellt werden können. Das haftungsrechtliche System des fünften Buchs des BGB sieht die verschiedensten Haftungsbeschränkungsmöglichkeiten zugunsten des Erben vor. Diese sind grundsätzlich an keinerlei Ausübungsfristen zu Lasten des Erben gebunden (z.B. die Antragstellung auf Eröffnung eines Nachlassinsolvenzverfahrens oder die Erhebung der Dürftigkeitseinrede oder der Einrede der Überschuldung durch Vermächtnisse oder Auflagen). Würde man nunmehr von einer Verhinderung des Eintritts der Bedingung wider Treu und Glauben ausgehen, würden dem Erben die nicht fristgebundenen Haftungsbeschränkungsmöglichkeiten verwehrt. Dies erscheint als mit dem Erbrecht des BGB nicht vereinbar. Ähnliches muss auch für den Fall gelten, dass der Erbe von den Möglichkeiten zur Haftungsbeschränkung Gebrauch gemacht hat. Die tatbestandlichen Voraussetzungen des § 162 BGB werden nur in seltenen Fällen bejaht werden können. Erhebt der Erbe beispielsweise die Dürftigkeitseinrede gemäß § 1990 BGB, legt das Gesetz in § 1991 BGB eine Reihenfolge der Nachlassgläubigerbefriedigung fest. Es wird auch anerkannt, dass die Pflichtteilsberechtigten, Vermächtnisnehmer und Auflagenbegünstigten sogar erst nach den ausgeschlossenen und säumigen Gläubigern zu befriedigen sind (vgl. MüKo-BGB/*Küpper,* § 1991 BGB Rn. 10 m.w.N.). Die nicht ordnungsgemäß berücksichtigten Gläubiger können bei Nichteinhaltung dieser Regelungen einen Anspruch gegenüber dem Erben gemäß § 1978 BGB geltend machen und dieser wäre den Gläubigern somit für seine bisherige Verwaltung verantwortlich (vgl. MüKo-BGB/*Küpper,* § 1991 BGB Rn. 9). Die etwaige Verantwortlichkeit des Erben gemäß § 1978 BGB würde wohl (insbesondere bei schwierigen Rechtslagen) einer Bejahung der Verhinderung des Bedingungseintritts wider Treu und Glauben entgegenstehen. Gegen die in § 162 BGB normierte Bedingungsfiktion könnte zudem vorgebracht werden, dass man hierdurch die „es sei denn“-Regelung des § 1973 Abs. 1 S. 2 BGB zum Regelfall machen würde.

ten lediglich bestehende aufschiebend bedingte Eigentum bzw. die aufschiebend bedingte Rechtsinhaberschaft, was zu einem besonders hohen Schutzniveau zugunsten der Nachlassgläubiger führt. Im Ergebnis könnte dies sogar zu einem höheren Schutz der Nachlassgläubiger und einer schwächeren Ausgestaltung der rechtlichen Position des Vermächtnisnehmers führen, als nach der heutigen Rechtslage eines lediglich schuldrechtlich wirkenden Vermächtnisses. Der Erbe muss nach heute geltendem Recht die Fälligkeit des Anspruchs aus § 2174 BGB nicht abwarten (vgl. § 271 Abs. 1 BGB) und könnte beispielsweise den Anspruch des Vermächtnisnehmers auf Übertragung des vermachten Gegenstandes sofort erfüllen[468]. Es besteht gerade kein Verfügungsverbot zu Lasten der Erben und der Bedachte könnte ohne Weiteres das Eigentum bzw. die Rechtsinhaberschaft an dem Gegenstand, der gerade mit keinem Verfügungsverbot belangt ist, erhalten. Die Nachlassgläubiger wären auf eventuelle Anfechtungshandlungen (vgl. §§ 5 AnfG, 322 InsO) oder Schadensersatzansprüche gegenüber dem Erben (vgl. § 1978 BGB) verwiesen. Es erscheint nicht zu rechtfertigen, warum der Vindikationsvermächtnisnehmer in Bezug auf seine rechtliche Position als verfügungsbefugter Eigentümer bzw. Rechtsinhaber schlechter gestellt werden sollte als der schuldrechtlich Bedachte in gewissen Konstellationen. Es wäre auch nicht erforderlich, die Nachlassgläubiger in höherem Maße zu schützen als nach der heutigen rechtlichen Lage. Der nicht zu gewährleistende Nachlassgläubigerschutz wird ja gerade als Argument gegen die Einführung eines Vindikationslegates angeführt[469].

---

[468] An dieser Stelle wird angemerkt, dass sich im Rahmen des Damnationslegates dieses Problem in Bezug auf Fälligkeit und Erfüllbarkeit im Grunde nicht stellt. Der Anspruch des Bedachten aus § 2174 BGB wird sofort mit dem Erbfall fällig. Hierbei handelt es sich aber auch um den erstmöglichen Zeitpunkt, zu dem der Erbe seine nunmehr bestehende Verpflichtung zu erfüllen vermag. Der Erblasser könnte aber natürlich einen vom Erbfall abweichenden Fälligkeitstermin vorsehen. In diesem Falle würden die Erfüllbarkeit und die Fälligkeit des Anspruchs des Bedachten auseinanderfallen. §§ 2177, 2178 BGB schieben hingegen nicht den Fälligkeitszeitpunkt hinaus, sondern haben eine erst zu einem späteren Zeitpunkt erfolgende Entstehung des Anspruchs zur Folge.

[469] In diesen Ausführungen liegt auch der Grund dafür, dass der Anspruch auf Übertragung als betagte Forderung auszugestalten ist und gerade nicht als aufschiebend bedingt-befristete. Die betagte Forderung kennzeichnet sich dadurch, dass sie zwar entstanden, aber noch nicht fällig ist, die aufschiebend bedingt-befristete hingegen dadurch, dass sie noch nicht einmal zur Entstehung gelangte (vgl. *Medicus,* § 52 Rn. 845). Nach § 271 Abs. 2 BGB ist die betagte Forderung im Zweifel schon vor Fälligkeit erfüllbar, die aufschiebend bedingt-befristete hingegen nicht (vgl. *Medicus,* § 52 Rn. 845). Würde der Erbe den Anspruch des Vermächtnisnehmers vor dem Eintritt der Fälligkeit im Falle einer betagten Forderung erfüllen, wäre eine Rückforderung gemäß § 813 Abs. 2 BGB ausgeschlossen, wohingegen im Falle einer aufschiebend bedingt-befristeten Forderung das zum Zwecke der Erfüllung einer Verbindlichkeit Geleistete nur dann nicht zurückgefordert werden kann, wenn der Leistende gewusst hat, dass er zur Leistung nicht verpflichtet war, oder wenn die Leistung einer sittlichen Pflicht oder einer auf den Anstand zu nehmenden Rück-

Es könnte sich somit ein Mittelweg zwischen der aufschiebend bedingten und der aufschiebend bedingt-befristeten eigentümerrechtlichen Stellung bzw. Stellung als Rechtsinhaber in Bezug auf den vermachten Gegenstand anbieten: Der Vindikationslegatar sollte die Eigentümerposition bzw. die Position als Rechtsinhaber mit der Erfüllung des Anspruchs auf Übertragung (aufschiebende Bedingung) bzw. spätestens mit dem Eintritt des noch näher zu bestimmenden zukünftigen, gewissen Ereignisses (u.U. dem Ablauf der in § 2014 BGB vorgesehenen Drei-Monats-Frist) und dem gleichzeitig vorhandenen ausreichenden Nachlass (aufschiebende Bedingung/Befristung) erlangen. Im Ergebnis bedeutet dies: Den Vindikationsvermächtnisnehmern als solchen könnte hierdurch ein höherer Schutz zuteilwerden als den lediglich schuldrechtlich berechtigten Legataren, da diese auch ohne Mitwirkungshandlung des Erben durch den Eintritt der aufschiebenden Bedingung/Befristung die Stellung als verfügungsbefugte Rechtsinhaber erlangen würden. Den Nachlassgläubigern könnte hingegen ein geringeres Schutzniveau zugutekommen als nach geltendem Recht, da die vollumfängliche Eigentümerstellung bzw. Stellung als Rechtsinhaber zugunsten des Vindikationslegatars ggf. gerade zu einem bestimmten Zeitpunkt automatisch einzutreten vermag und diese somit der Gefahr von Weiterveräußerungen durch den Legatar ausgesetzt wären. Diese beiden Aussagen können jedoch erst dann Zustimmung finden, wenn man sich mit dem exakten Zeitpunkt des Eintritts des künftigen Ereignisses genauer auseinandersetzte, und sich tatsächlich ein solches Ereignis auffinden ließe, welches sich als Ansatzpunkt im Rahmen einer aufschiebenden Bedingung/Befristung zu eignen scheint. Würde ein solches gerade nicht herangezogen werden können, bliebe es bei dem Erhalt der Eigentümerstellung bzw. Stellung als Rechtsinhaber im Zeitpunkt der Erfüllung des Anspruchs auf Übertragung durch den bzw. die Erben (aufschiebende Bedingung).

§ 2191 a BGB: „Mit dem Tode einer Person geht das aufschiebend bedingte *und aufschiebend bedingt-befristete* Eigentum bzw. die aufschiebend bedingte *und aufschiebend be-*

---

sicht entsprach (vgl. § 814 BGB) (*Medicus,* § 52 Rn. 845.). Der Vindikationslegatar muss gegen rechtsgrundlose Leistungen des Erben und anschließende Rückforderungsansprüche in ausreichendem Maße geschützt werden. In dem Zeitpunkt der Übertragung des Eigentums bzw. der Rechtsinhaberschaft wird u.U. die aufschiebende Bedingung in Bezug auf die lediglich aufschiebend bedingte rechtliche Position des Legatars gesehen. Der Vermächtnisnehmer wäre ab diesem Zeitpunkt verfügungsbefugter Eigentümer bzw. Rechtsinhaber und in derselben rechtlichen Position wie der bloß schuldrechtlich Berechtigte nach der Erfüllung seines Rechtes, von dem Beschwerten die Leistung des vermachten Gegenstandes zu fordern. Würde man den Vindikationslegatar nunmehr ohne größere Schwierigkeiten bereicherungsrechtlichen Ansprüchen aussetzen, so befände sich dieser im Gegensatz zum Damnationsvermächtnisnehmer in einer ungünstigeren Rechtsposition. Dies vermag keinesfalls zu überzeugen.

dingt-befristete Rechtsinhaberschaft an dem vermachten Gegenstand auf den Bedachten über."

§ 2191 b BGB: „Ist das Vermächtnis unter einer aufschiebenden Bedingung oder unter Bestimmung eines Anfangstermins angeordnet und tritt die Bedingung oder der Termin erst nach dem Erbfall ein, so erfolgt der Erwerb der aufschiebend bedingten *und aufschiebend bedingt-befristeten* Eigentümerstellung bzw. Stellung als Rechtsinhaber mit dem Eintritt der Bedingung oder des Termins."

(1) Fälligkeit bzw. Erfüllung des Anspruchs des Vindikationslegatars gegenüber dem Erben als Bedingungseintritt

Man könnte daran denken, dass der Vindikationslegatar mit dem Anfall des Vermächtnisses nicht nur ipso iure das aufschiebend bedingte und aufschiebend bedingt-befristete Eigentum bzw. die Rechtsinhaberschaft an dem vermachten Gegenstand erlangt, sondern zudem einen schuldrechtlichen Anspruch gegenüber dem bzw. den Erben auf Übertragung des vollumfänglichen Eigentums bzw. der Rechtsinhaberschaft (vgl. §§ 929 ff., 873 ff., 398 ff. BGB).

§ 2191 c BGB: „Durch das Vermächtnis wird für den Bedachten das Recht begründet, von dem Beschwerten die Übertragung des vollumfänglichen Eigentums bzw. der Rechtsinhaberschaft an dem vermachten Gegenstand zu fordern. Die Forderung des Vermächtnisnehmers kommt, unbeschadet des Rechts, das Vermächtnis auszuschlagen, zur Entstehung (Anfall des Vermächtnisses) mit dem Erbfall. Ist das Vermächtnis unter einer aufschiebenden Bedingung oder unter Bestimmung eines Anfangstermins angeordnet und tritt die Bedingung oder der Termin erst nach dem Erbfall ein, so erfolgt der Anfall des Vermächtnisses mit dem Eintritt der Bedingung oder des Termins."

Fraglich ist nunmehr, zu welchem Zeitpunkt von der Fälligkeit dieses Anspruchs des Vindikationslegatars als aufschiebend bedingter und aufschiebend bedingt-befristeter Eigentümer bzw. Rechtsinhaber gegenüber dem Erben als auflösend bedingter und auflösend bedingt-befristeter Eigentümer bzw. Rechtsinhaber gesprochen werden kann. Hieran schließt sich die entscheidende Fragestellung an, ob im Zeitpunkt des Vorliegens eines fälligen Anspruchs von einem Bedingungs-/Befristungseintritt ausgegangen werden kann, der die vollumfängliche Eigentümerstellung bzw. Stellung als Rechtsinhaber zugunsten des Vindikationslegatars in Bezug auf den vermachten Gegenstand zur Folge hätte. Die Fälligkeit könnte dann gegeben sein, falls ein ausreichender Nachlasses zur Nachlassgläubigerbefriedigung vorhanden und ein Zeitraum verstrichen ist, den der Gesetzgeber als ausreichend für den Erben erachtete, um sich Klarheit über die Aktiva und Passiva zu verschaffen und ggf. Haftungsbeschränkungsmöglichkeiten zu ergreifen (z.B. § 2014 BGB). Für den Fall, dass die Fälligkeit des Anspruchs nicht als Ansatzpunkt in Bezug auf die Bedingungs- und Befristungskonstellation herangezogen werden kann, müsste jedenfalls im Zeitpunkt der Erfüllung des Anspruchs auf

Übertragung des Eigentums bzw. der Rechtsinhaberschaft an dem vermachten Gegenstand von einem Bedingungseintritt ausgegangen werden.

(a) Gerichtliche Geltendmachung von Ansprüchen gegen den Erben

Einen ersten Anhaltspunkt liefert die Vorschrift des § 1958 BGB, die besagt, dass vor der Annahme der Erbschaft ein Anspruch, der sich gegen den Nachlass richtet, nicht gegen den Erben gerichtlich geltend gemacht werden kann, was dazu führt, dass eventuelle Klagen bis zur Erbschaftsannahme als unzulässig anzusehen sind[470]. Der Anspruch des Vermächtnisnehmers auf Übertragung der vollumfänglichen eigentümerrechtlichen Stellung bzw. Stellung als Rechtsinhaber an dem vermachten Gegenstand ist jedoch bereits vor dem Ablauf des in § 1958 BGB bestimmten Zeitpunktes fällig. § 1958 BGB hat im Ergebnis keinerlei Auswirkungen auf die Fälligkeit eines Anspruchs, der sich gegen den Nachlass richtet[471].

(b) Dreimonatseinrede

Gemäß § 2014 BGB ist der Erbe berechtigt, die Berichtigung einer Nachlassverbindlichkeit bis zum Ablauf der ersten drei Monate nach der Annahme der Erbschaft zu verweigern, jedoch nicht über die Errichtung des Inventars hinaus. Der Erbe wird der Schonungseinrede des § 2014 BGB verlustig, wenn er das errichtete Inventar einreicht oder einen Antrag gemäß § 2003 Abs. 1 S. 1 BGB stellt[472]. Die Drei-Monats-Frist soll dem Erben insbesondere dazu dienen, sich durch die Errichtung eines Inventars oder das Aufgebot der Nachlassgläubiger Klarheit über die Aktiva und Passiva zu verschaffen und eventuelle Haftungsbeschränkungen auf den Nachlass in Betracht zu ziehen. Die lediglich sechswöchige Ausschlagungsfrist ist hierfür oftmals als nicht ausreichend anzusehen[473]. Die materiell-rechtliche Wirkung dieser Einrede ist jedoch in besonderem Maße umstritten, weshalb sich die Frage stellt, ob diese Drei-Monats-Frist überhaupt ein Hinausschieben des Fälligkeitszeitpunktes des Anspruchs des Vermächtnisnehmers zu bewirken vermag. Dies muss

---

[470] *Joachim,* Rn. 172 m.w.N.

[471] Es entspricht zwar der überwiegenden Ansicht, dass in analoger Anwendung des § 1958 BGB bis zur Annahme der Erbschaft kein Schuldnerverzug einzutreten vermag, jedoch hat dies keinerlei Auswirkungen auf die Fälligkeit des im Rahmen des § 286 BGB zu beachtenden Anspruchs (vgl. MüKo-BGB/*Leipold,* § 1958 BGB Rn. 18 m.w.N.). *Leipold* differenziert hierbei explizit zwischen der Frage nach dem Schuldnerverzug und einer nach dem Tod des Erblassers zu einem bestimmten Datum fällig gewordenen Forderung gegen den Nachlass. Zur Ansicht, dass auch bereits vor der Annahme der Erbschaft Schuldnerverzug als nicht ausgeschlossen anzusehen ist, vgl. die Ausführungen bei *v. Lübtow,* Hbd. 2, S. 751.

[472] *Joachim,* Rn. 183 m.w.N.

[473] *Joachim,* Rn. 179.

nach heute h.M. verneint werden. Der Erhebung der Einrede des § 2014 BGB wird gerade keine materiell-rechtliche Wirkung beigemessen und der Erbe wird trotz seiner Berufung auf diese Einrede den sich aus einem Verzug ergebenden Rechtsfolgen unterstellt[474].

Im Prozess bedeutet die Erhebung der Einrede hingegen Folgendes: Gemäß § 305 Abs. 1 ZPO wird eine unter dem Vorbehalt der beschränkten Haftung ergehende Verurteilung durch die Geltendmachung der dem Erben nach den §§ 2014, 2015 BGB zustehenden Einreden nicht ausgeschlossen. Dies hat zur Folge, dass es zugunsten des Erben auf Grund der Einrede des § 2014 BGB gerade zu keiner Abweisung der Klage im Erkenntnisverfahren kommen kann, sondern nur zu seiner Verurteilung unter dem Vorbehalt der beschränkten Haftung[475]. Bei Zwangsvollstreckungen in Nachlass- oder Eigenvermögen hat der Erbe mit der Klage nach § 785 ZPO die Möglichkeit, zu erreichen, dass die Zwangsvollstreckung in Bezug auf Nachlassverbindlichkeiten für die Dauer der in § 2014 BGB bestimmten Frist auf solche Maßregeln beschränkt wird, die zur Vollziehung eines Arrestes zulässig sind (vgl. §§ 782, 930 bis 932 ZPO)[476]. Dies wären im Wesentlichen die Beschränkung auf die Pfändung (ohne Verwertung oder Überweisung) und die Eintragung einer Sicherungshypothek (vgl. §§ 930 bis 932 ZPO), wobei die Beschränkung des § 782 ZPO auf Arrestmaßnahmen im Falle der Vollstreckung wegen eines Individualanspruches wirkungslos bliebe (§§ 883 ff. ZPO)[477]. Denkbar wäre im Falle der Vollstreckung wegen eines Individualanspruchs nach den Grundsätzen der Sicherungsvollstreckung beispielsweise die Wegnahme einer Sache durch den Gerichtsvollzieher (nicht hingegen die Übergabe an den Gläubiger)[478]. Der Nachlass soll gerade solange nicht auseinandergerissen werden, bis die Insolvenzfrage einer Klärung unterzogen wurde[479].

Bsp.: Der Vermächtnisnehmer hat einen Oldtimer zugewandt bekommen. Dem Legatar könnte nach obigen Ausführungen im Falle der Erhebung der Einrede des § 2014 BGB durch den Erben im Erkenntnisverfahren und einer Klage des Erben nach § 785 ZPO im Rahmen des Zwangsvollstreckungsverfahrens der vermachte Gegenstand nicht für die Dauer der in § 2014 BGB bestimmten Frist von dem Gerichtsvollzieher übergeben werden. Auf den Fälligkeitszeitpunkt des Anspruchs auf vollumfängliche Übertragung des Eigentums bzw. der Rechtsinhaberschaft an dem vermachten Gegenstand hätte § 2014 BGB hingegen keinerlei Auswirkungen.

---

474 Hierzu jeweils mit m.w.N. vgl. MüKo-BGB/*Küpper,* § 2014 BGB Rn. 5; Beck'scher Online-Kommentar BGB/*Lohmann,* § 2014 BGB Rn. 8; *Joachim,* Rn. 189.

475 MüKo-BGB/*Küpper,* § 2014 BGB Rn. 4.

476 Beck'scher Online-Kommentar ZPO/*Preuß,* § 782 ZPO Rn. 1; MüKo-BGB/*Küpper,* § 2014 BGB Rn. 4.

477 Beck'scher Online-Kommentar ZPO/*Preuß,* § 782 ZPO Rn. 4.

478 Beck'scher Online-Kommentar ZPO/*Preuß,* § 782 ZPO Rn. 4.

479 *Joachim,* Rn. 191 m.w.N.

(c) Zusammenfassung

Der Anspruch des Vindikationsvermächtnisnehmers auf Übertragung des Eigentums bzw. der Rechtsinhaberschaft an dem vermachten Gegenstand ist somit unter Berücksichtigung des § 1958 BGB und der fehlenden materiellrechtlichen Wirkung des § 2014 BGB grundsätzlich ab dem Zeitpunkt des Anfalles des Vermächtnisses und somit der Entstehung des Anspruchs fällig (vgl. § 271 Abs. 1 BGB). Die Frage nach dem Fälligkeitszeitpunkt des Anspruchs auf Übertragung des Eigentums bzw. der Rechtsinhaberschaft wäre mithin geklärt; der Anspruch wäre sofort fällig. Es ist auch kein Grund dafür ersichtlich, den Fälligkeitszeitpunkt abweichend zu demjenigen des Anspruchs aus § 2174 BGB gesetzlich zu regeln. Die Stellung des Legatars als lediglich aufschiebend bedingter und bedingter/befristeter Eigentümer bzw. aufschiebend bedingter und bedingter/befristeter Rechtsinhaber darf aber nicht bereits mit dem Anfall des Vermächtnisses, d.h. dem Zeitpunkt der Fälligkeit des Anspruchs auf Übertragung des vollumfänglichen Eigentums bzw. der Rechtsinhaberschaft entfallen. Die Drei-Monats-Frist beispielsweise dient u.a. dem Schutz der Nachlassgläubiger, weshalb deren Geltendmachung dem Erben keinesfalls versagt werden darf. Der Vindikationslegatar hat somit zwar bereits im Zeitpunkt des Anfalls des Vermächtnisses einen fälligen Anspruch auf Übertragung des Eigentums bzw. der Rechtsinhaberschaft an dem vermachten Gegenstand gegen den Erben, jedoch darf diese Fälligkeit gerade nicht dazu führen, dass dem Vermächtnisnehmer vor Ablauf der Drei-Monats-Frist die Stellung als verfügungsbefugter Eigentümer bzw. Rechtsinhaber zukäme. Die Fälligkeit des Anspruchs kann somit im Ergebnis nicht als (aufschiebend bedingt-befristeter) Referenzpunkt hinsichtlich der Erlangung des Eigentums bzw. der Rechtsinhaberschaft dienen. Vor Ablauf dieser Drei-Monats-Frist kann in Bezug auf den Erhalt der eigentümerrechtlichen Stellung des Vindikationslegatars bzw. dessen Stellung als Rechtsinhaber (aufschiebend bedingt) alleinig auf die Erfüllung des Anspruchs auf Übertragung des vermachten Gegenstandes durch den Erben abgestellt werden. Die obig aufgestellte Formel muss somit modifiziert werden:

Der Vindikationslegatar erlangt das Eigentum bzw. die Rechtsinhaberschaft an dem vermachten Gegenstand mit der Erfüllung des Anspruchs auf Übertragung. Trotz der Fälligkeit des Anspruchs mit dem Anfall des Vermächtnisses kann der aufschiebend bedingte und bedingte/befristete Eigentümer bzw. Rechtsinhaber jedenfalls nicht vor Ablauf der Drei-Monats-Frist (§ 2014 BGB) das vollumfängliche Eigentum bzw. die Rechtsinhaberschaft erlangen. Während dieser Drei-Monats-Frist kommt es ausschließlich auf die Erfüllung des Anspruchs auf Übertragung durch den Erben an.

Der Fälligkeitszeitpunkt kann somit im Ergebnis gerade nicht als Referenzpunkt für die Erlangung der Eigentümerstellung bzw. Stellung als Rechtsinhaber genutzt werden. Der Anspruch auf Übertragung wird mit dem Anfall des Vermächtnisses fällig und entgegen vorheriger Überlegungen gerade nicht erst zu einem Zeitpunkt, in dem feststeht, dass der vermachte Gegenstand nicht zur Befriedigung der Nachlassgläubiger benötigt wird. In Betracht kämen jedoch zwei weitere denkbare Zeitpunkte: zum einen der Zeitpunkt, in dem feststeht, ob der Erbe von der ihm ggf. zustehenden Möglichkeit der Haftungsbeschränkung auf den Nachlass Gebrauch macht (2) und zum anderen ein Zeitraum, der für den Erben als zumutbar erscheint, sich Klarheit darüber zu verschaffen, ob der vermachte Gegenstand zur Befriedigung der Nachlassgläubiger heranzuziehen ist (3).

(2) Gebrauchmachen von Haftungsbeschränkungsmöglichkeiten

Im Rahmen obiger Ausführungen wurde folgende vorläufige Aussage getroffen: Der Vindikationslegatar sollte jedenfalls bis zu dem Zeitpunkt, in dem feststeht, ob der Erbe bzw. die sonstigen antragsberechtigten Personen von der ihm bzw. ihnen ggf. zustehenden Möglichkeit der Haftungsbeschränkung auf den Nachlass Gebrauch macht bzw. machen und der Nachlass in diesem Falle zur Befriedigung der Nachlassverbindlichkeiten genügt, in seiner Stellung als aufschiebend bedingter und bedingter/befristeter Eigentümer bzw. Rechtsinhaber in Bezug auf den vermachten Gegenstand verweilen.

Dies wäre jedoch in mehrerlei Hinsicht problematisch. Der Antrag auf Eröffnung des Nachlassinsolvenzverfahrens kann auch von den Nachlassgläubigern gestellt werden (vgl. § 317 Abs. 1 InsO), wobei der Antrag erst dann unzulässig wäre, wenn seit der Annahme der Erbschaft zwei Jahre verstrichen sind (§ 319 InsO). Hätte der Vermächtnisnehmer bereits vor der rechtskräftigen Entscheidung über die Zulassung dieses Antrages über den vermachten Gegenstand wirksam verfügen können, könnte von einer zusätzlichen Benachteiligung der Nachlassgläubiger gesprochen werden. Fraglich ist hierbei, ob der Zeitraum für die Erlangung des Eigentums bzw. der Rechtsinhaberschaft somit auf insgesamt zwei Jahre seit der Annahme der Erbschaft verlängert werden muss. Die Problematik kann sogar noch weiter zugespitzt werden. Für den Erben selbst ist keine Antragsfrist vorgesehen; dieser kann zeitlich unbegrenzt den Antrag auf Eröffnung des Nachlassinsolvenzverfahrens stellen. Ein Hinausschieben des Erhalts der eigentümerrechtlichen Position bzw. Stellung als Rechtsinhaber zu Lasten des Vindikationslegatars kann aber gerade nicht auf Grund der fehlenden Antragsfrist in Bezug auf den Erben auf unabsehbare Zeit Bestand haben. Der Zeitpunkt, zu dem endgültig feststeht, ob der Erbe von Haftungsbeschränkungsmöglichkeiten Gebrauch macht oder nicht, kann letztlich als Referenzpunkt ebenso wenig dienlich sein wie der Fälligkeitszeitpunkt des Anspruchs auf Übertragung des vermachten Gegenstandes.

(3) Verstreichenlassen eines zumutbaren Zeitraumes

Man kann somit nicht davon ausgehen, dass die lediglich aufschiebend bedingte und bedingte/befristete Eigentümerstellung des Legatars bzw. dessen Stellung als aufschiebend bedingter und bedingter/befristeter Rechtsinhaber bis zu dem Zeitpunkt aufrechtzuerhalten ist, in dem feststeht, ob der Erbe über den vermachten Gegenstand zur Befriedigung der Nachlassgläubiger verfügen muss, sondern lediglich über einen gewissen Zeitraum hinweg, der für den Erben als zumutbar erscheint, sich Klarheit darüber zu verschaffen, ob der Vermögenswert zur Befriedigung heranzuziehen ist.

Im Rahmen der zweiten Kommission wurde diesbezüglich die Einführung nachfolgender Vorschrift beantragt[480]: „Der Vermächtnißnehmer kann die Ueberlassung der freien Verfügung über den durch das Vermächtniß erworbenen oder von einer Belastung befreiten Gegenstand […] verlangen, wenn feststeht, daß eine Verfügung des Erben […] nicht erforderlich ist, oder wenn seit der Annahme der Erbschaft ein Zeitraum verstrichen ist, der bei Anwendung ordnungsmäßiger Sorgfalt für den Erben ausreichte, um sich zu vergewissern, ob eine solche Verfügung erforderlich ist."

Eine Frist von drei Monaten ab Annahme der Erbschaft (vgl. § 2014 BGB) sah der Gesetzgeber des BGB als ausreichend für den Erben an, sich über die Aktiva und Passiva des Nachlasses durch Errichtung eines Inventars genügend zu informieren. Eine ordnungsgemäße und fristgerechte Inventarerrichtung führt dazu, dass sich der Erbe das Recht, eine Haftungsbeschränkung auf den Nachlass herbeizuführen, aufrechterhält. Ist der Vermächtnisnehmer in diesem Falle nach dem Ablauf der Drei-Monats-Frist vollumfänglicher Eigentümer bzw. Rechtsinhaber in Bezug auf den vermachten Gegenstand? Dem Erben stünde jedoch u.U. über die ersten drei Monate nach der Annahme der Erbschaft hinaus eine weitere Einrede zur Verfügung. Hierbei handelt es sich um die Einrede des Aufgebotsverfahrens nach § 2015 BGB. Gemäß § 2015 Abs. 1 BGB ist der Erbe, der einen Antrag auf Einleitung des Aufgebotsverfahrens der Nachlassgläubiger innerhalb eines Jahres nach der Annahme der Erbschaft gestellt hat, berechtigt, die Berichtigung einer Nachlassverbindlichkeit bis zur Beendigung des Aufgebotsverfahrens zu verweigern, wobei die Einrede vor der Zulassung des Aufgebots nicht erhoben werden kann. Der Erbe könnte somit bis zum Zeitpunkt der Rechtskraft des erlassenen Ausschließungsbeschlusses bzw. der rechtskräftigen Zurückweisung des Antrags auf Erlass des Ausschließungsbeschlusses die Berichtigung der Nachlassverbindlichkeiten verweigern (vgl. § 2015 Abs. 3 BGB).

„Außer diesen die Ansprüche der Gläubiger sachlich erledigenden Mitteln [beispielsweise das Nachlassinsolvenzverfahren (früher Nachlasskonkursverfahren)] hat der Inventarerbe noch zwei Mittel, um sich vor einer seine Vertheidigung beeinträchtigenden Ueberstürzung zu wahren. Zunächst kann er die Aussetzung jeder Zwangsvollstreckung auf so lange Zeit

[480] *Mugdan,* Bd. 5, S. 620 (Protokolle).

verlangen, daß ihm die Möglichkeit bleibt, durch Aufstellung eines Inventares die Uebersicht über den Stand des Nachlasses zu gewinen [...]. Ferner hat er das Recht, das Aufgebot der Nachlaßgläubiger zu verlangen, damit durch das Ausschlußurtheil der Kreis der Gläubiger umgrenzt werde, welche er zur verhältnißmäßigen Berücksichtigung aller Gläubiger in Betracht zu ziehen hat [...]. Auf Grund der Einleitung des Aufgebotsverfahrens kann er bis zur Erledigung desselben [...] die Zwangsvollstreckung abwenden [...].“[481]

Durch die Geltendmachung der Einrede des § 2015 BGB ist eine unter dem Vorbehalt der beschränkten Haftung ergehende Verurteilung des Erben gerade nicht ausgeschlossen. Der Erbe kann im Rahmen der Zwangsvollstreckung für die Dauer der in § 2015 BGB bestimmten Frist jedoch verlangen, dass diese auf solche Maßnahmen beschränkt wird, die zur Vollziehung eines Arrestes zulässig sind (vgl. § 782 S. 1 ZPO). Im Falle der Vollstreckung wegen eines Individualanspruches könnte der Vermächtnisnehmer lediglich die Wegnahme durch den Gerichtsvollzieher verlangen, nicht hingegen die Übergabe an sich selbst. Die lediglich aufschiebend bedingte und bedingte/befristete Eigentümerstellung des Vindikationslegatars bzw. dessen aufschiebend bedingte und bedingte/befristete Stellung als Rechtsinhaber müsste somit für den Fall, dass der Erbe den Antrag auf Einleitung eines Aufgebotsverfahrens innerhalb eines Jahres nach der Annahme der Erbschaft gestellt hat, bis zur Beendigung des Aufgebotsverfahrens aufrechterhalten bleiben (unter Beachtung einer eventuellen Fristverlängerung auf Grund des § 782 S. 2 ZPO). Ein Erwerb des Eigentums bzw. der Rechtsinhaberschaft durch den Vindikationsvermächtnisnehmer nach Ablauf der Drei-Monats-Frist des § 2014 BGB würde im Ergebnis den gesetzgeberischen Wertungen der Einrede des Aufgebotsverfahrens (§ 2015 BGB) widersprechen. Die Grundentscheidungen des Gesetzgebers in Bezug auf die Einreden der §§ 2014, 2015 BGB müssen letztlich allesamt zur Beantwortung der Frage herangezogen werden, welcher Zeitraum für den Erben als zumutbar erscheint, sich Klarheit darüber zu verschaffen, ob der vermachte Gegenstand zur Nachlassgläubigerbefriedigung herangezogen werden muss.

Bislang kann Folgendes festgehalten werden: Der Vindikationslegatar erlangt das Eigentum bzw. die Rechtsinhaberschaft an dem vermachten Gegenstand nicht automatisch mit dem Zeitpunkt der Fälligkeit des Anspruchs auf Übertragung dieses zugedachten Vermögenswertes. In einem zweiten Schritt konnte man zu dem vorzeitigen Schluss kommen, dass der Ablauf der Drei-Monats-Frist (§ 2014 BGB) (ausgenommen des Falles einer vorherigen Erfüllung des Anspruchs auf Übertragung des vermachten Gegenstandes) unter bestimmten Umständen den Erhalt des Eigentums bzw. der Rechtsinhaberschaft mit sich bringen könnte. Unter Berücksichtigung der Einrede des Aufgebotsverfahrens (§ 2015 BGB) müsste dieses Ergebnis jedoch weiter modifiziert werden. Der Erbe ist berechtigt, die Berichtigung einer Nachlassver-

[481] *Mugdan,* Bd. 5, S. 325 (Motive).

bindlichkeit bis zur Beendigung des Aufgebotsverfahrens zu verweigern, falls der Erbe den Antrag auf Einleitung des Aufgebotsverfahrens der Nachlassgläubiger innerhalb eines Jahres nach der Annahme der Erbschaft gestellt hat und der Antrag zugelassen ist. Würde man nunmehr die lediglich aufschiebend bedingte und bedingte/befristete rechtliche Position des Vindikationslegatars nach dem Ablauf von drei Monaten nach der Annahme der Erbschaft als hinfällig betrachten, so wäre der Erbe in der Erhebung der Einrede wesentlich eingeschränkt. Für diese wäre eben lediglich erforderlich, dass der Antrag auf Einleitung des Aufgebotsverfahrens innerhalb eines Jahres nach der Annahme der Erbschaft gestellt wird. Der Gesetzgeber sah es aber gerade vor, dass sich der Erbe durch die Errichtung eines Inventars und die Durchführung eines Aufgebotsverfahrens über die Aktiva und Passiva unterrichten darf. Für die Erlangung des Eigentums bzw. der Rechtsinhaberschaft an dem im Wege eines Vindikationslegates zugedachten Vermögenswert und den Anspruch auf Übertragung dieses vermachten Gegenstandes muss somit gelten: Der Anspruch auf Übertragung ist mit dem Anfall des Vermächtnisses fällig, da die §§ 1958, 2014, 2015 BGB keine Auswirkungen auf den Fälligkeitszeitpunkt eines Anspruches haben, mithin keine (bzw. § 1958 BGB lediglich in Bezug auf den Fälligkeitszeitpunkt) materiell-rechtlichen Wirkungen entfalten. Der Erhalt des Eigentums bzw. der Rechtsinhaberschaft kann jedoch an diesen Fälligkeitszeitpunkt zur Vermeidung der Umgehung des auf Grund der §§ 2014, 2015 BGB zu verwirklichenden Schutzes nicht geknüpft werden und erfolgt grundsätzlich mit der freiwilligen bzw. im Wege der Zwangsvollstreckung durchgesetzten Erfüllung des Anspruchs auf Übertragung des vermachten Gegenstandes (aufschiebend bedingte Eigentümerstellung bzw. Stellung als Rechtsinhaber). Es könnte jedoch für den Fall, dass eine Erfüllung noch nicht erfolgte, daran gedacht werden, dass der Vindikationslegatar das Eigentum bzw. die Rechtsinhaberschaft an dem zugewandten Gegenstand auch dann erlangt, wenn der Erbe innerhalb eines Jahres nach der Annahme der Erbschaft keinen Antrag auf Einleitung des Aufgebotsverfahrens der Nachlassgläubiger gestellt hat. Die bloße aufschiebend bedingte und bedingte/befristete eigentümerrechtliche Stellung bzw. Stellung als Rechtsinhaber würde in diesem Falle mit dem Ablauf eines Jahres nach der Annahme der Erbschaft enden.

Auch dieses unter Beachtung der Wertungen des § 2015 BGB gefundene Ergebnis lässt sich jedoch mit dem nationalen Erbrecht noch nicht vollumfänglich vereinbaren. Ist die Anordnung der Nachlassverwaltung oder die Eröffnung des Nachlassinsolvenzverfahrens wegen Mangels einer den Kosten entsprechenden Masse nicht tunlich oder wird aus diesem Grunde die Nachlassverwaltung aufgehoben oder das Insolvenzverfahren eingestellt, so kann der Erbe gemäß § 1990 Abs. 1 S. 1 BGB die Befriedigung eines Nachlassgläubigers insoweit verweigern, als der Nachlass nicht ausreicht. Es tritt eine Haftungsbeschränkung auf den Nachlass ein und eine persönliche Haftung des Erben ist ausgeschlossen. Gemäß § 1991 Abs. 4 BGB hat der Erbe die Verbindlichkeiten aus Pflichtteilsrechten, Vermächtnissen und Auflagen so zu berichtigen, wie sie im Falle des Insolvenzverfahrens zur Berichtigung kommen würden. Die Erlangung des Eigentums bzw. der Rechtsinhaberschaft an dem vermachten Gegenstand verbietet sich somit – unabhängig von der Erfüllung des Anspruchs des Vindikationslegatars gegenüber dem Erben auf Übertragung des zugewandten Vermögenswertes – schlichtweg. Dem Erben darf die Erhebung der Dürftigkeitseinrede des § 1990 BGB keineswegs durch ein automatisches Entfallen der lediglich aufschiebend bedingten und bedingten/befristeten eigentümerrechtlichen Stellung bzw. Stellung als Rechtsinhaber versagt werden. Dieses Ergebnis kann auch mit Hilfe von *Marotzkes* Ausführungen untermauert werden[482]:

„*Entweder* der Erbe wird *keinerlei Maßregeln* ergreifen, die ihn vor einer Inanspruchnahme auch seines Eigenvermögens schützen. Vielleicht will er die Schulden des Erblassers zahlen oder hält er Schutzmaßregeln nach Lage der Sache für unnötig. Dann zahlt er freiwillig oder lässt sich verurteilen und erhebt gegen die Vollstreckung keine Einwendungen. Eine Beschränkung seiner Haftung kommt dann erst in Frage, wenn er den Nachlass gem § 1979 durch Selbstliquidierung aufgebraucht hat. Treten jetzt noch Nachlassgläubiger auf, die nicht nach § 1973 im Aufgebotsverfahren ausgeschlossen sind oder nach § 1974 in dieser Weise ausgeschlossenen Gläubigern gleichstehen, so kann der Erbe, da der Nachlass die Kosten eines Nachlassinsolvenzverfahrens nun nicht mehr zu decken vermag, die Unzulänglichkeitseinrede nach §§ 1990, 1991 erheben, wird freilich dann den Nachlassgläubigern nach §§ 1978–1980 verantwortlich […].“

Dieses Ergebnis wird durch die Vorschrift des § 1992 S. 1 BGB untermauert. Der Erbe ist, auch wenn die Voraussetzungen des § 1990 BGB nicht vorliegen, berechtigt, die Berichtigung der Verbindlichkeiten aus Vermächtnissen und Auflagen nach den Vorschriften der §§ 1990, 1991 BGB zu bewirken, wenn die Überschuldung des Nachlasses auf Vermächtnissen und Auflagen beruht. Der Erbe hat hierbei bei der Nachlassgläubigerbefriedigung die in § 1991 Abs. 4 BGB i.V.m. § 327 Abs. 1 InsO vorgeschriebene Rangfolge zu berücksichtigen[483]. Dem Erben darf auch diese Überschwerungseinrede unter keinen Umständen versagt werden.

Dies bedeutet nunmehr, dass der Vindikationsvermächtnisnehmer das Eigentum bzw. die Rechtsinhaberschaft erst mit der freiwilligen bzw. im Wege der Zwangsvollstreckung durchgesetzten Erfüllung seines Anspruchs auf Übertragung des vermachten Gegenstandes erhält. Es kann von keinem Entfallen der lediglich aufschiebend bedingten und bedingten/befristeten Eigentümerstellung bzw. Stellung als Rechtsinhaber ohne Mitwirkungshandlung des Erben bzw. der staatlichen Organe ausgegangen werden.

---

[482] Staudinger-BGB/*Dutta* (2016), Vorbem. zu §§ 1967 ff. BGB Rn. 41.
[483] Beck'scher Online-Kommentar BGB/*Lohmann,* § 1992 BGB Rn. 6.

(4) Zusammenfassung

Im Rahmen einer anzudenkenden Innenhaftung des Vindikationslegatars könnten sich die Nachlassgläubiger zur Befriedigung ihrer Forderungen lediglich an den bzw. die Erben wenden und gerade nicht an den Vermächtnisnehmer selbst. Der im Wege eines Vindikationslegates zugedachte Gegenstand darf aber der Haftungsmasse zugunsten der Nachlassgläubiger nicht entzogen sein, weshalb dem bzw. den Erben eine irgendwie geartete Zugriffsmöglichkeit auf diesen eingeräumt werden muss. Um frühzeitige Weiterveräußerungen durch den Vermächtnisnehmer zu verhindern, wird unter der in Punkt a) dargestellten ersten Variante der Versuch einer rechtlichen Konstruktion unternommen, bei der der Legatar nicht das Eigentum bzw. die Rechtsinhaberschaft an dem Gegenstand mit dem Anfall des Vermächtnisses erlangt, sondern eine lediglich aufschiebend bedingte Rechtsposition. Was stellt nunmehr aber die Bedingung dar, deren Eintritt zum Erwerb der vollumfänglichen eigentümerrechtlichen Stellung bzw. Stellung als Rechtsinhaber führt? Auf den Fälligkeitszeitpunkt eines gesetzlich festzuschreibenden Anspruchs des Vindikationslegatars gegenüber dem bzw. den Erben auf Übertragung des Eigentums bzw. der Rechtsinhaberschaft als aufschiebend bedingt-befristeter Referenzpunkt kann gerade nicht abgestellt werden. Der Anspruch wird bereits mit dem Anfall des Vermächtnisses fällig und nicht erst zu einem Zeitpunkt, zu dem Klarheit darüber besteht, dass der vermachte Gegenstand auf Grund eines genügenden Nachlasses zur Nachlassgläubigerbefriedigung nicht herangezogen werden muss (1). Auf Grund nicht zu vernachlässigender Interessen der Vindikationslegatare kann aber als aufschiebend bedingter Ansatzpunkt auch nicht auf einen Zeitpunkt verwiesen werden, zu dem feststeht, ob der Erbe bzw. sonstige antragsberechtigte Personen von eventuellen Haftungsbeschränkungsmöglichkeiten auf den Nachlass Gebrauch macht bzw. machen und der Nachlass in ausreichendem Maße vorhanden ist (2). Letztlich vermag ebenfalls die aufschiebend bedingt-befristete Konstruktion nicht zu überzeugen, bei der der Legatar das Eigentum bzw. die Rechtsinhaberschaft automatisch zu einem Zeitpunkt erlangt, in dem Gewissheit darüber herrscht, dass der Nachlass zur Befriedigung der Forderungen der Nachlassgläubiger in ausreichendem Maße vorhanden ist und ein gewisser Zeitraum verstrichen ist, den der Gesetzgeber zur umfangreichen Information über vorhandene Aktiva und Passiva und zum Ergreifen von Haftungsbeschränkungsmöglichkeiten als genügend ansieht (3). Im Ergebnis bleibt festzuhalten, dass der Vindikationslegatar das Eigentum bzw. die Rechtsinhaberschaft erst und ausschließlich mit der Erfüllung des Anspruchs auf Übertragung des vermachten Gegenstandes durch den bzw. die Erben zu erlangen vermag. Aus diesem Grunde erhält der Vindikationslegatar mit dem Anfall des Vermächtnisses das *aufschiebend bedingte* Eigentum bzw. die *aufschiebend bedingte* Rechtsinhaberschaft an dem vermachten

Gegenstand. Die vorstehenden Ausführungen belegen, dass die unter Punkt bb) angedachte Kombination aus einer aufschiebend bedingten Rechtsposition einerseits und einer aufschiebend bedingt-befristeten andererseits gerade nicht überzeugen konnte. Aufschiebend bedingt-befristete Referenzpunkte haben auszuscheiden. Es kommt alleinig auf die Erfüllung des Anspruchs auf Übertragung des zugewandten Gegenstandes als aufschiebend bedingter Referenzpunkt an.

§ 2191 a BGB: „Mit dem Tode einer Person geht das *aufschiebend bedingte* Eigentum bzw. die *aufschiebend bedingte* Rechtsinhaberschaft an dem vermachten Gegenstand auf den Bedachten über.“

§ 2191 b BGB: „Ist das Vermächtnis unter einer aufschiebenden Bedingung oder unter Bestimmung eines Anfangstermins angeordnet und tritt die Bedingung oder der Termin erst nach dem Erbfall ein, so erfolgt der Erwerb der *aufschiebend bedingten* Eigentümerstellung bzw. Stellung als Rechtsinhaber mit dem Eintritt der Bedingung oder des Termins.“

§ 2191 c BGB: „Durch das Vermächtnis wird für den Bedachten das Recht begründet, von dem Beschwerten die Übertragung des vollumfänglichen Eigentums bzw. der Rechtsinhaberschaft an dem vermachten Gegenstand zu fordern. Die Forderung des Vermächtnisnehmers kommt, unbeschadet des Rechts, das Vermächtnis auszuschlagen, zur Entstehung (Anfall des Vermächtnisses) mit dem Erbfall. Ist das Vermächtnis unter einer aufschiebenden Bedingung oder unter Bestimmung eines Anfangstermins angeordnet und tritt die Bedingung oder der Termin erst nach dem Erbfall ein, so erfolgt der Anfall des Vermächtnisses mit dem Eintritt der Bedingung oder des Termins.“

(5) Weitere Überlegungen

Die Erfüllung des Anspruchs auf Übertragung des vermachten Gegenstandes dient als aufschiebende Bedingung in Bezug auf den Erhalt des Eigentums bzw. der Rechtsinhaberschaft zugunsten des Vindikationsvermächtnisnehmers. Es gilt weiterhin die Frage zu klären, ob noch anderweitige (ggf. frühzeitigere) Referenzpunkte in Betracht zu ziehen wären.

(a) Unbeschränkte Haftung des Erben

Etwas anderes könnte sich abschließend u.U. noch dann ergeben, falls der Erbe die Möglichkeit der Haftungsbeschränkung verloren und somit auch persönlich zu haften hat. Ab diesem Zeitpunkt des Verlusts des Haftungsbeschränkungsrechts seitens des Erben könnte von der Erlangung des vollumfänglichen Eigentums bzw. der Rechtsinhaberschaft zugunsten des Legatars ausgegangen werden. Würde dem Erben die Pflicht zur Errichtung eines Inventars auferlegt werden und würde die hierfür festgelegte Frist erfolglos verstreichen, würde der Erbe für die Nachlassverbindlichkeiten unbeschränkt haften (vgl. § 1994 Abs. 1 S. 2 BGB). Ab diesem Zeitpunkt der unbeschränkten Haftung des Erben könnte von einer lediglich aufschiebend bedingten Rechtsposition des Vindikationsvermächtnisnehmers abgesehen werden.

Gemäß § 2013 Abs. 1 S. 1 BGB finden die Vorschriften der §§ 1973 bis 1975 BGB, 1977 bis 1980 BGB, 1989 bis 1992 BGB keine Anwendung, falls der Erbe für die Nachlassverbindlichkeiten unbeschränkt haftet; weiterhin ist der Erbe nicht berechtigt, die Anordnung einer Nachlassverwaltung zu beantragen. Gemäß § 2016 Abs. 1 BGB finden auch die Vorschriften der §§ 2014, 2015 BGB keine Anwendung, wenn der Erbe unbeschränkt haftet. Wie kommt es nunmehr zu einem Verlust des Rechts des Erben, seine Haftung auf den Nachlass zu beschränken? Der Erbe haftet nach dem Ablauf der Inventarfrist unbeschränkt, wenn nicht vorher das Inventar errichtet wird (vgl. § 1994 Abs. 1 S. 2 BGB). Führt der Erbe absichtlich eine erhebliche Unvollständigkeit der im Inventar enthaltenen Angabe der Nachlassgegenstände herbei oder bewirkt er in der Absicht, die Nachlassgläubiger zu benachteiligen, die Aufnahme einer nicht bestehenden Nachlassverbindlichkeit, so haftet er gemäß § 2005 Abs. 1 S. 1 BGB für die Nachlassverbindlichkeiten unbeschränkt. Das Gleiche gilt, wenn er im Falle der amtlichen Aufnahme des Inventars (§ 2003 BGB) die Erteilung der Auskunft verweigert oder absichtlich in erheblichem Maße verzögert (vgl. § 2005 Abs. 1 S. 2 BGB).

Eine derartige Sichtweise könnte jedoch erhebliche Probleme mit sich bringen: einerseits in Bezug auf die gegenüber allen Nachlassgläubigern unbeschränkte Erbenhaftung (§ 2013 Abs. 1 BGB) und andererseits bzgl. der unbeschränkten Haftung des Erben nur einzelnen Nachlassgläubigern gegenüber (§ 2013 Abs. 2 BGB). Zum einen kann sich der Erbe gemäß § 2013 Abs. 1 S. 2 BGB auf eine nach § 1973 BGB oder nach § 1974 BGB eingetretene Beschränkung der Haftung jedoch dann berufen, wenn später der Fall des § 1994 Abs. 1 S. 2 BGB oder des § 2005 Abs. 1 BGB eintritt. Der Erbe kann sich somit entgegen des § 2013 Abs. 1 S. 1 BGB auf eine nach den §§ 1973 oder 1974 BGB eingetretene Haftungsbeschränkung berufen, wenn die Voraussetzungen der Ausschließungs- oder Verschweigungseinrede schon vor dem Verlust des Haftungsbeschränkungsrechts vorlagen[484].

Bsp.: Ein Nachlassgläubiger (ursprünglich: Gläubiger des Erblassers) hat seine Forderung im Aufgebotsverfahren nicht angemeldet. Im Anschluss hieran verliert der Erbe sein Haftungsbeschränkungsrecht (§ 1994 Abs. 1 S. 2 BGB oder § 2005 Abs. 1 BGB). Würde man nunmehr auf Grund der gegenüber (allen) Nachlassgläubigern eintretenden unbeschränkten Erbenhaftung (§ 2013 Abs. 1 BGB) ein Entfallen der bloßen aufschiebend bedingten rechtlichen Position des Legatars annehmen, entstünde ein Konflikt mit den Vorschriften der §§ 2013 Abs. 1 S. 2, 1973, 1974 BGB. Gemäß § 1973 Abs. 1 S. 1 BGB kann der Erbe die Befriedigung eines im Aufgebotsverfahren ausgeschlossenen Nachlassgläubigers insoweit verweigern, als der Nachlass durch die Befriedigung der nicht ausgeschlossenen Gläubiger erschöpft wird. Gemäß § 1973 Abs. 1 S. 2 BGB hat der Erbe jedoch den ausgeschlossenen Gläubiger vor den Verbindlichkeiten aus Pflichtteilsrechten, Vermächtnissen und Auflagen

---

[484] Beck'scher Online-Kommentar BGB/*Lohmann,* § 2013 BGB Rn. 2. *Lohmann* verweist hierbei jedoch irrtümlicherweise auf den nicht existenten § 1993 Abs. 1 S. 2 BGB und gerade nicht auf § 1994 Abs. 1 S. 2 BGB.

zu befriedigen, es sei denn, dass der Gläubiger seine Forderung erst nach der Berichtigung dieser Verbindlichkeiten geltend macht. Würde man nunmehr die lediglich aufschiebend bedingte eigentümerrechtliche Stellung des Vindikationslegatars bzw. dessen aufschiebend bedingte Rechtsinhaberschaft automatisch entfallen lassen, würde man die „es sei denn“-Regelung des § 1973 Abs. 1 S. 2 BGB zum Regelfall werden lassen. Es sollte auch hierbei – zur Wahrung der Einheitlichkeit mit dem bloßen Forderungsrecht des Damnationsvermächtnisnehmers – auf eine Erfüllung seitens des Erben abgestellt werden.

Unter Berücksichtigung des § 2013 Abs. 2 BGB gibt es zum anderen eine unbeschränkte Haftung des Erben lediglich einzelnen Gläubigern gegenüber. Diese Konstellation würde dann auftreten, falls sich der Erbe weigert, auf Verlangen eines Nachlassgläubigers zu Protokoll des Nachlassgerichts an Eides statt zu versichern, dass er nach bestem Wissen die Nachlassgegenstände so vollständig angegeben habe, als er dazu imstande sei (vgl. § 2006 Abs. 1 BGB), wenn im Urteil kein Vorbehalt der beschränkten Erbenhaftung gemäß § 780 Abs. 1 ZPO aufgenommen wurde oder wenn er letztlich auf die Beschränkung verzichtet hat[485]. Dies bedeutet im Ergebnis, dass der Erbe unter gewissen Umständen auch nur einzelnen Gläubigern gegenüber unbeschränkt zu haften hat, gegenüber den übrigen Gläubigern hingegen die allgemeinen Regeln über die Haftung des Erben gelten:

„Der Erbe bleibt berechtigt, das Aufgebot der Nachlassgläubiger zu beantragen (§ 1970), nach §§ 1973 oder 1974 zu verfahren, seine Haftung durch Nachlassverwaltung oder Nachlassinsolvenzverfahren zu beschränken (§ 1975) oder die Einreden der §§ 1990 bis 1992 zu erheben.“[486]

Haftet der Erbe dem Vindikationslegatar gegenüber unbeschränkt, so kann hierdurch nicht gleichzeitig von dem Erhalt des Eigentums bzw. der Rechtsinhaberschaft zugunsten des Vermächtnisnehmers gesprochen werden, da den übrigen Nachlassgläubigern gegenüber noch Haftungsbeschränkungen in Betracht kämen. Die Nachlassgläubiger dürfen hierbei nicht der Gefahr der endgültigen Veräußerung des vermachten Gegenstandes durch den Vermächtnisnehmer ausgesetzt sein. Etwas anderes ergibt sich auch nicht aus der Formulierung des § 2014 BGB („jedoch nicht über die Errichtung des Inventars hinaus“). Der Erbe ist über die Inventarerrichtung hinaus gerade nicht dazu berechtigt, die Berichtigung einer Nachlassverbindlichkeit bis zum Ablauf der ersten drei Monate nach der Erbschaftsannahme zu verweigern. Die Erhebung der Einrede des Aufgebotsverfahrens wäre aber nach ihrem eindeutigen Wortlaut und auf Grund eines systematischen Vergleiches zu § 2014 BGB gerade nicht über die Errichtung des Inventars hinaus ausgeschlossen. Die Inventarerrichtung hat somit – exemplarisch am Beispiel der Einrede des Aufgebotsverfahrens – keinerlei Auswirkung auf die Jahresfrist des § 2015 Abs. 1 BGB.

---

[485] Beck'scher Online-Kommentar BGB/*Lohmann*, § 2013 BGB Rn. 5.
[486] Beck'scher Online-Kommentar BGB/*Lohmann*, § 2013 BGB Rn. 5.

(b) Rechtskräftiges Urteil im Erkenntnisverfahren

Die aufschiebende Bedingung könnte abschließend noch mit einem rechtskräftigen Urteil im Erkenntnisverfahren auf Übertragung des Eigentums bzw. der Rechtsinhaberschaft in Bezug auf den konkreten Gegenstand eintreten. Dies muss jedoch ebenso verneint werden. Auf Grund der Vorschrift des § 1991 Abs. 4 BGB muss die Einrede der Dürftigkeit des Nachlasses auch noch in der Zwangsvollstreckung geltend gemacht werden können[487]. Für den Erben käme hierfür die Vollstreckungsabwehrklage gemäß § 767 ZPO in Betracht, wobei Abs. 2 besonderer Beachtung bedarf. Würde dem Erben die Erhebung der Dürftigkeitseinrede abgeschnitten werden, würde sich dieser einer Haftung gegenüber den übergangenen Gläubigern aussetzen (vgl. § 1978 Abs. 1 BGB)[488].

„Zwangsvollstreckungsmaßnahmen von Nachlassgläubigern in den *Nachlass* haben grds. Bestand. Ausnahmsweise kann die Aufhebung verlangt werden, wenn und soweit sie die Ausübung der Rechte des Erben aus Abs. 1 beeinträchtigen, etwa dann, wenn der Gläubiger eines Pflichtteilsrechts, eines Vermächtnisses oder einer Auflage eine ihm nicht zustehende vorzugsweise Befriedigung seines Anspruchs erhalten würde (vgl. § 1991 Abs. 4 und § 327 Abs. 1 InsO) […].“[489]

(6) Zusammenfassung

Der Vindikationslegatar erlangt das Eigentum bzw. die Rechtsinhaberschaft an dem vermachten Gegenstand erst mit der freiwilligen bzw. im Wege der Zwangsvollstreckung durchgesetzten Erfüllung des Anspruchs auf Übertragung des zugedachten Vermögenswertes. Lediglich diese Erfüllung kann als in der Zukunft liegendes, ungewisses Ereignis im Rahmen der mit dem Anfall des Vermächtnisses erworbenen aufschiebend bedingten eigentümerrechtlichen Stellung bzw. Stellung als Rechtsinhaber dienen. Anderweitige aufschiebende Bedingungskonstruktionen – vgl. hierzu die Darstellungen unter (2) und (5) – scheiden ebenso aus wie die unter den Punkten (1) und (3) dargestellten Kombinationen aus zukünftigen, gewissen und ungewissen Ereignissen. Der Grund hierfür liegt in der derzeitigen gesetzlichen Ausgestaltung des Inventarrechts, der Haftungsbeschränkungsmöglichkeiten des Erben und der unterschiedlichen, dem Erben zur Verfügung stehenden Einreden

[487] Gemäß § 1991 Abs. 4 BGB hat der Erbe die Verbindlichkeiten aus Pflichtteilsrechten, Vermächtnissen und Auflagen so zu berichtigen, wie sie im Falle des Insolvenzverfahrens zur Berichtigung kommen würden. Die in § 1991 Abs. 4 BGB genannten Gläubiger nehmen gegenüber den übrigen auch dann eine nachrangige Position ein, wenn sie bereits die rechtskräftige Verurteilung des Erben erstritten haben (vgl. MüKo-BGB/*Küpper,* § 1991 BGB Rn. 9 m.w.N.).

[488] MüKo-BGB/*Küpper,* § 1991 BGB Rn. 9.

[489] Beck'scher Online-Kommentar BGB/*Lohmann,* § 1990 BGB Rn. 9.

(§§ 1973, 1974, 1990, 1992, 2014, 2015 BGB)[490]. Der Gesetzgeber sieht zwar im Grunde die in den §§ 2014, 2015 BGB enthaltenen Fristen als ausreichend dafür an, um sich über die bestehenden Aktiva und Passiva des Nachlasses zu informieren. Trotz alledem ist das Antragsrecht des Erben in Bezug auf die Nachlassverwaltung und das Nachlassinsolvenzverfahren nicht begrenzt und auch die Einreden der §§ 1990, 1992 BGB sind an keinerlei Fristen gebunden.

cc) Widerspruch zur rechtlichen Konstruktion der Vorerbschaft und Nacherbschaft

Im Falle der aufschiebend bedingten Eigentümerstellung des Legatars bzw. dessen aufschiebend bedingter Stellung als Rechtsinhaber wären Zwischenverfügungen des Erben im Falle des Eintritts der Bedingung insoweit unwirksam, als sie die von der Bedingung abhängige Wirkung vereiteln oder beeinträchtigen würden (vgl. § 161 Abs. 1 S. 1 BGB). Der Erbe wäre somit im Ergebnis zum Schutze des Vermächtnisnehmers weitreichenderen Verfügungsbeschränkungen ausgesetzt als der Vorerbe i.S.d. §§ 2100 ff. BGB zum Schutze des Nacherben. Die Konstruktion einer aufschiebend bedingten rechtlichen Position des Legatars könnte folglich in einem inneren Wertungswiderspruch zu den bereits existenten Regelungen der Vor- und Nacherbschaft stehen (vgl. §§ 2112 ff. BGB). Der Nacherbe wäre in schwächerem Maße gegen Verfügungen des Vorerben geschützt als der Vindikationslegatar als aufschiebend bedingter Eigentümer bzw. Inhaber eines Rechts. Der Vermächtnisnehmer steht in seiner rechtlichen Rangposition jedoch unter gewissen Umständen hinter derjenigen eines Erben: Der Erbe könnte als Massegläubiger bzw. Pflichtteilsberechtigter den Vermächtnisnehmern vorgehen (vgl. §§ 327 Abs. 1 InsO, 1976 BGB). Ein derartiger Wertungswiderspruch bestünde im Ergebnis jedoch bei genauerer Betrachtung überhaupt nicht, da es der strukturellen Vergleichbarkeit zwischen der Vor- und Nacherbschaft einerseits und der Konstruktion einer aufschiebend bedingten Eigentümerstellung des Legatars bzw. dessen Stellung als aufschiebend bedingter Rechtsin-

[490] *Mayer* (in: Verhandlungen des 68. DJT, Bd. II/1, L 121, L 122) äußerte sich in Bezug auf das Haftungssystem des BGB folgendermaßen: „Das System der *Erbenhaftung* nach dem BGB, das von der zunächst eintretenden unbeschränkten Haftung des Erben für die Nachlassverbindlichkeiten ausgeht, dem Erben aber unter bestimmten Voraussetzungen die Möglichkeit gibt, die Erbenhaftung auf den Nachlass zu beschränken, ist selbst für den Fachmann kaum durchschaubar. Daher wird in der Praxis durchweg immer ausgeschlagen, wenn nur irgendwo die Gefahr einer Haftung für Nachlassverbindlichkeiten droht, weil dies die einfachste Art ist, eine drohende […] Erbenhaftung zu vermeiden.“ Zur rechtspolitischen Würdigung und zu Reformvorschlägen in Bezug auf die Erbenhaftung des BGB vgl. Staudinger-BGB/*Dutta* (2016), Vorbem. zu §§ 1967 ff. BGB Rn. 46 bis 51. *Dutta* spricht hierbei (Rn. 49) von einer „übergroße[n] *Kompliziertheit* der Regelungen des BGB“.

haber auf der anderen Seite ermangelt: Die Vor- und Nacherbschaft dient gerade dazu, den Nachlass in seiner zeitlichen Nutzung gewissermaßen aufzuteilen. Der Erblasser möchte sowohl den Vorerben als auch den Nacherben in gewisser Hinsicht begünstigen. Die Stellung des Vorerben entspricht weitgehend derjenigen eines Nießbrauchers[491]. Da dieser die Substanz nicht angreifen darf, muss der Nacherbe als „eigentlicher" Erbe bezeichnet werden[492]. Der Vermächtnisnehmer soll jedoch gerade alleiniger Begünstigter in Bezug auf den vermachten Gegenstand sein, woraus sich ein umfangreicheres Schutzniveau zugunsten des Legatars zu rechtfertigen vermag. Gemäß § 2111 Abs. 1 S. 1 BGB gehört zur Erbschaft, was der Vorerbe auf Grund eines zur Erbschaft gehörenden Rechts oder als Ersatz für die Zerstörung, Beschädigung oder Entziehung eines Erbschaftsgegenstands oder durch Rechtsgeschäft mit Mitteln der Erbschaft erwirbt, sofern nicht der Erwerb ihm als Nutzung gebührt. Die Vorschrift des § 2111 BGB umfasst nicht nur einen Herausgabeanspruch des Nacherben in Bezug auf die beim Tod des Erblassers bereits vorhandenen Nachlassgegenstände, sondern darüber hinaus in Bezug auf die Surrogate[493]. Das in § 2111 BGB festgeschriebene Surrogationsprinzip und das in § 2112 BGB normierte Verfügungsrecht des Vorerben zeigen, dass es im Rahmen der Vor- und Nacherbschaft nicht vordergründig auf die Erhaltung des konkreten Nachlassgegenstandes ankommt, sondern gerade auf den wertmäßigen Erhalt der Nachlasssubstanz. Der Vermächtnisnehmer hat hingegen ein besonderes Interesse an der Erlangung des individuellen vermachten Gegenstandes. Aus diesem Grunde erscheint auch die Anwendbarkeit des § 161 Abs. 1 S. 1 BGB im Verhältnis zwischen dem Erben und dem Vindikationslegatar – trotz dessen Unanwendbarkeit im Bereich der Vor- und Nacherbschaft – als nicht problematisch:

> „Der Vorerbe kann über alle Gegenstände des Nachlasses außer denen, die mit Grundstücken zu tun haben oder Grundstücke sind (§§ 2113 Abs. 1, 2114), entgeltlich (§ 2113 Abs. 2) frei verfügen. Der Nacherbe besitzt in der Zeit der Vorerbschaft nach einhelliger Meinung schon ein echtes Anwartschaftsrecht, das voll dem Rechtsverkehr unterliegt, also übertragen, belastet, gepfändet werden kann. [...] Es gilt nicht für alle Nachlassgegenstände § 161, sodass keine Anwartschaftsrechte des Nacherben in Bezug auf die einzelnen Nachlassgegenstände entstehen. Das Gesetz legt mehr Wert auf die Ausgestaltung des internen Schuldverhältnisses zwischen Vor- und Nacherbe (§§ 2120 ff.; vgl. aber auch hier § 2131) und auf das Surrogationsprinzip (§ 2111)."[494]

Ein Wertungswiderspruch könnte sich hingegen zu dem Fall ergeben, dass der Erblasser eine Erbeinsetzung unter einer aufschiebenden Bedingung gemacht hat (vgl. § 2074 BGB). Gemäß § 2105 Abs. 1 BGB sind die gesetzli-

---

[491] MüKo-BGB/*Grunsky*, § 2100 BGB Rn. 3.
[492] MüKo-BGB/*Grunsky*, § 2100 BGB Rn. 3.
[493] Beck'scher Online-Kommentar BGB/*Litzenburger*, § 2111 BGB Rn. 1.
[494] *Muscheler*, Erbrecht, Bd. 2, § 37 Rn. 2478.

chen Erben des Erblassers die Vorerben, wenn der Erblasser anordnet, dass der eingesetzte Erbe die Erbschaft erst mit dem Eintritt eines bestimmten Zeitpunktes oder Ereignisses erhalten soll, ohne zu bestimmen, wer bis dahin Erbe sein soll. Es kommt somit auch ohne den Willen des Erblassers zu einer konstruktiven Vor- und Nacherbschaft[495]. Es könnte somit der Fall eintreten, dass der Erblasser eine bestimmte Person zu seinem Erben bestimmt, die letztwillige Zuwendung jedoch unter einer aufschiebenden Bedingung machen möchte und keinerlei Kenntnis darüber hat, dass sein Tod auf Grund des zu verwirklichenden Grundsatzes der Universalsukzession und der hierdurch zu vermeidenden Herrenlosigkeit von Sachen eine Vor- und Nacherbschaft zur Folge hätte. Der Vorerbe kann hierbei gemäß § 2112 BGB über die zur Erbschaft gehörenden Gegenstände verfügen, soweit sich nicht aus den Vorschriften der §§ 2113 bis 2115 BGB ein anderes ergibt. Der Vorerbe kann im Ergebnis in weitreichenderem Maße über die zum Nachlass gehörenden Gegenstände verfügen als der Erbe im Fall einer aufschiebend bedingten Eigentümerstellung des Vermächtnisnehmers bzw. dessen Stellung als aufschiebend bedingter Inhaber eines Rechts, obwohl der Erblasser bei fehlender Kenntnis über die Rechtslage ausschließlich den Nacherben begünstigen wollte und ein Erbe unter bestimmten Umständen in einer höherrangigen rechtlichen Position als ein Legatar stünde[496]. Dem Erblasser könnte es besonders daran gelegen sein, dass der Erbe alle Nachlassgegenstände und insbesondere einen ganz konkreten mit dem Eintritt des Termins oder der Bedingung erlangt. Dies bedeutet dementsprechend, dass die Konstruktion einer aufschiebend bedingten Eigentümerstellung des Legatars bzw. einer aufschiebend bedingten Rechtsinhaberschaft gerade nicht ohne einen Wertungswiderspruch zum Falle einer aufschiebend bedingten Erbeinsetzung in das

[495] Beck'scher Online-Kommentar BGB/*Litzenburger,* § 2074 BGB Rn. 3.

[496] Natürlich darf an dieser Stelle nicht verkannt werden, dass der Erbe in anderen Fallkonstellationen genauso gut eine nachteiligere rechtliche Position einnehmen könnte als der Vermächtnisnehmer. Wäre der Erbe weder ein Massegläubiger noch pflichtteilsberechtigt, so könnte es durchaus sein, dass diesem im Gegensatz zu den Vermächtnisnehmern im Falle eines insolventen Nachlasses nichts mehr verbleibt. Es stellt sich somit die Frage, wofür man sich entscheiden solle. Durch die Möglichkeit der aufschiebend bedingten rechtlichen Position des Vindikationslegatars würden all diejenigen Erben benachteiligt, die der (ungewollten) konstruktiven Vor- und Nacherbschaft unterfallen, aber im Einzelfall als Massegläubiger oder Pflichtteilsberechtigte eine günstigere rechtliche Position innehaben sollten als Vindikationslegatare. Durch die Ablehnung einer aufschiebend bedingten eigentümerrechtlichen Position des Vindikationsvermächtnisnehmers bzw. dessen Stellung als aufschiebend bedingter Inhaber eines Rechts würde man diese hingegen auf ein schuldrechtlich wirkendes Vermächtnis verweisen und diese im Gegensatz zu den nicht privilegierten Erben auf ungerechte Art und Weise zurücksetzen. Im Ergebnis sollte man sich wohl für die Ablehnung einer aufschiebend bedingten rechtlichen Position des Legatars aussprechen, um durch ein neuartiges Rechtsinstitut keine weiteren, wenn auch nur in einzelnen Fällen, Wertungswidersprüche in das System des BGB zu integrieren.

geltende Recht inkorporiert werden könnte und hierauf letztlich zu verzichten ist[497].

Diese Konstruktion einer aufschiebend bedingten Eigentümerstellung bzw. der Stellung als Rechtsinhaber mit dem Anfall des Vermächtnisses würde an einem inneren Wertungswiderspruch zu der Vorschrift des § 2105 Abs. 1 BGB leiden. Der Vindikationslegatar würde auf Grund des § 161 Abs. 1 S. 1 BGB in umfangreicherem Maße gegen veruntreuende Verfügungen des Erben geschützt als der Nacherbe im Vergleich zum Vorerben im Falle des § 2105 Abs. 1 BGB.

dd) Weitere Problemkreise

Die Konstruktion einer aufschiebend bedingten Eigentümerstellung bzw. der Stellung als Rechtsinhaber weist ein weiteres erhebliches Problem im Gegensatz zu der unter Punkt d) noch darzustellenden Variante des Vindikationslegatars als Eigentümer bzw. Inhaber eines Rechts mit dem Anfall des Vermächtnisses auf. In letztgenannter Variante erlangt der Vindikationslegatar mit dem Anfall des Vermächtnisses das Eigentum bzw. die Rechtsinhaberschaft an dem vermachten Gegenstand. Hierbei würde es sich um einen Verstoß gegen den Grundsatz der Universalsukzession (vgl. § 1922 Abs. 1 BGB) bzw. – genauer gesagt – um einen Verstoß gegen das im nationalen Erbrecht u.a. durch das Prinzip der Gesamtrechtsnachfolge zum Ausdruck kommende hohe Schutzniveau zugunsten der Nachlassgläubiger als eine der Grundwertungen des Erbrechts handeln, da das Vermögen des Erblassers gerade nicht mehr als Ganzes auf den bzw. die Erben übergeht. Im Falle einer aufschiebend bedingten Eigentümerstellung bzw. der Stellung als Rechtsinhaber mit dem Anfall des Vermächtnisses läge sogar ein (nicht mehr hinnehmbarer) doppelt relevanter Verstoß gegen den derzeit im deutschen Erbrecht gewährleisteten Schutz der Nachlassgläubiger vor. Grundsätzlich geht zwar das Vermögen des Erblassers als Ganzes auf den bzw. die Erben über. Die recht-

---

[497] Gegen diese Ansicht könnte vorgebracht werden, dass das geltende Recht bereits durch die Anerkennung eines bloßen Forderungsrechtes des Vermächtnisnehmers einen derartigen Widerspruch hinnimmt. Das nationale Rechtssystem gewährt dem Erben die vollumfängliche verfügungsbefugte Eigentümerstellung bzw. Stellung als Rechtsinhaber in Bezug auf den dem Vermächtnisnehmer zugewandten Vermögensgegenstand und diesem somit deutlich mehr als dem Vorerben im Verhältnis zum Nacherben. Bereits im Rahmen der zweiten Kommission wurde darauf hingewiesen, dass das Recht des Vorerben im Verhältnis zum Nacherben viel weiter gehen müsse als das Recht des Erben im Verhältnis zum Damnationsvermächtnisnehmer (vgl. *Mugdan,* Bd. 5, S. 621 (Protokolle)). Ein bereits existenter Wertungswiderspruch im geltenden Recht kann aber gerade nicht als Argument für die Zulässigkeit eines weiteren – wenn auch nicht so weitreichenden – angeführt werden. Das Recht muss so widerspruchsfrei wie nur irgendwie möglich fortentwickelt werden, um sich nicht irgendwann die Frage gefallen lassen zu müssen, ob es nicht durch seine fortschreitende Inkonsequenz seine Legitimationsgrundlage verlor.

liche Position des Erben an den einzelnen Nachlassgegenständen unterscheidet sich jedoch untereinander; in Bezug auf die im Wege von Vindikationslegaten zugedachten Vermögenswerte erlangt der Erbe lediglich die Stellung eines auflösend bedingten Eigentümers bzw. Rechtsinhabers, in Bezug auf die übrigen Nachlassgegenstände hingegen eine in zeitlicher Hinsicht unbeschränkte Rechtsposition. Die rechtliche Position an den einzelnen Nachlassgegenständen geht somit nicht einheitlich in der Weise auf den Erben über wie diese beim Erblasser bestand.

„Der Erbe wird nicht nur Inhaber des Vermögens des Erblassers, in seiner Person setzt sich auch die Rechts- und Pflichtenstellung des Erblassers fort, und zwar grds. mit demselben rechtlichen Inhalt und in demselben Zustand."[498]

Mit dem Eintritt der aufschiebenden Bedingung geht das Eigentum bzw. die Rechtsinhaberschaft an dem vermachten Gegenstand von dem Erblasser und gerade nicht von dem Erben auf den Vindikationslegatar über. Hierin läge ein weiterer Verstoß gegen das u.a. durch § 1922 Abs. 1 BGB gewährte Schutzniveau zugunsten der Nachlassgläubiger. Vom Erblasser aus erfolgt ein zweiter vermögensrechtlicher Übergang. Es geht jedoch gerade nicht das Vermögen als Ganzes auf den bzw. die Erben über, sondern ein einzelner Gegenstand auf einen Nichterben. Die ggf. zu rechtfertigenden Verstöße gegen den derzeitigen Schutzumfang zugunsten der Gläubiger des Nachlasses müssen jedenfalls so gering wie möglich gehalten werden[499]. Es handelt sich schließlich um eine der fundamentalsten Grundwertungen des Erbrechts des BGB. Eine aufschiebend bedingte Eigentümerstellung bzw. Stellung als Rechtsinhaber mit dem Anfall des Vermächtnisses muss somit im Ergebnis ausscheiden[500].

---

[498] Beck'scher Online-Kommentar BGB/*Müller-Christmann,* § 1922 BGB Rn. 17.

[499] Unabhängig hiervon gilt es an späterer Stelle noch die Frage zu beantworten, ob es auch die unter Punkt d) noch darzustellende dritte Variante der rechtlichen Position des Vindikationslegatars auf Grund ihres Verstoßes gegen den im nationalen Erbrecht besonders hochrangig ausgestalteten Nachlassgläubigerschutz abzulehnen gilt. Jedenfalls an dieser Stelle kann festgehalten werden, dass ein zweifacher Verstoß wohl keinesfalls zu rechtfertigen wäre.

[500] Die Konstruktion eines Anwartschaftsrechtes zugunsten des Legatars würde hingegen keinerlei Probleme bereiten. „Die entgegengesetzte Konzeption, wonach der bedingt Berechtigte eine Belastung am – jeweils umgekehrt bedingten – Recht des anderen Teils hat, das somit ein zeitlich beschränktes Recht darstellt, hat sich nicht durchsetzen können." (vgl. MüKo-BGB/*Westermann,* § 161 BGB Rn. 2 m.w.N.). Diese Ansicht findet sich auch mit einer ausführlichen Begründung bei *Fuchs,* ArchBürgR 34 (1910), 406 bis 415. Die eigentümerrechtliche Position bzw. die Rechtsinhaberschaft an einem Gegenstand ist somit im Falle eines Anwartschaftsrechtes nicht bereits zu bestimmten Teilen auf zwei Personen aufgeteilt, weshalb auch keine Reibereien mit der rechtlichen Konstruktion der Erbengemeinschaft als Gesamthandsgemeinschaft zu verzeichnen wären. Im Falle des Vorhandenseins mehrerer Erben wird der Nachlass gemeinschaftliches Vermögen der Erben (vgl. § 2032 Abs. 1 BGB). Es entsteht eine Gesamthandsgemeinschaft. Eine prozentuale Beteili-

ee) Zusammenfassung

Die unter Punkt a) dargestellte Variante, bei der der Vindikationslegatar – auf Grund der mit dessen Innenhaftung einhergehenden fehlenden direkten Zugriffsmöglichkeit der Nachlassgläubiger auf den vermachten Gegenstand – mit dem Anfall des Vermächtnisses nicht das Eigentum bzw. die Rechtsinhaberschaft an dem zugedachten Vermögenswert erlangt, sondern eine lediglich aufschiebend bedingte rechtliche Position, vermag im Ergebnis nicht zu überzeugen. Sie leidet insbesondere an einem inneren Wertungswiderspruch zur rechtlichen Konstruktion der Vor- und Nacherbschaft (vgl. § 2105 Abs. 1 BGB)[501] und an einem zweifachen Verstoß gegen den im nationalen Erbrecht u.a. durch den Grundsatz der Universalsukzession zum Ausdruck kommenden hohen Nachlassgläubigerschutz[502].

b) Variante 2: Vindikationslegatar als auflösend bedingter Eigentümer bzw. Inhaber eines Rechts

aa) Rechtliche Konstruktion

Als zweite Variante wäre – zur Gewährleistung eines gewissen Schutzniveaus zugunsten der Nachlassgläubiger auf Grund der Tatsache, dass der Vindikationslegatar im Rahmen der Innenhaftung nicht direkt von diesen in Anspruch genommen werden kann, der vermachte Gegenstand zwar nicht zum Nachlass gehört, aber als zum Nachlass gehörig behandelt werden muss[503] und der erforderlichen Schaffung einer Zugriffsmöglichkeit des Erben auf den zugewandten Vermögenswert – eine mit dem Anfall des Vermächtnisses zur Entstehung gelangende lediglich auflösend bedingte Eigentümerstellung bzw. auflösend bedingte Rechtsinhaberschaft des Vindikationslegatars und eine hiermit korrespondierende aufschiebend bedingte rechtliche Position des Erben denkbar. Der Erbe würde mit dem Tod des Erblassers ein an diese aufschiebend bedingte Eigentümerstellung bzw. dessen aufschiebend bedingte Inhaberschaft eines Rechts anknüpfendes Anwartschaftsrecht erlangen. Verfügungen, die der Vermächtnisnehmer während der Schwebezeit über den Gegenstand trifft, wären im Falle des Eintritts der Bedingung insoweit unwirksam, als sie die von der Bedingung abhängige Wirkung vereiteln oder beeinträchtigen würden. Ein derartiger Schutz zugunsten der Nachlassgläubi-

---

gung an einem einzelnen Gegenstand durch die Existenz eines Anwartschaftsrechtes würde jedoch an eine Bruchteilsgemeinschaft erinnern. Das Eigentum bzw. die Rechtsinhaberschaft an dem Gegenstand stünde aber gerade vollumfänglich dem Erben zu. Somit bestünde zwischen Erbe und Vindikationslegatar auch keine Gemeinschaft, die mit den Regelungen des bisher bestehenden Erbrechts nicht zu vereinbaren wäre.

[501] Vgl. hierzu die Ausführungen in § 15, I. B. 1. a) cc).

[502] Vgl. hierzu die Ausführungen in § 15, I. B. 1. a) dd).

[503] Vgl. hierzu die Ausführungen in § 15, I. A. 3.

ger ergäbe sich aus einer entsprechenden Anwendung des § 161 Abs. 1 S. 1, Abs. 2 BGB.

§ 2191 a BGB: „Mit dem Tode einer Person geht das auflösend bedingte Eigentum bzw. die auflösend bedingte Rechtsinhaberschaft an dem vermachten Gegenstand auf den Bedachten über."

§ 2191 b BGB: „Ist das Vermächtnis unter einer aufschiebenden Bedingung oder unter Bestimmung eines Anfangstermins angeordnet und tritt die Bedingung oder der Termin erst nach dem Erbfall ein, so erfolgt der Erwerb der auflösend bedingten Eigentümerstellung bzw. Stellung als Rechtsinhaber mit dem Eintritt der Bedingung oder des Termins."

Die genaue Definition der Bedingung ist problematisch. Es müsste wohl ein Anspruch des bzw. der Erben auf Übertragung des Eigentums bzw. der Rechtsinhaberschaft an dem vermachten Gegenstand zum Zwecke der erforderlichen Nachlassgläubigerbefriedigung konstruiert werden. Der Bedingungseintritt läge dann vor, wenn der Vermächtnisnehmer das Eigentum bzw. die Rechtsinhaberschaft auf den bzw. die Erben überträgt oder gerichtlich im Rahmen einer Leistungsklage des bzw. der Erben zu dem Ergebnis gekommen wird, dass der im Wege eines Vindikationsvermächtnisses zugewandte Vermögenswert auf Grund einer herbeigeführten Haftungsbeschränkung des bzw. der Erben auf den Nachlass und eines in diesem Falle nicht genügenden Nachlasses zur Befriedigung der Nachlassgläubiger herangezogen werden muss. Man könnte weiterhin an Folgendes denken: Warum soll die Bedingung nicht auch zu einem Zeitpunkt eintreten können, in dem der Erbe von ihm zustehenden Haftungsbeschränkungsmöglichkeiten Gebrauch macht (beispielsweise § 1980 BGB) und der Nachlass alleine zur Nachlassgläubigerbefriedigung nicht genügt? Wäre es in diesem Falle nicht von Vorteil, falls die Bedingung einträte und der Erbe Eigentümer bzw. Rechtsinhaber in Bezug auf den vermachten Gegenstand würde? So scheint es tatsächlich auf den ersten Blick. Trotz alledem sprechen überzeugende Gründe gegen einen derartig zu konstruierenden Bedingungseintritt. Zum einen würden die Belange des Vindikationslegatars unangemessen benachteiligt werden. Dieser hätte jedenfalls nach Ablauf einer gewissen Zeit ein Interesse daran, dass die Bedingung nicht mehr einzutreten vermag und das Anwartschaftsrecht des Erben auf Grund der Akzessorietät erlischt, d.h. an geordneten und endgültigen rechtlichen Verhältnissen bzgl. des vermachten Gegenstandes. Das Antragsrecht des Erben in Bezug auf die Eröffnung eines Nachlassinsolvenzverfahrens ist gerade an keine Frist gebunden. Der Vindikationslegatar müsste sich somit ggf. eine unzumutbar lange Zeit mit der Frage beschäftigen, ob der Erbe von Haftungsbeschränkungsmöglichkeiten Gebrauch machen wird oder nicht. Der Erbe seinerseits soll aber zu jeder Zeit (bei Vorliegen der Voraussetzungen) auf Beschränkungsmöglichkeiten zugreifen und somit seine vollumfängliche eigentümerrechtliche Stellung bzw. Stellung als Rechtsinhaber herbeiführen können? Dies erscheint nicht interessengerecht. Zum anderen kann sich ein automatischer Bedingungseintritt durch die Herbeiführung einer

Haftungsbeschränkung und eines nicht ausreichenden Nachlasses nicht in das haftungsrechtliche System des BGB einfügen. Der Erbe kann nicht nur einen Antrag auf Anordnung der Nachlassverwaltung oder Eröffnung des Nachlassinsolvenzverfahrens stellen. § 1990 BGB normiert die Dürftigkeitseinrede als eine der weiteren denkbaren Haftungsbeschränkungsmöglichkeiten des Erben. Der Erbe kann unter bestimmten Voraussetzungen die Befriedigung eines Nachlassgläubigers insoweit verweigern, als der Nachlass nicht ausreicht (vgl. § 1990 Abs. 1 S. 1 BGB). Es handelt sich um eine *Einrede* des Erben. Diese Einrede kann der Erbe in der Variante des Vindikationslegatars als auflösend bedingter Eigentümer bzw. Rechtsinhaber und seiner eigenen aufschiebend bedingten rechtlichen Position an dem vermachten Gegenstand zu keiner Zeit erheben. Der Vindikationslegatar macht gerade keine Forderung gegenüber dem Erben geltend, sondern es möchte gerade der Erbe sein Anwartschaftsrecht durch den Gebrauch von Haftungsbeschränkungsmöglichkeiten zum Vollrecht erstarkt sehen. Ein Bedingungseintritt im Zeitpunkt der Herbeiführung einer Haftungsbeschränkung wäre somit nur unter Bezugnahme auf bestimmte gesetzlich vorgesehene haftungsbeschränkende Möglichkeiten denkbar. Eine derartige Differenzierung scheint mit den gesetzgeberischen Wertungen des haftungsrechtlichen Systems nicht vereinbar und kann keiner Rechtfertigung zugeführt werden[504].

bb) Widerspruch zur rechtlichen Konstruktion der Vorvermächtnisnehmerschaft und Nachvermächtnisnehmerschaft

Die rechtliche Konstruktion einer auflösend bedingten Eigentümerstellung des Vermächtnisnehmers bzw. dessen Stellung als auflösend bedingter Inhaber eines Rechts leidet an einem inneren Wertungswiderspruch zum geltenden Recht des BGB. Gemäß § 2191 BGB kann der Erblasser einen Vor- und einen Nachvermächtnisnehmer einsetzen, wobei der Vorvermächtnisnehmer im Gegensatz zum Vorerben gerade nicht verfügungsbeschränkt ist. Gemäß

---

[504] Diese Ausführungen belegen wohl auch, dass bereits die gesamte rechtliche Konstruktion der zweiten Variante im Rahmen der Innenhaftung mit dem haftungsrechtlichen System des BGB nicht konform ist und somit auszuscheiden hat. Würde der Vindikationslegatar den Anspruch des Erben auf Übertragung des Eigentums bzw. der Rechtsinhaberschaft an dem vermachten Gegenstand nicht freiwillig erfüllen, müsste der Erbe ein gerichtliches Vorgehen in Erwägung ziehen. Die Klage kann aber nur dann Aussicht auf Erfolg haben, falls der Erbe eine Haftungsbeschränkung auf den Nachlass herbeiführt und der Nachlass zur Befriedigung der Nachlassgläubiger gerade nicht genügt. Durch die derzeitige Ausgestaltung des Haftungssystems des BGB wären dem Erben bestimmte Haftungsbeschränkungsmöglichkeiten verwehrt. Er könnte sich beispielsweise auf Grund der Tatsache, dass er einen Anspruch vorbringt und sich gerade nicht gegen einen fremden Anspruch zur Wehr setzen möchte, nicht auf die als Einreden ausgestalteten Möglichkeiten der Haftungsbeschränkung berufen (beispielsweise die Dürftigkeitseinrede oder die Einrede der Überschuldung durch Vermächtnisse und Auflagen).

§ 161 Abs. 1 S. 1, Abs. 2 BGB wären hingegen Zwischenverfügungen des Vermächtnisnehmers als auflösend bedingter Eigentümer bzw. Rechtsinhaber im Falle des Eintritts der Bedingung insoweit unwirksam, als sie die von der Bedingung abhängige Wirkung vereiteln oder beeinträchtigen würden. Der Vindikationslegatar wäre somit in einer deutlich schwächeren rechtlichen Position als der lediglich schuldrechtlich berechtigte Vorvermächtnisnehmer. Dies kann auch nicht dadurch gerechtfertigt werden, dass dem Vindikationslegatar ein Erbe als aufschiebend bedingter Eigentümer bzw. Rechtsinhaber nachfolgt und gerade nicht nur ein weiterer bloßer forderungsberechtigter Legatar. Der schuldrechtlich berechtigte Nachvermächtnisnehmer soll nach der Intention des Erblassers gerade an dem zugewandten Vermögensgegenstand partizipieren, der Erbe als aufschiebend bedingter Eigentümer bzw. Inhaber eines Rechts hingegen nicht.

cc) Weitere Problemkreise

Aber auch diese Konstellation einer auflösend bedingten Eigentümerstellung bzw. der Stellung als Rechtsinhaber mit dem Anfall des Vermächtnisses vermag in Bezug auf einen doppelten Verstoß gegen das u.a. durch den Grundsatz der Universalsukzession im nationalen Erbrecht zum Ausdruck kommende hohe Schutzniveau zugunsten der Gläubiger des Nachlasses – im Gegensatz zu der noch später darzustellenden dritten Variante[505] im Rahmen der Innenhaftung, bei der der Vindikationslegatar mit dem Erbfall das Eigentum bzw. die Rechtsinhaberschaft erlangt – nicht zu überzeugen[506]. Mit dem Erbfall geht das Vermögen des Erblassers auf den bzw. die Erben über, jedoch mit Ausnahme des im Wege eines Vindikationslegates vermachten Gegenstandes. Das Vermögen geht somit gerade nicht als Ganzes auf den bzw. die Erben über. Mit dem Eintritt der Bedingung geht das Eigentum bzw. die Rechtsinhaberschaft von dem Erblasser und gerade nicht von dem Legatar auf den Erben über. Es geht wiederum nicht das Vermögen als Ganzes über, sondern lediglich ein einzelner Vermögensgegenstand[507].

---

[505] Vgl. hierzu § 15, I. B. 1. d).

[506] Vgl. hierzu bereits § 15, I. B. 1. a) dd).

[507] An dieser Stelle wird auf Folgendes hingewiesen: Die Anordnung einer Nacherbfolge für einen einzelnen Gegenstand oder eine Gruppe von einzelnen Gegenständen ist unter Geltung des derzeitigen Rechts nicht denkbar (vgl. *Muscheler,* Erbrecht, Bd. 1, § 18 Rn. 770 m.w.N.). *Litzenburger* äußert sich folgendermaßen: „Bezieht sich die Anordnung des Erblassers jedoch nur auf einen oder einzelne Nachlassgegenstände, so ist keine Nacherbfolge, sondern ein aufschiebend bedingtes Vermächtnis gewollt und § 2105 findet keine Anwendung." (vgl. Beck'scher Online-Kommentar BGB/*Litzenburger,* § 2105 BGB Rn. 2).

c) Zusammenfassung

Weder die Variante einer aufschiebend bedingten Eigentümerstellung des Vindikationslegatars bzw. dessen Stellung als aufschiebend bedingter Inhaber eines Rechts[508] noch diejenige des Erwerbs einer auflösend bedingten rechtlichen Position in Bezug auf den vermachten Gegenstand im Zeitpunkt des Anfalls des Vermächtnisses[509] stellt sich bei genauerer Betrachtung als realisierbar heraus. Der Erbe hat im Rahmen dieser beiden rechtlichen Konstruktionen jeweils eine eigene Rechtsposition in Bezug auf den im Wege eines Vindikationslegates zugedachten Vermögenswert inne: das Eigentum bzw. die Rechtsinhaberschaft oder aber das Anwartschaftsrecht. Im Falle der Stellung des Vermächtnisnehmers als Eigentümer bzw. Rechtsinhaber[510] kämen dem Erben hingegen lediglich besitzrechtliche Positionen zugute. Die rechtliche Beziehung zwischen dem Erben und dem Vermächtnisnehmer erscheint im Falle einer aufschiebend bzw. auflösend bedingten Eigentümerstellung des Legatars bzw. dessen Stellung als aufschiebend oder auflösend bedingter Rechtsinhaber gerade wie eine Kombination aus Vor- und Nacherbschaft einerseits und der Einsetzung eines dinglich berechtigten Vor- und Nachvermächtnisnehmers auf der anderen Seite. Die Vor- und Nacherbschaft bedeutet nach heutigem Recht (§§ 2100 ff. BGB) Folgendes: Mit dem Tode des Erblassers gehen auf den Vorerben alle Rechte und Pflichten des Erblassers über und dieser kann über den Nachlass nur eingeschränkt nach Maßgabe der §§ 2112 bis 2119 BGB verfügen[511]. Der Nacherbe wird hingegen mit dem Erbfall Inhaber eines Anwartschaftsrechts[512]. Die Vorschrift des § 2191 Abs. 2 BGB normiert hingegen, dass auf das Vermächtnis die für die Einsetzung eines Nacherben geltenden Vorschriften des § 2102 BGB, des § 2106 Abs. 1 BGB, des § 2107 BGB und des § 2110 Abs. 1 BGB entsprechende Anwendung finden. Es wird somit in eingeschränkter Weise auf die Regelungen über die Nacherbeneinsetzung verwiesen. Der Vorvermächtnisnehmer unterliegt gerade nicht den Verfügungsbeschränkungen eines Vorerben und dem Nachvermächtnisnehmer steht gegen den Beschwerten ein aufschiebend bedingter oder befristeter schuldrechtlicher Anspruch auf Übertragung des vermachten Gegenstandes zu[513], wobei der Nachvermächtnisnehmer gerade kein Anwartschaftsrecht am vermachten Gegenstand innehat[514].

---

[508] Vgl. hierzu § 15, I. B. 1. a).
[509] Vgl. hierzu § 15, I. B. 1. b).
[510] Vgl. hierzu die späteren Ausführungen in § 15, I. B. 1. d).
[511] Beck'scher Online-Kommentar BGB/*Litzenburger,* § 2100 BGB Rn. 35.
[512] Beck'scher Online-Kommentar BGB/*Litzenburger,* § 2100 BGB Rn. 40 m.w.N.
[513] Beck'scher Online-Kommentar BGB/*Müller-Christmann,* § 2191 BGB Rn. 4, 5 m.w.N.
[514] Beck'scher Online-Kommentar BGB/*Müller-Christmann,* § 2191 BGB Rn. 7.

Der Erbe als auflösend bedingter Eigentümer bzw. Rechtsinhaber wäre quasi Vorerbe und der Legatar gewissermaßen ein Nachvindikationsvermächtnisnehmer. Im Falle einer auflösend bedingten Eigentümerstellung des Legatars bzw. dessen Stellung als auflösend bedingter Inhaber eines Rechts wäre dieser quasi Vorvindikationsvermächtnisnehmer und dem Erbe obläge in gewisser Hinsicht die Stellung eines Nacherben. Im Rahmen obiger Ausführungen wurde aufgezeigt, dass weder die Konstruktion einer aufschiebend bedingten rechtlichen Position des Vindikationslegatars noch diejenige einer auflösend bedingten eigentümerrechtlichen Stellung bzw. auflösend bedingten Rechtsinhaberschaft ohne einen Wertungswiderspruch zum Falle einer aufschiebend bedingten Erbeinsetzung oder der Einsetzung eines schuldrechtlichen Vor- und Nachvermächtnisnehmers in das nationale Recht inkorporiert werden könnte und hierauf letztlich zu verzichten ist[515]. Zudem ist in beiden Konstellationen sogar ein zweifacher – im Gegensatz zu der noch darzustellenden dritten Variante im Rahmen der Innenhaftung des Legatars[516] – Verstoß gegen den u.a. durch den Grundsatz der Universalsukzession gewährleisteten Nachlassgläubigerschutz als eine der Grundwertungen des nationalen Erbrechts zu verzeichnen[517].

Zusammenfassend bedeuten die obigen Ausführungen: Weder die rechtliche Konstruktion einer aufschiebend bedingten Eigentümerstellung des Vindikationslegatars bzw. dessen Stellung als aufschiebend bedingter Rechtsinhaber noch diejenige einer auflösend bedingten rechtlichen Position kann widerspruchsfrei in das geltende Recht des BGB integriert werden. Die Stellung des Vermächtnisnehmers als aufschiebend bedingter oder auflösend bedingter Eigentümer bzw. Inhaber eines Rechts kann somit gerade nicht in Betracht gezogen werden. Es verbleibt folglich allenfalls die Konstellation, in der der Legatar mit dem Anfall des Vermächtnisses das (vollumfängliche) Eigentum bzw. die Rechtsinhaberschaft an dem vermachten Gegenstand ipso iure erlangt. Hierbei handelt es sich um die dritte anzudenkende Variante im Rahmen der Innenhaftung des Vindikationsvermächtnisnehmers, deren Konstruktion es im Nachfolgenden einer Analyse zuzuführen gilt.

d) Variante 3: Vindikationslegatar als Eigentümer bzw. Inhaber eines Rechts

aa) Allgemeines

Die nachfolgenden Ausführungen widmen sich der Entwicklung einer dritten eventuell in Betracht kommenden rechtlichen Konstruktion im Rahmen der Innenhaftung des Vindikationslegatars, bei der sich die Nachlassgläubiger zur Begleichung ihrer Forderungen ja gerade nur an den bzw. die Erben wenden

---

[515] Vgl. hierzu § 15, I. B. 1. a) cc) und b) bb).

[516] Vgl. hierzu die späteren Ausführungen in § 15, I. B. 1. d).

[517] Vgl. hierzu § 15, I. B. 1. a) dd) und b) cc).

können und diesem bzw. diesen die Möglichkeit eines Zugriffs auf den vermachten Gegenstand gewährt werden muss. Man könnte daran denken, dass der Vindikationslegatar mit dem Anfall des Vermächtnisses das Eigentum bzw. die Rechtsinhaberschaft an dem vermachten Gegenstand unmittelbar erwirbt und nicht wie in den zuvor unter den Punkten a) und b) dargestellten Varianten eine aufschiebend oder auflösend bedingte rechtliche Position an dem im Wege eines Vindikationslegates zugedachten Vermögenswert. Die beiden zunächst angedachten Rechtspositionen zugunsten des bedachten Vermächtnisnehmers konnten gerade nicht überzeugen.

§ 2191 a BGB: „Mit dem Tode einer Person geht das Eigentum bzw. die Rechtsinhaberschaft an dem vermachten Gegenstand auf den Bedachten über."

§ 2191 b BGB: „Ist das Vermächtnis unter einer aufschiebenden Bedingung oder unter Bestimmung eines Anfangstermins angeordnet und tritt die Bedingung oder der Termin erst nach dem Erbfall ein, so erfolgt der Erwerb des Eigentums bzw. der Rechtsinhaberschaft mit dem Eintritt der Bedingung oder des Termins."

Der Vermächtnisnehmer könnte somit grundsätzlich die Sache von dem Erben bzw. jedem Dritten gemäß § 985 BGB herausverlangen (rei vindicatio) und somit die in § 903 S. 1 BGB vorgesehenen Befugnisse des Eigentümers vollumfänglich wahrnehmen. Würde man hiervon, d.h. von einem schrankenlos gewährleisteten Volleigentum des Legatars, jedoch ausnahmslos ausgehen, können die Interessen der Erben und Nachlassgläubiger in besonderem Maße konterkariert werden. Die Nachlassgläubiger können auf Grund der Haftung des Legatars im Innenverhältnis gerade nicht unmittelbar auf die vermachte Sache zugreifen. Die Erben haben hingegen für die Nachlassverbindlichkeiten im Außenverhältnis einzustehen und diesen muss für den Fall, dass die vermachte Sache zur Befriedigung der Nachlassgläubiger heranzuziehen ist, die Befugnis eingeräumt werden, auf den Vermögenswert zuzugreifen und über diesen rechtswirksam zu verfügen. Der Vermächtnisnehmer könnte jedoch mittels eines vollumfänglich gewährten Eigentums mit der Sache frei nach Belieben verfahren, diese veräußern und somit dem Zugriff der Nachlassgläubiger entziehen. Eine derartige Konstruktion würde lediglich einseitig die Interessen der Vermächtnisnehmer und des Erblassers begünstigen. § 903 S. 1 BGB sieht eine alle Personen ausschließende umfassende Befugnis des Eigentümers zu tatsächlichen und rechtlichen Einwirkungen auf die Sache vor (positive Befugnisse)[518]. Der Eigentümer hat die Möglichkeit, die Sache zu besitzen, zu benutzen oder nicht zu benutzen, zu verbrauchen, zu verändern oder zu zerstören (tatsächliche Einwirkungen) und kann Verfügungen über die jeweilige Sache treffen (rechtliche Einwirkungen)[519]. Der Eigentümer darf darüber hinaus andere von jeder Einwirkung auf die Sache ausschließen (negative Befugnisse bzw. Ausschließungsbefugnis). Diesem

---

[518] Beck'scher Online-Kommentar BGB/*Fritzsche,* § 903 BGB Rn. 17 m.w.N.

[519] Beck'scher Online-Kommentar BGB/*Fritzsche,* § 903 BGB Rn. 17 bis 19 m.w.N.

steht beispielsweise ein Herausgabeanspruch gemäß § 985 BGB zur Seite[520]. Zur Erreichung eines Ausgleichs zwischen den Interessen des Vermächtnisnehmers und denjenigen der Nachlassgläubiger könnte nunmehr versucht werden, die dem Vindikationslegatar als Eigentümer nach § 903 S. 1 BGB eingeräumten Befugnisse, ob in positiver oder negativer Hinsicht, durch das Gesetz bzw. Rechte Dritter einzuschränken.

§ 903 S. 1 BGB bezieht sich nach seinem eindeutigen Wortlaut lediglich auf Sachen und gerade nicht auf Immaterialgüterrechte und andere Vermögensrechte als nichtkörperliche Gegenstände. Durch eine Einschränkung der durch § 903 S. 1 BGB gewährten positiven und negativen Befugnisse kann somit lediglich das Eigentum des Vindikationslegatars an körperlichen Gegenständen einer Begrenzung zugeführt werden. Die nachfolgend zu entwickelnden Gedanken müssen aber in gleichem Maße für unkörperliche Gegenstände gelten, für die § 903 S. 1 BGB gerade nicht zur Anwendung gelangen kann. In Bezug auf nichtkörperliche Gegenstände wie Immaterialgüterrechte[521] muss stattdessen auf diese regelnde Normkomplexe zurückgegriffen werden; beispielsweise:

§ 14 Abs. 1 MarkenG: „Der Erwerb des Markenschutzes nach § 4 gewährt dem Inhaber der Marke ein ausschließliches Recht.“

§ 9 PatG: „Das Patent hat die Wirkung, dass allein der Patentinhaber befugt ist, die patentierte Erfindung im Rahmen des geltenden Rechts zu benutzen. Jedem Dritten ist es verboten, ohne seine Zustimmung […].“

§ 11 UrhG: „Das Urheberrecht schützt den Urheber in seinen geistigen und persönlichen Beziehungen zum Werk und in der Nutzung des Werkes. Es dient zugleich der Sicherung einer angemessenen Vergütung für die Nutzung des Werkes.“

Fezer bringt in Bezug auf das ausschließliche Recht des Inhabers einer Marke (vgl. § 14 Abs. 1 MarkenG) Folgendes zum Ausdruck[522]:

„Das Markenrecht als subjektives Ausschließlichkeitsrecht gewährt dem Markeninhaber ein *positives Benutzungsrecht* und ein *negatives Verbietungsrecht* […].“

Bzgl. der in § 9 PatG geregelten Wirkung des Patents zugunsten des Patentinhabers äußert sich *Scharen* folgendermaßen[523]:

„Das Patent ist ein subjektives Recht, […] das den Schutz des Art. 14 GG genießt. Es ist ein Ausschließlichkeitsrecht. Das hat vor allem negatorische Wirkung, weil der Patentin-

---

[520] In Bezug auf eine exakte Beschreibung der negativen Eigentümerbefugnisse vgl. die Ausführungen bei Beck'scher Online-Kommentar BGB/*Fritzsche,* § 903 BGB Rn. 20, 21.

[521] Die nachfolgenden Ausführungen möchten sich nicht nur der Rechtslage in Bezug auf Sachen und Forderungen widmen, sondern zudem derjenigen bzgl. Immaterialgüterrechte wie Marken-, Patent- und Urheberrechte. Auf weitere Immaterialgüterrechte, andere Vermögensrechte, Rechtsgesamtheiten usw. kann hingegen auf Grund des Umfangs der vorliegenden wissenschaftlichen Ausarbeitung kein Bezug genommen werden.

[522] *Fezer,* § 14 MarkenG Rn. 12 m.w.N.

[523] Benkard/*Scharen,* § 9 PatG Rn. 4 m.w.N.

haber ein *Verbotsrecht* hat, mit dem er Dritte von der Benutzung der geschützten Erfindung ausschließen kann (§ 9 Satz 2). [...] § 9 stellt aber auch klar, dass das Patent seinem Inhaber das alleinige *Benutzungsrecht* (§ 9 Satz 1) verleiht, das nach § 15 Abs. 1 Satz 1 auf den Erben übergeht sowie nach § 15 Abs. 1 Satz 2 auf andere übertragen und nach § 15 Abs. 2 zum Gegenstand von Lizenzen gemacht werden kann."

Ähnliche Äußerungen werden auch unter Bezugnahme auf § 11 UrhG getroffen[524]:

„Das Urheberrecht beinhaltet ein positives Benutzungsrecht und ein negatives Verbotsrecht."

bb) Denkbare Einschränkungen der positiven Befugnisse

(1) Anspruch auf formelle Übertragung des Eigentums bzw. Rechts

(a) Definition

Zum Zeitpunkt des Anfalles des Vermächtnisses könnte ein weiterer hinzuzutreten haben. Dieser zweite Zeitpunkt könnte als Fälligkeitszeitpunkt bezeichnet werden. Was aber soll noch fällig werden? Welche Leistung soll der Legatar vom Erben verlangen können (vgl. § 271 BGB)? Der Vindikationslegatar würde grundsätzlich bereits mit dem Erbfall ipso iure das Eigentum bzw. die Rechtsinhaberschaft an dem vermachten Gegenstand erlangen.

Eine denkbare Konstellation, die bereits von *Bähr* angedacht wurde, wäre folgende (vgl. § 1654 Abs. 1 seines Gegenentwurfes zu dem Entwurf eines BGB)[525]:

„Durch das Vermächtniß geht dessen Gegenstand, wenn er dem Erblasser bei seinem Tode gehört, in das Eigenthum des Vermächtnißnehmers über. Der Vermächtnißnehmer darf gleichwohl nicht unmittelbar Besitz davon ergreifen, hat vielmehr den Besitz vom Erben zu empfangen. Sind Grundstücke Gegenstand des Vermächtnisses, so bedarf es zur Eintragung auf den Namen des Vermächtnißnehmers der Bewilligung des Erben. Ist eine Forderung Gegenstand des Vermächtnisses, so hat der Erbe dem Vermächtnißnehmer eine Urkunde auszustellen, worin er den Uebergang der Forderung auf ihn anerkennt oder ihm dieselbe zu übertragen erklärt."

---

[524] Spindler/Schuster/*Wiebe,* § 11 UrhG Rn. 2.

[525] *Bähr,* Gegenentwurf zu dem Entwurfe eines bürgerlichen Gesetzbuches für das Deutsche Reich, S. 360. *Bähr* (vgl. Gegenentwurf zu dem Entwurfe eines bürgerlichen Gesetzbuches für das Deutsche Reich, S. 360, Fn. zu § 1654) sah hierin ein zureichendes Schutzmittel, um einer Gefährdung der Nachlassgläubiger entgegenzuwirken (andeutungsweise ebenso *v. Gierke,* S. 516). „Wird, wie dies nothwendig ist, sowohl die Besitznahme der Sache als die Ueberschreibung auf den Namen des Vermächtnisnehmers an die Zustimmung des Erben geknüpft, dann ist keine Gefahr vorhanden, daß der Vermächtnisnehmer vorzeitig die Sache dem Nachlaß entziehe." (vgl. *Bähr,* Zur Beurtheilung des Entwurfs eines bürgerlichen Gesetzbuchs für das Deutsche Reich, S. 164, 165 (zu § 1865)). Vgl. hierzu auch die Ausführungen bei *Bähr,* ArchBürgR 3 (1890), 171.

Klarstellend sei darauf hingewiesen, dass es im Rahmen der Übergabe der beweglichen Sache, der Bewilligung des Eintrags und der „Zession der Forderung" lediglich um die Anerkennung eines bereits zuvor bestehenden Rechts geht und somit nur von einer formellen und gerade nicht materiellen Übertragung des Rechts gesprochen werden kann[526]. Der Anspruch auf formelle Übertragung begründet mithin u.a. ein gesetzliches Schuldverhältnis zwischen dem Erben und dem Vindikationslegatar. Für bewegliche Sachen würde dies beispielhaft Folgendes bedeuten: Die Sache muss dem Vermächtnisnehmer durch einen Realakt übergeben werden. In der bloßen Übergabe kann jedoch nicht die Anerkennung eines bestehenden Rechtes gesehen werden. Der Erbe könnte beispielsweise von der Nichtigkeit des Vermächtnisses ausgehen und lediglich einen Leih- oder Mietvertrag mit dem Legatar schließen wollen, im Rahmen dessen er dem Vermächtnisnehmer nunmehr den Gebrauch an der Sache gestattet. Neben die Übergabe hat somit u.a. ein Willensakt des Erben zu treten, der auf die Anerkennung des schon bestehenden Rechtes gerichtet sein muss[527].

---

[526] *Bähr,* ArchBürgR 3 (1890), 171. Die erste Kommission sah in der notwendigen Zustimmung des Erben zur Inbesitznahme, Grundbucheintragung bzw. Forderungseinziehung eine „Zwittergestaltung, welche nach keiner Seite hin befriedigt" (vgl. *Mugdan,* Bd. 5, S. 71 (Motive)). Diese Lösung weist jedoch deutliche Vorteile für den Vindikationslegatar auf und stellt für diesen eine zufriedenstellendere Lösung dar als diejenige für den lediglich schuldrechtlich Berechtigten (z.B. besserer Schutz gegen veruntreuende Verfügungen des Erben).

[527] An dieser Stelle sei angemerkt, dass die inhaltliche Ausgestaltung des Anspruchs auf formelle Übertragung in Bezug auf bewegliche Sachen in Anlehnung an die Ausführungen *Bährs* erfolgte. Inwieweit dieser Inhalt dem Anspruch auf formelle Übertragung tatsächlich beigemessen werden kann, muss an späterer Stelle genauer untersucht werden. Vgl. hierzu die Ausführungen in § 15, I. B. 1. d) bb) (4).

Bähr (Gegenentwurf zu dem Entwurfe eines bürgerlichen Gesetzbuches für das Deutsche Reich, S. 360) sah in § 1654 Abs. 2 noch folgende Regelung vor: „So lange der Erbe berechtigt ist, das Inventarrecht zu erwirken, ist er zur Uebertragung des Gegenstandes eines Vermächtnisses an den Vermächtnißnehmer nicht verpflichtet." *Bähr* (Gegenentwurf zu dem Entwurfe eines bürgerlichen Gesetzbuches für das Deutsche Reich, S. 360, Fn. zu § 1654) sah hierin ein weiteres Schutzmittel zur Verhinderung der Gefährdung von Nachlassgläubigern. Die Vorschriften des heute geltenden BGB in Bezug auf die Inventarerrichtung (vgl. §§ 1993 ff. BGB) sind jedoch völlig konträr zu dem angedachten Inventarrecht *Bährs* ausgestaltet. *Bähr* (Gegenentwurf zu dem Entwurfe eines bürgerlichen Gesetzbuches für das Deutsche Reich, S. 409 (§ 1874 Abs. 2)) verstand unter dem Inventarrecht, dass sich der Erbe das Recht erwirken könne, für die Nachlassverbindlichkeiten nur mit dem Bestand des Nachlasses zu haften. Die Inventarerrichtung des heutigen BGB ist jedoch gerade kein Mittel zur Herbeiführung einer Haftungsbeschränkung des Erben auf den Nachlass. Gemäß § 2009 BGB wird im Falle der rechtzeitigen Errichtung des Inventars im Verhältnis zwischen dem Erben und den Nachlassgläubigern vermutet, dass zur Zeit des Erbfalls weitere Nachlassgegenstände als die angegebenen nicht vorhanden gewesen seien. Das erfolglose Verstreichenlassen der Inventarfrist oder die Unrichtigkeit des Inventars führen hingegen zu einer unbeschränkten Haftung des Erben (vgl. §§ 1994 Abs. 1 S. 2,

Dies würde letztlich bedeuten, dass der Vindikationslegatar mit dem Anfall des Vermächtnisses ipso iure das Eigentum bzw. die Rechtsinhaberschaft an dem vermachten Gegenstand erlangt und zusätzlich im Zeitpunkt des Anfalls des Vermächtnisses einen schuldrechtlichen Anspruch gegen den Erben auf Übergabe der beweglichen Sache, Bewilligung der Eintragung im Grundbuch bzw. Ausstellung einer Urkunde. Dieses Forderungsrecht des Vermächtnisnehmers würde grundsätzlich mit dem Erbfall zur Entstehung gelangen (Zeitpunkt des Anfalles)[528].

§ 2191 a BGB: „Mit dem Tode einer Person geht das Eigentum bzw. die Rechtsinhaberschaft an dem vermachten Gegenstand auf den Bedachten über."

§ 2191 b BGB: „Ist das Vermächtnis unter einer aufschiebenden Bedingung oder unter Bestimmung eines Anfangstermins angeordnet und tritt die Bedingung oder der Termin erst nach dem Erbfall ein, so erfolgt der Erwerb des Eigentums bzw. der Rechtsinhaberschaft mit dem Eintritt der Bedingung oder des Termins."

§ 2191 c BGB: „Durch das Vermächtnis wird für den Bedachten das Recht begründet, von dem Beschwerten die formelle Übertragung des vermachten Gegenstandes zu fordern."

§ 2191 d BGB: „Die Forderung des Vermächtnisnehmers kommt, unbeschadet des Rechts, das Vermächtnis auszuschlagen, zur Entstehung (Anfall des Vermächtnisses) mit dem Erbfall."

§ 2191 e BGB: „Ist das Vermächtnis unter einer aufschiebenden Bedingung oder unter Bestimmung eines Anfangstermins angeordnet und tritt die Bedingung oder der Termin erst nach dem Erbfall ein, so erfolgt die Entstehung des Anspruchs auf formelle Übertragung mit dem Eintritt der Bedingung oder des Termins."

Bevor die Frage nach dem Fälligkeitszeitpunkt des Anspruchs auf formelle Eigentums- bzw. Rechtsübertragung geklärt werden kann, muss der Sinn und Zweck dieser rechtlichen Konstruktion durchleuchtet werden. Bedarf es überhaupt eines derartigen Anspruchs des Vermächtnisnehmers gegenüber dem Erben? Eines solchen Anspruchs bedarf es (jedenfalls auf den ersten Blick) nicht zum Schutze der Legatare an sich. Der Vindikationslegatar würde mit dem Erbfall Eigentümer und könnte die ihm beispielsweise hinterlassene bewegliche Sache gemäß § 985 BGB von dem Erben herausverlangen (rei vindicatio). Ein Anspruch auf formelle Übertragung könnte stattdessen in Bezug auf die umfängliche Verwirklichung der Interessen des Legatars u.U. sogar kontraproduktiv sein[529]. Der Anspruch auf formelle Übertragung bzw. dessen u.U. erst zu einem späteren Zeitpunkt eintretende Fälligkeit könnte dem Erben zwar kein Besitzrecht als rechtshindernde Einwendung (vgl. § 986

2005 Abs. 1 S. 1 BGB). Der Erbe kann sich somit durch die rechtzeitige und korrekte Inventarerrichtung die Möglichkeit einer Haftungsbeschränkung bewahren, nicht hingegen eine derartige bereits herbeiführen.

[528] Dieser Anspruch vermag insbesondere zu bewirken, dass der Vindikationslegatar als Nachlassgläubiger zu behandeln ist, und eine Vielzahl von bereits existenten Vorschriften (z.B. §§ 2014, 2015 BGB) ohne Weiteres zur Anwendung gelangen kann bzw. muss.

[529] Diese Aussage kann nicht aufrechterhalten bleiben. Vgl. § 15, I. B. 1. d) bb) (3).

BGB) einräumen und somit letztlich einem Anspruch des Legatars aus § 985 BGB nicht entgegenstehen, aber auf Grund der Tatsache, dass der Anspruch auf formelle Übertragung als erbrechtlicher Anspruch wohl als lex specialis anzusehen ist, zu einem Ausschluss des auf Herausgabe gerichteten Anspruchs aus § 985 BGB führen. Was könnte nunmehr für die Notwendigkeit eines derartigen Anspruches des Vermächtnisnehmers gegen den Erben sprechen? Der Anspruch würde zwar ggf. nicht dem Schutz des Vindikationslegatars dienen, hingegen zur Gewährleistung eines gewissen Schutzniveaus zugunsten der Erben und Nachlassgläubiger beitragen. Für den Fall, dass die Erben die vermachte bewegliche Sache auf Grund der eigentumsrechtlichen Stellung des Bedachten (frühzeitig) an selbigen herausgeben müssten, würde dies bedeuten, dass der zugedachte Vermögenswert dem ungehinderten Zugriff des Vermächtnisnehmers bzw. dem seiner Eigengläubiger zur Verfügung stünde und gerade nicht zur Befriedigung der Nachlassgläubiger. Bei Anerkennung eines formellen Anspruchs auf Übergabe der vermachten beweglichen Sache würde dies Folgendes bedeuten: Vor dem Fälligkeitszeitpunkt dieses Anspruches könnte der Vermächtnisnehmer somit beispielsweise die bewegliche Sache nicht herausverlangen und dem auf Herausgabe gerichteten Anspruch aus § 985 BGB stünde (zumindest) zugunsten des Erben und somit letztlich auch zum Schutze der Nachlassgläubiger der Anspruch auf formelle Übertragung als lex specialis entgegen[530]. Mangels der Möglichkeit der Übertragung des unmittelbaren Besitzes auf Dritte könnte dem Legatar das Auffinden kaufwilliger Personen erschwert werden.

Unter Bezugnahme auf unkörperliche Gegenstände wie Forderungen müsste wohl zunächst ebenfalls davon ausgegangen werden, dass ein Anspruch auf formelle Übertragung der vermachten Forderung den Interessen des Vindikationslegatars abträglich wäre. Im Falle eines gesetzlichen Forderungsübergangs (vgl. § 412 BGB) hat der bisherige Gläubiger in entsprechender Anwendung des § 403 S. 1 BGB dem neuen Gläubiger auf Verlangen eine öffentlich beglaubigte Urkunde auszustellen. Die Regelung des § 403 BGB wurde auf Grund des § 410 BGB eingeführt[531]. Der Schuldner ist dem neuen Gläubiger gegenüber gemäß § 410 Abs. 1 S. 1 BGB zur Leistung nur gegen Aushändigung einer von dem bisherigen Gläubiger über die Abtretung ausgestellten Urkunde verpflichtet (wobei § 409 BGB ebenfalls Beachtung finden muss). Der formelle Anspruch des Vindikationslegatars, der in Bezug auf Forderungen auf die Ausstellung einer Urkunde über die vermachte Forderung gerichtet wäre, könnte bei dessen u.U. erst nach dem Anfall des Ver-

[530] Dieses Argument kann natürlich nur dann Platz greifen, falls der Fälligkeitszeitpunkt des Anspruchs auf formelle Übertragung hinter demjenigen des Anspruchs aus § 985 BGB liegen würde. Dies gilt es an späterer Stelle noch zu klären. Vgl. hierzu § 15, I. B. 1. d) bb) (2) (a).

[531] MüKo-BGB/*Roth/Kieninger,* § 403 BGB Rn. 1.

mächtnisses eintretenden Fälligkeit einem bei Vorliegen der tatbestandlichen Voraussetzungen grundsätzlich sofort fälligen Anspruch aus § 403 S. 1 BGB als speziellerer erbrechtlicher Anspruch entgegenstehen[532]. Durch einen Anspruch auf Ausstellung einer Urkunde und die entsprechende Anwendung des § 410 BGB könnte somit die Einziehung einer Forderung durch den Vindikationslegatar zugunsten der Nachlassgläubiger erschwert werden; einer Weiterveräußerung der vermachten Forderung stünde hingegen keinerlei Hindernis entgegen.

In Bezug auf Marken- und Patentrechte beispielsweise müsste der Inhalt des Anspruchs auf formelle Übertragung zum Schutz der Nachlassgläubiger wohl auf die Ausstellung einer Urkunde und gerade nicht – wie im Falle eines vermachten Grundstücks – auf die Bewilligung der Eintragung (hier in das vom Deutschen Patent- und Markenamt geführte Register) gerichtet sein. Die Vorschrift des § 403 S. 1 BGB gilt nicht nur für die Übertragung einer Forderung von dem Gläubiger durch Vertrag mit einem anderen auf diesen (vgl. § 398 S. 1 BGB), sondern auch für Übertragung anderer Rechte, soweit nicht das Gesetz ein anderes vorschreibt (vgl. § 413 BGB). Gemäß § 39 Abs. 1 GBO soll die Eintragung einer Person, an die der Vindikationslegatar das Grundstück zu veräußern beabsichtigt, in das Grundbuch nur erfolgen, wenn die Person, deren Recht durch sie betroffen wird, als der Berechtigte eingetragen ist. Der Vindikationsvermächtnisnehmer müsste also zur rechtswirksamen Übertragung des Eigentums an einem Grundstück (§§ 873, 925 BGB) an eine dritte Person im Grundbuch voreingetragen sein. Hierbei handelt es sich um den Gedanken, der hinter einem zu schaffenden Anspruch des Lega-

[532] An dieser Stelle soll darauf hingewiesen werden, dass nicht verkannt wurde, dass § 412 BGB und damit die §§ 399 bis 404 BGB und die §§ 406 bis 410 BGB für die Gesamtrechtsnachfolge beim Erbfall keine Geltung beanspruchen (vgl. MüKo-BGB/*Roth/Kieninger,* § 412 BGB Rn. 15 m.w.N.) und dies letztlich auch auf den gesetzlichen Forderungsübergang bzw. den Übergang von sonstigen Rechten (Einzelrechtsnachfolge) im Wege eines Vindikationsvermächtnisses übertragen werden müsste. Es kann im Ergebnis keinen Unterschied machen, ob der Rechtsnachfolger mit dem Erbfall unmittelbar dinglich am gesamten Vermögen des Erblassers oder lediglich an einzelnen Vermögenswerten beteiligt wird. Wenn nunmehr aber im Rahmen der Innenhaftung des Vermächtnisnehmers und dessen Erwerb einer in den positiven und negativen Befugnissen eingeschränkten Inhaberschaft an unkörperlichen Gegenständen von einem Anspruch auf Ausstellung einer Urkunde gegenüber dem Erben gesprochen wird, so müssen auch die diesbezüglichen Vorschriften des Abtretungsrechts zur Anwendung gelangen können. Der eventuell zu schaffende Anspruch auf formelle Übertragung würde somit nicht nur einem u.U. früher fälligen Anspruch aus § 403 S. 1 BGB abträglich sein, sondern bereits generell der Tatsache, dass im Falle eines gesetzlichen Rechtserwerbs durch Vindikationslegat wohl bereits von vornherein von keiner Pflicht zur Beurkundung (§ 403 BGB) und keinem Leistungsverweigerungsrecht eigener Art zugunsten des Schuldners (§ 410 Abs. 1 S. 1 BGB) (vgl. MüKo-BGB/*Roth/Kieninger,* § 410 BGB Rn. 4 m.w.N.) ausgegangen werden kann.

tars gegenüber dem Erben auf Bewilligung der Eintragung in das Grundbuch steht (wobei § 40 GBO Beachtung finden müsste). Zum Schutz der Nachlassgläubiger möchte eine wirksame Übertragung des Eigentums von dem Vermächtnisnehmer auf einen Dritterwerber zunächst verhindert werden. Die rechtliche Lage in Bezug auf Marken- und Patentrechte unterscheidet sich hierzu jedoch grundlegend. Marken- und Patentrechte sind vererblich und können somit nicht nur im Wege der Gesamtrechtsnachfolge auf einen Erben übergehen[533], sondern ebenfalls durch Einzelrechtsnachfolge auf einen unmittelbar dinglich berechtigten Vermächtnisnehmer. Der Vindikationslegatar könnte nunmehr über das vermachte Marken- oder Patentrecht wirksam verfügen, wobei das Abtretungsrecht entsprechende Anwendung findet (§ 413 BGB)[534]. Von besonderer Bedeutung ist nunmehr Folgendes[535]:

„Der Rechtsübergang des durch die Eintragung oder die Anmeldung (§ 31) einer Marke begründeten Rechts kann nach § 27 Abs. 3 in das Register eingetragen werden. [...] Dem *Registereintrag des Rechtsübergangs* kommt keine konstitutive Wirkung zu [...]. Die Wirksamkeit des Rechtsübergangs der Marke bestimmt sich allein nach dessen rechtsgeschäftlichen [...] oder gesetzlichen [...] Voraussetzungen [...]."

Die Eintragung des Rechtsübergangs in das vom Deutschen Patent- und Markenamt geführte Register hat somit lediglich deklaratorische Wirkung. Das Eigentum an einem Grundstück kann hingegen ausschließlich durch die Eintragung des Erwerbers im Grundbuch übertragen werden. Ein Anspruch des Vindikationslegatars gegenüber dem Erben auf Bewilligung der Eintragung in das vom Deutschen Patent- und Markenamt geführte Register wäre zum Schutz der Nachlassgläubiger also wenig förderlich. Der Vindikationslegatar kann das Markenrecht ohne Eintragung im Register ungehindert durch einen Abtretungsvertrag an dritte Personen übertragen. Für die Anerkennung eines Anspruchs auf Bewilligung der Eintragung in das vom Deutschen Patent- und Markenamt geführte Register könnte auch nicht überzeugend angeführt werden, dass durch eine frühzeitige Eintragung des Vindikationsvermächtnisnehmers ein gutgläubiger Erwerb zugunsten Dritter ermöglicht würde. Zum einen können Gutglaubensvorschriften überhaupt nicht zur Anwendung gelangen, da der Legatar die Inhaberschaft an dem Marken- oder Patentrecht bereits mit dem Anfall des Vermächtnisses erlangt. Zum anderen gibt es gerade keinen gutgläubigen Rechtserwerb im Rahmen des Marken- und Patentrechts[536].

---

533 *Fezer,* § 27 MarkenG Rn. 39; Benkard/*Ullmann/Deichfuß,* § 15 PatG Rn. 4.

534 *Fezer,* § 27 MarkenG Rn. 20; Benkard/*Ullmann/Deichfuß,* § 15 PatG Rn. 5.

535 *Fezer,* § 27 MarkenG Rn. 60. Selbiges gilt auch im Rahmen des PatG, vgl. hierzu die Ausführungen bei *Mes,* § 15 PatG Rn. 32.

536 *Ingerl/Rohnke,* § 27 MarkenG Rn. 14: „Ein *gutgläubiger Erwerb* der Marke ist, wie bei § 398 BGB generell, nicht möglich, da es an einem eindeutigen Anknüpfungspunkt für den guten Glauben fehlt. Im Hinblick darauf, daß der Rechtsübergang im Register nicht

Gemäß § 28 Abs. 1 MarkenG wird aber beispielsweise vermutet, dass das durch die Eintragung einer Marke begründete Recht dem im Register als Inhaber Eingetragenen zusteht. Aber auch diese Vermutung der Rechtsinhaberschaft kann nicht gegen eine bereits frühzeitige Eintragung des Vindikationslegatars und somit für einen Anspruch des Legatars gegenüber dem Erben auf Bewilligung der Eintragung angeführt werden. Der unmittelbar dinglich Berechtigte ist bereits materieller Rechtsinhaber in Bezug auf die Marke und die materielle Rechtsinhaberschaft und der formelle Registereintrag stimmen gerade überein[537]. Es sollte letztlich – wie im Rahmen von Forderungen – an einen Anspruch auf Ausstellung einer Urkunde gedacht werden und somit an eine entsprechende Anwendung der §§ 398 ff. BGB. Die Schuldnerschutzvorschriften der §§ 407 ff. BGB wären auf die gesetzliche Übertragung anderer Rechte wie Marken- oder Patentrechte entsprechend anwendbar (vgl. § 413 BGB), „sofern eine dem Schuldner vergleichbare Person aus dem Recht verpflichtet ist“[538]. Im Rahmen der Anmerkungen zu § 15 PatG äußerten sich *Ullmann/Deichfuß* folgendermaßen[539]:

„Der Veräußerer ist nach §§ 403, 413 BGB verpflichtet, dem Erwerber auf Verlangen eine öffentliche beglaubigte Urkunde über die Abtretung auszustellen […].“

Zum Schutz der Nachlassgläubiger könnte man somit auch bei einem gesetzlichen Rechtserwerb im Wege von Vindikationslegaten die Ausstellung einer Urkunde als Pflicht im Rahmen des Anspruchs auf formelle Übertragung ansehen.

Das Urheberrecht ist gemäß § 29 Abs. 1 UrhG nicht übertragbar, es sei denn, es wird in Erfüllung einer Verfügung von Todes wegen oder an Miterben im Wege der Erbauseinandersetzung übertragen. Zulässig sind hingegen gemäß § 29 Abs. 2 UrhG die Einräumung von Nutzungsrechten (§ 31 UrhG),

---

eingetragen sein muß […], kann sich auch ein Dritter nicht darauf verlassen, daß das Register den gegenwärtigen Inhaber wiedergibt. Das ergibt sich auch im Gegenschluß aus § 28, der der Registereintragung nur bestimmte beschränkte Wirkungen zuweist, zu denen gerade nicht die Begründung des öffentlichen Glaubens gehört.“; zu dem nicht möglichen gutgläubigen Erwerb in Bezug auf das Recht auf das Patent, den Anspruch auf Erteilung des Patents oder das Recht aus dem Patent von dem im Register eingetragenen Nichtberechtigten vgl. die Ausführungen bei Benkard/*Ullmann/Deichfuß,* § 15 PatG Rn. 8 m.w.N.

„Auf die (rein deklaratorische, nicht konstitutive) Eintragung des Veräußerers als Patentinhaber im Register beim Patentamt (§ 30 Abs. 1) kommt es nicht an. Der materiell berechtigte, jedoch nicht eingetragene Patentinhaber kann mithin wirksam das Patent übertragen. Der materiell-rechtlich nicht berechtigte, jedoch eingetragene Patentinhaber kann kein Patent übertragen […].“ (*Mes,* § 15 PatG Rn. 32 m.w.N.).

[537] *Fezer,* § 28 MarkenG Rn. 1.

[538] MüKo-BGB/*Roth/Kieninger,* § 413 BGB Rn. 15 m.w.N.; siehe hierzu auch BGH, NJW 1993, 1468 (1469) in Bezug auf das UrhG.

[539] Benkard/*Ullmann/Deichfuß,* § 15 PatG Rn. 8 m.w.N.

schuldrechtliche Einwilligungen und Vereinbarungen zu Verwertungsrechten sowie die in § 39 UrhG geregelten Rechtsgeschäfte über Urheberpersönlichkeitsrechte. Das Urheberrecht ist somit gerade nicht als Ganzes übertragbar und „[d]er Urheber kann einem anderen die Verwertung seines Werkes stattdessen durch Einräumung von Nutzungsrechten ermöglichen“[540]. Die Einräumung von Nutzungsrechten folgt hierbei den Vorschriften über die Übertragung von Forderungen (vgl. §§ 413, 398 BGB), wobei Nutzungsrechte gerade nicht gutgläubig erworben werden können[541].

Beispiel: E ist Urheber eines literarischen Werkes (§ 7 UrhG). Gemäß § 31 Abs. 1 S. 1 UrhG kann der Urheber einem anderen das Recht einräumen, das Werk auf einzelne oder alle Nutzungsarten zu nutzen (Nutzungsrecht). Das Nutzungsrecht kann gemäß § 31 Abs. 1 S. 2 UrhG als einfaches oder ausschließliches Recht sowie räumlich, zeitlich oder inhaltlich beschränkt eingeräumt werden. E räumt dem Verlag V ein ausschließliches Nutzungsrecht an seinem Werk in Bezug auf die Vervielfältigung und den Vertrieb als Taschenbuch- und Hardcover-Ausgaben ein (vgl. § 31 Abs. 3 UrhG). Zugunsten des E wird ein Kündigungsrecht vereinbart. Die Kündigungsfrist beträgt hierbei drei Monate zum Ende eines Kalendermonats, wobei die Beendigung des Vertrags durch Kündigung zu ihrer Wirksamkeit der Schriftform bedarf. E verstirbt einige Monate nach dem Abschluss des schuldrechtlichen Rechtsgeschäfts und der Einräumung des ausschließlichen Nutzungsrechts zugunsten des V (§§ 413, 398 BGB). E hinterlässt eine Verfügung von Todes wegen, in der er sein Urheberrecht an dem literarischen Werk im Wege eines Vindikationslegates an seinen Sohn S zuwenden möchte (vgl. § 28 Abs. 1 UrhG). S setzt ein Schreiben auf und möchte durch Kündigung das Dauerschuldverhältnis mit V beenden. Die Rechtsfolge wäre nunmehr folgende[542]: „Die Beendigung eines urheberrechtlichen Vertrages führt dazu, dass die eingeräumten Nutzungsrechte (Tochterrechte) an den Urheber bzw. – im Fall von in der Nutzungsrechtskette nachgelagerten Enkelrechten – an den sonstigen Lizenzgeber ipso iure zurückfallen, soweit nicht anders vereinbart, *Heimfall der Rechte* [...].“ *Wiebe* spricht davon, dass das Mutterrecht nach Wegfall des Tochterrechts wieder zum Vollrecht erstarkt[543]. S könnte nunmehr zwar nicht über das Urheberrecht als solches verfügen (vgl. § 29 Abs. 1 UrhG), jedoch nach seinem Belieben Nutzungsrechte zugunsten dritter Personen einräumen und somit wiederum Tochterrechte vom Mutterrecht abspalten. Im Zeitpunkt vor der rechtswirksamen Kündigung wäre dies gerade noch nicht möglich, da E bereits über die ausschließlichen Nutzungsrechte an dem literarischen Werk zugunsten des V verfügte und sich E somit seiner Nutzungsbefugnis begeben hat; ein gutgläubiger Erwerb scheidet aus[544]. Um übereilte, undurchdachte bzw. in ihren rechtlichen Folgen schwerwiegende Handlungen und anschließende nicht mehr rückgängig zu machende Vermögensdispositionen in Bezug auf das vermachte Recht zugunsten der Nachlassgläubiger verhindern zu können, empfiehlt es sich, die §§ 398 ff. BGB entsprechend anzuwenden. Der Vindikationslegatar hätte gegenüber dem Erben einen Anspruch auf formelle Übertragung des vermachten Rechts, d.h. auf Ausstellung einer Urkunde (vgl. § 403 S. 1 BGB), um sich wiederum gegenüber V legitimieren zu können (vgl. § 410 BGB). Gemäß

[540] Spindler/Schuster/*Wiebe*, § 31 UrhG Rn. 2.
[541] Spindler/Schuster/*Wiebe*, § 31 UrhG Rn. 4 m.w.N.
[542] Beck'scher Online-Kommentar Urheberrecht/*Soppe*, § 31 UrhG Rn. 58 m.w.N.
[543] Spindler/Schuster/*Wiebe*, § 31 UrhG Rn. 3 m.w.N.
[544] Spindler/Schuster/*Wiebe*, § 31 UrhG Rn. 4 m.w.N.

§ 410 Abs. 1 S. 2 BGB ist eine Kündigung oder eine Mahnung des neuen Gläubigers (S) unwirksam, wenn sie ohne Vorlegung einer solchen Urkunde erfolgt und der Schuldner (V) sie aus diesem Grunde unverzüglich zurückweist. Durch eine unverzügliche Zurückweisung könnte V der Kündigung durch S die Wirkung nehmen[545]. Es sei an dieser Stelle noch angemerkt, dass das Urteil des BGH[546] über den Abdruck eines Kunstwerks als Titelbild eines Versteigerungskatalogs und auf einem Werbeprospekt der Anwendbarkeit des § 410 BGB im vorliegenden Beispiel gerade nicht entgegensteht. Hiervon geht *Taxhet* zu Unrecht aus, indem er davon spricht, dass die §§ 407 ff. BGB bei der Übertragung gewerblicher Schutzrechte generell abgelehnt werden müssen[547]. Das Urteil des BGH hatte den Fall vor Augen, dass die Nutzungsrechte an einem Gemälde auf die Klägerin übertragen wurden und diese auf Grund einer *anschließenden* Verletzung dieser urheberrechtlichen Nutzungsrechte Ansprüche nach § 97 UrhG gegen die Beklagte geltend machen möchte. Nach BGH, NJW 1993, 1468 (1469) gilt: „Eine entsprechende Anwendung der Schuldnerschutzbestimmungen der §§ 407 ff. BGB kommt indessen nur in Betracht, sofern zu dem übertragenen Recht eine Person vergleichbar einem Schuldner verpflichtet ist [...].“ V wäre im Beispielsfall aber gerade zu dem im Wege eines unmittelbar dinglich wirkenden Vermächtnisses übertragenen Recht vergleichbar einem Schuldner verpflichtet. Eine Ablehnung der Anwendbarkeit der Schuldnerschutzvorschrift des § 410 BGB wäre – im Gegensatz zu dem Urteil des BGH – nicht zu rechtfertigen. Im Urteil des BGH erfolgte die Übertragung der urheberrechtlichen Nutzungsrechte gerade *vor* der Verletzung dieser Rechte durch die Beklagte. Im Ergebnis kann durch die entsprechende Anwendung der §§ 398 ff. BGB und die Schaffung eines Anspruchs auf formelle Übertragung des Legatars gegenüber dem Erben zwar nicht – für den Fall, dass der Vindikationslegatar durch den Anfall des Vermächtnisses das beim Erblasser noch vollumfänglich vorhandene Mutterrecht erwirbt – die erstmalige Einräumung von Nutzungsrechten durch einen formlosen Vertrag mit einer dritten Person (vgl. §§ 413, 398 BGB) verhindert werden, wohl aber beeinträchtigende Eingriffe in bestehende schuldrechtliche Rechtsgeschäfte, beispielsweise mit Hilfe des § 410 Abs. 1 S. 2 BGB, erschwert werden.

Der Anspruch auf formelle Übertragung des vermachten Gegenstandes als denkbare Einschränkung der positiven Befugnisse des Vindikationsvermächtnisnehmers wäre im Ergebnis wohl (zumindest nach dem vorläufigen Erkenntnisstand)[548] auf die Übergabe der vermachten beweglichen Sache, die Bewilligung der Eintragung im Grundbuch bzw. auf die Ausstellung einer Urkunde in Bezug auf vermachte Forderungen und Immaterialgüterrechte wie Marken-, Patent- und Urheberrechte gerichtet.

---

[545] Schulze/*Schulze,* § 410 BGB Rn. 2.

[546] BGH, NJW 1993, 1468 bis 1470.

[547] Beck'scher Online-Kommentar Markenrecht/*Taxhet,* § 27 MarkenG Rn. 59.

[548] Dieses Ergebnis wird es an späterer Stelle (teilweise) zu korrigieren gelten. Vgl. hierzu § 15, I. B. 1. d) bb) (4).

(b) Gesetzliches Besitzmittlungsverhältnis[549]

Zwischen dem Erben und dem Vindikationslegatar bestünde mit dem Tod des Erblassers und für den Fall, dass sich der Legatar zu diesem Zeitpunkt gerade noch nicht im unmittelbaren Besitz der vermachten Sache befindet, ggf. ein gesetzliches Besitzmittlungsverhältnis. Besitzt jemand eine Sache als Nießbraucher, Pfandgläubiger, Pächter, Mieter, Verwahrer oder in einem ähnlichen Verhältnis, vermöge dessen er (Erbe, unmittelbarer Besitzer) einem anderen gegenüber auf Zeit zum Besitz berechtigt oder verpflichtet ist, so ist gemäß § 868 BGB auch der andere Besitzer (Vermächtnisnehmer, mittelbarer Besitzer). Dem Legatar steht ein Herausgabeanspruch (Anspruch auf formelle Übertragung der vermachten Sache bzw. Anspruch gemäß § 985 BGB) gegenüber dem Erben zu, wobei ein bedingter oder befristeter Anspruch als ebenso unschädlich anzusehen ist wie der Fall, dass der Zeitpunkt der Fälligkeit des Anspruches weit hinausgeschoben ist[550].

„Der Besitzmittler muß für den mittelbaren Besitzer in Anerkennung eines Herausgabeanspruchs […] besitzen wollen […] [Besitzmittlungswille].“[551]

Hieran könnte es bei einigen Erben mangeln. Diese könnten die Wirksamkeit der Verfügung von Todes wegen zugunsten des Legatars bestreiten bzw. trotz deren Anerkennung lediglich für die eigene Person besitzen wollen. Von diesem Erfordernis eines Besitzmittlungswillens wird zum Teil auch bei kraft Gesetz entstehenden Besitzmittlungsverhältnissen ausgegangen[552]. Die besse-

---

[549] Die nachfolgenden Ausführungen unter Punkt (b) beziehen sich denklogischerweise lediglich auf vermachte bewegliche Sachen, bei denen sich der Anspruch auf formelle Übertragung u.U. auf Übergabe dieser Sache richtet. Nur dieser auf Übergabe der beweglichen Sache gerichtete Anspruch auf formelle Übertragung vermag ggf. ein ähnliches Verhältnis i.S.d. § 868 BGB zu begründen, vermöge dessen der Erbe dem Vindikationslegatar gegenüber auf Zeit zum Besitz berechtigt oder verpflichtet ist. Die nachfolgenden Darstellungen gelten aber auch in gleichem Maße für vermachte bewegliche Sachen, an denen ein Urheberrecht besteht. *Wiebe* bringt zum Ausdruck, dass „[z]wischen dem Sacheigentum am Werkstück und dem Urheberrecht am geistigen Gut […] streng zu unterscheiden [ist]. Vielfach nehmen Sacheigentum und Urheberrecht ein getrenntes Schicksal.“ (vgl. Spindler/Schuster/*Wiebe,* § 44 UrhG Rn. 1).

[550] MüKo-BGB/*Joost,* § 868 BGB Rn. 16 m.w.N.

[551] Staudinger-BGB/*Gutzeit* (2012), § 868 BGB Rn. 24 m.w.N. und einem Nachweis zur gegenteiligen Ansicht; so auch MüKo-BGB/*Joost,* § 868 BGB Rn. 17 m.w.N.

[552] Für das Erfordernis eines Besitzmittlungswillens sich aussprechend *Joost* in MüKo-BGB/*Joost,* § 868 BGB Rn. 17. *Stadler* weist darauf hin, dass von einer Vermittlung des Besitzes nur dann die Rede sein kann, wenn der unmittelbare Besitzer die Sache gerade nicht als ihm gehörig besitzt (vgl. § 872 BGB), und spricht sich im Ergebnis somit für das Bedürfnis nach einem Besitzmittlungswillen aus (vgl. Soergel/*Stadler,* § 868 BGB Rn. 4). Das BayObLG ging hingegen davon aus, dass es auf die Willensrichtung des Besitzmittlers gerade nicht ankomme (BayObLGZ 1953, 273 (277) und BayObLGZ 1961, 289 (304)). So auch BGH, NJW 1953, 697 (697). Die Fälle der Rspr. bezogen sich allesamt auf die Nut-

ren Gründe sprechen jedoch gegen die Notwendigkeit eines Besitzmittlungswillens in Bezug auf gesetzliche Besitzmittlungsverhältnisse. Ein Willenselement sollte lediglich dann vonnöten sein, falls der mittelbare Besitz auf einem von dem Willen der beteiligten Personen abhängigen schuldrechtlichen oder dinglichen Vertragsverhältnis fußt[553]. Die vertraglich begründeten Besitzmittlungsverhältnisse haben ihren Ursprung gerade in der Vertragsfreiheit[554]. Die Vertragsparteien wählen ihren Vertragspartner auf Grund einer freiverantwortlichen Entscheidung und haben diesbezüglich das Risiko eines u.U. später entfallenden Besitzmittlungswillens zu tragen. Der Vindikationslegatar kann die Person des Erben hingegen gerade nicht selbstständig erwählen. Dem Erben kommt seine rechtliche Position auf Grund gewillkürter oder gesetzlicher Erbfolge kraft eigenen Rechts zu und dieser steht in einem durch das Gesetz näher ausgestalteten Verhältnis zu dem Vermächtnisnehmer, der mittels einer Verfügung von Todes wegen das Eigentum bzw. die Rechtsinhaberschaft an dem vermachten Gegenstand erlangt hat, wobei der Wille des Erben keinen Einfluss darauf hätte, wem als Legatar der vermachte Gegenstand zugesprochen wurde[555]. Eines Besitzmittlungswillens bedarf es im Verhältnis zwischen dem Erben als unmittelbarem Besitz (Besitzmittler) und dem Vindikationslegatar als mittelbarem Besitzer im Ergebnis somit gerade nicht[556].

(c) Anspruch auf formelle Übertragung als Schutzmechanismus?

Im Rahmen obiger Ausführungen wurde Folgendes dargestellt: Der Vermächtnisnehmer erwirbt grundsätzlich mit dem Erbfall ipso iure das Eigen-

---

zungsverwaltung nach früherem Erbhofrecht. *Gutzeit* stimmt der Ansicht des BGH und des BayObLG in einzelnen Fällen zu, sagt aber, dass dies so allgemein gerade nicht aufrechterhalten werden kann (Staudinger-BGB/*Gutzeit* (2012), § 868 BGB Rn. 24; so auch bereits *Bund* in Staudinger-BGB/*Bund* (2007), § 868 BGB Rn. 24). Nach *Westermann/Gursky/Eickmann* (§ 18 Rn. 2) muss der mittelbare Besitz zu Ende sein, „wenn der Besitzmittler erkennbar seine Rolle verlässt und Eigenbesitzwillen bekundet". *Füller* (S. 286) spricht von der Entbehrlichkeit des Besitzmittlungswillens im Rahmen von kraft Gesetz entstandenen Besitzmittlungsverhältnissen.

[553] BGH, NJW 1953, 697 (697) (Nutzungsverwaltung nach früherem Erbhofrecht).

[554] BGH, NJW 1953, 697 (697) (Nutzungsverwaltung nach früherem Erbhofrecht).

[555] So die Ausführungen bei BayObLGZ 1953, 273 (277) und BGH, NJW 1953, 697 (697) in Bezug auf die Nutzungsverwaltung nach früherem Erbhofrecht.

[556] Wie noch zu zeigen sein wird, kann jedoch – unabhängig von der Beantwortung der Frage nach dem Besitzmittlungswillen des Erben – zwischen dem Erben und dem Legatar im Ergebnis gerade unter Bezugnahme auf den Anspruch auf formelle Übertragung kein gesetzliches Besitzmittlungsverhältnis entstehen. Der Erbe ist dem Legatar nicht auf Zeit zum Besitz berechtigt. Der Anspruch vermag zwar ein gesetzliches Schuldverhältnis zwischen beiden zu begründen, wird jedoch sofort mit dem Erbfall fällig und ist lediglich auf die Anerkennung eines bestehenden Rechts und nicht auf die Herausgabe gerichtet. Vgl. hierzu die Ausführungen in § 15, I. B. 1. d) bb) (2) (a) und (4).

tum bzw. die Rechtsinhaberschaft an dem vermachten Gegenstand und einen Anspruch auf formelle Übertragung gegen den Erben. Der Anspruch des Vermächtnisnehmers auf formelle Übertragung wird u.U. nicht sofort mit dem Erbfall fällig. Trotz eines eventuellen Hinausschiebens des Fälligkeitszeitpunktes ist der Vindikationslegatar jedoch bereits mit dem Tod des Erblassers Rechtsinhaber des Gegenstandes und somit über diesen verfügungsbefugt. Bekanntermaßen ist die Übereignung einer beweglichen Sache nicht ausnahmslos an die Übergabe geknüpft. Der Vermächtnisnehmer könnte somit über die bewegliche Sache beispielsweise durch Abtretung des ihm gegenüber dem Erben zustehenden Herausgabeanspruches wirksam verfügen (§ 931 BGB als Übergabesurrogat). Für die Abtretung einer ihm als Rechtsinhaber zustehenden Forderung bedürfte er zudem keiner durch den Erben ausgestellten Urkunde. Die fehlende Aushändigung einer Urkunde würde dem Schuldner allenfalls ein Leistungsverweigerungsrecht eigener Art an die Hand geben (vgl. § 410 Abs. 1 S. 1 BGB) und die Einziehung der Forderung durch den Vindikationslegatar erschweren. Marken- und Patentrechte als Immaterialgüterrechte könnten ebenso bereits mit dem Erbfall rechtswirksam auf dritte Personen übertragen werden (vgl. §§ 413, 398 BGB). Für die Einräumung von Nutzungsrechten an Urheberrechten (vgl. § 31 UrhG) gilt dies lediglich für den Fall, dass der Erblasser nicht bereits zu Lebzeiten über Nutzungsrechte verfügte. Hierdurch hätte der Erblasser seine Nutzungsbefugnis verloren und es könnte gerade nicht das Mutterrecht als Vollrecht auf den Vindikationslegatar übergehen. Das Urheberrecht selbst ist nicht übertragbar (vgl. § 29 Abs. 1 UrhG). Im Falle von vermachten Grundstücken wurde ein Anspruch des Legatars gegenüber dem Erben auf Bewilligung der Eintragung in das Grundbuch in Erwägung gezogen. Möchte der Legatar das Grundstück nunmehr (d.h. vor Erfüllung des Anspruchs auf formelle Übertragung) an eine dritte Person veräußern, würde deren Rechtserwerb u.U. die Vorschrift des § 39 Abs. 1 GBO entgegenstehen, die besagt, dass die Eintragung nur dann erfolgen soll, wenn die Person, deren Recht durch sie betroffen wird (Legatar), als der Berechtigte eingetragen ist. Auf Grund der Tatsache, dass § 40 GBO wohl auf unmittelbar dinglich berechtigte Vermächtnisnehmer entsprechend angewendet werden müsste und sich eine Unterscheidung zwischen Erben und Legataren kaum rechtfertigen ließe, könnte der Vermächtnisnehmer die Eintragung des Dritterwerbers bereits ohne die Erfüllung seines Anspruchs auf formelle Übertragung (Bewilligung seiner eigenen Eintragung durch den Erben) wirksam herbeiführen.

Der Vindikationslegatar könnte das Eigentum bzw. die Rechtsinhaberschaft an dem vermachten Gegenstand auch ohne eine bereits erfolgte Übergabe, Bewilligung der Eintragung im Grundbuch oder Ausstellung einer Urkunde durch den Erben auf eine dritte Person übertragen. Die im Falle einer beweglichen Sache erst zu einem späteren Zeitpunkt stattfindende Übergabe vom Erben an den Vermächtnisnehmer könnte zwar dessen Erfolgschancen im Falle einer beabsichtigten Weiterveräußerung erschweren, jedoch nicht vollständig aushebeln. Die vorgesehene Ausstellung bzw. Aushändigung einer Urkunde an den Vindikationslegatar würde die Veräußerungsperspektiven des Vermächtnisnehmers in noch geringerem Maße beeinträchtigen. Der hinter einem Anspruch auf formelle Übertragung stehende Sinn und Zweck des Nachlassgläubigerschutzes kann somit durch den Vermächtnisnehmer um ein Leichtes konterkariert werden. Die (ausschließliche) Konstruktion eines formellen Anspruches auf Übertragung des vermachten Gegenstandes würde sich somit letzten Endes als nicht besonders durchdacht herausstellen und könnte in einer Vielzahl der Fälle ihren beabsichtigten Sinn und Zweck gerade nicht zu erfüllen vermögen.

(2) Gesetzliches Verfügungsverbot

Zur umfangreichen bzw. umfangreicheren Gewährleistung eines Schutzes der Nachlassgläubiger könnte daran gedacht werden, dem Vermächtnisnehmer mit dem Tod des Erblassers als grundsätzlicher Zeitpunkt des Anfalls des Vermächtnisses neben einem Anspruch auf formelle Übertragung des vermachten Gegenstandes ein gesetzliches Verfügungsverbot als zweite denkbare Einschränkung der positiven Befugnisse des Legatars zur Last zu legen. Dieses Verfügungsverbot kann natürlich keinesfalls unbegrenzten Bestand zeitigen.

Sollte man das Verfügungsverbot an eine auflösende Bedingung oder an eine Kombination aus einer auflösenden Befristung und einer auflösenden Bedingung knüpfen? Sollte das Verfügungsverbot als relatives oder als absolutes Verbot ausgestaltet werden?

(a) Auflösende Bedingung oder auflösende Bedingung/Befristung

In Bezug auf die Frage, ob das gesetzliche Verfügungsverbot zu Lasten des unmittelbar dinglich berechtigten Vermächtnisnehmers durch den Eintritt einer Bedingung oder aber durch eine Kombination aus einem in der Zukunft liegenden, gewissen und ungewissen Ereignis zu enden vermag, wird auf die Ausführungen in § 15, I. B. 1. a) bb) im Rahmen der lediglich aufschiebend bedingten rechtlichen Position des Legatars mit dem Anfall des Vermächtnisses verwiesen. Die nachfolgenden Darstellungen beschränken sich aus diesem Grunde auf eine kurze Zusammenfassung der bereits in § 15, I. B. 1. a) bb) gefundenen Ergebnisse und deren Übertragung auf die Variante, in der der Vindikationslegatar mit dem Anfall des Vermächtnisses das Eigentum bzw. die Rechtsinhaberschaft an dem vermachten Gegenstand erlangt, diesem jedoch in Bezug auf den Vermögenswert ein gesetzliches Verfügungsverbot zur Last gelegt wird[557]. Im Ergebnis vermag lediglich die Konstellation zu

[557] Die in § 15, I. B. 1. a) bb) betrachteten Vorschriften (z.B. §§ 1958, 2014, 2015, 1990 BGB) sprechen alle von Nachlassverbindlichkeiten bzw. Nachlassgläubigern. Zur Übertra-

überzeugen, bei der das Verfügungsverbot an eine auflösende Bedingung geknüpft wird. Die Bedingung tritt hierbei im Zeitpunkt der Erfüllung des Anspruchs auf formelle Übertragung durch den Erben (Übergabe der beweglichen Sache, Bewilligung der Eintragung, Aushändigung bzw. Ausstellung einer Urkunde) bzw. dessen Durchsetzung im Wege eines durch den Legatar anzustrengenden Zwangsvollstreckungsverfahrens ein.

Folgende Überlegungen können stattdessen nicht überzeugen: Es bedarf einer gewissen Zeit, in der sich der Erbe Klarheit darüber zu verschaffen hat, ob der jeweilige vermachte Vermögensgegenstand zur Befriedigung der Nachlassgläubiger herangezogen werden muss. Grundsätzlich haftet der Erbe unbeschränkt, d.h. sowohl mit dem Nachlass als auch mit seinem bereits vor dem Erbfall vorhandenen Privatvermögen. Im Falle dieser unbeschränkten Haftung wäre grundsätzlich kein Verfügungsverbot zu Lasten des Vermächtnisnehmers vonnöten, da den Nachlassgläubigern nicht lediglich der Nachlass als Haftungsobjekt zur Verfügung stünde. Falls die Haftung des Erben hingegen auf den Nachlass beschränkt wäre, würde zugunsten der Nachlassgläubiger u.U. eine erhebliche Haftungsmasse entfallen. In dieser Konstellation bedürfen diese eines besonderen Schutzes, um unter Berücksichtigung der durch das Nachlassinsolvenzrecht vorgegebenen Rangfolge ihre Ansprüche vorrangig – insbesondere vor den Vermächtnisnehmern – befriedigt zu wissen. Man könnte also daran denken, dass das Verfügungsverbot erst zu einem Zeitpunkt zu enden vermag, zu dem feststeht, ob der Erbe auf ihm zur Verfügung stehende Haftungsbeschränkungsmöglichkeiten zurückgreift (auflösende Bedingung). Führt der Erbe eine Beschränkung seiner Haftung auf den Nachlass herbei und genügt dieser zur Befriedigung der Nachlassgläubiger, tritt die auflösende Bedingung ein und das Verfügungsverbot zu Lasten des Legatars entfällt. Da die Haftungsbeschränkungsmöglichkeiten des Erben aber grundsätzlich an keinerlei Fristen gebunden sind, würde das Abstellen auf ein Gebrauchmachen von Beschränkungsmöglichkeiten in Bezug auf die Frage nach dem Entfallen bzw. Fortbestehen des Verfügungsverbotes den

---

gung der dort unter Bezugnahme auf diese Vorschriften gefundenen Ergebnisse auf die dritte Variante, in der der Legatar mit dem Anfall des Vermächtnisses das Eigentum bzw. die Rechtsinhaberschaft und nicht lediglich eine aufschiebend bedingte rechtliche Position an dem vermachten Gegenstand erlangt, müssen die folgenden Überlegungen (siehe bereits in § 15, I. A. 3.) noch einmal ins Gedächtnis gerufen werden. Der im Wege eines Vindikationslegates zugewandte Gegenstand fällt gerade im Grunde nicht in den Nachlass, weshalb der Anspruch des Legatars aus § 985 BGB bzw. der u.U. gegebene Anspruch auf formelle Übertragung gerade nicht als Nachlassverbindlichkeiten zu qualifizieren sind. Obig wurde aber bereits dargestellt, dass der vermachte Gegenstand zum Schutz der „echten" Nachlassgläubiger zumindest als zum Nachlass gehörig behandelt werden muss. Dies führt letztlich dazu, dass auch der Vindikationslegatar als Nachlassgläubiger und dessen Anspruch gegen den bzw. die Erben als Nachlassverbindlichkeit zu behandeln wäre. Der Anspruch des Legatars muss sich letztlich in das Haftungssystem des BGB einfügen lassen.

Vindikationsvermächtnisnehmer unangemessen benachteiligen[558]. Das Verfügungsverbot kann auch nicht automatisch zu einem Zeitpunkt entfallen, zu dem der Nachlass zur Befriedigung der Nachlassgläubiger ausreichend vorhanden ist und ein Zeitraum verstrichen ist, den der Gesetzgeber als genügend dafür erachtete, dass sich der Erbe über die Aktiva und Passiva des Nachlasses zu informieren und eventuell in Betracht kommende Haftungsbeschränkungsmöglichkeiten zu ergreifen vermag (beispielsweise § 2014 BGB) (auflösend bedingt-befristete Konstellation)[559]. Ebenso wenig kann sich der Zeitpunkt der Fälligkeit des Anspruchs auf formelle Übertragung als auflösend bedingt-befristeter Referenzpunkt in Bezug auf das Verfügungsverbot zu Lasten des Legatars durchsetzen. Die Fälligkeit ist zum einen nicht erst dann gegeben, wenn ausermittelt wurde, ob der Erbe von einer Haftungsbeschränkungsmöglichkeit Gebrauch macht und der vermachte Gegenstand gerade zur Nachlassgläubigerbefriedigung nicht benötigt wird, und zum anderen auch nicht erst zu einem Zeitpunkt, zu dem der Nachlass zur Befriedigung der Nachlassgläubiger genügt und z.B. die Drei-Monats-Frist des § 2014 BGB verstrichen ist, d.h. ein in zeitlicher Hinsicht ausreichender Zeitraum für den Erben zur Ermittlung und Gegenüberstellung der Aktiva und Passiva und zum Zurückgreifen auf Haftungsbeschränkungsmöglichkeiten. Der Anspruch auf formelle Übertragung des vermachten Gegenstandes ist bereits im Zeitpunkt des Anfalls des Vermächtnisses fällig. Zu diesem Zeitpunkt kann aber auf Grund eines zu gewährleistenden Schutzes der Nachlassgläubiger noch von keinem Entfallen des Verfügungsverbotes gesprochen werden[560].

Ausschließlich die Erfüllung bzw. zwangsweise Durchsetzung (ein in der Zukunft liegendes, ungewisses Ereignis) des Anspruchs des Legatars gegenüber dem bzw. den Erben auf formelle Übertragung des vermachten Gegenstandes (die Übergabe der vermachten beweglichen Sache, die Bewilligung der Eintragung im Grundbuch bzw. die Aushändigung oder Ausstellung einer Urkunde in Bezug auf das vermachte Recht) vermag als auflösend bedingter Referenzpunkt in Bezug auf das Entfallen des Verfügungsverbotes zu Lasten des Vindikationsvermächtnisnehmers zu dienen[561]. Durch die freiwillige bzw. u.U. gerichtlich geltend gemachte und im Wege der Zwangsvollstreckung betriebene Erfüllung des Anspruches auf formelle Übertragung des vermachten Gegenstandes würde die Bedingung eintreten und das Verfügungsverbot zu Lasten des Vermächtnisnehmers wieder entfallen. Der Wegfall des Verfügungsverbotes wäre somit an den Eintritt der Bedingung geknüpft, d.h. an die Übergabe, die Bewilligung der Eintragung bzw. die Aushändigung oder Ausstellung einer Urkunde. Diese Anerkennung eines bereits bestehenden Rech-

[558] Siehe hierzu § 15, I. B. 1. a) bb) (2).
[559] Siehe hierzu § 15, I. B. 1. a) bb) (3).
[560] Siehe hierzu § 15, I. B. 1. a) bb) (1).
[561] Siehe hierzu § 15, I. B. 1. a) bb) (1), (4) und (6).

tes kann zumindest in gewisser Weise mit der Erfüllung des Anspruchs aus § 2174 BGB verglichen werden, weshalb sich hieraus keine Abweichungen (natürlich nur bezogen auf eine Verfügungsbefugnis des Bedachten und beispielsweise gerade nicht auf die im Rahmen der beiden Vermächtnisarten erheblich divergierenden Verfügungsmöglichkeiten durch den Erben) in Bezug auf den Schutz der Vermächtnisnehmer und der übrigen Nachlassgläubiger im Vergleich zum geltendem Recht zu ergeben vermögen.

(b) Relatives oder absolutes Verfügungsverbot

Fraglich ist weiterhin, ob es sich um ein relatives oder absolutes Verfügungsverbot handeln sollte. Im vorliegenden Fall würde sich ein absolutes Verfügungsverbot anbieten[562]. Ein solches kann nicht nur zum Schutz des öffentlichen Interesses vorliegen, sondern auch zum Schutz der Interessen größerer, von der Öffentlichkeit abgehobener Gruppen[563]. Der hier von der Öffentlichkeit abgrenzbare Personenkreis besteht aus den Nachlassgläubigern (Gläubiger des Erblassers und Pflichtteilsberechtigte) und den Erben. In gewisser Weise geht es jedoch darüber hinaus um die Aufrechterhaltung und Sicherung eines geordneten wirtschaftlichen Geschehens in der Bundesrepublik Deutschland. Es geht insbesondere um den Fortgang des Wirtschaftslebens trotz des Todes einer Person auf Grund des Nichterlöschens von Verpflichtungen seitens des Erblassers. Verfügungen des Vermächtnisnehmers wären somit absolut, d.h. gegenüber jedermann, unwirksam. Die Verfügung wäre darüber hinaus absolut schwebend unwirksam. Hat der nicht verfügungsbefugte Vermächtnisnehmer über den Gegenstand eine Verfügung getroffen, würde diese auf Grund einer analogen Anwendung des § 185 Abs. 2 S. 1 Alt. 2 BGB im Zeitpunkt der Wiedererlangung der Verfügungsbefugnis ohne Rückwirkung (ex nunc) wirksam[564].

Zu einer bereits früheren Wirksamkeit der Verfügung des Vermächtnisnehmers könnte es jedoch dann kommen, falls ein gutgläubiger Erwerb zuzulassen wäre. Der Vindikationslegatar könnte sich im Zeitpunkt der von ihm getätigten Weiterveräußerung beispielsweise auf Grund eines noch zu Lebzeiten des Erblassers mit diesem geschlossenen Leih- oder Mietverhältnisses im unmittelbaren Besitz der vermachten beweglichen Sache befinden. Empfiehlt es sich den guten Glauben an die Verfügungsmacht zu schützen? Diese Frage muss bejaht werden. Es sind keinerlei Gründe ersichtlich, die Nachlassgläubiger durch den Fall eines angeordneten Vindikationslegates mehr zu begünstigen als im Falle eines lediglich schuldrechtlichen Vermächtnisses. Der Damnationsvermächtnisnehmer könnte die Sache gutgläubig an eine dritte Person weiterveräußern. Es ist kein Grund dafür ersichtlich, warum man

---

[562] Ablehnend *Mugdan,* Bd. 5, S. 71 (Motive).
[563] MüKo-BGB/*Armbrüster,* § 135 BGB Rn. 7 m.w.N.
[564] Beck'scher Online-Kommentar BGB/*Bub,* § 185 BGB Rn. 13, 14 m.w.N.

diejenigen Dritten benachteiligen sollte, die von dem (u.U. lediglich im Moment nicht verfügungsbefugten) Eigentümer erwerben und im guten Glauben an dessen Verfügungsbefugnis sind. Ein gutgläubiger Eigentumserwerb an Grundstücken käme jedoch allenfalls dann in Betracht, falls der Vindikationslegatar als Eigentümer im Grundbuch eingetragen wäre und weder seine Verfügungsbeschränkung aus dem Grundbuch ersichtlich noch dem Erwerber bekannt ist (vgl. § 892 Abs. 1 S. 2 BGB). Ein gutgläubiger Rechtserwerb in Bezug auf Forderungen, Marken-, Patent- und Urheberrechte scheidet grundsätzlich aus (vgl. §§ 413, 405 BGB).

§ 2191 a BGB: „Mit dem Tode einer Person geht das Eigentum bzw. die Rechtsinhaberschaft an dem vermachten Gegenstand auf den Bedachten über."

§ 2191 b BGB: „Ist das Vermächtnis unter einer aufschiebenden Bedingung oder unter Bestimmung eines Anfangstermins angeordnet und tritt die Bedingung oder der Termin erst nach dem Erbfall ein, so erfolgt der Erwerb des Eigentums bzw. der Rechtsinhaberschaft mit dem Eintritt der Bedingung oder des Termins."

§ 2191 c BGB: „Durch das Vermächtnis wird für den Bedachten das Recht begründet, von dem Beschwerten die formelle Übertragung des vermachten Gegenstandes zu fordern."

§ 2191 d BGB: „Die Forderung des Vermächtnisnehmers kommt, unbeschadet des Rechts, das Vermächtnis auszuschlagen, zur Entstehung (Anfall des Vermächtnisses) mit dem Erbfall."

§ 2191 e BGB: „Ist das Vermächtnis unter einer aufschiebenden Bedingung oder unter Bestimmung eines Anfangstermins angeordnet und tritt die Bedingung oder der Termin erst nach dem Erbfall ein, so erfolgt die Entstehung des Anspruchs auf formelle Übertragung mit dem Eintritt der Bedingung oder des Termins."

§ 2191 f BGB: „Die Verfügung des Vermächtnisnehmers über einen ihm zugewandten Gegenstand ist unwirksam. Diese wird im Zeitpunkt des Entfallens des Verfügungsverbotes wirksam. Die Vorschriften zugunsten derjenigen, welche Rechte von einem Nichtberechtigten herleiten, finden entsprechende Anwendung. Das Verfügungsverbot entfällt mit der Erfüllung des Anspruchs auf formelle Übertragung."

(3) Anspruch auf formelle Übertragung und/oder gesetzliches Verfügungsverbot

Im Nachfolgenden geht es um die Klärung der Frage, ob es im Falle der Einführung eines Vindikationslegates in das nationale Erbrecht tatsächlich *sowohl* der Integration eines Anspruchs auf formelle Übertragung *als auch* der Normierung eines gesetzlichen Verfügungsverbotes zu Lasten des Vermächtnisnehmers bedarf.

In Bezug auf vermachte bewegliche Sachen stellt sich beispielsweise die Frage, ob die positiven Eigentümerbefugnisse des § 903 S. 1 BGB tatsächlich in einem derart weitgehenden Maße eingeschränkt werden müssen. Würden tatsächlich die überwiegenden Gründe für die Einschränkung sowohl der Nutzungs- als auch der Veräußerungsmöglichkeit sprechen? Könnte man dem Vermächtnisnehmer nicht bereits den Besitz an der Sache einräumen und diesen lediglich in seiner Verfügungsbefugnis beschränken? Genügt nicht der in alle Fällen bestehende Anspruch des Legatars gegen den Erben auf Herausgabe der Sache gemäß § 985 BGB? *Friedensburg* brachte beispielsweise zum Ausdruck[565]:

> „In allen diesen Fällen tritt eine Art schwebenden Zustandes ein, in welchem das Eigenthum zwar de jure vorhanden, der Bedachte aber nicht in der Lage sein würde, davon auch nur den geringsten dem Herrschaftsbegriffe entsprechenden Gebrauch zu machen."

Man könnte zunächst an folgende Argumentation denken: Würde man die bewegliche Sache beispielsweise – ohne die Existenz eines Anspruchs auf formelle Übertragung, der auf die Übergabe der Sache gerichtet wäre – bereits an den Vermächtnisnehmer aushändigen, bestünde eine größere Gefahr eines gutgläubigen Eigentumserwerbs durch einen Dritten. Der Legatar kann den gutgläubigen Erwerb bereits durch die Übergabe der vermachten Sache an den Dritten zu seiner Vollendung bringen und wäre hierbei gerade nicht auf die u.U. langwierigeren Abläufe der Gutglaubenstatbestände der §§ 933, 934 BGB verwiesen. Diese Argumentation kann die Einführung eines Anspruchs auf formelle Übertragung indes nicht rechtfertigen. Der Anspruch auf formelle Übertragung des vermachten Gegenstandes wird bereits mit dem Anfall des Vermächtnisses fällig, unterscheidet sich bzgl. des Fälligkeitszeitpunktes somit gerade nicht von demjenigen des § 985 BGB und vermag letztlich auch nicht als erbrechtlicher und somit wohl speziellerer Anspruch den auf Herausgabe gerichteten Anspruch aus § 985 BGB auszuschließen. Eine Einschränkung der Nutzungsmöglichkeiten des Legatars kann durch den Anspruch auf formelle Übertragung letztlich nicht verzeichnet werden.

Stattdessen bedarf jedoch folgender Aspekt der Erwähnung: Das Bestehen eines Anspruch des Legatars auf formelle Übertragung der vermachten Sache vermag dem Vermächtnisnehmer vorteilhafte Rechtspositionen zu gewähren. Würde sich der Erbe im Zeitpunkt des Todes des Erblassers im unmittelbaren Besitz der vermachten Sache befinden und diese während seiner Besitzzeit beschädigen oder zerstören, wäre der Vindikationslegatar ohne die Existenz eines Anspruchs auf formelle Übertragung in einer deutlich nachteilhafteren Rechtsposition. Dem Legatar stünde ohne einen Anspruch auf formelle Übertragung ein Anspruch gegen den Erben auf Herausgabe gemäß § 985 BGB zu. Er wäre auch in diesem Falle auf die freiwillige Herausgabe durch den Erben oder die gerichtliche Geltendmachung verwiesen, da eine eigenmächtige Ansichnahme eine verbotene Eigenmacht i.S.d. § 858 Abs. 1 BGB bedeuten würde. Im Falle der Beschädigung oder Zerstörung wäre der Vindikationslegatar auf Schadensersatzansprüche i.R.d. EBV verwiesen (z.B. §§ 989, 990 BGB). Das Bestehen eines Anspruches auf formelle Übertragung würde hingegen zu einem gesetzlichen Schuldverhältnis zwischen dem Erben und dem bedachten Vermächtnisnehmer führen und dem Legatar somit die vorteilhaf-

---

[565] *Friedensburg*, in: Verhandlungen des 19. DJT, Bd. 2, S. 55.

teren Anspruchsgrundlagen aus den §§ 280 ff. BGB eröffnen (beispielsweise § 280 Abs. 1 S. 2 BGB).

Im Ergebnis bedeuten die bisherigen Ausführungen, dass ein Anspruch auf formelle Übertragung dem Vermächtnisnehmer im Falle von vermachten Sachen die im Gegensatz zu den Schadensersatzansprüchen aus dem EBV Erfolg versprechenderen Anspruchsgrundlagen aus den §§ 280 ff. BGB zur Verfügung stellen würde. Hierbei handelt es sich aber um kein Argument, mit dem das Bedürfnis nach Integration eines Anspruchs auf formelle Übertragung tatsächlich gerechtfertigt werden könnte. Die Erforderlichkeit eines Anspruchs auf formelle Übertragung ergibt sich aber gerade aus rechtstechnischen Gründen. Das gesetzliche Verfügungsverbot kann gerade in zeitlicher Hinsicht nicht unbeschränkt fortgelten. Der Zeitpunkt, zu dem feststeht, ob der Erbe von den ihm zustehenden Haftungsbeschränkungsmöglichkeiten Gebrauch macht, kann genauso wenig als Anhaltspunkt genutzt werden, wie der Ablauf eines Zeitraumes, der unter regelmäßigen Umständen für den Erben als ausreichend erscheint, um sich in genügendem Maße über die Aktiva und Passiva des Nachlasses zu informieren. Das derzeit geltende Rechtssystem verbietet eine derartige Betrachtungsweise. Das Entfallen des Verfügungsverbotes muss letztlich an eine auflösende Bedingung geknüpft werden[566]. Dies kann lediglich das Ereignis sein, in dem zum Ausdruck kommt, dass der Vermächtnisnehmer nunmehr mit dem vermachten Gegenstand nach seinem Gutdünken verfahren kann. Dies wäre eine irgendwie geartete Mitwirkungshandlung seitens des Erben oder die Durchführung einer zwangsvollstreckungsrechtlichen Maßnahme, d.h. die Erfüllung des Anspruchs auf formelle Übertragung. Die Erfüllung des Anspruchs aus § 985 BGB vermag diesem Erfordernis alleine nicht Genüge zu tun. § 985 BGB stellt zum einen nur auf die Herausgabe ab (keine Bewilligung der Eintragung im Grundbuch bzw. Aushändigung oder Ausstellung einer Urkunde) und ist zum anderen lediglich in Bezug auf Sachen anwendbar. Forderungen und Rechte können denklogischerweise nicht herausgegeben werden. Der Anspruch auf formelle Übertragung wäre hingegen für Sachen und nichtkörperliche Gegenstände anwendbar.

Im Ergebnis bedeutet dies Folgendes: Die Konstruktion eines Anspruchs auf formelle Übertragung kann alleinig betrachtet im Gegensatz zu der zu Beginn aufgestellten Annahme gerade keinen Schutz der Nachlassgläubiger bewerkstelligen. Die obige Argumentation[567], dass sich durch einen derartigen nicht bereits mit dem Anfall des Vermächtnisses fälligen Anspruch und ohne Verfügungsverbot auf Grund des nicht vorhandenen unmittelbaren Besitzes des Legatars im Falle von vermachten beweglichen Sachen weniger kaufwillige Personen auffinden lassen, muss für gescheitert erklärt werden.

---

[566] Vgl. hierzu bereits § 15, I. B. 1. d) bb) (2) (a).

[567] Vgl. hierzu bereits § 15, I. B. 1. d) bb) (1) (a).

Der Anspruch wird mit dem Anfall des Vermächtnisses fällig und unterscheidet sich gerade nicht von dem Fälligkeitszeitpunkt des § 985 BGB. Die Erfüllung des Anspruchs ist jedoch als auflösende Bedingung im Rahmen der Schaffung eines Verfügungsverbotes zu Lasten des Legatars erforderlich. Das Verfügungsverbot, für dessen rechtliche und praktische Umsetzung der Anspruch auf formelle Übertragung benötigt wird, ist letzten Endes diejenige Konstruktion, die den Schutz der Nachlassgläubiger zu gewährleisten vermag.

Diese Ausführungen belegen im Ergebnis, dass weder auf ein auflösend bedingtes Verfügungsverbot zu Lasten des Vindikationslegatars noch auf die Integration eines Anspruchs auf formelle Übertragung in das BGB verzichtet werden kann. Die Erfüllung des Anspruchs auf formelle Übertragung des vermachten Gegenstandes, der nicht lediglich wie § 985 BGB auf Sachen zugeschnitten ist, führt letztlich zu dem Entfallen des Verfügungsverbotes (auflösende Bedingung).

(4) Inhalt des Anspruchs auf formelle Übertragung

Worauf ist der Anspruch auf formelle Übertragung nunmehr genau gerichtet? Der Vermächtnisnehmer ist immerhin grundsätzlich bereits mit dem Erbfall Eigentümer bzw. Rechtsinhaber des vermachten Gegenstandes. Es könnte ggf. ein Willensakt des Erben genügen, ohne dass es auf die Übergabe der Sache, die Bewilligung der Eintragung im Grundbuch oder die Aushändigung einer Urkunde ankäme. Der Willensakt des Erben muss hierbei auf die Anerkennung einer bereits bestehenden rechtlichen Position gerichtet sein. Gegebene Handlungen des Erben sind hierbei entsprechend der allgemeinen Rechtsgeschäftslehre anhand des objektiven Empfängerhorizonts gemäß §§ 133, 157 BGB auszulegen.

Man könnte zunächst daran denken, dass die Erfüllung des Anspruchs auf formelle Übertragung auf Grund eines für den Rechtsverkehr wahrnehmbaren Publizitätsaktes nicht lediglich auf die Anerkennung einer bereits mit dem Erbfall bestehenden Rechtsposition zugunsten des Vindikationslegatars an dem vermachten Gegenstand gerichtet sein sollte, sondern zudem auf Übergabe der beweglichen Sache, Bewilligung der Eintragung im Grundbuch oder Ausstellung bzw. Aushändigung einer Urkunde in Bezug auf vermachte Forderungen und Immaterialgüterrechte wie Marken-, Patent- und Urheberrechte. Hiermit könnte das Entfallen des Verfügungsverbotes zu Lasten des Legatars und dessen nunmehrige (zumindest in den positiven Befugnissen) unbeschränkte eigentümerrechtliche Position bzw. Stellung als Rechtsinhaber nach außen hin kundgetan werden. Bzgl. eines nach außen hin erkennbaren Publizitätsaktes wären wohl die beiden nachfolgenden Ansichten vertretbar, wobei die letztgenannte Ansicht vorzugswürdiger erscheint: Ein unmittelbar dinglicher Rechtserwerb vollzieht sich im Erbrecht zwar ohne äußerlich nachvollziehbaren Akt (§ 1922 Abs. 1 BGB). Auch der Eigentumserwerb bzw. der Erwerb der Rechtsinhaberschaft im Rahmen eines Vindikationslegates würde ohne einen solchen vonstattengehen. Der Vindikationslegatar erlangt seine in § 903 S. 1 BGB enthaltenen Befugnisse als Eigentümer bzw. seine sich aus anderweitigen Vorschriften ergebenden Befugnisse als Inhaber eines Rechts (beispielsweise §§ 14 Abs. 1 MarkenG, 9 PatG, 11 UrhG) jedoch nicht bereits mit dem Tod des Erblassers, sondern zu einem späteren Zeitpunkt. Dieser vollständige Erwerb der Eigentümerbefugnisse bzw. der Befugnisse als Rechtsinhaber könnte sich aus Gründen der Rechtssicherheit und Rechtsklarheit nach außen hin wie im Falle der Erfüllung eines schuldrechtlichen Vermächtnisses manifestieren sollen. Dies wäre somit die Übergabe der beweglichen Sache bzw. die Eintragung im Grundbuch durch Bewilligung des Erben. Falls sich diese Ansicht in Bezug auf einen erforderlichen nach außen hin erkennbaren Akt durchzusetzen vermag, müsste jedenfalls eine Aushändigung bzw. Ausstellung einer Urkunde über eine bestehende Forderung oder ein bestehendes Marken-, Patent- oder Urheberrecht trotz alledem abgelehnt werden. Wäre dies der Fall, dann wären höhere Anforderungen an den Erwerb der vollumfänglichen Befugnisse als Rechtsinhaber gestellt als an die Erfüllung des schuldrechtlichen Vermächtnisses durch bloße Abtretung der Forderung bzw. des Rechts (vgl. §§ 413, 398 BGB). Ein derartiges Ergebnis vermag keinesfalls zu überzeugen. Der Anspruch auf formelle Übertragung wäre bei Forderungen und bei Marken-, Patent- und Urheberrechten lediglich auf eine Willensäußerung durch den Erben bzgl. der Anerkennung einer bereits bestehenden rechtlichen Position des Legatars an dem vermachten Gegenstand gerichtet. Die Ausstellung einer Urkunde wäre (zumindest aus Publizitätsgesichtspunkten) als Inhalt des Anspruchs auf formelle Übertragung nicht ohne einen Wertungswiderspruch zum derzeit geltenden Recht denkbar.

Auf einen derartigen Publizitätsakt müsste aber wohl bereits im Allgemeinen, d.h. auch in Bezug auf vermachte bewegliche Sachen und vermachte Grundstücke bzw. anderweitige zu ihrer Übertragung bzw. ihrem Erwerb im Grundbuch einzutragende Rechte eher verzichtet werden. Die Erfüllung des Anspruchs auf formelle Übertragung komplettiert lediglich die bereits mit dem Anfall des Vermächtnisses erworbene Rechtsinhaberschaft des Legatars in Bezug auf die in § 903 S. 1 BGB oder anderen Normen gewährten Befugnisse als Eigentümer bzw. Inhaber eines Rechts. Der Legatar erwirbt mit dem Anfall des Vermächtnisses das Eigentum bzw. die Rechtsinhaberschaft und mit der Erfüllung des Anspruchs einen Teilbereich derjenigen Befugnisse, die die eigentümerrechtliche Position bzw. Rechtsinhaberschaft im Fall eines Erben beispielsweise bereits von Anfang an charakterisiert. Warum sollte zwischen diesen beiden Zeitpunkten in Bezug auf die Publizität unterschieden werden? Es handelt sich um *das* Eigentum bzw. *die* Rechtsinhaberschaft an einem vermachten Gegenstand, das bzw. die lediglich an bestimmten in § 903 S. 1 BGB oder §§ 14 Abs. 1 MarkenG, 9 PatG, 11 UrhG genannten Befugnissen krankt[568]. Eine später erforderliche Publizität würde zu einer unnatürlichen Aufsplittung eines einheitlichen Lebenssachverhaltes führen. Im Falle der Unwirksamkeit der Nacherbfolge gemäß § 2109 Abs. 1 S. 1 BGB sind beispielsweise ebenfalls keine Publizitätserfordernisse vorgesehen. Der Vorerbe wird mit dem Ablauf der in § 2109 BGB vorgesehenen Frist kraft Gesetzes unbeschränkter Vollerbe und ist somit ab diesem Zeitpunkt den mit der Anordnung einer Nacherbfolge verbundenen Beschränkungen des Vorerben nicht mehr ausgesetzt[569].

Der Inhalt des Anspruchs auf formelle Übertragung sollte im Ergebnis aus Publizitätsgesichtspunkten gerade nicht auf die Übergabe der beweglichen Sache, die Bewilligung der Eintragung in das Grundbuch oder die Ausstellung bzw. Aushändigung einer Urkunde gerichtet sein. Es müsste somit letztlich lediglich auf einen Willensakt seitens des Erben auf Anerkennung eines mit dem Anfall des Vermächtnisses durch den Legatar an dem vermachten Gegenstand erworbenen Eigentums bzw. einer erworbenen Rechtsinhaberschaft abgestellt werden. Ein Anspruch des Vermächtnisnehmers gegenüber dem Erben auf Übergabe der beweglichen Sache könnte auch gerade nicht das Recht zum Besitz an der Sache zumindest vorübergehend dem Erben einräumen und somit einen gutgläubigen Eigentumserwerb seitens einer dritten Person verhindern. Der Anspruch auf Übergabe der Sache würde bereits mit dem Anfall des Vermächtnisses fällig sein und den Erben gerade nicht auf Zeit zum Besitz an der Sache berechtigen (vgl. § 868 BGB). In Bezug auf Forderungen und Immaterialgüterrechte wie Marken-, Patent- und Urheberrechte würde sich aber bei Ablehnung eines auf die Ausstellung einer Urkunde gerichteten Anspruchs folgendes Problem ergeben: Der Vindikationslegatar wird mit dem Anfall des Vermächtnisses Inhaber der Forderung bzw. der übrigen obig aufgezählten Rechte. Eine Verfügung über diese Rechte wäre auf Grund des zu seinen Lasten bestehenden auflösend bedingten Verfügungsverbotes nicht denkbar. Würde man nunmehr – wie es für den Erwerb

---

[568] Hierbei handelt es sich auch um den Grund, der gerade dafür angeführt werden kann, dass es in Bezug auf die Erfüllung des Anspruchs auf formelle Übertragung lediglich eines Willensaktes seitens des Erben und keiner übereinstimmender Willenserklärungen zwischen dem Erben und dem Bedachten bedarf. Ein u.U. entgegenstehender Wille des Legatars wird bereits im Rahmen der ihm gegebenen Ausschlagungsmöglichkeit hinreichend berücksichtigt. Zwar erfordert die Erfüllung des schuldrechtlichen Anspruchs aus § 2174 BGB eine Willensübereinstimmung zwischen dem Bedachten und dem Beschwerten. Hierbei handelt es sich aber tatsächlich beispielsweise um einen Anspruch des Vermächtnisnehmers auf Übereignung und Übergabe der vermachten beweglichen Sache, nicht hingegen um einen „bloßen" Anspruch auf formelle Übertragung. Die Erfüllung des Anspruchs auf formelle Übertragung wird zwar an die Voraussetzungen für die Erfüllung des Anspruchs aus § 2174 BGB angenähert; die Ansprüche sind jedoch keinesfalls identisch. Der Vindikationslegatar erlangt das Eigentum bzw. die Rechtsinhaberschaft bereits mit dem Anfall des Vermächtnisses.

[569] Beck'scher Online-Kommentar BGB/*Litzenburger,* § 2109 BGB Rn. 1.

der Rechte im Wege der Gesamtrechtsnachfolge anerkannt ist – die §§ 398 ff. BGB gerade nicht für entsprechend anwendbar erklären, so stünde dem jeweiligen Schuldner bzw. der einem Schuldner vergleichbaren Person kein Leistungsverweigerungsrecht eigener Art bei Nichtvorlage bzw. fehlender Aushändigung einer ausgestellten Urkunde (vgl. § 410 BGB) zu. Der unmittelbar dinglich berechtigte Vermächtnisnehmer könnte die Erfüllung der ihm gegen den Schuldner zustehenden Forderung verlangen und ggf. zwangsweise durchsetzen oder auch mit Hilfe von Gestaltungsrechten u.U. vorteilhafte schuldrechtliche Rechtsgeschäfte in Bezug auf Nutzungsrechte im Rahmen des Urheberrechtsgesetzes rechtswirksam beenden[570]. Diese Möglichkeiten des Vermächtnisnehmers könnten die Gewährleistung eines Nachlassgläubigerschutzes erheblich erschweren.

Letztlich wird man wohl zu dem Ergebnis gelangen müssen, dass der Anspruch auf formelle Übertragung in Bezug auf vermachte bewegliche Sachen, Grundstücke und andere zur Übertragung bzw. zum Erwerb in das Grundbuch einzutragende Rechte durch einen Willensakt des Erben zu erfüllen wäre, es hingegen aber keiner Übergabe der Sache oder Bewilligung der Eintragung in das Grundbuch bedarf. Zur Verwirklichung eines Nachlassgläubigerschutzes wäre aber nicht nur eine Verfügungsbefugnis des Legatars über die vermachte Forderung bzw. die sonstigen vermachten Rechte von Nachteil, sondern auch die Verpflichtung des Schuldners oder der einem Schuldner vergleichbaren Person zur Leistung an den Vermächtnisnehmer ohne das in § 410 Abs. 1 S. 1 BGB normierte Leistungsverweigerungsrecht eigener Art oder die fehlende Möglichkeit, einer Kündigung oder Mahnung ohne Vorlegung einer Urkunde die Wirkung zu entziehen (vgl. § 410 Abs. 1 S. 2 BGB). Es würde im Grunde keinen großen Unterschied darstellen, ob der Legatar über die vermachte Forderung bzw. das vermachte Recht zugunsten Dritter rechtswirksam zu verfügen vermag oder aber die Erfüllung der vermachten Forderung beispielsweise ohne Weiteres betreiben könnte. Man müsste also sagen, dass der Legatar die uneingeschränkte Verfügungsbefugnis über die Forderung oder sonstige Rechte mit der Erfüllung des *Anspruchs auf formelle Übertragung* erlangt. Dieser Anspruch wäre lediglich auf einen Willensakt seitens des Erben gerichtet. Um die Nachlassgläubiger aber auch vor beispielsweise frühzeitigen Zahlungen der Schuldner an den Legatar zu bewahren, der nunmehr ungehindert über den Geldbetrag zu verfügen vermag, müsste weiterhin an eine entsprechende Anwendung der §§ 398 ff. BGB gedacht werden, d.h. an die Anwendbarkeit des § 410 BGB und die Schaffung eines *Anspruchs* des Legatars gegenüber dem Erben *auf Ausstellung einer Urkunde* (vgl. § 403 S. 1 BGB). Die Ausstellung dieser Urkunde würde sich hierbei nicht auf Publizitätserwägungen stützen, sondern auf die Tatsache, dass die Verfügung über eine Forderung ebenso schädlich für die Nachlassgläubiger wäre wie die

---

[570] Vgl. hierzu den Beispielsfall auf S. 278, 279.

uneingeschränkte Verpflichtung der Schuldner zur Erfüllung ihrer Schulden gegenüber dem Vermächtnisnehmer. Es würde sich hierbei eine Verknüpfung der *beiden* angedachten Ansprüche des Legatars gegenüber dem Erben anbieten. Es geht letztlich um eine Zusammenfügung des Anspruchs des Legatars auf formelle Übertragung, der auf einen Willensakt des Erben gerichtet wäre (zum Schutz vor Verfügungen des Vermächtnisnehmers an Dritte), und des Anspruchs des Legatars gegenüber dem Erben auf Ausstellung einer Urkunde (zum Schutz vor einer Erfüllung der Forderung zugunsten des Legatars oder der rechtswirksamen Ausübung von Gestaltungsrechten). Würde der Erbe durch die Erfüllung des Anspruchs auf formelle Übertragung das Verfügungsverbot zu Lasten des Vindikationsvermächtnisnehmers zu einem Ende bringen, so werden schwerlich Gründe dafür angeführt werden können, warum dieser dann aber nicht die Erfüllung der Forderung von dem Schuldner verlangen dürfte. Gleiches gilt für den umgekehrten Fall. In Bezug auf Forderungen und sonstige Rechte würde sich somit die Integration eines *einzigen* Anspruchs und zwar eines Anspruchs auf formelle Übertragung empfehlen, der nicht nur auf den Willensakt seitens des Erben gerichtet ist, sondern zudem auf Ausstellung einer Urkunde. Durch die Erfüllung dieses Anspruchs auf formelle Übertragung würde das Verfügungsverbot zu Lasten des Legatars entfallen und dieser könnte durch die Aushändigung bzw. Vorlegung der vom Erben empfangenen Urkunde das in § 410 Abs. 1 S. 1 BGB vorgesehene Leistungsverweigerungsrecht eigener Art ausschließen bzw. Gestaltungsrechte von vornherein wirksam ausüben (vgl. § 410 Abs. 1 S. 2 BGB). Abschließend soll noch einmal festgehalten werden, dass die Ausstellung der Urkunde im Rahmen des Anspruchs auf formelle Übertragung nichts mit einem (gerade nicht) wünschenswerten nach außen hin erkennbaren Publizitätsakt zu tun hat, sondern lediglich mit der Gewährleistung eines umfassenden Nachlassgläubigerschutzes und einem nicht allzu diffizil ausgestalteten Gesetzgebungsvorschlag zur Integration eines im Innenverhältnis haftenden Vindikationslegatars, dem durch den Erblasser Forderungen oder sonstige Rechte zugesprochen werden möchten. Ein einheitlicher Anspruch auf formelle Übertragung der vermachten Forderung oder des vermachten Rechts, der auf einen Willensakt und die Ausstellung einer Urkunde durch den Erben gerichtet wäre, wäre wohl handhabbarer und verständlicher für den Rechtsanwender als zwei Ansprüche mit unterschiedlichem Inhalt und verschiedenen Rechtsfolgen, die dem Rechtsanwender aber doch sehr ähnlich erscheinen könnten (Verfügungsbefugnis des Legatars bzw. Erfüllung der Forderung durch den Schuldner).

(5) Recht zum Besitz an der vermachten Sache

Eine entscheidende Frage lautet noch folgendermaßen: Wer darf sich mit dem Erbfall in den Besitz der vermachten Sache setzen? Der Erbe oder der Vindikationslegatar? Wem steht das Recht zum Besitz zu? Hierbei handelt es sich um eine Frage, die es völlig unabhängig von dem Anspruch auf formelle Übertragung der vermachten Sache zu behandeln gilt. Im Rahmen der Ausführungen in Bezug auf den Anspruch auf formelle Übertragung wurde zwar anfangs davon gesprochen, dass die Fälligkeit dieses Anspruchs nicht mit dem Anfall des Vermächtnisses zusammenfallen, der Vermächtnisnehmer die vermachte Sache somit nicht mit dem Tod des Erblassers herausverlangen und dieser noch nicht fällige erbrechtliche Anspruch zu einem Ausschluss des Anspruchs auf Herausgabe aus § 985 BGB führen könnte. Hätten diese Ausführungen letztlich tatsächlich befürwortet werden können, so wäre der Erben gegenüber dem Vermächtnisnehmer auf Zeit zum Besitz an der Sache berechtigt gewesen (vgl. § 868 BGB), was im Ergebnis zu einem gesetzlichen Besitzmittlungsverhältnis zwischen dem Vindikationsvermächtnisnehmer und dem Erben geführt hätte. Mit Hilfe obiger Darstellungen konnte aber der Beleg dafür geliefert werden, dass der Anspruch auf formelle Übertragung der vermachten Sache mit dem Anfall des Vermächtnisses fällig wird und gerade nicht zu einem späteren Zeitpunkt[571]. Das durch den Anspruch auf formelle Übertragung zwischen dem Erben und dem Legatar entstehende Schuldverhältnis kann den Erben somit gegenüber dem Vermächtnisnehmer nicht auf Zeit zum Besitz an dem im Wege eines Vindikationslegates zugedachten Vermögenswert berechtigen. Aus diesem Grunde stellt sich an dieser Stelle nochmals die Frage, wem mit dem Erbfall das Recht zum Besitz an der vermachten Sache tatsächlich zustehen soll.

Dieses Besitzrecht könnte dem Legatar als Eigentümer der Sache zustehen. Die besseren Gründe sprechen jedoch für den Erben. Die Berechtigung zur Inbesitznahme der Sache durch den Erben könnte vor allem der Gefahr einer Nachlassgläubigerbeeinträchtigung entgegenwirken. Würde der Legatar den Besitz an der beweglichen Sache erlangen, könnte er diese auf einfachere Art und Weise gutgläubig an Dritte veräußern (vgl. §§ 932 ff. BGB). Ein entscheidendes Argument ist folgendes: Der Erbe muss die Nachlassverbindlichkeiten begleichen und zu diesem Zwecke auf die vermachte Sache ungehindert zugreifen können.

Auf Grund dieser Ausführungen könnte man nunmehr den Versuch unternehmen, das Verhältnis zwischen dem Erben und dem Vindikationslegatar in Bezug auf die vermachte Sache ähnlich zu demjenigen zwischen einem Testamentsvollstrecker und einem Erben auszugestalten (vgl. §§ 2197 ff. BGB). Der Erbe würde hierbei eine dem Testamentsvollstrecker vergleichbare Position einnehmen. Bereits obige Ausführungen zur Ausgestaltung der rechtlichen Position des Vindikationslegatars erinnern (zumindest teilweise) an die Vorschriften über die Testamentsvollstreckung. Der Vindikationslegatar erlangt das Eigentum an der Sache mit dem Tode des Erblassers. Zum Schutz

[571] Vgl. hierzu § 15, I. B. 1. d) bb) (2) (a).

der Nachlassgläubiger ist der Vermächtnisnehmer mit einem auflösend bedingten (absoluten) Verfügungsverbot versehen – ein gutgläubiger Erwerb käme jedoch in Betracht.

Vgl. § 2191 f BGB in Anlehnung an § 2211 BGB: „Die Verfügung des Vermächtnisnehmers über einen ihm zugewandten Gegenstand ist unwirksam. Diese wird im Zeitpunkt des Entfallens des Verfügungsverbotes wirksam. Die Vorschriften zugunsten derjenigen, welche Rechte von einem Nichtberechtigten herleiten, finden entsprechende Anwendung. Das Verfügungsverbot entfällt mit der Erfüllung des Anspruchs auf formelle Übertragung.“

Zum Schutz der Nachlassgläubiger dürften auch die Eigengläubiger des Vindikationslegatars (zumindest vorübergehend) nicht auf den vermachten Gegenstand zugreifen können:

§ 2191 g BGB (Gesetzesvorschlag in Anlehnung an § 2214 BGB): „Gläubiger des Vermächtnisnehmers, die nicht zu den Nachlassgläubigern gehören, können sich nicht an die im Wege von Vindikationslegaten zugedachten Gegenstände halten.“

Dem Erben obläge die Nachlassabwicklung, d.h. insbesondere die Erfüllung der Nachlassverbindlichkeiten[572]. Man müsste an die Schaffung folgender Vorschrift denken:

§ 2191 h BGB: „Der Erbe hat die vermachte Sache zu verwalten. Der Erbe ist insbesondere berechtigt, diese in Besitz zu nehmen.“

Dem Erben müssen hierbei explizit einzelne Befugnisse zugesprochen werden, da er die vermachte Sache auf Grund seiner fehlenden Rechtsträgerschaft nur so verwalten kann[573]. Der Erbe erlangt somit in Bezug auf die vermachte Sache eine Verfügungsermächtigung mit dem Erbfall[574]. Die rechtliche Situation in Bezug auf die vermachte Sache würde sich wie folgt darstellen: Der Vermächtnisnehmer ist weiterhin der Rechtsträger der vermachten Sache und der Erbe vermag die tatsächliche und rechtliche Herrschaft über diese auszuüben[575]. Der Erbe muss auch zur Inbesitznahme berechtigt sein, da durch diese zur umfangreicheren Verwirklichung der Interessen der Nachlassgläubiger verhindert werden kann, dass der Vermächtnisnehmer die zugedachte bewegliche Sache gutgläubig an Dritte veräußert[576]. Zudem kann auch der Bedachte selbst ein Interesse an der Inbesitznahme durch den Erben haben: Dieser möchte tunlichst vermeiden, dass die Sache in die Hände eines unbekannten – u.U. nicht mehr auffindbaren – Dritten gelangt. Des Weiteren

---

[572] MüKo-BGB/*Zimmermann,* § 2203 BGB Rn. 5.

[573] Vgl. hierzu die Ausführungen bzgl. des rechtlichen Verhältnisses zwischen einem Testamentsvollstrecker und dem Erben bei MüKo-BGB/*Zimmermann,* § 2205 BGB Rn. 10.

[574] Siehe hierzu sogleich in § 15, I. B. 1. d) cc).

[575] Vgl. hierzu die Ausführungen bzgl. des rechtlichen Verhältnisses zwischen einem Testamentsvollstrecker und dem Erben bei MüKo-BGB/*Zimmermann,* § 2205 BGB Rn. 1.

[576] Vgl. hierzu die Ausführungen bzgl. des rechtlichen Verhältnisses zwischen einem Testamentsvollstrecker und dem Erben bei MüKo-BGB/*Zimmermann,* § 2205 BGB Rn. 57.

können bestimmte Sachen nur durch eine Inbesitznahme vor Wertverlusten und Zerstörung geschützt werden (z.B. Naturgewalten, wahllose Beschädigungen durch Dritte). Mit der Inbesitznahme durch den Erben entsteht ein Besitzmittlungsverhältnis, wobei es auf Grund dieses gesetzlichen Verhältnisses auf den Besitzmittlungswillen des Erben gerade nicht ankommen sollte[577]. Der Erbe wird unmittelbarer und der Vermächtnisnehmer mittelbarer Besitzer (vgl. § 868 BGB). Das Besitzmittlungsverhältnis (und somit auch das Recht zum Besitz des Erben) bleiben bis zur freiwilligen Erfüllung des Anspruchs auf formelle Übertragung oder dessen zwangsweiser Durchsetzung bestehen. An dieser Stelle wird klarstellend nochmals auf Folgendes hingewiesen: Das Recht zum Besitz des Erben und das hieraus folgende Besitzmittlungsverhältnis kann nur auf Grund neu einzuführender Vorschriften geschaffen werden. Der Anspruch auf formelle Übertragung der vermachten Sache vermag weder ein Besitzrecht und somit letztlich auch gerade kein Besitzmittlungsverhältnis zu begründen. Der Anspruch wird mit dem Anfall des Vermächtnisses grundsätzlich sofort fällig. Des Weiteren wäre der Anspruch auf formelle Übertragung nicht auf die Übergabe der beweglichen Sache gerichtet, sondern auf die Anerkennung eines bereits bestehenden Rechtes durch einseitige Willensäußerung des Erben[578].

Der Vermächtnisnehmer dürfte sich die vermachte Sache auch nicht eigenmächtig anmaßen. In diesem Falle läge – falls sich der Erbe bereits im Besitz der Sache befindet – eine verbotene Eigenmacht des Vindikationslegatars vor (vgl. § 858 Abs. 1 BGB). Der Erbe könnte u.U. nach § 861 Abs. 1 BGB die Wiedereinräumung des Besitzes durch den Vermächtnisnehmer verlangen. Auf Grund des zu gewährenden Schutzes zugunsten der Erben und Nachlassgläubiger und der Tatsache, dass der Anspruch auf Wiedereinräumung des Besitzes auf Grund des § 861 Abs. 2 BGB ausgeschlossen sein könnte, würde sich die Normierung einer spezielleren Vorschrift auf Wiedereinräumung des Besitzes empfehlen:

§ 2191 i BGB: „Der Legatar darf sich in eigenmächtiger Weise nicht in den Besitz der vermachten Sache setzen. Der Legatar hat einen auf diese Weise erlangten Besitz wieder dem Erben einzuräumen."

Es bedarf insbesondere auch einer Vorschrift, die eingreifen kann, falls sich der Vermächtnisnehmer bereits vor dem Erbfall rechtmäßig im unmittelbaren Besitz der Sache befand. Hierfür dient der obig aufgeführte Normvorschlag:

§ 2191 h S. 2 BGB: „Der Erbe ist insbesondere berechtigt, diese in Besitz zu nehmen."

---

577 Vgl. hierzu bereits die Ausführungen in § 15, I. B. 1. d) bb) (1) (b).

578 Vgl. hierzu bereits in § 15, I. B. 1. d) bb) (4).

Es müsste noch die Schaffung nachfolgender Vorschrift angedacht werden (in Anlehnung an § 2217 Abs. 2 BGB)[579]:

§ 2191 j BGB: „Der Erbe kann die Überlassung der vermachten Sache nicht verweigern, wenn der Vermächtnisnehmer für die Berichtigung der Verbindlichkeiten Sicherheit leistet."

cc) Denkbare Einschränkungen der negativen Befugnisse

Unter den Punkten aa) und bb) konnten bislang folgende Feststellungen getroffen werden: Anstelle einer mit dem Anfall des Vermächtnisses aufschiebend bedingten oder auflösend bedingten rechtlichen Position des Vindikationslegatars könnte daran gedacht werden, dass der Vermächtnisnehmer das Eigentum bzw. die Rechtsinhaberschaft an dem vermachten Gegenstand erlangt. Auf Grund der Tatsache, dass sich die Nachlassgläubiger im Rahmen der Innenhaftung lediglich an den bzw. die Erben wenden können und diesem bzw. diesen ein irgendwie gearteter Zugriff auf den im Wege eines Vermächtnisses zugewandten Gegenstand zugesprochen werden muss, wird der Versuch unternommen, die dem Eigentümer bzw. Rechtsinhaber gemäß §§ 903 S. 1 BGB, 14 Abs. 1 MarkenG, 9 PatG, 11 UrhG gewährten positiven und negativen Befugnisse einzuschränken. Zu Lasten des Vermächtnisnehmers wird ein auflösend bedingtes Verfügungsverbot in Bezug auf den vermachten Gegenstand konstruiert. Die Bedingung tritt mit der Erfüllung des Anspruchs des Legatars gegenüber dem bzw. den Erben auf formelle Übertragung des zugewandten Vermögenswertes ein. Die Erfüllung des Anspruchs erfolgt durch einen Willensakt seitens des Erben, der darauf gerichtet sein muss, dass der Vermächtnisnehmer nunmehr mit dem vermachten Gegenstand nach seinem Belieben zu verfahren vermag. In Bezug auf vermachte Forderungen und sonstige Rechte bedarf es neben dem Willensakt der Ausstellung einer Urkunde seitens des Erben. Nunmehr bleibt aber weiterhin die Frage offen, wie das Problem gelöst werden kann, dass der Erbe zum Zwecke der Nachlassgläubigerbefriedigung ggf. über den vermachten Gegenstand verfügen können muss.

Auf Grund der negativen Befugnisse darf der Eigentümer bzw. Rechtsinhaber andere grundsätzlich von jeder Einwirkung auf den vermachten Gegenstand ausschließen. Dürfte der Vindikationslegatar jedoch den Erben an jeglicher (rechtsgeschäftlicher) Einwirkung auf den vermachten Gegenstand hindern, ergäbe sich das nachfolgende Problem: Die Nachlassverwaltung und das Nachlassinsolvenzverfahren sind ein Verfahren der amtlichen Nachlassabwicklung, was bedeutet, dass sich die Befugnis, den Nachlass zu verwalten und über diesen zu verfügen, vom Erben grundsätzlich auf den Nachlass-

579 Diese Vorschrift hat hingegen nichts mit einem eventuell in Erwägung zu ziehenden Ablösungsrecht zugunsten des Legatars zu tun.

oder den Nachlassinsolvenzverwalter überträgt (vgl. §§ 1984, 1985 BGB, § 80 InsO)[580]. Der Erbe ist aber im Falle eines Vindikationsvermächtnisses zu keiner Zeit Eigentümer bzw. Rechtsinhaber des vermachten Gegenstands und somit im Grunde auch nicht zur Verfügung über diesen ermächtigt. Für den Fall, dass der Erbe die Dürftigkeitseinrede erhebt, sind die Verbindlichkeiten aus Pflichtteilsrechten, Vermächtnissen und Auflagen so zu berichtigen, wie sie im Falle des Insolvenzverfahrens zur Berichtigung kommen würden (vgl. § 1991 Abs. 4 BGB). Die Gläubiger des Erblassers und die Pflichtteilsberechtigten wären somit vorrangig zu befriedigen und der Erbe müsste diesbezüglich über den vermachten Gegenstand als solchen verfügen können. Im Ergebnis bedürfte es einer gesetzlichen Verfügungsermächtigung zugunsten des Erben, die im Falle der Nachlassverwaltung oder des Nachlassinsolvenzverfahrens auf den Verwalter übergehen kann[581].

(1) Unbeschränkte Verfügungsbefugnis des Erben

Man könnte zunächst an eine grundsätzlich unbeschränkte Verfügungsbefugnis des Erben denken:

§ 2191 a BGB: „Mit dem Tode einer Person geht das Eigentum bzw. die Rechtsinhaberschaft an dem vermachten Gegenstand auf den Bedachten über."

§ 2191 b BGB: „Ist das Vermächtnis unter einer aufschiebenden Bedingung oder unter Bestimmung eines Anfangstermins angeordnet und tritt die Bedingung oder der Termin erst nach dem Erbfall ein, so erfolgt der Erwerb des Eigentums bzw. der Rechtsinhaberschaft mit dem Eintritt der Bedingung oder des Termins."

§ 2191 c BGB: „Durch das Vermächtnis wird für den Bedachten das Recht begründet, von dem Beschwerten die formelle Übertragung des vermachten Gegenstandes zu fordern."

§ 2191 d BGB: „Die Forderung des Vermächtnisnehmers kommt, unbeschadet des Rechts, das Vermächtnis auszuschlagen, zur Entstehung (Anfall des Vermächtnisses) mit dem Erbfall."

§ 2191 e BGB: „Ist das Vermächtnis unter einer aufschiebenden Bedingung oder unter Bestimmung eines Anfangstermins angeordnet und tritt die Bedingung oder der Termin erst nach dem Erbfall ein, so erfolgt die Entstehung des Anspruchs auf formelle Übertragung mit dem Eintritt der Bedingung oder des Termins."

§ 2191 f BGB: „Die Verfügung des Vermächtnisnehmers über einen ihm zugewandten Gegenstand ist unwirksam. Diese wird im Zeitpunkt des Entfallens des Verfügungsverbotes wirksam. Die Vorschriften zugunsten derjenigen, welche Rechte von einem Nichtbe-

---

580 Beck'scher Online-Kommentar BGB/*Lohmann,* § 1975 BGB Rn. 1.

581 Im Rahmen der Verhandlungen der zweiten Kommission wurde ein Antrag auf Einführung einer Vorschrift gestellt, die eine Verpflichtung des Vermächtnisnehmers zur vorherigen Erteilung seiner Zustimmung in Bezug auf erforderliche Verfügungen des Erben begründen sollte (vgl. *Mugdan,* Bd. 5, S. 620 (Protokolle)). Eine derartig erforderliche Mitwirkungshandlung seitens des Legatars könnte jedoch zu wesentlichen und gerade nicht hinnehmbaren Verzögerungen in Bezug auf die Nachlassgläubigerbefriedigung führen. Es bedürfte u.U. eines langwierigen gerichtlichen Verfahrens, das sich zum Nachteil der Nachlassgläubiger auswirken könnte (vgl. *Mugdan,* Bd. 5, S. 624 (Protokolle)).

rechtigten herleiten, finden entsprechende Anwendung. Das Verfügungsverbot entfällt mit der Erfüllung des Anspruchs auf formelle Übertragung."

§ 2191 g BGB: „Gläubiger des Vermächtnisnehmers, die nicht zu den Nachlassgläubigern gehören, können sich nicht an die im Wege von Vindikationslegaten zugedachten Gegenstände halten."

§ 2191 h BGB: „Der Erbe hat die vermachte Sache zu verwalten. Der Erbe ist insbesondere berechtigt, diese in Besitz zu nehmen *und über diese zu verfügen. Die Verfügung des Erben über einen im Wege eines Vindikationslegates zugewandten Gegenstand ist im Falle der Erfüllung des Anspruchs auf formelle Übertragung des vermachten Gegenstandes insoweit unwirksam, als sie das Recht des Vindikationslegatars vereiteln oder beeinträchtigen würde. Die Vorschriften zugunsten derjenigen, welche Rechte von einem Nichtberechtigten herleiten, finden entsprechende Anwendung."*

§ 2191 i BGB: „Der Legatar darf sich in eigenmächtiger Weise nicht in den Besitz der vermachten Sache setzen. Der Legatar hat einen auf diese Weise erlangten Besitz wieder dem Erben einzuräumen."

§ 2191 j BGB: „Der Erbe kann die Überlassung der vermachten Sache nicht verweigern, wenn der Vermächtnisnehmer für die Berichtigung der Verbindlichkeiten Sicherheit leistet."

Der entscheidende Vorteil liegt in dem zumindest vorübergehenden klaren und unzweideutigen Rechtsverhältnis in Bezug auf den vermachten Gegenstand. Die Verfügung des Erben über diesen ist bis zur Erfüllung des Anspruchs auf formelle Übertragung ohne Einschränkungen wirksam. Die Unwirksamkeit der Verfügung des Erben ist in zeitlicher Hinsicht auf den Zeitpunkt der Erfüllung des Anspruchs auf formelle Übertragung verlegt worden. Mit der Erfüllung des Anspruchs sollte die Unwirksamkeit der getätigten Verfügung absolute (gegenüber jedermann) Wirkung entfalten, wobei von einer Rückwirkung nicht auszugehen ist[582].

---

[582] Auf Grund bestehender Vergleichbarkeit erfolgt hierbei eine Anlehnung an die Regelungen der §§ 161, 2113 BGB. Zum einen handelt es sich im Rahmen der §§ 161, 2113 BGB um eine eintretende absolute und nicht lediglich relative Unwirksamkeit (vgl. MüKo-BGB/*Grunsky,* § 2113 BGB Rn. 10; Beck'scher Online-Kommentar BGB/*Rövekamp,* § 161 BGB Rn. 9) und zum anderen wird im Falle des Eintritts der Bedingung gerade nicht von einer rückwirkenden Unwirksamkeit der Zwischenverfügung ausgegangen (vgl. Beck'scher Online-Kommentar BGB/*Rövekamp,* § 161 BGB Rn. 8 m.w.N. zur Gegenauffassung; Beck'scher Online-Kommentar BGB/*Litzenburger,* § 2113 BGB Rn. 22 m.w.N.). Im Rahmen der §§ 161, 2113 BGB handelt es sich bei dem Verfügenden jeweils um den (noch) verfügungsbefugten Eigentümer bzw. Rechtsinhaber des Gegenstandes. Im Falle eines angeordneten Vindikationslegates ist der Erbe zwar nicht Eigentümer bzw. Rechtsinhaber des Gegenstandes, diesem wird jedoch eine umfängliche gesetzliche Verfügungsermächtigung eingeräumt. Die §§ 161, 2113 BGB und die neu zu schaffende Norm (vgl. § 2191 h S. 3 BGB) sollen die jeweils geschützten Personen vor im Grunde denkbaren und diese beeinträchtigende Zwischenverfügungen des (noch) Berechtigten bewahren. Die durch § 161 BGB geschützte Person hat ein Anwartschaftsrecht an dem Gegenstand und der Nacherbe ein Anwartschaftsrecht am Nachlass. Der Vindikationslegatar hat zwar kein Anwartschaftsrecht inne, jedoch bereits die rechtliche Stellung eines Eigentümers

(2) Beschränkte Verfügungsbefugnis des Erben

(a) Aufschiebend bedingte Verfügungsbefugnis

Die im Wege von Vermächtnissen zugedachten Vermögenswerte sollen zur Befriedigung der Nachlassgläubiger ausschließlich dann herangezogen werden, falls diesen lediglich der Nachlass und nicht zusätzlich das Eigenvermögen des Erben zur Verfügung steht. Man könnte somit auch daran denken, dass die Verfügungsermächtigung frühestens dann zur Entstehung gelangen soll, wenn es zu einer Separierung von Nachlass und Eigenvermögen des Erben kommt, d.h. dieser eine Haftungsbeschränkung auf den Nachlass herbeiführt. Vor der Trennung beider Vermögensmassen können die Nachlassgläubiger nicht lediglich auf den Nachlass zurückgreifen. Eine Separierung wäre in den nachfolgenden Fällen gegeben: Anordnung der Nachlassverwaltung, Eröffnung des Nachlassinsolvenzverfahrens, Erhebung der Dürftigkeitseinrede und Erhebung der Überschwerungseinrede. Mit der Separierung kommt die Verfügungsbefugnis des Erben zur Entstehung. Eine Konvaleszenz durch nachträglichen Rechtserwerb in entsprechender Anwendung des § 185 Abs. 2 S. 1 Alt. 2 BGB findet aber gerade nicht statt. Eine entsprechende Anwendung käme lediglich für den Fall in Betracht, dass der ohne Verfü-

---

bzw. Rechtsinhabers. Die Rechtsgedanken der §§ 161, 2113 BGB müssen somit erst recht Geltung beanspruchen.

Die Konstruktion einer unbeschränkten Verfügungsbefugnis des Erben würde beispielsweise dann versagen, falls man entgegen obiger Ansicht im Rahmen der Erfüllung des Anspruchs auf formelle Übertragung einen Publizitätsakt fordert (wie die Übergabe der beweglichen Sache). Vgl. hierzu § 15, I. B. 1. d) bb) (4). Die Zwischenverfügung des Erben wäre im Falle der Erfüllung des Anspruchs auf formelle Übertragung des vermachten Gegenstandes insoweit unwirksam, als sie das Recht des Vindikationslegatars vereiteln oder beeinträchtigen würde. Die absolute Unwirksamkeit der zwischenzeitlichen Verfügung wäre somit an die Erfüllung des Anspruchs auf formelle Übertragung als auflösende Bedingung im Rahmen des Verfügungsverbotes und quasi als aufschiebende Bedingung in Bezug auf die Erlangung der in § 903 S. 1 BGB festgeschriebenen Eigentümerbefugnisse bzw. die in anderen Normen (§§ 14 Abs. 1 MarkenG, 9 PatG, 11 UrhG) geregelten Befugnisse als Inhaber eines Rechts geknüpft. Die Erfüllung des Anspruchs auf formelle Übertragung erfordert aber beispielsweise im Falle einer vermachten beweglichen Sache ihrerseits einen Willensakt des Erben und die Übergabe der Sache. Falls sich die Sache im unmittelbaren Besitz des Zwischenerwerbers befindet, müsste dieser – zur Erfüllung des Anspruchs auf formelle Übertragung – die Sache aushändigen. Auf Grund der Wirksamkeit des schuldrechtlichen Vertrages und der noch nicht eingetretenen absoluten Unwirksamkeit des dinglichen Vollzuges wäre jedoch kein Herausgabeanspruch gegen den Dritten ersichtlich. Das in der neu zu formulierenden Norm bestehende Abhängigkeitsverhältnis ließe sich praktisch nie zugunsten des Vindikationslegatars lösen und die rechtliche Konstruktion der Unwirksamkeit von Verfügungen während der Schwebezeit würde den Legatar vor veruntreuenden Verfügungen des Erben nicht zu schützen vermögen.

gungsmacht auftretende materiell Berechtigte nachträglich die notwendige Verfügungsmacht (wieder-)erlangt[583].

„Erfolglos bleibt dagegen die Verfügung eines Nichtberechtigten, der nicht den Gegenstand, sondern später lediglich etwa als Vereinsvorstand, Testamentsvollstrecker oder Insolvenzverwalter *kraft Amtes Verfügungsmacht* über den Gegenstand erlangt."[584]

Es käme jedoch eine Genehmigung der Verfügung durch den Verfügenden selbst in Betracht[585]. Würde der Erbe somit die Verfügungsbefugnis zu einem späteren Zeitpunkt tatsächlich erlangen, würde eine zu einer früheren Zeit getätigte Verfügung an eine dritte Person durch dessen Genehmigung ex nunc wirksam werden können. Eine Rückwirkung kann hingegen nicht angenommen werden[586].

(b) Aufschiebend bedingte und kausal beschränkte Verfügungsbefugnis

In einem weiteren Schritt stellt sich die Frage, ob diese aufschiebend bedingte Verfügungsbefugnis des Erben nicht nur unter zeitlichen, sondern ebenfalls unter sachlichen Gesichtspunkten keinen unbegrenzten Bestand zeitigen darf. Die bloße Ausgestaltung der Verfügungsermächtigung als aufschiebend bedingte würde bedeuten, dass der Erbe bzw. der Nachlassverwalter oder Nachlassinsolvenzverwalter nunmehr ohne weitere Beschränkung über die vermachten Gegenstände verfügen kann. Man müsste sich folglich die Frage stellen, ob die Verfügungsermächtigung nur soweit reichen sollte, wie diese zur Berichtigung der Nachlassverbindlichkeiten und daraus folgend zum Schutz der Nachlassgläubiger erforderlich ist. Es müsste somit an ein kausal beschränktes Verfügungsrecht für den vermachten Gegenstand gedacht werden, d.h. an eine auf die Zwecke der Gläubigerbefriedigung beschränkte Verfügungsermächtigung[587]. Verfügungen an Dritte, die gerade nicht den Zweck

---

583 MüKo-BGB/*Bayreuther,* § 185 BGB Rn. 52 m.w.N.

584 MüKo-BGB/*Bayreuther,* § 185 BGB Rn. 52 m.w.N.

585 MüKo-BGB/*Bayreuther,* § 185 BGB Rn. 52.

586 Trotz des missverständlichen Wortlautes des Gesetzes („wird") in § 185 Abs. 2 S. 1 Alt. 1 BGB kommt der Genehmigung rückwirkende Kraft zu (vgl. § 184 Abs. 1 BGB) (vgl. Beck'scher Online-Kommentar BGB/*Bub*, § 185 BGB Rn. 12 m.w.N.). Man könnte an eine Anwendung des § 185 Abs. 2 S. 1 Alt. 1 BGB denken und somit daran, dass die Verfügung wirksam wird, wenn der Berechtigte (Erbe) sie genehmigt. Die nachträgliche Zustimmung (Genehmigung) wirkt grundsätzlich gemäß § 184 Abs. 1 BGB auf den Zeitpunkt der Vornahme des Rechtsgeschäfts zurück, soweit nicht ein anderes bestimmt ist. Eine Ausnahme von der Rückwirkung wird jedoch dann vorgesehen, wenn bei der Genehmigung einer Verfügung nach § 185 Abs. 2 BGB der Genehmigende die rechtliche Position des Berechtigten erst nachträglich erworben hat (vgl. Beck'scher Online-Kommentar BGB/*Bub,* § 184 BGB Rn. 9 m.w.N.). Die gesetzliche Verfügungsbefugnis des Erben entsteht erst aufschiebend bedingt.

587 *Muscheler,* Erbrecht, Bd. 1, § 18 Rn. 952. Vgl. hierzu bereits die Ausführungen bei *Mugdan,* Bd. 5, S. 622 (Protokolle).

der Nachlassgläubigerbefriedigung verfolgen, wären somit ausgeschlossen. Es geht letztlich gerade darum, dass die aufschiebend bedingte Verfügungsbefugnis nur so weit reichen soll, wie der Nachlass auf Grund eingetretener Haftungsbeschränkung zur Nachlassgläubigerbefriedigung nicht genügt. Man könnte aber noch einen Schritt weiter gehen und sich die Frage stellen, ob die Verfügungsermächtigung nicht nur ausschließlich auf eine Befriedigung der Nachlassgläubiger im Allgemeinen zu beschränken ist, sondern lediglich so weit reichen sollte, wie diese zur Berichtigung der dem Vindikationslegatar vorrangigen Nachlassverbindlichkeiten (insbesondere nicht schuldrechtlich wirkende Vermächtnisse und Auflagen) erforderlich wäre.

(c) Kausal beschränkte Verfügungsbefugnis

Man könnte andererseits auch davon ausgehen, dass der Erbe bereits mit dem Erbfall die obig beschriebene kausal beschränkte Verfügungsermächtigung erlangt. Dies würde Folgendes bedeuten: Soweit der Zugriff auf den vermachten Gegenstand zum Zwecke der Nachlassgläubigerbefriedigung erforderlich wäre, könnte der Erbe hierüber wirksam verfügen. Vor einer Haftungsbeschränkung auf den Nachlass wäre der Rückgriff auf den vermachten Gegenstand nicht erforderlich, da der Erbe auch mit seinem Privatvermögen einzustehen hat. Die Frage nach der Erforderlichkeit kann somit erst zu einem späteren Zeitpunkt als dem Erbfall beantwortet werden. Die zwischenzeitlich getätigten Verfügungen über den vermachten Gegenstand wären somit bis zur Beantwortung der Frage nach deren Erforderlichkeit schwebend unwirksam, wobei im Gegensatz zur aufschiebend bedingten Verfügungsermächtigung von einer eventuellen rückwirkenden Wirksamkeit auf den Erbfall ausgegangen werden könnte (vgl. § 185 Abs. 2 S. 1 Alt. 1 BGB).

(3) Unbeschränkte oder beschränkte Verfügungsbefugnis des Erben?[588]

Für die Nachlassgläubiger selbst würde sich die jetzige Rechtslage im Rahmen des lediglich schuldrechtlich wirkenden Vermächtnisses freilich am günstigsten darstellen. Diese können sich an den Erben wenden und dieser

[588] *Muscheler* (Erbrecht, Bd. 1, § 18 Rn. 952) bringt hingegen zum Ausdruck, dass dem Testamentsvollstrecker gemäß § 2205 BGB ein gerade nicht beschränktes Verfügungsrecht zur Seite steht und man eine Gleichstellung zwischen diesem Testamentsvollstrecker und dem Erben im Hinblick auf die vermachten Gegenstände gewährleisten müsse. Dieser Ansicht kann indes jedenfalls nicht mit der Argumentation *Muschelers* gefolgt werden. Der Erbe und der Testamentsvollstrecker sind auch in Bezug auf vermachte Gegenstände völlig unterschiedliche Personen. Der Testamentsvollstrecker soll im Grunde als außenstehender Dritter die letztwilligen Verfügungen des Erblassers zur Ausführung bringen (§ 2203 BGB). Der Erbe hingegen vertritt in besonderem Maße eigene Interessen und kann im Grunde nicht wie ein Außenstehender objektiv auf die letztwilligen Verfügungen des Erblassers blicken.

könnte ihrem Wunsch nach Befriedigung der Nachlassverbindlichkeiten bereits von vornherein endgültig rechtswirksam nachkommen. Der Erbe nimmt mit dem Erbfall bzgl. aller zum Nachlass gehörender Gegenstände die Stellung als verfügungsbefugter Eigentümer bzw. Rechtsinhaber ein. Man könnte zwar daran denken, dass die Nachlassgläubiger auf der anderen Seite dadurch geschützt würden, dass der Erbe unter Beachtung einer weitreichenden kausal beschränkten Verfügungsbefugnis nur zum Zwecke der vorrangigen Gläubigerbefriedigung wirksam verfügen kann. Die Nachlassgläubiger haben aber gerade kein Interesse am Erhalt des konkreten vermachten Gegenstandes und wären durch die Vorschrift über die Verantwortlichkeit des Erben für die bisherige Verwaltung (§ 1978 BGB) ausreichend gegen dessen Zwischenverfügungen geschützt. Der Erbe selbst wäre hingegen durch eine eingeschränkte Verfügungsbefugnis zwar in erheblicher Weise in seiner Dispositionsbefugnis über den Gegenstand beeinträchtigt; die nicht wirksamen Verfügungen würden diesen jedoch vor einer Haftung mit seinem Eigenvermögen den Nachlassgläubigern gegenüber bewahren (vgl. § 1978 BGB).

Das Problem, das sich für die Erben und Nachlassgläubiger ergibt, ist zusammengefasst folgendes: Es werden sich weniger kaufwillige Personen finden als nach der derzeit geltenden Rechtslage. Diese können sich weder im Falle einer kausal beschränkten Verfügungsermächtigung noch im Falle einer aufschiebend bedingten und kausal beschränkten Befugnis sicher sein, ob die Verfügung über den Gegenstand nunmehr als wirksam oder unwirksam zu betrachten ist. Ist der Zugriff auf den vermachten Gegenstand tatsächlich zur Nachlassgläubigerbefriedigung erforderlich? Geht es gerade um die Befriedigung dem Legatar vorrangiger Nachlassgläubiger? Auch bei einer im Grunde unbeschränkten Verfügungsermächtigung des Erben und einer entsprechenden Anwendung der §§ 161, 2113 BGB könnte der Fall eintreten, dass die zunächst wirksame Verfügung ex nunc unwirksam wird. Die Entstehung einer Verfügungsbefugnis mit Hilfe einer aufschiebenden Bedingung erscheint zwar auf den ersten Blick recht durchsichtig für den Rechtsanwender. Die Anordnung der Nachlassverwaltung und die Eröffnung des Nachlassinsolvenzverfahrens können ohne Weiteres nachvollzogen werden, doch wird es dem Dritten kaum jemals möglich sein, zu erkennen, ob die Dürftigkeits- oder Überschwerungseinrede auf Grund des Vorliegens ihrer Voraussetzungen tatsächlich ihre Wirkungen entfaltet oder gerade nicht. Die Nachlassabwicklung würde in allen Konstellationen erheblich erschwert werden. In Bezug auf diese Ausführungen muss angemerkt werden, dass sich die Problematik des Auffindens von kaufwilligen Personen lediglich im Falle von vermachten Grundstücken stellt. Handelt es sich bei dem im Wege eines Vindikationslegates zugedachten Vermögenswert hingegen um eine bewegliche Sache, wird der Erbe als Veräußerer in der Praxis kaum jemals zum Ausdruck bringen, dass es bei der zu veräußernden Sache um eine ehemalige bewegliche Sache einer verstorbenen Person geht, für die ein Vermächtnis angeordnet wurde und der veräußernde Erbe nunmehr aber eine diesbezügliche Verfügungsbefugnis zur Befriedigung der Nachlassgläubiger innehat. Einem gutgläubigen Eigentumserwerb zugunsten einer dritten Person stünden grundsätzlich – soweit der Erwerber nicht anderweitig Kenntnis von der rechtlichen Lage erlangt oder diesem grob fahrlässige Unkenntnis zur Last gelegt werden kann – keine Hindernisse entgegen. Im Falle eines vermachten Grundstücks würde sich die rechtliche Lage hingegen anders darstellen. Der Vindikationslegatar dürfte sich – wie im Rahmen späterer Ausführungen noch zu zeigen sein wird – als Eigentümer des vermachten Grundstücks in das Grundbuch eintragen lassen, wobei in der zweiten Abteilung des Grundbuchs zu dessen Lasten das absolute Verfügungsverbot als Beschränkung einzutragen wäre[589]. Hierdurch kann insbesondere ein gutgläubiger Erwerb gemäß § 892 Abs. 1 S. 2 BGB zugunsten Dritterwerber verhindert werden. Der Erbe selbst kann sich hingegen auf Grund dessen fehlender Eigentümerstellung gerade nicht als Eigentümer im Grundbuch eintragen lassen. Das Grundbuch würde den Erben als Veräußerer somit gerade nicht als verfügungsbefugten Eigentümer oder sonstige verfügungsbefugte Person legitimieren. Der Inhalt des Grundbuchs kann zugunsten des Erben letztlich nicht als richtig gelten (vgl. § 892 Abs. 1 S. 1 BGB). Der in der zweiten Abteilung des Grundbuchs aufzunehmende Vermerk über die Beschränkung des Vindikationslegatars wäre dem Erben weiterhin gerade nicht dienlich. Dieser Vermerk weist zwar indirekt auf die in ihren Befugnissen stark eingeschränkte rechtliche Position des Vindikationsvermächtnisnehmers an dem vermachten Grundstück hin und somit auch auf die Verfügungsbefugnis des Erben als Einschränkung der negativen Eigentümerbefugnisse des Legatars. Diese zumindest indirekte Eintragung der Verfügungsbefugnis zugunsten des Erben gibt aber lediglich die nicht vorhandene Verfügungsbefugnis des Vermächtnisnehmers wieder und eignet sich gerade nicht zum Nachweis der Verfügungsbefugnis des Erben; man müsste wohl von einer rein negativen Wirkung der Eintragung sprechen[590]. Die fehlende Voraussetzung im Rahmen des § 892 Abs. 1 S. 1 BGB kann auch nicht mit Hilfe des § 2366 BGB überwunden werden. § 2366 BGB möchte gerade denjenigen Dritten schützen, der von einem nicht berechtigten Erbscheinsscheinerben erwirbt, d.h. von einer Person, zu deren Gunsten ein Erbschein erteilt wurde, die aber in Wirklichkeit gerade nicht gewillkürter oder gesetzlicher Erbe der verstorbenen Person wurde[591]. Im Ergebnis müsste man noch – in Anlehnung an das Testamentsvollstreckerzeugnis (vgl. § 2368 BGB) – an die Einführung eines Zeugnisses zugunsten

---

[589] Vgl. hierzu § 15, V. B.

[590] Vgl. hierzu die Ausführungen bei Burandt/Rojahn/*Egerland,* § 35 GBO Rn. 18 m.w.N., der sich hierbei auf den Nachweis der Befugnis eines Testamentsvollstreckers bezieht.

[591] MüKo-BGB/*Mayer,* § 2366 BGB Rn. 1. Vgl. hierzu auch § 15, V. A. 2.

des Erben denken, das diesen als *noch* über den vermachten Gegenstand verfügungsbefugt legitimiert. Im Zeitpunkt der Erfüllung des Anspruchs des Legatars gegenüber dem Erben auf formelle Übertragung des vermachten Gegenstandes würde das Zeugnis kraftlos werden. Dieses Zeugnis vermag aber nicht über die nicht vorhandene Voraussetzung des § 892 Abs. 1 S. 1 BGB hinwegzuhelfen. *Mayer* äußerte sich in Bezug auf den Normzweck des § 2368 BGB folgendermaßen[592]:

„Es bezeugt, dass der Genannte wirksam zum Testamentsvollstrecker ernannt ist und dass gegenüber den gesetzlichen Regelbefugnissen keine anderen als die bezeichneten Beschränkungen oder Erweiterungen seiner Rechtsmacht bestehen."

Gemäß § 2205 S. 2 BGB ist der Testamentsvollstrecker berechtigt, den Nachlass in Besitz zu nehmen und über die Nachlassgegenstände zu verfügen. Der Testamentsvollstreckung können ausnahmsweise aber auch nur einzelne Nachlassgegenstände unterliegen (vgl. § 2208 Abs. 1 S. 2 BGB). Wäre dies der Fall und diese Beschränkung der Testamentsvollstreckung aber im Testamentsvollstreckerzeugnis nicht enthalten, so würde die negative Vermutung eingreifen, dass außer den im Zeugnis aufgenommenen Beschränkungen gerade keine anderen Geltung beanspruchen[593]. Diese Ausführungen können nicht auf ein Zeugnis zugunsten des Erben in Bezug auf den im Wege eines Vindikationslegates zugedachten Vermögenswert übertragen werden. Würde man sich im Rahmen eines Gesetzesentwurfs beispielsweise für die in § 15, I. B. 1. d) cc) (1) dargestellte grundsätzlich unbeschränkte Verfügungsbefugnis des Erben entscheiden, so würde bereits von Gesetzes wegen Folgendes gelten (vgl. § 2191 h BGB):

„[…] Die Verfügung des Erben über einen im Wege eines Vindikationslegates zugewandten Gegenstand ist im Falle der Erfüllung des Anspruchs auf formelle Übertragung des vermachten Gegenstandes insoweit unwirksam, als sie das Recht des Vindikationslegatars vereiteln oder beeinträchtigen würde. Die Vorschriften zugunsten derjenigen, welche Rechte von einem Nichtberechtigten herleiten, finden entsprechende Anwendung."

Das Gesetz würde also ggf. bereits die ex nunc-Unwirksamkeit der getätigten Zwischenverfügung des Erben an eine dritte Person zur Folge haben und diese ausdrücklich normieren. Es handelt sich hierbei um keine weitere Beschränkung der Verfügungsmacht des Erben, die in dessen Zeugnis angegeben und bei deren Fehlen von einer umfassenden Verfügungsbefugnis des Erben gesprochen werden könnte. Die Testamentsvollstreckung umfasst hingegen grundsätzlich den gesamten Nachlass und kann nur *ausnahmsweise* durch eine Anordnung des Erblassers auf bestimmte Nachlassgegenstände beschränkt werden. Der öffentliche Glaube eines Zeugnisses zugunsten des Erben kann somit im Ergebnis zu keinem gutgläubigen Erwerb eines Dritten

[592] MüKo-BGB/*Mayer,* § 2368 BGB Rn. 1 m.w.N.

[593] MüKo-BGB/*Mayer,* § 2368 BGB Rn. 40 m.w.N.

in Bezug auf das vermachte Grundstück führen. Es würden sich somit zumindest im Falle von Grundstücken weniger kaufwillige Personen finden, da für diese ein gutgläubiger Erwerbstatbestand ausscheidet und diese über die rechtliche Lage vor Unterzeichnung eines wirksamen Kaufvertrages durch den aufgesuchten Notar unterrichtet werden (was letztlich auch zu einem Ausschluss ihres guten Glaubens führen würde). Natürlich müsste man zunächst auf keinerlei gutgläubige Erwerbstatbestände zurückgreifen. Im Falle der in § 15, I. B. 1. d) cc) (1) dargestellten unbeschränkten Verfügungsbefugnis des Erben könnte der Erwerber das Eigentum bzw. die Rechtsinhaberschaft an dem vermachten Gegenstand vom Berechtigten erwerben. Es käme allenfalls eine ex nunc-Unwirksamkeit in Betracht. Hierbei würde es dann aber entscheidend auf das Eingreifen von Gutglaubenstatbeständen zugunsten des Erwerbers ankommen (vgl. § 2191 h S. 4 BGB) und somit das Ausgeführte Platz greifen. Die Ungewissheit auf Grund der ex nunc-Unwirksamkeit und die fehlende Möglichkeit eines gutgläubigen Erwerbs in Bezug auf Grundstücke würden die meisten Interessenten wohl abschrecken.

Jede obig dargestellte Verfügungsbefugnis zugunsten des Erben würde dieses Problem (wenn auch in unterschiedlichem Ausmaße) mit sich bringen. Am vorzugswürdigsten erscheinen wohl die uneingeschränkte Verfügungsbefugnis zugunsten des Erben und eine u.U. eintretende gegenüber jedermann Wirkung entfaltende Unwirksamkeit eventuell getätigter Zwischenverfügung zugunsten einer dritten Person. Hierdurch werden die Interessen des Rechtsverkehrs in Bezug auf Rechtsklarheit und Rechtssicherheit bestmöglich verwirklicht. Es kommt gerade auch zu keinen rückwirkend zu vernichtenden Schwebezuständen. Diese Variante würde wohl auch auf Grund des besseren Auffindens kaufbereiter Personen die Interessen der Nachlassgläubiger am umfangreichsten verwirklichen. Der Erwerber kann zumindest vorläufig Eigentümer bzw. Rechtsinhaber des vermachten Gegenstandes werden und gezogene Nutzungen usw. auf Grund der fehlenden Rückwirkung einbehalten. Zwar gilt dies auch im Falle einer ex tunc eintretenden Wirksamkeit in Bezug auf eine kausal beschränkte Verfügungsbefugnis des Erben. Trotz alledem handelt es sich bis dahin, um einen sehr ungewissen rechtlichen Zustand, den Dritte wohl vermeiden möchten. Die durch die entsprechende Anwendung der §§ 161, 2113 BGB eintretende Unwirksamkeit ex nunc würde letztlich den Interessen des Legatars widersprechen (beispielsweise im Hinblick auf gezogene Nutzungen). Nichtsdestotrotz wird dieser durch die Konstruktion einer unbeschränkten Verfügungsbefugnis des Erben in Bezug auf den Erhalt des konkret zugedachten Gegenstandes deutlich besser geschützt als im Falle eines bloßen schuldrechtlichen Vermächtnisses und gerade keines Schutzes gegen veruntreuende Verfügungen des Erben. Für den Vindikationslegatar erscheint die Variante einer aufschiebend bedingten und vollumfänglich kausal beschränkten Verfügungsermächtigung am günstigsten. Diese würde die übrigen Interessen jedoch auf unverhältnismäßige Art und Weise beeinträchtigen.

Bei genauerer Betrachtung des Rechtssystems des BGB ließe sich u.U. jedoch unter Bezugnahme auf die Aspekte der Rechtssicherheit und Rechtsklarheit auch eine aufschiebend bedingte und kausal beschränkte Verfügungsermächtigung bzw. eine bloße kausal beschränkte Befugnis vertreten:

Bsp.: Mit dem Erbfall geht das Vermögen als Ganzes auf den bzw. die Erben über (§ 1922 Abs. 1 BGB). Ob die vorrangige gewillkürte Erbfolge oder die gesetzliche Erbfolge einschlägig ist, bestimmt sich danach, ob eine Verfügung von Todes wegen vorhanden ist, diese eine Erbeinsetzung enthält und das Testament bzw. der Erbvertrag wirksam ist (z.B. §§ 2064, 2229, 2231 BGB). Steht nunmehr A als Alleinerbe im Testament des Erblassers und verfügt A über einen Nachlassgegenstand, so ist für den Rechtsverkehr ebenfalls nicht ersichtlich, ob die Verfügung des A an eine dritte Person wirksam ist. A wurde nur dann Eigentümer bzw. Rechtsinhaber des Gegenstandes, falls das Testament unter Einhaltung der erbrechtlichen Vorschriften errichtet wurde. Im Übrigen käme lediglich ein gutgläubiger Erwerb seitens des Dritten in Betracht. Im Falle einer Ausschlagung der Erbschaft, gilt der Anfall der Erbschaft an den Ausschlagenden als nicht erfolgt (vgl. § 1953 Abs. 1 BGB). Eine eventuelle Anfechtung letztwilliger Verfügungen gemäß §§ 2078, 2079 BGB führt zu einer Nichtigkeit dieser Verfügungen ex tunc (vgl. § 142 Abs. 1 BGB).

Außenstehende Dritte werden somit oftmals – auf Grund fehlender Kenntnis der tatsächlichen oder rechtlichen Umstände oder erst nachträglich eintretender Umstände – im Unklaren darüber gelassen, ob zwischenzeitlich getätigte Verfügungen des (vorläufigen) Erben letztlich wirksam oder unwirksam sind. Es kann somit nicht wirklich überzeugen, weshalb im Falle einer kausal beschränkten Verfügungsermächtigung zugunsten des Erben ein wesentlich strengerer Maßstab anzulegen ist. Aus diesem Grunde kann auch die Argumentation der zweiten Kommission nicht verstanden werden:

„Es sei indessen mißlich, die Frage der Rechtsgültigkeit einer solchen Verfügung davon abhängig zu machen, ob sie nothwendig war zur Befriedigung der Gläubiger. Der Erbe werde nicht jederzeit den Bestand der Nachlaßmasse übersehen können; wer wissentlich eine vermachte Sache erwerbe, setze sich der Gefahr aus, die Sache wieder herausgeben zu müssen, wenn sich hinterher herausstelle, daß die Verfügung über die vermachte Sache zum Zwecke der Schuldentilgung nicht erforderlich war.“[594]

Trotz alledem können bereits existente Einschränkungen von Rechtssicherheit und Rechtsklarheit im geltenden Recht nicht als Argument dafür herangezogen werden, um weitere (vorübergehende) ungewisse Rechtszustände einer Rechtfertigung zu unterziehen. Das Recht sollte so weitgehend wie nur möglich für den juristischen Laien überschaubar bleiben. Zudem sind im Erbrecht auch Situationen denkbar, in denen der Dritte trotz eintretender Rückwirkung gegen die (eigentlichen) Folgen von undurchsichtigen rechtlichen Zuständen geschützt wird: Wird die Erbschaft ausgeschlagen, so gilt der

[594] *Mugdan,* Bd. 5, S. 624 (Protokolle).

Anfall an den Ausschlagenden gemäß § 1953 Abs. 1 BGB als nicht erfolgt. Der Anfall an denjenigen, der berufen sein würde, wenn der Ausschlagende zur Zeit des Erbfalls nicht gelebt hätte, gilt als mit dem Erbfall erfolgt (§ 1953 Abs. 2 BGB). Dies hätte zur Folge, dass eine dritte Person von dem vorläufigen Erben auf Grund der Vorschriften der §§ 935 Abs. 1 S. 1, 857 BGB einen Nachlassgegenstand nicht gutgläubig erworben hatte. Es wird hierbei jedoch davon ausgegangen, dass die Sache dem endgültigen Erben nicht abhandengekommen ist, da es im Rahmen des § 935 Abs. 1 S. 1 BGB primär auf die tatsächliche Sachherrschaft des vorläufigen Erben ankommt[595].

Im Ergebnis wird man sich wohl zur Verwirklichung der Interessen der Nachlassgläubiger und des Rechtsverkehrs für die in § 15, I. B. 1. d) cc) (1) dargestellte unbeschränkte Verfügungsbefugnis des Erben entscheiden müssen.

dd) Zusammenfassung

Können die einzelnen Interessen der an einem Erbfall beteiligten Personen durch die obig näher ausgeführte Konstruktion bestehend aus dem unmittelbaren mit dem Anfall des Vermächtnisses eintretenden Eigentumserwerb bzw. dem Erwerb der Rechtsinhaberschaft und dem Erwerb eines formellen Anspruchs auf Übertragung des vermachten Gegenstandes einerseits und dem Bestand eines absoluten Verfügungsverbotes zu Lasten des Vermächtnisnehmers andererseits letztlich zufriedenstellend gewährleistet werden?

Der Legatar erlangt mit dem Anfall des Vermächtnisses die in Bezug auf die Befugnisse der §§ 903 S. 1 BGB, 14 Abs. 1 MarkenG, 9 PatG, 11 UrhG stark eingeschränkte rechtliche Position in Bezug auf den vermachten Gegenstand. Der Vermächtnisnehmer würde trotz alledem freilich eine deutlich bessere rechtliche Stellung erlangen als der lediglich schuldrechtlich Berechtigte. Auf Grund des Eigentumserwerbs bzw. des Erwerbs der Rechtsinhaberschaft ipso iure wäre der Vermächtnisnehmer in deutlich stärkerem Maße gegen veruntreuende Verfügungen des Erben selbst geschützt[596]. Im Falle eines bloßen Forderungsrechtes wäre der Erbe in Bezug auf den vermachten Gegenstand verfügungsbefugter Rechtsinhaber; der Vermächtnisnehmer wäre auf Schadensersatzansprüche gegenüber dem Erben verwiesen, wohingegen Ansprüche des Bedachten gegen den Dritten – mit Ausnahme des nahezu niemals einschlägigen Schadensersatzanspruches gemäß § 826 BGB – als ausgeschlossen anzusehen sind. Das Interesse der Vermächtnisnehmer am Erhalt des konkret vermachten Gegenstandes (Affektionsinteresse) würde im

[595] MüKo-BGB/*Leipold*, § 1953 BGB Rn. 4 m.w.N.

[596] Bereits *Bähr* (Gegenentwurf zu dem Entwurfe eines bürgerlichen Gesetzbuches für das Deutsche Reich, S. 360, Fn. zu § 1654) sprach davon, dass das Vermächtnis für den Legatar in der Hand des Erben gefährdet wäre, wenn man dem Legatar nur einen obligatorischen Anspruch gewähre.

Falle eines Vindikationslegates umfänglicher geschützt und somit könnte auch dem Willen des Erblassers letztlich in deutlicherem Umfange zum Durchbruch verholfen werden. Die Verfügungsbefugnis zugunsten des Erben wäre eine grundsätzlich uneingeschränkte, wobei es im Falle der Erfüllung des Anspruchs auf formelle Übertragung zu einer absoluten Unwirksamkeit getätigter Zwischenverfügungen kommen kann. Es käme lediglich ein gutgläubiger Erwerb durch Dritte in Betracht. Der Vermächtnisnehmer wäre insbesondere auf Grund der Möglichkeit der Erhebung der Drittwiderspruchsklage gemäß § 771 ZPO[597] und des ihm zustehenden Aussonderungsrechts gemäß § 47 InsO nennenswert besser gegen Erbeneigengläubiger geschützt. Im Ergebnis liegt eine rechtliche Konstruktion vor, die sich zwischen dem Erwerb eines bloßen Forderungsrechtes gemäß § 2174 BGB und der Erlangung einer uneingeschränkten Eigentümerstellung bzw. Rechtsinhaberschaft des Legatars mit dem Anfall des Vermächtnisses bewegt[598]. Dies zeigt sich auch deutlich an den obig ausgearbeiteten Gesetzesvorschlägen:

§ 2191 a BGB: „Mit dem Tode einer Person geht das Eigentum bzw. die Rechtsinhaberschaft an dem vermachten Gegenstand auf den Bedachten über."

§ 2191 c BGB: „Durch das Vermächtnis wird für den Bedachten das Recht begründet, von dem Beschwerten die formelle Übertragung des vermachten Gegenstandes zu fordern."

Im Ergebnis müsste man wohl die Nuancen beachtend davon sprechen, dass es sich nicht um ein unmittelbar dinglich wirkendes Vermächtnis handelt, sondern eher um ein Vermächtnis mit *quasi-dinglicher Wirkung*.

In Bezug auf den Schutz der Nachlassgläubiger gilt es hingegen Folgendes zu beachten: Der Erbe als verfügungsbefugter Eigentümer bzw. Rechtsinhaber könnte im Falle eines lediglich schuldrechtlich wirkenden Vermächtnisses bereits ab dem Zeitpunkt des Erbfalles über den vermachten Gegenstand zugunsten der Gläubiger des Erblassers endgültig rechtswirksam verfügen. Im Falle des Eigentumserwerbs bzw. des Erwerbs der Rechtsinhaberschaft

---

[597] An eine Anwendbarkeit des § 771 ZPO müsste auch in Bezug auf Nachlassgläubiger gedacht werden, falls diese in den vermachten Gegenstand vollstrecken und noch Gegenstände vorhanden sind, die nicht im Wege von Vermächtnissen zugewandt wurden. Der Erbe haftet für Nachlassverbindlichkeiten grundsätzlich unbeschränkt, d.h. mit dem Nachlass und dem bereits vor dem Erbfall vorhandenen Privatvermögen. Der vermachte Gegenstand gehört zwar nicht zum Nachlass, wird aber zum Schutz der Nachlassgläubiger zumindest als zum Nachlass gehörig behandelt (vgl. § 15, I. A. 3.).

[598] *Friedensburg* (in: Verhandlungen des 19. DJT, Bd. 2, S. 58) äußerte sich folgendermaßen: „Es kann also das Recht des Bedachten einerseits zwar nicht Eigenthum, andererseits aber auch nicht ein bloß obligatorisches Forderungsrecht sein, sondern wird die Mitte zwischen beiden halten müssen: es entspricht dem eigenartigen Wesen des Vermächtnisses auch ein eigenartiges Recht aus dem Vermächtniß." *Friedensburg* (S. 61, 68) sprach hierbei von einer Art „werdende[m] Eigenthum" und einem „dingliche[n] Recht auf die vermachte Sache". Im Ergebnis wird aus der Stellungnahme indes nicht eindeutig klar, wie sich *Friedensburg* die rechtliche Konstruktion vorstellte.

durch den Vindikationslegatar könnten zwischenzeitliche Verfügungen des Erben an Dritte hingegen ex nunc unwirksam werden[599]. Es muss damit gerechnet werden, dass sich (jedenfalls in Bezug auf Grundstücke)[600] weniger Kaufinteressen finden werden, was letztlich zu einer Erschwerung der Nachlassabwicklung zu Lasten des Erben und der Nachlassgläubiger führt. Der Vindikationslegatar kann über den vermachten Gegenstand bis zur Erfüllung des Anspruchs auf formelle Übertragung lediglich als Nichtberechtigter verfügen. Im Ergebnis bedeutet diese rechtliche Konstruktion Folgendes: Die Interessen des Erblassers und des Vindikationslegatars können in umfangreicherem Maße verwirklicht werden als bisher. Im Gegensatz hierzu werden die Interessen der Erben, Nachlassgläubiger und des Rechtsverkehrs in geringerem Umfange gewährleistet. Mit Hilfe der rechtlichen Konstruktion eines auflösend bedingten Verfügungsverbotes zu Lasten des Legatars und einer Verfügungsermächtigung zugunsten des bzw. der Erben könnte aber jedenfalls folgendes Problem – das im Rahmen der ersten Kommission angesprochen wurde – ausgehebelt werden:

„Das Hauptgewicht wohnt dem Umstande bei, daß der Erbe, welcher allein verpflichtet ist, für die Nachlaßverbindlichkeiten zu haften, berechtigt wie verpflichtet ist, den Nachlaß zu liquidiren, und deshalb in der Lage sein muß, erforderlichenfalls auch über den vermachten Gegenstand, welcher gleichfalls für die Erbschaftsschulden haftet, zu verfügen. Geht der vermachte Gegenstand unmittelbar auf den Vermächtnißnehmer über, so wird dem Erben nicht nur diese Befugniß entzogen, sondern er läuft sogar Gefahr, in den Fällen, in welchen der vermachte Gegenstand zur Schuldentilgung herangezogen werden muß, sich lediglich auf einen persönlichen Ersatzanspruch an den Vermächtnißnehmer beschränkt zu sehen, einen Anspruch, der vielleicht werthlos ist, wenn der Vermächtnißnehmer bereits über den Gegenstand verfügt hat, wie er dies unbehindert zu thun vermögen würde. Mittelbar werden in solchem Falle auch die Gläubiger des Erblassers betroffen.“[601]

ee) Aufschiebend bedingtes oder befristetes Vermächtnis[602]

(1) Rechtliche Konstruktion

Das Vermächtnis könnte unter einer aufschiebenden Bedingung oder unter Bestimmung eines Anfangstermins angeordnet sein. Tritt diese Bedingung oder der Termin erst nach dem Erbfall ein, so kann von einem Anfall des Rechts aus dem Vermächtnis gerade nicht im Zeitpunkt des Todes des Erblassers gesprochen werden. Der Anfall des Vermächtnisses erfolgt hingegen mit dem Eintritt der Bedingung oder des Termins. Mit dem Erbfall kann der

---

[599] Vgl. hierzu § 15, I. B. 1. d) cc) (1).

[600] Vgl. hierzu die Ausführungen in § 15, I. B. 1. d) cc) (3).

[601] *Mugdan,* Bd. 5, S. 70, 71 (Motive).

[602] Zur Abgrenzung des aufschiebend bedingten oder befristeten Vermächtnisses von der Variante, in der der im Innenverhältnis haftende Vermächtnisnehmer mit dem Anfall des Vermächtnisses eine aufschiebend bedingte rechtliche Position an dem vermachten Gegenstand erlangt vgl. die Ausführungen in § 15, I. B. 1. a) aa).

Legatar somit kein Eigentum an der vermachten Sache bzw. keine Rechtsinhaberschaft erlangen und es entsteht noch kein Anspruch auf formelle Übertragung des zugewandten Gegenstandes. Was erlangt der Vindikationslegatar stattdessen zwischen dem Erbfall und dem Anfall des Vermächtnisses? Vor dem Tod des Erblassers steht dem Vermächtnisnehmer in Bezug auf den Gegenstand keinerlei rechtlich gesicherte Position zu; mit dem Erbfall könnte man hingegen davon ausgehen, dass der Legatar zur Verwirklichung eines gewissen Schutzes zumindest ein Anwartschaftsrecht an dem Gegenstand erlangt. Gemäß § 2179 BGB finden für die Zeit zwischen dem Erbfall und dem Anfall des Damnationsvermächtnisses in den Fällen der §§ 2177, 2178 BGB die Vorschriften Anwendung, die für den Fall gelten, dass eine Leistung unter einer aufschiebenden Bedingung geschuldet wird. Die Vorschrift des § 2179 BGB kann auf Grund ihres eindeutigen Wortlautes nicht direkt auf die Problematik eines aufschiebend bedingten oder befristeten Vindikationsvermächtnisses angewandt werden. § 2179 BGB spricht gerade davon, dass eine Leistung unter einer aufschiebenden Bedingung geschuldet wird. Im Rahmen des § 2179 BGB geht es um den Schutz einer aufschiebend bedingten oder befristeten schuldrechtlichen Rechtsstellung[603]. Im Falle eines aufschiebend bedingten oder befristeten Vindikationslegates geht es hingegen gerade um den Schutz einer dinglichen Rechtsposition: den Schutz des Eigentums oder der Rechtsinhaberschaft. Durch die Anerkennung eines Anwartschaftsrechtes im Zeitpunkt des Erbfalles kann der Vindikationslegatar insbesondere gemäß § 161 Abs. 1 BGB im Falle des Eintritts der Bedingung oder des Anfangstermins (§ 163 BGB) gegen vereitelnde oder beeinträchtigende Verfügungen über den Gegenstand während der Schwebezeit geschützt werden. Bei dem Vindikationslegat bestünde auch nicht das Problem, dass der Schutz des aufschiebend bedingten oder befristeten Vindikationslegatars weiter ginge als der Schutz derjenigen Person, die mit dem Anfall des Vermächtnisses das Eigentum bzw. die Rechtsinhaberschaft erlangt. Dieser Problemfall bestünde hingegen im Fall eines aufschiebend bedingten oder befristeten Damnationsvermächtnisses.

> „Hierbei darf, wie schon der Wortlaut des Gesetzes ergibt, nicht vernachlässigt werden, dass es sich um den *Schutz* einer aufschiebend bedingten oder befristeten *schuldrechtlichen Position* handelt, der auf keinen Fall weiter gehen kann als der Schutz des schon anspruchsberechtigten Vermächtnisnehmers. […] Für diesen [den schuldrechtlichen Anspruch] gibt es jedoch keinen aus § 161 folgenden Schutz gegen Zwischenverfügungen des Beschwerten über den Vermächtnisgegenstand […].“[604]

Zusammenfassend bedeutet dies Folgendes: Der aufschiebend bedingte oder befristete Vindikationsvermächtnisnehmer ist in einer geschützteren rechtlichen Position als der aufschiebend bedingte oder befristete lediglich schuld-

---

[603] MüKo-BGB/*Rudy,* § 2179 BGB Rn. 1.
[604] MüKo-BGB/*Rudy,* § 2179 BGB Rn. 1, 4.

rechtlich berechtigte Vermächtnisnehmer. Als besonders problematisch erweist sich hierbei jedoch die Frage, wem die eigentümerrechtliche Position bzw. die Stellung als Rechtsinhaber an dem nicht schon mit dem Tod des Erblassers zum Eigentum bzw. zur Rechtsinhaberschaft erworbenen Gegenstand in der Zwischenzeit zusteht. Ein bis zum Eintritt der Bedingung oder Befristung herrenloser vermachter Gegenstand widerspricht der Einheitlichkeit des nationalen erbrechtlichen Systems. Selbiges gilt für die Annahme eines rückwirkenden Eigentumserwerbs bzw. eines rückwirkenden Erwerbs der Rechtsinhaberschaft im Falle des Eintritts der Bedingung oder Befristung. Das Eigentum bzw. die Rechtsinhaberschaft an dem vermachten Gegenstand müsste somit mit dem Tod des Erblassers auflösend bedingt oder befristet auf den Erben übergehen, um einer zwischenzeitlichen Herrenlosigkeit vorbeugen zu können. Der Legatar würde mit dem Erbfall die Stellung eines aufschiebend bedingten oder befristeten Eigentümers bzw. Rechtsinhabers und eines Anwartschaftsberechtigten erlangen.

(2) Widerspruch zur rechtlichen Konstruktion der Vorerbschaft und Nacherbschaft

Die Anordnung eines Vindikationslegates unter einer aufschiebenden Bedingung oder Befristung hat jedoch auf Grund eines inneren Wertungswiderspruchs zur rechtlichen Konstruktion der Vor- und Nacherbschaft (vgl. § 2105 Abs. 1 BGB) auszuscheiden. Hierbei soll auf die Ausführungen im Rahmen der ersten Variante verwiesen werden. In § 15, I. B. 1. a) cc) wurde dieses Problem bereits ausführlich behandelt. An dieser Stelle sei noch einmal darauf hingewiesen, dass das hier in Rede stehende aufschiebend bedingte oder befristete Vindikationslegat nicht mit der in § 15, I. B. 1. a) dargestellten Variante verwechselt werden darf. Diese bezieht sich gerade darauf, dass der Vindikationslegatar mit dem Anfall des Vermächtnisses lediglich die aufschiebend bedingte Eigentümerstellung bzw. Stellung als Rechtsinhaber an dem vermachten Gegenstand erlangt. Die Ausführungen in § 15, I. B. 1. d) haben aber die Konstellation vor Augen, dass der Bedachte mit dem Anfall des Vermächtnisses bereits das Eigentum bzw. die Rechtsinhaberschaft zu erhalten vermag und nunmehr die Frage offen bleibt, ob das Vermächtnis unter einer aufschiebenden Bedingung oder unter Bestimmung eines Anfangstermins angeordnet werden und somit der Zeitpunkt des Anfalls des Vermächtnisses hinausgeschoben werden kann.

Auf Grund eines inneren Wertungswiderspruches zum geltenden Recht des BGB muss eine derartige rechtliche Konstruktion abgelehnt werden und die Möglichkeit der Anordnung eines Vindikationslegates im Falle eines aufschiebend bedingten oder befristeten Vermächtnisses verneint werden. Ein aufschiebend bedingtes oder befristetes Vermächtnis kann dem Vermächtnisnehmer mit dem Erbfall eine bloße Anwartschaft und im Falle des Eintritts der Bedingung oder des Termins lediglich einen schuldrechtlichen Anspruch gegen den Beschwerten gewähren. Das Vindikationslegat ist somit bedingungs- und befristungsfeindlich; ein mit einer Bedingung oder einem Termin angeordnetes Vindikationsvermächtnis wäre im Ergebnis unwirksam. Hierbei sollte an die Möglichkeit der Umdeutung eines unwirksamen Vindikationslegates in ein Damnationslegat gedacht werden (vgl. § 140 BGB)[605]. Die obig entwickelten §§ 2191 b, 2191 e BGB sind somit zu streichen (siehe S. 299).

§ 2191 b BGB: „Ist das Vermächtnis unter einer aufschiebenden Bedingung oder unter Bestimmung eines Anfangstermins angeordnet und tritt die Bedingung oder der Termin erst nach dem Erbfall ein, so erfolgt der Erwerb des Eigentums bzw. der Rechtsinhaberschaft mit dem Eintritt der Bedingung oder des Termins."

§ 2191 e BGB: „Ist das Vermächtnis unter einer aufschiebenden Bedingung oder unter Bestimmung eines Anfangstermins angeordnet und tritt die Bedingung oder der Termin erst nach dem Erbfall ein, so erfolgt die Entstehung des Anspruchs auf formelle Übertragung mit dem Eintritt der Bedingung oder des Termins."

e) Zusammenfassung

Die Ausführungen in § 15, I. B. 1. a) bis d) widmeten sich der Frage, welche rechtliche Position der Vindikationslegatar mit dem Anfall des Vermächtnisses im Falle seiner bloßen indirekten Haftung erlangen sollte. Die Innenhaftung zeichnet sich gerade dadurch aus, dass sich die Nachlassgläubiger nur an den bzw. die Erben wenden können und dem bzw. den Erben aus diesem Grund eine Rückgriffsmöglichkeit auf den vermachten Gegenstand eingeräumt werden muss. Der Vindikationslegatar kann somit mit dem Anfall des Vermächtnisses keinesfalls das vollumfängliche Eigentum bzw. die vollumfängliche Rechtsinhaberschaft an dem zugewandten Gegenstand erlangen. Die erste und zweite Variante, in der angedacht wurde, dass der Vermächtnisnehmer mit dem Anfall des Vermächtnisses eine aufschiebend bedingte bzw. auflösend bedingte Rechtsposition an dem zugedachten Vermögenswert erlangen könnte, vermochte nicht zu überzeugen[606]. Die beiden Varianten

---

[605] Das ALR sah hingegen beispielsweise eine anderweitige Regelung vor. I 12 § 483 ALR bestimmte, dass das Eigentum der vermachten Sache im Falle einer aufschiebenden Bedingung (sowie das Recht, Früchte oder Nutzungen davon zu fordern) erst mit dem Tage auf den Legatar übergeht, an dem die Bedingung erfüllt wird. Die Anordnung eines Vindikationslegates war somit auch aufschiebend bedingt möglich. Im ALR existierte dennoch die sog. fideikommissarische Substitution (vgl. I 12 § 53 ALR). Inwieweit jedoch auch im ALR ein Wertungswiderspruch entstand, der eigentlich zu einer Verneinung des Vindikationslegates im Falle einer aufschiebenden Bedingung hätte führen müssen, kann auf Grund des Umfanges dieser Arbeit nicht näher erörtert werden. *Dernburg* (Pandekten, Bd. 3, S. 190) wies für das gemeine Recht darauf hin, dass „[w]as unter Befristungen oder Bedingungen vermacht ist, […] unmittelbar mit Eintritt des Falles auf den Vermächtnisnehmer über[geht]".

[606] Siehe hierzu § 15, I. B. 1. a) bis c).

können nicht widerspruchsfrei zur rechtlichen Konstruktion der Vor- und Nacherbschaft bzw. der Vor- und Nachvermächtnisnehmerschaft in das Erbrecht des BGB integriert werden und haben somit auszuscheiden. Als dritte Variante[607] kam weiterhin in Betracht, dass der Vindikationsvermächtnisnehmer mit dem Anfall des Vermächtnisses bereits das Eigentum bzw. die Rechtsinhaberschaft an dem vermachten Gegenstand erhält. Zum Schutz der Nachlassgläubiger wurde hierbei mit den verschiedensten Einschränkungen der durch die §§ 903 S. 1 BGB, 14 Abs. 1 MarkenG, 9 PatG, 11 UrhG gewährten positiven und negativen Befugnisse gearbeitet. Der Vindikationslegatar wird mit einem auflösend bedingten Verfügungsverbot belastet, das im Falle der Erfüllung seines Anspruchs gegenüber dem Erben auf formelle Übertragung des vermachten Gegenstandes entfällt[608]. Der Anspruch ist auf eine Willensentäußerung des Erben mit dem Inhalt gerichtet, dass der Legatar nunmehr frei über den Gegenstand zu verfügen vermag. Es bedarf weder einer Übergabe der beweglichen Sache, noch einer Bewilligung der Eintragung im Grundbuch. Auf die Ausstellung bzw. Aushändigung einer Urkunde in Bezug auf das vermachte Recht sollte hingegen nicht verzichtet werden, da die fehlende Einschlägigkeit des § 410 Abs. 1 BGB für einen zu gewährenden Schutz der Nachlassgläubiger ebenso schädlich sein könnte wie die Verfügung des Legatars über das vermachte Recht[609]. Der Erbe erlangt zum Zwecke der Konservierung und zur Erleichterung der Nachlassgläubigerbefriedigung ein Recht zum Besitz an dem im Wege eines Vindikationslegates zugedachten Vermögenswert[610] und eine grundsätzlich unbeschränkte Verfügungsbefugnis. Die Verfügung des Erben über einen vermachten Gegenstand ist jedoch im Falle der Erfüllung des Anspruchs auf formelle Übertragung insoweit unwirksam, als sie das Recht des Vindikationslegatars vereiteln oder beeinträchtigen würde[611]. Der Vindikationslegatar erwirbt somit im Rahmen der dritten Variante der Innenhaftung mit dem Erbfall ipso iure das Eigentum bzw. die Rechtsinhaberschaft an dem vermachten Gegenstand. Der Legatar kann über den Gegenstand nicht verfügen und dem Erben steht eine Verfügungsermächtigung zur Seite. Im Falle einer Erfüllung des Anspruchs auf formelle Übertragung vor der Befriedigung der übrigen vorrangigen Nachlassverbindlichkeiten müsste an eine anfechtbare Rechtshandlung des Erben gemäß der §§ 5 AnfG, 322 InsO gedacht werden.

In bestimmten Fallkonstellationen muss jedoch auch im Falle einer generellen indirekten Haftung von einer ausnahmsweisen direkten Haftung des Legatars ausgegangen werden. Der Vermächtnisnehmer kann von den Nach-

---

[607] Siehe hierzu § 15, I. B. 1. d).
[608] Siehe hierzu § 15, I. B. 1. d) bb) (2) (a).
[609] Siehe hierzu § 15, I. B. 1. d) bb) (4).
[610] Siehe hierzu § 15, I. B. 1. d) bb) (5).
[611] Siehe hierzu § 15, I. B. 1. d) cc) (1).

lassgläubigern in Anspruch genommen werden, falls der vermachte Gegenstand mit einem beschränkt-dinglichen Recht belastet ist (z.B. Reallast oder Rentenschuld). In Bezug auf ein vermachtes Grundstück, das beispielsweise mit einer Hypothek belastet ist, muss er gemäß § 1147 BGB die Zwangsvollstreckung in das Grundstück dulden. Zur Begleichung der persönlichen Schuld ist er hingegen nicht verpflichtet. Der Erblasser könnte auch mittels einer Verfügung von Todes wegen bestimmen, dass der Vermächtnisnehmer für bestimmte Verbindlichkeiten zu haften hat (vgl. § 1940 BGB).

Die Erlangung des (in den Befugnissen stark eingeschränkten) Eigentums bzw. der Rechtsinhaberschaft mit dem Anfall des Vermächtnisses ist die einzige Variante, die im Rahmen einer Innenhaftung des Vindikationsvermächtnisnehmers zu überzeugen vermochte[612].

§ 2191 a BGB: „Mit dem Tode einer Person geht das Eigentum bzw. die Rechtsinhaberschaft an dem vermachten Gegenstand auf den Bedachten über.“

§ 2191 *b* BGB: „Durch das Vermächtnis wird für den Bedachten das Recht begründet, von dem Beschwerten die formelle Übertragung des vermachten Gegenstandes zu fordern.“

§ 2191 *c* BGB: „Die Forderung des Vermächtnisnehmers kommt, unbeschadet des Rechts, das Vermächtnis auszuschlagen, zur Entstehung (Anfall des Vermächtnisses) mit dem Erbfall.“

§ 2191 *d* BGB: „Die Verfügung des Vermächtnisnehmers über einen ihm zugewandten Gegenstand ist unwirksam. Diese wird im Zeitpunkt des Entfallens des Verfügungsverbotes wirksam. Die Vorschriften zugunsten derjenigen, welche Rechte von einem Nichtberechtigten herleiten, finden entsprechende Anwendung. Das Verfügungsverbot entfällt mit der Erfüllung des Anspruchs auf formelle Übertragung.“

§ 2191 *e* BGB: „Gläubiger des Vermächtnisnehmers, die nicht zu den Nachlassgläubigern gehören, können sich nicht an die im Wege von Vindikationslegaten zugedachten Gegenstände halten.“

§ 2191 *f* BGB: „Der Erbe hat die vermachte Sache zu verwalten. Der Erbe ist insbesondere berechtigt, diese in Besitz zu nehmen und über diese zu verfügen. Die Verfügung des Erben über einen im Wege eines Vindikationslegates zugewandten Gegenstand ist im Falle der Erfüllung des Anspruchs auf formelle Übertragung des vermachten Gegenstandes

---

[612] Letzten Endes müsste man sich im Rahmen der Innenhaftung für die rechtliche Konstruktion entscheiden, die dem Vindikationslegatar mit dem Erbfall das Eigentum an der vermachten Sache verschafft, diesen jedoch in seinen Befugnissen als Eigentümer (vgl. § 903 S. 1 BGB) nahezu vollumfänglich beschränkt. Kann hierbei jedoch überhaupt noch von einer Eigentümerstellung des Legatars gesprochen werden? Ja, der Vindikationsvermächtnisnehmer würde trotz seiner zahllosen Beschränkungen die eigentümerrechtliche Stellung in Bezug auf die vermachte Sache einnehmen. Bereits *Dernburg* (Lehrbuch des Preußischen Privatrechts, Bd. 1, S. 372) brachte diesbezüglich zum Ausdruck: „Das Eigenthum charakterisirt sich bekanntlich nicht durch den Umfang der dem Berechtigten gegenwärtig zustehenden Nutzungsrechte. Auch wessen Verfügungsmacht in der Gegenwart durch entgegenstehende Rechte Dritter völlig zurückgedrängt wird, ist gleichwohl Eigenthümer, falls seine Berechtigung ihrer Bestimmung nach auf die Totalherrschaft über die Sache geht. Nicht das ist also wesentlich für den Begriff des Eigenthums, daß es in concreto die volle Herrschaft über die Sache gibt, wohl aber, daß es die Fähigkeit und das Bestreben besitzt, zu einer solchen unbeschränkten Macht immer wieder heranzuwachsen.“

insoweit unwirksam, als sie das Recht des Vindikationslegatars vereiteln oder beeinträchtigen würde. Die Vorschriften zugunsten derjenigen, welche Rechte von einem Nichtberechtigten herleiten, finden entsprechende Anwendung."

§ 2191 *g* BGB: „Der Legatar darf sich in eigenmächtiger Weise nicht in den Besitz der vermachten Sache setzen. Der Legatar hat einen auf diese Weise erlangten Besitz wieder dem Erben einzuräumen."

§ 2191 *h* BGB: „Der Erbe kann die Überlassung der vermachten Sache nicht verweigern, wenn der Vermächtnisnehmer für die Berichtigung der Verbindlichkeiten Sicherheit leistet."

Ob sich die Innenhaftung jedoch generell gegenüber der im Nachfolgenden darzustellenden Außenhaftung[613] durchzusetzen vermag, ist eine hiervon zu unterscheidende Frage, die erst im Anschluss an eine detaillierte Analyse der direkten Haftung des Vindikationslegatars einer Klärung zugeführt werden kann[614].

2. Haftung im Außenverhältnis

Anstelle der Integration einer Innenhaftung des Vindikationslegatars in das Erbrecht des BGB käme dessen Außenhaftung in Betracht. Dies würde bedeuten, dass sich die Nachlassgläubiger zur Befriedigung ihrer Forderungen direkt an den bedachten Vermächtnisnehmer wenden könnten und nicht lediglich an den bzw. die Erben, dem bzw. denen aus diesem Grunde eine Rückgriffsmöglichkeit auf den vermachten Gegenstand gewährt werden muss. Die direkte Zugriffsmöglichkeit der Nachlassgläubiger auf den Vindikationsvermächtnisnehmer hätte letztlich zur Folge, dass dieser ohne Weiteres das vollumfängliche Eigentum bzw. die Rechtsinhaberschaft mit dem Anfall des Vermächtnisses zu erlangen vermag und seine rechtliche Position keinerlei Beschränkungen zugeführt werden muss.

§ 2191 a BGB: „Mit dem Tode einer Person geht das Eigentum bzw. die Rechtsinhaberschaft an dem vermachten Gegenstand auf den Bedachten über."

§ 2191 b BGB: „Der Vindikationslegatar haftet für die Nachlassverbindlichkeiten."

Im Falle des Vorhandenseins eines Vindikationslegatars und nicht lediglich eines einzelnen Erben könnte daran gedacht werden, den Vermächtnisnehmer denjenigen haftungsrechtlichen Regelungen zu unterwerfen, die auch für jeden der Miterben zur Geltung gelangen würden. Die Haftung eines Miterben unterliegt den Vorschriften über die Haftung des alleinigen Erben für die Nachlassverbindlichkeiten (§§ 1967 bis 2017 BGB), wobei ggf. eingreifende Sonderregelungen (§§ 2058 bis 2063 BGB) Beachtung finden müssen[615]. Im Rahmen der Haftung eines Miterben gilt es zwei zentrale Fragen zu beantworten: Wird lediglich mit dem Nachlass oder auch mit dem bereits vor dem

---

[613] Siehe hierzu § 15, I. B. 2.

[614] Siehe hierzu § 15, I. B. 3.

[615] *Joachim,* Rn. 503.

Erbfall vorhandenen Eigenvermögen gehaftet (Haftungsmasse) und handelt es sich hierbei um eine gesamtschuldnerische oder teilschuldnerische Haftung (Haftungsumfang)[616]?

a) Rechtslage bis zur Nachlassteilung (Miterben)

Gemäß § 1958 BGB kann ein Anspruch, der sich gegen den Nachlass richtet, vor der Annahme der Erbschaft nicht gegen den Erben gerichtlich geltend gemacht werden. Die Miterben haften für die Nachlassverbindlichkeiten gesamtschuldnerisch (§ 2058 BGB). Gemäß § 2059 Abs. 1 S. 1 BGB kann jeder Miterbe bis zur Teilung des Nachlasses die Berichtigung der Nachlassverbindlichkeiten aus dem Vermögen, das er außer seinem Anteil an dem Nachlass hat, verweigern. Falls der Miterbe jedoch für eine Nachlassverbindlichkeit unbeschränkt haftet, so steht ihm dieses Recht in Ansehung des seinem Erbteil entsprechenden Teils der Verbindlichkeit gerade nicht zu (§ 2059 Abs. 1 S. 2 BGB). In diesem Falle haftet der Miterbe somit bereits vor der Nachlassteilung mit seinem auf die Höhe seiner Erbquote beschränkten Eigenvermögen[617].

„Die Vorschrift [§ 2059 Abs. 1 BGB] berührt nicht den Grundsatz des § 2058 BGB, nach dem die Miterben gesamtschuldnerisch haften, betrifft damit nicht den Haftungsumfang, sondern lediglich die Haftungsmasse."[618]

Gemäß § 2059 Abs. 2 BGB bleibt das Recht der Nachlassgläubiger, die Befriedigung aus dem ungeteilten Nachlass von sämtlichen Miterben zu verlangen, unberührt. Vor der Nachlassteilung können die Nachlassgläubiger somit entweder den gesamten ungeteilten Nachlass als Haftungsgrundlage in Anspruch nehmen oder auch nur auf einzelne Miterben zurückgreifen[619]. Den Nachlassgläubigern stünden sowohl die Gesamthandsklage als auch die Gesamtschuldklage zur Verfügung. Im Rahmen der bis zur Teilung denkbaren Gesamthandsklage (§ 2059 Abs. 2 BGB) stellt auf Grund der Trennung des Nachlasses von dem bereits vor dem Erbfall vorhandenen Privatvermögen der einzelnen Miterben lediglich das Sondervermögen und gerade nicht das Eigenvermögen der Miterben die in Betracht kommende Haftungsmasse dar[620]. Auf der anderen Seite steht die sog. Gesamtschuldklage. Diese bedeutet, dass „[e]in Nachlassgläubiger [...] die gesamtschuldnerische Haftung im Wege der sog. Gesamtschuldklage durchsetzen [kann], indem er entweder alle, einzelne oder einen Miterben gleichzeitig oder nacheinander verklagt"[621]. Der

---

[616] *Joachim,* Rn. 504 m.w.N.
[617] *Joachim,* Rn. 528.
[618] *Joachim,* Rn. 526 m.w.N.
[619] *Joachim,* Rn. 504.
[620] *Joachim,* Rn. 520.
[621] *Joachim,* Rn. 514.

Miterbe haftet grundsätzlich nicht nur mit der ihm durch den Erbfall zukommenden Erbquote, sondern zusätzlich mit seinem Privatvermögen, wobei er jedoch seine Haftung ggf. mit Hilfe der aufschiebenden Einrede der beschränkten Miterbenhaftung (vgl. § 2059 Abs. 1 S. 1 BGB) auf seinen Nachlassanteil zu beschränken vermag[622].

b) Rechtslage nach der Nachlassteilung (Miterben)

Nach der Teilung des Nachlasses hat der einzelne Miterbe für die Nachlassverbindlichkeiten gesamtschuldnerisch und unbeschränkt (aber beschränkbar) einzustehen, wobei die Nachlassgläubiger nach der Nachlassverteilung gerade keine Befriedigung aus dem ungeteilten Nachlass von sämtlichen Miterben mehr zu verlangen vermögen (Gesamthandsklage)[623]. Das Gesetz sieht nur äußerstenfalls von dieser fortbestehenden gesamtschuldnerischen Haftung der Miterben ab und gestattet dem Miterben lediglich unter den in den §§ 2060, 2061 BGB genannten Voraussetzungen eine lediglich seinem Erbteil entsprechende Haftung für Nachlassverbindlichkeiten[624]. Die Vorschriften der §§ 2060, 2061 BGB betreffen damit im Gegensatz zu der Norm des § 2059 Abs. 1 BGB nicht die Haftungsmasse, sondern lediglich den Haftungsumfang[625].

c) Rechtslage vor und nach der Nachlassteilung (Vindikationslegatar)

Die Aspekte der Beibehaltung der Kohärenz des Systems und der Schutz der Nachlassgläubiger könnten für eine kongruente bzw. zumindest (größtenteils) vergleichbare Haftung der Erben und der Vindikationslegatare sprechen.

---

[622] *Joachim,* Rn. 514, 518. *Joachim* (Rn. 519 m.w.N.) weist hierbei darauf hin, dass die Erhebung der aufschiebenden Einrede der beschränkten Miterbenhaftung die Verurteilung des Miterben unter dem Vorbehalt der Haftungsbeschränkung auf den Nachlass gemäß § 780 Abs. 1 ZPO zur Folge hat.

[623] *Joachim,* Rn. 504, 530. „Mit der Teilung gibt es keinen Nachlass und folglich auch keine Miterbenanteile mehr. Die Haftung der Miterben mit dem ungeteilten Nachlass gemäß § 2059 Abs. 2 BGB und die des einzelnen Miterben mit seinem Erbteil gemäß § 2059 Abs. 1 Satz 1 BGB erlöschen, weil diese Haftungsobjekte mit der Teilung weggefallen sind. Den Nachlassgläubigern steht nur noch das Eigenvermögen der Erben als Haftungsmasse zur Verfügung. Haben die Erben zur Befriedigung einer noch nicht fälligen oder streitigen Nachlassschuld gemäß § 2046 Abs. 1 Satz 2 BGB einen Nachlassgegenstand zurückgehalten, verbleibt es für diesen bei der ursprünglichen Haftung. Die Miterben haften nach der Teilung als Gesamtschuldner mit ihrem Eigenvermögen für gemeinschaftliche Nachlassverbindlichkeiten und nicht mehr nur mit ihrem Anteil am Nachlass. Die Nachlassgläubiger können sich mit der ganzen Forderung an jeden Miterben wenden. Ausnahmen können sich unter den Voraussetzungen der §§ 2060, 2061 BGB ergeben [...].“ (vgl. *Joachim,* Rn. 533 m.w.N.).

[624] *Joachim,* Rn. 530.

[625] *Joachim,* Rn. 537.

aa) Haftungsumfang

Zunächst stellt sich die Frage, ob eine grundsätzliche gesamtschuldnerische Haftung des Vermächtnisnehmers – unter Wahrung der Parallelität zur Haftung eines Miterben – tatsächlich angezeigt ist.

„Die gesamtschuldnerische Haftung soll Nachlassgläubiger aufgrund des Erbfalls bei einer Erbengemeinschaft nicht schlechter stellen als bei der Durchsetzung der Forderung gegen den Erblasser als ihrem ursprünglichen Schuldner. Dieser hatte zu Lebzeiten keine Möglichkeit, das zwischen ihm und seinem Gläubiger bestehende Schuldverhältnis auf mehrere Personen zu verteilen. Der zum Nachlassgläubiger gewordene Anspruchsberechtigte muss auch nach dem Tod des Erblassers die Möglichkeit haben, nur eine Person in Anspruch zu nehmen. Aufgrund der gesamtschuldnerischen Haftung aller Miterben trägt er kein Risiko, bei einem von ihnen auszufallen. Er kann sich von vornherein an den aus seiner Sicht solventesten Miterben halten.“[626]

Eine gesamtschuldnerische Haftung des Legatars vor der Teilung des Nachlasses könnte sich jedoch im Gegensatz zu der in § 2058 BGB vorgesehenen gesamtschuldnerischen Haftung der jeweiligen Erben verbieten. Gemäß § 1922 Abs. 1 BGB geht mit dem Tode einer Person deren Vermögen als Ganzes auf eine oder mehrere andere Personen (Erben) über. In der Person des Erben setzt sich die Rechts- und Pflichtenstellung des Erblassers fort[627]. Der Grundsatz der Universalsukzession rechtfertigt somit die gesamtschuldnerische Haftung der Miterben. Der Nachlassgläubiger kann sich an einen der Miterben halten und diesen wie den Erblasser vor dessen Tode vollumfänglich in Anspruch nehmen. Mit dem Tode des Erblassers geht dessen Vermögen hingegen gerade nicht als Ganzes auf einen oder mehrere Vindikationslegatare über. Im Falle eines angeordneten Vindikationsvermächtnisses erfolgt gerade eine Singularsukzession. Der Vermächtnisnehmer ist weder an der Nachlassverwaltung noch an der Nachlassabwicklung beteiligt. Die Erben und Vindikationslegatare nehmen somit eine sich deutlich voneinander unterscheidende rechtliche Position ein. Eine gesamtschuldnerische Haftung des Vindikationslegatars könnte somit ausscheiden und lediglich eine teilschuldnerische Haftung in Betracht gezogen werden: Der Legatar haftet nur für den dem Wert des vermachten Gegenstandes (im Vergleich zum Nachlass inklusive des vermachten Gegenstandes) entsprechenden Teil einer Nachlassverbindlichkeit, wobei der Zustand und der Wert des vermachten Vermögenswertes zum Zeitpunkt des Erbfalles maßgeblich sein muss. Durch eine derartige Haftungskonstruktion würde jedoch dem Erblasser eine Möglichkeit eröffnet werden, seine Gläubiger in besonderem Maße zu beeinträchtigen:

Der Erblasser hat ein Vermögen i.H.v. 5.000,– Euro und einen Gläubiger mit einer Forderung i.H.v. 1.000,– Euro. Der Erblasser verteilt sein gesamtes Vermögen auf zehn Vindikationslegatare. Diesen wird jeweils eine Sache im Wert von 500,– Euro vermacht. Jeder

[626] *Joachim*, Rn. 506 m.w.N.

[627] Beck'scher Online-Kommentar BGB/*Müller-Christmann*, § 1922 BGB Rn. 17.

Vindikationslegatar müsste dem Gläubiger gegenüber i.H.v. 1/10 haften, d.h. i.H.v. 100,– Euro. Der Nachlassgläubiger muss sich somit für den Fall, dass er sich auf Grund einer geltend gemachten Haftungsbeschränkung nicht an den bzw. die Erben halten kann, an zehn verschiedene Personen (Legatare) wenden. Dies führt zu höchst unbefriedigenden Ergebnissen.

Dem Erblasser darf eine willkürliche Benachteiligung der Gläubigerinteressen nicht ermöglicht werden. Aus diesem Grunde und der Gewährleistung der Einheitlichkeit des haftungsrechtlichen Systems wäre auch für den Vindikationslegatar eine gesamtschuldnerische Haftung zu begrüßen. Den Interessen der Nachlassgläubiger sollte immer noch Vorrang vor den Interessen der Legatare eingeräumt werden, da das BGB durch bestimmte Regelungen aufzeigt, dass diejenigen Personen, denen unentgeltlich etwas zugewendet wird, gerade weniger Schutz verdienen (vgl. §§ 816 Abs. 1 S. 2, 822 BGB). Dieser generelle Gedanke darf durch eine lediglich teilschuldnerische Haftung nicht durchbrochen werden. Dem in Anspruch genommenen Vindikationslegatar muss ein Ausgleichsanspruch im Innenverhältnis gegenüber den Erben bzw. anderen Vermächtnisnehmern (auch schuldrechtlichen im Falle der bereits erfolgten Erfüllung ihrer Ansprüche) eingeräumt werden.

Der Gläubiger des Erblassers müsste sich somit im Falle einer gesamtschuldnerischen Haftung nicht wie im Ausgangsfall an zehn Legatare wenden. Ob sich dieser an einen Legatar oder u.U. an zwei Vermächtnisnehmer zu halten hat, kann erst nach der Beantwortung der Frage nach der Haftungsmasse abschließend geklärt werden.

Nach der Teilung des Nachlasses könnte sich hingegen eine gesamtschuldnerische Haftung des Vindikationsvermächtnisnehmers verbieten. Der Vermächtnisnehmer sollte u.U. nach der Teilung den Nachlassgläubigern gerade nicht wie die Erben als Gesamtschuldner haften.

„Haben die Miterben vor der Teilung die Befriedigung der Nachlassgläubiger versäumt, ist ihre Haftung als Gesamtschuldner mit dem Eigenvermögen gerechtfertigt.“[628]

Gemäß § 2046 Abs. 1 S. 1 BGB sind aus dem Nachlass vor der Erbenauseinandersetzung zunächst die Nachlassverbindlichkeiten zu berichtigen. Halten sich die Miterben hingegen nicht an diese gesetzliche Vorgabe, sollen diese auch nach der Teilung des Nachlasses als Gesamtschuldner haften (vgl. §§ 2058, 2060, 2061 BGB). Eine derartige gesamtschuldnerische Haftung des Vindikationsvermächtnisnehmers erscheint hingegen mit dem hinter der Haftung der Miterben als Gesamtschuldner stehenden Sinn und Zweck zunächst unvereinbar. Der Legatar ist gerade nicht an der Nachlassverwaltung und Nachlassauseinandersetzung beteiligt und hat in der Regel keinerlei Überblick über die Aktiva und Passiva des Nachlasses. Der Legatar sollte somit nach der Nachlassteilung lediglich teilschuldnerisch für den dem Wert des

[628] *Joachim,* Rn. 535 m.w.N.

vermachten Gegenstandes entsprechenden Teil einer Nachlassverbindlichkeit haften.

Auch dieses Ergebnis könnte jedoch unter Berücksichtigung des obig erwähnten Beispielsfalles einer Korrektur bedürfen. Würde der Erblasser sein gesamtes Vermögen mit Hilfe von Vindikationslegaten verteilen, so gäbe es zwar dennoch einen oder mehrere gesetzliche Erben, jedoch würden die vermachten Gegenstände grundsätzlich gerade nicht in den Nachlass fallen. Welchen Nachlass sollen die Erben also verwalten bzw. auseinandersetzen? Die Antwort lautet: „Keinen". Die Erben können sich in einem derartigen Fall somit gerade nicht darum kümmern, dass die Nachlassverbindlichkeiten vor der Teilung des Nachlasses beglichen werden (vgl. § 2046 Abs. 1 S. 1 BGB). Die Erben würden in einem derartigen Falle die Erbschaft ausschlagen oder sich erfolgreich auf Haftungsbeschränkungsmöglichkeiten berufen. Eine derartige Situation darf wiederum nicht zum Nachteil der Gläubiger gereichen und willkürlichen Verfügungen von Todes wegen auf Grund böser Gesinnungen des Erblassers keinesfalls Tür und Tor geöffnet werden. Die Vindikationslegatare müssen somit nach der Nachlassteilung wie die Erben gesamtschuldnerisch haften, wobei auch hierbei die Vorschriften zur Herbeiführung einer teilschuldnerischen Haftung zu beachten sind. Dies klärt im Ergebnis die Frage nach dem Haftungsumfang, nicht hingegen nach der Haftungsmasse.

§ 2191 a BGB: „Mit dem Tode einer Person geht das Eigentum bzw. die Rechtsinhaberschaft an dem vermachten Gegenstand auf den Bedachten über."

§ 2191 b BGB: „Der Vindikationslegatar haftet für die Nachlassverbindlichkeiten."

§ 2191 c BGB: „Die Vindikationslegatare haften für die gemeinschaftlichen Nachlassverbindlichkeiten als Gesamtschuldner. Die Vorschriften der §§ 2060, 2061 BGB finden entsprechende Anwendung."

bb) Haftungsmasse

Fraglich ist des Weiteren, ob der Vermächtnisnehmer (vor und nach der Teilung des Nachlasses) lediglich mit dem vermachten Gegenstand haften muss oder mit dem ihm darüber hinaus zustehenden Vermögen. In Betracht käme eine unbeschränkte, aber grundsätzlich beschränkbare Haftung auf der einen Seite oder aber eine kraft Gesetzes gegenständlich beschränkte Haftung des Vindikationsvermächtnisnehmers auf der anderen Seite. Es stellt sich somit die Frage nach dem Objekt des Gläubigerzugriffs. Für den Fall, dass von einer lediglich beschränkbaren Haftung des Legatars auszugehen wäre, würde jedenfalls die neben den allgemeinen Möglichkeiten der Haftungsbeschränkung (§§ 1975 ff. BGB) bis zur Teilung des Nachlasses gesetzlich normierte besondere Haftungsbeschränkungsmöglichkeit der Miterben gemäß § 2059 Abs. 1 BGB[629] für den Legatar nicht Platz greifen können. Der Vermächtnis-

[629] MüKo-BGB/*Ann*, § 2059 BGB Rn. 1.

nehmer kann somit gerade nicht bis zur Teilung des Nachlasses die Berichtigung der Nachlassverbindlichkeiten aus dem Vermögen, das er außer seinem vermachten Gegenstand hat, auf Grund einer zusätzlichen Haftungsbeschränkungsmöglichkeit verweigern. Der Legatar wird grundsätzlich mit dem Erbfall verfügungsbefugter Eigentümer bzw. Rechtsinhaber in Bezug auf den vermachten Gegenstand, wobei eine Trennung zwischen dem zugewandten Vermögenswert und dem Eigenvermögen gerade nicht erfolgt. Die Rechtfertigung für die Regelung des § 2059 Abs. 1 BGB findet sich jedoch gerade in folgenden Aspekten: Vor der Nachlassteilung bildet der Nachlass ein Sondervermögen, das getrennt vom Eigenvermögen der Miterben zu behandeln ist, wobei die Miterben vor der Teilung des Nachlasses gerade nicht ohne Zustimmung aller Miterben über Nachlassgegenstände zu verfügen vermögen[630]. Eine Befriedigung der Nachlassgläubiger aus dem bereits vor dem Erbfall vorhandenen eigenen Vermögen der Miterben vor der Nachlassteilung würde zu einer nicht gerechtfertigten Privilegierung im Vergleich zur Rechtslage vor dem Versterben ihres Schuldners führen[631].

Eine von Anfang an bestehende unbeschränkte, aber beschränkbare Haftung des Vindikationslegatars ließe sich u.U. aus folgendem Grund rechtfertigen: Mit dem Erbfall kommt es zu einer Verschmelzung von Eigenvermögen und vermachtem Gegenstand beim Legatar. Für die Nachlassgläubiger ist es nur schwer feststellbar, welcher Gegenstände zu welchem (fiktiv betrachtet getrennten) Vermögenskomplex gehört. Man könnte zwar zunächst daran denken, dass sich der zugewandte Vermögenswert ohne Weiteres anhand des Testaments bzw. Erbvertrags bestimmen lässt und es somit zu keiner undurchsichtigen Verschmelzung des zugewandten Gegenstandes mit dem Eigenvermögen des Vermächtnisnehmers kommt. Dem Vindikationslegatar kann aber auf der anderen Seite auch die Gesamtheit des Vermögens des Erblassers zugewandt werden (Universalvermächtnis). In diesem Falle könnten die Vermögenskomplexe nur noch schwerlich separiert werden. Andererseits kann es dem Vermächtnisnehmer jedoch kaum zugemutet werden, sich über etwaige Haftungsbeschränkungsmöglichkeiten Gedanken machen zu müssen, insbesondere erforderliche Nachprüfungen vorzunehmen. Wie soll der Vermächtnisnehmer Kenntnis von der Zahlungsunfähigkeit oder Überschuldung haben (vgl. § 1980 Abs. 1 S. 1 BGB)? Wie soll dieser wissen, ob die Anordnung der Nachlassverwaltung oder die Eröffnung des Nachlassinsolvenzverfahrens wegen Mangels einer den Kosten entsprechenden Masse nicht tunlich ist (vgl. § 1990 Abs. 1 S. 1 BGB)? Der Legatar wäre in Bezug auf die Geltendmachung einer Haftungsbeschränkung auf die Inventarerrichtung seitens des Erben in Bezug auf die Nachlassverbindlichkeiten verwiesen (vgl. § 2001 Abs. 1 BGB). Man könnte zwar daran denken, dass das Gericht

---

[630] MüKo-BGB/*Ann*, § 2059 BGB Rn. 2.
[631] MüKo-BGB/*Ann*, § 2059 BGB Rn. 2.

dem Erben auf Antrag des Vindikationslegatars eine Frist zur Errichtung des Inventars zu bestimmen hat. Dies bedeutet aber keinesfalls, dass der Erbe dieser Aufforderung ohne Weiteres nachkommt. Der Vermächtnisnehmer könnte sich dann zwar die beschränkte Haftung im Urteil vorbehalten lassen (vgl. § 780 ZPO für den Vorbehalt der beschränkten Erbenhaftung), jedoch bleibt bei der Zwangsvollstreckung die Beschränkung der Haftung unberücksichtigt, bis auf Grund derselben gegen die Zwangsvollstreckung Einwendungen erhoben werden (vgl. § 781 ZPO für die beschränkte Erbenhaftung in der Zwangsvollstreckung). Hierbei ist entscheidend, dass die Haftungsbeschränkung bereits eingetreten sein muss und es gerade nicht genügt, dass sich der Betroffene die für die Haftungsbeschränkung erforderlichen Maßnahmen lediglich vorbehält[632]. Der Vindikationslegatar wäre somit zur Herbeiführung einer Haftungsbeschränkung auf eine wohlwollende Mitwirkung seitens des Erben verwiesen. Ein ganz anderes Problem wäre noch folgendes: Es ginge beispielsweise im Rahmen des Antrags auf Eröffnung des Nachlassinsolvenzverfahrens (vgl. § 1980 Abs. 1 S. 1 BGB) gerade nicht um die Zahlungsunfähigkeit oder Überschuldung des Nachlasses, sondern um diejenige des vermachten Gegenstandes. Bei wertmäßig kleineren Vermächtnissen könnte somit ein Insolvenzverfahren in Bezug auf den im Wege eines Vindikationslegates zugewandten Vermögenswert den Regelfall darstellen. Eine plötzlich ansteigende immense Überlastung der Insolvenzgerichte kann mit der Einführung eines Vindikationslegates nicht gewollt sein. Im Ergebnis empfiehlt sich somit vordergründig zum Schutz der Vermächtnisnehmer eine gegenständlich beschränkte Haftung vor und nach der Teilung des Nachlasses.

Der Gesetzgeber müsste sich für den Fall der gegenständlich beschränkten Haftung aber vor Augen halten, dass sich der Gegenstand zum Zeitpunkt der Nachlassgläubigerbefriedigung nicht mehr in demselben Zustand befindet könnte wie zum Zeitpunkt des Erbfalles. Die Nachlassgläubiger haben ein Interesse am ungeschmälerten Bestand des Nachlasses[633]. Eine gegenständlich beschränkte Haftung würde nunmehr jedoch bedeuten, dass das Eigenvermögen des Vindikationslegatars zur Ausgleichung der Differenz gerade nicht herangezogen werden darf. Zur Lösung dieses Problems würde sich eine dem § 1978 BGB vergleichbare Vorschrift anbieten. § 1978 Abs. 1 BGB führt zu einer Verantwortlichkeit des Erben für seine Verwaltungsmaßnahmen den Nachlassgläubigern gegenüber[634]. § 1978 BGB gilt im Falle der Anordnung der Nachlassverwaltung oder der Eröffnung des Nachlassinsolvenzverfahrens und ist im Falle der Dürftigkeit oder Überschwerung des

[632] MüKo-ZPO/*Schmidt/Brinkmann,* § 781 ZPO Rn. 2.
[633] Beck'scher Online-Kommentar BGB/*Lohmann,* § 1978 BGB Rn. 1.
[634] MüKo-BGB/*Küpper,* § 1978 BGB Rn. 1.

Nachlasses (§§ 1990, 1991, 1992 BGB) entsprechend anwendbar[635]. Es geht letztlich um die Fälle der Beschränkung der Haftung des Erben auf den Nachlass. Diese Konstellationen sind zu derjenigen der Haftung des Vindikationslegatars vergleichbar: Der Vermächtnisnehmer haftet bereits von Beginn an lediglich gegenständlich beschränkt und gerade nicht mit seinem Eigenvermögen. Vor der Annahme des Vindikationslegates sollten somit die Vorschriften über die Geschäftsführung ohne Auftrag entsprechende Anwendung finden. Der Vindikationslegatar muss somit bei Führung seiner Geschäfte in Übereinstimmung mit dem objektiven Interesse der Nachlassgläubiger tätig werden, nicht hingegen dem wirklichen oder mutmaßlichen Willen einzelner Gläubiger Beachtung schenken[636].

„[D]er Erbe [haftet] den Nachlassgläubigern für den Schaden, den sie dadurch erleiden, dass der Erbe die von ihm vor der Annahme ausgeführten Geschäfte nicht ihrem Interesse entsprechend geführt hat (§ 677). Dabei haftet der Erbe nicht bloß – wie der Vorerbe gegenüber dem Nacherben – für diligentia quam in suis, sondern für jedes Verschulden, ausgenommen im Falle der Nothilfe (§ 680).“[637]

Ab der Annahme des Legates ist der Legatar den Nachlassgläubigern für die bisherige Verwaltung des vermachten Gegenstandes so verantwortlich, wie wenn er von der Annahme des Legates an die Verwaltung für sie als Beauftragter zu führen gehabt hätte. Der Erbe müsste beispielsweise Wertersatz in Bezug auf diejenigen Gegenstände des Nachlasses leisten, deren Herausgabe ihm unmöglich geworden ist[638]. Im Ergebnis bedeutet dies Folgendes: Der Vindikationslegatar haftet sowohl vor als auch nach der Teilung nicht sowohl mit dem vermachten Gegenstand als auch mit seinem Eigenvermögen für die Nachlassverbindlichkeiten, sondern gegenständlich beschränkt. Die entsprechend anwendbaren Vorschriften aus dem Auftragsrecht und über die Geschäftsführung ohne Auftrag führen hingegen dazu, dass unter bestimmten Umständen auch das private Vermögen des Vindikationslegatars als Haftungsgrundlage herangezogen werden kann.

„Dabei handelt es sich um eine persönliche Haftung des Erben, für die er nicht etwa mit dem Nachlass […], sondern mit seinem Eigenvermögen einzustehen hat.“[639]

Eine anderweitige Lösung, die zumindest erwähnt werden möchte, wäre die nachfolgende: Man könnte daran denken, dass der Legatar weder unbeschränkt noch gegenständlich beschränkt auf den vermachten Gegenstand zu haften hat. Der Legatar könnte stattdessen mit seinem Gesamtvermögen (ei-

---

[635] Beck'scher Online-Kommentar BGB/*Lohmann,* § 1978 BGB Rn. 2.

[636] Diese auf den Vindikationslegatar übertragenen Ausführungen finden sich im Rahmen der Verantwortlichkeit des Erben für die bisherige Verwaltung (vgl. MüKo-BGB/*Küpper,* § 1978 BGB Rn. 3 m.w.N.).

[637] MüKo-BGB/*Küpper,* § 1978 BGB Rn. 3.

[638] Beck'scher Online-Kommentar BGB/*Lohmann,* § 1978 BGB Rn. 4.

[639] MüKo-BGB/*Küpper,* § 1978 BGB Rn. 2 m.w.N.

genes Vermögen und vermachter Gegenstand) einzustehen haben, jedoch stets auf den Wert des vermachten Gegenstandes zum Zeitpunkt des Erbfalles beschränkt (pro viribus)[640]. Eine derartige Sichtweise würde jedoch mit dem derzeit im Grundsatz geltenden Recht kollidieren (cum viribus) und somit die Einheitlichkeit der Rechtsordnung stören. Die Systematik des BGB kennzeichnet sich durch den Grundsatz der gegenständlichen Haftung. In §§ 1973 Abs. 2 S. 2, 1992 S. 2 BGB sieht das Gesetz beispielsweise eine Ausnahme von diesem Grundsatz vor. Auch hierbei handelt es sich jedoch nicht um eine derartige Ausnahme von der gegenständlichen Haftung, dass der Erbe stets in Höhe des Wertes des Nachlasses mit seinem eigenen Vermögen zu haften hätte. Dem Erben wird eine Wahlmöglichkeit eingeräumt. Er kann die Herausgabe der noch vorhandenen Nachlassgegenstände durch Zahlung des Wertes abwenden. Fraglich erscheint weiterhin, ob vielleicht § 2059 Abs. 1 S. 2 BGB die Einführung einer Haftung des Legatars pro viribus zu begründen vermag. Dem Miterben, der für eine Nachlassverbindlichkeit unbeschränkt haftet, steht das in § 2059 Abs. 1 S. 1 BGB normierte Recht in Ansehung des seinem Erbteil entsprechenden Teils der Verbindlichkeit nicht zu. § 2059 Abs. 1 S. 1 BGB regelt eine zusätzliche Möglichkeit zur Haftungsbeschränkung auf den dem einzelnen Miterben zukommenden Nachlassanteil. § 2059 Abs. 1 S. 2 BGB sieht hingegen eine Haftung des Miterben auch mit seinem Privatvermögen in Höhe des seinem Erbteil entsprechenden Teils der Verbindlichkeit vor. Auch hierbei handelt es sich jedoch nicht wirklich um eine Ausnahme von der grundsätzlich im Erbrecht des BGB vorgesehenen Haftung cum viribus hereditatis. Die Regelung des § 2059 Abs. 1 S. 2 BGB gilt gerade für bereits unbeschränkt haftende Miterben, d.h. solche, die bereits mit ihrem eigenen, vor dem Erbfall vorhandenen Vermögen einzustehen haben. Diese Miterben können Haftungsbeschränkungsmöglichkeiten ja gerade überhaupt nicht mehr in Anspruch nehmen (vgl. § 2013 BGB). § 2059 Abs. 1 S. 2 BGB gewährt aber auch noch diesem unbeschränkt haftenden Miterben eine Privilegierung.

Im Ergebnis sollte man zwar eine unter zusätzlicher Berücksichtigung des § 1978 BGB gegenständlich beschränkte Haftung des Legatars einführen, diesem jedoch das Recht einräumen, die Begleichung der Nachlassverbindlichkeiten mit dem ihm vermachten Gegenstand durch Zahlung des Wertes abzuwenden (sog. Ablösungsrecht). Es geht hierbei um die Verwirklichung des Affektionsinteresses des Erblassers und des Bedachten.

§ 2191 a BGB: „Mit dem Tode einer Person geht das Eigentum bzw. die Rechtsinhaberschaft an dem vermachten Gegenstand auf den Bedachten über.“

§ 2191 b BGB: „Der Vindikationslegatar haftet für die Nachlassverbindlichkeiten.“

---

[640] Zur Begriffserklärung der cum viribus-Haftung und der pro viribus-Haftung vgl. Kapitel 4, Fn. 24.

§ 2191 c BGB: „Die Vindikationslegatare haften für die gemeinschaftlichen Nachlassverbindlichkeiten als Gesamtschuldner. Die Vorschriften der §§ 2060, 2061 BGB finden entsprechende Anwendung."

§ 2191 d BGB: „Bei der Haftung für Nachlassverbindlichkeiten handelt es sich um eine gegenständlich beschränkte, wobei dem Vindikationslegatar das Recht zusteht, die Begleichung der Nachlassverbindlichkeiten mit dem ihm vermachten Gegenstand durch Zahlung des Wertes abzuwenden. Auf die vor der Annahme des Vermächtnisses von dem Vindikationslegatar besorgten Geschäfte finden die Vorschriften über die Geschäftsführung ohne Auftrag entsprechende Anwendung. Ab der Annahme des Vermächtnisses ist er den Nachlassgläubigern für die bisherige Verwaltung des vermachten Gegenstandes so verantwortlich, wie wenn er die Verwaltung für sie als Beauftragter zu führen gehabt hätte."

cc) Verwirklichung bzw. Beeinträchtigung der einzelnen Interessen

Die Konstruktion einer Haftung des Vindikationslegatars im Außenverhältnis könnte jedoch u.U. zu verneinen sein. So brachte *Bartholomeyczik* Folgendes zum Ausdruck:

„Den Interessen der Nachlaßgläubiger aber widerspricht die Haftung im Außenverhältnis, weil sie die Nachlaßabwicklung erschwert, denn die Nachlaßgläubiger wären gezwungen, den einzelnen vermachten Sachen nachzulaufen, weil der Erbe auf den Ersatzwert kaum haften würde […]."[641]

Diese Aussage kann mit obigen Ausführungen in der Tat untermauert werden. Vor und nach der Teilung des Nachlasses haften die Vindikationslegatare lediglich mit dem vermachten Gegenstand. Der Legatar haftet zwar nicht nur für den dem Wert des zugewandten Vermögenswertes entsprechenden Teil einer Nachlassverbindlichkeit, d.h. teilschuldnerisch. Er haftet gerade gesamtschuldnerisch. Würde der Erblasser beispielsweise sein gesamtes Vermögen jedoch mit Hilfe von Vindikationslegaten verteilen, so könnten die Miterben vor der Nachlassteilung die aufschiebende Einrede der beschränkten Miterbenhaftung erheben (vgl. § 2059 Abs. 1 S. 1 BGB) und sich nach der Teilung des Nachlasses etwaigen Haftungsbeschränkungsmöglichkeiten bedienen. Die Nachlassgläubiger müssten sich folglich an die Vindikationslegatare wenden. Da diese jedoch nur mit dem vermachten Gegenstand haften, können sich die Nachlassgläubiger zur Befriedigung ihrer Forderungen u.U. nicht lediglich mit der Inanspruchnahme eines einzelnen Vermächtnisnehmers begnügen, wobei dies natürlich vom Wert des vermachten Gegenstandes abhängig ist. Dies führt zu erheblichen praktischen Schwierigkeiten und einer Benachteiligung der Nachlassgläubiger. Diese Beeinträchtigung zeigt sich insbesondere mit Hilfe eines Vergleichs zur Erbenhaftung. Die Geltendmachung einer Haftungsbeschränkung ist mit größeren Hürden für den Erben verbunden als eine bereits anfängliche beschränkte Haftung. Zudem bleibt das Recht der Nachlassgläubiger, die Befriedigung aus dem ungeteilten Nach-

---

[641] *Bartholomeyczik,* Erbeinsetzung, andere Zuwendungen und Erbschein, S. 135, 136.

lass von sämtlichen Miterben zu verlangen, unberührt (vgl. § 2059 Abs. 2 BGB).

Man könnte zur Verwirklichung eines umfangreicheren Nachlassgläubigerschutzes daran denken, ob die Vindikationslegatare bei Verteilung des gesamten Nachlasses bzw. eines bestimmten Bruchteils des Vermögens nicht als Erben behandelt werden könnten, was letztlich eine unbeschränkte (aber beschränkbare) Haftung, die Möglichkeit der Erhebung einer Gesamthandsklage und das Eingreifen des beschränkten Verfügungsrechts der Miterben (vgl. § 2033 BGB) zur Folge hätte. Im Falle der Zuweisung des gesamten Vermögens sollte dieser Vorschlag zur Verhinderung von willkürlichen Verfügungen des Erblassers tatsächlich in Erwägung gezogen werden. Eine darunterliegende Schwelle kann hingegen keinen Anhaltspunkt liefern. Wo sollte die Grenze festgesetzt werden? Eine solche würde den Interessen von Rechtssicherheit und Rechtsklarheit deutlich zuwiderlaufen. An dieser Stelle muss leider auch eingestanden werden, dass im Falle der Verteilung des Gesamtvermögens der Reformvorschlag zur Behandlung der Vindikationslegatare als Miterben in der notariellen Praxis keinen Erfolg zeitigen würde. Die notariell beratenen Erblasser müssten nur einen einzelnen, wenn auch wertmäßig bedeutungslosen Gegenstand unberücksichtigt lassen. Da Testamente aber sehr häufig ohne den Gang zu einem Notar errichtet werden, kann gerade nicht mit an Sicherheit grenzender Wahrscheinlichkeit gesagt werden, dass eine Behandlung als Miterben kaum jemals vorkommen würde. Im Erbrecht des BGB herrscht eine weitverbreitete besondere Rechtsunkenntnis.

§ 2191 a BGB: „Mit dem Tode einer Person geht das Eigentum bzw. die Rechtsinhaberschaft an dem vermachten Gegenstand auf den Bedachten über."

§ 2191 b BGB: „Der Vindikationslegatar haftet für die Nachlassverbindlichkeiten."

§ 2191 c BGB: „Die Vindikationslegatare haften für die gemeinschaftlichen Nachlassverbindlichkeiten als Gesamtschuldner. Die Vorschriften der §§ 2060, 2061 BGB finden entsprechende Anwendung."

§ 2191 d BGB: „Bei der Haftung für Nachlassverbindlichkeiten handelt es sich um eine gegenständlich beschränkte, wobei dem Vindikationslegatar das Recht zusteht, die Begleichung der Nachlassverbindlichkeiten mit dem ihm vermachten Gegenstand durch Zahlung des Wertes abzuwenden. Auf die vor der Annahme des Vermächtnisses von dem Vindikationslegatar besorgten Geschäfte finden die Vorschriften über die Geschäftsführung ohne Auftrag entsprechende Anwendung. Ab der Annahme des Vermächtnisses ist er den Nachlassgläubigern für die bisherige Verwaltung des vermachten Gegenstandes so verantwortlich, wie wenn er die Verwaltung für sie als Beauftragter zu führen gehabt hätte."

§ 2191 e BGB: „Wird das gesamte Vermögen des Erblassers im Wege von Vindikationslegaten verteilt, so nehmen die Vindikationslegatare die haftungsrechtliche Stellung von Erben ein."

In Bezug auf die Haftung des Vindikationslegatars im Außenverhältnis wurde weiterhin folgendes Gegenargument vorgebracht:

„Der Erblasser will zwar regelmäßig dem Bedachten den Gegenstand unmittelbar zuwenden, ihn jedoch nicht mit der Haftung für die Nachlaßverbindlichkeiten belasten. Die

Teilnahme an der Haftung für die Nachlaßverbindlichkeiten ist ein Hauptunterschied dafür, ob der Erblasser eine Erbeinsetzung oder ein Vermächtnis gewollt hat."[642]

Dies würde folglich bedeuten, dass im Grunde lediglich die Erben für die Nachlassverbindlichkeiten einzustehen haben. Dieses Argument ist jedoch nicht völlig überzeugend. Der juristische Laie geht in den überwiegenden Fällen davon aus, dass die jeweiligen Gegenstände mit dem Erbfall auf die jeweiligen bedachten Personen übergehen. Sie differenzieren insbesondere grundsätzlich nicht zwischen der Erbeinsetzung und der Vermächtnisnehmerbestellung. Warum sollten Laien nunmehr aber in einem weiteren Schritt danach unterscheiden, dass die Erben für Nachlassverbindlichkeiten einzustehen haben, die Vermächtnisnehmer hingegen nicht? Zudem handelt es sich bei der Einführung eines Vindikationslegates gerade um ein völlig neues Rechtsinstitut. Neue Rechtsinstitute bringen es aber zwingend mit sich, dass sich der Rechtsanwender auf neue Regelungen einzulassen und überkommene Rechtsvorstellungen aufzugeben hat. Eine anderweitige Betrachtung würde jede nur denkbare Reform ausschließen.

Eine Haftung im Außenverhältnis würde jedoch eine Abgrenzung zwischen einer Erbeinsetzung und der Anordnung eines Vindikationsvermächtnisses (insbesondere für größere Vermögenswerte) als nahezu aussichtslos und eine Auslegung als beinahe undenkbar erscheinen lassen[643].

„Eine Haftung des Vermächtnisnehmers für die Nachlaßverbindlichkeiten im Außenverhältnis hätte notwendig zur Folge, daß die Grenze zwischen Erbeinsetzung und Vermächtnis verschwände. Eine dingliche Wirkung des Vermächtnisses ließe sich nur rechtfertigen, wenn der Erblasser nicht nur ein Interesse daran hätte, daß der Vermächtnisnehmer den vermachten Gegenstand unmittelbar erwürbe, sondern wenn er auch eine Belastung des Vermächtnisnehmers mit der Haftung für die Nachlaßverbindlichkeiten in Kauf nähme. Diese Fälle sind jedoch kaum zu umgrenzen. Bedenklich wäre es, die Entscheidung hierüber dem Richter zu überlassen, da sich hieraus zahllose Streitigkeiten ergeben könnten. Vom Standpunkt des Erblassers ließe sich hiernach nur eine Haftung des Vermächtnisnehmers im Innenverhältnis rechtfertigen."[644]

Die Überlegung, die das Abgrenzungsproblem wohl am sichersten zu lösen vermag, wäre diejenige, dass ein Vindikationslegat in einem Testament oder Erbvertrag wie im polnischen Recht lediglich zur Niederschrift eines Notars erklärt werden kann. Der Notar wird in den allermeisten Fällen unzweideutig

---

[642] *Bartholomeyczik,* Erbeinsetzung, andere Zuwendungen und Erbschein, S. 137.

[643] So bereits *Lange/Kuchinke,* S. 622. In Polen wurde dieses Problem folgendermaßen zu lösen versucht: „Moreover, the *legatum per vindicationem* is criticized as impeding the interpretation of a will: it may not be easy to decide if a testator instituted a *legatum per damnationem* or a *legatum per vindicationem.* Again, the Polish legislator resolved this issue by allowing the institution of *legatum per vindicationem* only in notarial wills (a notary as a professional lawyer is supposed to formulate the testator's intention as to the type of legacy clearly)." (vgl. *Osajda,* ZEuP 2012, 490, Fn. 24).

[644] *Bartholomeyczik,* Erbeinsetzung, andere Zuwendungen und Erbschein, S. 137, 138.

zum Ausdruck bringen, ob der (spätere) Erblasser eine Erbeinsetzung mit unbeschränkter (aber beschränkbarer) Haftung oder aber eine Berufung des Bedachten als Vindikationsvermächtnisnehmer mit gegenständlich beschränkter Haftung hatte vornehmen wollen.

§ 2191 a BGB: „Mit dem Tode einer Person geht das Eigentum bzw. die Rechtsinhaberschaft an dem vermachten Gegenstand auf den Bedachten über."

§ 2191 b BGB: „Ein Vindikationslegat kann nur zur Niederschrift eines Notars in einem Testament oder Erbvertrag angeordnet werden."

§ 2191 *c* BGB: „Der Vindikationslegatar haftet für die Nachlassverbindlichkeiten."

§ 2191 *d* BGB: „Die Vindikationslegatare haften für die gemeinschaftlichen Nachlassverbindlichkeiten als Gesamtschuldner. Die Vorschriften der §§ 2060, 2061 BGB finden entsprechende Anwendung."

§ 2191 *e* BGB: „Bei der Haftung für Nachlassverbindlichkeiten handelt es sich um eine gegenständlich beschränkte, wobei dem Vindikationslegatar das Recht zusteht, die Begleichung der Nachlassverbindlichkeiten mit dem ihm vermachten Gegenstand durch Zahlung des Wertes abzuwenden. Auf die vor der Annahme des Vermächtnisses von dem Vindikationslegatar besorgten Geschäfte finden die Vorschriften über die Geschäftsführung ohne Auftrag entsprechende Anwendung. Ab der Annahme des Vermächtnisses ist er den Nachlassgläubigern für die bisherige Verwaltung des vermachten Gegenstandes so verantwortlich, wie wenn er die Verwaltung für sie als Beauftragter zu führen gehabt hätte."

§ 2191 *f* BGB: „Wird das gesamte Vermögen des Erblassers im Wege von Vindikationslegaten verteilt, so nehmen die Vindikationslegatare die haftungsrechtliche Stellung von Erben ein."

Anstelle oder aber zusätzlich zur erforderlichen Niederschrift eines Notars könnte an eine in § 2087 BGB aufzunehmende Zweifelsregelung gedacht werden, die auch noch die letzten Abgrenzungsprobleme einer zufriedenstellenden Lösung zuführen könnte: Es sollte an die Schaffung eines Abs. 3 gedacht werden. Bliebe auch nach erfolgter Auslegung ungewiss, ob der Wille des Erblassers auf eine Erbeinsetzung oder die Anordnung eines Vindikationslegates gerichtet war, so sollte im Zweifel von einer Erbeinsetzung ausgegangen werden. Dies gilt u.a. deshalb, da das Vindikationslegat wie im übernächsten Argument noch zu zeigen sein wird, als grundsätzlich durch das Gesetz nicht vorgesehene Erbeinsetzung auf einen bestimmten Gegenstand zu verstehen ist und im Zweifelsfall wohl vermieden werden sollte.

Als Gegner eines Vindikationslegates könnte man noch an folgende Argumentation denken: Die Erben würden unbeschränkt (aber beschränkbar) haften, der Vindikationslegatar hingegen lediglich gegenständlich beschränkt. Diese Differenzierung zwischen der Haftung der Erben und der Vermächtnisnehmer in Bezug auf die Haftungsmasse könnte zu unbilligen Ergebnissen führen. Würde der Erblasser nahezu sein gesamtes Vermögen im Wege von Vindikationslegaten verteilen, wären die Legatare deutlich besser gestellt als die Erben. Dies würde sachlich nicht gerechtfertigte Ergebnisse mit sich bringen. Eine derartige Differenzierung könnte allenfalls dann begründet werden, falls die Erben den vorherrschenden Teil des Vermögens des Erblassers erlangen würden. Dieses Argument kann letztlich nicht durchgreifen. Die Entscheidung darüber, welche Personen er mehr begünstigen möchte, obliegt jedoch gerade und ausschließlich dem Erblasser. Dieser könnte sich unter Zuhilfenahme seiner Testierfreiheit freilich gegen das Vindikationslegat entscheiden, wenn er seine Erben durch diese rechtliche Konstruktion in einer zu nachteiligen Position sieht. Zudem befinden sich weder der Erbe noch der Legatar in einer rechtlichen Stellung, die es ermöglicht, Forderungen zu stellen. Sie erhalten etwas zusätzlich zu ihrer bisherigen rechtlichen Position: einen Gewinn. Die Erben können die Erbschaft ausschlagen; entscheiden sie sich hingegen für eine Annahme der Erbschaft, dann haben sie sich mit ihrer divergierenden Position zu derjenigen eines Legatars bereits arrangiert.

Besonders problematisch an der Ausgestaltung der Haftung des Legatars im Außenverhältnis wäre jedoch neben der Nachlassgläubigerbeeinträchtigung und den sich ergebenden Abgrenzungsschwierigkeiten folgender Aspekt: Die in weiten Bereichen an die Erbenhaftung angeglichene Haftung des Vermächtnisnehmers würde wohl aufkommenden kritischen Stimmen nicht Stand halten können. Die Haftung würde eher an eine Erbeinsetzung auf einen bestimmten Gegenstand (ex re certa) erinnern als an ein Vindikationslegat. Es soll aber gerade die Frage nach der Einführung einer anderen Art des Vermächtnisses geklärt werden und keine Ausnahme dazu geschaffen werden, dass die Erben mit dem Erbfall das Vermögen in ihrer gesamthänderischen Verbundenheit erlangen. Der Erblasser könnte mehrere Personen explizit zu Vindikationslegataren einsetzen und diesen Bedachten wertvolle Gegenstände zukommen lassen. Diese könnten nun willkürlich über die zugedachten Vermögenswerte verfügen und der Erblasser könnte hierdurch gerade diejenigen Vorschriften, die im Rahmen der bei mehreren Erben vorgesehenen Gesamthandsgemeinschaft gelten, aushebeln. Ein einzelner Miterbe kann weder über einen Nachlassgegenstand als solchen noch über seinen (wenn überhaupt existenten) Anteil an einem einzelnen Nachlassgegenstand verfügen.

Abschließend müsste noch Folgendes bedacht werden: Man müsste die bisher noch nicht aufgeworfene Frage näherer Betrachtung unterziehen, ob die Damnations- und Vindikationslegatare gleichrangig nebeneinander zu stehen vermögen (beispielsweise in Bezug auf Insolvenzverfahren). Diese Fragestellung gilt es wohl – ohne an dieser Stelle eine genauere Analyse vornehmen zu können – eher dahingehend zu beantworten, dass der Vindikationslegatar eine höherrangige rechtliche Position als der Damnationsvermächtnisnehmer einnimmt. Würde nunmehr der Vindikationslegatar in Anspruch genommen werden, könnte dies zu schwerfälligen und undurchsichtigen Regressansprüchen zwischen Vindikationslegatar, Damnationslegatar (bei bereits erfolgter Erfüllung des schuldrechtlichen Anspruchs) und dem bzw. den Erben, der/die u.U. noch pflichtteilsberechtigt ist/sind, führen.

dd) Weitere Überlegungen

Die Außenhaftung des Vermächtnisnehmers wäre eine im Verhältnis zu den Erben gleichrangige. Die Nachlassgläubiger könnten sich sowohl an die Erben als auch an die Vermächtnisnehmer wenden und wären zur Inanspruchnahme der Vindikationslegatare nicht erst auf eine erfolglose Geltendmachung ihrer Forderungen gegenüber den Erben verwiesen. Eine lediglich subsidiäre Haftung der Legatare würde zwar den entscheidenden Vorteil mit sich bringen, dass es zu weniger Schwierigkeiten bereitenden Ausgleichsansprüchen im Innenverhältnis kommen würde, da der Erbe grundsätzlich eine zu den Vermächtnisnehmern nachrangige Position einnimmt. Diese Erwägungen in Bezug auf das Innenverhältnis zwischen den durch den Erbfall Begünstigten sollten jedoch nicht dazu führen, dass den Nachlassgläubigern ein geringerer Schutz zuteil würde. In der Zwischenzeit könnten die Legatare über die vermachten Gegenstände rechtswirksam zugunsten Dritter verfügen und den Nachlassgläubigern obläge ein größeres Insolvenzrisiko in Bezug auf das Eigenvermögen der Legatare als im Falle einer zeitlich vorverlagerten Zugriffsmöglichkeit. Die Legatare haften somit direkt, nicht lediglich subsidiär und auf den vermachten Gegenstand beschränkt. Eine Abweichung von der nicht subsidiären Haftung in Bezug auf das Pflichtteilsrecht (wie in Polen)[645] entbehrt jeder rechtlichen Grundlage. Die Pflichtteilsberechtigten nehmen eine günstigere rechtliche Stellung im Gegensatz zu den Vermächtnisnehmern ein. Wieso sollten sich diese primär an die Erben zu halten haben, sich somit nicht den in ihren Augen solventesten Schuldner aussuchen dürfen und ein Unterschied zwischen den Pflichtteilsberechtigten und den übrigen Nachlassgläubigern festgeschrieben werden?

Weiterhin sei noch darauf hingewiesen, dass sich im Falle der Bejahung einer direkten Haftung des Legatars in einem weiteren Schritt die Frage stellen würde, ob bzw. wie sich die rechtliche Konstruktion im Falle des Vorhandenseins eines Vindikationslegatars und eines alleinigen Erben zu obig dargestellter unterscheiden würde. Auch in diesem Falle käme lediglich eine gesamtschuldnerische und gegenständlich beschränkte Haftung des Legatars in Betracht. Ein anderes Ergebnis kann sich auch nicht aus der nur im Rahmen der Erbengemeinschaft vorhandenen gesamtschuldnerischen Bindung des Nachlasses ergeben, da sich die Haftung des Legatars vor der Nachlassteilung gerade nicht anders als nach der Teilung des Nachlasses verhält und sich somit die im Rahmen mehrerer Erben vorhandene Bindung nicht auf die haftungsrechtliche Position des Vindikationslegatars auswirkt.

---

[645] Vgl. hierzu die Ausführungen in § 12, IV. C. 2. a).

ee) Zusammenfassung

Im Rahmen der Außenhaftung käme es zu einer Nachlassgläubigerbeeinträchtigung, Abgrenzungsschwierigkeiten zwischen der Erbeinsetzung und der Anordnung eines Vindikationslegates bei größeren Zuwendungen und komplizierten Regressansprüchen zwischen den bedachten Personen[646]. Praktische Gesichtspunkte könnten letztlich einer zufriedenstellenden Integration der Außenhaftung in das System des BGB entgegenstehen. *Bartholomeyczik* sprach davon, dass die Haftung des Legatars im Außenverhältnis beachtliche Schwierigkeiten in der rechtlichen und praktischen Durchführung implizieren würde[647]. Die nachfolgenden Ausführungen in § 15, I. B. 3. widmen sich der Frage, ob es die Außenhaftung des Vindikationslegatars als Eigentümer bzw. Rechtsinhaber des vermachten Gegenstandes aus den dargestellten Gründen im Ergebnis abzulehnen gilt oder diese unter Berücksichtigung der einzelnen an einem Erbfall beteiligten Interessen im Vergleich zu der bereits in § 15, I. B. 1. dargestellten Innenhaftung und der hiermit korrespondierenden (in ihren positiven und negativen Befugnissen stark eingeschränkten) eigentümerrechtlichen Position des Vermächtnisnehmers bzw. dessen Stellung als Inhaber eines Rechts in umfangreicherem Maße zu überzeugen vermag.

3. Haftung im Außenverhältnis oder Innenverhältnis

Der Vindikationslegatar muss auf Grund der Tatsache, dass der vermachte Gegenstand zwar nicht zum Nachlass gehört, aber auf Grund eines zu gewährleistenden Nachlassgläubigerschutzes zumindest als zum Nachlass gehörig behandelt werden muss[648], für die Verbindlichkeiten des Nachlasses haften. Empfiehlt es sich nunmehr den Vindikationslegatar im Innen- oder Außenverhältnis haften zu lassen? Im Falle einer zu befürwortenden Innenhaftung könnten sich die Nachlassgläubiger lediglich an den bzw. die Erben halten und diesem bzw. diesen müsste eine Rückgriffsmöglichkeit auf den im Wege eines Vindikationslegates zugedachten Vermögenswert eingeräumt werden. Der Vermächtnisnehmer würde somit nur indirekt haften. Der Vindikationslegatar würde mit dem Anfall des Vermächtnisses Eigentümer bzw. Rechtsinhaber werden, wäre jedoch mit einem auflösend bedingten Verfügungsverbot belastet und dem Erben stünde eine gesetzliche Verfügungsermächtigung in Bezug auf den vermachten Vermögenswert zur Seite[649]. Die Außenhaftung würde hingegen dazu führen, dass sich die Nachlassgläubiger direkt an den Vermächtnisnehmer zu wenden vermögen und dieser aus die-

---

[646] Bereits *v. Schmitt* (in: Die Vorentwürfe der Redaktoren zum BGB, Erbrecht, Teil 1, S. 410) bezeichnete eine Haftung im Außenverhältnis als „unzweckmäßig".

[647] *Bartholomeyczik,* Erbeinsetzung, andere Zuwendungen und Erbschein, S. 135.

[648] Vgl. hierzu § 15, I. A. 3.

[649] Vgl. hierzu § 15, I. B. 1. d) bb) (2) und cc).

sem Grunde ohne Weiteres mit dem Anfall des Vermächtnisses das Eigentum bzw. die Rechtsinhaberschaft an dem vermachten Gegenstand erlangen kann[650].

Trotz obig aufgeführter Argumente gegen die Haftung des Vindikationslegatars im Außenverhältnis[651] erscheint lediglich diese direkte (und nicht nur subsidiäre) Haftung als vorzugswürdig[652]. Im Rahmen der direkten Haftung wurde angeführt, dass die Nachlassgläubigerbefriedigung erheblich erschwert werden könnte, da der Legatar zwar gesamtschuldnerisch, aber nur gegenständlich beschränkt zu haften hätte. Die Nachlassgläubiger müssten sich somit u.U. an mehrere Legatare halten. Sie können jedoch sofort gegen die Vermächtnisnehmer vorgehen und sehen sich nicht zunächst einem Erben gegenüber, dem lediglich ein Verfügungsrecht zusteht, das dem dritten Erwerber keine endgültige gegenüber jedermann wirkende Rechtsposition zu verleihen vermag. Es kann hierbei zu einer ex nunc eintretenden absoluten Unwirksamkeit der Zwischenverfügung kommen[653]. Diese Tatsache könnte das Auffinden von kaufwilligen Personen erheblich erschweren[654]. Die Befriedigung der Nachlassgläubiger kann somit im Falle einer Außenhaftung schneller erfolgen als bei Bejahung einer indirekten Haftung der Legatare. Die Außenhaftung vermag auch die Interessen des Rechtsverkehrs besser zu verwirklichen. Es bestehen vom Erbfall an klarere und besser geordnete rechtliche Beziehungen zu den einzelnen Gegenständen des Erblassers. Der Erbe kann über die Nachlassgegenstände rechtswirksam verfügen und die Vindikationslegatare über die vermachten Gegenstände. Im Falle einer bloßen indirekten Haftung können Verfügungen des Legatars allenfalls mit der Erfüllung seines Anspruchs auf formelle Übertragung ex nunc wirksam werden und Zwischenverfügungen des Erben könnten im Falle der Erfüllung dieses Anspruchs ex nunc unwirksam werden. Diese schwer hinnehmbaren Schwebezustände können durch eine Außenhaftung vermieden werden. Für außenstehende Dritte ist keinesfalls erkennbar, ob der vermachte Gegenstand zur Nachlassgläubigerbefriedigung tatsächlich veräußert werden muss oder der Erbe gegenüber dem Bedachten nur eine böse Gesinnung aufweist und der Legatar somit seinen Anspruch auf formelle Übertragung erfolgreich gericht-

[650] Vgl. hierzu § 15, I. B. 2.

[651] Vgl. hierzu § 15, I. B. 2. c) cc).

[652] Neben den nachfolgend aufgezählten Argumente für die direkte Haftung des Vindikationslegatars würde diese im Gegensatz zu einer indirekten Haftung auch erhebliche Erleichterungen in Bezug auf erbschein- und grundbuchrechtliche Aspekte mit sich bringen und den Vermächtnisnehmer selbst in eine deutlich stärkere rechtliche Position erheben. Siehe hierzu § 15, V. und § 16, I. A. 1. a) und e).

[653] Vgl. hierzu § 15, I. B. 1. d) cc) (1).

[654] Zur Erläuterung dieses Arguments vgl. bereits § 15, I. B. 1. d) cc) (3). Das Argument, dass sich weniger kaufwillige Personen finden werden, kann nur in Bezug auf vermachte Grundstücke überzeugend angeführt werden.

lich geltend machen kann. Eine indirekte Haftung würde zudem ein weiteres Problem auf der zwangsvollstreckungsrechtlichen Ebene mit sich bringen: Die Nachlassgläubiger haben sich an den Erben zu halten. Falls dieser zu keiner Mitwirkungshandlung gegen den Legatar gewillt ist und sich gerade noch nicht im Besitz der vermachten Sache befindet, stellt sich die Frage, wie auf diese im Rahmen der Zwangsvollstreckung zugegriffen werden kann[655].

Im Ergebnis vermag ausschließlich die Außenhaftung[656] des Vindikationslegatars und dessen vollumfängliche eigentümerrechtliche Stellung bzw.

---

[655] Man müsste entweder an die Schaffung einer Ausnahmevorschrift zu § 809 ZPO denken oder etwa an die Schaffung einer gesetzlichen Prozessstandschaft zugunsten des Nachlassgläubigers. Hierdurch könnte dieser das Besitzrecht des Erben gegenüber dem Legatar einklagen und somit die Wegnahme der vermachten Sache durch den Gerichtsvollzieher gemäß § 883 ZPO in die Wege leiten. Man müsste sich auch Gedanken darüber machen, wie mit einer Drittwiderspruchsklage des Legatars umgegangen werden müsste und berücksichtigen, dass im Rahmen dieser u.U. geprüft werden müsste, ob auf den vermachten Gegenstand zur Nachlassgläubigerbefriedigung tatsächlich zurückgegriffen werden muss oder beispielsweise Gegenstände in Betracht gezogen werden können, die im Wege eines schuldrechtlichen Vermächtnisses zugewandt wurden.

[656] Im Rahmen der Ausführungen zur dritten Variante – § 15, I. B. 1. d) – einer zu konstruierenden Innenhaftung des Vindikationslegatars hätte man sich auch überlegen können, ob dem Vermächtnisnehmer überhaupt ein Verfügungsverbot zur Last gelegt werden müsste. Die nachfolgenden Überlegungen bieten sich erst an dieser Stelle an, da diese sowohl auf Aspekte der Innen- als auch der Außenhaftung Bezug nehmen werden und somit eine Erörterung vor der Darstellung der Außenhaftung nicht besonders ratsam wäre. Wie könnte man hierbei die Nachlassgläubiger schützen? Den Erben stünde weiterhin das Recht zum Besitz an der vermachten Sache zu und der Vindikationslegatar darf sich auf eigenmächtige Art und Weise nicht den Besitz an der Sache verschaffen; vgl. § 15, I. B. 1. d) bb) (5). Trotz der Verfügungsbefugnis des Vermächtnisnehmers müsste in Bezug auf eine Veräußerung an Dritte auf Grund des nicht vorhandenen unmittelbaren Besitzes mit gewissen Hindernissen gerechnet werden. Die Nachlassgläubiger müssten jedoch auch im Falle einer trotz alledem wirksamen Weiterveräußerung geschützt werden. Eine entsprechende Anwendung der §§ 4 AnfG, 134 InsO muss auf Grund der bereits obig dargestellten Argumente abgelehnt werden. Es käme ansonsten zu einer wesentlichen Benachteiligung der Nachlassgläubiger und einer nicht gerechtfertigten Gleichstellung des Vindikationslegates mit den erbrechtsunabhängigen Sonderrechtsnachfolgen von Todes wegen (vgl. hierzu § 15, I. A. 2. und 3.). Man müsste letztlich eine den Vindikationslegatar treffende Schadensersatzpflicht in entsprechender Anwendung des § 1978 BGB in Erwägung ziehen; vgl. § 15, I. B. 2. c) bb). Im Ergebnis bedeutet dies, dass sich der Nachlassgläubiger im Falle einer auf den Nachlass herbeigeführten Haftungsbeschränkung und eines nicht genügenden Nachlasses im Grunde für einen Rückgriff auf den vermachten Gegenstand zunächst an den Erben zu wenden hätte (indirekte Haftung des Legatars), bei bereits erfolgter erfolgreicher Weiterveräußerung durch den Vermächtnisnehmer hingegen in Bezug auf eine ggf. bestehende Schadensersatzpflicht gemäß § 1978 BGB an diesen (ausnahmsweise direkte Haftung des Legatars). Eine derartige Lösung muss letztlich aber ausscheiden. Sie erinnert an eine Kombination aus einer subsidiären Außenhaftung und gewissen im Rahmen der Innenhaftung aufgestellten Einschränkungen der durch die §§ 903 S. 1 BGB, 14 Abs. 1 MarkenG, 9 PatG, 11 UrhG grundsätzlich gewährten Befugnisse als Eigentümer bzw.

Stellung als Inhaber eines Rechts mit dem Anfall des Vermächtnisses zu überzeugen. Die Innenhaftung scheidet gänzlich aus.

§ 2191 a BGB: „Mit dem Tode einer Person geht das Eigentum bzw. die Rechtsinhaberschaft an dem vermachten Gegenstand auf den Bedachten über."

§ 2191 b BGB: „Ein Vindikationslegat kann nur zur Niederschrift eines Notars in einem Testament oder Erbvertrag angeordnet werden."

Rechtsinhaber (tatsächliche Zugriffsmöglichkeit auf den vermachten Gegenstand). Die Lösung würde primär auf einen Erhalt des konkreten Gegenstandes im Vermögen des Vermächtnisnehmers abzielen, indem „der Vermächtnißnehmer thunlichst gehindert wird, über den vermachten Gegenstand zu verfügen" (so bereits die Ausführungen der ersten Kommission zu den vor dem Inkrafttreten des BGB in den einzelnen Gebieten des Deutschen Reiches geltenden Landesgesetzen mit Vindikationslegaten (vgl. *Mugdan,* Bd. 5, S. 71 (Motive)). Der Legatar wäre zwar verfügungsbefugt, darf sich ohne den Erben jedoch nicht in den Besitz der vermachten Sache setzen. Im Falle einer Veräußerung des Gegenstandes durch den Vermächtnisnehmer soll dieser hingegen mit seinem vor dem Erbfall bereits vorhandenen Privatvermögen für die Nachlassverbindlichkeiten einzustehen haben. Auf Grund des im nationalen Recht auf sehr hoher Stufe angesiedelten Nachlassgläubigerschutzes sollte diejenige haftungsrechtliche Lösung gewählt werden, die die Interessen der Nachlassgläubiger am wenigsten zu beeinträchtigen vermag. Auf den ersten Blick würde sich folgendes Bild ergeben: Die Nachlassgläubiger würden im Falle einer Innenhaftung und eines dem Legatar zur Last gelegten Verfügungsverbots das geringste Insolvenzrisiko zu tragen haben; vgl. § 15, I. B. 1. d) bb) (2). Es würden die größten Anstrengungen zum Erhalt des vermachten Gegenstandes unternommen. Im Falle einer indirekten Haftung ohne Verfügungsverbot obläge den Nachlassgläubigern bereits ein höheres Insolvenzrisiko, wobei einer Weiterveräußerung durch den Vermächtnisnehmer oftmals sein fehlender unmittelbarer Besitz im Wege stehen würde. Die Außenhaftung würde den Nachlassgläubigern das größte Insolvenzrisiko aufbürden, da der Legatar mit dem Erbfall über den vermachten Gegenstand verfügungsbefugt wäre und besitzrechtliche Positionen über diesen auszuüben vermag. Diese Darlegungen werden aber durch die nachfolgenden Punkte wesentlich getrübt. Zum einen würde das Insolvenzrisiko im Rahmen der indirekten Haftung ohne Verfügungsverbot und dasjenige sich aus der Außenhaftung ergebende in denjenigen Fällen auf ein und derselben Stufe stehen, in denen sich der Legatar bereits im Zeitpunkt des Erbfalls im Besitz der vermachten Sache befindet, sich diesen nach dem Tode des Erblassers eigenmächtig anmaßt oder es sich um eine bloße vermachte Forderung oder ein vermachtes Recht handelt. Im Falle der indirekten Haftung des Legatars ohne Verfügungsverbot wäre zum anderen die Unzulänglichkeit des Nachlasses eine Voraussetzung für den Zugriff der Nachlassgläubiger auf den vermachten Gegenstand bzw. dessen Privatvermögen. Das Verstreichen einer gewissen Zeit könnte sich hierbei zum Nachteil der Nachlassgläubiger auswirken. Bei Bejahung einer Haftung im Außenverhältnis könnten sich die Nachlassgläubiger hingegen sofort neben den Erben auch an die Legatare wenden. Die Erben und die Vindikationslegatare haften gleichrangig und gesamtschuldnerisch und sind auf Regressansprüche im Innenverhältnis verwiesen. Im Falle der indirekten Haftung unter Normierung eines Verfügungsverbotes würde die Erschöpfung des Nachlasses zwar ebenfalls eine wichtige Voraussetzung darstellen, jedoch wäre eine Weiterveräußerung des Gegenstandes durch das Verfügungsverbot nahezu ausgeschlossen und es würde ein besonderes Augenmerk auf den Erhalt des konkreten Gegenstandes zur Nachlassgläubigerbefriedigung gelegt werden.

§ 2191 c BGB: „Der Vindikationslegatar haftet für die Nachlassverbindlichkeiten."

§ 2191 d BGB: „Die Vindikationslegatare haften für die gemeinschaftlichen Nachlassverbindlichkeiten als Gesamtschuldner. Die Vorschriften der §§ 2060, 2061 BGB finden entsprechende Anwendung."

§ 2191 e BGB: „Bei der Haftung für Nachlassverbindlichkeiten handelt es sich um eine gegenständlich beschränkte, wobei dem Vindikationslegatar das Recht zusteht, die Begleichung der Nachlassverbindlichkeiten mit dem ihm vermachten Gegenstand durch Zahlung des Wertes abzuwenden. Auf die vor der Annahme des Vermächtnisses von dem Vindikationslegatar besorgten Geschäfte finden die Vorschriften über die Geschäftsführung ohne Auftrag entsprechende Anwendung. Ab der Annahme des Vermächtnisses ist er den Nachlassgläubigern für die bisherige Verwaltung des vermachten Gegenstandes so verantwortlich, wie wenn er die Verwaltung für sie als Beauftragter zu führen gehabt hätte."

§ 2191 f BGB: „Wird das gesamte Vermögen des Erblassers im Wege von Vindikationslegaten verteilt, so nehmen die Vindikationslegatare die haftungsrechtliche Stellung von Erben ein."

II. Vermächtnisgegenstände

Nachdem nunmehr Klarheit über die präferierte rechtliche Stellung des Vindikationslegatars herrscht, ist zu klären, ob uneingeschränkt alle Sachen bzw. Rechte als Gegenstand eines Vindikationslegates in Betracht zu ziehen sind bzw. welche u.U. nur mittels eines schuldrechtlich wirkenden Vermächtnisses zugewandt werden können. Die Ausgangsvorschrift (§ 2191 a BGB) muss u.a. auf Grund des sachenrechtlichen Bestimmtheitsgrundsatzes hinsichtlich der zum Legate ausgesetzten Sachen und Rechte eine Einschränkung erfahren. Es können gerade nicht alle zugedachten Vermögensgegenstände ausnahmslos mit dem Erbfall mit unmittelbar dinglicher Wirkung auf den Vermächtnisnehmer übergehen.

A. Vermächtnis eines nachlassfremden Gegenstandes

Gegenstände, die zum Zeitpunkt des Erbfalles dem Erblasser als Eigentümer bzw. Rechtsinhaber zustanden, können mit dem Erbfall auf den Vermächtnisnehmer übergehen. In Bezug auf dem Erblasser fremde Gegenstände kann hingegen allenfalls von einem bloßen Forderungsrecht des Bedachten gegen den bzw. die Erben ausgegangen werden. In einem derartigen Fall läge u.U. ein Verschaffungsvermächtnis vor, bei dem der Beschwerte den Gegenstand dem Bedachten gemäß §§ 2170 Abs. 1, 2169 Abs. 1 BGB zu verschaffen hat. Für den Beschwerten bieten sich hierbei verschiedene Möglichkeiten an:

> „Der Beschwerte kann den Gegenstand selbst erwerben und ihn an den Vermächtnisnehmer übertragen oder den Dritten […] veranlassen, dass er den Gegenstand […] unmittelbar überträgt, oder auch den Vermächtnisnehmer mit der Beschaffung beauftragen."[657]

---

[657] MüKo-BGB/*Rudy*, § 2170 BGB Rn. 6.

Die wirksame Anordnung eines Vindikationslegates in Bezug auf nachlassfremde Gegenstände scheidet somit aus. Dem Erblasser kann eine Befugnis zur Verfügung über fremde Gegenstände, die er nicht einmal bei Lebzeiten hat, gerade auch nicht auf den Todesfall zustehen[658].

B. Vermächtnis eines der Gattung nach bestimmten Gegenstandes

Eine lediglich der Gattung nach bestimmte Sache bzw. ein nur der Gattung nach bestimmtes Recht kann denklogischerweise ebenso wenig zum Gegenstand eines unmittelbar dinglich wirkenden Vermächtnisses gemacht werden. Der Erbe kann allenfalls zur Verschaffung eines Gegenstandes von mittlerer Art und Güte verpflichtet werden. Gemäß § 2155 Abs. 1 BGB ist eine den Verhältnissen des Bedachten entsprechende Sache zu leisten, falls der Erblasser die vermachte Sache nur der Gattung nach bestimmt hat. Die Anordnung eines Vindikationslegates scheidet aus. Der (zunächst) unbestimmte Leistungsgegenstand kann erst durch die Leistung konkretisiert werden (vgl. § 243 BGB)[659]. Der Wortlaut des § 2155 BGB ist hierbei zu eng formuliert, da ein Gattungsvermächtnis auch bei Rechten und Dienstleistungen denkbar erscheint[660]. *Zakrzewski* äußerte sich beispielsweise in Bezug auf die Gegenstände des Vindikationslegats im kodeks cywilny wie folgt[661]:

> „Gegen eine Ausweitung dieser Liste um hinsichtlich ihrer Gattung bestimmte Dinge, die dem Erblasser gehören wurde vorgebracht, dass dann ihre Konkretisierung durch Besitzübertragung notwendig wäre, was die verfügende Wirkung und in der Konsequenz den Erwerb des Eigentumsrecht durch den Vermächtnisnehmer beeinflussen würde.“

C. Vermächtnis eines Geldbetrages

In Bezug auf ein angeordnetes Geldvermächtnis kann des Weiteren lediglich von einem Forderungsrecht des Bedachten gesprochen werden, unabhängig davon, ob dieses unter § 2155 BGB gefasst wird oder nicht[662]. Dies gilt natürlich nicht für den Fall, dass beispielsweise konkrete Geldstücke in einem Briefkuvert zum Gegenstand der Anordnung im Rahmen eines Vindikationslegates gemacht werden[663].

---

[658] Zweite Sitzung der ersten Abtheilung am Dienstag, den 11. September 1888, in: Verhandlungen des 19. DJT, Bd. 3, S. 77.

[659] MüKo-BGB/*Rudy,* § 2155 BGB Rn. 1.

[660] MüKo-BGB/*Rudy,* § 2155 BGB Rn. 2 m.w.N.

[661] *Zakrzewski,* in: Deutschland und Polen in der europäischen Rechtsgemeinschaft, S. 704 m.w.N.

[662] *Rudy* spricht sich für eine Anwendbarkeit des § 2155 BGB auf Geldvermächtnisse aus (vgl. MüKo-BGB/*Rudy,* § 2155 BGB Rn. 2 m.w.N. der befürwortenden und gegnerischen Literaturmeinungen).

[663] So bereits *Lange/Kuchinke,* S. 622, Fn. 33.

D. Unmittelbar dinglicher Rechtserwerb zu einem späteren Zeitpunkt

Man könnte daran denken, dass das Recht aus dem Vermächtnis in Bezug auf die in § 15, II. A. bis C. dargestellten Gegenstände zwar nicht bereits mit dem Erbfall auf den Vermächtnisnehmer übergeht, hingegen aufschiebend bedingt mit der Individualisierung eines Gegenstandes von mittlerer Art und Güte bzw. eines den Verhältnissen des Bedachten entsprechenden Gegenstandes oder beispielsweise in dem Zeitpunkt, in dem der Beschwerte den nachlassfremden Gegenstand von dem Dritten selbst erworben hat. Die Frage soll anhand eines Gattungsvermächtnisses beantwortet werden: Der Erbe würde mit dem Erbfall auflösend bedingter Eigentümer bzw. Rechtsinhaber des zu einer bestimmten Gattung zugehörigen Gegenstandes werden, der Legatar hingegen aufschiebend bedingter Eigentümer bzw. Rechtsinhaber in Bezug auf diesen Gegenstand. Mit der Aussonderung bzw. Individualisierung dieses die Anforderungen erfüllenden Gattungsgegenstandes würde die Bedingung eintreten und der Vermächtnisnehmer würde das Recht aus dem Vermächtnis (das Eigentum bzw. die Rechtsinhaberschaft) bzgl. dieses konkreten Gegenstandes erlangen. Eine derartige rechtliche Konstruktion vermag jedoch auf Grund einzelner Gesichtspunkte gerade nicht zu überzeugen. Es bestünde wiederum ein Wertungswiderspruch zur auch ohne den Willen des Erblassers eintretenden konstruktiven Vor- und Nacherbschaft (vgl. § 2105 Abs. 1 BGB) und es wäre erneut ein zweifacher Verstoß gegen die u.a. durch den Grundsatz der Universalsukzession zum Ausdruck kommende Grundwertung eines zu gewährleistenden Nachlassgläubigerschutzes zu verzeichnen[664]. Auf welchen konkreten Gegenstand soll sich die auflösend bedingte bzw. aufschiebend bedingte rechtliche Position des Erben bzw. des Legatars beziehen? Müsste die auflösend bedingte und aufschiebend bedingte Rechtsstellung alle Gegenstände einer bestimmten Gattung umfassen? Die Anordnung eines Vindikationslegates scheidet somit im Falle nachlassfremder Gegenstände, des Vermächtnisses eines lediglich der Gattung nach bestimmten Gegenstandes bzw. eines Geldbetrages ausnahmslos aus.

E. Zusammenfassung

Die Anordnung eines Vindikationslegates wäre im Ergebnis in bestimmten Fällen durch die Natur des vermachten Gegenstandes ausgeschlossen. Dies könnte durch einen Zusatz in obiger Ausgangsvorschrift (§ 2191 a BGB) (siehe S. 336) zum Ausdruck gebracht werden:

Alternative 1: „Mit dem Tode einer Person geht das Eigentum bzw. die Rechtsinhaberschaft an dem vermachten Gegenstand in der Regel auf den Bedachten über."

---

[664] Siehe hierzu bereits § 15, I. B. 1. a) cc) und dd).

Alternative 2: „Mit dem Tode einer Person geht das Eigentum bzw. die Rechtsinhaberschaft an zum Vermögen des Erblassers gehörenden und individuell bestimmten Gegenständen auf den Bedachten über."

III. Person des Bedachten

Die Person des Bedachten könnte des Weiteren wie auch die Natur des vermachten Gegenstandes die Anordnung eines Vindikationslegates im konkreten Fall ausschließen. Gemäß § 2151 Abs. 1 BGB kann der Erblasser mehrere mit einem Vermächtnis in der Weise bedenken, dass der Beschwerte oder ein Dritter zu bestimmen hat, wer von den mehreren das Vermächtnis erhalten soll. Weiterhin kann der Fall eintreten, dass der Erblasser mehrere mit einem Vermächtnis in der Weise bedenkt, dass nur der eine oder der andere das Vermächtnis erhalten soll (sog. wahlweise Bedachte). Hierbei ist gemäß § 2152 BGB anzunehmen, dass der Beschwerte bestimmen soll, wer von ihnen das Vermächtnis erhält[665]. Der (zunächst) nicht vollumfänglich bestimmte Vermächtnisnehmer kann letztlich erst durch die Leistung konkretisiert werden, was schlussendlich bedeutet, dass im Falle eines Bestimmungsrechtes des Beschwerten oder eines Dritten bei mehreren Bedachten bzw. wahlweiser Bedachter die Anordnung eines Vindikationslegates als nicht möglich zu qualifizieren ist. Es käme lediglich ein nur schuldrechtlich wirkendes Vermächtnis in Betracht[666].

---

[665] Zur Unterscheidung zwischen § 2151 BGB und § 2152 BGB wird Folgendes angeführt: Im Rahmen des § 2152 BGB kann der Beschwerte die Wahl zwischen konkret bezeichneten Personen treffen und es stehen gerade nicht lediglich der Gattung nach bestimmte Personen in Rede (vgl. MüKo-BGB/*Rudy,* § 2152 BGB).

[666] Die Tatsache, dass der Vermächtnisnehmer erst durch die Leistung selbst konkretisiert wird, ist jedoch nicht der einzige Grund, weshalb im Falle von wahlweisen Bedachten oder eines Bestimmungsrechtes des Beschwerten oder eines Dritten die Anordnung eines unmittelbar dinglich wirkenden Vermächtnisses ausscheiden muss. Man müsste davon ausgehen, dass ein Bestimmungsrecht des Beschwerten oder eines Dritten im Falle eines Vindikationslegates bereits generell nicht in Betracht gezogen werden kann. Gemäß § 2065 Abs. 2 BGB kann der Erblasser die Bestimmung einer Person, die eine Zuwendung erhalten soll, nicht einem anderen überlassen. Die §§ 2151, 2152 BGB lassen hingegen die Bestimmung des Vermächtnisnehmers durch den Beschwerten oder einen Dritten zu. „Im Hinblick auf die geringere Bedeutung, die dem Vermächtnis nach seiner dogmatischen Stellung zukommt, und weil auch kein entgegenstehendes Interesse der Nachlassgläubiger zu berücksichtigen ist (der Vermächtnisnehmer ist selber nur Nachlassgläubiger), begnügt sich § 2151 mit einer allgemeinen Bestimmung des Personenkreises der Vermächtnisnehmer durch den Erblasser, wohingegen die endgültige Auswahl ein anderer trifft." (vgl. MüKo-BGB/*Rudy,* § 2151 BGB Rn. 1 m.w.N.). Diese Argumentation kann jedoch für das Vindikationslegat nicht vollumfänglich Platz greifen. Der Vermächtnisnehmer würde hierbei – vgl. zur Erbenstellung – mit dem Erbfall ipso iure das Recht aus dem Vermächtnis erlangen und nicht lediglich ein schuldrechtliches Forderungsrecht gegen den bzw. die Erben. § 2065 Abs. 2 BGB muss somit auch für die rechtliche Konstruktion eines Vindikationslegates zur Anwendung gelangen. Die Bestimmung des Vermächtnisnehmers durch

IV. Das Nebeneinander von Vindikationslegat und Damnationslegat

Neben einem Vindikationslegat muss somit das bereits bestehende Damnationslegat auf jeden Fall aufrechterhalten bleiben. Das Verhältnis dieser beiden Legate zueinander – insbesondere die Frage nach ihrem Regel-Ausnahme-Verhältnis – sollte in Anlehnung an den dritten Antrag im Rahmen der Verhandlungen der zweiten Kommission im Zweifelsfalle zugunsten eines Vindikationslegates ausgestaltet werden[667]. Es empfiehlt sich folgenden Satz 2 des § 2087 Abs. 2 BGB einzuführen:

„Steht die vermachte oder durch Vermächtniß zu belastende Sache zur Zeit des Erbfalles im Eigenthume des Erblassers oder steht das vermachte oder durch Vermächtniß zu belastende oder aufzuhebende Recht zur Zeit des Erbfalles dem Erblasser zu und hat der Erblasser die Bestimmung des Gegenstandes des Vermächtnisses und des Bedachten in solcher Weise getroffen, daß sie nicht von einer Wahl (oder einer sonstigen Erklärung) eines Anderen oder von einem erst nach dem Erbfalle eintretenden Ereignisse abhängt, so ist im Zweifel anzunehmen, daß der unmittelbare Eintritt des Erwerbes oder der Befreiung gewollt ist.“[668]

Die nachfolgenden Fragen müssten durch neue Regelungen im BGB beantwortet werden: Welche rechtliche Position erlangt der Vindikationslegatar mit dem Anfall des Vermächtnisses? Wie gestaltet sich dessen Haftung gegenüber den Nachlassgläubigern? Wie müssten diesbezügliche Regressansprüche zwischen den Erben, Vindikationslegataren und ggf. schuldrechtlich berechtigten Vermächtnisnehmern aussehen? Was geschieht im Falle der Anordnung eines aufschiebend bedingten oder befristeten Vindikationslegates? Wie würden die Fälle gelöst werden, in denen der Erblasser unmittelbar dinglich wirkende Vermächtnisse in Bezug auf ihm nicht zustehende Gegenstände, lediglich der Gattung nach bestimmte Gegenstände oder Geldbeträge

---

den Beschwerten bzw. einen Dritten wäre folglich im Ergebnis von vornherein nicht denkbar. Diese Ausführungen gelten in gleicher Weise für die Fälle, in denen der Erblasser mehrere mit einem Vermächtnis in der Weise bedenkt, dass der Beschwerte oder ein Dritter zu bestimmen hat, was jeder von dem vermachten Gegenstand erhalten soll (vgl. § 2153 Abs. 1 BGB) und in denen der Erblasser ein Wahl- oder Zweckvermächtnis anordnet (§§ 2154, 2156 BGB). Es läge im Falle der generellen Zulassung eines Vindikationslegates ein Verstoß gegen den in § 2065 Abs. 2 BGB normierten Grundsatz der Höchstpersönlichkeit vor, der auf das Vindikationslegat analog anzuwenden wäre. Für Gattungs- und Geldvermächtnisse kann hingegen lediglich die Argumentation angeführt werden, dass der Leistungsgegenstand im Zeitpunkt des Todes des Erblassers noch nicht hinreichend konkretisiert ist; es handelt sich bei Gattungs- und Geldvermächtnissen im Rahmen eines Vindikationslegates hingegen gerade nicht um einen Verstoß gegen § 2065 Abs. 2 BGB. „[D]enn es gehört zum Wesen der Gattungsschuld, dass sie einen relativ unbestimmten Leistungsgegenstand hat, der erst durch die Leistung konkretisiert wird (§ 243).“ (vgl. MüKo-BGB/*Rudy*, § 2155 BGB Rn. 1).

[667] So auch *Bartholomeyczik* (Erbeinsetzung, andere Zuwendungen und Erbschein, S. 134), der sich im Ergebnis jedoch gegen ein Vindikationslegat aussprach.

[668] *Mugdan*, Bd. 5, S. 619, 620 (Protokolle).

anordnet? Kann der Erblasser wahlweise Bedachte mit einem Vindikationslegat bedenken? Im Übrigen kann auf bereits existente Normen in Bezug auf lediglich schuldrechtlich wirkende Vermächtnisse, aber auch die Erbenstellung (beispielsweise § 2065 Abs. 2 BGB) verwiesen werden. Es handelt sich bei dem Vindikationslegat um eine rechtliche Konstruktion, die es zwischen der Stellung als Erbe und der Einsetzung eines schuldrechtlich berechtigten Vermächtnisnehmers einzuordnen gilt.

V. Erbscheinrechtliche und grundbuchrechtliche Aspekte

Die Einführung eines Vindikationslegates wäre auch unter Berücksichtigung der Regelungen über den Erbschein (§§ 2353 ff. BGB) und bestehender grundbuchrechtlicher Normen einer genaueren Betrachtung zu unterziehen. Die erbschein- und grundbuchrechtlichen Aspekte zeigen im Ergebnis vor allem, dass eine Innenhaftung des Legatars weitreichende Streitpunkte eröffnen würde, die durch die Entscheidung für eine direkte Haftung[669] nunmehr jedoch vermieden werden können.

A. Erbscheinrechtliche Aspekte

Nach den Ausführungen *Schmidts* sind in Bezug auf die erbscheinrechtliche Problematik zwei Aspekte zu unterscheiden:

> „Kann der Legatar zum Nachweis seiner Eigentümerstellung einen eigenen Erbschein beantragen? […] Ist in den Erbschein des Erben eine Beschränkung bezüglich des dinglich vermachten Gegenstands einzutragen?“[670]

1. „Erbschein“ des Vindikationslegatars[671]

In Bezug auf die Frage, ob dem Vindikationslegatar ein eigener Nachweis seiner Eigentümerstellung bzw. Stellung als Rechtsinhaber zu erteilen ist, argumentiert *Schmidt*, dass die Situation des Einzelrechtsnachfolgers als Eigentümer bzw. Rechtsinhaber des vermachten Gegenstandes keine andere sei als die des Gesamtrechtsnachfolgers, und dem Legatar somit in entsprechender Anwendung der §§ 2353 ff. BGB und der in § 18 Abs. 2 HöfeO enthaltenen Regelung über die Ausstellung eines Hoffolgezeugnisses die Mög-

---

[669] Vgl. hierzu § 15, I. B. 3.

[670] *Schmidt,* RabelsZ 77 (2013), 26, 27. Die Ausführungen *Schmidts* können teilweise auch im Rahmen dieser Arbeit Berücksichtigung finden, obwohl diese sich mit der kollisionsrechtlichen Behandlung dinglich wirkender Vermächtnisse beschäftigen.

[671] Für einen im Außenverhältnis haftenden Vindikationslegatar kann das Bedürfnis nach Ausstellung eines „Erbscheins“ ohne Weiteres bejaht werden. Die nachfolgenden Ausführungen und Probleme unter Punkt 1. beziehen sich lediglich auf einen indirekt haftenden Legatar.

lichkeit der Erlangung eines „Erbscheines" zugesprochen werden muss[672]. Diese Ausführungen vermögen auf den ersten Blick auch im Rahmen dieser Ausarbeitung Platz zu greifen. Im Erbschein zugunsten des Erben sind grundsätzlich die Person des Erblassers, des Erben, die Erbquote und etwaige Verfügungsbeschränkungen des Erben aufgenommen[673]. Gemäß § 35 Abs. 1 S. 1 GBO kann der Nachweis der Erbfolge nur durch einen Erbschein oder ein Europäisches Nachlasszeugnis geführt werden. Dies wiederum spielt eine Rolle zum Nachweis der Unrichtigkeit des Grundbuchs und dessen Berichtigung i.S.d. § 22 Abs. 1 GBO.

> „Daneben entspricht ein solches Vorgehen dem Zweck des § 2353 BGB. Denn auch der Vindikationslegatar hat das Bedürfnis, seine Legitimation nachzuweisen. Besonders augenscheinlich wird dies, wenn er eine Eintragung ins Grundbuch nach dem Erblasser begehrt. Denn § 35 Abs. 1 S. 1 GBO erfordert dafür den Nachweis der Erbfolge durch einen Erbschein."[674]

Die Stellung des Vindikationslegatars und des Gesamtrechtsnachfolgers unterscheiden sich jedoch grundlegend: Der Vindikationsvermächtnisnehmer hat lediglich einen Anspruch gegen den Erben auf formelle Übertragung des vermachten Gegenstandes. Im Falle der Erfüllung dieses Anspruchs würde das Verfügungsverbot zu Lasten des Legatars entfallen. Der Vermächtnisnehmer darf sich somit keinesfalls selbstständig im Grundbuch buchen lassen. Zwar würde ohne entsprechende Willensäußerung seitens des Erben das Verfügungsverbot nicht bereits durch die Eintragung des Legatars im Grundbuch entfallen[675], jedoch käme bereits ein gutgläubiger Erwerb seitens einer dritten Person in Betracht (vgl. § 892 Abs. 1 S. 2 BGB). Man müsste somit zu folgendem Ergebnis gelangen: Dem Vindikationslegatar dürfte im Grunde überhaupt kein Nachweis seiner Eigentümerstellung bzw. seiner Stellung als Rechtsinhaber erteilt werden. Der hinter den Normen der §§ 2353 ff. BGB stehende Zweck ist gerade nicht auf das Vindikationslegat übertragbar (beispielsweise Grundbuchberichtigung durch Nachweis).

An dieser Stelle soll klarstellend darauf hingewiesen werden, dass durch das (vorläufige) Ergebnis der Ablehnung eines „Erbscheins" zugunsten des Vindikationslegatars weder die Ansicht *Schmidts* in Frage gestellt werden soll noch seine Meinung überhaupt durch das Ergebnis in Frage gestellt werden könnte. Nach der Lektüre seiner Ausführungen muss wohl unzweifelhaft zu

---

[672] *Schmidt,* RabelsZ 77 (2013), 27 (vgl. auch Fn. 147).

[673] Beck'scher Online-Kommentar BGB/*Siegmann/Höger,* § 2353 BGB Rn. 11.

[674] *Gärtner,* S. 155 m.w.N. Dieser widmete sich aber im Grunde wiederum lediglich der kollisionsrechtlichen Behandlung ausländischer Vindikationslegate.

[675] Aus diesem Grunde kann auch den Ausführungen *v. Schmitts* (in: Die Vorentwürfe der Redaktoren zum BGB, Erbrecht, Teil 2, S. 729) nicht vollumfänglich beigepflichtet werden: „Könnte sich der Legatar einseitig auf bloße Bescheinigung buchen lassen und dann frei veräußern, so hätte das Verbot eigenmächtigen Zugriffs desselben wenig Werth."

dem Ergebnis gekommen werden, dass sich *Schmidt* lediglich auf den im Außenverhältnis haftenden Vindikationslegatar bezog, d.h. auf einen Vermächtnisnehmer, der das vollumfängliche Eigentum bzw. die Rechtsinhaberschaft an dem vermachten Gegenstand bereits mit dem Anfall des Vermächtnisses erlangt. Dessen Rechtsposition unterscheidet sich tatsächlich kaum von derjenigen eines Gesamtrechtsnachfolgers. Die Darlegungen in § 15, V. A. 1. beziehen sich aber lediglich auf einen indirekt haftenden Vermächtnisnehmer (siehe auch Kapitel 4, Fn. 671), dem aber gerade mit dem Erbfall noch keine vollumfängliche rechtliche Position an dem vermachten Gegenstand zugutekommt.

2. *Erbschein des Erben*

Die für den Vindikationslegatar insbesondere auf Grund eines gutgläubigen Erwerbs seitens einer dritten Person bedeutsamere Frage wäre diejenige, ob im Erbschein des Erben das Vindikationsvermächtnis aufzunehmen ist.

> „Zu seiner Legitimation und zum Schutz des Rechtsverkehrs soll das Erbrecht des Erben oder Miterben bezeugt werden, aber auch gerade in seiner Funktion als *Verfügungsbefugnis für den Rechtsträger* des Nachlasses. Daraus ergibt sich, dass außer der Erbfolge auch solche *Beschränkungen* aufgenommen werden müssen, welche die *Verfügungszuständigkeit* des Erben in Bezug auf den Nachlass betreffen. Dagegen sind *schuldrechtliche Positionen* gegenüber dem Erben, mögen sie selbst erbrechtlicher Natur sein, nicht Gegenstand des Erbscheins. Sie ändern nichts an der Zuordnung des Nachlasses.“[676]

Zur umfangreichen Verwirklichung eines Schutzes zugunsten des Legatars müsste grundsätzlich eine Verfügungsbeschränkung in den Erbschein des Erben aufgenommen werden[677]. Man könnte hierfür an die Schaffung eines § 2366 a BGB denken:

> „Die Anordnung eines Vindikationslegates ist im Erbschein des Erben anzugeben.“

Schmidt argumentierte folgendermaßen:

> „Denn da die Einzelrechtsnachfolge mittels Vermächtnis hierzulande nicht vorgesehen ist, können Dritte praktisch immer davon ausgehen, dass ein Gegenstand, der im Vermögen des Erblassers stand, auf den Erben übergegangen ist. Um zu verhindern, dass sie im Falle eines ausländischen Vindikationslegats in die Irre geführt werden, muss § 2366 BGB deshalb auch für diesen Fall gelten. Dies lässt sich zwanglos damit begründen, dass kraft der Vermutungswirkung des Erbscheins der Erbe eben als ‚wahrer Erbe‘ [einfach] auch bezüglich des Vermächtnisses angesehen wird. Gilt nun aber der § 2366 BGB auch zugunsten des Dritten, der eine dinglich vermachte Sache vom Erben erwirbt, so muss zum Schutz des Legatars eine entsprechende Verfügungsbeschränkung in den Erbschein eingetragen werden.“[678]

---

[676] MüKo-BGB/*Mayer,* § 2353 BGB Rn. 22.
[677] *Schmidt,* RabelsZ 77 (2013), 28 m.w.N.
[678] *Schmidt,* RabelsZ 77 (2013), 28.

Die Einführung eines § 2366 a BGB muss jedoch ausscheiden und eine Anwendbarkeit des § 2366 BGB auf vermachte Gegenstände im Rahmen eines Vindikationslegates abgelehnt werden. Die Argumentation *Schmidts* ist im vorliegenden Fall keinesfalls übertragbar. Im Rahmen dieses Gliederungspunktes geht es gerade um das Verhältnis zwischen einem in das BGB zu integrierenden Vindikationslegat und dem Inhalt des Erbscheins des Erben. Es wird somit ein Rechtszustand geschaffen, bei dem Dritte weiterhin nicht mehr davon ausgehen dürfen, dass der Erbe das gesamte Vermögen des Erblassers erlangt[679]. *Schmidt* behandelt aber gerade den Fall einer Kollision eines ausländischen Vindikationslegates und eines Erbscheins i.S.d. §§ 2353 ff. BGB. Auf Grund der Tatsache, dass der deutsche Rechtsanwender keine unmittelbar dinglich wirkenden Vermächtnisse kennt, wäre eine Anwendbarkeit des § 2366 BGB in Bezug auf vermachte Gegenstände zugunsten dritter Personen gerechtfertigt und somit auch die Aufnahme einer Verfügungsbeschränkung zugunsten des Vindikationslegatars in den Erbschein des Erben.

B. Grundbuchrechtliche Aspekte[680]

Die Tatsache, dass durch das Vindikationslegat das Grundbuch mit dem Erbfall unrichtig wird (vgl. § 894 BGB), kann nicht als Argument gegen die Anerkennung eines unmittelbar dinglich wirkenden Vermächtnisses angeführt werden. Die gewillkürte bzw. gesetzliche Erbfolge führt ebenso zu einer Abweichung der materiellen Rechtslage von der im Grundbuch zum Ausdruck kommenden rechtlichen Lage. Der indirekt haftende Vindikationslegatar selbst kann sich auf Grund der fehlenden Möglichkeit der Ausstellung eines Nachweises seiner Stellung als Legatar nicht selbstständig im Grundbuch buchen lassen. Eine analoge Anwendung des § 40 GBO und somit des Verzichts auf eine Voreintragung des Vindikationslegatars vermag auf Grund des Verfügungsverbotes zu Lasten des Vermächtnisnehmers gerade nicht weiterzuhelfen. Der Legatar wird mit dem Erbfall gerade nicht verfügungsbefugter Eigentümer bzw. Rechtsinhaber des vermachten Gegenstandes. Bei Verfügungen des Legatars an Dritte käme ausschließlich ein gutgläubiger Erwerb in Betracht. Diesem steht auch nicht das absolut wirkende Verfü-

---

[679] Stattdessen sollte an die Schaffung einer dem § 2366 BGB entsprechenden Vorschrift gedacht werden, falls eine dritte Person von jemandem, der in einem „Erbschein" als Vindikationslegatar bezeichnet ist, durch Rechtsgeschäft einen vermachten Gegenstand erwirbt.

[680] Der im Außenverhältnis haftende Legatar erhält einen „Erbschein" ausgestellt (siehe bereits Kapitel 4, Fn. 671) und kann sich selbstständig im Grundbuch eintragen lassen. Probleme ergeben sich diesbezüglich nicht. Der Vindikationslegatar ist ohne Weiteres mit dem Erbfall verfügungsbefugt. Die nachfolgenden Ausführungen unter Punkt B. beziehen sich somit wiederum lediglich auf den im Innenverhältnis haftenden Vindikationslegatar.

gungsverbot entgegen[681]. Absolute Verfügungsverbote können gerade dann im Grundbuch eingetragen werden, wenn ein gutgläubiger Erwerb durch diese gerade nicht ausgeschlossen wird[682]. Aus diesem Grunde ist die Vorschrift des § 892 Abs. 1 S. 2 BGB zu beachten. Ein gutgläubiger Erwerb scheitert jedoch an der mangelnden Voreintragung des Legatars.

An dieser rechtlichen Konstruktion ist aber Folgendes problematisch: Das Grundbuch kann weder auf den Erben noch auf den Vindikationslegatar als nichtverfügungsbefugten Eigentümer bzw. Rechtsinhaber gebucht werden. Es kann aber nicht sein, dass das Grundbuch bis zur endgültigen Klärung der Frage, ob der vermachte Gegenstand zur Befriedigung der Nachlassgläubiger herangezogen werden muss, unrichtig bleiben muss. Der Rechtsverkehr kann die Richtigkeit des Grundbuchs annehmen, da Divergenzen zwischen der materiellen Rechtslage und der im Grundbuch ausgewiesenen Rechtslage auf Grund der strengen Ordnungsvorschriften des Grundbuchverfahrens eine Ausnahme darstellen[683]. Eine u.U. langfristige Unrichtigkeit des Grundbuchs vermag mit den Interessen des Rechtsverkehrs nicht in Einklang gebracht zu werden. Es bietet sich somit (insbesondere unter Beachtung des § 892 Abs. 1 S. 2 BGB) folgende Vorgehensweise an: Der Vindikationslegatar darf sich – trotz obig aufgeführter und nicht zu missachtender gegenteiliger Argumente[684] – einen Nachweis über seine Sonderrechtsnachfolge in entsprechender Anwendung der §§ 2353 ff. BGB ausstellen lassen. Der Nachweis muss jedoch einen Hinweis auf seine Verfügungsbeschränkung enthalten. Durch diesen Nachweis kann er sich im Grundbuch eintragen lassen (was jedoch ohne Willensäußerung des Erben zu keinem Entfallen des Verfügungsverbotes führen kann). Die Eintragung muss aber das absolute Verfügungsverbot zu Lasten des Legatars enthalten (vgl. § 892 Abs. 1 S. 2 BGB).

Diese Ausführungen vermögen an § 52 GBO zu erinnern, der bestimmt, dass bei der Eintragung des Erben die Ernennung eines Testamentsvollstreckers von Amts wegen miteinzutragen ist, es sei denn, dass der Nachlassgegenstand der Verwaltung des Testamentsvollstreckers nicht unterliegt. Die von Amts wegen erfolgende Eintragung der Anordnung der Testamentsvollstreckung im Grundbuch vermag einen gemäß § 2211 Abs. 2 BGB denkbaren gutgläubigen Erwerb in Bezug auf die der Testamentsvollstreckung unterliegenden Nachlassgegenstände auszuschließen[685]. Hierbei gilt es zu beachten, dass ein Testamentsvollstreckervermerk in das Grundbuch nur bei gleichzei-

[681] Vgl. § 15, I. B. 1. d) bb) (2) (b).
[682] MüKo-BGB/*Kohler,* § 892 BGB Rn. 59 m.w.N.
[683] MüKo-BGB/*Kohler,* § 891 BGB Rn. 1.
[684] Siehe hierzu § 15, V. A. 1.
[685] Beck'scher Online-Kommentar GBO/*Zeiser,* § 52 GBO Rn. 2 m.w.N.

tig erfolgende Eintragung des Erben in Betracht kommt[686]. Hierzu gilt noch Folgendes zu berücksichtigen:

> „Der Dritte erwirbt den Gegenstand, wenn im Grundbuch kein Testamentsvollstreckervermerk (§ 52 GBO) eingetragen ist und er das Verwaltungsrecht des Testamentsvollstreckers nicht kennt. Allerdings wird der Dritte nur geschützt, wenn der Erbe als Berechtigter im Grundbuch eingetragen ist, also nicht bei Unterbleiben der Voreintragung nach § 40 GBO.“[687]

Im Falle der Übertragung dieser Grundsätze auf die Einführung eines Vindikationslegates würde sich Folgendes ergeben: Verfügt der Vindikationslegatar über ein vermachtes Grundstück, würde der Unkenntnis des Dritten vom Verwaltungsrecht des Erben gerade dann kein Schutz zuteilwerden, falls die Voreintragung des Legatars unterblieben ist (vgl. § 40 GBO). Erfolgt hingegen die Voreintragung des Legatars im Grundbuch, würde sich ein von Amts wegen aufzunehmender Vermerk über dessen Verfügungsbeschränkung anbieten (vgl. § 52 GBO). Hierdurch kann ein gutgläubiger Erwerb seitens einer dritten Person ausgeschlossen werden (vgl. § 892 Abs. 1 S. 2 BGB).

VI. Zusammenfassung

Die Ausführungen in § 15 widmeten sich der Entwicklung eines Gesetzgebungsvorschlags zur Einführung eines unmittelbar dinglich wirkenden Vermächtnisses in das nationale Erbrecht. Im Rahmen des Gliederungspunktes der „Haftung des Vermächtnisnehmers für Nachlassverbindlichkeiten“[688] konnte zunächst die Feststellung getroffen werden, dass der im Wege eines Vindikationslegates zugedachte Vermögenswert zur Gewährleistung eines gewissen Schutzniveaus zugunsten der Nachlassgläubiger der diesen zur Befriedigung ihrer Forderungen zur Verfügung stehenden Haftungsmasse gerade nicht entzogen werden darf und aus diesem Grunde zwar nach dem derzeitigen Begriffsverständnis nicht zum Nachlass gehört, aber zumindest als zum Nachlass gehörig behandelt werden muss. Eine bloße entsprechende Anwendung der §§ 2325 Abs. 1, 2329 BGB, 4 Abs. 1 AnfG, 134 Abs. 1 InsO zum Schutze der Pflichtteilsberechtigten bzw. übrigen Gläubiger des Nach-

---

[686] BayObLGZ 1995, 363 (366); Beck'scher Online-Kommentar GBO/*Zeiser,* § 52 GBO Rn. 34. „Diese Wirkung [Verhinderung eines gutgläubigen Erwerbs durch Verfügung der Erben] kann der Testamentsvollstrecker grundsätzlich dadurch herbeiführen, daß er die Grundbuchberichtigung durch Eintragung der Erben beantragt. Dann wird von Amts wegen die Testamentsvollstreckung im Grundbuch vermerkt (§ 52 GBO).“ (vgl. BayObLGZ 1995, 363 (366)).

[687] MüKo-BGB/*Zimmermann,* § 2211 BGB Rn. 16 m.w.N. *Zeiser* weist darauf hin, dass die Eintragung des Testamentsvollstreckervermerks ohne gleichzeitige Eintragung des Erben dann zulässig ist, wenn die Eintragung des Erben gemäß § 40 GBO entbehrlich ist (vgl. Beck'scher Online-Kommentar GBO/*Zeiser,* § 52 GBO Rn. 34).

[688] Siehe hierzu § 15, I.

lasses erscheint gerade nicht als ausreichend[689]. Im Anschluss hieran stellte sich die Frage, ob eine Haftung des Vindikationsvermächtnisnehmers im Innen- oder Außenverhältnis konstruiert werden sollte[690]. Die Innenhaftung würde bedeuten, dass sich die Nachlassgläubiger zur Begleichung ihrer Forderungen nicht direkt an den Vermächtnisnehmer zu wenden vermögen, sondern lediglich an den bzw. die Erben, dem bzw. denen wiederum eine Zugriffsmöglichkeit auf den vermachten Gegenstand von Gesetzes wegen eingeräumt werden muss. Aus diesem Grunde kann der Vindikationslegatar – insbesondere um vorzeitigen Weiterveräußerungen des vermachten Gegenstandes vorzubeugen – im Falle dessen bloßer indirekter Haftung mit dem Anfall des Vermächtnisses keinesfalls das vollumfängliche Eigentum bzw. die vollumfängliche Rechtsinhaberschaft an dem zugewandten Vermögenswert erlangen. Im Rahmen stattdessen eventuell denkbarer rechtlicher Konstruktionen konnte die erste Variante, in der der Vindikationslegatar mit dem Anfall des Vermächtnisses das lediglich aufschiebend bedingte Eigentum bzw. die aufschiebend bedingte Rechtsinhaberschaft an dem vermachten Gegenstand erhalten sollte, ebenso wenig überzeugen wie die zweite, in der dem Bedachten eine auflösend bedingte rechtliche Position an dem Vermögenswert zugesprochen würde[691]. Beide Konstellationen leiden an einem inneren Wertungswiderspruch zur rechtlichen Konstruktion der Vor- und Nacherbschaft bzw. der Vor- und Nachvermächtnisnehmerschaft und können somit gerade nicht widerspruchsfrei in das Recht des BGB inkorporiert werden. Die Innenhaftung des Vermächtnisnehmers konnte letztlich lediglich in Verbindung mit der dritten Variante, in der der Bedachte das Eigentum bzw. die Rechtsinhaberschaft mit dem Anfall des Vermächtnisses erlangt, in Betracht gezogen werden[692]. Der Vermächtnisnehmer muss hierbei mit einem auflösend bedingten Verfügungsverbot belastet werden und dem bzw. den Erben stünden in Bezug auf den vermachten Gegenstand eine gesetzliche Verfügungsermächtigung und (an vermachten Sachen) ein Recht zum Besitz zu, um eine Weiterveräußerung durch den Legatar zu vermeiden und eine Nachlassgläubigerbefriedigung gewährleisten zu können. Der Vermächtnisnehmer würde in dieser Konstruktion somit mit dem Anfall des Vermächtnisses ipso iure die (in ihren Befugnissen) stark eingeschränkte rechtliche Position an dem zugedachten Vermögenswert erlangen. Der Anfall des Vermächtnisses erfolgt mit dem Tod des Erblassers. Das Vermächtnis kann auf Grund eines inneren Wertungswiderspruchs zur rechtlichen Konstruktion der Vor- und Nacherbschaft (vgl. § 2105 Abs. 1 BGB) gerade nicht – jedenfalls für den Fall, dass die Bedingung oder der Termin erst nach dem Erbfall eintritt – unter einer auf-

---

[689] Siehe hierzu § 15, I. A.
[690] Siehe hierzu § 15, I. B.
[691] Siehe hierzu § 15, I. B. 1. a) bis c).
[692] Siehe hierzu § 15, I. B. 1. d).

schiebenden Bedingung oder unter Bestimmung eines Anfangstermins angeordnet werden. Anstelle der Innenhaftung des Vindikationslegatars könnte aber auch dessen Haftung im Außenverhältnis in Erwägung gezogen werden[693]. Dies würde bedeuten, dass sich die Nachlassgläubiger in Bezug auf die Begleichung ihrer Forderungen direkt an diesen zu wenden vermögen und der Vermächtnisnehmer aus diesem Grunde ohne Weiteres bereits mit dem Anfall des Vermächtnisses das vollumfängliche Eigentum bzw. die vollumfängliche Rechtsinhaberschaft an dem vermachten Gegenstand erhalten könnte. Der Vermächtnisnehmer würde einer gesamtschuldnerischen und gegenständlich beschränkten Haftung unterliegen, wobei dieser unter bestimmten Voraussetzungen zum Schutz des Interesses der Nachlassgläubiger an einer ungeschmälerten Haftungsmasse auch mit dessen vor dem Tod des Erblassers vorhandenen Privatvermögen einzustehen hat. Trotz der Tatsache, dass diese direkte Haftung des Vindikationslegatars eher an eine gesetzlich unzulässige Erbeinsetzung ex re certa erinnert als an eine neue Form eines Vermächtnisses und insbesondere bei größeren Vermögenszuwendungen eine Abgrenzung zwischen einer Erbeinsetzung und einer Einsetzung als Vindikationslegatar als problematisch erscheinen könnte, muss diese Außenhaftung im Gegensatz zur Innenhaftung des Legatars als deutlich vorzugswürdig eingestuft werden[694]. Auf Grund der direkten Zugriffsmöglichkeit der Nachlassgläubiger auf den Vindikationslegatar und geordneter rechtlicher Positionen an dem vermachten Gegenstand können die Interessen der Nachlassgläubiger durch eine direkte Haftung des Vermächtnisnehmers umfangreicher verwirklicht werden. Die Gewährleistung der Belange der Nachlassgläubiger ist eine der Grundwertungen des nationalen Erbrechts und verdient einen besonders hohen Schutz. Zudem würde eine Innenhaftung des Vermächtnisnehmers erbschein- und grundbuchrechtliche Folgeprobleme mit sich bringen, die durch die gesetzliche Normierung einer direkten Haftung vollumfänglich vermieden werden können[695].

Weiterhin konnte festgestellt werden, dass die Anordnung eines unmittelbar dinglich wirkenden Vermächtnisses für erblasserfremde Gegenstände, der Gattung nach bestimmte Gegenstände und Geldbeträge auszuscheiden hat. Es müsste hierbei an eine Umdeutung in ein lediglich schuldrechtliche Wirkung entfaltendes Vermächtnis gedacht werden[696]. Letztlich ist auch die Bestimmung des Vermächtnisnehmers durch den Beschwerten bzw. einen Dritten (vgl. §§ 2151, 2152 BGB) im Rahmen eines Vindikationslegates auf Grund eines Verstoßes gegen den analog anzuwendenden Grundsatz der Höchstpersönlichkeit (vgl. § 2065 Abs. 2 BGB) von vornherein nicht denkbar. Diese

[693] Siehe hierzu § 15, I. B. 2.
[694] Siehe hierzu § 15, I. B. 3.
[695] Siehe hierzu § 15, V.
[696] Siehe hierzu § 15, II.

Ausführungen gelten in gleicher Weise für die Fälle, in denen der Erblasser mehrere mit einem Vermächtnis in der Weise bedenkt, dass der Beschwerte oder ein Dritter zu bestimmen hat, was jeder von dem vermachten Gegenstand erhalten soll (vgl. § 2153 Abs. 1 BGB) und in denen der Erblasser ein Wahl- oder Zweckvermächtnis anordnet (§§ 2154, 2156 BGB)[697].

§ 16 Das Vindikationslegat und die Grundwertungen des Erbrechts

Im Rahmen des § 15 wurde ein Gesetzesvorschlag zur Einführung eines unmittelbar dinglich wirkenden Vermächtnisses in das nationale Erbrecht entwickelt. Im Nachfolgenden geht es nunmehr um die Frage, ob diese einzelnen obig herausgearbeiteten Normen in Bezug auf das Rechtsinstitut des Vindikationslegates tatsächlich in das fünfte Buch des BGB aufgenommen werden können. Das deutsche Erbrecht dient der Verwirklichung der verschiedensten Belange: den Interessen des Erblassers, des bzw. der Erben, der Vermächtnisnehmer, der Auflagenbegünstigten, der Pflichtteilsberechtigten, der übrigen Nachlassgläubiger, der Gläubiger des bzw. der Erben, der Gläubiger der übrigen im Wege von letztwilligen Verfügungen und Erbverträgen Bedachten, des Rechtsverkehrs usw. Die Frage, ob die Wirkung aller Legate nur eine obligatorische sein soll, wurde von *Friedensburg* im Rahmen des 19. DJT im Jahre 1888 erörtert. Dieser kam zu dem Ergebnis, dass die Existenz eines Vindikationslegates – ohne an dieser Stelle näher auf seine konkrete rechtliche Konstruktion eingehen zu können – nicht nur zur Durchsetzung des Willens des Erblassers dient, sondern zudem die Rechte aller bei dem Erbfall beteiligten Personen zu gewährleisten vermag, weshalb er abschließend feststellte, dass es nicht seiner Empfehlung entspräche, allen Legaten nur eine rein obligatorische Wirkung zuzuschreiben[698].

Die entscheidende Fragestellung ist nun diejenige, ob sich das Vindikationslegat als mit den Grundwertungen des nationalen Erbrechts kompatibel erweist. Das Erbrecht des BGB bekennt sich zum Nachlassgläubigerschutz und zum Schutz der Interessen des Rechtsverkehrs in Bezug auf Rechtssicherheit und Rechtsklarheit, wobei es sich wohl um dessen bedeutendste privatrechtliche Grundwertungen handelt. Der Schutz der Interessen der Nachlassgläubiger und des Rechtsverkehrs findet in zahlreichen Vorschriften des Erbrechts seinen Ausdruck. Die wichtigste Norm, in der der Nachlassgläubigerschutz und der Schutz des Rechtsverkehrs eine gesetzliche Verankerung und eine ihrer Ausprägungen gefunden haben, ist unzweifelhaft § 1922 Abs. 1 BGB mit dem hierin festgeschriebenen Grundsatz der Universalsuk-

[697] Siehe hierzu § 15, III.
[698] *Friedensburg,* in: Verhandlungen des 19. DJT, Bd. 2, S. 61, 68.

zession. Das Vermögen einer Person (Erbschaft) geht als Ganzes auf eine oder mehrere andere Personen (Erben) über. Der Nachlass wird zugunsten der Nachlassgläubiger als Haftungseinheit erhalten[699].

„Das Prinzip der Universalsukzession dient ferner *Nachlassschuldnern* und *Nachlassgläubigern,* indem es im Erbfall für klare, übersichtliche Verhältnisse sorgt. Insbesondere die Nachlassgläubiger profitieren davon, dass sie sich an wenige Universal-Repräsentanten des Erblassers halten können. Der Nachlass wird als Haftungseinheit erhalten [...]. Dem allgemeinen *Rechtsverkehr* nutzt es, dass die neuen Rechtsträger wegen ihrer in der Regel geringen Zahl schnell und sicher festgestellt werden können."[700]

Die nachfolgenden Ausführungen dienen somit der Beantwortung der Frage nach der Vereinbarkeit des Vindikationslegates mit den Grundwertungen des Erbrechts (insbesondere Nachlassgläubigerschutz und Schutz der Interessen des Rechtsverkehrs). Hierbei wird auf die den Grundsatz der Universalsukzession enthaltende Norm des § 1922 Abs. 1 BGB abgestellt, da sich diese Vorschrift einem besonders umfangreichen Schutz der Interessen der Nachlassgläubiger und des Rechtsverkehrs verschrieben hat. Natürlich dienen auch anderweitige Vorschriften des nationalen Erbrechts der Verwirklichung eines Nachlassgläubigerschutzes (beispielsweise §§ 2058, 2059 Abs. 2 BGB). Das Prinzip der Gesamtrechtsnachfolge und das durch diesen Grundsatz zum Ausdruck kommende Schutzniveau zugunsten der Nachlassgläubiger und des Rechtsverkehrs bieten sich hierbei aber in Bezug auf die Frage nach der Vereinbarkeit des unmittelbar dinglich wirkenden Vermächtnisses mit den Grundwertungen des Erbrechts in besonderem Maße an. Das Vindikationslegat stellt ebenso eine Ausnahme von diesem Prinzip dar wie die Sondererbfolgen und die erbrechtsunabhängigen Sonderrechtsnachfolgen von Todes wegen[701].

Das Rechtsinstitut des Vindikationslegates und der Grundsatz der Universalsukzession sind isoliert auf ihre Bedeutung und die in unterschiedlichem Maße tangierten Belange der beteiligten Personen zu untersuchen[702]. Der Vorrang entweder des Rechtsinstituts des unmittelbar dinglich wirkenden Vermächtnisses oder des Prinzips der Gesamtrechtsnachfolge (und somit der Grundwertung des Nachlassgläubigerschutzes) bzw. dessen Erweiterung oder Einschränkung zugunsten des anderen bestimmt sich anschließend danach, welchen der jeweiligen Interessen der Vorzug gewährt werden möchte[703].

---

[699] Beck'scher Online-Kommentar BGB/*Müller-Christmann,* § 1922 BGB Rn. 15; MüKo-BGB/*Leipold,* § 1922 BGB Rn. 118.

[700] *Muscheler,* Erbrecht, Bd. 1, § 18 Rn. 941, 942. Vgl. hierzu auch MüKo-BGB/*Leipold,* § 1922 BGB Rn. 117 und Beck'scher Online-Kommentar BGB/*Müller-Christmann,* § 1922 BGB Rn. 15.

[701] Vgl. hierzu bereits § 4, II. D. 2.

[702] Vgl. hierzu § 16, I.

[703] Vgl. hierzu § 16, III.

„Ausnahmen vom Prinzip der Universalsukzession sind vielmehr rechtspolitisch dann gerechtfertigt, wenn die mit der Ausnahme erreichbaren Folgen als höherwertig eingeschätzt werden als die Folgen von Universalsukzession.“[704]

In der Begründung der Ablehnung einer Ausnahme vom Grundsatz der Universalsukzession wird häufig lediglich die nicht genügende Erklärung zum Ausdruck gebracht, dass mit der angedachten Regelung ein Verstoß gegen dieses Prinzip verbunden wäre[705].

„Einheitlichkeit des Übergangs ist jedoch als solcher kein positiver Selbstzweck; sie mag ein ästhetischer oder ein pädagogisch-didaktischer Wert sein; rechtspolitisch vermag ein Hinweis auf sie noch nichts zu legitimieren.“[706]

Da sich der in einer Norm objektiv zum Ausdruck kommende Sinn und Zweck im Laufe der Zeit geändert haben kann, wird im Rahmen der vorzunehmenden Analyse ausschlaggebend auf diesen objektiven Zweck der in Rede stehenden Bestimmung abgestellt und gerade nicht auf den historischen Gesetzgeberwillen. Der BGH führte diesbezüglich aus[707]:

„Kein Gesetz verträgt eine starre Begrenzung seiner Anwendbarkeit auf solche Fälle, die der vom Gesetzgeber ins Auge gefaßten Ausgangslage entsprechen; denn es ist nicht toter Buchstabe, sondern lebendig sich entwickelnder Geist, der mit den Lebensverhältnissen fortschreiten und ihnen sinnvoll angepaßt weitergelten will, solange dies nicht die Form sprengt, in die er gegossen ist […].“

Zum einen besteht im Rahmen der folgenden Darstellungen somit das Bestreben, die rechtliche Konstruktion des Vindikationslegates auf seine Wirkweisen zu untersuchen und hieraus in Bezug auf die Interessen der unterschiedlichen beteiligten Personen und Personengruppen die Abweichungen von der im BGB geltenden Rechtslage herauszuarbeiten[708]. Es hat gerade u.a. ein Vergleich mit dem hinter dem Grundsatz der Universalsukzession stehenden Sinn und Zweck eines zu gewährleistenden Nachlassgläubigerschutzes zu erfolgen. Genauerer Betrachtung bedürfen hierbei die nachfolgenden Belange[709]: die Interessen des Erblassers, der Vermächtnisnehmer, der Erben, der übrigen Nachlassgläubiger (Gläubiger des Erblassers, Pflichtteilsberechtigte, Auflagenbegünstigte), der Erbengläubiger, der Privatgläubiger des Vermächtnisnehmers und des Rechtsverkehrs (d.h. die Interessen einer dritten Person, an die der Erbe einen vermachten Gegenstand veräußert). An dieser Stelle kann bereits vorweggenommen werden, dass die einzelnen Interessen im Falle eines Vindikationslegates auf andere Art und Weise (ob positiv oder

---

[704] *Muscheler,* Erbrecht, Bd. 1, § 18 Rn. 933.

[705] *Muscheler,* Erbrecht, Bd. 1, § 18 Rn. 931.

[706] *Muscheler,* Erbrecht, Bd. 1, § 18 Rn. 931.

[707] BGH, NJW 1957, 718 (719) m.w.N.

[708] Vgl. hierzu § 16, I.

[709] Bei den nachfolgend aufgezählten Interessen handelt es sich um einen Auszug der sich bei *Muscheler* (Erbrecht, Bd. 1, § 18 Rn. 947) wiederfindenden Interessen.

negativ) verwirklicht werden würden wie im Falle eines angeordneten Damnationsvermächtnisses, als eine der rechtlichen Konstruktionen zur umfangreichen Gewährleistung der Bedeutung des Grundsatzes der Universalsukzession und somit der hinter diesem Prinzip stehenden Grundwertungen des nationalen Erbrechts in Bezug auf die Verwirklichung eines Nachlassgläubigerschutzes und eines Schutzes des Rechtsverkehrs. Die Erben erwerben in ihrer gesamthänderischen Verbundenheit das Eigentum bzw. die Rechtsinhaberschaft an dem gesamten im Zeitpunkt des Todes des Erblassers vorhandenen Vermögen (mit Ausnahme der mittels Sondererbfolgen oder erbrechtsunabhängigen Sonderrechtsnachfolgen von Todes wegen zugewandten Vermögenswerten) und somit letztlich auch das Eigentum bzw. die Rechtsinhaberschaft an den im Wege von Vermächtnissen zugedachten Gegenständen. Der bedachte Vermächtnisnehmer erlangt lediglich einen schuldrechtlichen Anspruch gegenüber dem bzw. den Erben (vgl. § 2174 BGB).

Die nachfolgenden Ausführungen sind weiterhin der Beantwortung der Frage gewidmet, ob die dem Nachlassgläubigerschutz als eine der Grundwertungen des deutschen Erbrechts bei Inkrafttreten des BGB beigemessene Bedeutung im Laufe der vergangenen mehr als 100 Jahre einem Wandel unterlag bzw. immer noch unterliegt[710]. Das durch das Inkrafttreten des fünften Buchs des BGB verwirklichte hohe Schutzniveau zugunsten der Nachlassgläubiger könnte durch Entwicklungen im Rahmen der Anerbenrechte, der Nachfolge in Anteile von Personengesellschaften, des Reichsheimstättengesetzes, des landesrechtlichen Vorbehalts gemäß Art. 139 EGBGB und der Verträge zugunsten Dritter auf den Todesfall einer Abschwächung anheimgefallen sein. Hierbei handelt es sich durchwegs um Ausnahmen davon, dass das Vermögen als Ganzes auf eine oder mehrere andere Personen (Erben) übergeht (vgl. § 1922 Abs. 1 BGB). Durch die Schaffung weiterer Ausnahmen vom Grundsatz der Universalsukzession könnte es somit zu einer geringeren Gewährleistung des u.a. hinter diesem Prinzip stehenden Nachlassgläubigerschutzes als eine der Grundwertungen des nationalen Erbrechts kommen. Welchen der in § 16, I. unterschiedlich verwirklichten Interessen sollte der Vorzug eingeräumt werden? Diese Frage muss abschließend anhand einer Abwägung der einzelnen Belange beantwortet werden (§ 16, III.). Es geht letztlich um die Frage, ob der ggf. in § 16, II. festzustellende Wandel in Bezug auf die Bedeutung des Nachlassgläubigerschutzes durch die Einführung eines unmittelbar dinglich wirkenden Vermächtnisses tatsächlich einer weiteren Abwertung unterliegen darf oder aber das Schutzniveau zugunsten der Nachlassgläubiger zumindest in seinem derzeitigen Bestand gesichert werden muss.

---

[710] Vgl. hierzu § 16, II.

I. Die Analyse der einzelnen Belange

A. Das Damnationslegat und das Vindikationslegat aus Sicht des Vermächtnisnehmers

In einem ersten Schritt stellt sich die Frage, worin sich die rechtliche Stellung des Damnationslegatars genau von derjenigen des Vindikationslegatars unterscheidet. Diese Differenzierungskriterien sind u.a. für eine an späterer Stelle durchzuführende Abwägung der einzelnen Interessenkreise von ausschlaggebender Bedeutung. Nicht nur im Rahmen der Darstellungen der Befürworter, sondern auch derjenigen der Gegner einer unmittelbar dinglichen Beteiligung des Vermächtnisnehmers am Nachlass finden sich oftmals Hinweise auf den umfassenderen Schutz, der einem Vindikationslegatar, insbesondere in Bezug auf die vorteilhafteren Abwehrmöglichkeiten gegen veruntreuende Handlungen des bzw. der Erben, zuteilwerden kann[711]. Die nachfolgenden Ausführungen widmen sich nicht nur dieser, sondern noch weiterer Divergenzen bzgl. der rechtlichen Position zwischen Damnations- und Vindikationslegatar.

1. Fallkonstellationen[712]

a) Weiterveräußerung des vermachten Gegenstandes durch den Erben

Es kann der Fall eintreten, dass der Erbe sich zur Zeit des Erbfalles im unmittelbaren Besitz der vermachten Sache befindet oder sich nach dem Tod des Erblassers in den unmittelbaren Besitz in Bezug auf die Sache setzt und sich anschließend dazu entschließt, diese an eine dritte Person (gewinnbringend) zu veräußern oder mit dieser bzw. mit Hilfe ihres Erlöses Eigenschulden zu begleichen; von einer zufriedenstellenden Gewährleistung der Interessen des lediglich schuldrechtlich berechtigten Vermächtnisnehmers kann hierbei gerade nicht gesprochen werden[713]. Im Falle eines schuldrechtlich wirkenden

---

[711] Vgl. hierzu die Verweise in Kapitel 4, Fn. 746.

[712] Die Fallkonstellationen unter den Punkten b) bis e) nehmen sowohl auf den im Außenverhältnis als auch den im Innenverhältnis haftenden Vindikationslegatar Bezug. Die unter dem Punkt a) dargestellte Fallkonstellation bezieht sich hingegen lediglich auf den im Außenverhältnis haftenden Vindikationslegatar als bevorzugte gesetzliche Ausgestaltung der rechtlichen Position. Es sei hierzu aber noch Folgendes angemerkt: Für den im Innenverhältnis haftenden Vindikationslegatar würde sich unter Punkt a) eine weniger günstige rechtliche Situation ergeben (z.B. in Bezug auf ein nicht gegebenes Abhandenkommen i.S.d. § 935 BGB auf Grund des zwischen dem Legatar und dem Erben bestehenden Besitzmittlungsverhältnisses). Zum Besitzmittlungsverhältnis zwischen dem indirekt haftenden Vermächtnisnehmer und dem Erben vgl. die Ausführungen in § 15, I. B. 1. d) bb) (5).

[713] Z.B.: Staudinger-BGB/*Boehmer* (1954), § 1922 BGB Rn. 242. Auch *Ebenroth* (§ 7 Rn. 449) weist darauf hin, dass der Gesetzgeber „[d]ie Gefahren [u.a. diejenige, dass der Erbe selbst wirksam über den vermachten Gegenstand verfügt], denen der Vermächtnisnehmer ausgesetzt ist […] durch einen unmittelbaren Rechtsübergang am Vermächtnisge-

Vermächtnisses wäre der Erbe auf Grund des § 1922 Abs. 1 BGB verfügungsbefugter Eigentümer (falls es sich um eine bewegliche Sache handeln würde, vgl. §§ 929 ff. BGB). Der Erbe kann somit einer dritten Person wirksam das Eigentum an der beweglichen Sache verschaffen, unabhängig davon, ob sich der Dritte in gutem oder bösem Glauben befindet. Dem Vermächtnisnehmer könnte u.U. ein Schadensersatzanspruch wegen nachträglicher Unmöglichkeit aus den §§ 280 Abs. 1, 3, 283 BGB gegen den Erben zustehen. Ein Anspruch auf den Erlös könnte sich aus § 285 BGB ergeben. Sein Anspruch auf Übereignung und Übergabe der vermachten Sache gegen den Beschwerten wäre hingegen gemäß § 275 Abs. 1 Alt. 1 BGB erloschen. Ansprüche gegenüber dem Erwerber der vermachten Sache scheiden hingegen aus. Es könnte lediglich an einen Anspruch aus § 826 BGB gedacht werden, der aber in den seltensten Fällen Platz greifen wird.

„Freilich hat diese Gestaltung auch bedeutende Schattenseiten zur Folge. Das Recht des Vermächtnisnehmers ist, wie jedes bloße Forderungsrecht, stark gefährdet. Der Erbe kann es dadurch vereiteln, daß er die vermachte Sache anderweit veräußert oder belastet. Besonders bedenklich ist, daß diese Rechtsstellung auf *zwingendem Rechte* beruht; der Erblasser ist nicht imstande, dem Vermächtnis dingliche Kraft zu verleihen.“[714]

Im Falle der Veräußerung durch den Erben und des Vorhandenseins eines Vindikationslegatars käme ein Erwerb vom Berechtigten gemäß §§ 929 bis 931 BGB gerade nicht in Betracht[715]. Möglich wäre jedoch ein gutgläubiger Eigentumserwerb durch den Vertragspartner des Erben. Befindet sich der Erwerber in gutem Glauben und liegt ein Abhandenkommen der Sache i.S.d. § 935 BGB gerade nicht vor, greifen die Gutglaubenstatbestände zugunsten der Vertragspartei ein. Durch diese zusätzlichen Voraussetzungen eines gutgläubigen Eigentumserwerbes wäre der Vindikationslegatar in einem deutlicheren Maße gegen veruntreuende Verfügungen des Erben geschützt als der lediglich schuldrechtlich berechtigte Vermächtnisnehmer.

Der unfreiwillige Verlust des unmittelbaren Besitzes spielt somit für die Einzelfalllösung u.a. eine bedeutende Rolle. Im nationalen Recht existiert die Vorschrift des § 857 BGB, die besagt, dass der Besitz auf den Erben übergeht. § 857 BGB dient insbesondere dazu, den Erben, der sich im Zeitpunkt

---

genstand und damit durch die Einführung eines *dinglichen Vermächtnisses* (Vindikationslegat) vermeiden [hätte] können“. Eine Stellung für oder gegen die Einführung eines Vindikationslegates bezieht *Ebenroth* hingegen nicht. Bereits *v. Schmitt* (in: Die Vorentwürfe der Redaktoren zum BGB, Erbrecht, Teil 2, S. 724) gestand ein, dass der lediglich schuldrechtlich Berechtigte beispielsweise der Gefahr der Veräußerung des vermachten Gegenstandes durch den Erben oder eines Zugriffs der Erbeneigengläubiger ausgesetzt sei.

[714] *Leonhard,* S. 317.

[715] *Bähr* (Zur Beurtheilung des Entwurfs eines bürgerlichen Gesetzbuchs für das Deutsche Reich, S. 165 (zu § 1865)) äußerte sich folgendermaßen: „Andrerseits ist aber auch, wenn man den Vermächtnisnehmer als Eigenthümer anerkennt, der Erbe gehindert, zu dessen Nachtheil über die Sache zu verfügen. Und das fordert die Gerechtigkeit.“

des Erbfalls und einer gewissen Zeitspanne danach nicht in unmittelbarem Besitz der Sache befindet, vor einem gutgläubigen Eigentumserwerb seitens eines Dritten zu bewahren. Für die Frage eines gutgläubigen Erwerbs durch eine dritte Person kommt es somit entscheidend darauf an, ob als Schutzvorschrift zugunsten des Vindikationslegatars eine dem § 857 BGB ähnelnde Vorschrift in das BGB aufgenommen werden müsste oder zumindest § 857 BGB analog anzuwenden wäre. An dieser Stelle kann festgehalten werden, dass der Vindikationslegatar auch ohne eine dem § 857 BGB vergleichbare Vorschrift oder die entsprechende Anwendung des § 857 BGB durch das zusätzliche Erfordernis des guten Glaubens des Erwerbs bereits besser geschützt wäre als der lediglich schuldrechtlich Berechtigte. Im Falle der analogen Anwendung des § 857 BGB bzw. der Schaffung einer neuen Schutzvorschrift zugunsten des nicht unmittelbar besitzenden Vindikationsvermächtnisnehmers könnte ein gutgläubiger Erwerb seitens eines (gutgläubigen) Erwerbers von vornherein gemäß § 935 Abs. 1 S. 1 BGB ausgeschlossen sein. Die überzeugenderen Argumente sind grundsätzlich für die analoge Anwendung des § 857 BGB auf den Vindikationsvermächtnisnehmer anzuführen[716]. Der Grundgedanke des § 857 BGB ist der Schutz des Erben u.a. vor der Gefahr eines gutgläubigen Eigentumserwerbs durch Dritte in der Zeit nach dem Erbfall und der noch nicht eingetretenen tatsächlichen Besitzergreifung durch den Erben[717]. Der Vindikationslegatar ist ein unmittelbar dinglich Berechtigter und § 857 BGB schützt gerade den Erben als unmittelbar dinglich am Nachlass Beteiligten[718]. In Bezug auf den Vindikationsvermächtnisnehmer besteht folglich eine vergleichbare Interessenlage[719]. Durch die Nichtexistenz eines unmittelbar dinglich wirkenden Vermächtnisses würde das Vermögen als Ganzes auf den bzw. die Erben mit dem Erbfall übergehen (vgl. § 1922 Abs. 1 BGB). Die Anordnung eines Vindikationsvermächtnisses würde hingegen dazu führen, dass die konkrete dem Vermächtnisnehmer zugedachte Sache als Ausnahme vom Grundsatz der Universalsukzession mit dem Erbfall unmittelbar in das Eigentum des Bedachten übergehen würde. Das Interesse am ungeschmälerten Fortbestand der eigentümerrechtlichen Stellung ist folglich in Bezug auf den Erben und den Vindikationslegatar gleich. Diesbezüglich kann es keinen Unterschied machen, ob es sich um das Vermögen als Ganzes oder einen einzelnen Vermögensgegenstand handelt.

---

[716] Für eine analoge Anwendung sich aussprechend *Bartholomeyczik,* Erbeinsetzung, andere Zuwendungen und Erbschein, S. 141 und *Gärtner,* S. 134. Gegenteilige Ansichten finden sich bei *Muscheler,* Universalsukzession und Vonselbsterwerb, S. 100 und *Schmidt,* RabelsZ 77 (2013), 28, Fn. 152. Begründungen finden sich jedoch weder bei *Bartholomeyczik,* noch bei *Muscheler* oder *Schmidt.*

[717] MüKo-BGB/*Joost,* § 857 BGB Rn. 1.

[718] *Gärtner,* S. 135.

[719] *Gärtner,* S. 135.

„Die planwidrige Regelungslücke im BGB folgt aus der grundsätzlichen Entscheidung für das Damnationslegat, infolge derer das BGB nicht auf die Behandlung von Vindikationslegaten [...] ausgerichtet ist."[720]

Auf Grund der vergleichbaren Interessenlage und der planwidrigen Regelungslücke wäre § 857 BGB auf die besitzrechtliche Stellung des Vindikationslegatars analog anzuwenden. § 857 BGB müsste um einen Satz 2 erweitert werden:

„Der Besitz geht auf den Erben über. Im Falle der Anordnung eines Vindikationslegates geht der Besitz hingegen auf den Vermächtnisnehmer über."

Im Falle des gutgläubigen Erwerbs seitens des Dritten stünde dem Vindikationslegatar gegenüber dem Erben u.U. ein Anspruch aus § 823 Abs. 1 BGB und § 816 Abs. 1 S. 1 BGB zu. In Betracht käme des Weiteren ein Anspruch des Vindikationslegatars gegen den Erben aus §§ 687 Abs. 2, 678 BGB. Im Falle eines unentgeltlichen Rechtsgeschäftes zwischen dem Erben und dem Dritten erscheint für den unmittelbar dinglich berechtigten Vermächtnisnehmer gegenüber dem Dritten u.U. ein Anspruch aus § 816 Abs. 1 S. 2 BGB als möglich. Für den lediglich schuldrechtlich Berechtigten würden Ansprüche gegenüber dem Dritten auch bei unentgeltlichen Rechtsgeschäften von vornherein ausscheiden. Im Ergebnis genießt der Vindikationslegatar einen deutlich stärkeren Schutz: Zum einen knüpft der gutgläubige Erwerb erhöhte Voraussetzungen an einen Eigentumserwerb seitens einer dritten Person. Zum anderen sind Ansprüche des Vindikationslegatars gegenüber dem Erwerber eher denkbar als solche des Damnationsvermächtnisnehmers gegenüber der dritten Person.

Die bisherigen Ausführungen bezogen sich lediglich auf vermachte bewegliche Sachen. Ein gutgläubiger Erwerb zugunsten eines Dritten in Bezug auf vermachte Grundstücke wäre von vornherein im Grunde nicht realisierbar. Der Erbe würde bei Anordnung eines Vindikationslegates und eines ordnungsgemäßen Grundbuchverfahrens nicht als Eigentümer des Grundstücks im Grundbuch eingetragen werden (vgl. § 892 Abs. 1 S. 1 BGB). Bzgl. vermachter Forderungen und Rechte ist ein gutgläubiger Erwerb grundsätzlich nicht möglich (vgl. §§ 413, 405 BGB).

b) Strafrechtlich relevante Tatbestände

Für den Fall, dass sich der Vermächtnisnehmer zum Zeitpunkt des Erbfalles nicht im unmittelbaren Besitz der vermachten Sache befindet und dieser anschließend hieran eigenmächtig Besitz begründet, stellt sich die Frage nach dessen strafrechtlicher Verantwortlichkeit. Die nachfolgenden Ausführungen widmen sich hierbei denjenigen Fallkonstellationen, in denen sich der Vermächtnisnehmer in den Besitz der vermachten Sache zu einem Zeitpunkt

---

[720] *Gärtner*, S. 135.

setzt, zu dem mangels bereits erfolgter tatsächlicher Besitzergreifung durch den Erben von keiner Wegnahme i.S.d. § 242 StGB und somit keiner Verwirklichung des Tatbestands des Diebstahls gesprochen werden kann. Zwischen dem Tod des Erblassers und der tatsächlichen Ergreifung des Besitzes durch den Erben kann oftmals ein erheblicher Zeitraum verstreichen. Ein Bruch fremden Gewahrsams durch den Vermächtnisnehmer erscheint folglich (noch) nicht denkbar.

„Nach § 857 BGB geht der Besitz mit dem Tode des Besitzers auf seine Erben über, auch wenn sie die tatsächliche Sachherrschaft nicht (gleich) ausüben können. Der Erbenbesitzer ist nicht Gewahrsamsinhaber im Sinne des StGB, da eine gesetzliche Fiktion die tatsächliche Herrschaftszuordnung nicht ersetzen kann. Somit kommt es im Strafrecht zu einem gewahrsamslosen Besitz im Rahmen des Erbfalls, da der Tote ebenfalls nicht mehr Gewahrsamsinhaber ist. Strafbarkeitslücken sind wegen § 246 StGB nicht zu befürchten.“[721]

Wer eine fremde bewegliche Sache sich oder einem Dritten rechtswidrig zueignet, wird gemäß § 246 Abs. 1 StGB (Unterschlagung) mit Freiheitsstrafe bis zu drei Jahren oder mit Geldstrafe bestraft, wenn die Tat nicht in anderen Vorschriften mit schwererer Strafe bedroht ist. Die Verwirklichung des § 246 StGB erfordert u.a., dass die Zueignung rechtswidrig ist.

„Nach der in Rechtsprechung und Schrifttum herrschenden Auffassung ist eine Zueignung dann nicht rechtswidrig, wenn dem Täter ein fälliger Anspruch auf Übereignung der Sache zusteht [...]. Dieser zum Tatbestand des Diebstahls entwickelte und zunächst nur auf solche Delikte ausgedehnte Grundsatz, die wie der Raub nach § 249 StGB eine Wegnahme enthalten, gilt schlechthin für jedes Eigentumsdelikt, weil die institutionellen Grenzen des strafrechtlichen Eigentumsschutzes bei den verschiedenen Eigentumsdelikten nicht unterschiedlich gezogen werden können [...]. Daraus ergibt sich, daß auch bei der Unterschlagung nach § 246 eine Verletzung der formalen Eigentümerstellung zur Strafbarkeit nicht ausreicht, wenn dem Täter ein Rechtstitel auf Übereignung der zugeeigneten Sache zusteht.“[722]

Diebstahl und Unterschlagung werden in Bezug auf Fragen zur Rechtswidrigkeit der (erstrebten) Zueignung und den diesbezüglichen Irrtumskonstellationen gleich behandelt[723]. Der Damnationsvermächtnisnehmer würde sich im Falle von sog. Stückschulden keiner Unterschlagung i.S.d. § 246 StGB strafbar machen. Es läge zwar die Zueignung einer fremden beweglichen Sache vor, jedoch fehlt es bei einem fälligen und durchsetzbaren Übereignungsanspruch in Bezug auf die Sache an der Rechtswidrigkeit der Zueignung. Eine strafrechtliche Verantwortlichkeit des lediglich schuldrechtlich berechtigten Legatars scheidet somit bei angeordneten Stückvermächtnissen aus. Bei Gattungsschulden ergibt sich hingegen bzgl. des Merkmals der rechtswidrigen Zueignung folgendes Problem zu Lasten des Damnationslegatars:

---

[721] *Jüchser,* ZJS 2012, 198 m.w.N.
[722] OLG Hamm, NJW 1969, 619 (619, 620) m.w.N.
[723] So auch Lackner/Kühl/*Kühl,* § 246 StGB Rn. 11.

„Denn nach der Regelung des bürgerlichen Rechts hat der Schuldner die ausschließliche Befugnis, seinerseits aus der Gattung die zur Erfüllung seiner Schuld erforderlichen bestimmten Sachen [...] auszuwählen und zu leisten (§ 243 BGB). Der Gläubiger, der vor Ausübung dieses Auswahlrechts irgendeine Sache aus der Gattung eigenmächtig wegnimmt, führt damit nicht den von der Eigentumsordnung gewollten endgültigen Zustand herbei."[724]

Es kann gerade von keinem fälligen und einredefreien Anspruch auf Übertragung des Eigentums an der vermachten Sache gesprochen werden. Die Zueignung wäre mithin rechtswidrig. Die Ablehnung der Strafbarkeit des Damnationsvermächtnisnehmers hängt somit im Falle von Gattungsvermächtnissen entscheidend von dessen – im Anschluss an die Rechtswidrigkeit der Zueignung zu prüfenden – Vorsatz bzgl. der Rechtswidrigkeit dieser Zueignung und der Anwendbarkeit des ggf. zu seinen Gunsten wirkenden Tatbestandsirrtums (§ 16 StGB) oder des Verbotsirrtums (§ 17 StGB) ab.

„Für den *Irrtum über die Rechtswidrigkeit* gilt, da normatives Tatbestandsmerkmal [...], Folgendes: Glaubt der Täter, einen Anspruch auf Übereignung speziell der weggenommenen Sache zu haben, so nimmt er irrig einen Umstand an, der die Rechtswidrigkeit der beabsichtigten Zueignung ausschließen würde [...], und handelt somit in Tatbestandsirrtum [...]. Glaubt der Täter als Gläubiger eines Gattungsanspruchs dagegen, sich einen Gegenstand aus der Gattung nehmen zu dürfen, so liegt regelmäßig Verbotsirrtum vor, da der Täter an einen Rechtfertigungsgrund glaubt, den die Rechtsordnung nicht anerkennt [...]; dagegen soll [...] Tatbestandsirrtum anzunehmen sein, wenn der Täter – wie häufig bei Geldschulden – irrtümlich davon ausgeht, sein Anspruch beziehe sich auf eine bestimmte Sache aus der Gattung [...]."[725]

Zur Klärung der Frage nach der Strafbarkeit des Damnationsvermächtnisnehmers in Bezug auf Gattungsvermächtnisse kommt es im Ergebnis maßgeblich auf dessen Vorstellungen und somit die Anwendbarkeit des Tatbestands- oder Verbotsirrtums an. Die Einschlägigkeit des Verbotsirrtums nach § 17 StGB ist – im Gegensatz zum Tatbestandsirrtum (§ 16 StGB) – an sehr hohe Hürden geknüpft. § 17 S. 1 StGB bestimmt hierbei, dass der Täter, dem bei Begehung der Tat die Einsicht fehlt, Unrecht zu tun, ohne Schuld handelt, wenn er diesen Irrtum nicht vermeiden konnte. An die Vermeidbarkeit werden immens hohe Anforderungen gestellt, insbesondere die Einholung von Auskünften bei einer sachkundigen und vertrauenswürdigen Stelle[726]. Da in den allermeisten Fällen von einer Vermeidbarkeit des Irrtums auszugehen ist, muss der schuldrechtlich berechtigte Vermächtnisnehmer einer strafrechtlichen Verfolgung gegenübertreten.

Der Vindikationsvermächtnisnehmer würde sich auf Grund der fehlenden Fremdheit der beweglichen Sache keinesfalls einer Unterschlagung schuldig

---

[724] BGH, NJW 1962, 971 (971).

[725] Schönke/Schröder/*Eser/Bosch*, § 242 StGB Rn. 65 m.w.N.

[726] BGHSt 4, 1 (5).

machen. Andere strafrechtlich relevante Tatbestände sind hingegen nicht ersichtlich.

c) Fehlende Eigentümerstellung des Erblassers

Eine entscheidende Frage stellt sich in Bezug auf die Herausarbeitung der Vor- und Nachteile des Damnations- und Vindikationslegates in den Fallkonstellationen, in denen es sich bei der vermachten Sache um einen sich nicht im Eigentum des Erblassers befindlichen Vermögenswert handelt.

Bsp. 1: Der Vater möchte seine Tochter zu seiner alleinigen Erbin einsetzen und ordnet zugunsten seines Sohnes ein Damnationsvermächtnis bzgl. des Oldtimers an. In Abwandlung zu obigen Beispielen (S. 33 ff.) befindet sich der Oldtimer hingegen gerade nicht im Eigentum des Vaters, sondern wurde diesem auf Grund eines Leihvertrages von einem Freund zur Verfügung gestellt. Mit dem Tod des Vaters geht dessen Vermögen im Wege der Universalsukzession als Ganzes auf seine Tochter über. Der Oldtimer wird gerade nicht von der Regelung des § 1922 Abs. 1 BGB erfasst. Ein gutgläubiger Erwerb (§§ 932 ff. BGB) scheidet mangels Vorliegens eines rechtsgeschäftlichen Erwerbes zugunsten der Tochter von vornherein aus. Die Tochter kann keinerlei Eigentum an dem Oldtimer erwerben. Der Sohn hat hingegen gemäß § 2174 BGB einen schuldrechtlichen Anspruch gegen seine Schwester auf Übereignung und Übergabe des Oldtimers (unter Beachtung der §§ 2169, 2170 BGB). Für den Fall, dass sich der Sohn des Verstorbenen in gutem Glauben befände, käme für diesen ein gutgläubiger Erwerb in Betracht, da zwischen dem Bruder und der Schwester insbesondere ein rechtsgeschäftlicher Erwerb i.S.e. Verkehrsgeschäftes[727] vorliegt.

Bsp. 2: Der Vater möchte seine Tochter zu seiner alleinigen Erbin einsetzen und seinen Sohn bzgl. des Oldtimers als Vindikationslegatar benennen. Der Oldtimer befindet sich wiederum nicht im Eigentum des Erblassers. Im Falle eines wirksam angeordneten Vindikationslegats würde das Eigentum an dem Oldtimer grundsätzlich unmittelbar mit dem Erbfall auf den Bedachten übergehen. Da sich der Oldtimer jedoch nicht im Eigentum des Erblassers befand, scheidet mit dessen Versterben ein unmittelbarer dinglicher Rechtserwerb seitens des Sohnes aus. Ein gutgläubiger Erwerb kommt auf Grund fehlenden rechtsgeschäftlichen Erwerbes nicht in Betracht[728]. Die Grundlage des Vindikationslegates würde zwar eine letztwillige Verfügung oder ein Erbvertrag (Rechtsgeschäft) bilden, jedoch erfolgt der Erwerb des Eigentums bzw. der Rechtsinhaberschaft an dem vermachten Gegenstand ipso iure mit dem Erbfall[729].

Die Ausführungen deuten auf Folgendes hin: Das Vindikationslegat vermag dem Vermächtnisnehmer im Gegensatz zu einem Damnationslegat im Grunde eine vorteilhaftere Stellung einzuräumen, was jedoch nicht in Bezug auf erblasserfremde Sachen gilt. Im Falle fehlender Eigentümerstellung des Erblassers bzgl. bestimmter vermachter Sachen kann die Möglichkeit eines gutgläubigen Eigentumserwerbs lediglich zugunsten des nur schuldrechtlich Berech-

---

[727] OLG Naumburg, NJW 2003, 3209 (3210); *Muscheler,* Erbrecht, Bd. 1, § 18 Rn. 772.
[728] *Muscheler,* Erbrecht, Bd. 1, § 18 Rn. 772.
[729] *Muscheler,* Erbrecht, Bd. 1, § 18 Rn. 772.

tigten in Frage kommen. Trotz alledem verdient diese Schlussfolgerung und die sich hierauf beziehende Aussage *Muschelers* keine Zustimmung[730]:

„An dieser Konstellation zeigt sich somit, dass das Damnationslegat für den Vermächtnisnehmer durchaus auch Vorteile haben kann."

Im Ergebnis kann diese Fallgruppe zur Analyse der Vor- und Nachteile der Vermächtnisformen von vornherein nicht herangezogen werden, da das Vorliegen erblasserfremder Sachen die Anordnung eines unmittelbar dinglich wirkenden Vermächtnisses von vornherein auszuschließen vermag[731].

d) Erbeneigengläubiger

Bevor der vermachte Gegenstand dem lediglich schuldrechtlich Bedachten übertragen werden kann, könnte dieser einer Pfändung durch einen Erbeneigengläubiger zur Last gefallen sein[732]. Gemäß § 771 Abs. 1 ZPO ist der Widerspruch gegen die Zwangsvollstreckung, für den Fall, dass ein Dritter behauptet, dass ihm an dem Gegentand der Zwangsvollstreckung ein die Veräußerung hinderndes Recht zustehe, im Wege der Klage bei dem Gericht geltend zu machen, in dessen Bezirk die Zwangsvollstreckung erfolgt[733]. Diese sog. Drittwiderspruchsklage steht dem Vermächtnisnehmer gegen Vollstreckungsmaßnahmen der Erbengläubiger jedoch gerade nicht zu (dem dinglich berechtigten Vermächtnisnehmer hingegen schon): Derjenige Vermächtnisnehmer, dem mit dem Erbfall ein bloßes Forderungsrecht zur Seite steht, kann gerade kein die Veräußerung hinderndes Recht an dem Gegenstand der Vollstreckung geltend machen (sog. Interventionsrecht). Fraglich ist somit, ob bzw. welche Möglichkeiten dem Vermächtnisnehmer verbleiben, um die Zwangsvollstreckung der Gläubiger des Erben in den vermachten Gegenstand zu unterbinden: Der Vermächtnisnehmer könnte es versuchen, erfolgreich einen Antrag auf Anordnung der Nachlassverwaltung zu stellen (vgl. § 1981 Abs. 2 BGB). Dies hätte zur Folge, dass Zwangsvollstreckungen und Arreste in den Nachlass zugunsten eines Gläubigers, der nicht Nachlassgläubiger ist, gemäß § 1984 Abs. 2 BGB ausgeschlossen sind. Im Falle der Nachlassverwaltung kann der Nachlassverwalter zudem verlangen, dass Maßregeln der Zwangsvollstreckung, die zugunsten eines anderen Gläubigers als eines Nachlassgläubigers in den Nachlass erfolgt sind, aufgehoben werden (vgl. § 784 Abs. 2 ZPO). Wie bereits *Boehmer*, der sich ebenfalls mit den obig beschriebenen Schutzmechanismen beschäftigte, zum Ausdruck brachte, handelt es sich hierbei jedoch um einen nicht genügenden rechtlichen Schutz

[730] *Muscheler,* Erbrecht, Bd. 1, § 18 Rn. 772.

[731] Vgl. hierzu die Ausführungen in § 15, II. A., D. und E.

[732] Staudinger-BGB/*Boehmer* (1954), § 1922 BGB Rn. 242.

[733] Hierbei ist des Weiteren an die Möglichkeit der vorläufigen Einstellung der Zwangsvollstreckung zu denken, vgl. §§ 771 Abs. 3, 769, 770 ZPO.

für den Vermächtnisnehmer, da § 784 Abs. 2 ZPO zum einen nur für bereits begonnene, aber noch nicht vollendete vollstreckungsrechtliche Maßnahmen greift und dem Vermächtnisnehmer zum anderen, für den Fall, dass die Vollstreckung bereits durch Verwertung zu einem Abschluss gebracht wurde, lediglich ein Anspruch gegen den Erben aus § 1978 Abs. 1 BGB verbleibt[734].

Des Weiteren könnte der Insolvenzverwalter des Erben im Falle eines Insolvenzverfahrens über das Vermögen des Erben (sog. Gesamtvermögensinsolvenzverfahren) auf den vermachten Gegenstand zugreifen[735]. Gemäß § 35 Abs. 1 InsO erfasst das Insolvenzverfahren das gesamte Vermögen, das dem Schuldner zur Zeit der Eröffnung des Verfahrens gehört und das er während des Verfahrens erlangt (Insolvenzmasse). Bei der Insolvenzmasse („Sollmasse") handelt es sich somit lediglich um das dem Schuldner gehörende Vermögen[736]. Im Besitz des Schuldners werden sich aber oftmals nicht nur ihm gehörende Gegenstände befinden, die der Insolvenzverwalter ebenso an sich nimmt („Istmasse")[737].

> „Die Aussonderung [gemäß § 47 InsO] dient dazu, solche Gegenstände aus der ‚Istmasse' [einfach] auszuscheiden, damit sie nicht mit dieser zugunsten der Insolvenzgläubiger verwertet werden."[738]

Der lediglich schuldrechtlich berechtigte Legatar gehört jedoch nicht zum Kreis der (schuldrechtlichen) Aussonderungsberechtigten (der Vindikationslegatar hingegen schon). Der Grund hierfür liegt darin, dass der Vermächtnisanspruch gemäß § 2174 BGB auf Verschaffung gerichtet ist und Verschaffungsansprüche keine Berechtigung zur Aussonderung verleihen[739]. Die Ansprüche aus Vermächtnissen stellen in der Insolvenz des Beschwerten bloße Insolvenzforderungen dar[740]. Die Befriedigung der Insolvenzgläubiger erfolgt anteilsmäßig. Es gibt gerade, mit Ausnahme der nachrangigen Insolvenzgläubiger i.S.d. § 39 InsO, keinen Rang der Insolvenzforderungen, wie ihn die bis zum 31. Dezember 1998 geltende Konkursordnung noch vorsah (vgl. § 61 KO).

e) *Erbschaftsteuerschuld*

Gemäß § 1 Abs. 1 Nr. 1 ErbStG unterliegt der Erwerb von Todes wegen der Erbschaftsteuer und als Erwerb von Todes wegen gilt der Erwerb durch Erbanfall (§ 1922 BGB), durch Vermächtnis (§§ 2147 ff. BGB) oder auf Grund eines geltend gemachten Pflichtteilsanspruchs (§§ 2303 ff. BGB) (vgl. § 3

[734] Staudinger-BGB/*Boehmer* (1954), § 1922 BGB Rn. 242.
[735] Staudinger-BGB/*Boehmer* (1954), § 1922 BGB Rn. 242.
[736] MüKo-InsO/*Ganter,* § 47 InsO Rn. 3.
[737] MüKo-InsO/*Ganter,* § 47 InsO Rn. 3.
[738] MüKo-InsO/*Ganter,* § 47 InsO Rn. 3.
[739] MüKo-InsO/*Ganter,* § 47 InsO Rn. 347.
[740] MüKo-InsO/*Ganter,* § 47 InsO Rn. 347.

Abs. 1 Nr. 1 ErbStG). Die Steuer entsteht hierbei gemäß § 9 Abs. 1 Nr. 1 ErbStG bei Erwerben von Todes wegen mit dem Tode des Erblassers. Die Forderung des lediglich schuldrechtlich berechtigten Vermächtnisnehmers kommt mit dem Erbfall zur Entstehung (vgl. § 2176 BGB), wohingegen die Erfüllung dieses Anspruches kaum jemals mit diesem Zeitpunkt zusammenfallen wird. Mit dem Tode des Erblassers entsteht jedoch bereits die Steuerschuld des Damnationsvermächtnisnehmers.

„Die Steuer entsteht mit der Begründung der Vermächtnisforderung aus § 2174 (§ 9 Abs. 1 ErbStG), also in der Regel mit dem Tod des Erblassers (§ 2176), und nicht erst mit dinglicher Erfüllung des Vermächtnisses; für die Wertermittlung ist der Zeitpunkt der Steuerentstehung maßgebend (§ 11 ErbStG). [...] Die Steuer entsteht demnach mit dem Erbfall selbst dann, wenn der Erbe die Erfüllung des Vermächtnisses hinauszögert oder der Vermächtnisnehmer deshalb leer ausgeht, weil der Vermächtnisgegenstand nach dem Erbfall in der Hand des Erben ohne Verschulden irgendeines Beteiligten untergeht, sodass der Vermächtnisanspruch (§ 275 Abs. 1), nicht aber die Steuerschuld erlischt; die Billigkeitsregelung des § 163 AO hilft hier keineswegs immer weiter.“[741]

Die Situation des Vindikationslegatars wäre hingegen günstiger. Der im Außenverhältnis haftende Vindikationslegatar erlangt mit dem Tod des Erblassers das Eigentum bzw. die Rechtsinhaberschaft und die vollumfängliche Verfügungsbefugnis über den vermachten Gegenstand[742]. Kann gegen dieses Argument der vorteilhafteren rechtlichen Position des Vindikationslegatars im Vergleich zum Damnationsvermächtnisnehmer in Bezug auf die Entstehung der Erbschaftsteuerschuld nicht angeführt werden, dass der Anspruch auf formelle Übertragung zu diesem Zeitpunkt noch nicht fällig ist? Die Antwort lautet: „nein“. Der Anspruch auf formelle Übertragung existiert zum einen lediglich im Falle der Innenhaftung des Vindikationslegatars. Die Ausführungen beziehen sich aber gerade – mit Ausnahme derjenigen in Kapitel 4, Fn. 742 – auf die Haftung des unmittelbar dinglich berechtigten Vermächtnisnehmers im Außenverhältnis. Zum anderen wäre auch der hier überhaupt

[741] *Muscheler,* Erbrecht, Bd. 1, § 18 Rn. 951 m.w.N.

[742] Aber auch die rechtliche Stellung des Vindikationslegatars im Falle einer bloßen indirekten Haftung würde Vorteile in Bezug auf die entstehende Steuerpflicht mit sich bringen. Zwar könnte der Vermächtnisnehmer den vermachten Gegenstand, entgegen der Ansicht *Muschelers* (Erbrecht, Bd. 1, § 18 Rn. 951), nicht sofort nach dem Erbfall veräußern (§§ 929, 931 BGB), trotz alledem gibt es einige Vorteile, die diesem im Vergleich zu einem lediglich schuldrechtlich berechtigten Legatar zukämen und die zu einer breiteren Akzeptanz in der Bevölkerung bzgl. der Entstehung der Erbschaftsteuerpflicht führen könnten. Der Vindikationslegatar wäre beispielsweise in deutlich stärkerem Maße gegen veruntreuende Handlungen des Erben geschützt, könnte im Falle eigenmächtiger Ansichnahme der Sache nicht strafrechtlich belangt werden und hat deutlich ausgeprägtere Handlungsmöglichkeiten, um sich des Zugriffs der Erbengläubiger auf den vermachten Gegenstand zu erwehren. Vgl. hierzu § 16, I. A. 1. b) und d).

nicht relevante Anspruch auf formelle Übertragung bereits mit dem Erbfall fällig[743].

2. *Zusammenfassung*

Eine summenmäßige Auswertung der in § 16, I. A. 1. a) bis e) aufgezeigten Fallkonstellationen ergibt eine vorteilhaftere Rechtsstellung des Vindikationslegatars im Vergleich zum lediglich schuldrechtlich berechtigten Vermächtnisnehmer. Der unmittelbar dinglich Berechtigte profitiert insbesondere von einem weitreichenderen Schutz gegen veruntreuende Verfügungen des Erben und einem Schutz gegen zwangsvollstreckungsrechtliche bzw. insolvenzrechtliche Zugriffe der Eigengläubiger des Erben auf den vermachten Gegenstand. Hierdurch können die Interessen des Legatars am Erhalt des konkret zugedachten Vermögensgegenstandes (Affektionsinteresse) in besonderem Maße verwirklicht werden[744]. Für eine eigenmächtige Ansichnahme der vermachten Sache vermag sich der Vindikationslegatar strafrechtlich gerade nicht verantworten zu müssen. Die grundsätzliche Entstehung der Erbschaftsteuerschuld im Zeitpunkt des Todes des Erblassers wäre für den unmittelbar dinglich berechtigten Legatar in größerem Maße nachvollziehbar als für denjenigen, dem ein bloßes Forderungsrecht zuteil wird. Zum Schutz der Interessen des Bedachten würde sich im Ergebnis die Einführung eines Vindikationslegates in das deutsche Recht in besonderem Maße legitimieren.

B. Das Damnationslegat und das Vindikationslegat aus Sicht des Erblassers

In Bezug auf den Erblasser könnte von einem erheblichen Interesse an der Einführung eines dinglich wirkenden Vermächtnisses ausgegangen werden.

„Unleugbar kann der Erblasser ein Interesse daran haben, einen Vermächtnißnehmer so zu bedenken, daß der vermachte Gegenstand [...] sofort mit seinem Tode auf den Vermächtnißnehmer übergeht, ohne die Möglichkeit einer nicht durch die Insolvenz des Nachlasses gerechtfertigten Beeinträchtigung von Seiten des Erben oder der persönlichen Gläubiger des Erben oder der Gläubiger des Erblassers durch Zwangsvollstreckung in den Gegenstand des Vermächtnisses. Eine solche Verwirklichung seines letzten Willens ist aber mit voller Sicherheit bei nur obligatorischer Wirkung der Vermächtnisse nicht gut zu erreichen.“ *(Becker)*[745]

---

[743] Vgl. hierzu § 15, I. B. 1. d) bb) (2) (a).

[744] Dieses Interesse als besonders hochwertig einstufend *v. Gierke,* S. 516.

[745] Zweite Sitzung der ersten Abtheilung am Dienstag, den 11. September 1888, in: Verhandlungen des 19. DJT, Bd. 3, S. 86. *Becker* sah das Interesse des Erblassers jedoch als nicht hoch genug an und schätzte u.a. die Interessen der Gläubiger des Erblassers und derjenigen der Erben als gewichtiger ein (vgl. S. 92). *Leonhard* wies darauf hin, dass in den Materialien und in der Literatur oftmals darauf hingewiesen wird, dass ein lediglich obligatorisches Vermächtnis meist dem Willen des Erblassers entspreche; dies tut er jedoch – absolut zu Recht – als verfehlt ab (vgl. *Leonhard,* S. 317). *Bartholomeyczik* (Erb-

Bereits im Rahmen der Motive und Protokolle wurde darauf hingewiesen, dass das Interesse des Erblassers an der Zuwendung eines konkreten Gegenstandes nur dann vollumfänglich verwirklicht werden kann, „wenn ihm die Macht gegeben wird, eine solche Verfügung mit dinglicher Wirkung zu treffen“[746]. Im Rahmen der zweiten Kommission wurde weiterhin vorgebracht[747]:

„Denn häufig beabsichtige der Testator weniger, dem Bedachten eine Liberalität zu erweisen; vielmehr sei es sein Wunsch, daß gewisse Gegenstände, die ihm besonders lieb und werth seien, nach seinem Tode in die Hand eines Vermächtnißnehmers gelangten, der den Gegenständen die gleiche Werthschätzung zu Theil werden lasse. Dieses Affektionsinteresse des Testators lasse sich niemals in Geld veranschlagen […].“

Durch die Anordnung eines Vermächtnisses würde der Bedachte nach heutiger Rechtslage lediglich einen schuldrechtlichen Anspruch gegen den bzw. die Beschwerten erlangen (vgl. § 2174 BGB), von einer dinglichen Rechtsänderung kann hingegen nicht ausgegangen werden. Die Integration eines unmittelbar dinglich wirkenden Vermächtnisses würde somit in besonderem Maße zur Verwirklichung des letzten Willens des Erblassers beitragen. Es käme im Ergebnis zu einer Stärkung des Grundsatzes der Testierfreiheit[748].

„Dem Erblasser ist der, welchen er mit einem Vermächtnis bedenkt, gerade so lieb, wie der Erbe, und es ist kein Grund, anzunehmen, daß er das Recht des ersteren minder sicher habe stellen wollen.“[749]

---

einsetzung, andere Zuwendungen und Erbschein, S. 134) brachte vor, dass die schutzlose Stellung des schuldrechtlich berechtigten Legatars zumeist nicht mit dem Willen des Erblassers in Einklang gebracht werden könne.

[746] *Mugdan,* Bd. 5, S. 70 (Motive). Vgl. hierzu auch *Mugdan,* Bd. 5, S. 621 (Protokolle). Die erste Kommission brachte hierbei Folgendes zum Ausdruck: „Hat die Anordnung des Erblassers lediglich den Erfolg, daß der Bedachte Gläubiger des Beschwerten wird, so liegt die Gefahr nahe, daß, was der Erblasser bezielte, nicht erreicht wird. Der Erbe kann aus bösem Willen oder auch aus Leichtsinn über den Gegenstand der Zuwendung verfügen; selbst die persönlichen Gläubiger des Erben sind in der Lage, auf den Gegenstand zu greifen; Gläubiger des Erblassers können, obwohl es an anderen genügenden Befriedigungsmitteln im Nachlasse nicht fehlt, den Gegenstand der Zuwendung als Objekt der Zwangsvollstreckung wählen.“ (vgl. *Mugdan,* Bd. 5, S. 70 (Motive)).

[747] *Mugdan,* Bd. 5, S. 623 (Protokolle).

[748] Vgl. hierzu bereits § 3, III. und § 5. *Muscheler* (Erbrecht, Bd. 1, § 13 Rn. 339) weist darauf hin, dass sich „die Testierfreiheit [im Laufe der Zeit] ein immer *größeres Terrain* erobert hat“.

[749] *Bähr,* Zur Beurtheilung des Entwurfs eines bürgerlichen Gesetzbuchs für das Deutsche Reich, S. 164 (zu § 1865).

C. Das Damnationslegat und das Vindikationslegat aus Sicht der Nachlassgläubiger und der Erben[750]

Die Nachlassgläubiger (Gläubiger des Erblassers und Pflichtteilsberechtigte)[751] wären in geringerem Maße geschützt als nach derzeitigem Recht.

Es könnte der Fall auftreten, dass sich diese an viele einzelne Vindikationslegatare wenden müssten und nicht lediglich an wenige Universal-Repräsentanten. Die Legatare haften zwar vor und nach der Teilung des Nachlasses gesamtschuldnerisch, jedoch lediglich gegenständlich beschränkt ohne etwaige Haftungsbeschränkungsmöglichkeiten in Erwägung ziehen zu müssen[752]. Die Erben müssen hingegen zur Erreichung einer Beschränkung ihrer Haftung auf den Nachlass auf Haftungsbeschränkungsmöglichkeiten zurückgreifen. Die Nachlassgläubiger könnten hierbei ggf. zu Lasten unwissender und überforderter Erben von dem äußerst komplizierten und unübersichtlichen haftungsrechtlichen System des BGB profitieren und es könnte somit zumindest von einer Aussicht auf eine unbeschränkte Haftung des bzw. der Erben gesprochen werden. Würde der Erblasser nahezu sein gesamtes Vermögen im Wege von Vindikationslegaten verteilen, würde die durch § 2059 Abs. 2 BGB gewährte Gesamthandsklage praktisch bedeutungslos. Letztlich ist es zum Schutz der Nachlassgläubiger gerade vorgesehen, dass Miterben über einzelne Nachlassgegenstände nur gemeinschaftlich verfügen können (vgl. § 2040 Abs. 1 BGB). Der Vindikationslegat kann hingegen bereits ab dem Zeitpunkt des Anfalls des Vermächtnisses über den ihm zugewandten Gegenstand verfügen. Er wäre den Nachlassgläubigern zwar in entsprechender Anwendung des § 1978 BGB für seine bisherige Verwaltung verantwortlich, jedoch würden die Nachlassgläubiger hierdurch mit dem Insolvenzrisiko des Bedachten in Bezug auf sein Eigenvermögen belastet.

---

[750] *v. Schmitt* (in: Die Vorentwürfe der Redaktoren zum BGB, Erbrecht, Teil 2, S. 725) brachte Folgendes zum Ausdruck: „Alle die Gefahren, welche sich mit dem Legate schwacher Wirkung für den Vermächtnißnehmer verknüpfen, kehren sich bei dem Vindikationslegate gegen den Erben und die Erbschaftsgläubiger." Die Befürworter eines Vindikationslegates brachten u.a. Folgendes vor: „Auch das Interesse der Nachlaßgläubiger verlange nicht die Abschaffung des Vindikationslegates. Wie die Praxis beweise, seien die Fälle, wo die Legatare behufs Berichtigung der Nachlaßverbindlichkeiten herangezogen werden müßten, nur selten. In der Regel setze ein verschuldeter Testator keine Legate aus." (vgl. *Mugdan,* Bd. 5, S. 622 (Protokolle)). *Muscheler* (Erbrecht, Bd. 1, § 18 Rn. 952) weist zur Entkräftung der Argumentation im Rahmen der zweiten Kommission darauf hin, dass eine Überschuldung des Nachlasses erst nach dem Tod des Erblassers zu Tage treten oder durch Erbfallschulden bedingt sein kann.

[751] Für die Erben gelten die nachfolgenden Ausführungen beispielsweise für die Fälle entsprechend, in denen ihre Forderungen auf Grund des § 1976 BGB als nicht erloschen gelten oder diese selbst pflichtteilsberechtigt wären.

[752] Vgl. hierzu § 15, I. B. 2. c) aa) und bb).

Für die Pflichtteilsberechtigten als übrige Nachlassgläubiger bestünde jedenfalls unter dem folgenden Gesichtspunkt keine zusätzliche Beeinträchtigung: Die vermachten Gegenstände würden zwar nicht zum Nachlass gehören, aber zumindest als zum Nachlass gehörig behandelt[753] und deren Wert könnte somit bei der Berechnung des Pflichtteils herangezogen werden (vgl. § 2311 Abs. 1 S. 1 BGB). Die Pflichtteilsberechtigten sind gerade nicht auf die weniger günstigen Vorschriften der §§ 2325, 2329 BGB verwiesen. *Bartholomeyczik* wies beispielsweise noch darauf hin, dass ein dinglich wirkendes Vermächtnis abzulehnen ist, da auch dem Pflichtteilsberechtigten lediglich ein Anspruch gewährt wird[754]. Diese Argumentation überzeugt indes nicht. Die Pflichtteilsberechtigten sollen abgesichert werden und auf Grund einer Enterbung durch den Erblasser nicht „leer ausgehen". Im Falle eines Vermächtnisses geht es hingegen gerade um die Zuwendung eines ganz konkreten Gegenstandes und nicht lediglich um die Bildung finanzieller Rücklagen auf Grund eines Mindestmaßes an familiärer Rücksichtnahme.

D. Das Damnationslegat und das Vindikationslegat aus Sicht des Rechtsverkehrs

Becker befasste sich im Rahmen des 19. DJT mit der ihm von der Ständigen Deputation des Juristentages zum Referat überwiesenen Frage[755]:

> „Soll die Wirkung aller Legate, unter Aufhebung des legatum vindicationis, nur eine obligatorische sein?"

Im Rahmen dieser zu klärenden Fragestellung handelt es sich bei der nachfolgenden Ausführung *Beckers* um eine seiner zentralsten Aussagen:

> „Daß das allgemeine Interesse für Einfachheit und Durchsichtigkeit der Rechtsregeln, und für möglichst feste, nicht in der Schwebe bleibende, oder gar rückwärts zu vernichtende Rechtszustände für eine nur obligatorische Wirkung spricht, geht wohl schon aus dem Gesagten hervor."[756]

---

753 Vgl. hierzu § 15, I. A. 3.

754 *Bartholomeyczik,* Erbeinsetzung, andere Zuwendungen und Erbschein, S. 142.

755 Zweite Sitzung der ersten Abtheilung am Dienstag, den 11. September 1888, in: Verhandlungen des 19. DJT, Bd. 3, S. 77.

756 Zweite Sitzung der ersten Abtheilung am Dienstag, den 11. September 1888, in: Verhandlungen des 19. DJT, Bd. 3, S. 85. *Dernburg* wies in Anlehnung an *Becker* nochmals darauf hin, dass es im gemeinen Recht sehr viele „Streitfragen, Unklarheiten und auch subjective Ansichtsverschiedenheiten der Schriftsteller" gibt, die allesamt eine ablehnende Haltung der Rechtsanwender im gemeinen Recht gegenüber dem Vindikationslegat nachvollziehbar erscheinen lassen (vgl. Zweite Sitzung der ersten Abtheilung am Dienstag, den 11. September 1888, in: Verhandlungen des 19. DJT, Bd. 3, S. 94). *Flad* (ZAkDR 1936, 740) sprach des Weiteren von „verwickelten Regelungen" und davon, dass „die klare und folgerichtig durchführbare Vorschrift des § 2174 vorzuziehen [ist]". Im Rahmen der zweiten Kommission wurde davon gesprochen, dass es im Falle eines nicht lediglich

Im Falle einer direkten Haftung[757] des Vindikationslegatars würden sich derartige Probleme in Bezug auf Rechtssicherheit und Rechtsklarheit nicht bzw. nicht in dem von *Becker* dargestellten Umfang stellen („in der Schwebe bleibende, oder gar rückwärts zu vernichtende Rechtszustände"). Der Legatar wird mit dem Erbfall verfügungsbefugter Eigentümer bzw. Rechtsinhaber in Bezug auf die vermachten Gegenstände.

Trotz alledem könnte man ggf. davon sprechen, dass diese rechtliche Konstruktion die Interessen des Rechtsverkehrs in stärkerem Maße beeinträchtigt als ein lediglich schuldrechtlich wirkendes Vermächtnis. Der Rechtsverkehr kann nicht (mehr) davon ausgehen, dass das gesamte Vermögen des Erblassers auf dessen gewillkürte oder gesetzliche Erben übergegangen ist. Es ist stattdessen gerade so, dass die eigentümerrechtliche Position bzw. die Stel-

---

schuldrechtlich wirkenden Vermächtnisses der „Aufnahme einer Reihe sehr komplizirter Bestimmungen" bedürfte (vgl. *Mugdan,* Bd. 5, S. 621 (Protokolle)). Folgendes brachte *v. Schmitt* (in: Die Vorentwürfe der Redaktoren zum BGB, Erbrecht, Teil 1, S. 408) zum Ausdruck: „Würde die stärkere Wirkung angenommen, so wären die Fälle schwebenden Eigenthums vermehrt, [...] bei den Vermächtnissen überhaupt wegen der Entsagungsbefugniß des Legatars [...]." Dieses Argument vermag indes nicht zu überzeugen. Dem Erben selbst wird gleichwohl eine Ausschlagungsmöglichkeit eingeräumt. Im Falle eines Vindikationslegates könnte man ebenfalls davon ausgehen, dass bei einer wirksamen Ausschlagung der Anfall an den Ausschlagenden als nicht erfolgt gilt. Der vermachte Gegenstand würde auf den bzw. die Erben übergehen (vgl. § 1922 Abs. 1 BGB), wobei der Anfall als mit dem Erbfall erfolgt gilt.

[757] In Bezug auf die rechtliche Position des indirekt haftenden Vindikationslegatars könnte Folgendes angemerkt werden: Die Ausführungen *Bährs* (vgl. Kapitel 4, Fn. 525) bzgl. eines Anspruchs auf formelle Übertragung des vermachten Gegenstandes zeigen deutlich, dass im Falle der Einführung eines Vindikationslegates und zur Gewährleistung eines gewissen Schutzniveaus zugunsten der Nachlassgläubiger kompliziertere Regelungen erforderlich sind als im derzeitigen Rechtszustand.

„Wie einfach, klar und durchsichtig gestaltet sich das Recht nach diesen unter einander in Zusammenhang stehenden Bestimmungen des Entwurfs eines bürgerlichen Gesetzbuches für das Deutsche Reich gegenüber dem bunten controversenreichen gemeinen deutschen Recht und preußischen Landrecht! Hier hinein mit Bestimmungen über die dingliche Wirkung von Vermächtnissen eine Lücke zu reißen, könnte ich nur durch ein dringendes Bedürfniß bewogen werden." *(Becker)* (Zweite Sitzung der ersten Abtheilung am Dienstag, den 11. September 1888, in: Verhandlungen des 19. DJT, Bd. 3, S. 83). *Becker* wies darüber hinaus noch auf eine Aussage *Friedensburgs* hin, die folgendermaßen lautete (*Friedensburg,* in: Verhandlungen des 19. DJT, Bd. 2, S. 63): „[...] doch ist gewiß nicht zu verkennen, daß die neuen Bestimmungen so consequent sind, den Erwerb des Bedachten so gleichmäßig und einheitlich gestalten, als das überhaupt möglich sein dürfte."

Man könnte u.U. auch daran denken, dass dritten Personen, die von dem bzw. den Erben erwerben, kein ausreichender Schutz zuteil wird. Dies ist aber gerade nicht der Fall. Bereits *Dernburg* brachte zum Ausdruck, dass der bona fide-Dritte auf Grund der Möglichkeit eines gutgläubigen Erwerbes umfangreich geschützt ist und mala fide-Dritte gerade eines Schutzes nicht würdig sind (Zweite Sitzung der ersten Abtheilung am Dienstag, den 11. September 1888, in: Verhandlungen des 19. DJT, Bd. 3, S. 97).

lung als Inhaber eines Rechts in Bezug auf die einzelnen Gegenstände des Verstorbenen auf die unterschiedlichsten Personen (ob Erben oder Nicht-Erben) übertragen worden sein könnte. Zur Schaffung von Rechtsklarheit müssten dritte Personen erhöhte Nachforschungen anstellen. Dieses Argument kann aber nur teilweise dafür angeführt werden, dass das Schutzniveau zugunsten der Interessen des Rechtsverkehrs durch die Einführung eines Vindikationslegates abgeschwächt würde. Würde das Vermögen als Ganzes auf den bzw. die Erben übergehen, so müssten dritte Personen sich ebenfalls darüber informieren, ob eine Verfügung von Todes wegen errichtet wurde und somit die gesetzliche Erbfolge gerade nicht eingreift, oder beispielsweise, ob eine letztwillige Verfügung, durch die der Erblasser seinen Ehegatten bedacht hat, unwirksam ist, weil zur Zeit des Todes des Erblassers die Voraussetzungen für die Scheidung der Ehe gegeben waren und der Erblasser die Scheidung beantragt oder ihr zugestimmt hatte (vgl. § 2077 Abs. 1 S. 2 BGB). Natürlich müsste man aber in gewisser Weise zugestehen, dass sich Dritte im Falle der Anordnung von Vindikationslegaten nicht nur über die Erbenstellung Klarheit zu verschaffen haben, sondern zudem darüber, ob das Vermögen als Ganzes eben gerade als Ausnahme vom Grundsatz der Universalsukzession nicht lediglich auf die ermittelten Erben überging. Es handelt sich aber um ein sehr schwaches Argument. Falls Nachforschungen angestellt werden müssten, so wären diese lediglich mit einem geringen Mehraufwand verbunden[758].

Auf der anderen Seite lässt sich aber stattdessen ein Argument zur Stärkung der Interessen des Rechtsverkehrs im Falle der Einführung eines Vindikationslegates anführen. Ein bloßes Forderungsrecht zugunsten des Vermächtnisnehmers wäre dem ethischen Rechtsbewusstsein in besonderem Maße abträglich, „wenn es nach und nach in das Volksbewußtsein übergeht: der Erbe ist gar nicht verpflichtet, die vermachte Sache herauszugeben, er kann sie verkaufen, er verfällt dadurch in keine Strafe, er kann höchstens verklagt werden auf den Preis! Glauben Sie, daß das das Rechtsbewußtsein

[758] Die vorstehenden Ausführungen gelten lediglich im Falle der Veräußerung eines vermachten Grundstücks; siehe hierzu § 15, I. B. 1. d) cc) (3). Die Vertragsparteien würden sich zu einem Notar begeben und falls der Veräußerer gerade nicht durch das Grundbuch als Eigentümer ausgewiesen wird, müsste sich der Erwerber mit der genauen rechtlichen Lage bzgl. des Grundstücks auseinandersetzen. In Bezug auf bewegliche Sachen würde der Veräußerer kaum jemals zum Ausdruck bringen, dass es sich um eine Sache handelt, die zum Vermögen eines kürzlich Verstorbenen gehörte. Diese Tatsache würde den Erwerber zu keinerlei Nachforschungen verleiten. Die dritte Person, die Rechtsgeschäfte mit dem Erben über vermachte bewegliche Sachen schließt, wäre nicht geschützt. Ein gutgläubiger Eigentumserwerb würde an dem Abhandenkommen der Sache scheitern. Der Vindikationslegatar würde den fiktiven Besitz ausüben, vgl. § 16, I. A. 1. a).

im deutschen Volke stärkt?“ *(Dernburg)*[759]. Die Einführung eines Vindikationslegates könnte somit die Interessen des Rechtsverkehrs durchaus auch positiv zu beeinflussen wissen. Bis in die heutige Zeit haben sich die in rechtlicher Hinsicht bestehenden erheblichen Unterschiede zwischen Erbeinsetzung und der Bestellung eines lediglich schuldrechtlich berechtigten Vermächtnisnehmers nicht im überwiegenden in der Gesellschaft vorhandenen Bewusstsein festsetzen können. Erbe und Vermächtnis werden im laienhaften Sprachgebrauch größtenteils als gleichbedeutend verwendet und die Divergenz zwischen Universalsukzession und Singularsukzession stellt für die meisten Erblasser ein ihnen unbekanntes Mysterium dar. Die Verfügenden gehen vorherrschend davon aus, dass das Eigentum an bestimmten Sachen bzw. die Rechtsinhaberschaft mit dem Eintritt des Todes auf die von ihnen bezeichneten Personen unmittelbar übergehen. Der Erblasser möchte „Vorrang, mindestens Gleichstellung des mit Einzeldingen Bedachten mit einem Erben“ und „[d]er Laie denkt an die Vergabe seiner Sachen und sonstigen Vermögensstücke an diesen und jenen, nicht an den Übergang von allem und jedem an einen allein oder an mehrere zu Bruchteilen“[760]. Die Auffassung des Lebens geht gerade nicht dahin, dass der Erwerb des vermachten Gegenstandes durch den Erben vermittelt wird. Unglücklicherweise gibt es bis heute keine rechtstatsächlichen Untersuchungen, die sich damit beschäftigen, inwieweit letztwillige Verfügungen und Erbverträge an der korrekten Verwendung juristischer Fachbegriffe und der durch das Gesetz vorgeschriebenen Rechtsfolgen kranken. Diesbezüglich kann lediglich auf Aussagen in der Literatur bzw. Rspr. zurückgegriffen werden. *Leipold* spricht beispielsweise davon, dass das fünfte Buch des BGB „nicht gerade volkstümlich geworden [ist]“, „der Bürger […] einzelne Gegenstände vererben [will], und der Jurist […] Mühe [hat], mit Auslegung und Umdeutung, etwa als Erbeinsetzung mit Teilungsanordnung, das System zu wahren“[761].

„Die Gesamtrechtsnachfolge als zwingendes Prinzip wurde schon von den Juristen im allgemeinen nicht ernst genommen; volkstümlich scheint sie ohnehin nie recht geworden zu sein. Der Grund dafür liegt meines Erachtens nicht so sehr in den Nachwirkungen des vor dem BGB geltenden Rechts, das überwiegend das Vindikationslegat kannte[762], sondern einfach in der naheliegenden Vorstellung, genauso wie man durch Rechtsgeschäft unter Lebenden über einzelne Vermögensgegenstände verfügen könne, müsse dies auch durch Testament möglich sein.“[763]

[759] Zweite Sitzung der ersten Abtheilung am Dienstag, den 11. September 1888, in: Verhandlungen des 19. DJT, Bd. 3, S. 97.

[760] *Kegel,* in: Liber Amicorum, S. 360.

[761] *Leipold,* in: I cento anni del Codice civile tedesco, S. 1239.

[762] Das Vindikationslegat war seit der Geltung der Zwölf Tafeln bis zum Inkrafttreten des BGB im Rechtsleben präsent (vgl. *Mugdan,* Bd. 5, S. 621 (Protokolle)).

[763] *Leipold,* AcP 180 (1980), 209.

Trotz des seit mehr als 100 Jahren existierenden bloßen Forderungsrechts des Vermächtnisnehmers konnte sich dieses somit bislang noch nicht in ausreichendem Maße im Volksbewusstsein manifestieren.

Im Falle der Einbeziehung gewisser abergläubischer Tendenzen könnte diesbezüglich auf theatralische Art und Weise von einem der gesetzgeberischen Grundentscheidung anhaftenden „Fluch" gesprochen werden. *Dernburg* stellte bereits im Rahmen der Verhandlungen des 19. DJT im Jahre 1888 Nachfolgendes fest[764]:

„Es entspricht nicht der Volksmeinung, daß der Legatar ein bloßes Forderungsrecht hat, noch weniger als in Rom in Deutschland, da im Volke die scharfe Trennung der Universalsuccession und der Singularsuccession nicht durchgedrungen ist."

Diese Aussage erscheint für das Jahr 1888 völlig nachvollziehbar. Das Vindikationslegat existierte unter bestimmten Voraussetzungen im römischen Recht, im ALR, im Code civil, im Sächsischen BGB und im CMBC[765] und ging somit durch tausendjährige Gewöhnung in Fleisch und Blut über *(Wilke)*[766].

„Dieses Recht wurzelt im Volksbewußtsein, und das Recht, das im Volksbewußtsein lebt, zu schützen, ist unsere Aufgabe, und nicht durch einfache juristische Constructionen den Schwierigkeiten aus dem Wege zu gehen." *(Dernburg)*[767]

Der Justizrat *Wilke* kritisierte den Entwurf des BGB auf besonders ausnahmslose Art und Weise folgendermaßen[768]:

„Sie [die Kommission für den Entwurf des BGB] soll kein Gesetzgeber sein in der Weise, daß sie uns hier vorschreibt, was Gesetz ist; das ist überhaupt nicht Aufgabe des Gesetzgebers. Meines Erachtens hat der Gesetzgeber gar kein Recht, ein Gesetz zu machen, sondern der Gesetzgeber hat die Aufgabe, zu hören und zu merken, was Gesetz ist, was das Volksbewußtsein ist, und er muß dies in einer verständigen und klaren Weise zum Ausdruck bringen; er muß sich aber nicht anmaßen, dem Volke und dem Deutschen Reiche vorzuschreiben: ich will, daß das jetzt Gesetz sein soll; es ist zwar nicht Gesetz, aber es soll von jetzt an Gesetz sein. Das ist meines Erachtens ein Hauptfehler, an dem auch der Entwurf etwas krankt."

---

[764] Zweite Sitzung der ersten Abtheilung am Dienstag, den 11. September 1888, in: Verhandlungen des 19. DJT, Bd. 3, S. 95, 96. Auf die Unvereinbarkeit eines bloßen Forderungsrechts mit dem Rechtsbewusstsein wies neben *Bähr* (ArchBürgR 3 (1890), 171) auch *v. Gierke* (S. 515) hin, der diesbezüglich von einem „doktrinären Radikalismus" des Entwurfs sprach.

[765] Vgl. hierzu die Ausführungen in § 11.

[766] Zweite Sitzung der ersten Abtheilung am Dienstag, den 11. September 1888, in: Verhandlungen des 19. DJT, Bd. 3, S. 98.

[767] Zweite Sitzung der ersten Abtheilung am Dienstag, den 11. September 1888, in: Verhandlungen des 19. DJT, Bd. 3, S. 97.

[768] Zweite Sitzung der ersten Abtheilung am Dienstag, den 11. September 1888, in: Verhandlungen des 19. DJT, Bd. 3, S. 98, 99.

Die Entscheidung des historischen Gesetzgebers mutet auch unter Einbeziehung eines weiteren Aspektes etwas seltsam an: Das Ziel des nationalen Gesetzgebers war es zur damaligen Zeit das vielschichtig bestehende Recht zu vereinheitlichen und gerade nicht zu reformieren[769]. Das neu geltende Recht sollte zu größtmöglicher Akzeptanz in der Bevölkerung führen. Dies zeigt sich besonders deutlich in Bezug auf die Einführung des Art. 64 EGBGB. Es wurde insbesondere darüber diskutiert, ob eine einheitliche reichsrechtliche Regelung für das Anerbenrecht in das BGB aufzunehmen ist oder das Anerbenrecht gerade als zum Zuständigkeitsbereich derjenigen Einzelstaaten gehörig anzusehen ist, in welchen ein Bedürfnis für selbiges zu verzeichnen ist[770].

„Gleichwohl ist das Anerbenrecht nicht begehrt und dessen Einführung würde dem Rechtsbewußtsein und einer vielhundertjährigen Stammesgewohnheit zuwider sein."[771]

Des Weiteren wurde „ein Experimentiren seitens der Reichsgesetzgebung"[772] abgelehnt und sich dafür ausgesprochen, dass „in einer so wichtigen und weitgehenden Frage gegen die sittlichen Grundanschauungen und das Rechtsgefühl des Volkes" gerade nicht verstoßen werden dürfe[773].

Zusammenfassend kann somit gesagt werden, dass es in der Volksauffassung nicht nur zum Zeitpunkt des Inkrafttretens des BGB, sondern bis heute verankert ist, dass der Vermächtnisnehmer den konkreten Gegenstand im Zeitpunkt des Erbfalles unter Beachtung des letzten Willens des Erblassers zu erlangen vermag und im Falle veruntreuender Verfügungen des bzw. der Erben nicht lediglich auf Schadensersatzansprüche gegenüber diesem bzw. diesen verwiesen wird. Durch die Einführung eines Vindikationslegates würde das (übrige) Vermögen des Erblassers zwar weiterhin als Ganzes auf den bzw. die Erben übergehen, jedoch würde eine Reform des geltenden Rechts den Interessen des Rechtsverkehrs in Bezug auf das Verständnis der Allgemeinheit von der unmittelbaren Erwerbung der Rechtsinhaberschaft an einzelnen Gegenständen mit dem Erbfall zumindest teilweise förderlich sein.

---

[769] *Coing,* in: Verhandlungen des 49. DJT, A 19. Er äußerte sich weiterhin folgendermaßen: „Nur da, wo angesichts der Divergenzen des vorhandenen Rechts die Vereinheitlichung sich als unmöglich erwies, sollten Entscheidungen nach ‚Bedürfnis und Zweckmäßigkeit' [einfach], evtl. auch juristischer Folgerichtigkeit gefunden werden. Nur in diesem Rahmen wollte man an eine energische Durchführung der den Verhältnissen der Gegenwart entsprechenden Rechtsprinzipien herangehen." (vgl. A 19 m.w.N.).

[770] *Mugdan,* Bd. 1, S. 53 (Motive).

[771] *Mugdan,* Bd. 1, S. 53 (Motive); vgl. hierzu auch S. 196 (Protokolle).

[772] *Mugdan,* Bd. 1, S. 54 (Motive).

[773] *Mugdan,* Bd. 1, S. 196 (Protokolle).

E. Zusammenfassung

Durch die Möglichkeit der Einsetzung eines direkt haftenden Vindikationslegatars können die Interessen der Bedachten und die des Erblassers deutlich besser verwirklicht werden als nach der derzeitigen Rechtslage. Die Nachlassgläubigerinteressen müssten hingegen deutliche Einschränkungen hinnehmen. Die Interessen des Rechtsverkehrs in Bezug auf Rechtsklarheit und Rechtssicherheit könnten durch die Einführung eines Vindikationslegates jedoch nicht nur geschwächt, sondern zudem positiv beeinflusst werden.

II. Die Entwicklung der Bedeutung des Nachlassgläubigerschutzes

Welchen der unterschiedlich beeinflussten Interessen sollte nunmehr der Vorrang eingeräumt werden? Was wäre das Ergebnis einer umfassenden Interessenabwägung? Müsste man sich für oder gegen die Einführung eines Vindikationslegates entscheiden, d.h. für oder gegen eine Abschwächung der Bedeutung des u.a. hinter dem Grundsatz der Universalsukzession stehenden Nachlassgläubigerschutzes? In Bezug auf die Integration eines unmittelbar dinglich wirkenden Vermächtnisses in das fünfte Buch des BGB würde es insbesondere darauf ankommen, ob das Vindikationsvermächtnis mit dem heutigen und dem in der Zukunft eintretenden Verständnis des Nachlassgläubigerschutzes vereinbar erscheint. Es bietet sich folglich die Frage an, ob und ggf. in welchem Ausmaß das der erbrechtlichen Grundwertung des Schutzes der Nachlassgläubiger beigemessene Schutzniveau in den letzten mehr als 100 Jahren einen Wandel erfahren hat. Gesetzt den Fall, man ginge davon aus, dass die Beibehaltung eines Vindikationslegates mit der dem Nachlassgläubigerschutz zum Zeitpunkt des Inkrafttretens des BGB zukommenden Bedeutung gerade nur schwer zu vereinbaren war, muss dieses Ergebnis für die heutige Zeit insbesondere auf Grund eines rechtlichen Wandels im nationalen Recht nicht mehr in gleichem Maße Geltung beanspruchen. An dieser Stelle sei bereits die vorweggenommene Behauptung aufgestellt, dass die Universalsukzession (bzw. hieraus folgend die durch die Vorschrift des § 1922 Abs. 1 BGB zum Ausdruck kommende grundlegende erbrechtliche Wertung eines zu gewährleistenden Nachlassgläubigerschutzes) „eine[r] stete[n] Erosion“ anheimfällt, sie „nicht alle Versprechen aus ihrer prominenten Position im Konzept des BGB-Erbrechts hat einlösen können“ und dieses Prinzip ohne untragbare Wertungswidersprüche „in begründeten Fällen andere Regelungen tolerieren und implementieren kann“[774]. Im Rahmen der nachfolgenden Ausführungen wird u.a. erneut das Augenmerk auf die Sondererbfolgen und die gewillkürten erbrechtsunabhängigen Sonderrechtsnachfolgen von Todes wegen gerichtet. Hat sich die Bedeutung des Grundsatzes der Universalsukzession bzgl. des durch diesen zu verwirklichenden Nachlass-

---

[774] *Röthel,* in: Verhandlungen des 68. DJT, Bd. I, A 31, 32; *Gärtner,* S. 117.

gläubigerschutzes im Hinblick auf die einzelnen Ausnahmen im Laufe der vergangenen mehr als 100 Jahre gewandelt und wenn ja, in welchem Ausmaß? Führen diese geänderten Verhältnisse zu einer abgeschwächteren Existenzberechtigung des Prinzips der Gesamtrechtsnachfolge, die weitere Ausnahmen als denkbar erscheinen lässt, oder gerade dazu, dass der hinter der Universalsukzession stehende Nachlassgläubigerschutz, d.h. der diesem in der heutigen Zeit zukommende Stellenwert, durch die Ablehnung weiterer Ausnahmen aufrechtzuerhalten ist?

A. Anerbenrechte

Durch Art. 64 Abs. 1 EGBGB bleiben landesgesetzliche Vorschriften über das Anerbenrecht in Ansehung landwirtschaftlicher und forstwirtschaftlicher Grundstücke nebst deren Zubehör unberührt, was letztlich bedeutet, dass durch diese Regelung „dem *historisch gewachsenem bäuerlichen Sondererbrecht* Rechnung getragen und sein Fortbestand gesichert wie aber auch seine Fortentwicklung ermöglicht werden [sollte]“[775]. Während der Zeit der Erarbeitung eines BGB für das Deutsche Reich wurde insbesondere darüber diskutiert, ob eine einheitliche reichsrechtliche Regelung für das Anerbenrecht in das BGB aufzunehmen ist oder das Anerbenrecht gerade als zum Zuständigkeitsbereich derjenigen Einzelstaaten gehörig anzusehen ist, in welchen ein Bedürfnis für selbiges zu verzeichnen ist[776]. Die Aufnahme des Anerbenrechts als reichsgesetzliches Institut in das BGB wurde letztlich abgelehnt. Das heißt im Ergebnis, dass auch nach dem Inkrafttreten des BGB weiterhin die verschiedensten und bereits bis dahin Geltung beanspruchenden Hoferbrechtsregelungen fortgalten, deren einheitlich verfolgter Zweck der Verhinderung des Zerfalls von Wirtschaftseinheiten aus agrarpolitischer und familienschützender Sicht auf divergierende Art und Weise zu verwirklichen versucht wurde[777]. Die Anerbengesetze sahen die unterschiedlichsten Regelungen zur Erhaltung des Hofes als wirtschaftliche Einheit vor, z.B. die Normierung einer unmittelbaren Rechtsnachfolge in den Hof oder eines Übernahmerechts zugunsten des Anerben gegenüber den übrigen Miterben[778]. Es gab auch Regelungen, die besagten, dass der Anerbe das landwirtschaftliche Grundstück nach Analogie eines Vindikationslegates unmittelbar kraft Gesetzes zu erlangen vermag[779]. Die erste Kommission wollte das Anerbenrecht in der Weise ausgestalten, dass es sich lediglich um einen persönlichen Anspruch des An-

---

[775] Staudinger-BGB/*Mayer,* Art. 64 EGBGB Rn. 7 m.w.N.

[776] *Mugdan,* Bd. 1, S. 53 (Motive).

[777] Staudinger-BGB/*Mayer,* Art. 64 EGBGB Rn. 1, 2, 4. Ein Überblick über landesrechtliche Anerbengesetze findet sich bei *Vogels,* S. 585 bis 587.

[778] Staudinger-BGB/*Mayer,* Art. 64 EGBGB Rn. 4; *Mugdan,* Bd. 1, S. 52 (Motive).

[779] *Mugdan,* Bd. 1, S. 55 (Motive) (mit landesgesetzlichen Beispielen).

erben gegen die Miterben auf Überlassung des landwirtschaftlichen Grundstücks handelt (vgl. Art. 83 Abs. 1)[780]:

„Unberührt bleiben die landesgesetzlichen Vorschriften, nach welchen, wenn zu einem Nachlasse ein zum Betriebe der Landwirthschaft oder Forstwirthschaft bestimmtes Grundstück gehört und mehrere Erben vorhanden sind, einer der Erben (Anerbe) von den übrigen Miterben verlangen kann, daß ihm bei der Auseinandersetzung das Grundstück mit Zubehör (Anerbengut) gegen Ersatz eines gewissen Werthes überlassen werde (Anerbenrecht).“

Die zweite Kommission sprach sich jedoch (teilweise) gegen den Regelungsgehalt des Art. 83 Abs. 1 aus[781]:

„Wenn hiernach ein Vorbehalt für die Landesgesetzgebung bezüglich des Anerbenrechtes aufgenommen werden müsse, so empfehle es sich mit Rücksicht auf die Verschiedenheit der örtlichen Verhältnisse und der rechtlichen Gestaltung, welche das Anerbenrecht, selbst innerhalb des Gebietes desselben Bundesstaates, gefunden habe, die Regelung des Anerbenrechtes, abweichend vom Entw., schlechthin der Landesgesetzgebung zu überlassen und sie nicht durch die vom Entw. gezogenen Schranken zu tiefgreifenden Aenderungen der bestehenden Gesetze zu nöthigen. Insbes. fehle es an einem durchschlagenden Grunde, das Anerbenrecht nur in der im Art. 83 Abs. 1 vorgesehenen jur. Gestaltung zuzulassen, zumal es in größeren Rechtsgebieten, wie in Hannover, Mecklenburg, Oldenburg, in abweichender Art geregelt sei.“

Zusammenfassend kann somit gesagt werden, dass die Anerbenrechte der Landesgesetzes im Zeitpunkt des Inkrafttretens des BGB sowohl als Recht des Anerben auf Übertragung des landwirtschaftlichen Grundstücks im Rahmen der Auseinandersetzung als auch als Sondererbfolge oder nach Analogie eines Vindikationslegates ausgeformt waren[782]. Die Aufnahme des Anerbenrechts als reichsgesetzliches Institut in das BGB wurde abgelehnt. Das während der nationalsozialistischen Herrschaft entwickelte Reichserbhofgesetz vom 29. September 1933 ging von einem zwingenden Anerbenrecht aus und regelte das bäuerliche Anerbenrecht nahezu abschließend, weshalb man letztlich von der Bedeutungslosigkeit des Art. 64 EGBGB sprechen konnte[783]. Dem Reichserbhofgesetz wurde jedoch durch das KRG Nr. 45 des Alliierten Kontrollrates im Jahre 1947 seine Geltung versagt und die vor 1933 eingeführten Anerbenrechte wieder in Kraft gesetzt[784]. Durch das KRG Nr. 45 wurde den Militärregierungen der einzelnen Besatzungszonen die Befugnis erteilt, abweichende Regelungen zu den nunmehr wieder in Kraft gesetzten und vor 1933 existenten Anerbenrechten zu schaffen[785].

---

[780] *Mugdan,* Bd. 1, XXVIII, S. 55 (Motive).
[781] *Mugdan,* Bd. 1, S. 199 (Protokolle).
[782] *Mugdan,* Bd. 1, S. 200 (Protokolle).
[783] Staudinger-BGB/*Mayer,* Art. 64 EGBGB Rn. 63; *Hattenhauer,* Jura 1983, 76.
[784] Staudinger-BGB/*Mayer,* Art. 64 EGBGB Rn. 64; *Hattenhauer,* Jura 1983, 76.
[785] Staudinger-BGB/*Mayer,* Art. 64 EGBGB Rn. 84.

„Gebietsweise gilt seitdem das ursprünglich (besatzungs-)zoneneinheitliche Anerbenrecht (so die Höfeordnung in der ehemals britischen Zone) [heute Niedersachsen, Nordrhein-Westfalen, Hamburg und Schleswig-Holstein[786]], in anderen Gebieten gelten wieder die *alten* Anerbenrechte aus der Zeit vor 1933 [beispielsweise Hessen[787]] bzw entsprechend dem damaligen Zustand besteht überhaupt *kein* Anerbenrecht [beispielsweise Bayern und das Saarland[788]] und schließlich sind *einzelne Länder* [beispielsweise Rheinland-Pfalz[789]] und auch der Bund[790] inzwischen neu auf dem Gebiet des Anerbenrechts gesetzgeberisch tätig geworden.“[791]

Es besteht somit auch im heutigen 21. Jahrhundert eine rege Vielfalt in Bezug auf den Bereich des Anerbenrechts in der Bundesrepublik Deutschland. Aus der rechtlichen Entwicklung während der vergangenen mehr als 100 Jahre lassen sich letztlich folgende Schlussfolgerungen ziehen: Auf den ersten Blick kann man davon sprechen, dass sich der Gesetzgeber bereits zum Zeitpunkt des Inkrafttretens des BGB am 01. Januar 1900 bewusst darüber war, dass er durch die Ablehnung einer einheitlichen Regelung des Anerbenrechts im Erbrecht des BGB eine ausnahmslose Verwirklichung des Grundsatzes der Universalsukzession – insbesondere auf Grund derjenigen Regelungen, die eine Sondererbfolge zuließen und nicht lediglich Einfluss auf den Zeitraum der Auseinandersetzung nehmen wollten – nicht sicherstellen konnte. Der historische Gesetzgeber ging also von keiner durchgängig lückenlosen Gewährleistung des Prinzips der Universalsukzession aus. Der Grundsatz wurde zwar als einer der fundamentalsten des Erbrechts angesehen und weitestgehend zu verwirklichen versucht, jedoch gab es in Bezug auf das Anerbenrecht Zielvorstellungen, deren Realisierung gewichtiger erschien als die vollumfängliche Durchführung des Prinzips der Gesamtrechtsnachfolge. Es ging gerade aus agrarpolitischer und familiärer Sicht um die Verhinderung des Zerfalls einer wirtschaftlichen Einheit[792]. Diese Ausführungen müssen natürlich im Ergebnis auf Grund dessen (teilweiser) Untätigkeit im gleichen Maße für den heutigen nationalen Gesetzgeber gelten. Trotz alledem kann man nicht von einer u.U. zwar unerwünschten, jedoch bewusst getroffenen Entscheidung des Gesetzgebers gegen die vollumfängliche Geltung des Prinzips der Universalsukzession sprechen. Die Passivität des nationalen Gesetzgebers ließe sich auch in eine andere Richtung hin deuten. Dieser hätte zwar auf der einen Seite eine einheitlich Geltung beanspruchende Regelung im BGB für

[786] Staudinger-BGB/*Mayer,* Art. 64 EGBGB Rn. 89.

[787] Staudinger-BGB/*Mayer,* Art. 64 EGBGB Rn. 105.

[788] Staudinger-BGB/*Mayer,* Art. 64 EGBGB Rn. 117, 119.

[789] Staudinger-BGB/*Mayer,* Art. 64 EGBGB Rn. 103.

[790] Der Bund erließ als Ergänzung zum Anerbenrecht die Vorschriften des Grundstückverkehrsgesetzes vom 28. Juli 1961 und das Gesetz über das gerichtliche Verfahren in Landwirtschaftssachen vom 21. Juli 1953 (vgl. Staudinger-BGB/*Mayer,* Art. 64 EGBGB Rn. 122, 126).

[791] Staudinger-BGB/*Mayer,* Art. 64 EGBGB Rn. 64.

[792] Staudinger-BGB/*Mayer,* Art. 64 EGBGB Rn. 1, 2.

die Auseinandersetzung der Erbengemeinschaft in Bezug auf land- und forstwirtschaftliche Höfe einführen können. Hierdurch könnte man dem Grundsatz der Universalsukzession gerecht werden und einer Zersplitterung von wirtschaftlich lebensfähigen Einheiten durch ein Übernahmerecht eines der Miterben beispielsweise entgegenwirken. Der Gesetzgeber hätte jedoch andererseits im Rahmen seiner Tätigkeit auch eine einheitliche Regelung über die Sondererbfolge eines gewillkürten oder gesetzlichen Erben in land- und forstwirtschaftliche Höfe gesetzlich festschreiben können. Durch den Vergleich der unterschiedlichen Handlungsalternativen des Gesetzgebers wird somit deutlich, dass der Verzicht auf eine bundeseinheitliche Normierung des Anerbenrechts nicht unbedingt darauf hindeutet, dass dem Prinzip der Universalsukzession eine geringere Bedeutung zugedacht wird. Zudem hatte der Gesetzgeber auch Kenntnis darüber, dass es ebenfalls Länder ohne Anerbenrechte gab bzw. gibt und solche mit Anerbenrechte, die jedoch gerade keine Sondererbfolge vorsahen bzw. vorsehen, sondern lediglich Regelungen im Rahmen der Erbenauseinandersetzung.

Trotz alledem erschien bzw. erscheint die Normierung einer bundeseinheitlichen Regelung zum vollständigen Ausschluss der Sondererbfolge in landwirtschaftliche Betriebe für den Gesetzgeber und deren anschließende praktische Umsetzung als nicht ausgeschlossen. Durch eine solche hätte der Universalsukzession zur, zumindest in diesem Bereich, vollumfänglichen Geltung verholfen werden können. Zudem liefert eine genauere Betrachtung des Wandels im Bereich der landwirtschaftlichen Betriebe weitere nennenswerte Erkenntnisse. Seit dem Inkrafttreten des BGB hat sich vor allem in ökonomischer und sozialer Hinsicht ein bedeutender Wandel vollzogen, der eine Ablösung der Inhaber von Produktionseinheiten mit sich brachte: Die Inhaber sind nunmehr nicht mehr natürliche, sondern juristische Personen[793]. Aus diesem Grunde stellt sich das mit dem in § 1922 Abs. 1 BGB normierten Prinzip der Universalsukzession einhergehende Problem der Zersplitterung von Wirtschaftseinheiten nicht mehr in dem Maße wie zuvor, da der Erblasser nur eine natürliche Person sein kann und gerade keine juristische[794]. *Papantoniou* brachte diese Entwicklung folgendermaßen zum Ausdruck:

„Dadurch daß diese Unternehmungen aus der Hand sterblicher natürlicher Personen immer mehr in die Hand unsterblicher juristischer Personen übergehen, scheiden sie ‚aus dem Kreise des Erbrechts aus' [einfach]. Der Tod einer Person kann also unter diesen Umständen das Bestehen der Produktionseinheiten nicht beeinträchtigen. In der modernen ‚entpersönlichten' [einfach] industriellen Organisation, in der die Großgesellschaften juristischen Personen gehören, sind die natürlichen Personen Aktionäre, möglicherweise besitzen sie

---

[793] *Papantoniou,* AcP 173 (1973), 388.
[794] Beck'scher Online-Kommentar BGB/*Müller-Christmann,* § 1922 BGB Rn. 1.

‚einen Kassenschrank mit hunderterlei Aktien‘ [einfach], die aber keine ökonomische Einheit bilden.“[795]

Die Aussage *Papantonious* muss etwas relativiert werden:

„Traditionelle Rechtsform des landwirtschaftlichen Betriebes in Deutschland war bis nach dem Zweiten Weltkrieg das Einzelunternehmen, der bäuerliche Familienbetrieb. Als Rechtsform war er in Westdeutschland bis 1990 grundsätzlich keinen größeren Veränderungen unterworfen. [...] Im Osten Deutschlands hatten die Privatbetriebe, in der Regel Einzelunternehmen, zwar 1950 einen Anteil von 94,3 % an der landwirtschaftlich genutzten Fläche, der jedoch bis 1989 auf 5,4 % zurückging. 87,0 % der gesamten Fläche wurden von landwirtschaftlichen Produktionsgenossenschaften (LPG) mit einer Durchschnittsgröße von 4 528 Hektar und 7,6 % von volkseigenen Gütern (VEG) und kommunalen Betrieben bewirtschaftet. Mit der Wiedervereinigung wurde in der ostdeutschen Landwirtschaft ein Neuanfang nach marktwirtschaftlichen Kriterien erforderlich. Die ehemals sozialistischen Betriebe richteten sich besonders an Rechtsformen einer juristischen Person aus, die für diese Betriebsgrößen als geeignet erschien. Vor allem eingetragene Genossenschaften und GmbHs etablierten sich bis Mitte der 1990er Jahre und stabilisierten sich in der Folgezeit. [...] Im früheren Bundesgebiet dominierte mehr als 40 Jahre als Rechtsform eindeutig das Einzelunternehmen. Auch nach der politischen Wende fanden andere Rechtsformen, die im Osten gesellschaftlich erforderlich wurden, nur zögerlich Einzug in die Agrarstruktur. So hatte 1995, im ersten Jahr der Veröffentlichung dieser Nachweisführung, die Rechtsform Einzelunternehmen in Westdeutschland noch einen Anteil von 98,3 % an allen Rechtsformen der landwirtschaftlichen Betriebe; in Ostdeutschland belief sich dieser auf 81,3 %. Bis zum Jahr 2010 verringerte er sich auf 92,9 % im Westen und 72,5 % im Osten. Wesentlich stärker differenziert ist die wirtschaftliche Bedeutung, hier gemessen an der Flächenausstattung. Demnach bewirtschafteten 2010 die Einzelunternehmen in Westdeutschland 86,3 % und in Ostdeutschland lediglich 26,4 % der landwirtschaftlich genutzten Fläche.“[796]

Der Aussage *Papantonious* kann somit keine pauschale Zustimmung verliehen werden. Es vollzog bzw. vollzieht sich zwar ein nicht zu unterschätzender Wandel in der Rechtsform der landwirtschaftlich genutzten Betriebe, jedoch muss zwischen den prozentualen Angaben in Bezug auf die Rechtsform und denjenigen bzgl. der landwirtschaftlich genutzten Fläche differenziert werden. In Westdeutschland bewirtschaften die Einzelunternehmen im Jahr 2010 immer noch 86,3 % der landwirtschaftlich genutzten Fläche.

Leipold spricht sich zwar gegen die Ansicht *Papantonious* aus, gesteht aber ein, dass sich aber ein Wandel von der land- und handwirtschaftlichen Produktionsweise zu einer Industrie- und Dienstleistungsgesellschaft vollzogen hat[797]. Die landwirtschaftlichen Betriebe verlieren somit zahlenmäßig an Gewicht.

„So sank im früheren Bundesgebiet die Zahl der landwirtschaftlichen Betriebe mit einer Fläche ab zwei Hektar von 1,341 Mio im Jahr 1949 auf 360.500 im Jahre 2000 [...]; allein

[795] *Papantoniou,* AcP 173 (1973), 388 m.w.N.
[796] *Statistische Ämter des Bundes und der Länder,* S. 12.
[797] *Leipold,* AcP 180 (1980), 205.

in *Nordrhein-Westfalen* gab es 41 500 Betriebsaufgaben von Höfen unter 30 ha in den letzten zwei Jahrzehnten […].“[798]

Man kann hierbei von einem tiefgehenden und anhaltenden Strukturwandel in der deutschen Landwirtschaft sprechen[799]. *Mayer* führt zudem an, dass die vorweggenommene Erbfolge im Bereich der Landwirtschaft „immer größere Bedeutung erlangt und im Begriff ist, der klassischen Erbfolge den Rang abzulaufen“[800]. Man könnte hieraus folgern, dass ein fehlendes Einschreiten des nationalen Gesetzgebers somit nicht unbedingt als Argument für dessen fortschreitende Billigung der Anerbenregelungen als Ausnahmen vom Grundsatz der Universalsukzession angeführt werden kann. Im Falle einer sinkenden Anzahl der landwirtschaftlichen Betriebe kommt es gerade im Ergebnis zu weniger Abweichungen in Bezug auf das Prinzip der Universalsukzession und dementsprechend u.U. zu einem geringeren Handlungsbedarf des Gesetzgebers. Man könnte folglich sagen, dass sich das Prinzip der Universalsukzession durch den ökonomischen Wandel im Laufe der Zeit von selbst in seiner Bedeutung gestärkt hat bzw. weiterhin stärkt. Potenziert wird diese Argumentation insbesondere dadurch, dass – unter Berücksichtigung der aktuellen rechtlichen Lage – eben gerade auch Bundesländer ohne Anerbengesetze (z.B. Bremen, in den Regierungsbezirken Tübingen, Stuttgart und Karlsruhe des Bundeslandes Baden-Württemberg, Bayern, Saarland, Berlin, Brandenburg, Mecklenburg-Vorpommern, Sachsen, Sachsen-Anhalt und Thüringen)[801] und solche lediglich mit einer Regelung im Rahmen der Erbauseinandersetzung existieren (z.B. Hessen und Regierungsbezirk Freiburg des Bundeslandes Baden-Württemberg)[802]. Auf der anderen Seite gibt es hingegen eine geringere Anzahl an Bundesländern, die von einer Sondererbfolge ausgehen wie Niedersachsen, Nordrhein-Westfalen, Hamburg, Schleswig-Holstein und Rheinland-Pfalz[803]. In 11 von 16 Bundesländern der Bundesrepublik Deutschland kommt somit eine Ausnahme vom Grundsatz der Universalsukzession von vornherein nicht zum Tragen. Im Falle der übrigen fünf Bundesländer, die von einem unmittelbaren Anfall des Hofes an einen Hoferben ausgehen (vgl. § 4 HöfeO und § 14 HO-RhPf), ist dieses Höferecht lediglich fakultativ ausgestaltet. Nach § 1 Abs. 4 S. 1 HöfeO verliert eine Besitzung die Eigenschaft als Hof, wenn der Eigentümer erklärt, dass sie kein Hof mehr sein soll, und wenn der Hofvermerk im Grundbuch gelöscht wird. § 14 Ho-RhPf gewährt dem Erblasser die Möglichkeit von der Sondererbfol-

[798] Staudinger-BGB/*Mayer,* Art. 64 EGBGB Rn. 14 m.w.N.
[799] Staudinger-BGB/*Mayer,* Art. 64 EGBGB Rn. 14.
[800] Staudinger-BGB/*Mayer,* Art. 64 EGBGB Rn. 14.
[801] Staudinger-BGB/*Mayer,* Art. 64 EGBGB Rn. 108, 113 bis 116, 117, 119, 120, 121.
[802] Staudinger-BGB/*Mayer,* Art. 64 EGBGB Rn. 106, 111.
[803] Staudinger-BGB/*Mayer,* Art. 64 EGBGB Rn. 89, 103.

ge abzusehen[804]. Letztgenannter Paragraph bestimmt in dessen Satz 1, dass der Hof, sofern der Eigentümer durch Verfügung von Todes wegen nichts anderes bestimmt hat, als Teil der Erbschaft kraft Gesetzes nur einem Erben zufällt. Den landesrechtlichen Anerbengesetzen wird somit in der heutigen Zeit eine sehr geringe praktische Bedeutung zuteil. Diese schlussendlich tatsächlich sehr überschaubaren Ausnahmen vom Prinzip der Universalsukzession lassen jedoch ein Einschreiten seitens des Gesetzgebers trotz alledem nicht als obsolet erscheinen. Der Gesetzgeber darf sich in einem Probleme aufwerfenden Teilgebiet des Rechts auch dann nicht zurückziehen, falls es sich hierbei lediglich um ein Randgebiet handelt. Allgemeingültige und auf die heutige und längerfristig absehbare gesellschaftliche und ökonomische Entwicklung zugeschnittene Regelungen sind für ein geordnetes Zusammenleben in der Bundesrepublik Deutschland und die Entwicklung des Landes unabdingbar. Der Gesetzgeber als Legislativorgan darf sich dieser Verantwortung in keinem Bereich des Rechts entziehen. Dieser kann auch nicht davon ausgehen, dass sich das – wenn auch nur in geringem Umfang – trotzdem bestehende Konfliktpotential der Anerbenrechte als Ausnahmen vom Grundsatz der Universalsukzession im Laufe der Zeit mit dem zunehmenden Abbau landwirtschaftlicher Betriebe von selbst zu lösen vermag, insbesondere da ein völliges Verschwinden der Landwirtschaft in absehbarer Zeit als absolut ausgeschlossen anzusehen ist. Der Gesetzgeber müsste somit für den Fall, dass er der Universalsukzession einen vollumfänglichen Geltungsbereich im Bereich des Höferechts einräumen möchte, gesetzgeberisch tätig werden. Auch nur geringe Ausnahmen vom Grundsatz der Universalsukzession können das Ansehen und die Akzeptanz dieses Prinzip in der Bevölkerung ins Wanken bringen, weshalb die diesbezügliche Frage nach einer Reformnotwendigkeit seitens des nationalen Gesetzgebers kein Schattendasein fristen darf.

Die Anerbenrechte haben zudem im Laufe der Zeit zunehmend an Legitimation eingebüßt.

„Beide Regelungsanliegen [Verhinderung des Zerfalls wirtschaftlicher Einheiten aus agrarstrukturellen und familiären Interessen] haben an legitimierender Kraft verloren. Das *private* Interesse, den Hof unabhängig vom erklärten Erblasserwillen in der Familie zu erhalten, dürfte heute mit dem sozialen Bedeutungsverlust des Hofs für die Familie und der sozialversicherungsrechtlichen Absicherung der Landwirte weitgehend zu vernachlässigen sein. […] Allerdings sind auch die kontraproduktiven Effekte ungeteilter Hofweiterführung zu bedenken: Kleinere Betriebe werden künstlich am Leben gehalten und die Entstehung eines funktionierenden Marktes für landwirtschaftliche Flächen dauerhaft erschwert. Die kontinuierliche Vergrößerung der durchschnittlichen Hofflächen und die abnehmende Kinderzahl lassen eher umgekehrt eine gewisse Zersplitterung zur Sicherung einer breite-

[804] Staudinger-BGB/*Mayer,* Art. 64 EGBGB Rn. 103.

ren Eigentumsstreuung und Verbesserung der Bodenmobilität agrarpolitisch wünschenswert erscheinen."[805]

Diese fehlenden Legitimationsgrundlagen der bestehenden Anerbenrechte in privater und agrarstruktureller Hinsicht und die Tatsache des zunehmenden Rückgangs landwirtschaftlicher Betriebe würden ein gesetzgeberisches Tätigwerden zur noch vollumfänglicheren Verwirklichung des Prinzips der Universalsukzession in vielerlei Hinsicht einfacher gestalten als zur Zeit des Inkrafttretens des BGB. Auf Grund dieser Ausführungen und des bisherigen Verzichts des Gesetzgebers auf die Einführung einer einheitlichen Regelung im BGB zum Ausschluss der bislang noch bestehenden Sondererbfolgen lässt sich der Schluss ziehen, dass dieser sich bereits mit einer lediglich beschränkten Geltung des Prinzips der Gesamtrechtsnachfolge im Bereich des Höferechts arrangiert hat und auf eine uneingeschränktere Verwirklichung gerade verzichten möchte. Durch den vielfältigen Wandel der Anerbenrechte während der verschiedensten geschichtlichen Epochen ist auch davon auszugehen, dass die diesbezüglich bestehenden Ausnahmen vom Grundsatz der Universalsukzession sich zu den verschiedensten Zeiten im Bewusstsein des Gesetzgebers widerspiegelten. Die geistige Besinnung auf die Problematik der Anerbenrechte bestand somit im Laufe des vergangenen Jahrhunderts in einem deutlicheren Ausmaße als vor dem Inkrafttreten des BGB am 01. Januar 1900. Zusammenfassend kann gesagt werden, dass man in der heutigen Zeit – nicht nur trotz, sondern gerade wegen des Rückgangs landwirtschaftlicher Betriebe und auf Grund der schwindenden legitimierenden Grundlagen der bestehenden Anerbenrechte – von einer noch weitergehenden Anerkennung dieser Einschränkungen des Prinzips der Universalsukzession durch den Gesetzgeber sprechen kann als um das Jahr 1900.

B. Nachfolge in Anteile von Personengesellschaften

Diese in § 4, II. D. 1. b) dargestellte Abweichung vom Prinzip der Gesamtrechtsnachfolge erlangte im Laufe der Zeit einen immer weitreichenderen Anwendungsbereich. Im Jahr 1970 existierten ungefähr 100 000 Personengesellschaften, wohingegen das Unternehmensregister des Statistischen Bundesamtes für das Jahr 2008 nunmehr von 413 746 Personengesellschaften ausging[806]. Dies bedeutet letztlich, dass sich von 1970 bis ins Jahr 2008 die Zahl der Personengesellschaften mehr als vervierfacht hat. *Leipold* brachte im Rahmen seiner Ausführungen beispielsweise zum Ausdruck, dass sich der Anteil der OHG und KG an den Unternehmen im Jahre 1925 auf 2,5 % belief und dieser alleine bis zum Jahr 1970 auf 5,8 % anstieg[807]. Seit dem Inkrafttre-

---

[805] *Röthel,* in: Verhandlungen des 68. DJT, Bd. I, A 33, 34 m.w.N.
[806] *Röthel,* in: Verhandlungen des 68. DJT, Bd. I, A 32, Fn. 118 m.w.N.
[807] *Leipold,* AcP 180 (1980), 210, Fn. 130 m.w.N.

ten des BGB wurde somit das Prinzip der Universalsukzession auf Grund vorrangiger gesellschaftsrechtlicher Interessen in dem Bereich der Nachfolge in Personengesellschaftsanteile immer weiter zurückgedrängt[808]. Im Falle einer qualifizierten Nachfolgeklausel und einer bestehenden Wertausgleichsverpflichtung des qualifizierten Nachfolgers wird diese Klausel als dinglich wirkende Teilungsanordnung bezeichnet, im Falle nicht bestehender Wertausgleichsverpflichtung hingegen als dinglich wirkendes Vorausvermächtnis[809].

C. Reichsheimstättengesetz

In § 1 Abs. 1 des Reichsheimstättengesetzes (RHeimstG) vom 10. Mai 1920 wurde Folgendes beschlossen[810]:

> „Das Reich, die Länder und die Gemeinden und Gemeindeverbände können Grundstücke, die aus einem Einfamilienhause mit Nutzgarten bestehen (Wohnheimstätten), oder landwirtschaftliche oder gärtnerische Anwesen, zu deren Bewirtschaftung eine Familie unter regelmäßigen Verhältnissen keiner ständigen fremden Arbeitskräfte bedarf (Wirtschaftsheimstätten), als Heimstätten zu Eigentum ausgeben."

Hinter dem RHeimstG stand der Gedanke, dass der Mensch „mit dem Grund und Boden in einem ihm dauernd verbleibenden Eigentum als seiner Heimstätte" verbunden werden sollte[811]. *Wormit/Ehrenforth* äußerten sich diesbezüglich weiterhin folgendermaßen[812]:

> „Die Aufgabe der gesetzlichen Regelung des Heimstättengedankens war dahin vorgeschrieben, daß es eine Rechtsform zu schaffen galt, welche die Verbindung des Heimstätters mit dem Grund und Boden sicherstellen und ihm ein bleibendes Heim schaffen sollte. [...] Am wichtigsten war aber die gesetzliche Regelung, welche dem Heimstätter eine Sicherung des Eigentums an der Heimstätte verbürgte. Um diese Ziele zu erreichen, wurden in das Gesetz aufgenommen: eine Beschränkung der Zwangsvollstreckung, aber auch eine Einschränkung der Belastung mit dem Ziel der allmählichen Entschuldung, eine Sicherung gegen spekulative Veräußerung, ein Verbot der Teilung und zur Erhaltung der Zweckbestimmung der Heimstätte eine gewisse Überwachung des Heimstätters durch den Ausgeber mittels der Begründung von Heimfall- und Vorkaufsrecht."

---

[808] Um eine präzisere Aussage treffen zu können, müsste das zahlenmäßige Verhältnis zwischen der Eintrittsklausel, der erbrechtlichen und rechtsgeschäftlichen Nachfolgeklausel einerseits und der Auflösungs- und Fortsetzungsklausel andererseits genauer ausgewertet werden. Nur im Rahmen der drei erstgenannten Klauseln handelt es sich tatsächlich um Ausnahmen vom Grundsatz der Universalsukzession. Einem derartigen Bestreben stehen jedoch fehlende rechtstatsächliche Untersuchungen und mangelnde Grafiken des Statistischen Bundesamtes entgegen.

[809] Fischer/Jüptner/Pahlke/Wachter/*Fischer*, § 3 ErbStG Rn. 169 m.w.N.

[810] RGBl. 1920 I, S. 962, 963.

[811] *Wormit/Ehrenforth*, S. 17.

[812] *Wormit/Ehrenforth*, S. 18.

Diesbezügliche Regelungen enthielten u.a. die §§ 9, 11, 12, 17, 20 RHeimstG[813]:

§ 9 Abs. 1 RHeimstG: „Die Teilung der Heimstätte und die Abveräußerung einzelner Grundstücke oder Grundstücksteile bedarf der Zustimmung des Ausgebers."

§ 11 Abs. 1 S. 1 RHeimstG: „Veräußert der Heimstätter die Heimstätte, so hat der Ausgeber das Vorkaufsrecht."

§ 12 Abs. 1 RHeimstG: „Der Ausgeber kann verlangen, daß ihm die Heimstätte übertragen wird, wenn der Heimstätter sie nicht dauernd selbst bewohnt oder bewirtschaftet oder wenn er grobe Mißwirtschaft treibt (Heimfallanspruch)."

§ 17 Abs. 1 RHeimstG: „Die Belastung der Heimstätte bedarf der Zustimmung des Ausgebers."

§ 20 Abs. 1 RHeimstG: „Die Zwangsvollstreckung in eine Heimstätte wegen einer persönlichen Schuld des Heimstätters ist unzulässig."

Nachdem die Hintergründe und Einzelheiten des RHeimstG in groben Zügen dargestellt wurden, stellt sich nunmehr die Frage, was im Falle des Todes des Heimstätters mit der Reichsheimstätte geschah, d.h. insbesondere, ob die erbrechtlichen Vorschriften des BGB in Bezug auf die gewillkürte oder gesetzliche Erbfolge (vgl. §§ 1924 ff. BGB) zur Anwendung gelangten. § 24 RHeimstG bestimmte diesbezüglich Folgendes[814]:

„Das Landesgesetz kann Vorschriften über das Erbrecht hinsichtlich der Heimstätten erlassen und das Recht des Erblassers, über die Heimstätte zu verfügen, beschränken."

Eine Sondererbfolge als Ausnahme vom Grundsatz der Universalsukzession wurde im RHeimstG (Gesetz vom 10. Mai 1920, geändert durch Gesetz vom 24. November 1937)[815] und dessen AVO (Verordnung zur Ausführung des RHeimstG vom 19. Juli 1940)[816] vorgesehen. § 24 RHeimstG führte in Verbindung mit § 29 Abs. 1 AVO gerade zu einer Sondererbfolge des Heimstättenfolgers.

§ 29 Abs. 1 AVO bestimmte: „Der Heimstättenfolger erwirbt das Eigentum an der Heimstätte mit dem Erbfall."[817]

Diese Sondererbfolge trat aber nur in ganz bestimmten Konstellationen ein (vgl. § 26 AVO). Gemäß § 26 Nr. 1 AVO fiel die Heimstätte „beim Vorhandensein mehrerer Miterben einem Erben (Heimstättenfolger) allein zu, wenn der Erblasser in einer Verfügung von Todes wegen den Erben bezeichnet hat, der die Heimstätte erhalten soll"[818]. Für die Legitimation dieser Abweichung wurde im Rahmen des Gesetzes und der Verordnung auch nicht ausschließ-

[813] RGBl. 1920 I, S. 964, 965, 966, 967.
[814] RGBl. 1920 I, S. 967.
[815] RGBl. 1920 I, S. 962 bis 970 und RGBl. 1937 I, S. 1289 bis 1296.
[816] RGBl. 1940 I, S. 1027 bis 1033.
[817] RGBl. 1940 I, S. 1030.
[818] RGBl. 1940 I, S. 1030.

lich an die Erbenstellung angeknüpft, sondern daran, dass der Bevölkerung mit Hilfe von Steuer- und Gebührenbefreiungen geholfen werden wollte, Eigentum zu bilden und anschließend dem Heimstätter und seiner Familie das selbst bewohnte Eigenheim dauerhaft als einheitliches Ganzes erhalten bleibt[819]. *Wormit/Ehrenforth* brachten in ihrem Kommentar zum RHeimstG aus dem Jahre 1967 bereits Folgendes zum Ausdruck[820]:

„Durch das Reichsheimstättengesetz [...] hat der Heimstättengedanke, die Verbindung des Menschen mit dem Grund und Boden in einem ihm dauernd verbleibenden Eigentum als seiner Heimstätte, erstmalig einen umfassenden gesetzlichen Niederschlag gefunden."

Soweit sich aus dem RHeimstG und der AVO nichts Abweichendes ergab, ist für die Beerbung des Heimstätters das allgemeine Erbrecht des BGB maßgebend (vgl. § 25 AVO)[821]. Erfolgte gerade keine Sondererbfolge in die Heimstätte gemäß §§ 24 RHeimstG, 26, 29 AVO, so waren die Miterben „hinsichtlich der Heimstätte wie des gesamten Nachlasses Miteigentümer in ungeteilter Erbengemeinschaft und bilden eine Gemeinschaft zur gesamten Hand (§ 2032 BGB)"[822].

Das RHeimstG wurde durch Gesetz vom 17. Juni 1993 aufgehoben[823] und zwar nicht aus Gründen der Unvereinbarkeit der Einzelrechtsnachfolge von Todes wegen mit dem Grundsatz der Universalsukzession, sondern u.a. aus folgenden Gründen[824]:

„Das Reichsheimstättengesetz hat nach dem Kriege, namentlich durch die Wohnungsbaugesetzgebung des Bundes und der Länder, zunehmend an Bedeutung verloren. [...] Neue Heimstätten werden kaum noch ausgegeben. [...] Angesichts dieser Entwicklung ist auch der hohe Verwaltungsaufwand, der bei Belastung, Teilung, Vergrößerung und Veräußerung der Heimstätte, insbesondere aber auch durch die laufende Aufsicht durch den Ausgeber entsteht, nicht mehr zu rechtfertigen."

Durch die Einführung des RHeimstG und der AVO ging die Heimstätte unmittelbar mit dem Erbfall in das Eigentum des Heimstättenfolgers über. Diese Abweichung vom Grundsatz der Universalsukzession führte wiederum dazu, „dass die Universalsukzession nicht alle Versprechen aus ihrer prominenten Position im Konzept des BGB-Erbrechts hat einlösen können"[825]. Zwar wurde das RHeimstG im Jahre 1993 aufgehoben, jedoch nicht (zumindest nicht direkt) aus dem Grunde einer erwünschten vollumfänglicheren Verwirklichung des Prinzips der Universalsukzession und somit letztlich des hinter der Gesamtrechtsnachfolge stehenden Nachlassgläubigerschutzes. Dieser

819 BT-Drucksache 12/3977, S. 6; *Wormit/Ehrenforth,* § 24 RHeimstG Nr. 1.
820 *Wormit/Ehrenforth,* S. 17.
821 RGBl. 1940 I, S. 1030.
822 *Wormit/Ehrenforth,* S. 177.
823 BGBl. 1993 I, S. 912, 913.
824 BT-Drucksache 12/3977, S. 6.
825 *Röthel,* in: Verhandlungen des 68. DJT, Bd. I, A 31.

Aspekt findet sich unter den übrigen Begründungsansätzen gerade nicht. Die Stärkung dieses Grundsatzes stellte sich somit im Ergebnis lediglich als begrüßenswerte Nebenfolge dar. Dies zeigt wiederum, dass sich der nationale Gesetzgeber im Laufe der Zeit mit einer abgeschwächteren Bedeutung des Grundsatzes der Universalsukzession abgefunden hat und diese oftmals hinter anderen Gesichtspunkten wie eines zu verhindernden erhöhten Verwaltungsaufwandes und wohnungspolitischer und bauordnungsrechtlicher Gesichtspunkte[826] in Vergessenheit geriet. Die Aufhebung des RHeimstG kann folglich gerade nicht als Argument dafür herangezogen werden, dass es zu einer Regeneration des zunächst durch die Einführung des RHeimstG abgemilderten Stellenwertes der Universalsukzession kam.

D. Landesgesetzlicher Vorbehalt gemäß Art. 139 EGBGB

Die vorstehenden Ausführungen werden des Weiteren durch einen Blick auf die Vorschrift des Art. 139 EGBGB[827] bekräftigt. Art. 139 EGBGB lässt die Einräumung eines Erbrechts, eines Pflichtteilsanspruchs oder eines Rechts auf bestimmte Sachen zu. Art. 139 EGBGB normiert somit u.a., dass landesgesetzliche Vorschriften unberührt bleiben, nach denen dem Fiskus oder einer anderen juristischen Person in Ansehung des Nachlasses einer verpflegten oder unterstützen Person ein Recht auf bestimmte Sachen zusteht. In landesrechtlichen Normen kann hierbei gesetzlich festgeschrieben werden, dass der Erwerb des Eigentums kraft Gesetzes erfolgt (sog. Vindikationslegat)[828]. Der historische Gesetzgeber war sich insbesondere bewusst, dass er durch die Einführung des Art. 139 EGBGB die Fortgeltung und die Ermöglichung der Fortentwicklung der verschiedensten Partikularrechte förderte. In den Motiven zum BGB wurde u.a. angeführt[829]:

„Nach verschiedenen Partikularrechten haben gewisse Armenversorgungs-, Heil-, Straf-, Besserungs- und Erziehungsanstalten ein Erbrecht gegenüber den in die Anstalt aufgenommenen oder sonst von ihnen unterstützten Personen. Das Erbrecht ist bald ein subsidiäres, bald ein konkurrirendes, bald ein ausschließliches, mitunter auch ein Pflichttheilserbrecht. Bald steht es gegenüber allen, bald nur gegenüber gewissen Verwandten zu; bald kann es durch Zahlung von Pflegegeldern abgewendet werden, bald greift es schlechthin Platz; bald hat es zur Voraussetzung, daß die […] Person bz. ihr gesetzlicher Vertreter bei der Aufnahme entsprechend verständigt worden ist, bald tritt es auch ohne diese Voraussetzung ein. Zuweilen beschränkt das Recht sich auf die eingebrachten Sachen, und es ist solchenfalls nicht immer klar, ob das Recht einen erbrechtlichen Charakter hat."

---

[826] BT-Drucksache 12/3977, S. 6.

[827] Zu Art. 139 EGBGB vgl. auch die Ausführungen in § 6, IV. B. 3. a).

[828] Staudinger-BGB/*Mayer,* Art. 139 EGBGB Rn. 8 m.w.N. (unter Bezugnahme auf bayerische und hessische Vorschriften).

[829] *Mugdan,* Bd. 1, S. 50 (Motive).

Auf Grund der bayerischen und hessischen landesrechtlichen Regelungen (Art. 102 Abs. 2 BayAGBGB, § 31 Abs. 2 Hess.AGBGB) kam bzw. kommt es dazu, dass das Eigentum an eingebrachten Sachen der verpflegten Person mit dem Erbfall auf den Träger der Einrichtung überging bzw. übergeht[830]. Es handelt sich hierbei um eine erbrechtsunabhängige Sonderrechtsnachfolge von Todes wegen. Die Einführung der bundeseinheitlichen Norm des Art. 139 EGBGB wurde mit der Erhaltung der Leistungsfähigkeit der Fürsorgeverbände (heute Sozialhilfeträger) gerechtfertigt und sollte darüber hinaus durch eine klare eigentumsrechtliche Zuordnungsregelung Streitigkeiten zwischen den Erben und der Fürsorgeanstalt in Bezug auf die eingebrachten Sachen der verpflegten oder unterstützten Person versuchen vorzubeugen[831].

In der Begründung zur Abschaffung des Art. 102 BayAGBGB wurde u.a. Folgendes angeführt[832]:

„Der Anwendungsbereich der Vorschriften ist durch die Regelung in §§ 92 ff. BSHG[833] und durch § 14 des Heimgesetzes […] stark eingeschränkt. Wenn die Vorschriften dadurch auch nicht völlig gegenstandslos geworden sind, besteht doch kein Bedürfnis mehr für ihre Beibehaltung. Im Bereich der freien Wohlfahrtspflege setzen sie ein durch die Umgestaltung der Wohlfahrtspflege zweifelhaft gewordenes Sonderrecht, das zwar den Einrichtungen, die von früher her öffentlich-rechtlichen Status haben, zugute kommt, nicht aber den privatrechtlich organisierten Trägern.“

Im Vorblatt wird ganz allgemein noch darauf hingewiesen, dass „[e]in großer Teil dieser Bestimmungen [Ausführungsvorschriften zum BGB] […] infolge Zeitablaufs gegenstandslos geworden [ist] oder durch die Fortentwicklung des Rechts überholt“[834]. Diese Argumentation könnte in gleicher Weise auch für eine Abschaffung des Art. 139 EGBGB ins Feld geführt werden. Natürlich ist auch Art. 139 EGBGB durch die Einführung der §§ 92 ff. BSHG und des § 14 HeimG nicht vollkommen gegenstandslos geworden[835], jedoch besteht für seine Beibehaltung ebenso wenig ein Bedürfnis wie für Art. 102 BayAGBGB. Die Leistungsfähigkeit der Sozialhilfeträger wird durch die Regelungen des SGB XII in ausreichendem Maße sichergestellt. *Mayer* bezeichnet den landesrechtlichen Vorbehalt als „einen Fremdkörper im System

---

[830] Eine genauere Darstellung der landesrechtlichen Vorschriften findet sich in § 6, IV. B. 3. a).

[831] *Gärtner,* S. 121 m.w.N.; Staudinger-BGB/*Mayer,* Art. 139 EGBGB Rn. 8.

[832] Bayerischer Landtag-Drucksache 9/10458, S. 35. Die Begründung ist teilweise etwas fragwürdig, da zum einen die landesrechtlichen Vorschriften neben denjenigen des SGB XII zur Anwendung gelangen können und zum anderen § 14 HeimG lediglich in Bezug auf Verfügungen von Todes wegen eingreift (vgl. Staudinger-BGB/*Mayer,* Art. 139 EGBGB, Rn. 25, 26).

[833] Die heute geltenden Regelungen finden sich in den §§ 102 ff. SGB XII.

[834] Bayerischer Landtag-Drucksache 9/10458, S. 1.

[835] Vgl. hierzu Staudinger-BGB/*Mayer,* Art. 139 EGBGB Rn. 25, 26.

der sozialrechtlichen Zugriffsmöglichkeiten“ [836]. Der Bundesgesetzgeber könnte somit die Abschaffung des Art. 139 EGBGB mit einigen Gründen fundiert und nachvollziehbar begründen. Des Weiteren existiert nur eine höchst erlesene Auswahl an Bundesländern, die von dem Vorbehalt auch in der heutigen Zeit noch Gebrauch machen[837]. Die hessische Regelung gilt beispielsweise – nach derzeitigem Gesetzesstand – lediglich noch bis zum 31. Dezember 2017 und in Bayern werden diejenigen Personen, die vor der Aufhebung des Art. 102 BayAGBGB in eine Fürsorgeanstalt aufgenommen wurden, im Laufe der Zeit versterben. Der Bundesgesetzgeber setzt sich somit gerade nicht für eine umfassendere Gewährleistung der Universalsukzession ein.

E. Verträge zugunsten Dritter auf den Todesfall[838]

Auch diese rechtliche Konstruktion kann Auskunft darüber geben, inwieweit sich die Gewichtigkeit des Grundsatzes der Universalsukzession in den vergangenen mehr als 100 Jahren gewandelt hat. *Röthel* brachte zum Ausdruck, dass heute durch die Verträge zugunsten Dritter auf den Todesfall „wirtschaftlich beachtliche Vermögensbestandteile, insbesondere Versicherungs- und Sparvermögen sowie Wertpapierdepots, am Nachlass ‚vorbei gesteuert‘ [einfach] [werden]“[839].

„Zwischen den Jahren 1975 und 2008 hat sich das versicherte Vermögen in Lebensversicherungen verzehnfacht, und der Anteil von Versicherungen am Geldvermögen der privaten Haushalte ist im selben Zeitraum von annähernd zehn auf inzwischen 15 % gestiegen [...]. Im Jahr 2008 verzeichnete der Gesamtverband der Deutschen Versicherungswirtschaft (GdV) insgesamt 92,84 Mio. Lebensversicherungsverträge mit einem Gesamtversicherungsvolumen von 2502 Mrd. €.“[840]

Leipold spricht von „einer ganz anderen Größenordnung“ in Bezug auf die durch den § 331 BGB ermöglichte Ausnahme vom Grundsatz der Universalsukzession wie noch zur Zeit des Inkrafttretens des BGB[841]. Die Rspr. spricht sich jedoch ausnahmslos gegen eine Anwendung erbrechtlicher Vorschriften auf die Verträge zugunsten Dritter auf den Todesfall aus[842], was letztlich zur Folge hat, dass es im Laufe der Zeit zu einer zahlenmäßig ständig ansteigenden Umgehung des Grundsatzes der Universalsukzession kam.

„Denn Verträge zugunsten Dritter auf den Todesfall bewirken nach überwiegendem Verständnis eine Sondernachfolge und bedeuten damit einen privilegierten Erwerb. Diese

---

[836] Staudinger-BGB/*Mayer,* Art. 139 EGBGB Rn. 25 m.w.N.
[837] Vgl. Staudinger-BGB/*Mayer,* Art. 139 EGBGB Rn. 11 bis 23.
[838] Vgl. hierzu bereits die Ausführungen in § 8, I. B. und II.
[839] *Röthel,* in: Verhandlungen des 68. DJT, Bd. I, A 44.
[840] *Röthel,* in: Verhandlungen des 68. DJT, Bd. I, A 44, Fn. 197 m.w.N.
[841] *Leipold,* AcP 180 (1980), 207 (mit einem Beispiel).
[842] *Röthel,* in: Verhandlungen des 68. DJT, Bd. I, A 44 m.w.N.

Bedenken ließen sich durch materielle Reintegration in die Universalsukzession überwinden […].“[843]

Es ist zwar davon auszugehen, dass der Gesetzgeber bei der Integration des § 331 BGB in das im Jahre 1900 in Kraft getretene BGB die spätere wirtschaftliche Bedeutung nicht abzuschätzen vermochte[844], jedoch konnte der Gesetzgeber im Laufe der Zeit seine Augen gerade nicht mehr vor der größer werdenden Zahl der Ausnahmen vom Grundsatz der Universalsukzession verschließen. Diesbezügliche Reformbestrebungen sind trotz alledem ausgeblieben.

F. Der Erbrechtsausschuss der Akademie für Deutsches Recht und die Zielsetzung der Erbengemeinschaft

Während der Zeit der nationalsozialistischen Herrschaft verfolgte der Erbrechtsausschuss der Akademie für Deutsches Recht das Ziel, die Erbengemeinschaft künftig nicht mehr primär wie bisher auf Auseinandersetzung auszurichten, sondern in erster Linie das Ziel der Erhaltung und Fortführung der Gemeinschaft zu verwirklichen[845]. *Lange* brachte hierzu vor[846]:

„Miterben sollen eingedenk sein, daß sie Pflichten, nicht nur Rechte haben, daß sie das Werk des Erblassers, wenn möglich, fortsetzen, seinem billigenswerten Willen und Wunsch folgen sollen und nach besten Kräften und unter gegenseitiger Rücksichtnahme eine Erbregelung erstreben, die erhaltenswerte Einheiten erhält, Familiengut der Familie wahrt und dem Andenken des Erblassers, dem Familiengedanken und den Anlagen, Fähigkeiten und Bedürfnissen der einzelnen Miterben gerecht wird.“

Im heute geltenden Recht kann jeder Miterbe gemäß § 2042 Abs. 1 BGB jederzeit die Auseinandersetzung verlangen, soweit sich nicht aus den §§ 2043 bis 2045 BGB ein anderes ergibt. Im Falle der Uneinigkeit unter den Miterben würde dies in der Regel zur Veräußerung des Nachlasses und der Verteilung des Erlöses unter den Miterben führen (vgl. §§ 2042 Abs. 2, 753 BGB)[847]. *Bartholomeyczik* sprach sich insbesondere für die Einführung eines richterlichen Gestaltungsverfahrens anstelle des in den §§ 86 ff. FGG geregelten Vermittlungsverfahrens aus[848] und plädierte beispielsweise für folgende Regelung[849]:

---

843 *Röthel,* in: Verhandlungen des 68. DJT, Bd. I, A 44, 45 m.w.N.
844 *Röthel,* in: Verhandlungen des 68. DJT, Bd. I, A 44.
845 *Wacker,* S. 88.
846 *Lange,* in: Protokolle der Ausschüsse, S. 747.
847 *Wacker,* S. 91.
848 *Bartholomeyczik,* ZAkDR 1938, 626; *Wacker,* S. 92. Anstelle der §§ 86 ff. FGG gelten heute die §§ 363 ff. FamFG über das Verfahren in Teilungssachen.
849 *Bartholomeyczik,* ZAkDR 1938, 626.

„Der Richter darf Nachlaßgegenstände auch gegen den Widerspruch einzelner Erben ganz zuteilen, wenn diese Maßnahme zur Erhaltung wertvoller Nachlaßgegenstände in der Familie erforderlich ist."

Lange wünschte folgende Normierung[850]:

„*§ a:* Kommt zwischen Miterben eine gütliche Einigung über die Erhaltung oder Teilung des Nachlasses nicht zustande, so entscheidet der Nachlaßrichter auf Anrufen eines Miterben. [...] *§ f:* Familienerinnerungen, insbesondere Familienbilder von Vorfahren, Urkunden, Stammbäume, Auszeichnungen, Ehrenzeichen sowie ererbter Familienschmuck sollen in der Regel dem ältesten Sohne und Miterben zu treuen Händen zugeteilt werden. Dieser ist zur Erhaltung verpflichtet und nur zur Verwahrung befugt. Zur Veräußerung und Belastung bedarf er der Zustimmung der Miterben."

Die interessante Frage, die sich aus obigen Ausführungen zur erbrechtlichen Entwicklung bei der Miterbenauseinandersetzung in der nationalsozialistischen Zeit ergibt, ist diejenige, ob aus der Tatsache, dass der vordergründige Sinn und Zweck der Erhaltung und Fortführung der Erbengemeinschaft mit der Beendigung der nationalsozialistischen Herrschaft aufgegeben und zu den ursprünglichen Regelungen zurückgekehrt wurde, u.U. geschlossen werden könnte, dass durch die Ablehnung einer verstärkten Verwirklichung des Prinzips der Universalsukzession diesem ein nicht allumfassender Stellenwert eingeräumt wurde bzw. wird. Diese Fragestellung wäre jedoch nur dann einer genaueren Erörterung zugänglich, falls der Grundsatz der Universalsukzession von seiner Grundkonzeption und der diesem Prinzip von seiner Reichweite zugedachten Bedeutung tatsächlich bis zum Zeitpunkt der Erbauseinandersetzung reicht. Hiervon kann gerade nicht ausgegangen werden. Das in § 1922 Abs. 1 BGB normierte Prinzip der Gesamtrechtsnachfolge dient beispielsweise dem bzw. den Erben. Für diese hat das zumindest vorläufige Zusammenbleiben des Nachlasses den besonderen Vorteil, dass ihnen durch die Aufrechterhaltung von Vermögenseinheiten die Möglichkeit eröffnet wird, diese als Einheit (gewinnbringender) weiterzuführen, zu vermieten, zu verpachten oder zu veräußern[851]. Die Grundidee des historischen Gesetzgebers war jedoch überhaupt nicht auf ein längerfristiges Hinausschieben bzw. gänzliches Ausbleiben der Liquidation der Erbengemeinschaft gerichtet[852]. Dies wird insbesondere an den §§ 2042 ff. BGB hinreichend deutlich. Darüber hinaus gibt es die Möglichkeit, den Nachlass durch Teilungsanordnungen und Vermächtnisse einer Trennung zuzuführen[853]. Dem Prinzip der Universalsukzession wurde somit gerade nicht der Zweck einer länger andauernden Erbengemeinschaft beigemessen. Diese war stattdessen von vornherein auf Auseinan-

[850] *Lange,* in: Protokolle der Ausschüsse, S. 747.

[851] *Muscheler,* Erbrecht, Bd. 1, § 18 Rn. 940.

[852] Beck'scher Online-Kommentar BGB/*Müller-Christmann,* § 1922 BGB Rn. 15; MüKo-BGB/*Leipold,* § 1922 BGB Rn. 117.

[853] *Leipold,* AcP 180 (1980), 206.

dersetzung gerichtet. § 1922 Abs. 1 BGB bestimmt ferner lediglich, dass das Vermögen als Ganzes mit dem Tode einer Person auf den oder die Erben übergeht. Die zeitliche Komponente erfasst nur den Zeitpunkt des Erbfalles und gerade keinen darüber hinausgehenden. Des Weiteren sprach auch der Erbrechtsausschuss der Akademie für Deutsches Recht nicht davon, die Bedeutung des Grundsatzes der Universalsukzession besonders zu betonen bzw. die Reichweite dieses Prinzips auszudehnen. Es ging alleinig um eine Regelung im Rahmen der Erbenauseinandersetzung, d.h. um eine Regelung, die erst an einem späteren Vorgang im Rahmen des Erbprozess anzuknüpfen vermag.

G. Zusammenfassung

Im Ergebnis kann zu dem deutlichen Schluss gekommen werden, dass sich im Bereich der Universalsukzession ein grundlegender Wandel vollzogen hat[854]. Die dem Grundsatz der Gesamtrechtsnachfolge u.a. durch *v. Schmitt* und die erste und zweite Kommission beigemessene fundamentale Bedeutung wurde im Laufe der vergangenen mehr als 100 Jahre nicht aufrechterhalten. Die Entwicklungen im Bereich der Anerbenrechte, der Vererbung von Anteilen

[854] *Zawar* (DNotZ 1989, 124*) brachte bereits zum Ausdruck: „Anders als bei den Grundsätzen von privatem Erbrecht und Testierfreiheit hat sich im Bereich der *Gesamtrechtsnachfolge* ein grundlegender Wandel vollzogen."

In Bezug auf verfassungsrechtliche Aspekte könnte noch Folgendes angedacht werden: Der Grundsatz der Universalsukzession dient u.a. dem Schutz der Gläubiger des Erblassers und der Pflichtteilsberechtigten (vgl. hierzu § 14, IV. B.). Wären diese Aspekte durch die Verfassung geschützt, könnte die Vorschrift, die das Vindikationslegat in das nationale Recht inkorporiert und den Schutz der Gläubiger des Erblassers und der Pflichtteilsberechtigten in geringerem Maße gewährleisten kann als das lediglich schuldrechtlich wirkende Vermächtnis (siehe § 16, I. C.), einer verfassungsrechtlichen Überprüfung ggf. nicht Stand halten (so bereits *Windel,* S. 66, 67). Wie bereits *Windel* (S. 65 m.w.N.) zum Ausdruck bringt, wird das Prinzip der Universalsukzession selbst nicht durch Art. 14 Abs. 1 GG verbürgt und auch dem Erben steht kein Recht diesbezüglich zu, Gesamtrechtsnachfolger zu werden (vgl. *Windel,* S. 65 mit einem Verweis auf gegenteilige Ansichten). Der Pflichtteilsanspruch wird hingegen durch Art. 14 Abs. 1 S. 1 GG i.V.m. Art. 6 GG verfassungsrechtlich verbürgt und das Eigentum der Gläubiger des Erblassers auf Grund des Art. 14 Abs. 1 S. 1 GG (vgl. *Windel,* S. 67 m.w.N.). Von einem Eingriff kann indes jedoch nur dann ausgegangen werden, wenn „dem Erblasser ein willkürliches Abweichen vom Grundsatz der Gesamtnachfolge ohne Rücksicht auf die Interessen der Nachlaßbeteiligten" ermöglicht wird (vgl. *Windel,* S. 67 m.w.N.). Durch die obig dargestellte Ausgestaltung der rechtlichen Position des Legatars kann man den Interessen der Nachlassgläubiger zumindest jedoch in derart genügendem Maße gerecht werden, dass willkürlichen Anordnungen des Erblassers entgegengesteuert werden könnte (beispielsweise durch die gesamtschuldnerische Haftung des im Außenverhältnis haftenden Vindikationslegatars, vgl. § 15, I. B. 2. c) aa). Durch die Einführung eines Vindikationslegates kann letztlich die verfassungsrechtlich verankerte Testierfreiheit des Erblassers gestärkt werden (siehe hierzu § 3, III. und § 5).

an Personengesellschaften, des RHeimstG, des landesrechtlichen Vorbehalts in Art. 139 EGBGB und der Verträge zugunsten Dritter auf den Todesfall weisen erkennbar auf einen schwächeren Stellenwert des Prinzips der Gesamtrechtsnachfolge im Vergleich zu dessen Tragweite um das Jahr 1900 hin. Die Universalsukzession ist heute auf Grund der anerkannten Sondererbfolgen und der gewillkürten oder gesetzlichen erbrechtsunabhängigen Sonderrechtsnachfolgen von Todes wegen stark durchbrochen. *Däubler* bezeichnet beispielsweise die Rechtsgeschäfte unter Lebenden auf den Todesfall als „Nebenerbrecht"[855] und spricht von einem „Massenungehorsam gegenüber erbrechtlichen Wertungen"[856]. *Däubler* führt in seinem Ergebnis noch Folgendes aus[857]:

„Die Weiterentwicklung des Rechts der gewillkürten Erbfolge hat sich im wesentlichen außerhalb des Erbrechtssystems vollzogen. Rechtsgeschäfte unter Lebenden üben unter Durchbrechung fundamentaler erbrechtlicher Prinzipien die Funktion letztwilliger Gestaltungsmittel aus."

Das Ziel des historischen Gesetzgebers den Grundsatz der Universalsukzession durch die ausschließliche Integration eines schuldrechtlich wirkenden Vermächtnisses zwingend auszugestalten[858], ist im Laufe der vergangenen Jahre scheinbar, insbesondere auf Grund fehlender Initiativbewegungen seitens des Gesetzgebers, immer mehr in den Hintergrund gedrängt worden.

„Nahezu alle [...] Vermögensformen können nach dem heutigen Stand der Rechtsprechung beim Todesfall durch *Sonderrechtsnachfolge* auf den neuen Rechtsträger übergeleitet werden. Bei Sparguthaben, Bausparverträgen, Lebensversicherungen und Wertpapiersammeldepots kann dies rechtstechnisch in Form des Vertrags zugunsten eines Dritten geschehen, bei beweglichen Sachen durch Schenkung unter Lebenden in Verbindung mit einer auf den Todesfall aufschiebend bedingten Übereignung. Die Gesamtrechtsnachfolge ist damit heute im wesentlichen dispositiv. Regel- und Ausnahmeverhältnis haben sich umgekehrt. Zwingenden Charakter besitzt die Universalsukzession nur noch beim Grundstücksvermögen, da hier wegen des Bedingungsverbots (§ 925 Abs. 2 BGB) bei der Auflassung auch eine unter Lebenden vollzogene, aber auf den Tod hinausgeschobene Schenkung nicht möglich ist."[859]

Das Erbrecht des BGB wird durch die Gewährleistung der verschiedensten Interessen geprägt. Eine der bedeutendsten Grundwertungen des nationalen Erbrechts ist hierbei der Schutz der Gläubiger des Nachlasses, der in zahlreichen Vorschriften seinen Niederschlag findet. Die Nachlassgläubiger können sich beispielsweise zur Begleichung ihrer Forderungen an den ihrer Meinung nach solventesten Erben halten, da die Erben für die gemeinschaftlichen

---

[855] *Däubler,* ZRP 1975, 145.
[856] *Däubler,* ZRP 1975, 145.
[857] *Däubler,* ZRP 1975, 146.
[858] *Leipold,* AcP 180 (1980), 205.
[859] *Leipold,* AcP 180 (1980), 207, 208 m.w.N.

Nachlassverbindlichkeiten als Gesamtschuldner haften (vgl. § 2058 BGB). Zudem bleibt das Recht der Nachlassgläubiger, die Befriedigung aus dem ungeteilten Nachlass von sämtlichen Miterben zu verlangen, gemäß § 2059 Abs. 2 BGB unberührt. Eine der zentralen Vorschriften, die sich eine umfangreiche Verwirklichung der Belange der Nachlassgläubiger zum Ziel gesetzt hat, ist § 1922 Abs. 1 BGB und der hierin u.a zum Ausdruck kommende Grundsatz, dass das Vermögen als Ganzes auf eine oder mehrere andere Personen (Erben) übergeht. Der Nachlass soll zur Erleichterung der Nachlassabwicklung und somit auch der Nachlassgläubigerbefriedigung lediglich auf einen oder einige wenige Erben übergehen. Die Tatsache, dass der Grundsatz der Universalsukzession im Laufe der vergangenen mehr als 100 Jahre – insbesondere durch die Schaffung von Sondererbfolgen und erbrechtsunabhängigen Sonderrechtsnachfolgen von Todes wegen bzw. die fehlende Stärkung des Prinzips der Gesamtrechtsnachfolge mit Hilfe der Einführung einer bundeseinheitlichen Regelung zum vollständigen Ausschluss der Sondererbfolge in landwirtschaftliche Betriebe oder der Abschaffung des landesgesetzlichen Vorbehalts gemäß Art. 139 EGBGB – einen deutlichen Bedeutungsverlust erlitt[860], muss erst recht für die erbrechtliche Grundwertung des Nachlassgläubigerschutzes, deren Verwirklichung der Grundsatz der Universalsukzession u.a. zu dienen bestimmt ist, gelten.

III. Abwägung und Ergebnis

Die bisherigen Ausführungen deuten vordergründig darauf hin, dass auf Grund der Tatsache, dass der Grundsatz der Universalsukzession und somit letztlich die u.a. durch dieses Prinzip zum Ausdruck kommende erbrechtliche Grundwertung des Nachlassgläubigerschutzes im Laufe der vergangenen Zeit an Bedeutung verloren hat[861], die Schaffung eines Vindikationslegates als weitere Ausnahmekonstellation von § 1922 Abs. 1 BGB denkbar erscheint.

Im Rahmen obiger Erläuterungen wurde aber bereits mehrfach auf die diesbezügliche Untätigkeit des nationalen Gesetzgebers verwiesen und diese scharf kritisiert. Hierbei ging es insbesondere darum, warum sich der Gesetzgeber nicht für eine bundeseinheitliche Regelung zum vollständigen Ausschluss der Sondererbfolge in landwirtschaftliche Betriebe, eine Abschaffung des landesgesetzlichen Vorbehalts gemäß Art. 139 EGBGB oder auch für eine Reintegration der erbrechtsunabhängigen Sonderrechtsnachfolgen von Todes wegen entschied bzw. entscheidet. Reformbestrebungen der gesetzgebenden Gewalt blieben bis heute aus, was sich in vielen Bereichen nur schwerlich einer Rechtfertigung zuführen lässt. Von dem in Art. 139 EGBGB vorgesehenen landesgesetzlichen Vorbehalt wird derzeit beispielsweise lediglich (noch) im Bundesland Hessen Gebrauch gemacht (vgl. § 31

---

[860] Vgl. hierzu § 16, II.

[861] Vgl. hierzu § 16, II.

Hess.AGBGB). Es erscheint zwar undenkbar, dass die Universalsukzession ihren ursprünglichen hohen Stellenwert im Laufe der Zeit wiedererlangen kann, jedoch kommt die vorliegende wissenschaftliche Ausarbeitung zu dem Ergebnis, dass das Prinzip der Gesamtrechtsnachfolge und somit auch die u.a. hinter diesem stehende erbrechtliche Grundwertung des zu gewährleistenden Nachlassgläubigerschutzes keinesfalls in ihrer derzeitigen Wirkweise zusätzlich erheblich abgeschwächt werden darf.

Das Vindikationslegat würde eine – ebenso wie die Sondererbfolgen und die erbrechtsunabhängigen Sonderrechtsnachfolgen von Todes wegen – Ausnahme vom Grundsatz der Universalsukzession darstellen. Der vermachte Gegenstand würde gerade nicht mit dem übrigen Vermögen des Erblassers auf den bzw. die Erben in ihrer gesamthänderischen Verbundenheit übergehen. Der unmittelbar dinglich berechtigte Vermächtnisnehmer würde mit dem Erbfall das Eigentum bzw. die Rechtsinhaberschaft an dem ihm zugedachten Vermögenswert erlangen, was grundsätzlich bedeuten würde, dass der vermachte Gegenstand gerade nicht zum Nachlass gehört und somit der Haftungsmasse zugunsten der Nachlassgläubiger entzogen wäre. Auf Grund der Tatsache, dass auch trotz der Anordnung eines Vindikationslegates jedenfalls ein irgendwie gearteter Nachlassgläubigerschutz gewährleistet werden muss, würde der vermachte Gegenstand zwar nach dem offiziellen Begriffsverständnis nicht zum Nachlass des Verstorbenen gehören, aber zumindest als zum Nachlass gehörig behandelt werden[862]. Der Vindikationslegatar würde den Nachlassgläubigern – wie bereits dargestellt – im Außenverhältnis haften, was bedeutet, dass sich diese direkt an den bedachten Vermächtnisnehmer zur Begleichung ihrer Forderungen zu wenden vermögen. Dieser haftet vor und nach der Teilung des Nachlasses gesamtschuldnerisch für die Verbindlichkeiten des Nachlasses und auf den vermachten Gegenstand beschränkt. Es handelt sich um eine gesamtschuldnerische und gegenständlich beschränkte Haftung. Der Vermächtnisnehmer müsste lediglich in bestimmten Fallkonstellationen für seine bisherige Verwaltung in entsprechender Anwendung des § 1978 BGB mit seinem bereits vor dem Erbfall vorhandenen Privatvermögen einstehen[863]. Eine Nachlassgläubigerbeeinträchtigung würde sich beispielsweise in folgendem Falle ergeben:

Der Erblasser hat ein Vermögen, das aus drei Gemälden mit einem Wert von jeweils 5.000,– Euro und einem Barvermögen i.H.v. 5.000,– Euro besteht. Seinen Söhnen A, B und C möchte er jeweils eines der Gemälde im Wege eines Vindikationsvermächtnisses zukommen lassen. In Bezug auf sein Barvermögen würde hingegen die gesetzliche Erbfolge eintreten. Der Händler H hatte zu Lebzeiten des Erblassers eine Forderung gegen diesen i.H.v. 15.000,– Euro. Nach dem Versterben des Erblassers möchte H seine Forderung beglichen haben. A, B und C würden zwar im Grunde gesamtschuldnerisch für die Nachlassverbindlichkeiten einzustehen haben und H könnte sich den seiner Meinung nach

[862] Vgl. hierzu § 15, I. A. 3.
[863] Vgl. hierzu § 15, I. B. 2. c) bb).

solventesten Vindikationslegatar aussuchen. A, B und C haften aber jeweils nur mit dem vermachten Gegenstand und somit lediglich i.H.v. 5.000,– Euro. A, B und C haften von vornherein lediglich gegenständlich beschränkt und müssen bzw. können sich überhaupt keinen Haftungsbeschränkungsmöglichkeiten bedienen; eine Haftung mit dem vor dem Erbfall vorhandenen Privatvermögen scheidet grundsätzlich aus. H müsste sich somit zur Begleichung seiner Forderung sowohl an A, als auch an B und C wenden. H könnte sich zwar auch an den Erben halten. Dieser hat grundsätzlich mit dem Nachlass (5.000,– Euro) wie auch mit seinem eigenen Vermögen für die Verbindlichkeiten des Nachlasses einzustehen. Sobald dieser aber von Haftungsbeschränkungsmöglichkeiten Gebrauch macht, würde dies zu einer gegenständlich beschränkten Haftung mit dem Nachlass führen.

Die Nachlassgläubigerbeeinträchtigung ergibt sich somit bei Einführung eines Vindikationslegates zum einen daraus, dass die Vindikationslegatare von Anbeginn an lediglich gegenständlich beschränkt mit dem vermachten Gegenstand zu haften haben und nicht wie der Erbe unbeschränkt (aber beschränkbar). Der Erbe muss sich zur Herbeiführung einer Haftungsbeschränkung erst noch einer der im haftungsrechtlichen System des BGB vorgesehenen Haftungsbeschränkungsmöglichkeiten bedienen. Diese Tatsache könnte zum Vorteil der Nachlassgläubiger gereichen, da es sich hierbei um sehr komplizierte und oftmals nur schwer verständliche Regelungen handelt. Zum anderen könnte das Nachlassgericht dem Erben auf Antrag eines Nachlassgläubigers zur Errichtung des Inventars eine Frist bestimmen (vgl. § 1994 Abs. 1 S. 1 BGB). Nach dem Ablauf der Frist haftet der Erbe für die Nachlassverbindlichkeiten gemäß § 1994 Abs. 1 S. 2 BGB unbeschränkt, wenn nicht vorher das Inventar errichtet wird. Die Nachlassgläubiger könnten hiermit das Risiko des Erben in Bezug auf eine unbeschränkte Haftung erhöhen. Letztlich würde das Vermögen des Erblassers mit dessen Tod in das gesamthänderisch gebundene Vermögen der Erben übergehen und gemäß § 2059 Abs. 2 BGB das Recht der Nachlassgläubiger, die Befriedigung aus dem ungeteilten Nachlass von sämtlichen Miterben zu verlangen, unberührt bleiben. Würde der Erblasser nahezu sein gesamtes Vermögen im Wege von Vindikationslegaten verteilen, so würde den Nachlassgläubigern diese gläubigerschützende Vorschrift verwehrt bleiben. Im Falle von Vindikationslegaten würde es sich um Einzelrechtsnachfolgen handeln und die vermachten Gegenstände würden gerade nicht in das gesamthänderisch gebundene Eigentum bzw. die gesamthänderisch gebundene Rechtsinhaberschaft der bedachten Vermächtnisnehmer übergehen.

Durch die Integration eines unmittelbar dinglich wirkenden Vermächtnisses würde man nicht nur ein Rechtsinstitut in das Erbrecht des BGB aufnehmen, das unter bestimmten Umständen und lediglich in einzelnen Fällen zu einer Beeinträchtigung der Interessen der Nachlassgläubiger führen könnte, sondern man würde dem Erblasser gerade ein Rechtsinstitut an die Hand geben, mit dem er die Nachlassgläubigerbefriedigung im Falle eines planmäßigen Vorgehens willkürlich erheblich erschweren könnte. Der Erblasser könnte mit einer Person einen Vertrag abschließen und von vornherein die entstehende Schuld nicht begleichen wollen. Würde er nunmehr fast sein gesamtes Vermögen im Wege von Vindikationslegaten verteilen, müsste sich der Nachlassgläubiger ggf. an zahllose bedachte Vermächtnisnehmer wenden.

Bsp.: Der Erblasser hat 20 Gemälde mit einem Wert von jeweils 200,– Euro. Dem Gläubiger steht gegenüber dem Erblasser eine Forderung i.H.v. 4.000,– Euro zu. Würde der Erblasser die 20 Gemälde auf 20 Vindikationslegatare verteilen, so müsste sich der Gläubiger auf Grund der gegenständlich beschränkten Haftung der Vermächtnisnehmer an alle 20 Vindikationsvermächtnisnehmer halten, ggf. im Erkenntnisverfahren ein Urteil gegen diese erstreiten und zwangsvollstreckungsrechtliche Maßnahmen einleiten.

Natürlich würde das Rechtsinstitut des Vindikationslegates an sich nur achtenswerte Ziele wie die umfangreichere Gewährleistung der Interessen des Erblassers und der bedachten Vermächtnisnehmer verfolgen und die obig dargestellte Vorgehensweise des Erblassers sicherlich einen Ausnahmefall darstellen. Trotz alledem sollte wohl von der Einführung eines rechtlichen Institutes, das derart zweckwidrig in Anspruch genommen werden könnte, von vornherein abgesehen und nicht das Risiko eingegangen werden, dass im Falle einer (wenn auch unerwarteten) rechtsmissbräuchlichen Inanspruchnahme des Vindikationslegates ein späterer Handlungsbedarf des Gesetzgebers begründet wird.

Die Anordnung eines Vindikationsvermächtnisses würde sich weiterhin als eine Erbeinsetzung auf bestimmte Gegenstände gebärden, die im nationalen Erbrecht nicht vorgesehen ist und im Gegensatz zur Erbenstellung noch den entscheidenden Vorteil mit sich bringt, dass der Vindikationslegatar von vornherein lediglich gegenständlich beschränkt haftet, d.h. sich nicht erst Haftungsbeschränkungsmöglichkeiten zu bedienen hätte, und das Eigentum bzw. die Rechtsinhaberschaft an dem vermachten Gegenstand bereits mit dem Erbfall erlangt und nicht lediglich in seiner gesamthänderischen Verbundenheit. Durch die Einführung eines unmittelbar dinglich wirkenden Vermächtnisses könnte in zahlreichen denkbaren Fallkonstellationen das Rechtsinstitut der Erbeinsetzung aus dem Rechtsleben zu verschwinden drohen. Eine derartige Entwicklung erscheint nicht wünschenswert.

Der Erblasser, der zu Lebzeiten Verbindlichkeiten eingeht, darf seinen Gläubigern den Zugriff auf sein Vermögen im Falle seines Todes nicht erschweren. Die Interessen der im Rahmen von Verfügungen von Todes wegen bedachten Personen müssen diesbezüglich zurücktreten. Die Gläubiger des Erblassers als Nachlassgläubiger sind im Grunde schutzwürdiger als die Vermächtnisnehmer und die Pflichtteilsberechtigten, da es bei diesen um die Abwehr eines Schadens geht, bei den Vermächtnisnehmern und Pflichtteilsberechtigten hingegen nur um einen Gewinn aus dem Vermögen des Erblassers[864]. Die Legatare und Pflichtteilsberechtigten erlangen etwas unentgeltlich

[864] *Bähr,* ArchBürgR 3 (1890), 144.

und verdienen somit einen geringeren Schutz. Dies zeigt sich beispielsweise an der in der InsO vorgesehenen Rangfolge der zu befriedigenden Gläubiger (vgl. § 327 InsO). Das Nachlassinsolvenzverfahren, das auf die verschiedenen Entstehungsgründe der einzelnen Verbindlichkeiten abstellt, legt folgende Rangfolge fest: Massegläubiger, § 324 Abs. 1 Nr. 1 bis 6 InsO i.V.m. §§ 54, 55 InsO (erste Rangstelle), nachrangige Insolvenzgläubiger nach § 39 Abs. 1 Nr. 1 bis 5 InsO (zweite Rangstelle), nachrangige Gläubiger auf Grund Vereinbarung (§ 39 Abs. 2 InsO) (dritte Rangstelle), nach Durchführung eines Gläubigeraufgebots (§§ 1970 ff. BGB) ausgeschlossene und von der Verschweigungseinrede betroffene Gläubiger (§§ 1973, 1974 BGB, § 327 Abs. 3 InsO) (vierte Rangstelle), Pflichtteilsgläubiger, § 327 Abs. 1 InsO (fünfte Rangstelle), Vermächtnisnehmer und Begünstigte auf Grund von Auflagen (§ 327 Abs. 1 InsO) (sechste Rangstelle) und Ersatzberechtigte nach dem bis 31.03.1998 geltenden Recht, sofern der Erbfall vor dem 01.04.1998 eingetreten ist (§ 327 Abs. 1 Nr. 3 InsO a.F.) (siebte Rangstelle)[865]. An dieser Stelle sollten auch die Regelungen der §§ 5 AnfG, 322 InsO eine Erwähnung finden. Hat der Erbe aus dem Nachlass Pflichtteilsansprüche, Vermächtnisse oder Auflagen erfüllt, so kann ein Nachlassgläubiger, der im Insolvenzverfahren über den Nachlass dem Empfänger der Leistung im Rang vorgehen oder gleichstehen würde, die Leistung gemäß § 5 AnfG in gleicher Weise anfechten wie eine unentgeltliche Leistung des Erben (vgl. § 4 AnfG). Hat der Erbe hingegen vor der Eröffnung des Insolvenzverfahrens aus dem Nachlass Pflichtteilsansprüche, Vermächtnisse oder Auflagen erfüllt, so ist diese Rechtshandlung gemäß § 322 InsO in gleicher Weise anfechtbar wie eine unentgeltliche Leistung des Erben (vgl. § 134 InsO). Letztlich bringen auch die Vorschriften der §§ 1973 Abs. 1 S. 2, 1978, 1991 Abs. 1, 3, 4 BGB zum Ausdruck, dass sich die Gläubiger des Erblassers in einer höherrangigen rechtlichen Position befinden als die Pflichtteilsberechtigten, Vermächtnisnehmer und Auflagenbegünstigten. Erhebt der Erbe beispielsweise die Dürftigkeitseinrede gemäß § 1990 BGB, legt das Gesetz in § 1991 BGB eine Reihenfolge der Nachlassgläubigerbefriedigung fest. Es wird auch anerkannt, dass die Pflichtteilsberechtigten, Vermächtnisnehmer und Auflagenbegünstigten sogar erst nach den ausgeschlossenen und säumigen Gläubigern zu befriedigen sind[866]. Die nicht ordnungsgemäß berücksichtigten Gläubiger können bei Nichteinhaltung dieser Regelungen einen Anspruch gegenüber dem Erben gemäß § 1978 BGB geltend machen und dieser wäre den Gläubigern somit für seine bisherige Verwaltung verantwortlich[867].

Den Pflichtteilsberechtigten, Vermächtnisnehmern und Auflagenbegünstigten wird somit auf Grund der Tatsache, dass diese einen Vermögenswert

---

[865] Bonefeld/Kroiß/Tanck/*Krug,* § 9 Rn. 189, 190.
[866] MüKo-BGB/*Küpper,* § 1991 BGB Rn. 10 m.w.N.
[867] MüKo-BGB/*Küpper,* § 1991 BGB Rn. 9.

lediglich unentgeltlich zugewandt bekommen, ein geringeres Schutzniveau zugesprochen als den übrigen Nachlassgläubigern. Dieses Leitbild in Bezug auf das Verhältnis zwischen Unentgeltlichkeit und Schutzwürdigkeit findet aber nicht nur im Erbrecht und in den das Erbrecht betreffenden Normen der InsO und des AnfG seinen Niederschlag, sondern auch in anderen Büchern des BGB und erbrechtsunabhängigen Normen der InsO und des AnfG. Personen, die etwas unentgeltlich erlangen, werden nach dem gesamten System des BGB und auch auf Grund von Regelungen in anderen Gesetzen als weniger schutzwürdig eingestuft (beispielsweise §§ 519, 521, 522, 528, 530, 599, 690, 816 Abs. 1 S. 2, 822 BGB, 134 Abs. 1 InsO, 4 AnfG). Das BGB gewährt dem Schenker als altruistisch handelnder Person besondere Vorteile im Gegensatz zu Schuldner im Rahmen von entgeltlichen Rechtsgeschäften. Der Schenker ist gemäß § 519 Abs. 1 BGB berechtigt, die Erfüllung eines schenkweise erteilten Versprechens zu verweigern, soweit er bei Berücksichtigung seiner sonstigen Verpflichtungen außerstande ist, das Versprechen zu erfüllen, ohne dass sein angemessener Unterhalt oder die Erfüllung der ihm kraft Gesetzes obliegenden Unterhaltspflichten gefährdet wird. Zudem hat der Schenker gemäß § 521 BGB nur Vorsatz und grobe Fahrlässigkeit zu vertreten und ist zur Entrichtung von Verzugszinsen gerade nicht verpflichtet (vgl. § 522 BGB). Der Schenker kann wegen Verarmung die Herausgabe des Geschenks nach den Vorschriften über die Herausgabe einer ungerechtfertigten Bereicherung fordern (vgl. § 528 BGB) oder eine Schenkung gemäß § 530 Abs. 1 BGB widerrufen, wenn sich der Beschenkte durch eine schwere Verfehlung gegen den Schenker oder einen nahen Angehörigen des Schenkers groben Undanks schuldig macht. Der Verleiher haftet ebenso wie der Schenker lediglich für Vorsatz und grobe Fahrlässigkeit (vgl. § 599 BGB) und der unentgeltliche Verwahrer nur für diejenige Sorgfalt, die er in eigenen Angelegenheiten anzuwenden pflegt (vgl. § 690 BGB). Letztlich bringen auch bereicherungsrechtliche Vorschriften und solche aus der InsO und dem AnfG zum Ausdruck, dass Personen, die etwas unentgeltlich erlangt haben, weniger schutzwürdig sind. Falls ein Nichtberechtigter über einen Gegenstand eine Verfügung trifft, die dem Berechtigten gegenüber wirksam ist und unentgeltlich erfolgt, so ist derjenige, welcher auf Grund der Verfügung unmittelbar einen rechtlichen Vorteil erlangt, zur Herausgabe des durch die Verfügung Erlangten verpflichtet (vgl. § 816 Abs. 1 S. 2 BGB). Die Anfechtbarkeit einer unentgeltlichen Leistung des Schuldners wird durch die §§ 4 AnfG, 134 InsO geregelt.

Man dürfte auch nicht aus den Augen verlieren, dass es ältere Menschen in Bezug auf das Auffinden von Vertragspartnern und somit letztlich bei der Eingehung von Verbindlichkeiten in Zukunft schwerer haben könnten, falls sich bei den potentiellen Gläubigern die Gefahr einer Beeinträchtigung im Falle des Todes ihres denkbaren Vertragspartners herumspräche. Die Einführung eines unmittelbar dinglich wirkenden Vermächtnisses würde die obig dargestellte und gerade nicht zu begrüßende Entwicklung des Prinzips der Universalsukzession und des u.a. hierdurch zum Ausdruck kommenden Nachlassgläubigerschutzes [868] weiter verstärken. Unter diesem Aspekt erscheint es als höchst bedenklich, eine weitere Ausnahme in das System des BGB zu integrieren. Hat der Erblasser zu Lebzeiten Sozialhilfeleistungen erhalten, so würde sich im Falle seines Todes noch folgendes Problem ergeben: Gemäß § 102 Abs. 1 S. 1 SGB XII ist der Erbe der leistungsberechtigten Person oder ihres Ehegatten oder ihres Lebenspartners, falls diese vor der leistungsberechtigten Person sterben, vorbehaltlich des Absatzes 5 zum Ersatz der Kosten der Sozialhilfe verpflichtet. Der Vindikationslegatar würde in entsprechender Anwendung des § 102 Abs. 1 S. 1, Abs. 2 S. 2 SGB XII mit dem Wert des im Zeitpunkt des Erbfalles vorhandenen vermachten Gegenstandes zu haften haben (pro viribus). Dies würde bedeuten, dass der Legatar nicht gegenständlich beschränkt für diese Nachlassverbindlichkeit einzustehen hätte, sondern mit dem vermachten Gegenstand und dem vor dem Erbfall vorhandenen Privatvermögen, wobei die Haftung auf den Wert des im Zeitpunkt des Erbfalls vorhandenen vermachten Gegenstandes beschränkt wäre. Hätte der Erblasser nahezu sein gesamtes Vermögen auf mehrere Vindikationsvermächtnisnehmer verteilt, so würde sich aber auch im Falle dieser pro viribus-Haftung eine eventuelle Erschwerung der Befriedigung des Staates als Nachlassgläubiger ergeben. Die Vermächtnisnehmer haften jeweils nur in Höhe des vermachten Gegenstandes. Die Folge wäre eine Beeinträchtigung des Rückflusses bereits erbrachter Sozialleistungen des Staates in das Sozialsystem und somit eine mögliche Behinderung der Finanzierung in Bezug auf die Absicherung der Bevölkerung.

Durch die Einführung eines Vindikationslegates könnte neben dem Sozialsystem weiterhin der Staatshaushalt eine Beeinträchtigung erfahren. Gemäß § 20 Abs. 3 ErbStG haftet der Nachlass bis zur Auseinandersetzung (§ 2042 BGB) für die Steuer der am Erbfall Beteiligten. *Gebel* bringt zum Ausdruck, dass „die Miterben in ihrer gesamthänderischen Verbundenheit für die Gesamtheit der durch den Erbfall ausgelösten Erbschaftsteuerschulden [haften]“ und dass sich diese Nachlasshaftung nicht nur auf die Steuerschulden der Erben bezieht, sondern auch auf Vermächtnisnehmer oder Pflichtteilsberechtigte[869]. Der Staat kann somit die Befriedigung aus dem ungeteilten Nachlass von sämtlichen Miterben verlangen. Die im Wege von Vindikationslegaten zugewandten Gegenstände würden den Vermächtnisnehmern gerade nicht in ihrer gesamthänderischen Verbundenheit zustehen. Der vermachte Gegenstand wird zwar aus Gründen eines Nachlassgläubigerschutzes als zum Nach-

---

[868] Siehe hierzu § 16, II.

[869] Troll/Gebel/Jülicher/*Gebel,* § 20 ErbStG Rn. 51, 52 mit eine Verweis auf die gegenteilige Ansicht.

lass gehörig behandelt[870], gehört jedoch nicht zum ungeteilten Nachlass. Der Staatshaushalt könnte letztlich dann beeinträchtigt sein, wenn der Erblasser wiederum nahezu sein gesamtes Vermögen mit Hilfe von Vindikationsvermächtnissen verteilt und sich der Staat somit an eine Vielzahl von Legataren zu wenden hätte, die zwar gesamtschuldnerisch, aber gegenständlich beschränkt haften.

Die Tatsache, dass sich die Nachlassgläubiger ggf. an mehrere Vindikationslegatare zu halten hätten, könnte auch zu einem Anstieg gerichtlicher Erkenntnisverfahren oder staatlicher Zwangsvollstreckungsmaßnahmen und somit zu einer höheren Belastung staatlicher Organe führen. Die Gefahr der Konfrontation mit uneinsichtigen am Erbfall beteiligten Personen steigt natürlich in dem Zeitpunkt an, in dem man sich nicht lediglich an einen oder einige wenige Universal-Repräsentanten wenden kann, sondern von mehreren Personen abhängig ist. Wie bereits erwähnt, kann der Nachlassgläubiger im Falle eines im Wege von Vindikationslegaten verteilten Vermögens nicht lediglich auf den ungeteilten Nachlass zugreifen (vgl. § 2059 Abs. 2 BGB) (Gesamthandsklage).

Die dargestellte Schwächung des Prinzips der Universalsukzession und hiermit der hinter diesem Grundsatz stehenden Grundwertung des Nachlassgläubigerschutzes[871] deutet somit lediglich vordergründig darauf hin, dass auch eine weitere Ausnahme anerkannt werden könnte. Es ist jedoch genau das Gegenteil der Fall. Es handelt sich zwar bei der rechtlichen Konstruktion des Vindikationslegates gerade um keine erbrechtsunabhängige Sonderrechtsnachfolge von Todes wegen. Die erbrechtlichen Formvorschriften müssen Beachtung finden und zum Schutz der Nachlassgläubiger muss der vermachte Gegenstand als zumindest zum Nachlass gehörig behandelt werden. Trotz alledem handelt es sich um eine von der Erbenstellung unabhängige Sonderrechtsnachfolge von Todes wegen[872], die zu einer Beeinträchtigung der Interessen der Nachlassgläubiger und der Erben führen würde. In Rede würde insbesondere auch eine Beeinträchtigung staatlicher Zielvorstellungen wie die Gewährleistung der Sozialversorgung der Bevölkerung, ein gesicherter Staatshaushalt und eine funktionsfähige rechtsprechende Gewalt stehen.

Der spätere Erblasser kann zu Lebzeiten ungehindert über ihm gehörende Gegenstände zugunsten einzelner Personen unentgeltlich verfügen und seine Gläubiger wären auf die weniger günstigen Anfechtungsmöglichkeiten nach den §§ 4 AnfG, 134 InsO verwiesen. Warum sollte der Erblasser sein Vermögen also nicht auch im Zeitpunkt seines Todes auf Vindikationslegatare verteilen dürfen? Das Erbrecht ist doch in gewissem Maße Annex des Eigen-

[870] Siehe hierzu § 15, I. A. 3.
[871] Siehe hierzu § 16, II.
[872] Siehe hierzu § 15, I. A. 3.

tums[873]. Hiermit hat es aber auch sein Bewenden. Das Erbrecht ist Annex (Ergänzung oder Zusatz) des Eigentums, mit diesem aber nicht deckungsgleich. Sowohl im Falle eines lebzeitigen Rechtsgeschäftes als auch einer Verfügung von Todes wegen liegt eine unentgeltliche Zuwendung vor. Im Rahmen der Vermögensverteilung nach dem Tode will der Erblasser aber regelmäßig sein gesamtes Vermögen auf die Hinterbliebenen verteilen, zu Lebzeiten wird er mit an Sicherheit grenzender Wahrscheinlichkeit niemals derart altruistisch handeln. Er muss seinen Lebensunterhalt sichern und eine Existenzgrundlage bewahren. Verfügungen vor und nach dem Tode des (späteren) Erblassers sind somit (zumindest unter diesem Aspekt) keinesfalls vergleichbar. Natürlich wäre der Nachlassgläubiger im Falle einer generellen Betrachtung durch die Anordnung eines Vindikationslegates deutlich besser geschützt als durch lebzeitige Schenkungen und die ihm hierbei durch die §§ 4 AnfG, 134 InsO gewährten Anfechtungsmöglichkeiten. Der vermachte Gegenstand würde als zum Nachlass gehörig behandelt werden[874]. Durch die Integration eines Vindikationslegates würde der Nachlassgläubiger aber nicht nur die Gefahr lebzeitiger unentgeltlicher Zuwendungen tragen, sondern wäre zudem derjenigen ausgesetzt, die das unmittelbar dinglich wirkende Vermächtnis zu schaffen vermag. Es würde ein zusätzliches seinen Interessen entgegenstehendes Rechtsinstitut in das Recht des BGB inkorporiert werden.

Die Einführung eines Vindikationslegates sollte lediglich dann befürwortet werden, wenn hierdurch der nachfolgende Aspekt erfüllt wäre: Ein unmittelbar dinglich wirkendes Vermächtnis würde sich auf Grund der nicht zu befürwortenden weiteren Abschwächung des Grundsatzes der Universalsukzession und des durch diesen zum Ausdruck gebrachten Nachlassgläubigerschutzes lediglich dann anbieten, falls hierdurch den erbrechtsunabhängigen Sonderrechtsnachfolgen von Todes wegen eine geringere Attraktivität seitens der Zuwendenden zugesprochen werden würde. Hierbei gilt es insbesondere zu beachten, dass das Vindikationslegat zwar wie die erbrechtsunabhängigen Sonderrechtsnachfolgen von Todes wegen eine Ausnahme vom Grundsatz der Universalsukzession darstellt, jedoch einen weniger schwerwiegenden Eingriff in das System des Erbrechts[875].

> „Die genannten Übertragungsformen [erbrechtsunabhängige Sonderrechtsnachfolgen von Todes wegen] haben nicht bloß die Funktion der Gesamtrechtsnachfolge ausgehöhlt, sie gehen noch einen Schritt weiter und nehmen diese Rechtsnachfolgen überhaupt aus dem Bereich des Erbrechts heraus."[876]

Die Einführung eines Vindikationslegates könnte somit allenfalls damit gerechtfertigt werden, dass den Grundwertungen und Grundprinzipien des Erb-

---

[873] So bereits *Leipold,* AcP 180 (1980), 205.
[874] Vgl. hierzu bereits § 15, I. A. 3.
[875] Vgl. hierzu bereits § 15, I. A. 3.
[876] *Leipold,* AcP 180 (1980), 208.

rechts durch einen abgeschwächteren Rückgriff auf erbrechtsunabhängige Sonderrechtsnachfolgen von Todes wegen wieder ein höherer Stellenwert zukäme[877]. Die Integration eines Vindikationslegates würde in diesem Falle jedenfalls keine weitreichendere Aushöhlung der Nachlassgläubigerinteressen zur Folge haben als nach derzeitigem Recht. *Leipold* äußerte sich in Bezug auf die Ablehnung des Vindikationslegates durch den historischen Gesetzgeber folgendermaßen[878]:

> „Die Ablehnung des dinglich wirkenden Vermächtnisses, für die sich die Motive zugunsten einer umfassenden Nachlaßliquidation durch den Erben und damit letztlich im Interesse der Nachlaßgläubiger aussprachen, hat ihr Ziel nicht erreicht, wie gesagt mit Ausnahme des Grundvermögens [vgl. § 925 Abs. 2 BGB], sondern zum Ausweichen auf Rechtsgeschäfte unter Lebenden [auf den Todesfall] geführt und damit im Grunde geradezu entgegengesetzte Wirkungen gezeitigt."

Der Eintritt einer derartigen Entwicklung vermag indes jedoch nicht zu erwarten zu sein[879]. Der Reformgedanke zur Einführung eines Vindikationsle-

---

[877] Ohne auf die Einführung eines Vindikationslegates einzugehen, äußerte bereits *Röthel* (in: Verhandlungen des 68. DJT, Bd. I, A 45 m.w.N.) den Wunsch nach einer materiellen Reintegration des Vertrages zugunsten Dritter auf den Todesfall in die Universalsukzession. Vgl. hierzu auch die Ausführungen bei *Windel,* S. 434 bis 436 m.w.N. und *v. Lübtow,* Hbd. 2, S. 1237 m.w.N.

[878] *Leipold,* AcP 180 (1980), 208.

[879] Durch die Schaffung eines Vindikationslegates könnte man eine Abkehr von den Schenkungen unter Lebenden auf den Todesfall und Verträgen zugunsten Dritter auf den Todesfall erzielen. In allen drei Fällen läge zwar eine Ausnahme vom Grundsatz der Universalsukzession vor, jedoch wäre das Vindikationslegat zumindest den erbrechtlichen Formvorschriften und der Haftung für die Nachlassverbindlichkeiten unterworfen (so bereits *Muscheler,* Erbrecht, Bd. 1, § 18 Rn. 950). *Muscheler* bezeichnet den Vertrag zugunsten Dritter auf den Todesfall als eine „Surrogationsform des Vindikationslegats" (vgl. *Muscheler,* Erbrecht, Bd. 1, § 18 Rn. 950). Die Notwendigkeit der Einhaltung von Formvorschriften könnte für den Erblasser jedoch wiederum als sehr unattraktiv erscheinen. Zudem würde die bloße Anwendbarkeit der §§ 4 AnfG, 134 InsO, 2325, 2329 BGB die durch den (späteren) Erblasser bedachten Personen begünstigen. *Röthel* (in: Verhandlungen des 68. DJT, Bd. I, A 45, Fn. 202) verwies noch auf die Privilegierung des § 2287 BGB anstelle von § 2289 Abs. 1 S. 2 BGB. *Muscheler* (Erbrecht, Bd. 1, § 18 Rn. 950) bringt diesbezüglich zum Ausdruck: „Allerdings wird die Bedeutung dieses Arguments von vornherein dadurch relativiert, dass es ja vor allem die Formfreiheit ist, die dem Vertrag zugunsten Dritter auf den Todesfall seine Attraktivität verleiht, eine Attraktivität, die offenbar sogar die Furcht vor einem Widerruf des Schenkungsangebots durch den Erben [...] überwindet. Solange der Vertrag zugunsten Dritter auf den Todesfall nicht entweder für unzulässig erklärt oder zwangsweise ins Erbrecht inkorporiert wird, dürfte sich an seiner Verbreitung nichts ändern, und dies selbst nicht bei isolierter Einführung des Vindikationslegats." *Coing* (in: Verhandlungen des 49. DJT, A 53) brachte in seinem Gutachten über die Frage, ob es sich empfiehlt, das gesetzliche Erb- und Pflichtteilsrecht neu zu regeln, Folgendes zum Ausdruck: „An dem Prinzip der Universalsukzession [...] sollte meines Erachtens so weit wie irgend möglich festgehalten werden. Man muß berücksichti-

gates in das nationale Erbrecht kann letztlich auf Grund der Unvereinbarkeit mit der erbrechtlichen Grundwertung eines zu gewährleistenden Nachlassgläubigerschutzes nicht überzeugen.

§ 17 Alternative Lösungsansätze

Auf Grund der Tatsache, dass die Einführung eines Vindikationslegates als mit der im Erbrecht existenten Grundwertung eines zu verwirklichenden Nachlassgläubigerschutzes unvereinbar erscheint, seien im Nachfolgenden noch Gedanken darüber gemacht, ob alternative Lösungen anstelle des Vindikationslegates in Betracht zu ziehen wären. Die folgenden Ausführungen dienen weiter dem Zweck, zu überprüfen, ob die Integration eines unmittelbar dinglich wirkenden Vermächtnisses nicht nur an dem gerade nicht zu erwartenden Rückgang der gewillkürten erbrechtsunabhängigen Sonderrechtsnachfolgen von Todes wegen zu scheitern vermag, sondern darüber hinaus aus einem weiteren Grund. Die Inkorporation einer neuartigen rechtlichen Konstruktion wie diejenige des Vindikationslegates vermag allenfalls dann zu rechtfertigen sein, falls die durch diese zu verwirklichenden Interessen des Vermächtnisnehmers und des Erblassers nicht bereits durch anderweitige Modifikationen ggf. bereits Geltung beanspruchender erbrechtlicher Konstruktionen zu gewährleisten oder die durch diese eventuellen Abänderungen ggf. auftretenden Kollisionen mit dem geltenden nationalen Recht tiefgreifender wären, als diejenigen im Falle der Einführung eines unmittelbar dinglich wirkenden Vermächtnisses. Eine umfangreichere Reform des Erbrechts durch die Integration eines dem BGB bis dato in seinem Umfange völlig neuartigen Rechtsinstituts wird sicherlich umso eher an kritischen Stimmen scheitern, als die Lösung mit Hilfe der Erweiterung oder Einschränkung bereits existenter Regelungen. Dies lässt sich mit einem Verweis auf die an anderer Stelle zitierte Aussage *Röthels* unterstreichen[880]:

„Gleichwohl wird das Erbrecht des BGB bis heute als gelungene Kodifikation eingeschätzt und von großen Reformen eher abgeraten. Auch der Juristentag hat sich seit Inkrafttreten des BGB nur punktuell und im Ergebnis weitgehend folgenlos mit dem Erbrecht befasst.

---

gen, daß das Prinzip der Universalsukzession nicht nur ein technisches Prinzip ist, sondern auch ein Grundsatz, dessen Innehaltung im Interesse der Nachlaßgläubiger und insbesondere der Pflichtteilsberechtigten liegt. […] und es scheint mir, daß bei künftigen Reformarbeiten man grundsätzlich eher die Tendenz verfolgen sollte, Vermögensbestandteile, die nach der geschichtlichen Entwicklung aus dem Nachlaß herausfallen, wieder zu integrieren, als daß man den Weg der Nachlaßzersplitterung weitergeht.“ So ähnlich äußerte sich auch *Leipold,* AcP 180 (1980), 209.

[880] *Röthel,* in: Verhandlungen des 68. DJT, Bd. I, A 10 m.w.N. Das Zitat findet sich bereits in § 10.

Schon diese Einsicht verlangt Sorgfalt und Augenmaß [in Bezug auf die Beantwortung der Frage nach der Zeitgemäßheit des deutschen Erbrechts]."

Was könnte als weniger einschneidende Gesetzesreform angesehen werden? Drei verschiedene alternative Lösungsansätze möchten im Nachfolgenden einer genaueren Analyse zugeführt werden. Man könnte zunächst dem Erblasser die bloße Möglichkeit der Anordnung eines schuldrechtlich wirkenden Vermächtnisses (§§ 2147 ff. BGB) belassen, wodurch der Bedachte einen Anspruch auf Übertragung des vermachten Gegenstandes gegen den Beschwerten erlangt[881]. Man müsste nunmehr u.a. den Versuch eines besser zu verwirklichenden Schutzes des Vermächtnisnehmers gegen veruntreuende Verfügungen des Erben unternehmen[882]. Im Rahmen einer somit anzudenkenden Reform des bestehenden Vermächtnisrechts müsste man sich weiterhin mit einer Lösung in Bezug auf den Schutz des schuldrechtlich berechtigten Vermächtnisnehmers gegen Eigengläubiger des bzw. der Erben und den Schutz gegen übrige Nachlassgläubiger beschäftigen[883]. Anstelle einer Änderung des derzeitigen Vermächtnisrechts und eines hierdurch zu bewerkstelligenden höheren Schutzniveaus zugunsten des schuldrechtlich berechtigten Legatars könnte als zweiter alternativer Lösungsansatz an eine Reform des bestehenden Testamentsvollstreckungsrechts gedacht werden und hierbei an eine von Gesetzes wegen vorgesehene Testamentsvollstreckung im Falle der Anordnung eines Vermächtnisses in Testamenten oder Erbverträgen[884]. Letztlich sollte man sich noch der Frage widmen, ob eine Modifikation des in § 1922 Abs. 1 BGB vorgesehenen Vonselbsterwerbs als Alternative zur Einführung eines unmittelbar dinglich wirkenden Vermächtnisses in Betracht zu ziehen wäre[885].

I. Modifikationen des bestehenden Vermächtnisrechts

A. Schutz des Vermächtnisnehmers gegen Verfügungen des Erben

Der zentrale Gedanke, der hinter dem Versuch einer Integration eines Vindikationslegates in das nationale Erbrecht stand, war derjenige, dass der Erblasser oftmals ein besonderes Interesse an der Zuwendung eines konkreten Gegenstandes an eine bestimmte Person hat. Hierbei spielen in den allermeisten

---

[881] Vgl. hierzu § 17, I.

[882] Vgl. hierzu § 17, I. A. Bereits *Bartholomeyczik* (Erbeinsetzung, andere Zuwendungen und Erbschein, S. 142, 154) lehnte zwar das Vindikationslegat ab, sprach aber davon, dass der Schutz des schuldrechtlich berechtigten Vermächtnisnehmers nur unzureichend sei und erörterte Lösungsvorschläge, um einen Schutz auf andere Art und Weise herbeizuführen. *Boehmer* (Staudinger-BGB/*Boehmer* (1954), § 1922 BGB Rn. 243) sprach davon, dass eine Kompromisslösung gefunden werden muss.

[883] Vgl. hierzu § 17, I. B. und C.

[884] Vgl. hierzu § 17, II.

[885] Vgl. hierzu § 17, III.

Fällen immaterielle Gesichtspunkte eine entscheidende Rolle. Nach der derzeitigen Rechtslage könnte der Erblasser die zu bedenkende Person als Vermächtnisnehmer einsetzen, wodurch für den Bedachten das Recht begründet wird, von dem Beschwerten die Leistung des vermachten Gegenstands zu fordern (vgl. § 2174 BGB). Der Erbe erlangt hierbei mit dem Erbfall das Eigentum bzw. die Rechtsinhaberschaft an dem vermachten Gegenstand und es bedarf einer Verfügung zur Übertragung dieser rechtlichen Position (vgl. §§ 929 ff., 873 ff., 398 ff. BGB). Der Erbe kann nunmehr als Rechtsinhaber nach seinem Belieben mit dem vermachten Vermögenswert verfahren und diesen beispielsweise an eine dritte Person übertragen. In diesem Fall stünde dem Vermächtnisnehmer ein lediglich schuldrechtlicher Anspruch auf Schadensersatz wegen nachträglicher Unmöglichkeit gegenüber dem Erben zu (vgl. §§ 280 Abs. 1, 3, 283 BGB). Des Affektionsinteresse des Vermächtnisnehmers ist im Ergebnis nach derzeitigem Recht nicht in ausreichendem Maße gegen veruntreuende Verfügungen des Erben geschützt.

Ein Schutz des Vermächtnisnehmers könnte dadurch erzielt werden, dass dem Erben als Eigentümer bzw. Rechtsinhaber des vermachten Gegenstands ein irgendwie geartetes Verfügungsverbot zur Last gelegt wird[886]. Dies würde bedeuten, dass der Erbe beispielsweise lediglich zum Zwecke der (notwendigen) Nachlassgläubigerbefriedigung über einen vermachten Gegenstand verfügen kann (u.U. unter Beachtung vorrangiger Nachlassgläubiger). Dem Erben stünde somit bei Vorliegen dieser Voraussetzungen ein kausal beschränktes Verfügungsrecht zur Seite.

Alternative 1 (§ 2174 a BGB): „Der Erbe ist zur Verfügung über den vermachten Gegenstand nur zum Zwecke der notwendigen Nachlassgläubigerbefriedigung berechtigt. Es muss hierbei die unter den Nachlassgläubigern bestehende Rangfolge Beachtung finden.“

In Bezug auf die vermachten Gegenstände käme somit für den Fall, dass die Veräußerung nicht zum Zwecke der Nachlassgläubigerbefriedigung erfolgt, lediglich ein gutgläubiger Erwerb in Betracht. Ein solcher ist in Bezug auf Forderungen und Rechte nahezu ausgeschlossen. Im Falle eines im Grundbuch eingetragenen vermachten Rechts kann die Verfügungsbeschränkung des Erben zum Schutze des schuldrechtlich berechtigten Vermächtnisnehmers im Grundbuch eingetragen werden (vgl. § 892 Abs. 1 S. 2 BGB). Auf Grund

---

[886] In Bezug auf die nachfolgenden Ausführungen vgl. bereits die Darstellungen in § 15, I. B. 1. d) cc). Bereits *v. Schmitt* (in: Die Vorentwürfe der Redaktoren zum BGB, Erbrecht, Teil 2, S. 731) dachte an die Möglichkeit einer Verfügungsbeschränkung des Beschwerten. *Boehmer* (vgl. Staudinger-BGB/*Boehmer* (1954), § 1922 BGB Rn. 243) dachte an ein gesetzliches Veräußerungsverbot und daran, dass dem Erben der Nachweis in Bezug auf das Erfordernis der Verwertung des vermachten Gegenstandes zur Nachlassgläubigerbefriedigung obläge. *Bartholomeyczik* (Erbeinsetzung, andere Zuwendungen und Erbschein, S. 155, 156) ging hingegen davon aus, dass die Möglichkeit des Legatars durch einstweilige Verfügung ein Verfügungsverbot zu Lasten des Erben zu erwirken, genügt.

des Verfügungsverbotes zu Lasten des Erben könnte im Falle einer unentgeltlichen Verfügung an einen Anspruch des Legatars gegenüber dem gutgläubig erwerbenden Dritten gedacht werden (§ 816 Abs. 1 S. 2 BGB analog)[887].

Andererseits könnte man auch daran denken, dass das Verfügungsverbot zu Lasten des Erben im Zeitpunkt der Herbeiführung einer Haftungsbeschränkung auf den Nachlass entfällt (auflösend bedingt). Der Erbe haftet grundsätzlich unbeschränkt für die Verbindlichkeiten des Nachlasses, d.h. mit dem Nachlass und seinem vor dem Erbfall vorhandenen Privatvermögen. Im Falle einer unbeschränkten Haftung des Erben ist grundsätzlich kein Grund dafür ersichtlich, warum dieser zur Befriedigung der Nachlassgläubiger auf den vermachten Gegenstand zurückgreifen soll. Die Haftung des Erben ist jedoch auf den Nachlass beschränkbar und dieser könnte alleine zur Erfüllung der Nachlassverbindlichkeiten nicht genügen. Der Erbe könnte einen Antrag auf Anordnung der Nachlassverwaltung, einen Antrag auf Eröffnung des Nachlassinsolvenzverfahrens oder die Dürftigkeits- oder Überschwerungseinrede erheben (vgl. §§ 1975 ff. BGB). Man könnte also u.U. davon ausgehen, dass das Verfügungsverbot zu Lasten des Erben durch die Herbeiführung einer Beschränkung seiner Haftung auf den Nachlass (auflösende Bedingung) zu enden vermag.

Alternative 2 (§ 2174 a BGB): „Der Erbe ist im Zeitpunkt der Herbeiführung einer Haftungsbeschränkung auf den Nachlass zur Verfügung über den vermachten Gegenstand befugt.“

Da aber die Nachlassverwaltung beispielsweise bei einem Nachlass angeordnet werden kann, der gerade nicht zahlungsunfähig oder überschuldet ist, könnte die Konstellation des auflösend bedingten Verfügungsverbotes ggf. mit derjenigen der kausalen Beschränkung vermischt werden und somit eine Verfügung nur im Falle einer Haftungsbeschränkung auf den Nachlass *und* des notwendigen Rückgriffs auf den vermachten Gegenstand zur Nachlassgläubigerbefriedigung als wirksam angesehen werden.

Alternative 3 (§ 2174 a BGB): „Der Erbe ist im Zeitpunkt der Herbeiführung einer Haftungsbeschränkung auf den Nachlass zur Verfügung über den vermachten Gegenstand befugt. Die Verfügung muss hierbei zur Nachlassgläubigerbefriedigung erforderlich sein. Die unter den Nachlassgläubigern bestehende Rangfolge muss Beachtung finden.“

Letztlich könnte aber auch angedacht werden, dass der Erbe als Eigentümer bzw. Rechtsinhaber über den vermachten Gegenstand verfügen darf, die Verfügung des Erben über diesen Gegenstand aber im Falle der Erfüllung des schuldrechtlichen Anspruchs des Vermächtnisnehmers (freiwillig durch den Erben bzw. im Wege eines staatlichen Zwangsvollstreckungsverfahrens)

---

[887] So bereits *Muscheler,* Erbrecht, Bd. 1, § 18 Rn. 959 m.w.N. (im Ergebnis ablehnend). Bejahend hingegen *Boehmer* in Staudinger-BGB/*Boehmer* (1954), § 1922 BGB Rn. 243.

insoweit unwirksam ist, als sie das Recht des Vermächtnisnehmers vereiteln oder beeinträchtigen würde (ex nunc-Unwirksamkeit). Die Vorschriften zugunsten derjenigen, welche Rechte von einem Nichtberechtigten herleiten, könnten entsprechende Anwendung finden.

Alternative 4 (§ 2174 a BGB): „Die Verfügung des Erben über einen im Wege eines Vermächtnisses zugewandten Gegenstand ist im Falle der Erfüllung des Anspruchs aus § 2174 BGB insoweit unwirksam, als sie das Recht des Vermächtnisnehmers vereiteln oder beeinträchtigen würde. Die Vorschriften zugunsten derjenigen, welche Rechte von einem Nichtberechtigten herleiten, finden entsprechende Anwendung."

Diese Konstellation würde aber das folgende Problem mit sich bringen: Der Anspruch des Vermächtnisnehmers gegenüber dem Erben in Bezug auf eine bewegliche Sache beispielsweise wäre durch Einigung und Übergabe der Sache zu erfüllen. Hat der Erbe die vermachte Sache aber bereits rechtswirksam an eine dritte Person veräußert, so könnte die Erfüllung des Anspruchs aus der Anordnung des Vermächtnisses und somit die ex nunc-Unwirksamkeit der Zwischenverfügung praktisch niemals eintreten.

Bereits im Rahmen der ersten Kommission wurde Folgendes angedacht[888]:

„Wird nach anderweiten Sicherungsmitteln gesucht, so erhebt sich die Frage, ob nicht dem Vermächtnißnehmer dadurch ein Schutz gegen die ihm drohenden Gefahren gewährt werden könnte, daß zu seinen Gunsten der Erbe einem relativen gesetzlichen Veräußerungsverbote unterstellt würde."

B. Schutz des Vermächtnisnehmers gegen Eigengläubiger des Erben

Darüber hinaus könnte eine analoge Anwendung der §§ 771 ZPO, 47 InsO zugunsten des Vermächtnisnehmers in Betracht gezogen werden[889]. Die §§ 771 ZPO, 47 InsO sollen hierbei gegen einen Zugriff auf den vermachten Gegenstand durch die Erbeneigengläubiger schützen. Der vermachte Gegen-

---

[888] *Mugdan,* Bd. 5, S. 71 (Motive).

[889] So bereits *Muscheler,* Erbrecht, Bd. 1, § 18 Rn. 959 m.w.N. (im Ergebnis ablehnend). *Muscheler* (Erbrecht, Bd. 1, § 18 Rn. 959 m.w.N.) spricht hierbei alternativ von einer dem § 392 Abs. 2 HGB entsprechenden Vorschrift (im Ergebnis ablehnend). Bereits die Protokolle der Akademie für Deutsches Recht zeigen auf, dass man sich im Rahmen der Ausschüsse mit der Frage nach der Anwendung der §§ 392 Abs. 2 HGB, 771 ZPO beschäftigte (vgl. *Schubert,* Protokoll der Sitzung vom 15.9.1936, S. 110, 111). *Otte* (Staudinger-BGB/*Otte* (2013), § 2174 BGB Rn. 8) äußerte sich hierzu folgendermaßen: „Gleichwohl wäre es zu begrüßen, wenn der Vermächtnisnehmer den Schutz des § 771 ZPO genösse. Hierzu bedürfte es aber nicht des Vindikationslegats, sondern lediglich einer dem § 392 Abs 2 HGB entsprechenden Vorschrift, wonach der Vermächtnisgegenstand im Verhältnis zwischen dem Vermächtnisnehmer und dem Erben sowie dessen Eigengläubigern *als zum Vermögen des Vermächtnisnehmers gehörend zu betrachten* wäre."

stand müsste hierzu im Verhältnis zu den Erbengläubigern als bereits dem Vermächtnisnehmer gehörig angesehen werden[890].

C. Schutz des Vermächtnisnehmers gegen Nachlassgläubiger

Im Falle der Zwangsvollstreckung durch Nachlassgläubiger könnte Folgendes in Erwägung gezogen werden: Der Vermächtnisnehmer kann sich solange auf § 771 ZPO berufen, bis die Haftung des Erben auf den Nachlass beschränkt wird und noch genügende Nachlassgegenstände vorhanden sind, die gerade nicht im Wege von Legaten zugewandt sind.

D. Zusammenfassung

Durch diesen alternativen Lösungsvorschlag würde zwar das bestehende Vermächtnisrecht grundlegend reformiert werden, jedoch könnte die Einführung eines völlig neuartigen Vermächtnisses und die komplizierte Schaffung einer Vielzahl neuer Rechtsregeln umgangen werden. Es könnten insbesondere Abgrenzungsschwierigkeiten zwischen dem Vindikations- und Damnationslegat vermieden werden. Zwar kann hierdurch dem Rechtsbewusstsein des Volkes noch nicht vollständig entsprochen werden (Erwerb des Eigentums bzw. der Rechtsinhaberschaft an dem Gegenstand mit dem Erbfall)[891], doch kann dem Affektionsinteresse des Erblassers und des Bedachten in umfangreicherem Maße zum Durchbruch verholfen werden. Schließlich kann das in der Gesellschaft vorhandene Bewusstsein dessen, was rechtliche Folge der Einsetzung eines Erben oder Vermächtnisnehmers mit dem Erbfall ist, auch nicht über alles gehen. Falls dies so wäre, dann müsste auch eine Erbeinsetzung auf bestimmte Gegenstände ermöglicht werden[892].

Fraglich ist, ob letztlich die Aussage zutrifft, dass es gerade nicht der radikalen Einführung eines Vindikationslegates bedarf, da durch eine Reform des bereits bestehenden Vermächtnisrechts in weniger einschneidendem Maße in das bestehende Recht eingegriffen wird. Dieser Behauptung kann keinesfalls beigepflichtet werden. Durch die Reform des bestehenden Vermächtnisrechts kann keine umfangreichere Verwirklichung der hinter dem Grundsatz der

---

[890] *Bartholomeyczik* (Erbeinsetzung, andere Zuwendungen und Erbschein, S. 156) sprach von einem Schutz durch die Drittwiderspruchsklage gemäß § 771 ZPO, „wenn bestimmt wird, daß der vermachte Gegenstand im Verhältnis zwischen dem Erben, dem Beschwerten und ihren Eigengläubigern bereits dem Vermächtnisnehmer gehört. Diese Regelung schlägt der Ausschuß vor." In Fn. 2 verwies *Bartholomeyczik* auf § 392 Abs. 2 HGB. *Boehmer* (Staudinger-BGB/*Boehmer* (1954), § 1922 BGB Rn. 243) sprach ebenfalls von einem Widerspruchsrecht nach § 771 ZPO und einem Aussonderungsrecht, wobei dieser noch auf § 43 KO verwies.

[891] Vgl. hierzu die Ausführungen in § 16, I. D.

[892] Vgl. zu diesem Problem *Schrader*, NJW 1987, 117 bis 118 und *Otte*, NJW 1987, 3164 bis 3165.

Universalsukzession stehenden Ziele erblickt werden als im Falle der Einführung eines Vindikationslegates. Die Nachlassgläubigerbefriedigung würde sogar noch erschwert werden. Die Nachlassgläubiger könnten sich zwar an einige wenige Universal-Repräsentanten halten, müssten dies dann aber auch. Die Erben sind jedoch zur Verfügung über die vermachten Gegenstände nicht unbegrenzt befugt. Durch die Konstruktion eines kausal beschränkten Verfügungsverbotes beispielsweise würden sich auf Grund größerer Rechtsunsicherheit weniger kaufwillige Personen auffinden lassen (wobei dieses Argument lediglich bei vermachten Grundstücken durchzugreifen vermag)[893]. Die Nachlassgläubiger könnten weiterhin zwar durch den Antrag auf Nachlassverwaltung oder Eröffnung des Nachlassinsolvenzverfahrens zu einer Haftungsbeschränkung des Erben beitragen und somit dem Verfügungsverbot des Erben entgegensteuern (siehe zweite und dritte Variante des § 2174 a BGB). Diese bräuchten jedoch zur Antragstellung eines besonderen Grundes. Gemäß § 320 S. 1 InsO sind Gründe für die Eröffnung des Insolvenzverfahrens über einen Nachlass die Zahlungsunfähigkeit und die Überschuldung. Auf Antrag eines Nachlassgläubigers ist die Nachlassverwaltung gemäß § 1981 Abs. 2 BGB anzuordnen, wenn Grund zu der Annahme besteht, dass die Befriedigung der Nachlassgläubiger aus dem Nachlass durch das Verhalten oder die Vermögenslage des Erben gefährdet wird, wobei der Antrag nicht mehr gestellt werden kann, wenn seit der Annahme der Erbschaft zwei Jahre verstrichen sind.

Die Vindikationslegatare würden hingegen mit dem Erbfall verfügungsbefugte Eigentümer bzw. Rechtsinhaber. Eine direkte Haftung würde im Gegensatz zu einem kausal beschränkten Verfügungsrecht des Erben zu klareren und durchsichtigeren Rechtsverhältnissen führen und die Nachlassgläubiger können bereits zu einem früheren Zeitpunkt effektiver die Begleichung ihrer Forderungen betreiben. Der Reformvorschlag zur Einführung eines Vindikationslegates müsste somit nicht hinter der dargestellten Reform des bereits bestehenden Vermächtnisrechts zurücktreten. Darüber hinaus käme auch die Reform des existenten Vermächtnisrechts als Alternative zu dem nicht denkbaren Vindikationslegat von vornherein nicht in Betracht, da durch diese die u.a. hinter dem Grundsatz der Universalsukzession stehende erbrechtliche Grundwertung eines zu gewährleistenden Nachlassgläubigerschutzes in noch umfangreicherem Maße zurückgedrängt werden würde. Die Integration eines Vindikationslegates in das nationale Erbrecht musste aber bereits auf Grund eines weniger einschneidenden Verstoßes gegen den Schutz der Nachlassgläubiger abgelehnt werden[894].

---

[893] Der potentielle Erwerber würde durch den Gang zu einem Notar über die im Grundbuch eingetragene Verfügungsbeschränkung des Erben informiert werden (§ 892 Abs. 1 S. 2 BGB). Vgl. hierzu bereits die Ausführungen in § 15, I. B. 1. d) cc) (3).

[894] Vgl. hierzu § 16, III.

II. Modifikationen des bestehenden Testamentsvollstreckungsrechts

Es könnte weiterhin folgende Konstruktion angedacht werden: die Modifikation des bestehenden Testamentsvollstreckungsrechts (§§ 2197 ff. BGB). Man könnte eine zwingende Testamentsvollstreckung für den Fall vorsehen, dass der Erblasser in seiner Verfügung von Todes wegen Vermächtnisse anordnet. Der Erblasser könnte hierbei durch Testament einen oder mehrere Testamentsvollstrecker ernennen (§ 2197 Abs. 1 BGB), die Bestimmung der Person des Testamentsvollstreckers einem Dritten überlassen (§ 2198 Abs. 1 S. 1 BGB) oder in seinem Testament das Nachlassgericht ersuchen, einen Testamentsvollstrecker zu ernennen (§ 2200 Abs. 1 BGB). Für den Fall, dass keine dieser Möglichkeiten durch den Erblasser wahrgenommen wurde, müsste trotz alledem ein Testamentsvollstrecker durch das Nachlassgericht ernannt werden.

§ 2174 a BGB: „Hat der Erblasser in seiner Verfügung von Todes wegen ein Vermächtnis angeordnet, so unterliegt der Nachlass der zwingenden Testamentsvollstreckung. Die Vorschriften der §§ 2197 ff. BGB finden mit der Maßgabe entsprechende Anwendung, dass das Nachlassgericht auch für den Fall, dass eine Testamentsvollstreckung durch den Erblasser nicht vorgesehen wird, die Ernennung eines Testamentsvollstreckers vorzunehmen hat."

Eine derartige rechtliche Konstruktion würde folgende Situation mit sich bringen: Mit dem Tod des Erblassers geht sein Vermögen als Ganzes auf den oder die Erben über (vgl. § 1922 Abs. 1 BGB) und somit auch der dem Vermächtnisnehmer zugedachte Vermögenswert.

„Im Zeitraum zwischen Beginn der Testamentsvollstreckung [Erbfall] und Amtsbeginn [Annahme des Amtes durch den Testamentsvollstrecker] kann der Erbe bereits über die verwaltungsunterworfenen Nachlassgegenstände nicht verfügen (§ 2211) und können seine eigenen Gläubiger sich nicht an diese Nachlassgegenstände halten (§ 2214), weil sonst in der Zwischenzeit durch derartige Verfügungen der Zweck der Testamentsvollstreckung vereitelt werden könnte."[895]

Diese Konstruktion hat deutliche Vorteile. Es läge hierdurch zum einen ein geringerer Verstoß gegen die u.a. durch den Grundsatz der Universalsukzession zum Ausdruck kommende erbrechtliche Grundwertung des Nachlassgläubigerschutzes vor als durch die Modifikation des bestehenden Vermächtnisrechts: Der Erbe erlangt das Eigentum bzw. die Rechtsinhaberschaft an allen zum Vermögen des Erblassers gehörenden Gegenständen, wobei sich die Verwaltungsbefugnis des Testamentsvollstreckers auf den gesamten Nachlass erstreckt. Der Testamentsvollstrecker ist über die Nachlassgegenstände grundsätzlich unbeschränkt verfügungsbefugt. Die Nachlassabwicklung wird somit zugunsten der Nachlassgläubiger gerade nicht (wesentlich) erschwert. Es müsste nicht wie in der zuerst angedachten alternativen Lösung

---

[895] MüKo-BGB/*Zimmermann*, § 2197 BGB Rn. 2.

in § 17, I. zwischen der eingeschränkten Verfügungsbefugnis über den vermachten Gegenstand und der vollumfänglichen Verfügungsbefugnis bzgl. des übrigen Nachlasses unterschieden werden. Zwar müsste sich der erwerbende Dritte in beiden Fällen mit der Frage auseinandersetzen, ob der Erblasser bestimmte Gegenstände im Wege von Vermächtnissen zugedacht hat. Wurde diese Frage jedoch einer Klärung unterzogen, kann dieser das Eigentum bzw. die Rechtsinhaberschaft an dem vermachten Gegenstand ohne Weiteres von dem Testamentsvollstrecker erwerben, im Rahmen der ersten Alternative hinge jedoch die Verfügungsbefugnis des Erben von oft unklaren und undurchsichtigen rechtlichen Verhältnissen ab. Diese Ausführungen gelten grundsätzlich nicht für die Veräußerung in Bezug auf vermachte bewegliche Sachen, da der veräußernde Erbe kaum jemals zum Ausdruck bringen wird, dass es sich um eine Nachlasssache handelt, dieser aber auf Grund einer notwendigen Nachlassgläubigerbefriedigung über die Sache zu verfügen berechtigt ist. Im Falle der Veräußerung von vermachten Grundstücken würde sich die rechtliche Lage hingegen anders darstellen. Der obligatorische Gang zum Notar würde die durch den Erbfall geschaffene rechtliche Lage zum Vorschein bringen und die Notwendigkeit sich mit der eigentümerrechtlichen Position des Veräußerers und dessen Verfügungsbefugnis genauer zu beschäftigen. Die durch die Modifikationen des bestehenden Vermächtnisrechts bzw. Testamentsvollstreckungsrechts[896] geschaffenen Beschränkungen der Verfügungsbefugnis des Erben würden sich jeweils aus dem Grundbuch ergeben. Diese Lösung ist auch um einiges nachlassgläubigerfreundlicher als die Konstruktion eines Vindikationslegates. Die Nachlassgläubiger können sich alleinig an den Testamentsvollstrecker halten und profitieren von übersichtlichen und geordneten rechtlichen Verhältnissen. Der Testamentsvollstrecker ist grundsätzlich über den gesamten Nachlass verfügungsbefugt. Im Falle von Vindikationslegaten müsste sich der Nachlassgläubiger auf Grund der gegenständlich beschränkten Haftung ggf. an mehrere Vermächtnisnehmer wenden[897].

Diesem Lösungsansatz stünden hingegen auch nachteilige Argumente entgegen. Der Bedachte würde durch eine Modifikation des bestehenden Vermächtnisrechts oder eine Integration eines unmittelbar dinglich wirkenden Vermächtnisses besser geschützt werden. Der Erbe könnte bei Abänderung des existenten Vermächtnisrechts nur zum Zwecke der Nachlassgläubigerbefriedigung über den vermachten Gegenstand verfügen und im Falle eines nach außen haftenden Vindikationslegatars ausschließlich dieser. Der Testamentsvollstrecker wäre hingegen im Grunde ohne Beschränkungen verfügungsbefugt. Dieses Argument vermag indes nicht zu überzeugen. Falls der

[896] Siehe § 17, I. und II. Zur Problematik bei vermachten Grundstücken vgl. bereits die Ausführungen in § 15, I. B. 1. d) cc) (3).

[897] Siehe § 15, I. B. 2. c) bb).

Erblasser einen Testamentsvollstecker ernennt, erachtet er diesen als ausreichend vertrauenswürdig. Diese Entscheidung darf nicht hinterfragt werden. Ernennt hingegen das Nachlassgericht einen Testamentsvollstrecker, so ist ein missbräuchliches Zusammenwirken zwischen dem Erben und dem Testamentsvollstrecker sicherlich die absolute Ausnahmekonstellation. Der Vermächtnisnehmer wäre folglich hinreichend geschützt. Die Modifikation des Testamentsvollstreckungsrechts würde jedoch zum einen eine immens hohe Arbeitsbelastung der Nachlassgerichte zur Folge haben und zum anderen einen eventuellen Vergütungsanspruch des Testamentsvollstreckers. Je nach Einzelfall könnte es hierbei als fraglich erscheinen, ob das Interesse des Erblassers an der Zuwendung eines konkreten Nachlassgegenstandes und einem Nichtrückgriff auf bereits bestehende, jedoch die Wünsche des Erblassers am Erhalt des Gegenstandes nicht vollumfänglich zu verwirklichende Sicherungsmaßnahmen[898] derart hoch ist, dass dieser seinen Nachlass durch einen Anspruch des Testamentsvollstreckers geschmälert sehen möchte.

Im Ergebnis erscheint die Lösung in Bezug auf die Modifikation des bestehenden Testamentsvollstreckungsrechts sowohl im Gegensatz zu einer Reform des derzeitigen Vermächtnisrechts als auch der Einführung eines Vindikationslegates bzgl. der Verwirklichung der Interessen der Nachlassgläubiger und des Rechtsverkehrs als deutlich vorzugswürdig. Sie wäre jedoch mit erheblichen praktischen Schwierigkeiten (Überlastung der Nachlassgerichte) verbunden und somit letztlich nicht realisierbar. Dieser Lösungsvorschlag bietet sich schlussendlich weder als Alternative zum Vindikationslegat für den Fall an, dass das Vindikationslegat auf Grund eines Rückgangs der erbrechtsunabhängigen Sonderrechtsnachfolgen von Todes wegen denkbar erschiene, noch überhaupt zur Stärkung der Interessen der Vermächtnisnehmer und der Erblasser nach derzeitigem Recht.

III. Modifikationen des bestehenden Vonselbsterwerbs

Abschließend könnte noch daran gedacht werden, dass man grundlegende Änderungen am Prinzip des Vonselbsterwerbs vornimmt (Unmittelbarkeit der Erbfolge) und somit den Grundsatz der Universalsukzession unangetastet lässt. Mit dem Erbfall würde hierbei das Vermögen als Ganzes zunächst einem Mittelsmann (personal representative) zufallen. Dieser würde Eigentümer bzw. Rechtsinhaber aller zum Vermögen des Erblassers gehörender Gegenstände werden und veruntreuende Verfügungen des Erben zu Lasten des Vermächtnisnehmers wären hierdurch ausgeschlossen. Das Prinzip des Vonselbsterwerbs würde somit weiterhin Geltung beanspruchen, jedoch würde diesem ein anderes Verständnis beigelegt werden. Der Nachlass fällt gerade dem personal representative mit dem Erbfall unmittelbar an. Eine derartige

[898] Vgl. hierzu § 6, IV. B. 4.

Lösung muss jedoch verneint werden. Der Grundsatz des Vonselbsterwerbs ist genauso wie derjenige der Universalsukzession in seiner derzeitigen inhaltlichen Ausrichtung als einer der fundamentalsten des Erbrechts ausgestaltet. Eine derartige tiefgreifende Änderung einer der Säulen des Erbrechts muss deutlich hinter den zuvor genannten Lösungsansätzen zurücktreten.

IV. Ergebnis

Durch eine Reform des bestehenden Testamentsvollstreckungsrechts könnten die Interessen der Nachlassgläubiger und des Rechtsverkehrs in umfangreicherem Maße verwirklicht werden, als durch die Einführung eines Vindikationslegates. Könnte somit das Recht der Testamentsvollstreckung im Falle der generellen Möglichkeit der Einführung eines Vindikationslegates durch einen zu verzeichnenden Rückgang der erbrechtsunabhängigen Sonderrechtsnachfolgen von Todes wegen vorrangig zu reformieren sein? Die Antwort lautet: „nein“. Die aufgeworfene Frage stellt sich ausschließlich dann, falls durch die Integration eines Vindikationslegates ein Rückgang der erbrechtsunabhängigen Sonderrechtsnachfolgen von Todes wegen zu erwarten wäre. Dies muss man sich nochmals vergegenwärtigen. Durch den ggf. entstehenden Vergütungsanspruch des Testamentsvollstreckers würde diese Lösung aber gerade einen Rückgang der erbrechtsunabhängigen Sonderrechtsnachfolgen von Todes wegen deutlich weniger fördern als die Inkorporation eines Vindikationslegates. Das Vindikationslegat wäre somit im Falle der Reintegration der erbrechtsunabhängigen Sonderrechtsnachfolgen von Todes wegen durch den Gesetzgeber oder eines zu erwartenden geringeren Rückgriffs auf diese von Seiten der Rechtsanwender die vorzugswürdigste und praktisch am besten durchsetzbare Lösung zur Stärkung der Interessen des Erblassers und des Vermächtnisnehmers.

Die weitere zu beantwortende Frage lautete dahingehend, ob auf Grund der Tatsache, dass der derzeit noch zu umfassende Rückgriff auf erbrechtsunabhängige Sonderrechtsnachfolgen von Todes wegen die Einführung eines Vindikationslegates versperrt, alternative Lösungsvorschläge für das Recht des BGB in Betracht zu ziehen wären. Die Integration eines unmittelbar dinglich wirkenden Vermächtnisses steht stets unter dem Aspekt der zu gewährleistenden Nachlassgläubigerinteressen. Im Ergebnis darf generell keine Reform in Betracht gezogen werden, die die als vorrangig einzustufenden Interessen der Gläubiger des Erblassers beeinträchtigt und diesen Eingriff nicht durch eine Reintegration anderweitiger erbrechtsunabhängiger Sonderrechtsnachfolgen auszugleichen vermag. Auch *v. Schmitt* brachte bereits zum Ausdruck, dass die Gläubiger des Erblassers und die Pflichtteilsberechtigten Vorrang vor dem Erben und dem Vermächtnisnehmer genießen müssen[899]. Die obig

[899] *v. Schmitt,* in: Die Vorentwürfe der Redaktoren zum BGB, Erbrecht, Teil 2, S. 726.

dargestellte Reform des bereits bestehenden Vermächtnisrechts würde zu einem schwerwiegenderen Eingriff in den Grundsatz der Universalsukzession und somit in die u.a. hinter diesem Prinzip stehende Grundwertung eines zu verwirklichenden Nachlassgläubigerschutzes führen als die Integration eines Vindikationslegates[900]. Da das unmittelbar dingliche Vermächtnis aus diesem Grunde gerade abgelehnt wurde, muss diese Argumentation letztlich erst recht für das derzeitige Vermächtnisrecht Geltung beanspruchen[901]. Dieses Problem des zu gewährleistenden Nachlassgläubigerschutzes würde sich aber auch durch eine Reform des Testamentsvollstreckungsrechts stellen. Es würde zugunsten der Nachlassgläubiger nicht genügen, dass diese sich nach den gesetzlichen oder gewillkürten Erben erkundigen. Sie müssten zudem Informationen darüber einholen, ob ein Vermächtnis ausgesetzt wurde, wodurch die Verfügungsbefugnis der Erben beschränkt wäre. In einem weiteren Schritt müssten sie sich Informationen in Bezug auf den zuständigen Testamentsvollstrecker beschaffen. Es läge eine (wenn auch nur sehr geringe) weitreichendere Beeinträchtigung der Nachlassgläubiger vor als nach derzeitigem Vermächtnisrecht. Ob diese letztlich als derart geringfügig eingestuft werde könnte, dass eine Reform nicht von vornherein ausgeschlossen wäre, muss jedoch keiner Klärung unterzogen werden. Die Lösung könnte sich bereits in der Praxis nicht durchsetzen. Sie erfordert eine immens ansteigende Beteiligung der Nachlassgerichte. Es wird auch kaum denkbar sein, den Erblasser in eine zwingende gesetzlich vorgesehene Testamentsvollstreckung zu drängen. Würde man diesem hingegen ein Wahlrecht einräumen, so entstünden dieselben kaum überwindbaren Abgrenzungsprobleme wie zwischen einem unmittelbar dinglich und lediglich schuldrechtlich wirkenden Vermächtnis[902]. Im Ergebnis vermag keiner der angedachten alternativen Lösungsvorschläge zu überzeugen.

Das deutsche Vermächtnisrecht (§§ 2147 ff. BGB) zeichnet sich durch bis ins kleinste Detail durchdachte Regelungen aus, die klare und geordnete Zustände schaffen und keinerlei Zweifel offen lassen. Das nationale Erbrecht kann in Bezug auf die Ausgestaltung des Vermächtnisses als lediglich schuldrechtlich wirkendem nach alledem als gelungen bezeichnet werden und ist keiner der ausgeführten Reformen zugänglich. Eine durch diese zu verwirklichende Verbesserung der Rechte des Vermächtnisnehmers wäre zwar wünschenswert, doch sind dessen Interessen auf Grund der hinter dem BGB stehenden Wertungen hinter denjenigen der Gläubiger des Erblassers und der Pflichtteilsberechtigten anzusetzen. Das Erbrecht des BGB kann die Interessen der Nachlassgläubiger vollumfänglich verwirklichen. Es können lediglich Reformen angeregt werden, die den zu gewährleistenden Nachlassgläubiger-

[900] Vgl. hierzu § 17, I. D.
[901] Vgl. hierzu § 16, III.
[902] Vgl. hierzu die Ausführungen in § 15, I. B. 2. c) cc).

schutz gerade nicht zu tangieren vermögen. Eine entsprechende Anwendung der §§ 771 ZPO, 47 InsO zum Schutz des Vermächtnisnehmers vor einem Zugriff der Erbeneigengläubiger sollte ebenso in Betracht gezogen werden wie die Einräumung eines Ablösungsrechtes (§ 268 BGB) zugunsten des Vermächtnisnehmers, um den Erhalt des konkreten Gegenstandes gegenüber den Nachlassgläubigern sicherstellen zu können[903]. Zum Schutz gegen veruntreuende Verfügungen des Erben könnte die analoge Anwendung des § 816 Abs. 1 S. 2 BGB im Falle einer unentgeltlichen Veräußerung in Erwägung gezogen werden, wobei natürlich Entreicherungseinwände Beachtung finden müssen.

§ 2174 a BGB: „Die Vorschriften der §§ 771 ZPO, 47 InsO finden zum Schutz des Vermächtnisnehmers vor einem Zugriff der Erbeneigengläubiger entsprechende Anwendung."

§ 2174 b BGB: „Betreibt ein Nachlassgläubiger die Zwangsvollstreckung in den vermachten Gegenstand, so ist der Vermächtnisnehmer, der Gefahr läuft, durch die Zwangsvollstreckung sein Recht, von dem Beschwerten die Leistung des vermachten Gegenstands zu fordern, zu verlieren, berechtigt, den Gläubiger zu befriedigen. Die Befriedigung kann auch durch Hinterlegung oder durch Aufrechnung erfolgen. Soweit der Vermächtnisnehmer den Gläubiger befriedigt, geht die Forderung auf ihn über. Der Übergang kann nicht zum Nachteil des Gläubigers geltend gemacht werden."

§ 2174 c BGB: „Trifft der Erbe über den vermachten Gegenstand eine unentgeltliche Verfügung, so ist derjenige, welcher auf Grund der Verfügung unmittelbar einen rechtlichen Vorteil erlangt, zur Herausgabe des durch die Verfügung Erlangten an den Vermächtnisnehmer verpflichtet."

Das Risiko einer entgeltlichen Veräußerung und dasjenige des Erlöschens des sich aus § 2174 BGB ergebenden Anspruchs können jedoch durch die Zuwendung eines Gegenstandes durch ein Vermächtnis auch in Zukunft nicht ausgeschlossen werden. Dieser Gefahr muss sich der Ersteller von Verfügungen von Todes wegen bewusst werden und mittels einer fundierten juristischen Beratung die für ihn günstigste Möglichkeit erwählen, um einen einzelnen Gegenstand einer konkreten Person im Ergebnis zukommen zu lassen.

Im Ergebnis möchte sich diese wissenschaftliche Ausarbeitung gegen die Einführung eines Vindikationslegates aussprechen und für eine entsprechende Anwendung der §§ 771 ZPO, 47 InsO gegenüber dem Zugriff von Erbeneigengläubigern, für eine analoge Anwendung des § 816 Abs. 1 S. 2 BGB im Falle von unentgeltlichen Verfügungen des Erben über den vermachten Gegenstand und für ein Ablösungsrecht gemäß § 268 BGB, um durch eine vorrangige Nachlassgläubigerbefriedigung das sich aus § 2174 BGB ergebende Recht, von dem Beschwerten die Leistung des vermachten Gegenstandes zu fordern, zu erhalten.

---

[903] § 268 Abs. 1 S. 1 BGB spricht von einem „Recht an dem Gegenstand". Bloße Forderungsrechte sind hierunter gerade nicht zu verstehen (vgl. Beck'scher Online-Kommentar BGB/*Lorenz,* § 268 BGB Rn. 6 m.w.N.).

Kapitel 5

Fazit

Der Erblasser hat unter Berücksichtigung immaterieller oder auch materieller Gesichtspunkte oftmals ein besonderes Interesse daran, mit seinem Tod einen konkreten Gegenstand einer bestimmten Person zukommen zu lassen[1].

Die im derzeitigen Erbrecht existenten inhaltlichen Ausgestaltungsmöglichkeiten in Verfügungen von Todes wegen können diesen Wunsch in einer Reihe von Fallkonstellationen nicht vollumfänglich verwirklichen[2]. Der Vermächtnisnehmer erlangt insbesondere einen lediglich schuldrechtlichen Anspruch gegenüber dem Beschwerten (vgl. § 2174 BGB) und wäre vor dessen veruntreuenden Verfügungen nicht geschützt. Auch lebzeitige Rechtsgeschäfte oder Rechtsgeschäfte unter Lebenden auf den Todesfall bieten sich für den (späteren) Erblasser nicht stets an[3].

Diesem Problem könnte durch die Einführung eines Vindikationslegates abgeholfen werden. Ein solches existierte bereits in den vor dem Inkrafttreten des BGB geltenden Rechtsordnungen und auch heute noch in zahlreichen EU-ausländischen und Nicht-EU-ausländischen Rechtsordnungen[4]. Der nationale Gesetzgeber entschied sich jedoch bei Inkrafttreten des BGB am 01. Januar 1900 für die ausschließliche Anerkennung eines schuldrechtlich wirkenden Vermächtnisses. Der in § 15 entwickelte Gesetzgebungsvorschlag zur Integration eines unmittelbar dinglich wirkenden Vermächtnisses in das nationale Erbrecht brachte u.a. folgende Erkenntnisse: Der Vindikationslegatar hat für die Nachlassverbindlichkeiten einzustehen und der vermachte Gegenstand wird als zum Nachlass gehörig behandelt[5]. Der im Wege eines Vindikationslegates zugewandte Vermögenswert darf gerade nicht der Haftungsmasse zugunsten der Nachlassgläubiger entzogen werden. In Bezug auf die konkrete Ausgestaltung der Haftung des unmittelbar dinglich Berechtigten kamen zwei denkbare Alternativen in Betracht. Der Vindikationslegatar könnte auf der einen Seite wie der Erbe bzw. die Erben für die Verbindlichkeiten des Nachlasses im Außenverhältnis aufzukommen haben[6], was bedeu-

[1] Vgl. hierzu die Ausführungen in § 1.
[2] Vgl. hierzu die Ausführungen in § 6.
[3] Vgl. hierzu die Ausführungen in den §§ 7, 8.
[4] Vgl. hierzu die Ausführungen in den §§ 11, 12, 13.
[5] Vgl. hierzu die Ausführungen in § 15, I. A. 3.
[6] Vgl. hierzu die Ausführungen in § 15, I. B. 2.

tet, dass sich die Nachlassgläubiger direkt an die Vindikationsvermächtnisnehmer wenden könnten. Andererseits könnte an eine Innenhaftung des Vindikationslegatars gedacht werden[7]. Die Nachlassgläubiger könnten sich nunmehr nicht an den Vermächtnisnehmer selbst wenden, sondern lediglich an den bzw. die Erben, dem bzw. denen aber zur Nachlassgläubigerbefriedigung eine irgendwie geartete gesetzliche Zugriffsmöglichkeit auf den vermachten Gegenstand gewährt werden muss (bloße indirekte Haftung des Vindikationslegatars). Der indirekt haftende Vindikationslegatar kann zum Schutz der Nachlassgläubiger und auf Grund der fehlenden direkten Zugriffsmöglichkeit dieser auf den Vermächtnisnehmer mit dem Anfall des Vermächtnisses keinesfalls das vollumfängliche Eigentum bzw. die vollumfängliche Rechtsinhaberschaft an dem zugewandten Gegenstand erlangen. Es wurde somit die Überlegung getroffen, dass der im Innenverhältnis haftende Vermächtnisnehmer mit dem Anfall des Vermächtnisses eine bloße aufschiebend bedingte bzw. auflösend bedingte Rechtsposition an dem zugedachten Vermögenswert erhalten könnte. Dies vermochte jedoch nicht zu überzeugen[8], da beide Varianten nicht widerspruchsfrei zur rechtlichen Konstruktion der Vor- und Nacherbschaft bzw. der Vor- und Nachvermächtnisnehmerschaft in das Erbrecht des BGB integriert werden könnten und somit auszuscheiden haben. Als dritte Konstruktion[9] kam weiterhin in Betracht, dass der indirekt haftende Vindikationsvermächtnisnehmer mit dem Anfall des Vermächtnisses bereits das Eigentum bzw. die Rechtsinhaberschaft an dem vermachten Vermögenswert zugesprochen bekommt, wobei zum Schutz der Nachlassgläubiger hierbei mit den verschiedensten Einschränkungen der durch die §§ 903 S. 1 BGB, 14 Abs. 1 MarkenG, 9 PatG, 11 UrhG gewährten positiven und negativen Befugnisse gearbeitet wurde. Der Vindikationslegatar wird mit einem auflösend bedingten Verfügungsverbot belastet. Dieses entfällt im Falle der Erfüllung seines Anspruchs gegenüber dem Erben auf formelle Übertragung des vermachten Gegenstandes[10]. Der Anspruch auf formelle Übertragung ist auf eine Willensentäußerung des Erben mit dem Inhalt gerichtet, dass der Legatar nunmehr frei über den Gegenstand zu verfügen vermag. Es bedarf weder einer Übergabe der beweglichen Sache, noch einer Bewilligung der Eintragung im Grundbuch. Auf die Ausstellung bzw. Aushändigung einer Urkunde bzgl. der vermachten Forderung bzw. des sonstigen vermachten Rechts sollte hingegen nicht verzichtet werden, da die fehlende Einschlägigkeit des § 410 Abs. 1 BGB für einen zu gewährenden Schutz der Nachlassgläubiger ebenso schädlich sein könnte wie die Verfügung des Legatars über die vermachte

[7] Vgl. hierzu die Ausführungen in § 15, I. B. 1.
[8] Vgl. hierzu die Ausführungen in § 15, I. B. 1. a) bis c).
[9] Vgl. hierzu die Ausführungen in § 15, I. B. 1. d).
[10] Vgl. hierzu die Ausführungen in § 15, I. B. 1. d) bb) (2) (a).

Forderung oder die übrigen vermachten Rechte[11]. Zum Zwecke der Konservierung und zur Erleichterung der Nachlassgläubigerbefriedigung erlangt der Erbe ein Recht zum Besitz an dem im Wege eines Vindikationslegates zugedachten Vermögenswert[12] und eine grundsätzlich unbeschränkte Verfügungsbefugnis. Die Verfügung des Erben über einen vermachten Gegenstand ist jedoch im Falle der Erfüllung des Anspruchs auf formelle Übertragung insoweit unwirksam, als sie das Recht des Vindikationslegatars vereiteln oder beeinträchtigen würde[13]. Im Ergebnis konnte lediglich die Außenhaftung im Rahmen eines zu entwickelnden Gesetzesvorschlags überzeugen[14] und der Vindikationslegatar würde hierbei mit dem Erbfall das (keinen Beschränkungen unterliegende) Eigentum bzw. die (unbeschränkte) Rechtsinhaberschaft an dem vermachten Gegenstand erhalten.

Der Versuch der Integration eines Vindikationslegates, bei dem der Bedachte im Außenverhältnis gegenüber den Nachlassgläubigern für die Verbindlichkeiten des Nachlasses einzustehen hätte, ließe sich jedoch nicht mit der u.a. durch den Grundsatz der Universalsukzession zum Ausdruck kommenden erbrechtlichen Grundwertung eines zu gewährleistenden Nachlassgläubigerschutzes vereinbaren[15]. Das Prinzip der Gesamtrechtsnachfolge und somit letztlich das Schutzniveau zugunsten der Nachlassgläubiger erlitt im Laufe der vergangenen mehr als 100 Jahre einen derartigen Bedeutungsverlust, dass sich die Einführung eines Vindikationslegates als weitere Ausnahme von diesem Grundsatz nur im Falle der Reintegration der erbrechtsunabhängigen Sonderrechtsnachfolgen von Todes wegen durch den Gesetzgeber oder eines vermuteten Rückgangs in Bezug auf ihre Beliebtheit seitens des Rechtsanwenders und somit einer gleichzeitigen Stärkung der erbrechtlichen Grundwertung des Nachlassgläubigerschutzes begründen ließe. Der Schutz der Gläubiger des Erblassers verdient nach dem gesamten Recht des BGB, der InsO und des AnfG Vorrang vor den Interessen der durch Verfügung von Todes wegen bedachten Personen. Diese erlangen lediglich etwas unentgeltlich. Eine weitere Abschwächung des u.a. hinter der Universalsukzession stehenden Schutzes der Nachlassgläubiger wäre im Ergebnis insbesondere auf Grund einer nicht zu erwartenden rückläufigen Entwicklung im Rahmen der erbrechtsunabhängigen Sonderrechtsnachfolgen von Todes wegen nicht zu rechtfertigen. Der Reformgedanke zur Inkorporation eines Vindikationslegates in das Erbrecht des BGB konnte nicht überzeugen. Stattdessen sollte an eine entsprechende Anwendung der §§ 771 ZPO, 47 InsO gegenüber dem Zugriff von Erbeneigengläubigern, eine analoge Anwendung des § 816

[11] Vgl. hierzu die Ausführungen in § 15, I. B. 1. d) bb) (4).

[12] Vgl. hierzu die Ausführungen in § 15, I. B. 1. d) bb) (5).

[13] Vgl. hierzu die Ausführungen in § 15, I. B. 1. d) cc) (1).

[14] Vgl. hierzu die Ausführungen in § 15, I. B. 3.

[15] Vgl. hierzu die Ausführungen in § 16.

Abs. 1 S. 2 BGB im Falle unentgeltlicher Verfügungen des Erben über den vermachten Gegenstand und an ein Ablösungsrecht gemäß § 268 BGB gedacht werden, um durch eine vorrangige Nachlassgläubigerbefriedigung durch den Vermächtnisnehmer das sich aus § 2174 BGB ergebende Recht, von dem Beschwerten die Leistung des vermachten Gegenstandes zu fordern, erhalten zu können[16].

Der in § 12 vorgenommene Rechtsvergleich ließ bereits u.a. die Schlussfolgerung zu, dass es den in den nachfolgenden Ausführungen zu entwickelnden Gesetzesentwurf zur Einführung eines Vindikationslegates in das nationale Erbrecht mit einem kritisch-wachsamen Auge in Bezug auf seine Vereinbarkeit mit dem zu verwirklichenden Nachlassgläubigerschutz zu betrachten gilt. In Frankreich, Italien und Polen ist ein in vielen Bereichen sehr unterschiedlich ausgestaltetes Vindikationslegat vorgesehen. Im Ergebnis zeigt der Rechtsvergleich, dass die Einführung eines unmittelbar dinglich wirkenden Vermächtnisses in das nationale Recht ggf. an folgendem Punkt scheitern könnte: Die Existenz eines schuldrechtlich oder dinglich wirkenden Vermächtnisses und die konkrete Ausgestaltung der rechtlichen Position des Vindikationslegatars sollten sich wesentlich an dem *im Allgemeinen* durch die jeweilige Rechtsordnung aufgestellten Nachlassgläubigerschutz orientieren. Die Nachlassgläubigerinteressen werden nach dem BGB generell (d.h. unabhängig von der Betrachtung der Regelungen über Vermächtnisse) stärker verwirklicht als nach dem Code civil, dem Codice Civile oder dem kodeks cywilny (z.B. bzgl. der Ausgestaltung der Erbengemeinschaft als Gesamthands-, Bruchteilsgemeinschaft oder Gemeinschaft eigener Art). Eine wesentliche Herabsetzung dieses Schutzes durch die Einführung eines unmittelbar dinglich wirkenden Vermächtnisses könnte dem im Allgemeinen gewährten Nachlassgläubigerschutz im deutschen Recht widersprechen und somit die derzeitige Kohärenz des Rechts stören. Diese Aussagen konnten letztlich eine Bestätigung finden[17].

Der Versuch der Integration eines Vindikationslegates in das Erbrecht des BGB vermochte nicht zu gelingen, trotz alledem sollten diejenigen Reformgedanken in Angriff genommen werden, die die Interessen der Nachlassgläubiger nicht zu beeinträchtigen vermögen, die Interessen des Erblassers und der schuldrechtlich berechtigten Vermächtnisnehmer jedoch einer Stärkung unterziehen. Es empfiehlt sich eine entsprechende Anwendung der §§ 771 ZPO, 47 InsO, 816 Abs. 1 S. 2 BGB und ein Ablösungsrecht zugunsten des lediglich schuldrechtlich berechtigten Vermächtnisnehmers zu befürworten.

[16] Vgl. hierzu die Ausführungen in § 17, IV.
[17] Vgl. hierzu die Ausführungen in § 16, III.

Literaturverzeichnis

Andres, Ingrid, Der Erbrechtsentwurf von Friedrich Mommsen. Ein Beitrag zur Entstehung des BGB, Berlin 1996 (Schriften zur Rechtsgeschichte, Bd. 67) (Zugl.: Diss., Univ. Frankfurt am Main, 1995).

Ann, Christoph, Die Erbengemeinschaft, Köln, Berlin, Bonn, München 2001 (Zugl.: Habil.-Schr., Univ. Tübingen, 1999/2000).

Bach, Louis, Droit civil, Bd. 2, Régimes matrimoniaux, successions, libéralités, droit privé notarial, 5. Auflage, Paris 1998 (Cours élémentaire/Droit/Économie).

Bähr, Otto, Das bürgerliche Gesetzbuch und die Zukunft der deutschen Rechtsprechung, Leipzig 1888.

Bähr, Otto, Gegenentwurf zu dem Entwurfe eines bürgerlichen Gesetzbuches für das Deutsche Reich, Kassel 1892.

Bähr, Otto, Zum Erbrecht des bürgerlichen Gesetzbuchs, ArchBürgR 3 (1890), 141 bis 227.

Bähr, Otto, Zur Beurtheilung des Entwurfs eines bürgerlichen Gesetzbuchs für das Deutsche Reich, München 1888.

Baldus, Christian/Stremnitzer, Johanna, Zur Vormerkungsfähigkeit künftiger Vermächtnisansprüche bei dauerhafter Testier- und Geschäftsunfähigkeit des Erblassers, DNotZ 2006, 598 bis 620.

Bartholomeyczik, Horst, Erbeinsetzung, andere Zuwendungen und Erbschein, 5. Denkschrift des Erbrechtsausschusses der Akademie für Deutsches Recht, Tübingen 1942 (Arbeitsberichte der Akademie für Deutsches Recht, Bd. 21).

Bartholomeyczik, Horst, Zur Auseinandersetzung der Miterbengemeinschaft im neuen Erbrecht, ZAkDR 1938, 626 bis 629.

Beckert, Jens, Referat. Gesellschaftspolitische Herausforderungen für das Erbrecht, in: Ständige Deputation des DJT (Hrsg.), Verhandlungen des 68. DJT, Berlin 2010, Bd. II/1, Sitzungsberichte – Referate und Beschlüsse, München 2011, Teil L (Ist unser Erbrecht noch zeitgemäß?), L 9 bis L 20.

Beck'scher Online-Kommentar BGB, hrsgg. v. Heinz Georg Bamberger, Herbert Roth, Stand vom 01.02.2016, 38. Edition, München 2016.

Beck'scher Online-Kommentar GBO, hrsgg. v. Stefan Hügel, Stand vom 01.02.2016, 26. Edition, München 2016.

Beck'scher Online-Kommentar Markenrecht, hrsgg. v. Annette Kur, Verena von Bomhard, Friedrich Albrecht, Stand vom 01.05.2016, 6. Edition, München 2016.

Beck'scher Online-Kommentar Urheberrecht, hrsgg. v. Hartwig Ahlberg, Horst-Peter Götting, Stand vom 01.07.2016, 13. Edition, München 2016.

Beck'scher Online-Kommentar ZPO, hrsgg. v. Volkert Vorwerk, Christian Wolf, Stand vom 01.03.2016, 20. Edition, München 2016.

Benkard, Georg (Begr.), Patentgesetz, Gebrauchsmustergesetz, Patentkostengesetz, 11. Aufl., München 2015 (Beck'sche Kurz-Kommentare, Bd. 4).

Benke, Nikolaus/Meissel, Franz-Stefan, Juristenlatein. 2800 lateinische Fachausdrücke und Redewendungen der Juristensprache, 3. Aufl., Wien 2009.

Bianca, Cesare Massimo, Diritto civile, Bd. 2/2, Le successioni, 5. Aufl., Mailand 2015.

Binder, Julius, Die Rechtsstellung des Erben nach dem deutschen bürgerlichen Gesetzbuch, Teil 3, Leipzig 1905.

Bonefeld, Michael/Kroiß, Ludwig/Tanck, Manuel (Hrsg.), Der Erbprozess (mit Erbscheinsverfahren und Teilungsversteigerung), 4. Aufl., Bonn 2012.

Bonilini, Giovanni, Dei legati, Artt. 649–673, 2. Aufl., Mailand 2006 (Il Codice Civile/Commentario).

Bonilini, Giovanni, Manuale di diritto ereditario e delle donazioni, 7. Aufl., Assago 2014 (Manuali universitari).

Bork, Reinhard, Schenkungsvollzug mit Hilfe einer Vollmacht. Zugleich zu BGH, 18.5.1988 – IV a ZR 36/87 = JZ 1988, 1078 (in diesem Heft), JZ 1988, 1059 bis 1063.

Bornemann, Wilhelm, Systematische Darstellung des Preußischen Civilrechts mit Benutzung der Materialien des Allgemeinen Landrechts, Bd. 6, enthaltend das Erbrecht, und die Lehre von Familien-Stiftungen und Fideikommissen, 2. Aufl., Berlin 1845.

Börner, Bodo, Die Erbengemeinschaft als Gesellschafterin einer offenen Handelsgesellschaft. Die unbewältigte Erbenhaftung, AcP 166 (1966), 426 bis 453.

Braun, Eberhard (Hrsg.), Insolvenzordnung (InsO), Kommentar, 6. Aufl., München 2014.

Braun, Reiner, Erben in Deutschland, Wirtschaftsdienst 2011, 724 bis 726.

Braun, Reiner/Burger, Florian/Miegel, Meinhard/Pfeiffer, Ulrich/Schulte, Karsten, Erben in Deutschland. Volumen, Psychologie und gesamtwirtschaftliche Auswirkungen, Köln 2002.

Braun, Reiner/Pfeiffer, Ulrich/Thomschke, Lorenz, Erben in Deutschland. Volumen, Verteilung und Verwendung. In Deutschland bis 2020, Köln 2011.

Brox, Hans/Walker, Wolf-Dietrich, Allgemeiner Teil des BGB, 39. Aufl., München 2015 (Academia Iuris).

Brox, Hans/Walker, Wolf-Dietrich, Erbrecht, 26. Aufl., München 2014 (Academia Iuris/Lehrbücher der Rechtswissenschaft).

v. Buchka, Gerhard, Vergleichende Darstellung des Bürgerlichen Gesetzbuches für das Deutsche Reich und des Gemeinen Rechts, 3. Aufl., Berlin 1899 (Vergleichende Darstellung des Bürgerlichen Gesetzbuches für das Deutsche Reich und der Landesrechte, Bd. 1).

Bund, Elmar, Die Bindungswirkung des Erbvertrages – BGHZ 31, 13, JuS 1968, 268 bis 274.

Burandt, Wolfgang/Rojahn, Dieter (Hrsg.), Erbrecht, 2. Aufl., München 2014 (Beck'sche Kurz-Kommentare, Bd. 65).

Calvo, Roberto, L'istituzione a termine e sotto condizione, in: Roberto Calvo, Giovanni Perlingieri (Hrsg.), Diritto delle successioni e delle donazioni, Bd. 2, 2. Aufl., Neapel 2015, S. 1055 bis 1079.

Ciatti, Alessandro, La comunione ereditaria e la divisione, in: Roberto Calvo, Giovanni Perlingieri (Hrsg.), Diritto delle successioni e delle donazioni, Bd. 2, 2. Aufl., Neapel 2015, S. 1333 bis 1380.

Coing, Helmut, Empfiehlt es sich, das gesetzliche Erbrecht und Pflichtteilsrecht neu zu regeln?, in: Ständige Deputation des DJT (Hrsg.), Verhandlungen des 49. DJT, Düsseldorf 1972, Bd. I (Gutachten), München 1972, Teil A (Empfiehlt es sich, das gesetzliche Erbrecht und Pflichtteilsrecht neu zu regeln?), München 1972, A 1 bis A 55.

Coing, Helmut, Nachlaßverteilungsverträge im deutschen Erbrecht, in: Rudolf Strasser, Michael Schwimann, Hans Hoyer (Hrsg.), Rechtsgeschichte, Rechtsvergleichung,

Rechtspolitik, Festschrift für Fritz Schwind zum 65. Geburtstag, Wien 1978, S. 63 bis 69.

Cubeddu Wiedemann, Maria Giovanna/Wiedemann, Anton, Italien, in: Rembert Süß (Hrsg.), Erbrecht in Europa, 3. Aufl., Bonn 2015, S. 695 bis 768.

Curti, Arthur, Frankreichs Privat- und Handelsrecht, Bd. 1, Personen-, Familien- und Erbrecht, Berlin 1934.

Damrau, Jürgen, Die Abschichtung, ZEV 1996, 361 bis 369.

Däubler, Wolfgang, Entwicklungstendenzen im Erbrecht, ZRP 1975, 136 bis 146.

Deeg, Peter, Testierfreiheit und Typenzwang (Zugl.: Diss., Univ. Passau, 2003).

Delfosse, Alain/Peniguel, Jean-François, La réforme des successions et des libéralités, Paris 2006 (Pratique professionnelle/Collection de l'Institut national de formation notariale/Pratique notariale).

Dernburg, Heinrich, Lehrbuch des Preußischen Privatrechts und der Privatrechtsnormen des Reichs, Bd. 1, Halle an der Saale 1875.

Dernburg, Heinrich, Lehrbuch des Preußischen Privatrechts und der Privatrechtsnormen des Reichs, Bd. 2, Halle an der Saale 1878.

Dernburg, Heinrich, Lehrbuch des Preußischen Privatrechts und der Privatrechtsnormen des Reichs, Bd. 3, Halle an der Saale 1880.

Dernburg, Heinrich, Pandekten, Bd. 1, Allgemeiner Teil und Sachenrecht, 7. Aufl., unter Mitwirkung von Johannes Biermann, Berlin 1902.

Dernburg, Heinrich, Pandekten, Bd. 3, Familien- und Erbrecht, 7. Aufl., unter Mitwirkung von Johannes Biermann, Berlin 1903.

Döbereiner, Christoph, Frankreich, in: Rembert Süß (Hrsg.), Erbrecht in Europa, 3. Aufl., Bonn 2015, S. 491 bis 552.

Ebenroth, Carsten Thomas, Erbrecht, München 1992 (Juristische Kurzlehrbücher für Studium und Praxis).

Eccher, Bernhard/Schurr, Francesco A./Christandl, Gregor, Handbuch Italienisches Zivilrecht, München, Wien, Bern, Bozen 2009 (Schriftenreihe zum Italienischen Recht).

Edenfeld, Stefan, Der deutsche Erbschein nach ausländischem Erblasser, ZEV 2000, 482 bis 485.

Eisenhart, Johann Friedrich, Grundsätze der deutschen Rechte in Sprüchwörtern durch Anmerkungen erläutert, 3. Aufl., Leipzig 1823.

Entwurf eines bürgerlichen Gesetzbuches für das Deutsche Reich (erste Lesung), ausgearbeitet durch die von dem Bundesrathe berufene Kommission, Berlin 1888.

Erman, Walter Alexander (Begr.), Bürgerliches Gesetzbuch, Handkommentar mit AGG, EGBGB (Auszug), ErbbauRG, LPartG, ProdHaftG, VBVG, VersAusglG und WEG, Harm Peter Westermann, Barbara Grunewald, Georg Maier-Reimer (Hrsg.), Bd. 2, 14. Aufl., Köln 2014.

Ferid, Murad/Firsching, Karl (Begr.), Internationales Erbrecht. Quellensammlung mit systematischen Darstellungen des materiellen Erbrechts sowie des Kollisionsrechts der wichtigsten Staaten, Heinrich Dörner, Rainer Hausmann (Hrsg.), Bd. I, Ägypten bis Côte d'Ivoire, Stand der 96. Ergänzungslieferung, München 2015.

Ferid, Murad/Firsching, Karl (Begr.), Internationales Erbrecht. Quellensammlung mit systematischen Darstellungen des materiellen Erbrechts sowie des Kollisionsrechts der wichtigsten Staaten, Heinrich Dörner, Rainer Hausmann (Hrsg.), Bd. II, Dänemark bis Ghana, Stand der 96. Ergänzungslieferung, München 2015.

Ferid, Murad/Firsching, Karl (Begr.), Internationales Erbrecht. Quellensammlung mit systematischen Darstellungen des materiellen Erbrechts sowie des Kollisionsrechts der wichtigsten Staaten, Heinrich Dörner, Rainer Hausmann (Hrsg.), Bd. III, Griechenland bis Japan, Stand der 96. Ergänzungslieferung, München 2015.

Ferid, Murad/Firsching, Karl (Begr.), Internationales Erbrecht. Quellensammlung mit systematischen Darstellungen des materiellen Erbrechts sowie des Kollisionsrechts der wichtigsten Staaten, Heinrich Dörner, Rainer Hausmann (Hrsg.), Bd. V, Korea bis Neuseeland, Stand der 96. Ergänzungslieferung, München 2015.

Ferid, Murad/Firsching, Karl (Begr.), Internationales Erbrecht. Quellensammlung mit systematischen Darstellungen des materiellen Erbrechts sowie des Kollisionsrechts der wichtigsten Staaten, Heinrich Dörner, Rainer Hausmann (Hrsg.), Bd. VI, Niederlande bis Rußland, Stand der 96. Ergänzungslieferung, München 2015.

Ferid, Murad/Firsching, Karl (Begr.), Internationales Erbrecht. Quellensammlung mit systematischen Darstellungen des materiellen Erbrechts sowie des Kollisionsrechts der wichtigsten Staaten, Heinrich Dörner, Rainer Hausmann (Hrsg.), Bd. VII, Schweden bis Spanien, Stand der 96. Ergänzungslieferung, München 2015.

Ferid, Murad/Firsching, Karl (Begr.), Internationales Erbrecht. Quellensammlung mit systematischen Darstellungen des materiellen Erbrechts sowie des Kollisionsrechts der wichtigsten Staaten, Heinrich Dörner, Rainer Hausmann (Hrsg.), Bd. VIII, Spanien bis USA, Stand der 96. Ergänzungslieferung, München 2015.

Ferid, Murad/Sonnenberger, Hans Jürgen, Das Französische Zivilrecht, Bd. 3, Familienrecht, Erbrecht, 2. Aufl., Heidelberg 1987.

Fezer, Karl-Heinz, Markenrecht, Kommentar zum Markengesetz, zur Pariser Verbandsübereinkunft und zum Madrider Markenabkommen, Dokumentation des nationalen, europäischen und internationalen Kennzeichenrechts, 4. Aufl., München 2009 (Beck'sche Kurz-Kommentare, Bd. 13 b).

Firsching, Karl, Deutsch-amerikanische Erbfälle. Die Bedeutung der Qualifikation und der Angleichung, der Anpassung und der Umdeutung bei ihrer rechtlichen Behandlung, München, Berlin 1965.

Fischer, Roland, Das französische Rechtsinstitut der „Saisine". Entwicklung und Bedeutung dieses Rechtsinstituts – Auswirkungen des Instituts auf die Nachlaßabwicklung in Frankreich (Zugl.: Diss., Univ. Köln, 1972).

Fischer, Michael/Jüptner, Roland/Pahlke, Armin/Wachter, Thomas (Hrsg.), Haufe Erbschaft- und Schenkungsteuergesetz, Kommentar, Komplettes Praxiswissen zu Erbschaft- und Schenkungsteuergesetz mit Bewertungsrecht, 5. Aufl., Freiburg 2014.

Flad, Friedrich Ferdinand Max Ernst Adam, Vermächtnis und Auflage (Juli 1936), in: Werner Schubert, Erbrechtsausschuß und Ausschuß für Schadensersatzrecht (Nachtrag), Berlin, New York 1996, S. 646 bis 655 (Akademie für Deutsches Recht, 1933–1945, Protokolle der Ausschüsse, Bd. III, 8).

Flad, Friedrich Ferdinand Max Ernst Adam, Vindikationsvermächtnis (Januar 1936), in: Werner Schubert, Erbrechtsausschuß und Ausschuß für Schadensersatzrecht (Nachtrag), Berlin, New York 1996, S. 631 bis 635 (Akademie für Deutsches Recht, 1933–1945, Protokolle der Ausschüsse, Bd. III, 8).

Flad, Friedrich Ferdinand Max Ernst Adam, Vindikationsvermächtnis?, ZAkDR 1936, 738 bis 740.

Flick, Hans/Piltz, Detlev J. (Hrsg.), Der Internationale Erbfall. Erbrecht, Internationales Privatrecht, Erbschaftsteuerrecht, 2. Aufl., München 2008.

Flume, Werner, Die Nachfolge in die Mitgliedschaft in einer Personengesellschaft beim Tode eines Gesellschafters, in: Robert Fischer, Wolfgang Hefermehl (Hrsg.), Gesellschaftsrecht und Unternehmensrecht, Festschrift für Wolfgang Schilling zum 65. Geburtstag am 5. Juni 1973, Berlin, New York 1973, S. 23 bis 68.

Förtsch, Richard, Vergleichende Darstellung des Code civil und des Bürgerlichen Gesetzbuches für das Deutsche Reich, Berlin 1897 (Vergleichende Darstellung des Bürgerlichen Gesetzbuches für das Deutsche Reich und der Landesrechte, Bd. 2).

Frank, Susanne, Grundlagen zum Immobilienerwerb in Frankreich, MittBayNot 2001, 39 bis 49.

Frank, Rainer/Helms, Tobias, Erbrecht, 6. Aufl., München 2013 (Grundrisse des Rechts).

Frey, Ludwig, Lehrbuch des französischen Civilrechts, Bd. 3, Mannheim 1840.

Friedensburg, Ferdinand Julius Ernst, Gutachten des Herrn Gerichtsassessor Ferd. Friedensburg zu Breslau über die Frage: Soll die Wirkung aller Legate, unter Aufhebung des legatum vindicationis, nur eine obligatorische sein?, in: Schriftführer-Amt der ständigen Deputation (Hrsg.), Verhandlungen des 19. DJT, Bd. 2 (Gutachten), Berlin, Leipzig 1888, S. 35 bis 68.

Friedrich, Theodor/Scheithauer, Lothar J., Kommentar zu Goethes Faust, mit einem Faust-Wörterbuch und einer Faust-Bibliographie, Stuttgart 1980 (Reclams Universal-Bibliothek, Bd. 7177).

Fuchs, Richard, Das gesetzliche Pfandrecht an bedingt übereigneten Sachen, ArchBürgR 34 (1910), 368 bis 438.

Füller, Jens Thomas, Eigenständiges Sachenrecht?, Tübingen 2006 (Jus Privatum/Beiträge zum Privatrecht, Bd. 104) (Zugl.: Habil.-Schr., Univ. Berlin, 2005).

Gaius, Institutiones. Die Institutionen des Gaius, herausgegeben, übersetzt und kommentiert von Ulrich Manthe, 2. Aufl., Darmstadt 2010 (Texte zur Forschung, Bd. 81).

Gärtner, Franz, Die Behandlung ausländischer Vindikationslegate im deutschen Recht, München 2014 (Münchener Universitätsschriften/Reihe der Juristischen Fakultät, Bd. 246) (Zugl.: Diss., Univ. München, 2013).

v. Gierke, Otto, Der Entwurf eines bürgerlichen Gesetzbuchs und das deutsche Recht, Goldbach 1997 (100 Jahre Bürgerliches Gesetzbuch/Bürgerliches Recht, Bd. 13).

Gröschler, Peter, Ausländisches Vindikationslegat über im Inland belegene Sachen, Anmerkung zu BGH, Urteil vom 28.9.1994 – IV ZR 95/93, JZ 1996, 1030 bis 1032.

Grundmann, Stefan/Zaccaria, Alessio (Hrsg.), Einführung in das italienische Recht, Frankfurt am Main 2007 (Recht der Internationalen Wirtschaft).

Guericke, Andreas, Rechtstatsächliche Untersuchung über das Verfügungsverhalten und die Auswirkungen auf das Ehegattenerbrecht des Bürgerlichen Gesetzbuches (Amtsgerichtsbezirke Wiesbaden, Bad Schwalbach und Eltville, 1985) (Zugl.: Diss., Univ. Marburg, 1994).

Guimezanes, Nicole, Introduction au droit français, 2. Aufl., Baden-Baden 1999 (Les systèmes juridiques des États européens, Bd. 3).

Hachenburg, Max, Das Bürgerliche Gesetzbuch für das Deutsche Reich. Vorträge gehalten in den Jahren 1896/97, 2. Aufl., Mannheim 1900.

Hattenhauer, Hans, Zur Dogmengeschichte des Erbrechts (Schluß), Jura 1983, 68 bis 78.

Hattenhauer, Hans/Bernert, Günther, Allgemeines Landrecht für die Preußischen Staaten von 1794, mit einer Einführung von Hans Hattenhauer und einer Bibliographie von Günther Bernert, 3. Aufl., Neuwied, Kriftel, Berlin 1996.

Hausmaninger, Herbert/Selb, Walter, Römisches Privatrecht, 9. Aufl, unter Mitarbeit von Richard Gamauf, Wien, Köln, Weimar 2001 (Böhlau-Studien-Bücher/Grundlagen des Studiums).

Henninger, Thomas, Europäisches Privatrecht und Methode. Entwurf einer rechtsvergleichend gewonnenen juristischen Methodenlehre, Tübingen 2009 (Studien zum ausländischen und internationalen Privatrecht, Bd. 224) (Zugl.: Diss., Univ. Genf, 2008).

Heusler, Andreas, Institutionen des Deutschen Privatrechts, Bd. 2, Leipzig 1886 (Systematisches Handbuch der Deutschen Rechtswissenschaft/II. 2. II.).

Hinz, Manfred, Bankverträge zugunsten Dritter auf den Todesfall – BGHZ 41, 95, JuS 1965, 299 bis 306.

Horn, Norbert, Ein Jahrhundert Bürgerliches Gesetzbuch, NJW 2000, 40 bis 46.

Hübner, Ulrich/Constantinesco, Vlad, Einführung in das französische Recht, 4. Aufl., München 2001 (Schriftenreihe der Juristischen Schulung/Ausländisches Recht, Bd. 16).

Hustedt, Volker/Schür, Gido, Belgien, in: Rembert Süß (Hrsg.), Erbrecht in Europa, 3. Aufl., Bonn 2015, S. 223 bis 284.

Huzel, Erhard/Wollmann, Ines, Portugal, in: Rembert Süß (Hrsg.), Erbrecht in Europa, 3. Aufl., Bonn 2015, S. 1019 bis 1065.

Ilchmann, Jana, Zuwendungen unter Lebenden auf den Todesfall. Lebzeitige Rechtsgeschäfte oder Verfügungen von Todes wegen?, Hamburg 2010 (Studien zum Erbrecht, Bd. 8) (Zugl.: Diss., Univ. Bielefeld, 2010).

Ingerl, Reinhard/Rohnke, Christian, Markengesetz. Gesetz über den Schutz von Marken und sonstigen Kennzeichen, 3. Aufl., München 2010.

Jarass, Hans D./Pieroth, Bodo, Grundgesetz für die Bundesrepublik Deutschland, Kommentar, 13. Aufl., München 2014.

Jauernig, Othmar (Begr.), Bürgerliches Gesetzbuch mit Rom-I-, Rom-II-, Rom-III-VO, EG-UntVO/HUntProt und EuErbVO, Kommentar, Rolf Stürner (Hrsg.), 16. Aufl., München 2015 (Gelbe Erläuterungsbücher).

Joachim, Norbert, Die Haftung des Erben für Nachlassverbindlichkeiten. Haftungssituation – Ausschlagung – Beschränkung der Haftung – Erbschaftsbesitzer – Prozessuale Durchsetzung, 3. Aufl., Berlin 2011.

Joerges, Ernst, Zur Lehre vom Miteigenthum und der gesammten Hand nach deutschem Reichsrecht, ZHR 49 (1900), 140 bis 227.

Joerges, Ernst, Zur Lehre vom Miteigenthum und der gesammten Hand nach deutschem Reichsrecht, ZHR 51 (1902), 47 bis 82.

Jubault, Christian, Droit civil. Les successions, les libéralités, 1. Aufl., Paris 2005 (Précis Domat/Privé).

Jubault, Christian, Droit civil. Les successions, les libéralités, 2. Aufl., Paris 2010 (Précis Domat/Privé).

Jüchser, Alexander, Gewahrsam – ein Begriff, der es nicht leicht macht, ZJS 2012, 195 bis 200.

Kaser, Max, Das Römische Privatrecht, erster Abschnitt, Das altrömische, das vorklassische und klassische Recht, 2. Aufl., München 1971 (Rechtsgeschichte des Altertums/Im Rahmen des Handbuchs der Altertumswissenschaft, Bd. 3,3,1).

Kegel, Gerhard, Erbfolge und Vermächtnis heres ex re certa und Vindikationslegat, in: Gerhard Hafner, Gerhard Loibl, Alfred Rest, Lilly Sucharipa-Behrmann, Karl Zemanek (Hrsg.), in Zusammenarbeit mit Karl-Heinz Böckstiegel, Hans-Ernst Folz, Jörg Manfred Mössner, Liber Amicorum. Professor Ignaz Seidl-Hohenveldern. In honour of his 80th birthday, Den Haag, London, Boston 1998, S. 339 bis 363.

Kindler, Peter, Einführung in das italienische Recht. Verfassungsrecht, Privatrecht und internationales Privatrecht, 2. Aufl., München 2008 (Schriftenreihe der Juristischen Schulung/Ausländisches Recht, Bd. 122).

Kipp, Theodor/Coing, Helmut, Erbrecht. Ein Lehrbuch, 14. Aufl., Tübingen 1990 (Lehrbuch des Bürgerlichen Rechts, Bd. 5).

v. Knorre, Karl-Friedrich/Mincke, Wolfgang, Finnland, in: Rembert Süß (Hrsg.), Erbrecht in Europa, 3. Aufl., Bonn 2015, S. 467 bis 489.

Knütel, Rolf/Kupisch, Berthold/Lohsse, Sebastian/Rüfner, Thomas, Corpus Iuris Civilis. Die Institutionen. Text und Übersetzung, 4. Aufl., Heidelberg, München, Landsberg, Frechen, Hamburg 2013 (Wissenschaft).

Köbler, Gerhard, Etymologisches Rechtswörterbuch, Tübingen 1995 (UTB für Wissenschaft/Uni-Taschenbücher, 1888).

Koch, Christian Friedrich, Allgemeines Landrecht für die Preußischen Staaten. Unter Weglassung der obsoleten oder aufgehobenen Vorschriften und Einschaltung der jüngeren noch geltenden Bestimmungen, Erster Theil, Bd. 2, Berlin 1853.

Koch, Christian Friedrich, Allgemeines Landrecht für die Preußischen Staaten. Unter Andeutung der obsoleten oder aufgehobenen Vorschriften und Einschaltung der jüngeren noch geltenden Bestimmungen, Erster Theil, Bd. 2, 4. Aufl., Berlin 1870.

Koch, Christian Friedrich, Das Preußische Erbrecht aus dem gemeinen deutschen Rechte entwickelt, Bd. 2, 6. Aufl., Berlin 1866.

Koch, Christian Friedrich, Lehrbuch des Preußischen gemeinen Privatrechts, Bd. 2, 3. Aufl., Berlin 1858.

Kohler, Jürgen, Vormerkbarkeit eines durch abredewidrige Veräußerung bedingten Rückerwerbsanspruchs, DNotZ 1989, 339 bis 353.

Kordasiewicz, Bogudar, Prawo spadkowe, Bd. 10, 3. Aufl., Warschau 2015 (System Prawa Prywatnego).

Freiherr v. Kreittmayr, Wiguläus Xaver Aloys, Anmerkungen über den Codicem Maximilianeum bavaricum civilem, worin derselbe sowohl mit dem gemein- als ehemalig Baierischen Land-Rechte genau kollationirt, sohin der Unterschied zwischen dem alt- und neuern Recht, samt den Urquellen, woraus das leztere geschöpft worden ist, überall angezeigt, und dieses dadurch in ein helleres Licht gesezt wird, Bd. 3, neue unveränderte Auflage, München 1821.

Freiherr v. Kreittmayr, Wiguläus Xaver Aloys, Codex Maximilianeus Bavaricus Civilis. Oder: Baierisches Landrecht, neue unveränderte Auflage, München 1821.

Lackner, Karl/Kühl, Kristian, Strafgesetzbuch, Kommentar, 28. Aufl., München 2014 (Gelbe Erläuterungsbücher).

Łakomy, Stawomir, Polen, übersetzt und umfassend überarbeitet von Jakub Müller-Judenau, in: Rembert Süß (Hrsg.), Erbrecht in Europa, 3. Aufl., Bonn 2015, S. 995 bis 1018.

Lamarca i Marquès, Albert, Katalonien, in: Rembert Süß (Hrsg.), Erbrecht in Europa, 3. Aufl., Bonn 2015, S. 769 bis 797.

Landau, Peter, Die Testierfreiheit in der Geschichte des Deutschen Rechts im späten Mittelalter und in der frühen Neuzeit, ZRG GA, 114 (1997), 56 bis 72.

Langbein, Ulrike, Erbstücke. Zur individuellen Aneignung materieller Kultur, in: Frank Lettke (Hrsg.), Erben und Vererben. Gestaltung und Regulation von Generationsbeziehungen, Konstanz 2003 (Konstanzer Beiträge zur sozialwissenschaftlichen Forschung, Bd. 11), S. 233 bis 262.

Langbein, Ulrike, Geerbte Dinge. Soziale Praxis und symbolische Bedeutung des Erbens, Köln, Weimar, Wien 2002 (Alltag und Kultur, Bd. 9) (Zugl.: Diss., Univ. Berlin, 2001).

Lange, Heinrich, Anregungen für die Fassung einer Regelung der Erbauseinandersetzung, in: Werner Schubert, Erbrechtsausschuß und Ausschuß für Schadensersatzrecht (Nachtrag), Berlin, New York 1996, S. 747 bis 748 (Akademie für Deutsches Recht, 1933–1945, Protokolle der Ausschüsse, Bd. III, 8).

Lange, Knut Werner, Erbrecht. Lehrbuch für Studium und Praxis, München 2011 (Studium und Praxis).

Lange, Knut Werner, Herausforderungen für das Erbrecht im 21. Jahrhundert – Überalterung der Gesellschaft, Pluralismus der Lebensvorstellungen, Europäisierung des Erbrechts, in: Christian von Bar, Arkadiusz Wudarski (Hrsg.), Deutschland und Polen in der europäischen Rechtsgemeinschaft, München 2012, S. 637 bis 652.

Lange, Heinrich/Kuchinke, Kurt, Erbrecht. Ein Lehrbuch, 5. Aufl., München 2001.

Laurent, François, Cours élémentaire de droit civil, Bd. 1, Art. 1er à 710, Brüssel, Paris 1887.

Laurent, François, Cours élémentaire de droit civil, Bd. 2, Art. 711 à 1233, Brüssel, Paris 1887.

Leipold, Dieter, Erbrecht. Ein Lehrbuch mit Fällen und Kontrollfragen, 20. Aufl., Tübingen 2014 (Mohr Lehrbuch).

Leipold, Dieter, Ist unser Erbrecht noch zeitgemäß?, JZ 2010, 802 bis 811.

Leipold, Dieter, Wandlungen in den Grundlagen des Erbrechts?, AcP 180 (1980), 160 bis 237.

Leipold, Dieter, 100 Jahre Erbrecht in Deutschland, in: I cento anni del Codice civile tedesco in Germania e nella cultura giuridica italiana (Hundert Jahre Bürgerliches Gesetzbuch in Deutschland und in der italienischen Rechtskultur), Niederschrift der Tagung in Ferrara, 26. bis 28. September 1996, Padua 2002, S. 1239 bis 1262.

Leleu, Yves-Henri, La transmission de la succession en droit comparé, Antwerpen, Apeldoorn, Brüssel 1996 (Patrimonium familiare, Bd. 5).

Leonhard, Franz, Bürgerliches Gesetzbuch. Fünftes Buch. Erbrecht, 2. Aufl., Berlin 1912 (Kommentar zum Bürgerlichen Gesetzbuche und seinen Nebengesetzen, Bd. 1,5).

Leroyer, Anne-Marie, Droit des successions, 3. Aufl., Paris 2014 (Cours Dalloz, Série Privé, M 1).

Leske, Franz, Vergleichende Darstellung des Bürgerlichen Gesetzbuches für das Deutsche Reich und des Preußischen Allgemeinen Landrechts, Zweite Hälfte, Familienrecht, Erbrecht, 1. und 2. Aufl., Berlin 1903 (Vergleichende Darstellung des Bürgerlichen Gesetzbuches für das Deutsche Reich und der Landesrechte, Bd. 3).

Leveneur, Laurent/Leveneur, Sabine, Leçons de droit civil, Bd. 4, Hbd. 2, Successions, libéralités, Henri Mazeaud, Léon Mazeaud, Jean Mazeaud, François Chabas (Hrsg.), 5. Aufl., Paris 1999.

Liebs, Detlef, Lateinische Rechtsregeln und Rechtssprichwörter, unter Mitarbeit von Hannes Lehmann, Praxedis Möhring und Gallus Strobel, 7. Aufl., München 2007.

v. Lübtow, Ulrich, Erbrecht. Eine systematische Darstellung, Hbd. 1, Berlin 1971.

v. Lübtow, Ulrich, Erbrecht. Eine systematische Darstellung, Hbd. 2, Berlin 1971.

v. Lutterotti, Peter, Die Miteigentumsgemeinschaft und deren Teilung im italienischen Rechtssystem aus der Sicht der notariellen Praxis (Zivilrecht – Verfahrensrecht – Gebührenrecht), in: Bundesnotarkammer (Hrsg.), Festschrift für Helmut Schippel zum 65. Geburtstag, München 1996, S. 933 bis 944.

Maitland, Frederic William, The collected papers of Frederic William Maitland (downing professor of the laws of England), Herbert Albert Laurens Fisher (Hrsg.), Bd. 3, Cambridge 1911.

Malaurie, Philippe/Brenner, Claude, Les successions, les libéralités, 6. Aufl., Issy-les-Moulineaux 2014 (Droit civil).

Marcadé, Victor Napoléon, Cours élémentaire de droit civil français ou explication théorique et pratique du Code civil, accompagnée de la critique des auteurs et de la jurisprudence et suivie d'un résumé à la fin de chaque titre, Bd. 4, 4. Aufl., Paris 1850.

Margonski, Martin, Einführung des Vindikationslegats am Beispiel Polens, ZErb 2012, 97 bis 103.

Marty, Gabriel/Raynaud, Pierre, Droit civil. Les successions et les libéralités, Paris 1983.

Mayer, Jörg, Der superbefreite Vorerbe? – Möglichkeiten und Grenzen der Befreiung des Vorerben, ZEV 2000, 1 bis 10.

Mayer, Jörg, Ist unser Erbrecht noch zeitgemäß?, in: Ständige Deputation des DJT (Hrsg.), Verhandlungen des 68. DJT, Berlin 2010, Bd. II/1, Sitzungsberichte – Referate und Beschlüsse, München 2011, Teil L (Ist unser Erbrecht noch zeitgemäß?), L 91 bis L 149.

Medicus, Dieter, Allgemeiner Teil des BGB, 10. Aufl., Heidelberg, München, Landsberg, Frechen, Hamburg 2010 (C. F. Müller Großes Lehrbuch).

Meincke, Jens Peter, Die Auswirkungen der Rechtsnachfolge auf das Steuerrechtsverhältnis, in: Joachim Schulze-Osterloh (Hrsg.), Rechtsnachfolge im Steuerrecht, Köln 1987 (Veröffentlichungen der Deutschen Steuerjuristischen Gesellschaft e. V., Bd. 10), S. 19 bis 43.

Mes, Peter, Patentgesetz, Gebrauchsmustergesetz, Kommentar, 4. Aufl., München 2015.

Mommsen, Friedrich, Entwurf eines Deutschen Reichsgesetzes über das Erbrecht nebst Motiven. In Veranlassung einer Preisausschreibung der juristischen Gesellschaft in Berlin verfaßt und nach Zuerkennung des Preises veröffentlicht, Braunschweig 1876.

Mugdan, Benno (Hrsg.), Die gesammten Materialien zum Bürgerlichen Gesetzbuch für das Deutsche Reich, Bd. 1, Einführungsgesetz und Allgemeiner Theil, Berlin 1899.

Mugdan, Benno (Hrsg.), Die gesammten Materialien zum Bürgerlichen Gesetzbuch für das Deutsche Reich, Bd. 5, Erbrecht, Berlin 1899.

Münchener Kommentar zum Anfechtungsgesetz, hrsgg. v. Hans-Peter Kirchhof, §§ 1–20, München 2012.

Münchener Kommentar zum Bürgerlichen Gesetzbuch, hrsgg. v. Franz Jürgen Säcker, Roland Rixecker, Hartmut Oetker, Bettina Limperg, Bd. 1, Allgemeiner Teil, §§ 1–240, ProstG, AGG, 7. Aufl., München 2015.

Münchener Kommentar zum Bürgerlichen Gesetzbuch, hrsgg. v. Franz Jürgen Säcker, Roland Rixecker, Hartmut Oetker, Bettina Limperg, Bd. 2, Schuldrecht, Allgemeiner Teil, 7. Aufl., München 2016.

Münchener Kommentar zum Bürgerlichen Gesetzbuch, hrsgg. v. Franz Jürgen Säcker, Roland Rixecker, Hartmut Oetker, Bettina Limperg, Bd. 5, Schuldrecht, Besonderer Teil III, §§ 705–853, Partnerschaftsgesellschaftsgesetz, Produkthaftungsgesetz, 6. Aufl., München 2013.

Münchener Kommentar zum Bürgerlichen Gesetzbuch, hrsgg. v. Franz Jürgen Säcker, Roland Rixecker, Hartmut Oetker, Bettina Limperg, Bd. 6, Sachenrecht, §§ 854–1296, WEG, ErbbauRG, 6. Aufl., München 2013.

Münchener Kommentar zum Bürgerlichen Gesetzbuch, hrsgg. v. Franz Jürgen Säcker, Roland Rixecker, Hartmut Oetker, Bettina Limperg, Bd. 9, Erbrecht, §§ 1922–2385, §§ 27–35 BeurkG, 6. Aufl., München 2013.

Münchener Kommentar zum Bürgerlichen Gesetzbuch, hrsgg. v. Franz Jürgen Säcker, Roland Rixecker, Hartmut Oetker, Bettina Limperg, Bd. 11, Internationales Privatrecht II, Internationales Wirtschaftsrecht, Einführungsgesetz zum Bürgerlichen Gesetzbuche (Art. 25–248), 6. Aufl., München 2015.

Münchener Kommentar zum Handelsgesetzbuch, hrsgg. v. Karsten Schmidt, Bd. 2, Zweites Buch, Handelsgesellschaften und stille Gesellschaft, Erster Abschnitt, Offene Handelsgesellschaft, §§ 105–160, 3. Aufl., München 2011.

Münchener Kommentar zur Insolvenzordnung, hrsgg. v. Hans-Peter Kirchhof, Horst Eidenmüller, Rolf Stürner, Bd. 1, §§ 1–79, Insolvenzrechtliche Vergütungsverordnung (InsVV), 3. Aufl., München 2013.

Münchener Kommentar zur Insolvenzordnung, hrsgg. v. Hans-Peter Kirchhof, Horst Eidenmüller, Rolf Stürner, Bd. 2, §§ 80–216, 3. Aufl., München 2013.

Münchener Kommentar zur Insolvenzordnung, hrsgg. v. Hans-Peter Kirchhof, Horst Eidenmüller, Rolf Stürner, Bd. 3, §§ 217–359 InsO, Art. 103 a–110 EGInsO, Konzerninsolvenzrecht, Insolvenzsteuerrecht, 3. Aufl., München 2014.

Münchener Kommentar zur Zivilprozessordnung mit Gerichtsverfassungsgesetz und Nebengesetzen, hrsgg. v. Thomas Rauscher, Wolfgang Krüger, Bd. 2, §§ 355–1024, 4. Aufl., München 2012.

Muscheler, Karlheinz, Die erbrechtliche Universalsukzession (1. Teil), Jura 1999, 234 bis 246.

Muscheler, Karlheinz, Die erbrechtliche Universalsukzession (2. Teil), Jura 1999, 289 bis 297.

Muscheler, Karlheinz, Erbrecht, Bd. 1, Tübingen 2010 (Lehrbuch des Privatrechts).

Muscheler, Karlheinz, Erbrecht, Bd. 2, Tübingen 2010 (Lehrbuch des Privatrechts).

Muscheler, Karlheinz, Universalsukzession und Vonselbsterwerb. Die rechtstechnischen Grundlagen des deutschen Erbrechts, Tübingen 2002 (Jus Privatum/Beiträge zum Privatrecht, Bd. 68).

Natoli, Ugo, L'amministrazione dei beni ereditari, Bd. 2, L'amministrazione nel periodo successivo all'accettazione dell'eredità, 2. Aufl., Mailand 1969.

Neues Gesetz- und Rechtsbuch für Stadt und Land. Ein praktischer Rathgeber in allen gerichtlichen und außergerichtlichen Geschäften nebst Formularen zu Klagen und Eingaben. Ein vollständiges Nachschlagebuch für alle Gesetzesbestimmungen, mit einem ausführlichen Sachregister versehen, zum Gebrauch für Jedermann bestimmt, Bd. 3, Preußische Gesetze, Berlin 1880.

Nieder, Heinrich/Kössinger, Reinhard/Kössinger, Winfried, Handbuch der Testamentsgestaltung. Grundlagen und Gestaltungsmittel für Verfügungen von Todes wegen und vorbereitende Erbfolgemaßnahmen, 5. Aufl., München 2015.

Odersky, Felix, Großbritannien: England und Wales, in: Rembert Süß (Hrsg.), Erbrecht in Europa, 3. Aufl., Bonn 2015, S. 585 bis 628.

Odersky, Felix, Großbritannien: Schottland, in: Rembert Süß (Hrsg.), Erbrecht in Europa, 3. Aufl., Bonn 2015, S. 629 bis 642.

Oertmann, Paul, Bayerisches Landesprivatrecht, Halle an der Saale 1903 (Das bürgerliche Recht des Deutschen Reichs und Preußens, Ergänzungsband 1).

Olzen, Dirk, Die vorweggenommene Erbfolge, Paderborn, München, Wien, Zürich 1984 (Rechts- und Staatswissenschaftliche Veröffentlichungen der Görres-Gesellschaft, Bd. 41) (Zugl.: Habil.-Schr., Univ. Bochum, 1982/1983).

Olzen, Dirk, Lebzeitige und letztwillige Rechtsgeschäfte (I), Jura 1987, 16 bis 25.

Osajda, Konrad, Kodeks cywilny, Komentarz, Bd. 3, Spadki (art. 922–1088 KC), Warschau 2013 (Komentarze).

Osajda, Konrad, The New Polish Regulation on Legatum per Vindicationem: A New Solution for Old Problems, ZEuP 2012, 484 bis 500.

Otte, Gerhard, Das Vorausvermächtnis für den alleinigen Vorerben ist kein Vindikationslegat – Erwiderung auf Marco Brand, JURA 2011, 329–331, Jura 2011, 810 bis 812.

Otte, Gerhard, Läßt das Erbrecht des BGB eine Erbeinsetzung auf einzelne Gegenstände zu?, NJW 1987, 3164 bis 3165.

Palandt, Otto (Begr.), Bürgerliches Gesetzbuch mit Nebengesetzen, insbesondere mit Einführungsgesetz (Auszug) einschließlich Rom I-, Rom II- und Rom III-Verordnungen sowie Haager Unterhaltsprotokoll und EU-Erbrechtsverordnung, Allgemeines Gleichbehandlungsgesetz (Auszug), Wohn- und Betreuungsvertragsgesetz, BGB-

Informationspflichten-Verordnung, Unterlassungsklagengesetz, Produkthaftungsgesetz, Erbbaurechtsgesetz, Wohnungseigentumsgesetz, Versorgungsausgleichsgesetz, Lebenspartnerschaftsgesetz, Gewaltschutzgesetz, 75. Aufl., München 2016 (Beck'sche Kurz-Kommentare, Bd. 7).

Papantoniou, Nik., Die soziale Funktion des Erbrechts, AcP 173 (1973), 385 bis 401.

Patti, Salvatore (Hrsg.), Italienisches Zivilgesetzbuch, Verbrauchergesetzbuch. Codice Civile, Codice del Consumo. Gesetzestext-Synopse, 2. Aufl., München, Mailand 2012.

Pietrzykowski, Krzysztof, Kodeks cywilny, Bd. 2, Komentarz do art. 450–1088, Przepisy wprowadzające, 8. Aufl., Warschau 2015 (Duże Komentarze Becka).

Posch, Willibald, Grundzüge fremder Privatrechtssysteme. Ein Studienbuch, Wien, Köln, Graz 1995 (Studien zu Politik und Verwaltung, Bd. 52).

Rauscher, Thomas, Reformfragen des gesetzlichen Erb- und Pflichtteilsrechts, Bd. 1, Grundlagen des Erbrechts, Regensburg 1993 (Theorie und Forschung, Bd. 193/Rechtswissenschaften, Bd. 8) (Zugl.: Habil.-Schr., Univ. München, 1990).

Rawert, Peter, Ist unser Erbrecht noch zeitgemäß?, Bei der Diskussion auf dem 68. Deutschen Juristentags geht es auch um Berufspolitik, AnwBl 2010, 556 bis 560.

Reithmann, Christoph, Testamentsvollstreckung und postmortale Vollmacht als Instrumente der Kautelarjurisprudenz, BB 1984, 1394 bis 1398.

RGRK (Reichsgerichtsräte-Kommentar), Das Bürgerliche Gesetzbuch mit besonderer Berücksichtigung der Rechtsprechung des Reichsgerichts und des Bundesgerichtshofes, Kommentar, hrsgg. v. d. Mitgliedern des Bundesgerichtshofes, Bd. 5, 1. Teil, §§ 1922 bis 2146, 12. Aufl., Berlin, New York 1974.

RGRK (Reichsgerichtsräte-Kommentar), Das Bürgerliche Gesetzbuch mit besonderer Berücksichtigung der Rechtsprechung des Reichsgerichts und des Bundesgerichtshofes, Kommentar, hrsgg. v. d. Mitgliedern des Bundesgerichtshofes, Bd. 5, 2. Teil, §§ 2147 bis 2385, 12. Aufl., Berlin, New York 1975.

Roguin, Ernest, Traité de droit civil comparé, Bd. 3, Généralités. La succession ab intestat (Les successions, Bd. I), Paris 1908.

Roguin, Ernest, Traité de droit civil comparé, Bd. 5, La succession testamentaire (Les successions, Bd. III), Paris 1912.

Rohe, Mathias, Was du ererbt von deinen Vätern hast, erwirb es, um es zu verbrauchen?, Zu den Ordnungsaufgaben des Erbrechts im Kulturvergleich, in: Helmut Neuhaus (Hrsg.), Was du ererbt von deinen Vätern hast... Erbe, Erben, Vererben. Fünf Vorträge, Erlangen 2006 (Erlanger Forschungen, Reihe A/Geisteswissenschaften, Bd. 112), S. 85 bis 115.

Romano, Carmine, I legati, in: Roberto Calvo, Giovanni Perlingieri (Hrsg.), Diritto delle successioni e delle donazioni, Bd. 2, 2. Aufl., Neapel 2015, S. 1111 bis 1264.

Rotering, Paul, Rechtstatsächliche Untersuchungen zum Inhalt eröffneter Verfügungen von Todes wegen, Frankfurt am Main, Bern, New York 1986 (Europäische Hochschulschriften, Reihe 2, Rechtswissenschaft, Bd. 516) (Amtsgerichtsbezirke Münster, Coesfeld und Ibbenbüren, 1979–1980) (Zugl.: Diss., Univ. Münster, 1986).

Roth, Wolfgang/Maulbetsch, Thomas/Schulte, Johannes, Vermächtnisrecht, München 2013.

Röthel, Anne, Ist unser Erbrecht noch zeitgemäß?, in: Ständige Deputation des DJT (Hrsg.), Verhandlungen des 68. DJT, Berlin 2010, Bd. I, Gutachten, München 2010, Teil A (Ist unser Erbrecht noch zeitgemäß?), A 1 bis A 112.

Ruby, Gerhard, Das Landwirtschaftserbrecht: Ein Überblick, ZEV 2006, 351 bis 355.

Sarres, Ernst, Vermächtnis. Mit neuem Erbrecht und Erbschaftsteuerrecht, München 2009 (NJW Praxis, Bd. 78).

Schlegelberger, Franz (Hrsg.), Rechtsvergleichendes Handwörterbuch für das Zivil- und Handelsrecht des In- und Auslandes, in Gemeinschaft mit Carl Heinrici, Oscar Mügel, W. Simons, Heinrich Titze, G. Wilke, Hans Ficker, Bd. 7 (Unterhaltspflicht bis Vermächtnis), Berlin 1939.

Schlüter, Wilfried/Röthel, Anne, Erbrecht. Ein Studienbuch, 17. Aufl., München 2015 (Kurzlehrbücher für das juristische Studium).

Schmidt, Jan Peter, Ausländische Vindikationslegate über im Inland belegene Immobilien – zur Bedeutung des Art. 1 Abs. 2 lit. l EuErbVO, ZEV 2014, 133 bis 139.

Schmidt, Jan Peter, Die kollisionsrechtliche Behandlung dinglich wirkender Vermächtnisse. Ein Prüfstein für Grundfragen des internationalen und des materiellen Privatrechts, RabelsZ 77 (2013), 1 bis 30.

v. Schmitt, Gottfried, Begründung des Entwurfes eines Rechtes der Erbfolge für das Deutsche Reich und des Entwurfes eines Einführungsgesetzes (Berlin 1879). Recht der Erbfolge. Aenderungsvorschläge des Referenten zu dem Entwurfe von 1879 (Berlin 1886). Recht der Erbfolge. Bemerkungen zu den Aenderungsvorschlägen des Referenten und zu der Begründung des Entwurfes (Berlin 1886), in: Werner Schubert (Hrsg.), Die Vorentwürfe der Redaktoren zum BGB, Berlin, New York 1984 (Die Vorlagen der Redaktoren für die erste Kommission zur Ausarbeitung des Entwurfs eines Bürgerlichen Gesetzbuches, Erbrecht, Teil 2, Vertragsmäßiger Erbverzicht, Erwerbung der Erbschaft, Rechtsverhältnis des Erben. Änderungsvorschläge von 1886. Vorlagen von 1876 und 1877).

v. Schmitt, Gottfried, Entwurf eines Rechtes der Erbfolge für das Deutsche Reich nebst dem Entwurfe eines Einführungsgesetzes (Berlin 1879). Begründung des Entwurfes eines Rechtes der Erbfolge für das Deutsche Reich und des Entwurfes eines Einführungsgesetzes (Berlin 1879), in: Werner Schubert (Hrsg.), Die Vorentwürfe der Redaktoren zum BGB, Berlin, New York 1984 (Die Vorlagen der Redaktoren für die erste Kommission zur Ausarbeitung des Entwurfs eines Bürgerlichen Gesetzbuches, Erbrecht, Teil 1, Testament, Erbeinsetzungsvertrag, Gesetzeserben, Pflichtteilsberechtigte).

Schönke, Adolf/Schröder, Horst, Strafgesetzbuch, Kommentar, 29. Aufl., München 2014.

Schrader, Henning, Erb- und Nacherbeneinsetzung auf einzelne Nachlaßgegenstände, NJW 1987, 117 bis 118.

Schröder, Rainer, Abschaffung oder Reform des Erbrechts. Die Begründung einer Entscheidung des BGB-Gesetzgebers im Kontext sozialer, ökonomischer und philosophischer Zeitströmungen, Ebelsbach am Main 1981 (Münchener Universitätsschriften/Juristische Fakultät/Abhandlungen zur rechtswissenschaftlichen Grundlagenforschung, Bd. 46).

Schubert, Werner (Hrsg.), Das Familien- und Erbrecht unter dem Nationalsozialismus. Ausgewählte Quellen zu den wichtigsten Gesetzen und Projekten aus den Ministerialakten, Paderborn, München, Wien, Zürich 1993 (Rechts- und Staatswissenschaftliche Veröffentlichungen der Görres Gesellschaft, Neue Folge, Bd. 68).

Schubert, Werner, Erbrechtsausschuß und Ausschuß für Schadensersatzrecht (Nachtrag), Berlin, New York 1996, S. 78 bis 118 (Protokoll der Sitzung vom 15.9.1936) (Akademie für Deutsches Recht, 1933–1945, Protokolle der Ausschüsse, Bd. III, 8).

Schulte, Günther, Art und Inhalt eröffneter Verfügungen von Todes wegen, (Amtsgerichtsbezirke Köln, Brühl und Grevenbroich, 1975) (Zugl.: Diss., Univ. Münster, 1982).

Schulte, Karsten, (Ver-)Erben aus psychologischer Sicht. Einstellungen, Emotionen und Verhaltensabsichten von Erblassern, in: Frank Lettke (Hrsg.), Erben und Vererben. Gestaltung und Regulation von Generationsbeziehungen, Konstanz 2003 (Konstanzer Beiträge zur sozialwissenschaftlichen Forschung, Bd. 11), S. 205 bis 232.

Schulte-Nölke, Hans, Die schwere Geburt des Bürgerlichen Gesetzbuchs, NJW 1996, 1705 bis 1710.

Schulze, Reiner, Bürgerliches Gesetzbuch, Handkommentar, 8. Aufl., Baden-Baden 2014 (Nomos Kommentar).

Siebenhaar, Eduard, Das Bürgerliche Gesetzbuch für das Königreich Sachsen nebst den damit in Verbindung stehenden Reichs- und Landesgesetzen, mit einem von Eduard Siebenhaar gefertigten, ausführlichen alphabetischen Wort- und Sachregister, 5. Aufl., Leipzig 1883.

Siebenhaar, Eduard/Siegmann, Georg/Pöschmann, Karl Magnus, Commentar zu dem bürgerlichen Gesetzbuche für das Königreich Sachsen und zu der damit in Verbindung stehenden Publicationsverordnung vom 2. Januar 1863, Bd. 1, Die Publicationsverordnung, der allgemeine Theil und das Sachenrecht, 2. Aufl., Leipzig 1869.

Siebenhaar, Eduard/Siegmann, Georg/Pöschmann, Karl Magnus, Commentar zu dem bürgerlichen Gesetzbuche für das Königreich Sachsen und zu der damit in Verbindung stehenden Publicationsverordnung vom 2. Januar 1863, Bd. 3, Das Familien-, Vormundschafts- und Erbschaftsrecht, 2. Aufl., Leipzig 1869.

Sirey, Jean B. (Hrsg.), Les codes annotés de Sirey. Contenant toute la jurisprudence des arrêts et la doctrine des auteurs, Bd. 1, Code Napoléon, 8. Aufl., Paris 1867.

Soergel, Hans Theodor (Begr.), Bürgerliches Gesetzbuch mit Einführungsgesetz und Nebengesetzen, Kommentar, Bd. 14, Sachenrecht 1, §§ 854–984, 13. Aufl., Stuttgart 2002.

Soergel, Hans Theodor (Begr.), Bürgerliches Gesetzbuch mit Einführungsgesetz und Nebengesetzen, Kommentar, Bd. 21, Erbrecht 1, §§ 1922–2063, 13. Aufl., Stuttgart 2002.

Soergel, Hans Theodor (Begr.), Bürgerliches Gesetzbuch mit Einführungsgesetz und Nebengesetzen, Kommentar, Bd. 22, Erbrecht 2, §§ 2064–2273, §§ 1–35 BeurkG, 13. Aufl., Stuttgart 2003.

Soergel, Hans Theodor (Begr.), Bürgerliches Gesetzbuch mit Einführungsgesetz und Nebengesetzen, Kommentar, Bd. 23, Erbrecht 3, §§ 2274–2385, 13. Aufl., Stuttgart 2002.

Sonnenberger, Hans Jürgen/Classen, Claus Dieter (Hrsg.), Einführung in das französische Recht, 4. Aufl., Frankfurt am Main 2012 (Recht der Internationalen Wirtschaft).

Sonntag, Ansgar, Zur Rechtsnatur des Vorausvermächtnisses an den Vorerben, ZEV 1996, 450 bis 452.

Spindler, Gerald/Schuster, Fabian (Hrsg.), Recht der elektronischen Medien, Kommentar, 3. Aufl., München 2015.

Stadler, Astrid, Die Vormerkungsfähigkeit bedingter und künftiger Rückübertragungsansprüche. BGH NJW 1997, 861, Jura 1998, 189 bis 197.

Stamatiades, Dimitrios/Tsantinis, Spyros, Griechenland, in: Rembert Süß (Hrsg.), Erbrecht in Europa, 3. Aufl., Bonn 2015, S. 553 bis 583.

Statistische Ämter des Bundes und der Länder, Agrarstrukturen in Deutschland. Einheit in Vielfalt. Regionale Ergebnisse der Landwirtschafszählung 2010, Stuttgart 2011.

Statistisches Bundesamt, Bevölkerung Deutschlands bis 2060, 12. koordinierte Bevölkerungsvorausberechnung. Begleitmaterial zur Presskonferenz am 18. November 2009 in Berlin, Wiesbaden 2009.

Statistisches Bundesamt, Bevölkerung Deutschlands bis 2060, 13. koordinierte Bevölkerungsvorausberechnung, Wiesbaden 2015.

Staudinger, Julius von (Begr.), Kommentar zum Bürgerlichen Gesetzbuch mit Einführungsgesetz und Nebengesetzen, Buch 2, Recht der Schuldverhältnisse, §§ 328–345 (Vertrag zugunsten Dritter, Draufgabe, Vertragsstrafe), Berlin 2015.

Staudinger, Julius von (Begr.), Kommentar zum Bürgerlichen Gesetzbuch mit Einführungsgesetz und Nebengesetzen, Buch 3, Sachenrecht, Einleitung zum Sachenrecht, §§ 854–882 (Allgemeines Liegenschaftsrecht 1), Berlin 2007.

Staudinger, Julius von (Begr.), Kommentar zum Bürgerlichen Gesetzbuch mit Einführungsgesetz und Nebengesetzen, Buch 3, Sachenrecht, Einleitung zum Sachenrecht, §§ 854–882 (Allgemeines Liegenschaftsrecht 1), Berlin 2012.

Staudinger, Julius von (Begr.), Kommentar zum Bürgerlichen Gesetzbuch mit Einführungsgesetz und Nebengesetzen, Bd. 5, Erbrecht, 1. Teil, 11. Aufl., Berlin 1954.

Staudinger, Julius von (Begr.), Kommentar zum Bürgerlichen Gesetzbuch mit Einführungsgesetz und Nebengesetzen, Buch 5, Erbrecht, Einleitung zum Erbrecht, §§ 1922–1966 (Erbfolge), Berlin 2008.

Staudinger, Julius von (Begr.), Kommentar zum Bürgerlichen Gesetzbuch mit Einführungsgesetz und Nebengesetzen, Buch 5, Erbrecht, §§ 1967–2063 (Rechtsstellung des Erben), Berlin 2016.

Staudinger, Julius von (Begr.), Kommentar zum Bürgerlichen Gesetzbuch mit Einführungsgesetz und Nebengesetzen, Buch 5, Erbrecht, §§§ 2064–2196 (Testament 1), Berlin 2013.

Staudinger, Julius von (Begr.), Kommentar zum Bürgerlichen Gesetzbuch mit Einführungsgesetz und Nebengesetzen, Buch 5, Erbrecht, §§ 2265–2302 (Gemeinschaftliches Testament, Erbvertrag), Berlin 2014.

Staudinger, Julius von (Begr.), Kommentar zum Bürgerlichen Gesetzbuch mit Einführungsgesetz und Nebengesetzen, Einführungsgesetz zum Bürgerlichen Gesetzbuche, Art. 1, 2, 50–218 EGBGB (Inkrafttreten, Verhältnis zu anderen Vorschriften, Übergangsvorschriften), Berlin 2013.

Steffen, Erich, Empfiehlt es sich, das gesetzliche Erb- und Pflichtteilsrecht neu zu regeln?, DRiZ 1972, 263 bis 267.

Steinmetz, Alexander/Huzel, Erhard/García Alcázar, Rocío, Spanien, in: Rembert Süß (Hrsg.), Erbrecht in Europa, 3. Aufl., Bonn 2015, S. 1273 bis 1353.

Stöcker, Hans A., Das Grundrecht zu erben, WM 1979, 214 bis 223.

Strohal, Emil, Das deutsche Erbrecht auf Grundlage des Bürgerlichen Gesetzbuchs, Bd. 2, 3. Aufl., Berlin 1904 (Das Recht des Bürgerlichen Gesetzbuchs in Einzeldarstellungen, Bd. 1, Das deutsche Erbrecht).

Strothmann, York, Privatautonome Gestaltungsfreiheit im Recht der Verfügung von Todes wegen, Jura 1982, 349 bis 358.

Sturm, Fritz, Die Entstehung des BGB, in: I cento anni del Codice civile tedesco in Germania e nella cultura giuridica italiana (Hundert Jahre Bürgerliches Gesetzbuch in Deutschland und in der italienischen Rechtskultur), Niederschrift der Tagung in Ferrara, 26. bis 28. September 1996, Padua 2002, S. 705 bis 735.

Süß, Rembert, Das Vindikationslegat im Internationalen Privatrecht, RabelsZ 65 (2001), 245 bis 263.

Süß, Rembert/v. Schönfeld, Johannes Ritter, Liechtenstein, in: Rembert Süß (Hrsg.), Erbrecht in Europa, 3. Aufl., Bonn 2015, S. 823 bis 830.

Terré, François/Lequette, Yves/Gaudemet, Sophie, Droit civil. Les successions, les libéralités, 4. Aufl., Paris 2013 (Précis/Droit privé).

Thal, Alfred, Die Vereinigung von Recht und Verbindlichkeit beim Pfandrecht an Forderungen, Breslau 1905 (Studien zur Erläuterung des bürgerlichen Rechts, Bd. 15).

Thilo, Wilhelm/Sirey, Jean B./de Villeneuve, L. M., Das französische Civilgesetzbuch und Handelsrecht, erläutert aus Urtheilen der französischen Gerichtshöfe, Gesetzen und andern Quellen. Nach Code civil (et de commerce) annotés des dispositions interprétatives, modificatives et applicatives. Für das Großherzogthum Baden, mit Rücksicht auf Gesetze, Verordnungen und Entscheidungen der Gerichtshöfe dieses Landes, Bd. 2, Art. 893–2281, Karlsruhe 1839.

Troll, Max (Begr.)/*Gebel, Dieter/Jülicher, Marc,* Erbschaftsteuer- und Schenkungsteuergesetz mit Bewertungsrecht und Verfahrensrecht, Kommentar, Stand: 31.07.2015 (49. Ergänzungslieferung), München 2015.

Ulmer, Peter, Die Gesamthandsgesellschaft – ein noch immer unbekanntes Wesen?, AcP 198 (1998), 113 bis 151.

van Venrooy, Gerd J., Inländische Wirkung ausländischer Vindikationslegate, ZVglRWiss 85 (1986), 205 bis 236.

Verhandlungen des 19. DJT, hrsgg. v. d. Schriftführer-Amt der ständigen Deputation, Berlin/Leipzig 1888, Bd. 3, S. 76 bis 130 (Zweite Sitzung der ersten Abtheilung am Dienstag, den 11. September 1888).

Verhandlungen des 68. DJT, hrsgg. v. d. Ständigen Deputation des DJT, Berlin 2010, Bd. II/2, Sitzungsberichte – Diskussion und Beschlussfassung, München 2011, Teil L (Ist unser Erbrecht noch zeitgemäß?), L 161 bis L 298 (Diskussion am 22. September 2010 nachmittags [anwesend etwa 140 Teilnehmer]).

Vogels, Werner, Reichserbhofgesetz vom 29. September 1933 (RGBl. I 685), 4. Aufl., Berlin 1937.

Voirin, Pierre/Goubeaux, Gilles, Droit civil, Bd. 2, Régimes matrimoniaux, successions, libéralités, 28. Aufl., Issy-les-Moulineaux 2014 (Manuels/Droit privé).

Vyas, Sandra, Der Schutzbereich der Erbrechtsgarantie, ZEV 2002, 1 bis 5.

Wacker, Gerd, Der Erbrechtsausschuß der Akademie für Deutsches Recht und dessen Entwurf eines Erbgesetzes, Frankfurt am Main, Berlin, Bern, New York, Paris, Wien 1997 (Europäische Hochschulschriften, Reihe 2, Rechtswissenschaft, Bd. 2109) (Zugl.: Diss., Univ. Berlin, 1996).

Wegmann, Franz, Die Begründung des Erbrechts im 19. Jahrhundert, 1969 (Zugl.: Diss., Univ. Münster, 1969).

Weipert, Lutz, Die Erbengemeinschaft als Mitglied einer Personengesellschaft, ZEV 2002, 300 bis 304.

Wendt, Otto Heinrich, Die Lehre vom bedingten Rechtsgeschäft, Frankfurt am Main 1970.

Werkmüller, Maximilian A., Zuwendungen auf den Todesfall: Die Bank im Spannungsfeld kollidierender Interessen nach dem Tod ihres Kunden, ZEV 2001, 97 bis 100.

Westermann, Harm Peter/Gursky, Karl-Heinz/Eickmann, Dieter, Sachenrecht, 8. Aufl., Heidelberg, München, Landsberg, Frechen, Hamburg 2011 (C. F. Müller Lehr- und Handbuch).

Wieacker, Franz, Zur lebzeitigen Zuwendung auf den Todesfall, in: H. C. Nipperdey (Hrsg.), Das deutsche Privatrecht in der Mitte des 20. Jahrhunderts, Festschrift für Heinrich Lehmann zum 80. Geburtstag, Bd. 1, Berlin, Tübingen, Frankfurt am Main 1956, S. 271 bis 284.

Windel, Peter A., Über die Modi der Nachfolge in das Vermögen einer natürlichen Person beim Todesfall, Heidelberg 1998 (R. v. Decker's rechts- und sozialwissenschaftliche Abhandlungen, Bd. 70) (Zugl.: Habil.-Schr., Univ. Heidelberg, 1997).

Windscheid, Bernhard/Kipp, Theodor, Lehrbuch des Pandektenrechts, unter vergleichender Darstellung des deutschen bürgerlichen Rechts, Bd. 1, 9. Aufl., Aalen 1963.

Windscheid, Bernhard/Kipp, Theodor, Lehrbuch des Pandektenrechts, unter vergleichender Darstellung des deutschen bürgerlichen Rechts, Bd. 3, 9. Aufl., Aalen 1963.

Wittmütz, Annette, Möglichkeiten des Erblassers, eine Einzelzuwendung auf den Todesfall vorzunehmen, Hamburg 2006 (Studien zum Zivilrecht, Bd. 29) (Zugl.: Diss., Univ. Marburg, 2005).

Wormit, Heinz/Ehrenforth, Werner, Reichsheimstättengesetz vom 10.5.1920 in der Fassung vom 25.11.1937 mit den Änderungen des Baulandbeschaffungsgesetzes nebst Ausführungsverordnung vom 19.7.1940 mit Anhang (Erlasse auf dem Gebiete des Heimstättenwesens), Kommentar, 4. Aufl., Köln, Berlin, Bonn, München 1967.

Worthmann, Elke, Irland, in: Rembert Süß (Hrsg.), Erbrecht in Europa, 3. Aufl., Bonn 2015, S. 643 bis 685.

Zachariä v. Lingenthal, Karl Salomo/Dreyer, Heinrich, Handbuch des Französischen Civilrechts, Bd. 4, 7. Aufl., Freiburg im Breisgau 1886.

Zakrzewski, Piotr, Das Vindikationslegat im polnischen Zivilgesetzbuch, in: Christian von Bar, Arkadiusz Wudarski (Hrsg.), Deutschland und Polen in der europäischen Rechtsgemeinschaft, München 2012, S. 699 bis 718.

Zawar, Rolf Dieter, Notarielle Rechtsgestaltung: Das Erbrecht im sozialen Wandel, DNotZ 1989, 116* bis 142* (Der Aufsatz ist im Sonderheft der DNotZ zum 23. Deutschen Notartag Frankfurt 1989 veröffentlicht, das im Anschluss an Heft 12 aufzufinden ist.).

Zeisel, Hans, Empirische Rechtsforschung – ein natürlicher Zweig der Jurisprudenz, JZ 1974, 561 bis 568.

Zimmermann, Reinhard, Einführung, in: Reinhard Zimmermann (Hrsg.), Der Einfluss religiöser Vorstellungen auf die Entwicklung des Erbrechts, Tübingen 2012, S. 1 bis 6.

Zusammenstellung der gutachtlichen Aeußerungen zu dem Entwurf eines Bürgerlichen Gesetzbuchs, gefertigt im Reichsjustizamt, Bd. 5, Aeußerungen zum Erbrecht, Neudruck der Ausgabe 1890, Osnabrück 1967.

Zweigert, Konrad/Kötz, Hein, Einführung in die Rechtsvergleichung auf dem Gebiete des Privatrechts, 3. Aufl., Tübingen 1996.

Sachregister

Studien zum Privatrecht

Die Schriftenreihe *Studien zum Privatrecht* (StudPriv) als Äquivalent zur renommierten Reihe *Jus Privatum* bietet sie herausragenden Dissertationen aus dem Bereich des Privatrechts eine ansprechende Plattform und deckt sämtliche Fächer des Privatrechts ab: Das Bürgerliche Recht, das Handels- und Gesellschaftsrecht, das Wirtschaftsrecht, das Arbeitsrecht und das Verfahrensrecht. Fächerübergreifende und fachgebietsübergreifende Themenstellungen sind dabei nicht ausgeschlossen, solange der Schwerpunkt der Arbeit im Privatrecht einschließlich seiner europarechtlichen beziehungsweise internationalrechtlichen Bezüge zu finden ist. Um die hohe Qualität der in dieser Reihe veröffentlichten Dissertationen zu gewährleisten, werden nur Arbeiten zur Veröffentlichung in Betracht gezogen, die in beiden Gutachten uneingeschränkt mit summa cum laude bewertet wurden.

ISSN: 1867-4275
Zitiervorschlag: StudPriv

Alle lieferbaren Bände finden Sie unter *www.mohr.de/studpriv*

Mohr Siebeck
www.mohr.de